U0669025

中南大学学科史系列丛书

中南大学
土木工程学科
——发展史——

(1953—2013)

中南大学文化建设办公室　组编
中南大学土木工程学院　撰稿

1953—2013

(1953—2013)

中南大学土木工程学科发展史

组　编： 中南大学文化建设办公室

撰　稿： 中南大学土木工程学院

主　编： 谢友均　黄建陵

副主编： 盛兴旺　郭　峰　钟春莲

编　委：（按姓氏拼音排序）

陈辉华　戴公连　邓德华　方　秀　何旭辉

黄方林　蒋丽忠　冷伍明　李东平　李　军

李耀庄　李　忠　龙广成　娄　平　孟红宇

彭立敏　蒲　浩　乔世范　王卫东　伍毅敏

肖亚萍　徐林荣　徐志胜　阎奇武　阳军生

杨建军　杨　青　杨　鹰　杨元霞　余志武

张飞涟　张家生　赵望达　周明英　周智辉

编者的话

六十载风雨砥砺，六十载精彩华章。作为庆祝中南大学土木工程学科创建六十周年献礼，2013年4月，学院成立了学科发展史编委会，历时五个月编写了《中南大学土木工程学科发展史(1953—2013)》。

中南大学土木工程学科源于1953年成立的中南土木建筑学院的铁道建筑、桥梁与隧道专业，至今历时六十载。经过几代人艰苦奋斗，辛勤耕耘，中南大学土木工程学科已建设发展成为一级学科国家重点学科，跻身全国同类学科前列，取得了辉煌成就。

在编写过程中，我们本着尊重历史、实事求是的原则，侧重学科创建、传承与发展，突出师资队伍、人才培养和学术成就，尽最大努力呈现中南大学土木工程学科发展的真实情况。在学科与专业选取上，考虑到铁道工程、道路工程两个学科是土木工程本科专业的主要专业方向，同时依托土木工程一级学科学院先后增设了工程管理、工程力学和消防工程等本科专业，鉴于上述二级学科与土木工程学科相互支撑的学缘关系，因此一并编入该书中。在时间紧、任务重、要求高的情况下，承担学科史编写的相关人员，尤其是各系所室及平台团队等负责人高度重视编写工作，组织专门人员，广泛查阅档案资料，认真梳理历史事件，以严谨的作风推进了学科史编写工作。正是各方齐心协力配合，加班加点苦干才有了《中南大学土木工程学科发展史(1953—2013)》一书的付梓出版。

编委会得到了学校有关领导和部门以及校友的热情指导和积极支持。编者查阅了大量历史资料、文件、档案，走访了许多老领导、老教师和部分校友，大家积极参与和支持编写工作，在此，我们一并致以崇高的敬意和衷心的感谢！由于时间仓促，加上历史久远，资料档案不全，学科变动频繁，难免导致本书对历史资料的收集、整理存在遗漏和错误之处，恳请广大教职工及校友谅解并批评指正。

以史为鉴，可以知兴替；以人为鉴，可以明得失。总结历史是为了更好地前行，让我们携起手来，一起奔向更加光辉灿烂的明天。

祝愿中南大学土木工程学科建设再创辉煌!

2013 年 9 月 1 日

历六十载春风化雨
育千百代铁路精英

刘宏琛

建院60年，造就了众多杰出人才，创建了数个特色学科。如今方兴未艾，数风流人物还看今朝。

[illegible]

2013年7月16日

祝贺長沙铁道学院组建六十周年

發揮優勢辦好特色

教學科研再創輝煌

二〇一三年中秋 孫永福於北京

目录

目录

第一章 历史沿革

中南大学土木工程学科前身是1953年6月组建的中南土木建筑学院铁道建筑专业、桥梁与隧道专业。本学科历经中南土木建筑学院、湖南工学院、湖南大学、长沙铁道学院和中南大学的变迁，学科与专业沿革详见图1.1。

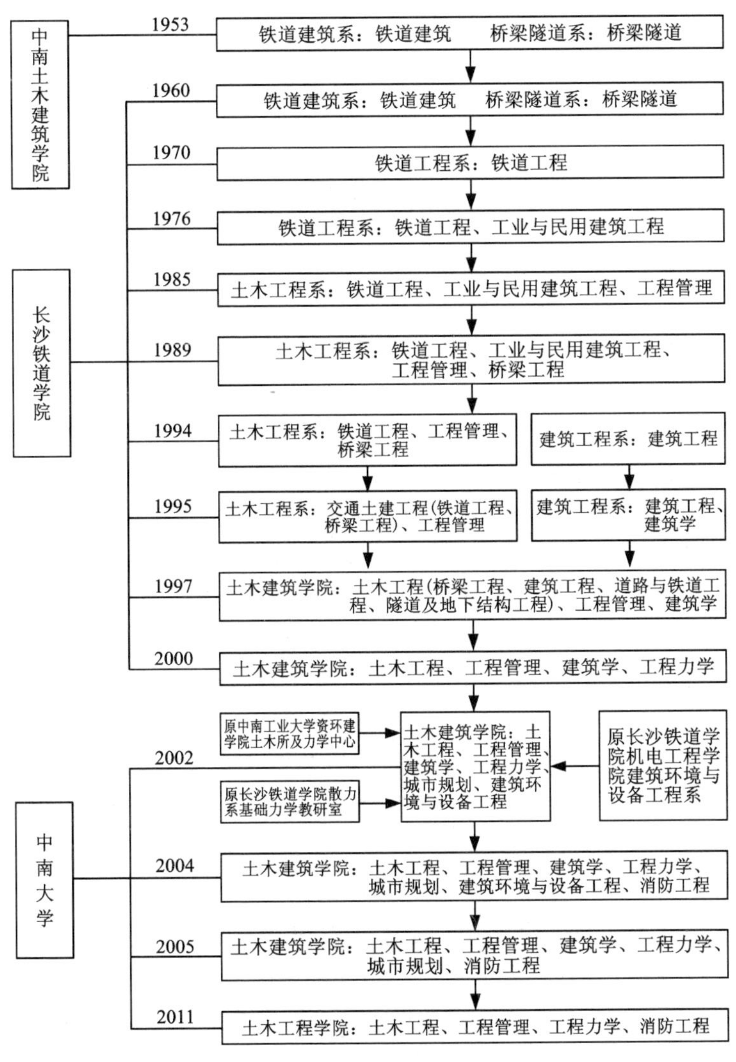

图1.1 土木工程学院学科与专业沿革图

第一节　中南土建，学科孕育(1953.06—1960.09)

新中国成立后，党中央非常重视高等教育和人才培养，并提出高等教育要学习苏联经验。高教部按照“以培养工业建设人才和师资为重点，发展专门学院和专科学校，整顿和加强综合大学，形成高等工科专业比较齐全的体系”的方针，于1952年开始对全国高校进行院系调整。根据高教部院系调整意见，在“中南区高校调整方案”中拟撤销湖南大学，由武汉大学、湖南大学、南昌大学、广西大学的土木系和建筑系、华南工学院的铁路和桥梁专业部分教师及云南大学、四川大学的铁道建筑系合并，在湖南大学原址筹建中南土木建筑学院。

1953年5月中旬，中南行政委员会高等教育局发布了中南土木建筑学院筹备委员名单，由柳士英、魏东明、余炽昌、谢世澂、王修寀、戴鸣钟、刘旋天、殷之澜、桂铭敬、李吟秋、王朝伟、沈友铭、洪文璧、张显华组成筹备委员会，柳士英任主任委员，魏东明、余炽昌任副主任委员，开展建院的筹备工作。

5月底，在长沙召开首次筹备委员会全体会议，讨论了建院工作。当时根据武汉大学、湖南大学等7校原有系科加以适当调整，分设营造建筑、汽车干路与城市道路、铁道建筑、桥梁与隧道4个系，分管7个专业以及专修科。根据当时各专业应开课程和教师的专业情况，成立了17个教研组，并决定成立技术基础课教研组，按其学科隶属关系分别由各系领导，公共基础课教研组则由教务处领导。

隶属铁道建筑系的有：铁道教研组(后改为铁道建筑教研组)、铁道设计教研组、测量教研组、电机教研组、铁道路线构造及业务教研组。

隶属桥梁与隧道系的有：桥梁教研组、力学教研组(1954年分为理论力学与材料力学两个教研组)、结构教研组(后改为结构理论教研组)、机械教研组。

隶属道路系的有：道路教研组、工程材料教研组(后改为建筑材料教研组)、土壤力学教研组(后改为工程地质及地基基础教研组)、水力学及给水排水教研组。

隶属营造建筑系的有：房屋建筑教研组(后改为建筑学教研组)、钢筋混凝土教研组(后改为建筑结构教研组)、工程画教研组、施工教研组(后改为建筑施工教研组)。

1953年6月，由湖南大学、武汉大学、南昌大学、广西大学、四川大学、云南大学、华南工学院7所高等院校的“土木系”“铁道建筑(管理)系(专业)”和相关专业合并正式组建中南土木建筑学院。组建的中南土木建筑学院成为中南地区最强的土木类高等学校，是全国院系调整后一所新型的高等工业大学。当时设有铁道建筑、桥梁与隧道、工业与民用建筑、公路与城市道路4个本科专业(四年制)及工业与民用建筑、铁道选线设计、桥梁结构专业3个专修科及桥梁、隧道2个专门化专业（两年制）。

9 月下旬，相关专业的老师从川、滇、鄂、赣、粤、桂六省集中到长沙岳麓山下的湖南大学原址。10 月 10 日新生报到。10 月 16 日中南土木建筑学院在大礼堂举行成立大会，同时举行开学典礼。10 月 28 日老生开课，10 月 30 日新生开课。

1953 年成立中南土木建筑学院时，湖南大学等 7 所高校并入中南土木建筑学院的人员情况如下：

1. 湖南大学土木工程系师生员工全部调入中南土木建筑学院，调入的教员名单是：

教　授：刘旋天（工业与民用建筑）、李廉锟（工业与民用建筑）、肖光炯（工业与民用建筑）、柳士英（工业与民用建筑）、周行（工业与民用建筑）、盛启廷（铁道建筑）、石任球（物理）、汤荣

副教授：蔺傅新（工业与民用建筑）、文志新（工业与民用建筑）、刘德基（铁道建筑）、莫总荣（汽车干路与城市道路）、陈毓焯（汽车干路与城市道路）、刘伯善（高等数学）、彭肇藩（高等数学）

讲　师：刘垂琪（高等数学）、郑君翘（物理）、邱毅（化学）、雷理（工业与民用建筑）、彭秉樸（普通物理）、方龙翔（化学）、熊大瑜（俄文）、单先俊（体育）、方季平（体育）、魏永辉（工业与民用建筑）

另有王承礼、华祖焜、余珏文、杨承悊等 48 名助教一并调入。

2. 武汉大学土木系等 4 系的教师 80 余人，学生 700 余人分别调往中南土木建筑学院工作和学习。调入的教员名单是：

教　授：余炽昌（工业与民用建筑）、沈友铭（汽车干路与城市道路）、丁人鲲（汽车干路与城市道路）、缪思钊（工业与民用建筑）、石琢（基础课）、左开泉（工业与民用建筑）、王寿康（工业与民用建筑）

讲　师：王仁权（汽车干路与城市道路）

助　教：周光龙、刘骥、王桐封、成文山、贺彩旭、张绍麟、赵汉涛、袁祖荫、王春庭、王友如、陈行之、周泽西、向化球、杨茀康

3. 广西大学工学院土木工程系铁路、公路、工民建专业及铁路勘测专修科教师 23 人，学生 65 人调往中南土木建筑学院。调入的教员名单为：

教　授：谢世澂（院长、工业与民用建筑）、王朝伟（系主任、汽车干路与城市道路）、覃宽（铁道建筑）、黄权（铁道建筑）、陈炎文（汽车干路与城市道路）、吕瀚璿（工业与民用建筑）、李森林（高等数学）

副教授：张显华（铁道建筑）、耿毓秀（铁道建筑）

讲　师：吴家梁（汽车干路与城市道路）

助　教：黎邦隆、李建超、张为朗、吕汉森、蒋成孝、苏思昊、韦祉、高武元、

伍远生、杨江满、成贵昭、张志华

4. 南昌大学土木工程系全体师生员工一并调入中南土木建筑学院。调入的教员名单是:

魏东明(秘书长)、戴鸣鐘(总务长)

教　授:王修寀(工业与民用建筑)、殷之澜(铁道建筑)、黄学诗(工业与民用建筑)、章远遹(基础课)、樊哲晟(工业与民用建筑)、李绍德(铁道建筑)、王学业(俄文)、付琰如(俄文)

副教授:万良逸(桥梁与隧道)、王浩(工业与民用建筑)、程昌国(汽车干路及城市道路)、邓康南(体育)

讲　师:吴镇东(汽车干路及城市道路)、王世纪(工业与民用建筑)、杨人伟(基础课)、贝效良(基础课)、熊祝华(基础课)、董涤新(工业与民用建筑)

助　教:熊友椿(汽车干路及城市道路)、曾庆元(基础课)、熊剑(汽车干路及城市道路)、韦怀義(铁道建筑选线设计)、萧寅生(铁道建筑选线设计)、周吉蕃(铁道建筑选线设计)、陈在康(工业与民用建筑)、蒋中原

5. 云南大学铁道管理系调入中南土木建筑学院,调入的教员名单是:

教　授:李吟秋、黄永刚

讲　师:丘士春、徐名枢、吴融清

助　教:汪子瞻、周　瑶

6. 四川大学工学院土木水利系一分为二,设土木、水利二系,其中土木系的铁路建筑专业教师4人,学生56人调往中南土木建筑学院。调入的教员名单:

教　授:洪文璧

助　教:杨叔孔　张育三　张立华

7. 华南工学院调入中南土木建筑学院的教员情况如下:

1953年,中南高等教育管理局发文任命原华南工学院土木系主任桂铭敬教授任中南土木建筑学院筹备委员会委员,并调原华南工学院副教授赵方民、邝国能、毛儒、刘浩熙、李国生、黎浩濂、梁选远到中南土木建筑学院任教(1953年调至中南土木建筑学院任教的教师均于1959年正式调入长沙铁道学院)。

由于种种原因,华南工学院的铁道建筑系铁道建筑(包括工民建和建筑学)系仍留原校,仅从该院调入铁路、桥梁方面少数师生。

另有重庆大学刘达仁教授调入中南土木建筑学院。

建院初期,中南土木建筑学院师生员工共1861人,其中教师180人,包括教授39人,副教授17人,讲师26人,助教98人;学生1382人;职员122人;工人177人。

在教学制度方面,学习苏联先进经验,分设专业培养专门人才。1953年11月5日,中央人民政府高等教育部下达关于建筑类各专业设系命名问题的意见

后，于12月12日正式确定并命名各系及专业，共设营造建筑系、汽车干路与城市道路系、铁道建筑系、桥梁与隧道系4个系，设置工业与民用建筑、公路与城市道路、铁道建筑、桥梁与隧道4个本科专业（四年制）及工业与民用建筑、铁道选线设计、桥梁结构3个专修科及桥梁、隧道2个专门化专业（两年制）。

当时属于铁路建设方面的专业是铁道建筑系和桥梁与隧道系。铁道建筑系由桂铭敬任系主任，李吟秋任副系主任；设铁道建筑专业，铁道建筑专修科、铁道勘测专修科和铁道选线设计专修科；桥梁与隧道系由王朝伟任系主任，设桥梁与隧道专业（分两个专门化），桥梁结构专修科。两系有教授15人，副教授3人，讲师1人，助教14人，共有学生950人。

1956年，为响应国家“向科学进军”的号召，学校扩大招生规模，铁道建筑专业招收7个班、桥梁隧道专业招收3个新生班。

为了增加学术氛围，铁道建筑系举行了几次小型学术报告会，如论文《土坡平面滑动的研究》，提出了简化计算的方法。部分小型报告会邀请了本地业务部门的技术人员参加，密切了与生产单位的联系，反映良好。

1956年12月，铁道建筑系开始招收铁道选线与设计专业副博士研究生殷汝桓，导师为李吟秋教授。

1957年1月，邀请了唐山铁道学院铁道选线专家雅可夫列夫、隧道及地下铁道设计与施工专家纳乌莫夫和桥梁建造专家包布列夫3位苏联专家来讲学，讲学的内容为：预应力梁式铁道桥跨设计、桥梁建筑施工组织设计、桥梁建筑中的装配式钢筋混凝土、铁道第二线设计和电气机车牵引问题。2月，学院举行了首届科学讨论会，湖南省副省长程星龄、省委文教部长徐天贵、建工部建筑科学院副院长蔡方荫等来宾300余人参加了会议，在会上宣读论文和研究报告51篇。其中部分论文已达到一定的水平或具有较高的经济价值，如《缓和曲线的研究》《保险道岔设计的研究》《预应力钢桥新方向的理论基础》《钢筋混凝土梁固有抗震的最低频率》等，都获得了到会来宾的重视。

1958年年初，在“真刀真枪”搞毕业设计的“教育革命”口号下，铁道建筑系54级两个毕业班学生到南昌铁路局搞毕业设计。师生分为两队，一队由洪文璧、曾俊期、曹维志等带队，在江西东乡一带搞浙赣线的改线设计；另一队由詹振炎、黄权、蒋成孝、周才光带队，在浙赣廿里街车站（属浙江省）一带搞防洪抬道线路改造设计。先在外业搞勘测约两个月，5月中旬回南昌后在南昌路局搞内业设计（包括概预算），期间部分学生在老师带领下又参加了浙赣线“向塘至新余”之间7个小会站的股道延长设计。6月下旬完成全部设计任务。铁路选线设计教研室被评为“开门办学先进集体”。

1958年5月，教育部会同城市建设部，将中南土木建筑学院交由湖南省领导。6月10日，以中南土木建筑学院原有专业和学科为基础增设机电、化工类专业，改名为湖南工学院。设7个系，即土木系(由中南土木建筑学院的营建系与道路建筑系合并组成)、铁道建筑系、桥梁隧道系、铁道运输系和新增设的机械系、电机系和化工系，共15个专业。学制五年，规模定为6000～8000人。

1958年秋，全国形成了“大跃进”的局面，在教育战线提出了“教育为无产阶级政治服务，教育与生产劳动相结合”的号召，在教室里上课的教学模式被迫改变。在学习任务重和生活设施艰苦的条件下，铁道建筑系、桥梁隧道系的师生不忘投身铁路建设。当时的娄(底)邵(阳)铁路即将开工建设，而原来的勘察设计达不到大批民工上阵大搞全民修路的要求。为此，施工单位(铁道兵8502部队)委托中南土木建筑学院承担施工前的恢复定线测量、核算土石方工程数量、测放施工边桩等施工前的准备工作，铁道建筑系开展了大规模的开门办学工作。

娄邵线全长约108千米，参与工作的师生300余人，学生有55级、56级和刚入学的58级学生(即一、三、四年级的学生，从58级开始，当时的学制全部改为五年)。在当时全国学习解放军的形势下，全体师生组成一个民兵营，下设3个连，每连3个排，另有一个营部直属排，共10个排，每排30余人，全线分为10段，每段10余千米，即为一个排的工作范围。学生被打乱了原来的班级建制，高低年级学生混编，以利于高年级学生带动低年级学生。这次外业勘测工作大约历时两个半月，回校后部分高年级学生还参与了资料整理和计算工作，其余学生恢复了正常上课。

同年，铁道建筑系55级近百名师生奔赴海南岛进行勘测设计，56级两百多名师生在湘黔铁路和铁道兵战士一起参加施工会战，桥梁与隧道系师生在京广复线，在黄沙街、黄秀桥等地参加修建铁路桥和路口铺、长沙、岳阳3个隧道。1959年，铁道建筑系师生完成了涟源钢铁厂专用线的勘察设计。此外，还有部分教师被派到铁路工务段或工程部门劳动锻炼，学习实践知识。这些开门办学经历，让我们的师生深受锻炼，同时体现了“实践能力强、有坚实的理论基础、吃苦耐劳、扎实肯干”的人才培养风格，受到社会广泛赞誉。

1958年10月13日，中共湖南省委和省人民政府指示，将湖南工学院恢复为湖南大学，1959年7月18日，全校师生员工4000余人在大礼堂举行大会，中共湖南省委、省政府主要负责人均出席了会议，正式宣布恢复湖南大学(湖南工学院更名为湖南大学)，设数学、物理、化学、生物、土建、机械、机电、化工、铁道建筑、铁道运输、桥梁与隧道、汉语文学12个系。

1959年，高教部、铁道部与湖南省商定，在长沙以湖南大学的铁道建筑、桥梁与隧道、铁道运输3个系和部分公共课教师为基础筹建长沙铁道学院。4月13日中共湖南省委下文，指定湖南省工交办主任于明涛、省交通部副部长陈诚钜、湖南工学院副院长李文舫及杨国庆、徐天贵、黄滨、孔安明、王直哲8人组成筹建长沙铁道学院领导小组，下设筹备处，李文舫任主任，湖南工学院副总务长化炳山任副主任。当时，铁道部要求把长沙铁道学院建设成为“江南唯一、专业配套”的多科性院校，培养高水平人才，全面为铁路建设服务，并计划用一年半时间建成能容纳2000多人进行教学和生活的房舍。筹建领导小组经过反复论证比较，将校址选定在长沙市南郊的烂泥冲，初定划地约1500亩。学院初步规划为：近期规模学生6000人；设6个系、13个专业，新增机械、电气化、电信3个系；要求专业设置达到工、机、车、电、管配套，还设应用物理、工程力学两个理科专业；每年招生600～1200人；远期规模为1万人；院区总体规划和设计由湖南大学土木系承担，并于1959年11月破土动工。

1959年9月，为充实即将成立的长沙铁道学院师资队伍，唐山铁道学院59届(55级)铁道与桥隧两个专业毕业生共11人分配到长沙铁道学院筹备处，他们是：卢树圣、田嘉猷、金宗斌、贾瑞珍、王采玉、常宗芳、李爱蓉、陈月坡、邓美瑁、马保安、张根林。

第二节　艰苦创业，特色初显(1960.09—1966.05)

1960年上半年，铁道部、湖南省相继调杨森、郭怀澎等10余名干部充实领导力量。同年，铁道部下达“部教(60)字第1947号”文件，批准了建院的院址，正式命名长沙铁道学院，同意了学院的初步规划和1960年的招生计划。

1960年9月15日，铁道部下达“部教刘(60)字第2345号”文件，正式宣布成立长沙铁道学院。经中共湖南省委同意，由王敬忠、杨森、李文舫、郭怀澎、刘允明、周保仁、杨和荣7位同志组成中共长沙铁道学院委员会，王敬忠为党委副书记，在王敬忠因病未到职期间，由杨森代理副书记工作。长沙铁道学院筹备处主任李文舫主持学院行政工作，并兼管教学；副院长郭怀澎分管基建和总务；副院长余炽昌分管科研。

长沙铁道学院直属铁道部领导。学院成立时，以湖南大学分来的铁道建筑系、桥梁与隧道系、铁道运输系为基础，增设了数理力学系及电信系，共5个系。设有铁道建筑、铁道桥梁与隧道、铁道运输、工业与民用建筑、工程力学、通信、信号7个专业。除工程力学专业学制为四年外，其他专业学制均为五年。铁道桥梁与隧道专业从四年级起分为铁道桥梁专门化、隧道及地下铁道专门化。全校在校学生1707人，教职工428人，其中教师221人，教师中有教授14人，副教授6人。

1960年从湖南大学调入长沙铁道学院铁道建筑系、桥梁与隧道系的专业课教师名单是：

铁道建筑系

铁道建筑教研组

教　授：洪文璧

副教授:张显华
讲　师:汪子瞻
助　教:刘邦兴、李增龄、宋治伦、周镜松、周继祖、李嗣科

铁道设计教研组

教　授:刘达仁、李绍德
副教授:黄　权
讲　师:蒋成孝
助　教:黎浩廉、聂振淑、郑文雄、曾俊期、周才光、詹振炎、袁国锌
　　　　曹维志、殷汝桓、姚洪庠、苗　苏

铁路线路构造及业务教研组

教　授:盛启庭
副教授:赵方民
讲　师:王远清
助　教:廖智泉、吴宏元、高宗荣、顾　琦

测量教研组

助　教:蔡　俊、谢国琫、郭之锟、林世煦、李　仁、李秀蓉、肖修敢、
　　　　杨福和、韦荣禧、蒋琳琳、苏思光、陈冠玉、张作荣、周霞波

桥梁与隧道系

隧道与地下铁道教研组

教授:桂铭敬
讲师:刘　骥
助教:毛　儒、裘晓浦、邝国能、宋振熊、陶锡珩、韩玉华

桥梁教研组

教授:王朝伟、谢世澂
讲师:王承礼、徐名枢、罗玉衡、苏思昊、谢绂忠
助教:万明坤、华祖焜、姜昭恒、裘伯永、周　鹏

建筑结构教研组

教授:谢思澂
讲师:曾庆元
助教:熊振南

调入技术基础课、基础理论课的教师有:
理论力学:黄建生(讲师)、张近仁(助教)
材料力学:余钰文(助教)、荣崇禄(助教)、皮淡明(助教)、王唯福(助教)
结构理论:李廉锟(教授)、张炘宇(讲师)、邓如鹄(助教)

建筑材料：王　浩（副教授）

施　工：耿毓秀（副教授）、曹曾祝（助教）、杨承愬（助教）、奚锡雄（助教）

画法几何与工程制图：石　琢（教授）、张一中（助教）、杨壁芳（助教）、谢植虞（助教）、甄守仁（助教）

土力学和工程地质：熊　剑（讲师）、陈映南（讲师）、杨庆彬（讲师）、陈昕源（助教）、宁实吾（助教）

水力学：高武元（讲师）

其他人员：

蒋承暑（铁建系总支副书记）、穆益轩（桥隧系总支书记）、邵天仇（助教，资料室）、杭迺兆（测量教助员）、谢楚英（测量实验室仪器管理员）、高武珍（办事员）、张萍初（力学实验室教助员）、李德贵（工人）。

1959 年 11 月，长沙铁道学院破土动工时，校址南郊烂泥冲为荒山野坡，周围是菜农田地。当时正遇国家 3 年经济困难时期，建校基建资金及所需劳动力和建筑材料缺口巨大，而铁道部、湖南省要求 1960 年 9 月开学前要建成基本校舍和教学设施。面对时间紧迫，任务繁重的情况，师生员工坚持“艰苦奋斗、勤俭建校”的方针，发扬延安抗大精神，以高涨的热情投入建校劳动中。铁道建筑系、桥梁隧道系、铁道运输系从湖南大学搬迁到新校址烂泥冲时，所有家具都是师生们用肩扛过来的，延绵数千米人工搬运的长龙景象壮观不已，成为当时市内的一道风景线。

开始建校时，平均每天参加建校劳动的师生达 300 多人，是专业建设人员的 1.5 倍。没有红砖自已烧，没有汽车就用板车运人工扛，哪里有困难，就组织动员学生突击完成，如教学大楼基础土方长时间挖不出来，铁建系、桥隧系全体师生会同其他师生员工 1000 多人突击抢挖，苦战一天就基本完成任务，保证了教学楼按时动工修建。工地运输跟不上，学生就用角钢修建土铁路，提高了运输能力 5 倍。基建材料到了车站，师生们用 200 部木轮板车到火车北站运钢筋，到火车南站运水泥运红砖。当时，长沙街头天天可见师生们用板车排成“一字长蛇阵”和你追我赶的劳动竞赛场面。

到 1960 年 9 月开学时，生活用房勉强解决，干部、教师和学生挤到一幢宿舍，食堂是临时搭建的草棚，但教学用房极度紧缺，为此，学校号召师生继续学习抗大精神，采用边修边用的办法：东段还在施工，西段就投入使用；三楼还在施工，一二楼就已经在上课；楼上施工漏水下来，师生们就打伞坚持上课；没有课桌就用凳子代替，没有黑板就用门板涂黑漆代替；一下课，师生们就又投入到工地上参加劳动；冬天，教室窗户没有玻璃，就用油毛毡和草帘子挂上应对恶劣天气。

从 1959 年到 1965 年，在长沙铁道学院的基建工地上，哪里有困难哪里就有铁打的“三铁”（即铁道建筑、桥梁隧道、铁道运输三个系）师生。当时的基建，几乎一砖一木都经过了师生们的双手。从教学楼到宿舍、从食堂到浴室以及校园里种下的每一棵树，都洒下了全体师生辛勤的汗水。长沙铁道学院就是在那样的年代里，那样的环境条件下，由那样一群人以坚韧的意志和辛勤的汗水创建起来的。

1961 年 10 月，开始贯彻中央“调整、巩固、充实、提高”的八字方针和《高等学校暂行工作条例》(即《高教 60 条》)。学校规模调整为 3000 人，保留了基础较好的三个系，即铁道建筑系，桥梁隧道系和铁道运输系，撤销了电信系、铁道建筑系的师资班和桥梁与隧道系的工民建班，本科由 7 个专业调整为 4 个专业，附设的干部班由 3 个调整为 1 个。

1962 年 3 月 26 日，广东交通学院撤销，工程线路专业 116 人和车辆专业师生转入长沙铁道学院。

8 月，长沙铁道学院借用湖南林校大礼堂为首届毕业生举行隆重毕业典礼，铁道建筑系 56 级 223 人、桥梁隧道系 56 级 99 人参加了典礼。

1962 年，铁道建筑、桥梁与隧道、工程力学 3 个学科开始招收研究生。

1962 年以后，招生人数逐年增加。1962 年 9 月 8 日，湖南省教育厅核定长沙铁道学院发展规模为 2000 人，专业设置为铁道工程、桥梁与隧道、铁道运输、铁道车辆、筑路机械 5 个专业，学制均为五年。

1964 年 2 月，铁道建筑系改为铁道工程系，铁道建筑专业更名为铁道工程专业。

1965 年，铁道工程、桥梁隧道两系应届毕业生在老师的带领下，到成昆铁路参加大会战，为三线铁路建设作出了应有贡献。世界上最大跨度(54 米)一线天空腹式石拱桥、旧庄河一号预应力悬臂拼装梁等就是我院教师主持完成设计与施工的。铁道建筑、桥梁隧道 63 级两系师生数百人参加了湖南澧县、安乡县农村社会主义教育运动。同年冬天，包括两系师生在内的全校三百多名师生在岳麓山林场开荒植树，战大雪抗冰冻，奋战一个月圆满完成植树任务。

1966 年 2 月 26 日，铁道工程系和桥梁隧道系合署办公，两系党总支合并，成立临时党总支。

第三节　风雨征程，矢志不渝(1966.05—1976.10)

1966 年 6 月“文化大革命”开始后，学校教学、科研及其他工作受到严重冲击和影响，正常的师生关系被破坏，教学秩序被打乱，学生搞“文化大革命”“大串联”，学校被迫全部停课，停止招收新生(含普教、研究生、函授生)达 5 年(66 级 ~69 级、71 级)。

1966 年，长沙铁道学院倡议修建向韶(向韶—韶山)铁路。经国务院批准，在湖南省政府支持下，桥梁隧道系、铁道工程系和铁道运输系等近 200 名师生参加勘测设计与施工。经过一年多实战，1967 年 12 月 26 日，向韶铁路建成通车。61 级 ~65 级桥梁隧道系、铁道工程系学生先后还参与了坪石到梅田专用线设计和施工。

1970 年，长沙铁道学院由铁道部领导划归湖南省领导。10 月，根据省革委指示制定了《1971—1975 年发展规划》，并对教学各行政管理体制作了相应调整，将铁道工程系和桥梁与隧道系合并成铁道工程系。同时，铁道工程、铁道桥梁与隧道专业合并为铁道工程专业，学制三年，从广州铁路局、铁道部第四工程局招收铁道工程专业工农兵试点班学员 33 名。

1972 年，恢复招生。铁道工程系面向全国招收工农兵学员 120 名，学制三年。6 月，长沙铁道学院党委根据省革委会文件精神，在铁道工程 70 级试点班基础上作出《关于 72 级各专业教学计划的几项规定》，安排 72 级学生自 1972 年 5 月 2 日至 12 月 3 日补习高中文化课。

同年，铁道部大桥工程局组织钢桥振动专题研究组，以成昆线 192 米简支钢桁梁桥模型为对象，研究钢桥空间自由振动及静力偏载位移内力分布。曾庆元老师与同济大学著名桥梁工程专家李国豪教授一道应邀参加理论分析。通过研究，曾庆元老师建立起了一种全新的理论分析方法，发表了《简支下承桁梁偏载变位、内力及自由振动计算方法》和《504 桥模型偏载变位、内力及自由振动计算》两篇长篇论文，该成果成为了解析法桁梁空间分析的范例，开创了我校桥梁工程学科车桥振动研究方向。

受铁道部第四勘测设计院的邀请，詹振炎主持了“小流域暴雨洪水之研究”项目。首先提出了基于非恒定流理论，建立坡面流和河槽流两组微分方程，联立求解这两组方程，考虑雨洪演进过程的调蓄作用，由降雨过程推算洪水过程，再由洪水过程得到暴雨最大流量。他所倡议的方法妥善地解决了小流域桥涵水文计算问题。该方法至今仍在桥涵勘测设计中广泛采用，并被纳入高等学校教材。

另外，詹振炎、汤曙禧、姚宏庠等老师还纷纷开展了“铁路平纵面研究”“小流域暴雨地面径流研究”“夹直线的长度”“铁路平纵面断面的调查”“复线改建调查报告”等科学研究，詹振炎老师还先后为师生作了“小桥涵水文现状”和“小径流计算”学术报告，周才光老师作了“航测在铁路中应用”、汤曙曦老师作了“铁路平纵面设计的研究”学术报告。

1973 年，铁道工程专业招收 6 个班 180 名工农兵学员。

1971—1973 年，学校组织学生到现场参加生产劳动，实行厂校挂钩，开门办学。铁道工程等专业师生一起在工厂、车站、工地进行一个月以上现场教学，达 16 次之多。师生还参加了铁路新线建设、旧线改造新技术应用等生产科研项目数十项。

1974 年，铁道工程专业招收 5 个班，其中铁道工程专业 74 –3、4 班组成教改实践队，作为全校教改试点，由易南华老师任队长，李充康同志兼任实践队党支部书记。

1975 年 9 月 9 日，铁道部、教育部联合发出改变铁路院校的领导管理关系的通知，决定将长沙铁道学院改为“铁道部和湖南省双重领导以铁道部为主”的管理体制。

1975 年，为使教学与生产实践紧密结合，加强教学实践环节，将铁道工程 73 级 6 个班分成三个实践队，分别赴河南洛阳参加陇海铁路铁门至石佛段的改线勘测设计、赴河南林县参加安阳钢铁厂铁路专线的勘测设计、赴湖南麻阳参加煤矿铁路专线的勘测设计。

1976 年 7 月，遵照湖南省委指示，铁道工程系 1000 多名师生到岳阳地区参加夏收夏种“双抢”劳动，历时二十多天。

“文化大革命”期间，毕业生不能按时毕业和分配工作：61 级推迟至 1967 年、62 级推迟到 1968 年、64 级推迟至 1970 年毕业。

第四节　沐浴春风，稳步推进(1976.10—2000.04)

1976 年 10 月，粉碎“四人帮”以后，长沙铁道学院在“拨乱反正”的基础上，逐步落实各项政策，进行了大量的恢复、建设、改革和发展工作，迅速走上了以提高教育、教学质量为中心，积极开展科学研究的正轨。学校对铁道工程专业 76 级、工业与民用建筑专业 76 级的教学计划作了修改，工农兵学员入校后，先补习高中课程八个月，然后再上大学课程三年，学制仍为三年。

1977 年，恢复全国统一高考制度。学校恢复招收普通高等教育本科生，学制为四年。铁道工程本科专业 77 级招收两个班共 85 名学生。

1978 年，招收铁道工程本科专业 3 个班共 93 名学生；招收工业与民用建筑四年制本科专业 1 个班 31 名学生。恢复招收研究生，土木工程学科招收了文雨松、李政华、李培元、宋仁、姜前 5 名研究生，另从哈尔滨力学所转入刘启凤 1 人。

1978 年，土木工程学科有 5 项成果获全国科学大会奖(见表 1.1)，有 10 项成果分别获铁道部科学大会奖和湖南省科学大会奖。

表 1.1　1978 年全国科学大会奖获奖项目表

序号	项目名称	完成人
1	成昆铁路旧庄河一号桥预应力悬臂拼装梁	姜昭恒等
2	成昆铁路跨度 54 米空腹式铁路石拱桥	王承礼等
3	锚固桩试验	熊剑等
4	喷锚支护在铁路隧道中受力特性的试验研究	邝国能等
5	小流域暴雨洪水之研究	詹振炎

1979 年，学校强调把工作重点转移到教学和科研上来。最后一届工农兵大学生铁道工程76 级和工业与民用建筑76 级于1980 年8 月毕业。同年，曾庆元老师招收研究生田志奇。

1981 年，“桥梁隧道及结构工程”“岩土工程” 获得全国首批硕士学位授予权。

1982 年，詹振炎老师完成的“小流域暴雨洪水之研究”获全国自然科学奖四等奖。

1983 年，“铁道工程”获得全国第二批硕士学位授予权。同年，为适应形势需要，成立了铁道工程系勘察设计队，对外承担勘察设计任务。

1984 年，应铁道部大桥局等单位的要求，接受委托培养桥梁专业四年制本科生。9 月 20 日，铁道工程系更名为土木工程系。11 月 21 日，将铁道工程系勘察设计队调整后成立长沙铁道学院土木工程勘察设计所，仍隶属土木工程系领导。

1985 年增设铁道工程、建筑管理专科专业。

1986 年7 月，经国务院学位委员会批准，获得“桥梁隧道及结构工程”学科博士学位授予权，曾庆元教授为该学科的博士生导师。

1987 年1 月，土木工程系铁道工程专业被批准为校级重点专业，桥梁隧道及结构工程为铁道部重点学科。10 月16 日，国家教委(87 教高二字021 号)批准长沙铁道学院土木工程系增设“建筑管理工程”本科专业，并于1988 年开始招生。

1989 年，桥梁工程本科专业正式恢复招生。

至此，土木工程系有专业课和技术基础课教研室(研究室)16 个：桥梁、隧道、轨道、选线、测量、工程制图、建筑材料、工程地质、土力学及基础工程、环境工程、建筑学、建筑结构、建筑施工、建筑管理工程教研室和岩土工程、工程设计优化研究室，有建筑材料、土力学、测量、结构、管理5 个实验室和1 个图书资料室(藏有专业书籍5526 册，专业刊物1456 册、专业资料14936 件)；有“桥梁隧道及结构工程”博士学位授予权，硕士学位授予权已覆盖各学科；有教职工187 人，其中教师136 人，教授占7%，副教授占24%，讲师占39%，助教占30%。在读研究生43 名，本科生、专科生1079 人。

1990 年1 月，国家教委、国家科委给王朝伟、曾庆元、李廉锟、谢世澂、赵方民、徐名枢、桂铭敬、王承礼、郑君翘颁发“长期从事教育与科技工作，且有较大贡献的老教授”荣誉证书。詹振炎教授获得“全国高等学校先进科技工作者”称号。陈映南教授等完成的“原位测试机理研究” 获国家科技进步奖三等奖。华祖焜教授的“加筋土结构基本性状的研究”、曾庆元教授的“斜拉桥极限承载力分析”项目获国家自然科学基金委员会资助。

1991 年9 月，国务院学位委员会批准桥梁隧道及结构工程、岩土工程和铁道工程学科在职人员硕士学位授予权。

1992 年 7 月，结构工程学科获硕士学位授予权。

1993 年 10 月，长沙铁道学院建设监理公司、长沙铁道学院土木工程勘察设计研究院及部分教职工从土木工程系分离出去，各自单独成建制单位，隶属长沙铁道学院校产实体。

1994 年 3 月，工业与民用建筑专业及相关教研室、师生从土木工程系分出，成立建筑工程系，由欧阳炎同志任系主任，邓荣飞同志任党总支书记。

同年，建筑工程系工业与民用建筑专业改称建筑工程专业，土木工程系建筑管理专业改称管理工程专业。

1995 年，按照国家新的专业目录要求，土木工程系铁道工程、桥梁工程两个专业合并更名为交通土建工程专业；建筑工程系增设建筑学专业(本科五年制)，并招收本科 1 个班。同年，交通土建工程专业被批准为湖南省第一批重点建设专业。建筑材料学科获得硕士学位授予权。

1996 年 7 月，铁道部批准(国家教委备案)的铁路高校八位博导中，长沙铁道学院桥梁与隧道工程学科有陈政清、王永和、任伟新、詹振炎四位教授。

1997 年 2 月，土木工程系铁道工程和岩土工程通过湖南省教委学位点合格评估。

3 月 9 日，土木工程系和建筑工程系合并组建土木建筑学院，由欧阳炎同志任院长，罗才洪同志任党总支书记。当时专业设置为土木工程(交通土建专业和建筑工程专业合并为土木工程，下设桥梁工程、建筑工程、道路与铁道工程、隧道及地下结构工程 4 个专业方向)、工程管理、建筑学 3 个本科专业。

4 月，建筑工程被批准为湖南省第二批重点建设专业。6 月，全国高等院校建筑工程专业教育评估委员会正式批准我院建筑工程专业评估通过。同年，长沙铁道学院全面实施按大类招生，土建类和机械类专业试点班、全校性因材施教班共三项教改方案启动。

1998 年 9 月，土木类各本科专业合并统称土木工程专业，实行按大类培养。同年，道路与铁道工程学科获得博士学位授予权，管理科学与工程、防灾减灾及防护工程学科获得硕士学位授予权。

1999 年 6 月，铁道部批准(国家教委备案)全路 11 位博导中，有桥梁与隧道学科的叶梅新和道路与铁道工程学科的陈秀方、周士琼、张起森四位。

7 月，刘宝琛院士调入长沙铁道学院土木建筑学院工作。

9 月，经全国工程硕士教育指导委员会评审和国务院学位办审定，长沙铁道学院被批准为新的工程硕士指导培养单位，新增土木工程和交通运输工程两个工程硕士专业学位授权点。

12 月，曾庆元教授当选中国工程院院士。

2000 年 1 月，长沙铁道学院学位委员会批准(铁道部备案)余志武为博士生导师。

第五节 乘势而为，铸就辉煌(2000.05—2013.08)

2000 年 4 月 29 日，长沙铁道学院与中南工业大学、湖南医科大学合并组建中南大学，土木建筑学院随即并入中南大学。

同年，土木建筑学院增设工程力学专业；开始在建筑与土木工程领域招收工程硕士研究生；获得土木工程和交通运输工程(共建)一级学科博士学位授予权。

2002 年 1 月，桥梁与隧道工程、道路与铁道工程被批准为国家级重点学科。12 月，岩土工程被批准为湖南省重点学科。同年，所申报的“211 工程”“铁道工程安全科学与技术”建设项目论证获得通过；完成了“985 工程”道路与铁道工程国家重点学科项目建设。

5 月 23 日，中南大学完成土木建筑类学科调整与融合，以原长沙铁道学院土木建筑学院为基础，将原长沙铁道学院机电工程学院建筑环境与设备工程系、数力系基础力学教研室与原中南工业大学资源环境与建筑工程学院土木所、力学中心及城市规划教研室并入；同时，并入原中南工业大学土木工程、城市规划专业和原长沙铁道学院建筑环境与设备工程 3 个本科专业，组建新的土木建筑学院。刘宝琛院士任院长，陈政清、杨建军、郭少华、方理刚、徐志胜、陈焕新任副院长；罗才洪任党委书记，黄建陵任党委副书记。

原中南工业大学土木工程学科发展历程简述如下：

1982 年，受湖南省建委、长沙市建委委托，中南工业大学开始举办“工民建专业”岗位证书培训班，并于 1984 年被省市建委认定为土建专业的岗位证书培训点。1984 年，中南工业大学开始招办工业与民用建筑专业成教班。1988 年，中南工业大学建立湖南省建委、长沙市建委认定的“建筑材料与构件检测中心”。1990 年，谢祚济、刘又文开始筹建建筑工程系。1993 年正式成立中南工业大学建筑工程系。1994 年正式招收建筑工程专业专科生。1995 年年初，调中南工业大学基建处处长陈扬仪任建工系系主任。1995 年 8 月 6 日，资源环境与建筑工程学院成立，中南工业大学建筑工程系并入资源环境与建筑工程学院，改名建筑工程研究所。1995 年正式招收建筑工程专业本科生。1996 年年初，从西安建筑科技大学调郭少华任建筑工程研究所所长，从衡阳工学院调黄赛超任建筑工程研究所副所长。1996 年年底，郭少华任资源环境与建筑工程学院副院长后，黄赛超升任所长。1998 年 8 月，长沙工业高等专科学校与中南工业大学合并。1999 年从湖南大学引进李耀庄博士，任建筑工程研究所副所长。

1992 年，以长沙工业高等专科学校矿山系系主任唐新孝、副系主任周建普为首对原矿山类矿山地质、采矿工程、矿山测量 3 个专业进行调整与改造，矿山地质专业调整为工程地质专业，采矿工程调整为采矿与公路工程，矿山测量调整为工程测量与城市规划专业，在工程地质基础上改造形成的建筑基础工程专业1993年正式招生。1995年，周建普任系主任，矿山系更名为建设工程系，同年，公路与城市道路专业正式招生，建筑基础工程专业进一步改造形成的土建工程专业于1996年正式招生。自1996年开始，土建工程、公路与城市道路工程两个专业实行“1.5 +1.5”模式，即前1.5年课程一致，后1.5年分专业开课，每年每个专业招2个班80人左右。至此，矿山类专业完全改造形成了工程类专业。1998年8月，长沙工业高等专科学校并入中南工业大学。这些专业划归资源环境与建筑工程学院，合并以后，土建工程专业停止招生，公路与城市道路专业1999年继续招生2个班80人，2000年停止招生。99级开始，土木工程专业分为建筑工程、道路与桥梁工程2个专业方向，实行“3 +1”模式。

新组建的中南大学土木建筑学院教职工280余人，本科学生4000余人、研究生近1000人，构成如下：

(1)专业设置：土木工程、工程管理、建筑学、城市规划、工程力学、建筑环境与设备工程。

(2)系室设置：桥梁工程、隧道工程、道路与铁道工程、建筑工程、岩土工程、工程管理、力学、建筑与城市规划、建筑环境与设备工程系9个系和工程制图、工程测量、建筑材料3个教研室。

(3)研究机构：桥梁工程、隧道工程、道路与铁道工程、城市轨道交通、建筑工程、工程管理、城市设计、制冷与空调、防灾科学与安全技术9个研究所，岩土及地下工程和结构与市政工程2个研究中心。

(4)实验室：土木工程中心实验室、微机实验室、火灾实验室和力学教学实验中心等10多个实验室，其中土木工程中心实验室是湖南省建筑企业一级实验室。

(5)学科：桥梁与隧道工程、道路与铁道工程2个国家级重点学科和岩土工程省级重点学科，拥有土木工程一级学科博士学位授予权，是全国13所具有一级学科博士授予权的土木类院系之一。

(6)硕士、博士学位点：桥梁与隧道工程、道路与铁道工程、岩土工程、结构工程、市政工程、供热供燃气通风及空调工程、防灾减灾及防护工程7个博士点，材料学、管理科学与工程、固体力学、制冷及低温工程等11个硕士点以及建筑与土木工程领域工程硕士学位授予权。

2003年，新增工程力学博士点和消防工程、城市轨道交通工程2个自主设置的博士点。新增消防工程、城市轨道交通工程、建筑设计及其理论、城市规划设计(含风景园林规划与设计)、建筑技术科学5个二级学科硕士点。新增土木工程、交通运输工程(与交通运输学院共建)2个一级博士后科研流动站，涵盖土木建筑学院道路与铁道工程、桥梁与隧道工程、岩土工程、结构工程、供热供燃气通风及空调工程、防灾减灾工程及防护工程、消防工程、土木工程规划与管理、土木工程材料 9 个二级学科。

2004 年，增设消防工程本科专业，招收第一届本科生。

10 月，刘宝琛院士指导的博士研究生杨小礼的学位论文《线性与非线性破坏准则下岩土极限分析方法及其应用》获得湖南省优秀博士论文奖，并于 2005 年评为全国优秀博士论文。

2005 年 9 月，建筑环境与设备工程专业划归中南大学能源与环境学院。建筑学一级学科硕士点申报成功，包含建筑设计及其理论、城市规划设计、建筑技术科学、建筑历史与理论 4 个二级学科。

2006 年，土木工程专业成立特色教育本科班"茅以升班"。11 月，任伟新教授当选 2006 年度"长江学者"特聘教授。

2007 年，桥梁与隧道工程、道路与铁道工程 2 个国家重点学科通过国家评估，岩土工程学科被批准为国家重点学科；岩土工程、结构工程为"十一五"湖南省重点学科，防灾减灾工程及防护工程为中南大学校级重点学科。8 月，土木工程学科、交通运输工程学科(共建)被批准为一级学科国家重点学科。11 月，"高速铁路建造技术国家工程实验室"落户土木建筑学院。12 月，土木工程专业被教育部确定为特色建设专业。

2008 年 6 月，土木工程教学团队被评为省级教学团队，建筑学专业通过建设部专业评估，同时获得建筑学专业学士学位授予权，土木工程实验教学中心被评为湖南省高校实践教学中心。11 月，教育部学位中心发布 2005—2007 年学科评估结果：土木工程一级学科排列在全国第 9 名，交通运输工程一级学科排名第 5。

2009 年 6 月，土木工程、城市规划专业通过建设部专业评估委员会评估。

2010 年 9 月 26 日，建筑与城市规划系与艺术学院合并组建中南大学建筑与艺术学院，建筑学和城市规划专业划归建筑与艺术学院。10 月 19 日，中南大学土木建筑学院更名为中南大学土木工程学院。11 月，获批"重载铁路结构工程教育部重点实验室"。同年，成功申报工程管理全日制专业学位硕士点。邹金锋博士论文《扩孔问题的线性与非线性解析及其工程应用》获全国优秀博士论文提名奖，指导教师是李亮。

2012 年 8 月，土木工程实验教学中心被评为"十二五"国家级实验教学示范中心。岩土工程、结构工程顺利通过湖南省教育厅组织的"十一五"省级重点学科验收。同年，赵衍刚教授领衔的"高速铁路工程结构服役安全"团队入选教育部创新团队发展计划。教育部学位与研究生教育发展中心发布 2009—2012 年学科评估结果：土木工程一级学科全国排名第 7，交通运输工程一级学科排名第 5。

2013 年 2 月，高速铁路建造技术国家工程实验室通过国家发改委组织铁道部主持的验收。5 月，第 10 次高速铁路建造技术国家工程实验室理事会召开，确定了实验室进入运行初期阶段的管理实施办法。

同年4月，高速铁路工程结构服役安全教育部创新团队建设计划通过教育部科技司组织的专家论证。5月，换届产生土木工程学院第三届教授委员会，进一步确立了教授治院的办学理念。

经过60年的发展，土木工程学院目前(2013年8月)的现状为：

1. 师资队伍

土木工程学院现有在册教职工290名，其中中国工程院院士3名，“长江学者奖励计划”特聘教授1名，“芙蓉学者”特聘教授1名，“升华学者”特聘教授3名，“千人计划”3名，“教育部新世纪优秀人才支持计划”7名，“湖南省科技领军人才”2名，“国家新世纪百千万人才工程”1人。在编专任教师216人，其中教授55名(含博士生导师49名)，副教授95名、讲师66名，其结构构成见表1.2。

学院拥有高速铁路工程结构服役安全教育部创新团队和高速列车—桥梁(线路)振动分析与应用湖南省创新团队；2009年以来，学院组建了11个创新团队。

表1.2　土木工程学院在职教师基本情况

	合计	职称			年龄			学历		
		教授	副教授	讲师	55岁以上	36～55岁	35岁以下	博士	硕士	学士
人数	216	55	95	66	13	163	40	164	46	6
百分比(%)	100	25	44	31	7	74	19	76	21	3

2. 学科与专业

形成了多层次办学，见图1.2。

一级学科国家重点学科2个：土木工程、交通运输工程(共建)。

二级学科国家重点学科3个：桥梁与隧道工程、道路与铁道工程、岩土工程。

一级学科博士后流动站2个：土木工程、交通运输工程(共建)。

一级学科博士授予点3个：土木工程、交通运输工程(共建)、力学(共建)。

二级学科博士授予点11个：桥梁与隧道工程、道路与铁道工程、岩土工程、结构工程、市政工程、防灾减灾工程与防护工程、消防工程、土木工程规划与管理、土木工程材料、城市轨道交通工程、工程力学(共建)。

硕士学位授予点14个：桥梁与隧道工程、道路与铁道工程、岩土工程、结构工程、市政工程、防灾减灾工程与防护工程、消防工程、土木工程规划与管理、土木工程材料、城市轨道交通工程、工程力学(共建)、固体力学、材料学(共建)、管理科学与工程(共建)。

工程硕士学位授予点2个：建筑与土木工程、项目管理。
工程管理硕士学位授予点1个。

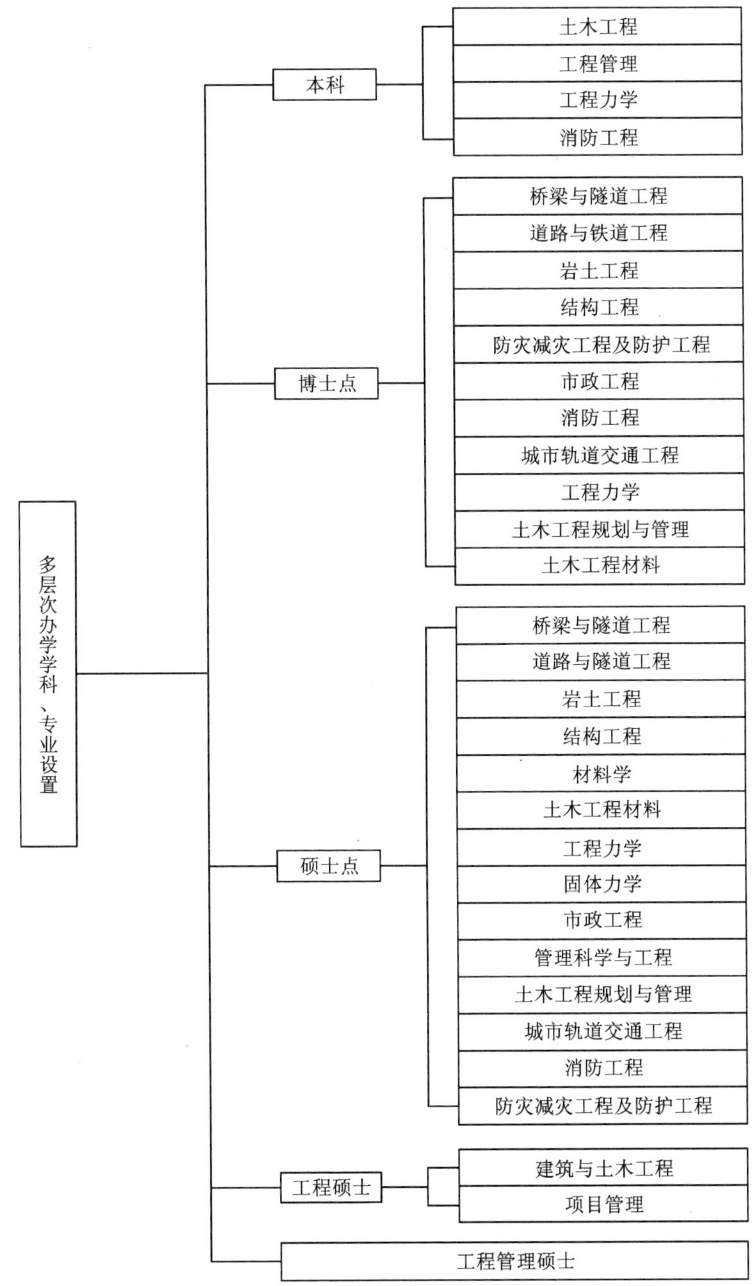

图1.2　土木工程学院学科、专业设置汇总图

本科专业 4 个：土木工程、工程管理、工程力学、消防工程。

二级学科 10 个：铁道工程、桥梁工程、隧道工程、岩土工程、结构工程、道路工程、土木工程材料、工程管理、消防工程、工程力学。

3. 人才培养

1953—2013 年 7 月，本科生招生 19677 名、毕业 17099 名；专科生招生 1205 名、毕业 1205 名；本、专科培养情况详见第四章第一节。

全日制硕士招生 3010 名、毕业 2376 名；博士招生 632 名、毕业 320 名(未含暖通专业)，高校教师在职攻读硕士学位研究生招生 52 名，毕业 51 名；在职工程硕士研究生招生 838 名(建筑与土木工程领域 695 名，项目管理领域 143 名)，毕业 460 名(建筑与土木工程领域 399 名，项目管理领域 61 名)。研究生历年招生名册见第四章第二节。

目前在校本科学生 2758 人，博士、硕士研究生(含在职工程硕士生)1299 人。

4. 科研成果

据不完全统计，1958 年以来，出版教材或专著 191 部；1978 年以来，共获得省部级及以上科技成果奖 203 项；1991 年以来，共承担省部级及以上纵向科研项目 632 项。

5. 教学平台

国家级 3 个：土木工程实验教学中心国家示范实验室、中南大学广铁集团国家级实践教育中心、中南大学湖南建工集团国家级实践教育中心。

省级平台 3 个：中南大学力学教学试验中心——湖南省基础课示范实验室、中南大学土木工程安全科学实验室、广铁集团娄底地质实习湖南省优秀基地。

6. 科研创新平台

国家级平台 1 个：高速铁路建造技术国家工程实验室。

省部级平台 3 个：重载铁路工程结构教育部重点实验室、湖南省先进建筑材料与结构工程技术研究中心、土木工程安全科学湖南省高校重点实验室。

7. 土木工程学院机构设置

目前，土木工程学院设有桥梁工程、隧道工程、铁道工程、建筑工程、岩土工程、工程管理、力学、消防工程、道路工程 9 个系和工程与力学研究所、土木工程材料研究所 2 个所共 11 个教学单位。设有党群办、行政办、科研管理办、教务办、学生工作办、研究生培养办 6 个机关办公室。机构设置见图 1.3。

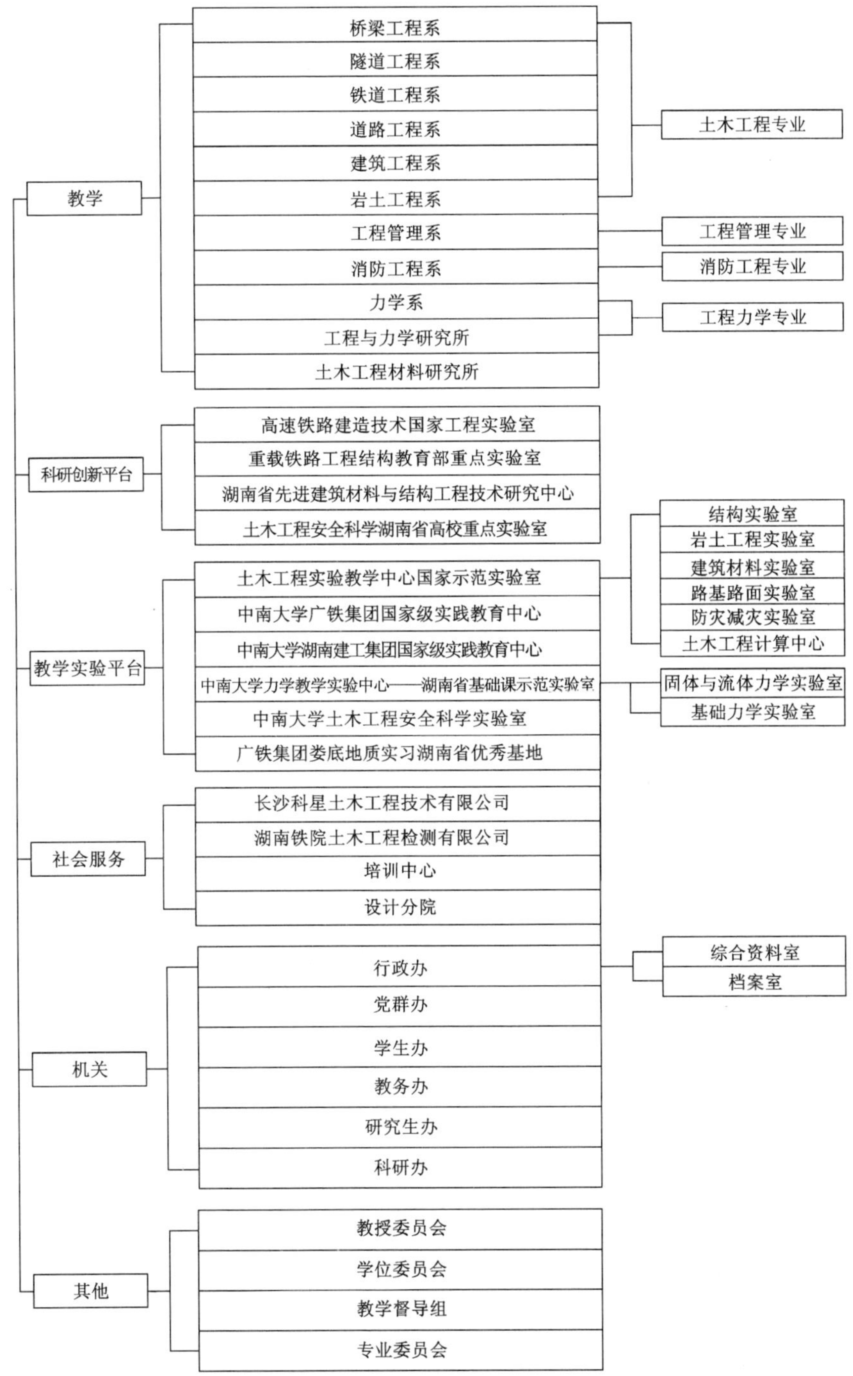

图 1.3　土木工程学院组织机构

第二章　学科与专业

第一节　铁道工程

一、学科发展

(一)中南土木建筑学院时期(1953.06—1960.09)

1953 年中南土木建筑学院成立时就设有铁道建筑系，设有铁道建筑本科专业以及铁道建筑、铁道勘测和铁道选线设计专修科。下设铁道建筑、铁道设计、测量、电机、铁路线路构造及业务共 5 个教研组。

1956 年，赵方民发表论文《铁路高次缓和曲线》，首次提出了七次方程式的缓和曲线新线形，该线形完全满足缓和曲线应当具备的 5 项力学条件，是对传统三次方程式缓和曲线的根本改进，丰富了缓和曲线的理论和计算方法，这项成果是缓和曲线的重大创新，被称为“赵氏缓和曲线”，其内容编入了苏联和我国高等院校的有关教材。

1956 年 9 月，国家高教部响应国务院全体会议第 32 次会议通过的《关于工资改革的决定》，调整了知识分子政策，制订教授工资评级标准，其中学术水平、资历、才能等作为重要的衡量指标。铁道工程学科有两位二级教授——桂铭敬和李吟秋。同年 12 月，铁道建筑系招收铁道选线与设计专业副博士研究生殷汝桓，李吟秋任导师，这是中南土木建筑学院招收的第一个研究生。

1958 年到二十世纪 70 年代，在当时“教育为无产阶级政治服务，教育与生产劳动相结合”的教育方针指导下，全专业师生开展了很多社会生产实践活动，如浙赣线廿里街车站的防洪抬道工程、浙赣线横峰至司铺的落坡改建工程、娄邵线的恢复定线测量、海南环岛窄轨铁路勘测设计、坪梅铁路施工建设、湘潭至韶山支线铁路勘测设计、湘黔铁路施工建设、安阳钢铁厂铁路专用线勘测设计、安徽宁国水泥厂铁路专用线勘测设计等。

1959 年，联合广州铁路局开展了铁路新型轨下基础(无砟轨道结构的雏形)的研究及现场试验。

(二)长沙铁道学院时期(1960.09—2000.04)

1964 年，联合广州铁路局开展了铁路新型轨下基础(无砟道床)综合试验。

1970 年，铁道工程系和桥梁隧道系合并成立铁道工程系，将铁道工程、铁道桥梁与隧道专业合并为铁道工程专业；开始招收工农兵学员 33 名，学制三年。

1975 年，开展了铁路轨下基础弹性设计参数的试验研究。

1977 年 4 月 16 日至 20 日，铁道部“统一无缝线路稳定性计算公式”会议在长沙举行，由铁道部科技委主持。会议一致同意长沙铁道学院主持、铁道部科学研究院等单位参加的起草小组提出的“统一无缝线路稳定性计算公式的建议”。该建议 1978 年由铁道部发文在全路试行。此后，统一公式广泛应用于国内无缝线路的设计、科研和教学。

1983 年，联合广州铁路局进行了无缝线路稳定性研究的现场试验。“铁道工程”获得全国第二批硕士学位授予权。同年，开展铁道部课题“铁路线路纵断面优化设计研究”。

1984 年 1 月 13 日，铁道工程获得全国第二批硕士学位授予权。11 月 10 日，吴宏元、段承慈参加的“桥上无缝线路设计及无缝线路防止胀轨跑道”科研项目，通过铁道部科技局、工务局主持的鉴定。同年，在京广线捞刀河桥进行了桥上无缝线路设计理论和设计参数的试验研究。

1985 年，提出了我国 I 级干线轨道不平顺功率谱密度的解析表达式。同年，长沙铁道学院协同铁科院等单位合作研究的“无缝线路新技术的研究与推广应用”获得国家科技进步一等奖，长沙铁道学院所建议的被铁道部定为全路的无缝线路稳定性统一计算公式，是获奖成果的核心内容之一。

1986 年 11 月 28 日，詹振炎等研究的“铁路线路用计算机辅助设计的应用研究”通过部级鉴定。11 月，詹振炎等的“铁路纵断面的优化设计”通过部级鉴定。12 月，陈秀方的“铁道建筑可靠性设计原理的研究”通过部级评审。

1987 年 1 月，铁道工程专业被批准为校级和铁道部重点专业。同年，詹振炎主持的“梯度投影法铁路线路纵断面优化设计”通过了铁道部组织的专家组鉴定。

1988 年 1 月 27 日，《人民铁道报》公布了 1987 年铁道部科技进步奖项目，詹振炎的“梯度投影法铁路线路纵断面优化设计”获二等奖。11 月 30 日，中华全国铁路总工会授予詹振炎“火车头奖章”。同年，参编的《铁路选线设计》教材获国家教委优秀教材奖。

1991 年 9 月，经国务院学位委员会批准，铁道工程学科获得在职人员硕士学位授予权。同年，詹振炎负责申报的“铁路选线的智能辅助设计”获得国家自然科学基金资助，这是铁道工程学科首次主持国家自然科学基金项目。

1992 年 4 月 3 日，陈秀方承担的“港口铁路车辆荷载概率模型及统计参数”项目在中国工程建设标准化协会水运工程委员会荷载分委员会上通过技术鉴定，对港口铁路、冰、堆货等荷载的取值标准、概率模型、统计参数等进行了探讨，填补了港口铁路荷载概率模型的空白，为荷载规范向可靠度设计方向转轨提供了有价值的资料。8 月，詹振炎主持，与铁道部第二设计院、第三设计院共同开发的

“人机交互铁路线路平纵断面整体设计系统”在北京通过了铁道部组织的专家组鉴定，鉴定评语是：“该项目工作量较大，具有跨学科综合性的难度，在数学模型建立方面具有独创性，整个系统在国内处于领先水平，并达到了国际上同类软件的先进水平。”同年，选线教研室和轨道教研室合并为线路教研室。

1993 年 6 月 14 日，詹振炎等主持的“铁路线路计算机辅助设计软件系统”和“人机交互铁路线路平纵面整体优化设计系统”，分获全国第三届工程设计计算机优秀软件一等奖和二等奖。7 月 1 日，常新生、詹振炎等主持的“新建单线铁路施工设计纵断面优化 CAD 系统”“微机数模地形图成图系统”项目，在北京通过铁道部科技司主持的技术鉴定。10 月 12 日，詹振炎等主持研究的“人机交互铁路线路平纵断面整体优化设计系统”荣获铁道部科技进步奖二等奖。

1995 年 4 月 26 日，詹振炎荣获第二届詹天佑科技奖。5 月 2 日，詹振炎主持，常新生、张怡等参加的两个课题“人机交互铁路线路平纵面整体优化设计”“新建单线铁路施工设计纵断面优化 CAD 系统”获铁道部建设司优秀软件一等奖。10 月 10 日，常新生、张怡、詹振炎等完成的“新建单双线铁路线路机助设计系统”通过铁道部鉴定。该成果 2000 年获建设部第六届全国工程设计计算机优秀软件金奖。

1995 年 10 月 22 日，陈秀方负责申报的项目“连续焊接长钢轨轨道稳定性可靠度分析”获得国家自然科学基金资助。该课题获得了如下成果：提出了无缝线路原始弯曲的极值概率分析方法，基于广泛的现场调查数据提出了无缝线路原始弯曲的取值，提出了改进的无缝线路稳定性计算公式。所取得的这些成果被纳入《铁路轨道设计规范》(TB10082—2005)等铁道部七部规范性文件，广泛应用于工程设计。

1996 年 9 月，詹振炎主持的四个项目列入铁道部工程建设“九五”科技发展规划。陈秀方参加的“减轻重载列车轮轨磨耗技术”课题进行了成果鉴定，并获得铁道部科技进步二等奖。长沙铁道学院参加的“八五”国家科技攻关项目“高速铁路线桥隧设计参数选择的研究”通过了铁道部组织的专家组评审，其中詹振炎和唐进锋完成第四子项目“高速铁路无缝线路横向稳定性分析及设计参数的建议值”。

1996 年，由于詹振炎课题组在铁路计算机选线领域作出的卓越贡献，被评为铁道部“科技进步先进集体”。

1997 年 2 月，铁道工程通过湖南省教委学位点合格评估。同年，参编的《铁路选线设计》获国家教学成果二等奖。

1998 年，道路与铁道工程学科获得了博士学位授予权。同年，周小林参加的“新龙门隧道爆破和伊河大桥运营振动对龙门石窟影响试验研究”项目，获中铁工程总公司一等奖。

1999 年 4 月 27 日，詹振炎、蒲浩、宋占峰、蒋红斐、张怡与四川省交通厅公路规划勘察设计研究院共同研究的“公路数字地形图机助设计系统”项目，通过由湖南省教委主持、湖南省科委组织的鉴定，鉴定认为“该系统达到国内先进水平，在数模建网上达到了国际上同类软件的先进水平，可以推广应用”，该项目成果获2001年四川省科技进步二等奖。5月12日，蒋红斐、张怡等完成的铁道部课题“新建单、双线铁路线路技术设计CAD系统”，通过铁道部科技司委托铁道部建设司主持的鉴定，鉴定委员会认为，该项成果达到国内领先水平。

（三）中南大学时期（2000.04—）

2000年4月，中南工业大学、湖南医科大学、长沙铁道学院合并组建了中南大学。从此该学科在新的起点上开始新的发展。

2000年9月20日，道路与铁道工程学科列入湖南省教育厅重点学科。同年，由詹振炎主持的“铁路线路三维可视化设计系统”通过了铁道部组织的专家组鉴定。另外，参编的《铁道工程》获教育部优秀教材一等奖。

2001年1月5日，在长沙由铁道部科技教育司组织的科学技术成果鉴定会对“铁路勘测设计一体化、智能化研究（F）——铁路线路微机三维可视化设计系统”进行鉴定，鉴定认为“该系统完成了铁路勘测设计一体化总体框架的要求，在铁路线路的三维可视化设计方面达到国内领先水平，可以推广使用”。

2002年1月，道路与铁道工程学科被批准为国家级重点学科。10月13日，蒲浩负责的“高速公路地面数字模型与航测遥感技术研究”项目通过了湖南省交通厅在长沙主持召开的科技成果鉴定会，认为“该研究成果整体处于国内领先水平，在数字地面建模方面达到了国际先进水平”。同年，线路教研室改名为道路与铁道工程系。

2003年，完成了国家重点学科“道路与铁道工程学科”的中期检查；新增博士点和硕士点“城市轨道交通工程”。

2004年5月，由吴小萍教授主持完成的《铁路选线环境影响综合评价理论与方法》，在北京通过了由铁道部科技司主持的专家鉴定和验收，鉴定认为：“该研究成果达到国内领先水平。”

2004年12月26日，由湖南省科技厅会同铁道部建设司在长沙主持召开了蒲浩负责的“铁路新线实时三维可视化CAD系统”成果鉴定会。鉴定认为：“该系统是利用现代信息技术完善铁路设计手段新成果，整体达到国际先进水平。”该项目获得了2005年湖南省科技进步二等奖。同年，道路与铁道工程系分开为道路工程系和铁道工程系。

2005年1月，教育部学位与研究生教育发展中心发布2002—2004年学科评估结果，中南大学交通运输工程一级学科排名第7。

2005年5月，由吴小萍教授主持完成的《铁路建设项目社会经济环境影响评价方法研究》，在北京通过了由铁道部科技司主持的专家鉴定和验收，鉴定认为：“该研究成果达到国内领先水平。”

2007 年，道路与铁道工程国家重点学科通过进一步评估。同年，交通运输工程学科被批准为一级国家重点学科。同年，由贵州省交通规划勘察设计院主持，王卫东(第三)参加的“西部地区公路地质灾害监测预报技术研究”经交通部组织验收鉴定，2009 年获中国公路学会科技成果一等奖。

2009 年 1 月，教育部学位与研究生教育发展中心发布 2006—2008 年学科评估结果，中南大学交通运输工程一级学科排名第 7。

2009 年 5 月，湖南省交通规划勘察设计院主持，中南大学(吴小萍)参加的国家西部交通建设科技项目“常吉高速公路沿线文化遗产及自然环境保护综合技术研究”通过交通部科技司组织鉴定，鉴定认为:“该研究成果达到国内领先水平。”

2011 年 11 月 19 日，湖南省科学技术厅在长沙组织召开由蒲浩主持，中南大学、中铁第一勘察设计院、中铁二院工程集团有限责任公司和中铁第四勘察设计院集团有限公司共同完成的“铁路数字选线关键技术研究与应用”项目科技成果鉴定会。鉴定认为:“该项目研究成果具有重要的理论意义与实践应用价值，整体达到国际先进水平，其中铁路线路信息建模理论与方法居国际领先水平”。该成果获得了 2012 年湖南省科技进步二等奖。

2012 年 3 月 18 日，湖北省科学技术厅在武汉组织召开由蒲浩主持，中铁第二勘察设计院、中南大学共同完成的“高速公路建设管理 WebGIS 与 Web3D 集成式可视化信息平台”项目科技成果鉴定会。鉴定认为:“该项目研究成果整体达到国际先进水平，其中网络三维可视化理论与方法居国际领先水平。”该成果获得了 2012 年中国公路学会科学技术二等奖。

2013 年 1 月，教育部学位与研究生教育发展中心发布 2009—2012 年学科评估结果，中南大学交通运输工程一级学科排名第 5。同年，娄平负责申请的“高速铁路无缝线路状态演变机理及规律研究”获得高速铁路基础研究联合基金重点项目资助，这是铁道工程学科首次主持的国家自然科学基金重点项目。7 月，贵州省交通规划勘察设计院有限公司主持，中南大学(王卫东)、武汉岩土所参加的交通部课题“滇黔玄武岩地区公路地质灾害综合处治技术研究”通过交通部科技司组织鉴定，中南大学负责的“玄武岩风化程度判识研究”达到国际先进水平。

2013 年 5 月，湖南省交通运输厅在长沙主持召开了由吴小萍教授领衔完成的“公路建设项目工程环境监理决策支持系统研究”项目科技成果鉴定会。鉴定认为:“研究成果总体达到了国际领先水平”。

二、团队与学科建设

(一)队伍概况

1. 概况

1953—2013 年间，现在的铁道工程系历经铁路选线教研组、铁路线路构造及业务教研组、线路教研室、轨道教研室、道路与铁道工程系、铁道工程系等名称变迁，作为建校主要专业之一，60年来从未间断。1953年建校之初，一批著名的铁道工程专家、教授从国内各高校和工程单位汇集中南土木建筑学院创建铁道工程专业，师资力量是全院最雄厚的专业之一。先后在铁道系工作过的教师约80人(包括现职教师)，其中，早期著名教授有桂铭敬、李吟秋、赵方民、刘达仁、李绍德等，后有曾俊期、詹振炎、陈秀方、胡津亚、段承慈等。以上各位教授成就详见“学科教授简介”。

目前，铁道工程系在职教师16人，名单详见本书第六章第一节，教师构成情况见表2.1.1。

表2.1.1 在职教师基本情况

	合计	职称				年龄			学历		
		教授	副教授	讲师	助教	55岁以上	36~55岁	35岁以下	博士	硕士	学士
人数	16	4	8	4	0	0	14	2	13	3	0
百分比(%)	100	25	50	25	0	0	87.5	12.5	81	19	0

2. 各种荣誉与人才计划

1989年11月25日，詹振炎获“全国铁路劳动模范”称号。

1990年1月12日，赵方民、桂铭敬获国家教委、国家科委“长期从事教育与科技工作，且有较大贡献的老教授”荣誉称号。詹振炎获“全国高等学校先进科技工作者”称号。

1991年，詹振炎获全国“五一劳动奖章”。

1992年，赵方民、桂铭敬获国家教委、国家科委全国高校先进科技工作者称号。詹振炎获“铁道部全国铁路优秀知识分子”称号，常新生获“铁道部优秀教师”称号。

1994年10月1日，常新生获铁道部94年度“有突出贡献的中青年专家”称号。

1995年10月16日，常新生获铁道部“先进工作者”称号。10月23日，詹振炎、常新生获铁道部“八五”科技工作“先进个人”称号。

1997年11月9日，常新生获得第三届詹天佑人才奖。12月2日，詹振炎获铁道部“火车头奖章”。

2001年，蒲浩被批准为湖南省普通高校青年骨干教师培养对象。

2005年，蒲浩被批准为湖南省“121人才工程”第三层次人选。

2006年，娄平被批准为湖南省普通高校青年骨干教师培养对象。

2007年，向俊入选教育部新世纪人才培养计划和湖南省普通高校青年骨干教师培养对象。同年 12 月，蒲浩获茅以升铁路教育科研专项奖。

2008 年 12 月，蒲浩获詹天佑青年奖，吴小萍获茅以升铁路教育教学专项奖。

2009 年 12 月，蒲浩获湖南省第七届青年科技奖。

2010 年 12 月，娄平、王卫东获茅以升铁路教育科研专项奖。

3. 教师进修

表 2.1.2　教师进修情况

姓　名	时间	学校	身份
詹振炎	1984—1985	加拿大多伦多大学	访问学者
詹振炎	1991.09—1992.02	美国俄亥拉霍马大学	访问学者
吴小萍	2006—2007	英国伦敦大学	访问学者
王卫东	2007.10—2008.10	美国弗吉尼亚理工大学	访问学者
娄平	2008.04—2009.04	香港大学	博士后
吴小萍	2009—2010	英国伯明翰大学	访问学者
娄平	2010.10—2010.12	香港大学	访问学者
蒲浩	2013.07—	美国马里兰大学	访问学者
徐庆元	2013.06—	英国诺丁汉大学	访问学者

(二)历任系(室)负责人

表 2.1.3　历任教研组、室和系主任

时间	主任	副主任
建校初—20 世纪 70 年代中期	刘达仁(铁路选线教研组)	
20 世纪 70 年代中期—1979 年	李秀容(铁路选线教研组)	
1979—1992	曹维志(选线测设教研组)	黎浩廉
建校初—20 世纪 80 年代初	赵方民(铁路线路构造及业务教研组)	
20 世纪 80 年代初—80 年代中期	段承慈(铁路线路构造及业务教研组、轨道教研室)	王远清
20 世纪 80 年代中期—1992 年	吴宏元(轨道教研室)	王远清
1992—1999	陈秀方(线路教研室)	蒋红斐
1999—2002	唐进锋(线路教研室)	蒋红斐
2002—2004	陈秀方(道路与铁道工程系)	唐进锋、蒋红斐
2004—2006	王星华(铁道工程系)	蒲浩、王卫东、吴小萍
2006—	蒲浩(铁道工程系)	王卫东、吴小萍、向俊
2007—	蒲浩(铁道工程系)	吴小萍、向俊、娄平

（三）学科教授简介

桂铭敬教授：男，生于1899年4月28日，汉族，广东省南海县人，1956年由国家高教部评定为二级教授。1921年毕业于上海交通大学土木工程系，1922年在美国康奈尔大学获硕士学位。1953—1962年任中南土木建筑学院、长沙铁道学院铁道建筑系主任，1962—1970年任长沙铁道学院桥隧系主任。曾当选为广州市第一届人民代表、湖南省第一、二、三届人民代表和第三届全国人民代表大会代表。桂教授先后担任过粤汉铁路株（洲）韶（关）段工程局正工程师兼设计课课长、湘桂铁路工程局副总工程师，宝天、天兰铁路工程局副局长兼总工程师、湘桂黔铁路局副局长等重要职务，为我国的铁路测绘及建筑事业作出了卓越的贡献。桂教授先后在广东大学、岭南大学、中山大学、华南工学院、中南土木建筑学院、长沙铁道学院任教，为祖国培养了大批铁道建设人才。主编《粤汉铁路株韶段建筑标准图》《湛江建港计划》等。为表彰桂教授一生所作的卓越贡献，国家教委、国家科委于1990年给其颁发“长期从事教育与科技工作，且有较大贡献的老教授”荣誉证书并于1992年授予其“全国高等院校先进科技工作者”称号。桂教授于1973年11月15日退休，1992年4月5日在广州因病逝世，享年93岁。

李吟秋教授：男，生于1900年12月12日，汉族，河北省迁安县人，1956年由国家高教部评定为二级教授，中国农工民主党成员。1922年毕业于清华学校高等科（清华大学前身），随后公派留美，先后毕业于伊利诺伊大学铁道工程专业、康奈尔大学水利工程专业，在普渡大学研究院攻读桥梁建筑及结构学，分别获得学士、硕士学位，并在纽约桥梁公司和房屋公司工作，后赴欧洲考察。1928年归国，先后在东北、天津等地从事铁路、海港、市政建设，历任总工程师、天津工务局局长、华北水利委员会委员等职，负责设计、施工至今仍屹立的天津大红桥（见第二章第二节）等工程，并兼职北洋大学、工商学院两校教授。抗战爆发后，他拒绝日寇利诱，于1938年春，只身逃离天津，辗转到大后方昆明，为抗战时期急需的云南交通事业竭尽所能。参与中印公路的部分工程，曾任云南石佛铁路筹备处处长，主持完成该线600千米勘测设计工作。1942—1949年任滇越铁路昆明铁路局副总工程师。1943年开始，历任云南大学教授、铁道系主任、工学院院长。1953年以后，历任中南土木建筑学院和长沙铁道学院的铁道运输系主任、铁道建筑系副主任、主任，院务委员会委员、中国桥梁建设史编委会顾问等职。1956年经国务院首批批准，成为中南土木建筑学院第一位带副博士的教授。李教授博学多才，通晓英、德、法、俄四国文字，长期从事铁路和市政部门的技术工作和高等教育管理工作，对铁路选线设计，特别是窄轨铁路有专门研究，出版专著《市政工程》《凿井工程》《窄轨铁路的选线和设计》等。与王学业老师合译俄文版《公路学》。编写教材《铁道建筑》《铁路选线设计》和《铁路设计及改建》等。李教授于1983年3月逝世，享年83岁。

赵方民教授: 男，1909 年 11 月生，汉族，湖南长沙人，铁路工务工程专家，资深教授。1934 年毕业于武汉大学工学院土木系。任第三、五届全国人民代表大会代表、湖南省第五届人民代表大会代表、第五届湖南省政协委员、铁道部首届学位评定委员会委员、铁道科学研究院第五届学术委员会名誉委员。先后在南京卫生署、湖南省民政厅、叙昆铁路工程局、昆(明)沾(益)铁路、滇越铁路河口工程段任土木工程师，为西南铁路早期建设和抗日战争时期唯一的国际铁路通道——滇越铁路的建设和畅通作出了重要贡献。1947—1952 年，历任中山大学副教授、华南工学院副教授兼教研组主任。1953 年后历任中南土木建筑学院、湖南大学、长沙铁道学院副教授，测量教研室主任、线路构造教研室主任。1963 年晋升为教授。1964 年经高教部批准为研究生导师。50 年代，自学俄语，主持翻译希洛夫编著的《测量学》，1956 年出版。1956 年论文《铁路高次缓和曲线》，首次提出了七次方程式的缓和曲线新线形，该线形完全满足缓和曲线应当具备的 5 项力学条件，是对传统三次方程式缓和曲线的根本改进，丰富了缓和曲线的理论和计算方法，是对铁路缓和曲线的重大创新，被称为“赵氏缓和曲线”，受到苏联沙湖年兹教授高度评价，1961 年纳入其主编的苏联教材《铁道线路》。1987 年在他从事土木工程工作 50 周年之际，谷牧副总理给他寄来了“耕耘半世纪，硕果遍中华”的贺词和珍贵的纪念品。1987 年退休，1996 年 4 月 16 日病逝，享年 87 岁。

曾俊期教授: 男，1932 年 10 月生，汉族，四川成都市人。1955 年毕业于中南土木建筑学院铁道建筑专业，1955—1957 年在唐山铁道学院苏联专家举办的研究生班学习。历任铁道工程系主任、长沙铁道学院副院长、院长和中国铁道学会理事、湖南省铁道学会理事长。长期从事教育与研究工作。先后参加编写了《铁路设计》《铁路工程设计手册》等著作。撰写研究论文 20 余篇，曾获国家教委教学成果优秀奖及湖南省教学成果一等奖。1984—1993 年担任长沙铁道学院院长期间，勤于思考、勇于创新、善于管理。强调办学质量、效益、环境是学校管理者的永恒主题，取得了显著成效。中华人民共和国人事部授予他“有突出贡献的专家”称号，享受政府特殊津贴，还被授予“全国优秀教师”“全国铁路优秀知识分子”称号。其传记被收入 1988 年英国剑桥《国际名人辞典》和美国《国际优秀领导人名录》。

詹振炎教授: 男，生于 1933 年，汉族，湖北黄石人。1957 年毕业于唐山铁道学院，研究生。道路与铁道工程专业博士生导师。1957 年到中南土木建筑学院铁道建筑系工作。1981 年晋升为副教授，1986 年晋升为教授。1982—1992 年任长沙铁道学院土木系主任。其间，以访问学者身份于 1984—1985 年在加拿大多伦多大学进修，1991 年 9 月—1992 年 2 月在美国俄亥拉霍马大学进修。曾担任中国铁道学会铁道工程分会三、四、五届委员，第五届《铁道学报》编辑委员会委员，第二届湖南省土建学会常务理事，铁道部航测与遥感科技情报中心顾问。40 多年立足于铁路工程建设主战场，辛勤耕耘，创立和发展铁路线路设计的新理论和新方法，是我国将铁路选线设计和信息技术相结合的倡导者和奠基人之一，把毕生精力奉献给了新中国的铁路建设和教育事业，满怀爱心，精心育人，如今桃李满天下。詹教授先后获全国科学大会奖，国家自然科学奖，部、省级科技进步奖，詹天佑科技奖和茅以升铁道科技奖等多项奖项；1989 年被授予“全国铁路劳动模范”称号；1991 年获“全国五一劳动奖章”，享受政府特殊津贴。

陈秀方教授：男，1939 年 8 月生，汉族，江西兴国人，博士生导师。1961 年毕业于长沙铁道学院铁道建筑专业五年制本科。提出港口铁路荷载更新随机过程模型，达到国内领先水平，填补了国内港口铁路荷载概率模型的空白。提出基于结构可靠度理论的铁路桥梁列车荷载设计基本准则以及铁路桥梁列车荷载随机过程模型，经 5 个部委 28 名专家教授评审，达到国际先进水平，成果纳入国家标准《铁路工程结构可靠度设计统一标准》(GB 50216—1994)，是制定铁路桥梁、隧道以及线路工程可靠性设计专业规范的共同准则。针对高速铁路广泛采用的 60 千克/米轨道结构，提出了改进的铁路无缝线路稳定性计算公式及其设计参数，成果纳入《铁路轨道设计规范》(TB 10082—2005)等铁道部七部规范性文件。提出“拟九次方铁路缓和曲线”，在高速铁路上具有良好的应用前景。提出铁路无缝道岔结构体系分析广义变分原理，解决了高速铁路无缝道岔组合设计的技术难点。曾获铁道部科技进步二等奖，中国铁道学会科技进步二等奖。曾任铁道部秦沈客运专线科技攻关专家组成员，中国铁道学会轨道结构专业委员会委员，铁道部第四届教学指导委员会委员，中国工程标准化协会综合标准委员会委员，享受政府特殊津贴。

段承慈教授：男，1937 年 11 月生，汉族，江西省原宁冈县人。1960 年毕业于湖南大学铁道建筑专业五年制本科，分配到长沙铁道学院铁道工程系任教。历任教研室秘书、副主任、主任、铁道工程系务委员会委员、系党总支委员、系专业委员会主任、系工会主席、长沙铁道学院总务处处长、教务处处长、教务处党总支书记、学院学术委员会副主任、院职称改革领导小组副组长兼职改办主任、院职称评审委员会副主任、院学位委员会副主任、学院副院长等。曾主讲课程“线路构造与线路业务”“铁路轨道”“铁道工程”“Railway, Bridge and Tunnel”(专业英语)“桥上无缝线路”(研究生)。发表论文 5 篇，主编教育部教改项目论文 1 册，主编湖南省高校实验室优秀论文集(4 年 4 集)。指导硕士研究生两名。1985 年，作为“无缝线路新技术及推广应用”的主要完成人之一，获国家科技进步一等奖。还获湖南省高校教学成果一等奖，“铁道部中青年科技专家”称号，享受政府特殊津贴。曾任湖南省铁道学会学术委员会主任、工程委员会主任、全国高校实验室工作委员会理事和湖南省高校实验室工作委员会理事长。

常新生教授：男，1957 年 7 月生，汉族，河南新乡市人。现已调离中南大学。1981 年 12 月毕业于长沙铁道学院铁道工程专业，1986 年获铁道工程专业硕士学位。为本科生和研究生讲授“铁路选线设计”“最优化原理”等 7 门课程，指导硕士研究生2名。长期从事铁路选线智能辅助设计研究并取得丰硕成果。先后承担了12项国家自然科学基金及铁道部科研项目，作为主要骨干成员完成“人机交互铁路线路平纵面整体优化设计系统”等项目，先后获得第三届全国工程设计计算机优秀软件二等奖，铁道部工程设计优秀软件一等奖及多次铁道部科技进步奖，软件已被铁路设计部门广泛应用于铁路线路设计，促进了铁路线路设计手段的现代化，获得了巨大的经济效益和社会效益。先后获得铁道部“火车头奖章”、铁道部“先进工作者”“科技进步先进个人”和铁道部“有突出贡献的中青年专家”等荣誉称号。曾任中国铁道学会铁道工程学会线路委员会委员。

蒲浩教授：男，1973年生，汉族，四川南充人，博士，博士生导师。1994年7月本科毕业于长沙铁道学院铁道工程专业。2013—2014年美国马里兰大学土木与环境工程系访问学者。主要从事道路与铁道工程线路CAD、GIS、可视化等技术的研究。提出了线路信息模型、线路关联交互式设计、网络环境下道路三维实时交互式可视化等理论与方法，研发了国内目前推广应用最广、功能最齐全、行业认可度最高的数字选线系列软件，已在国内80%的铁路勘测设计单位推广应用。获得国家级优秀工程设计一等奖2项，省部级优秀工程设计计算机软件一等奖2项，省级科技进步二等奖4项，三等奖3项，发表研究论文60余篇，出版学术专著1部，参编研究生教材2部，获得软件著作权12项。现任铁道工程系主任，高速铁路建造技术国家工程实验室数字化建造专业实验室主任，中国铁道学会铁道工程分会线路专业委员会副主任，中南大学土木工程学院教授委员会委员，湖南省交通工程学会理事。2001年被评为“湖南省普通高校青年骨干教师”，2005年入选湖南省首批121人才工程专家，2007年获茅以升科研专项奖，2008年获第九届詹天佑铁道科学技术奖(青年奖)，2009年获第七届湖南省青年科技奖。

吴小萍教授：女，1965年生，祖籍广东梅州市丰顺，博士，博士生导师，1986年本科毕业于长沙铁道学院铁道工程专业。中南大学教学名师、英国伦敦大学客座教授、英国伯明翰大学荣誉高级研究员。“铁路规划与设计”省级精品课程负责人、“铁路选线设计”校级精品课程负责人，中国铁道学会会员。从事交通建设项目规划设计及交通环境理论方法研究工作及教学工作，先后主持国家和省部级科技计划项目70余项；作为主要参与者完成铁道部部颁技术规范标准1部；获国家铁路科技图书出版基金资助出版专著1部；主编出版国家“十一五”规划教材1部；获得计算机软件著作权1项。近5年公开发表学术论文80余篇，其中SCI收录9篇，EI收录19篇。2008年获中国科学技术发展基金会茅以升铁路教育专项奖。主持完成项目获省部级科技进步奖3项。

向俊教授：男，1968年出生，汉族，湖南溆浦人，博士，博士生导师，1990年7月本科毕业于湖南师范大学数学系。曾作为铁道部专家组成员，先后参加8条高速铁路新线开通前的安全评估工作。任中国振动工程学会随机振动专业委员会理事，中国土木工程学会会员，湖南省土木建筑工程学会会员。担任国内外著名刊物的审稿人。曾主持973项目子课题1项、国家自然科学基金2项、教育部高校博士点基金（博导类）项目1项及铁道部项目4项，作为副组长参与国家自然科学基金1项及其他省部级项目13项。在国内刊物上已发表学术论文100余篇，其中被SCI、EI、ISTP收录60余篇，出版专著1部，教材1部，获实用新型专利1项、计算机软件著作权3项。曾获“湖南省科技进步一等奖”“首届中国出版政府奖（图书奖提名奖）”、2007年教育部“新世纪优秀人才支持计划”“第八届詹天佑铁道科学技术奖（青年奖）”等荣誉称号。

娄平教授：男，1968年11月生，汉族，湖南浏阳人，博士，博士生导师。主讲“轨道工程”“铁道工程”“工程结构可靠度”“结构动力可靠性理论”等课程。主要研究方向包括列车—轨道（桥梁）耦合动力学、高速与重载铁路轨道工程设计理论与应用、铁路轨道可靠度设计理论等。参加完成的无缝线路研究成果被纳入《铁路轨道设计规范》（TB 10082—2005）等铁道部七部规范性文件。出版学术著作1本，独立取得计算机软件著作权1项，在国内外发表学术论文63篇（其中国际期刊第一作者论文25篇）。目前主持高速铁路基础研究联合基金重点项目、国家自然科学基金面上项目及重点项目子课题3项，主持或参加完成国家级、省部级课题18项。任中国铁道学会工程分会线路专业委员会副秘书长、中国工程建设标准化协会结构设计基础专业委员会委员、铁路建设工程招标评标委员会委员。入选2006年度湖南省普通高校青年骨干教师培养对象；获2006年度湖南省科学技术进步奖一等奖，2004、2010年度茅以升铁路教育科研专项奖，2005—2007年度、2009—2011年度中南大学“优秀共产党员”称号，2012—2013年度土木工程学院“优秀支部书记”称号。

三、人才培养

（一）本科教育

1. 概况

1953—2013年，铁道工程专业作为建校主要专业之一，为国家土木工程行业，尤其是铁路、公路等交通领域培养了大批优秀人才。本专业共有56届本科毕业生，约6000人；15届专科生，约1000人。毕业生总人数约占土木工程学院毕业学生总数1/3。历年招生、毕业人数详见第四章。

60年来，铁道工程专业一般为四学年制，1955年起曾经改为五年制，“文化大革命”后重新改为四年制。此外，“文化大革命”时期，受大环境影响，很多学生未能按年限毕业。

2. 本科生课程

目前，铁道工程系教师承担全院各专业的铁路选线设计、轨道工程、铁道工程、高速与重载铁路、工程结构可靠度、铁道工程概论、交通工程、道路工程、交通运输工程、城市轨道交通等课程。其中："铁路选线设计""轨道工程"是铁道工程专业方向核心主干课程；"铁道工程"是桥梁、隧道、道路、建筑结构工程专业方向的选修课；其余课程为全院选修课程。

3. 骨干课程目的、任务和基本要求

"铁路选线设计"是铁道工程专业方向的专业必修课程，目的在于学习铁路选线勘测与设计基本理论与方法，熟悉铁路线路计算机辅助设计的基本内容，培养学生从事铁路、公路线路勘测设计工作的基本技能，掌握铁路线路计算机辅助设计的一般方法。课程内容包括：铁路勘测设计基本建设程序，选线设计的基本任务，铁路运能，铁路主要技术标准的选定，牵引计算，线路平面定线设计、纵断面设计的基本方法，铁路线路 CAD 的基本内容及方法，线路方案技术经济比较，中间站设计的基本概念以及铁路既有线加强与改建的一般方法。

"轨道工程"是铁道工程专业方向的专业必修课程，目的在于掌握轨道力学计算，道岔几何尺寸计算，无缝线路强度和稳定性检算，轨道施工、检测和维修方法，全面获得有关轨道结构及工务工程的基本理论知识、分析计算以及解决实际工程问题的能力。课程内容包括，铁路轨道的基本理论和基本知识，铁路轨道的设计方法、施工工艺、养护维修方法，铁路轨道的发展方向和研究领域。

4. 教学理念：弘扬践行，传承创新

60 年来，铁道工程专业始终秉承弘扬践行，传承创新的教学理念。

(1)弘扬践行。建校之初的学科创建人桂铭敬、李吟秋、赵方民、刘达仁、李绍德等和学校发展时期的学科拓展人曾俊期、詹振炎、陈秀方、胡津亚、段承慈等老教授都于建国前后毕业于国内外名校(美国康奈尔大学、普渡大学、伊利诺伊大学、清华大学、上海交通大学、武汉大学、唐山铁道学院、湖南大学等)，建国前后都曾在国内外铁路、公路、市政行业从事大量工程实践工作(详见教授简介)。因此，铁道工程专业从建校时就形成了理论紧密联系实践的教学传统，在课程理论教学过程中大力弘扬工程实践。不仅在课堂教学过程中大量引入工程实践案例，而且积极带领学生参加铁路工程勘察设计。线路专业作为铁路设计的"龙头专业"，因此，建校以来历次全院的生产实践活动，选线教研组和线路构造教研组都是带领学生进行实践教学活动的主力军。1958 年"开门办学"，曾俊期、詹振炎等教师亲自带领学生参加浙赣线改线设计与防洪抬道设计，铁路选线教研组被评为"开门办学"先进集体。此后，教研组教师带领学生先后参加了娄邵线、海南环岛铁路、湘黔线增建第二线、涟源钢铁厂专用线、安徽宁国水泥厂铁路专用线、韶山铁路(向韶至韶山)、陇海线(铁门至石佛段)、安阳钢铁厂铁路专用线、湖南麻阳煤矿铁路专用线等铁路的勘测设计工作。这些实践活动极大提升了本科生教学质量，很多优秀校友多年后回忆，大量的工程实践提升了他们工程技能，为以后工作打下扎实基础。

也正是由于参加了多条铁路干线的勘察设计，并在实践过程中积累了丰富的工程设计经验，完成了设计人员储备，因此在1984年成立长沙铁道学院土木工程勘察设计所时，选线教研组师资是设计所的中坚力量。

(2)传承创新。在扎实理论基础上，铁道工程学科教师结合科学发展，不断将最新技术融入专业和教学，促进学科发展和教学质量。1956年赵方民提出的“赵氏缓和曲线”促进了现代高铁技术的发展。1974年詹振炎在全院进行计算机语言讲座，预言“以后不懂计算机就不能算是合格的教师”，并身体力行，将计算机技术融入铁路、公路线路设计和优化设计，开创了铁路、公路计算机辅助设计和优化设计新领域，为线路设计指明了最新发展方向。线路教研室将计算机辅助设计纳入本科教学，在1995年本科毕业设计中开设“铁路线路计算机辅助设计”题目。该方向课题研究比铁道部1995—1996年提出“铁路勘测设计一体化、智能化”课题研究早了20年，课程教学和毕业设计内容比铁道部要求“2000年，铁路设计院要甩掉图板，全面推行计算机辅助设计”早了5年。由于在该领域起步早，现在80%的铁路设计院都应用铁道工程系开发的辅助设计软件。目前，铁道工程系又将成果拓展至基于GoogleEarth和GIS环境进行环境仿真三维虚拟设计。长沙铁道学院和铁道部科学研究院等单位共同提出的铁路无缝线路稳定性计算统一公式，以及陈秀方等提出的改进的无缝线路稳定性计算公式及其设计参数，极大促进了铁路无缝线路的理论和实践的发展。陈秀方的“铁道工程结构可靠度设计统一标准”荷载专题作为铁路工程结构设计规范共同遵守的标准。以上成果，都被纳入《铁路选线设计》《轨道工程》和《铁道工程》教材，促进了教学内容的及时更新和教学水平的稳步提升。

(二)研究生教育

1. 概况

1956年经国务院首批批准，李吟秋成为中南土木建筑学院第一位带副博士的教授，同年，铁路选线设计方向的殷汝桓成为李吟秋教授指导的第一位研究生，也是中南土木建筑学院第一位研究生。1984年1月13日，铁道工程学科获得全国第二批硕士学位授予权。1991年，铁道工程学科获得在职人员硕士学位授予权。1998年，道路与铁道工程学科获得了博士学位授予权。2003年，完成了国家重点学科“道路与铁道工程”的中期检查；新增博士点和硕士点“城市轨道交通工程”。

60年来，铁道工程学科共培养32届硕士研究生，约400人，17届博士研究生，约120人。历年研究生情况详见第四章。

2. 研究生课程与研究方向

目前由铁道系开设的硕士、博士研究生课程有：“轨道力学”“优化理论”“道路与铁道工程CAD”“结构可靠度理论”“结构动力可靠性理论”“铁路规划与设计”“交通与环境研究进展”“城市轨道交通规划与设计”“交通环境理论与方法”“交通规划理论”“交通工程学”等。

研究方向详见本节“科学研究”部分。

(三)教育教改成果

1. 教学获奖和荣誉

2005 年, 吴小萍负责的课程《铁路规划与设计》被湖南省教育厅评为省级精品课程。

2006 年 11 月, 吴小萍等完成的“铁道道路规划与设计教学体系的研究与实践”获湖南省高等教育教学成果三等奖。

2010 年, 吴小萍获中南大学第六届教学名师奖。

2012 年, 陈燕平硕士论文《基于 GIS 的滑坡地质灾害易发性多模型综合评价》获中南大学优秀硕士论文, 导师是王卫东。

2012 年, “土木工程专业特色人才培养模式研究与实践”获中南大学教学成果一等奖, 完成人王卫东排名第三。

2. 教材建设

1971 年, 长沙铁道学院选线测设教研室编著《铁路勘测设计》, 长沙铁道学院印刷。

1956 年, 赵方民等译《测量学(上、下册)》, 高等教育出版社。

1962 年, 高宗荣译《铁路无缝线路》, 人民铁道出版社。

1988 年, 周才光参编的《铁路选线设计》教材获国家教委优秀教材奖。

1997 年, 周才光参编的《铁路选线设计》获国家教委教学成果二等奖。

2000 年, 詹振炎、周小林参编的《铁道工程》获国家教委教学成果二等奖。

2000 年, 吴小萍参编出版继续教育科目指南丛书《工学》, 中国人事出版社。

2004 年, 王卫东、蒋红斐主编教材《道路与铁道工程计算机辅助设计》, 机械工业出版社。

2005 年, 陈秀方主编教材《轨道工程》, 中国建筑工业出版社。

2005 年, 蒲浩主编教材《道路路线 CAD 原理与方法》, 吉林科技出版社。

2010 年 12 月, 吴小萍主编《铁路规划与设计》列入国家“十一五”规划教材。

四、科学研究

(一)主要研究方向

1. 铁(道)路选线设计及规划的理论与方法

本方向研究的主要内容和取得的代表性成果有:

1)创立图形增量求导方法, 奠定了铁路线路优化设计的基础

采用独创的图形增量求导方法, 解决了线路设计这一多变量多约束数学规划

问题的求导难题，开发了“铁路线路纵断面优化设计系统”和“铁路线路平纵断面整体优化设计系统”，分别获 1987 年和 1993 年铁道部科技进步二等奖，并获 1993 年建设部全国优秀工程设计计算机软件一等奖和二等奖。

2）数字选线关键技术研究与应用

发展了常规线路选线设计步骤与方法，建立了适宜于用计算机选线的数字化设计新方法，开发了铁路数字选线系列软件产品，已在国内 80% 以上铁路勘察设计单位推广使用，成为国内目前铁路行业推广应用最广、产品最齐全的数字选线设计软件系统。获软件著作权 8 项，经湖南省科技厅专家会议鉴定为“整体达到国际先进水平，其中铁路线路信息建模理论与方法居国际领先水平”，获得 2005 年及 2012 年湖南省科技进步二等奖。

3）提出了道路（含铁路）工程三维可视化设计的新方法

历经离线被动式可视化到实时交互式可视化，并最终实现了网络三维交互式可视化，在铁路和公路的远程可视化协同设计、建设与运营管理领域获得了成功应用，经湖北省科技厅专家会议鉴定为“整体达到国际先进水平，其中网络交互式可视化的高速公路建设管理信息模型居国际领先水平”，获得 2012 年中国公路学会科学技术二等奖。

2. 铁路工程结构设计理论及应用

本方向研究的主要内容和取得的代表性成果有：

1）无缝线路稳定性的研究

1978 年提出“无缝线路稳定性计算统一公式”，广泛应用于国内无缝线路的设计、科研和教学，作为“无缝线路新技术的研究与推广应用”的基础理论部分，1985 年获国家科技进步一等奖。1996 年提出了修改的无缝线路稳定性计算公式及 60 千克/米钢轨原始弯曲设计参数，纳入《铁路轨道设计规范》等七部铁道部规范性文件。1995 年采用一种基于动力分析的无缝线路稳定性分析的新理论，提出了高速铁路无缝线路设计计算参数取值的新方法。

2）铁路工程结构可靠度理论的研究

1994 年提出“铁路桥梁列车荷载的更新随机过程模型”及“铁路桥梁荷载组合的点跨越法”，完成国家计委项目“铁路工程结构可靠度设计统一标准”荷载专题的研究，成果纳入国家标准《铁道工程结构可靠度设计统一标准》的荷载设计条文。

3）铁路缓和曲线理论的研究

1956 年提出七次方铁路缓和曲线，在国内外形成重要影响，纳入苏联和我国铁道线路教材。1997 年结合高速铁路的发展，又提出“拟九次方缓和曲线”，较国外高速铁路通常采用的“半波正弦形”缓和曲线，具有更优越的技术性能，可缩短缓和曲线长度，节省工程投资。

4)桥上无缝线路设计理论及应用研究

研究了高速铁路特大桥梁上无缝线路与桥梁的相互作用理论，提出了桥梁与轨道相互作用分析的广义变分法。确定了在温度效应作用下，特大铁路桥梁上无缝线路温度力的传递规律，为制定高速铁路桥梁设计规范和无缝线路结构设计规范提供依据。

3. 轨道不平顺功率谱及列车—轨道(道岔、桥梁)系统动力学理论研究

1985 年，提出了我国 I 级干线轨道不平顺功率谱密度的解析表达式。近年来对我国铁路提速干线、高速铁路轨道不平顺进行了研究，获得了相应轨道不平顺功率谱表达式的有关参数。

历经十余年，针对不同轨道(道岔)结构类型，视列车与轨道(道岔、桥梁)结构为一个系统，基于弹性系统动力学总势能不变值原理和有限元法，建立了列车与轨道(道岔、桥梁)结构时变系统振动矩阵方程，开发了列车与轨道(道岔、桥梁)结构相互作用动力学分析软件，研究了列车与轨道(道岔、桥梁)结构相互作用机理，分析了列车不同运行速度、轨道关键设计参数对车轨(桥)系统动力响应影响的规律，发展了列车—轨道(道岔、桥梁)系统动力学理论。承担了国家及省部级项目十余项，发表了相关学术论文 100 余篇，获得软件著作权 5 项。

4. 交通环境与交通安全理论与方法

1)交通地质灾害危险性区划、监测与预测

结合信息技术和 GIS 技术，研究区域公路地质灾害危险性区划，地质灾害时空预测预报理论，设计并实现了区域公路地质灾害管理与空间决策支持系统。主要研究成果：①研究区域公路地质灾害空间危险性区划评价指标体系、评价模型和方法，创建基于梯形模糊数的主观权重模型和基于熵值的客观权重模型，丰富了地质灾害空间危险性评价方法体系。②研究地质灾害发生与降水过程关系，运用雨量模型进行雨量危险性预测。并将区域地质灾害危险性区划与降雨参数等因素叠加，建立研究区地质灾害气象预警判据，生成区域地质—气象联合预警图。③对已有的滑坡预测理论、判据和方法进行归纳分析，引入准确性矩阵，建立滑坡位移联合预测模型，解决多模型预测结果取舍和模型可靠性评判问题。对滑坡变形阶段识别，提出基于可拓学的综合评判模型。④建立了专用的数据标准，构建了区域公路地质灾害数据模型：区划数据模型和地质灾害项目数据模型。结合企业级的 Geodatabase 地理数据模型，构建了基于 Geodatabase 区域公路地质灾害中心数据库。⑤建立了基于 WebGIS 的贵州省公路地质灾害监测、分析、评价、预报和预警系统，以区域—公路—灾害点为主线，从面、线、点全方位实现地质灾害基本信息、监测信息、气象信息、预警预报信息的一体化网络远程发布。2007 年，成果经交通部组织验收鉴定，2009 年获中国公路学会科技成果一等奖。

2)交通环境可持续发展

该方向主要研究道路与铁路交通环境规划、交通规划与设计及交通工程建设相关的环境规划、环境管理、环境质量监督与保护、环境评估及交通环境可持续发展等问题，主要包括交通污染形成机制、交通污染的危害分析、交通安全系统分析、交通环境评价指标体系、交通环境评价方法研究、交通污染防治方法等。

（二）科研项目

1984 年至今，铁道工程学科代表性科研项目见表 2.1.4。

表 2.1.4 省部级以上代表性科研项目(1984—2013)

序号	项目(课题)名称	项目来源	起讫时间	承担人
1	铁路选线的智能辅助设计(59178351)	国家自然科学基金	1992.01—1994.12	詹振炎
2	连续焊接长钢轨道稳定性可靠度分析(59578029)	国家自然科学基金	1996.01—1998.12	陈秀方
3	铁路绿色选线的理论体系及决策支持技术的研究(50578160)	国家自然科学基金	2006.01—2008.12	吴小萍
4	无砟轨道高速列车走行安全性分析理论研究(50678176)	国家自然科学基金	2007.01—2009.12	向俊
5	道路三维数据场网络可视化理论与方法研究(50708117)	国家自然科学基金	2008.01—2010.12	蒲浩
6	铁路绿色选线环境影响损失分析的理论与方法研究(50878214)	国家自然科学基金	2009.01—2011.12	吴小萍
7	路基上双块式无砟轨道道床板疲劳可靠度研究(50908236)	国家自然科学基金	2010.01—2012.12	曾志平
8	我国铁路轨道不平顺功率谱密度函数结构及其应用的研究(51008315)	国家自然科学基金	2011.01—2013.12	陈宪麦
9	无砟轨道高速列车运行安全性和舒适性的动力可靠度研究(51078360)	国家自然科学基金	2011.01—2013.12	娄平
10	基于 GIS 的高速铁路绿色选线噪声预测理论与方法研究(51078361)	国家自然科学基金	2011.01—2013.12	吴小萍
11	复杂荷载下桥上纵连板式无砟轨道疲劳破坏理论研究(51178469)	国家自然科学基金	2012.01—2015.12	徐庆元
12	重载铁路货物列车脱轨机理与控制研究(U126113)	国家自然科学基金	2013.01—2016.12	向俊

续表 2.1.4

序号	项目(课题)名称	项目来源	起讫时间	承担人
13	循环动载下软土地区高速铁路桥梁桩基承载机理及承载力研究(51308552)	国家自然科学基金	2014.01—2016.12	汪优
14	线路—结构物—环境耦合约束下的铁路点线协同优化理论与方法(51378512)	国家自然科学基金	2014.01—2017.12	蒲浩
15	高速列车与环境耦合作用下双块式无砟轨道结构体系经时综合性能研究(51378513)	国家自然科学基金	2014.01—2017.12	曾志平
16	高速铁路无缝线路状态演变机理及规律研究(U1334203)	国家自然科学基金(高铁联合基金重点项目)	2014.01—2017.12	娄平
17	梯度投影法铁路线路纵断面优化设计	部级科技计划	1984—1987	詹振炎
18	人机交互铁路线路平纵断面整体设计系统(89G11)	部级科技计划	1988—1992	詹振炎
19	铁路勘测设计一体化、智能化研究(F)——铁路线路微机三维可视化设计系统(97G23 - F)	部级科技计划	1997.01—1998.12	詹振炎
20	新建单双线铁路线路机助设计系统(铁建电[1992]16 号)	部级科技计划	1992—1995	詹振炎
21	客运专线桥上无缝线路关键技术	部级科技计划	2000.01—2003.12	陈秀方
22	秦沈客运专线跨兴阎公路特大桥无缝线路综合试验研究(2000G49 - C1)	部级科技计划重点项目	2000.08—2003.08	陈秀方
23	双线铁路线路三维可视化设计(铁建电[2001]11 号)	部级科技计划	2001.01—2004.12	詹振炎
24	新建铁路桥上无缝线路设计暂行规定补充研究	部级科技计划	2001.08—2001.12	陈秀方
25	铁路选线中环境影响综合评价原则和方法的研究(2002F008)	部级科技计划重点项目	2002—2003	吴小萍
26	铁路建设项目社会经济环境影响评价方法的研究(2003F - 012)	部级科技计划	2003.01—2004.12	吴小萍
27	青藏铁路格望段无缝线路试验段关键技术研究(2004G05 - A)	部级科技计划	2004.01—2006.12	陈秀方

续表 2.1.4

序号	项目(课题)名称	项目来源	起讫时间	承担人
28	路线联动交互式 CAD 与可视化技术研究	省级科技计划	2004	蒲浩
29	西部高速公路工程与环境协调的关键技术研究(04SK3082)	省级科技计划	2004—2006	吴小萍
30	城市轨道交通高架结构与无缝线路相互作用理论与应用研究(湘科计字[2004] 101 号)	省级科技计划	2004.01—2006.12	唐进锋
31	基于生态城市建设目标的轨道交通与土地可持续协调研究(05JJ30225)	省级自然科学基金	2005—2006	吴小萍
32	城市轨道交通网络规划优化决策理论与方法研究(07JJ5071)	省级自然科学基金	2007—2009	吴小萍
33	公路建设项目工程环境监理决策支持系统研究(200743)	省级科技计划	2007—2013	吴小萍
34	既有线铁路隧道检测与病害整治技术研究——隧道衬砌裂损病害整治技术研究(2008G017 - C)	部级科技计划重点项目	2008—2012	吴小萍
35	基于土地利用的长株潭轨道交通可持续发展研究(2008ZK2015)	省级科技计划重点项目	2008—2009	吴小萍
36	基于 GIS 的长株潭土地可持续利用与交通结构的协调研究(2008 - 22)	省级科技计划	2008—2009	吴小萍
37	客运专线桥上无缝道岔纵向力与振动特性研究(09JJ4022)	省级自然科学基金	2009—2011	曾志平
38	生态环境保护应用技术研究——铁路设项目环境保护管理及后评价技术研究——铁路建设项目环境后评价综合研究(2010Z001 - C)	部级科技计划重点项目	2010—2012	吴小萍
39	滇黔玄武岩地区公路地质灾害综合处治技术研究(2009318802074)	部级科技计划	2010—2013	王卫东
40	高速铁路桥涵桩基沉降变形控制研究(10JJ4035)	省级自然科学基金	2010—2012	汪优
41	板式轨道高速列车运行安全与舒适的动力可靠度理论研究(10JJ3059)	省级自然科学基金	2010—2012	娄平
42	六冲河大桥数字化、网络化施工管理模型研究(2010—142 - 015)	省级科技计划	2010—2013	王卫东

续表 2.1.4

序号	项目(课题)名称	项目来源	起讫时间	承担人
43	青藏铁路维护技术研究——无缝线路铺设与维护技术研究(2010G015-A)	部级科技计划重点项目	2010.01—2012.12	张向民
44	双块式无砟轨道道床板疲劳可靠度研究(2.01E+13)	教育部博士点基金	2010.01—2012.12	曾志平
45	广西进一步扩大开放合作，打造国际区域经济合作新高地(40575)	省级科技计划重大项目	2011—2012	吴小萍
46	贵州山区高速公路边坡地理信息系统研究(2003353352480-3)	部级科技计划	2012—2013	王卫东
47	三维空间的公(铁)路走廊线智能构建模型研究(12JJ3040)	省级自然科学基金	2012.01—2014.12	缪鹍
48	高速铁路数字选线设计安全与舒适实时动态评价研究(12K007)	省级科技计划	2012.01—2015.12	蒲浩
49	青藏铁路格拉段路桥过渡段病害综合整治研究(Z2012-066)	部级科技计划重点项目	2012.10—2014.12	张向民

(三)科研获奖

1985 年至今，铁道工程学科省部级以上科研成果奖励见表 2.1.5。

表 2.1.5　省部级以上科研成果奖励

序号	成果名称	获奖时间	奖励名称	等级	完成人
1	无缝线路新技术的研究与推广应用	1985	国家科技进步奖	一等奖	胡津亚(参加)、段承慈(参加)
2	梯度投影法铁路线路纵断面优化设计	1987	铁道部科技进步奖	二等奖	詹振炎
3	重载铁路几种基本技术条件	1989	铁道部科技进步奖	三等奖	顾琦(参加)、曾阳生(参加)
4	铁路线路计算机辅助设计软件系统	1993	建设部第三届全国工程设计计算机优秀软件奖	一等奖	詹振炎、常新生、张怡
5	人机交互铁路线路平纵面整体优化设计系统	1993	建设部第三届全国工程设计计算机优秀软件奖	二等奖	詹振炎、常新生、张怡

续表 2.1.5

序号	成果名称	获奖时间	奖励名称	等级	完成人
6	人机交互铁路线路平纵面整体优化设计系统	1993	铁道部科技进步奖	二等奖	詹振炎、常新生、张怡
7	梯度投影法铁路线路纵断面优化设计	1994	铁道部工程设计计算机优秀软件奖	一等奖	詹振炎、常新生、张怡
8	人机交互铁路线路平纵面整体优化设计系统	1995	铁道部建设司优秀软件奖	一等奖	詹振炎、常新生、张怡
9	新建单线铁路施工设计纵断面优化 CAD 系统	1995	铁道部建设司优秀软件奖	一等奖	詹振炎、常新生、张怡
10	减轻重载列车轮轨磨耗技术	1996	铁道部科技进步奖	二等奖	陈秀方(参加)、周小林(参加)
11	新龙门隧道爆破和伊河大桥运营振动对龙门石窟影响试验研究	1998	中铁工程总公司奖	一等奖	周小林(参加)
12	新建单双线铁路线路机助设计系统	2000	建设部第六届全国工程设计计算机优秀软件奖	金奖	詹振炎、张怡、蒋红斐、宋占峰
13	公路数字地形图辅助设计系统	2001	四川省科技进步奖	二等奖	詹振炎(1)、蒲浩(4)
14	高速公路地面数字模型与航测遥感技术研究	2003	湖南省科技进步奖	三等奖	蒲浩(2)
15	铁路新线实时三维可视化 CAD 系统	2005	湖南省科技进步奖	二等奖	蒲浩(1)
16	铁路建设项目社会经济环境影响评价方法的研究	2005	中国铁道学会科学技术奖	三等奖	吴小萍(1)
17	青藏铁路格望段无缝线路试验段关键技术的研究	2008	中国铁道学会科技奖	二等奖	陈秀方(2)、张向民(6)、曾志平(10)

续表 2.1.5

序号	成果名称	获奖时间	奖励名称	等级	完成人
18	西部地区公路地质灾害监测预报技术研究	2009	中国公路学会科技成果奖	一等奖	王卫东(3)
19	胶济客运专线跨区间无缝线路道床质量状态参数试验研究	2009	山东省科技进步奖	二等奖	张向民(4)
20	常德至吉首高速公路沿线文化遗产及自然环境保护综合技术研究	2009	中国公路学会科学技术奖	三等奖	吴小萍(3)
21	湖南西部地区高速公路沿线文化遗产及自然环境保护综合技术	2010	湖南省科技进步奖	三等奖	吴小萍(6)
22	铁路数字选线关键技术研究	2012	湖南省科技进步奖	二等奖	蒲浩(1)、缪鹍(3)
23	高速公路建设管理 WebGIS 与 Web3D 集成式可视化信息平台	2012	中国公路学会科学技术奖	二等奖	蒲浩(1)、李伟(3)

(四)专利与软件著作权

铁道工程学科代表性的专利与软件著作权见表 2.1.6。

表 2.1.6 专利与软件著作权

序号	发明人或著作权人	专利与计算机软件著作名称	授权号	授权时间	授权国别或组织
1	张向民、黄海	铁路道床横向阻力检测装置(实用新型专利)	专利号 200920063520.1	2009	中国
2	张向民、黄海	铁路枕下道床刚度检测装置(实用新型专利)	专利号 200920063522.0	2009	中国
3	娄平	列车板式轨道桥梁系统振动分析软件(计算机软件著作)	软著登字第 092144 号	2008	国家版权局

续表 2.1.6

序号	发明人或著作权人	专利与计算机软件著作名称	授权号	授权时间	授权国别或组织
4	曾志平	列车道岔桥梁耦合振动分析软件(计算机软件著作)	软著登字第092145号	2008	国家版权局
5	王卫东	西部地区公路地质灾害监测预报系统软件(GeoGIS1.0)(计算机软件著作)	软著登字第102902号	2008	国家版权局
6	蒲浩、李伟、刘江涛、赵海峰、杨新林、张星宇、任碧能	铁路数字地球选线系统(GACAD)	软著登字第0341432号	2011	国家版权局
7	蒲浩、李伟、宋占峰、彭利辉、王婉秋、龙喜安	新建铁路数字选线系统(RACAD)	软著登字第0341944号	2011	国家版权局
8	蒲浩、李伟、王磊、钟晶、王肃报、龙喜安	既有铁路改建与增建二线数字选线系统(EACAD)	软著登字第0341949号	2011	国家版权局
9	蒲浩、李伟、王肃报、黄铂清、龙喜安	铁路枢纽数字选线系统(TACAD)	软著登字第0341266号	2011	国家版权局
10	蒲浩、李伟、钟晶、黄铂清、龙喜安、明杰	地铁数字选线系统(MACAD)	软著登字第0341961号	2011	国家版权局
11	蒲浩、李伟、朱江、张星宇、任碧能、赵海峰	高速公路建设管理网络三维可视化信息系统	软著登字第0311991号	2011	国家版权局
12	蒲浩、李伟、赵海峰、张星宇、任碧能、徐源	高速公路运营管理网络三维可视化信息系统(RVEM)	软著登字第0474468号	2012	国家版权局
13	蒲浩、李伟、赵海峰、龙喜安	公路路线可视化CAD系统(DigiRoad)	软著登字第0473950号	2012	国家版权局
14	吴小萍、武希涛	高速公路建设项目工程环境监理决策支持系统V1.0(计算机软件著作)	2012SR078012	2012	国家版权局
15	蒲浩、李伟、曾志刚、刘江涛、赵海峰、杨新林、徐源、何安生、余路	公路数字地球三维选线系统(GERoad)	软著登字第0574305号	2013	国家版权局

(五)专著与代表性论文

专著

[1] 詹振炎. 铁路选线设计的现代理论和方法. 中南铁道出版社, 2003.

[2] 詹振炎. 道路规划与设计原理. 中南大学出版社, 2004.

[3] 吴小萍. 可持续发展战略指导下的轨道交通规划与评价. 中国铁道出版社, 2004.

[4] 曾庆元, 向俊, 周智辉, 娄平. 列车脱轨分析理论与应用, 中南大学出版社, 2006.

代表性论文

[1] 赵方民. 用诺莫图及计算尺计算土方横断面的方法. 工程建设, 1954(12).

[2] 沈智扬, 梁乔岳. 线路强度计算原理及应用中的问题. 唐山铁道学院学报, 1956(03).

[3] 赵方民. 铁路高次缓和曲线. 1957(被编入苏联和国内铁路轨道教材).

[4] 梁乔岳. 道砟内应力计算及枕木下基础弹性系数 c 的研究. 唐山铁道学院学报, 1957(05).

[5] 梁乔岳. 关于"土坡与地基稳定的虚力图解法"的讨论(二). 土木工程学报, 1958(06).

[6] 曹维志. 高速铁路竖曲线技术标准的确定. 长沙铁道学院学报, 1979(04).

[7] 胡津亚. 列车对无缝轨道的随机动压力分析. 长沙铁道学院学报, 1979(02).

[8] 曾俊期, 洪汉文. 铁路专用线建设必须讲求经济效果. 求索, 1981(04).

[9] 胡津亚. 铁道机车车辆的线性和非线性随机振动. 铁道学报, 1981(04).

[10] 黎浩濂. 对整正既有曲线的几个问题的探讨. 长沙铁道学院学报, 1980(01).

[11] 詹振炎, 宋治伦. 铁路纵断面的优化设计. 铁道学报, 1982(04).

[12] 胡津亚. 列车对无缝轨道的随机动压力分析. 土木工程学报, 1982(03).

[13] 黎浩濂. 从加强铁路输送能力角度看多机牵引的合理性. 铁道工程学报, 1984(04).

[14] 周才光, 杨雅忱. 开设"铁路航测与遥感"课程的一些认识和体会. 铁路航测, 1984(02).

[15] 顾琦, 曾阳生. 列车荷载作用下砂土变形的若干规律. 长沙铁道学院学报, 1984(02).

[16] 罗克奇, 李定清, 赵方民. 关于铁路缓和曲线的几个主要公式的讨论. 长

沙铁道学院学报，1984(01).

[17] 段承慈. 有砟钢筋混凝土梁桥上无缝线路钢轨挠曲附加力的试验研究. 长沙铁道学院学报，1984(04).

[18] 胡津亚. 汽车的随机振动——兼论平稳随机过程中的非线性阻尼问题. 上海力学，1984(04).

[19] 郑文雄. 铁路可行性研究初探. 技术经济，1985(06).

[20] 郑文雄. 对铁路标准的投资效率系数及其相应偿还期的探讨. 技术经济，1985(01).

[21] 李定清，赵方民. 铁路轨道接头区轮轨动力效应的研究. 铁道工程学报，1985(04).

[22] 赵方民，石伦侠. 对角图法计算偏角公式的讨论. 铁道工程学报，1986(01).

[23] 罗克奇，王远清，赵方民. 铁路道床振动计算和试验. 长沙铁道学院学报，1986(02).

[24] 段承慈. 有砟钢筋混凝土梁桥上无缝线路钢轨挠曲附加力、支座受力及墩顶位移的试验研究. 长沙铁道学院学报，1986(01).

[25] 曾俊期. 学院管理工作的改革. 水利电力高教研究，1987(01).

[26] 曾俊期. “两个中心”统一于培养人才的根本任务. 中国高等教育，1987(01).

[27] 王远清. 试论在重载铁路上加速应用石棉道砟的问题. 长沙铁道学院学报，1987(04).

[28] 李定清，轮轨垂直相互动力作用及其动力响应. 铁道学报，1987(01).

[29] 刘冬初，解传银. 用最小二乘法选择既有曲线最佳半径. 铁道学报，1987(03).

[30] 黎浩濂. 最小曲线半径问题的探讨. 铁道工程学报，1988(03).

[31] 曹维志. 最佳投资时机的选择. 铁道工程学报，1989(02).

[32] 罗克奇. 铁路道床应力测试中标定方法的研究. 铁道学报，1989(S1).

[33] 曾俊期. 高校教师思想政治工作特殊意义和方法的探讨. 高等教育研究，1991(03).

[34] 顾琦，曾阳生，张佩知. 动载作用下膨胀土基床病害石灰土整治方案. 路基工程，1991(02).

[35] 顾琦. 软土地基面填土后下沉量的测定. 路基工程，1996(01).

[36] 詹振炎，张怡，王卫东. 高速铁路的三维可视化机助设计. 长沙铁道学院学报，1997，15(03).

[37] 詹振炎，蒋红斐，蒲浩. 复线铁路的线形设计与整体优化. 铁道学报，

1998, 20(6).

[38] 陈秀方, 娄平, 向延念, 周小林. 无缝线路原始弯曲极值概率分析. 中国铁道科学, 1999, 20(1).

[39] 蒲浩, 宋占峰, 蒋红斐, 詹振炎. 三角网数字地面模型的生成及其在路线设计中的应用. 铁道学报, 2000, 22(03).

[40] 蒋红斐, 詹振炎. 铁路线路三维设计模型建立方法的研究. 铁道学报, 2000, 22(4).

[41] 蒲浩, 宋占峰, 詹振炎. 基于 Delaunay 三角网数字地面模型的路线三维建模方法. 铁道学报, 2001, 23(04).

[42] 李秋义, 陈秀方. 结构可靠度理论在无缝线路稳定性研究中的应用. 铁道学报, 2001, 23(05).

[43] 缪鹍. 基于线元的公路平面线形交互方法的研究. 中国公路学报, 2001, 14(3).

[44] 蒋红斐, 詹振炎. 顾及地形的铁路线路模型建立方法. 计算机辅助设计与图形学学报, 2002, 14(8).

[45] 缪鹍. 基于直线约束的道路线形设计通用方法. 中国公路学报, 2002, 15(3).

[46] 陈秀方, 李秋义, 向延念, 娄平. 高速铁路无缝道岔结构体系分析广义变分原理. 中国铁道科学, 2002, 23(1).

[47] 李秋义, 陈秀方. 无缝道岔组合作用效应的研究. 铁道学报, 2002, 24(05).

[48] 蒲浩, 宋占峰, 詹振炎. 铁路线路设计中三维实时交互式仿真研究. 中国铁道科学, 2003, 24(5).

[49] 蒋红斐. 离散点集实时 Delaunay 三角网剖分算法研究. 中国铁道科学, 2003, 24(2).

[50] Wu Xiaoping(吴小萍), Chen Xiufang, Yang Xiaoyu. Comprehensive assessment method for environmental impact of railway based on Geographic Information System. Journal of Central South University of Technology(English Edition), 2004, 11(3).

[51] Wu Xiaoping(吴小萍), Zhang X. Y. Comprehensive assessment method for the decision making of a complicated system. Systems Engineering and Electronics, 2004, 26(12).

[52] Xiang Jun(向俊), Zeng Qingyuan(曾庆元), Lou Ping(娄平). Transverse vibration of Train-Bridge and Train-Track Time-Variant System and the theory of Random Energy Analysis for train derailment. Vehicle System Dynamics, 2004, 41(2):

129 - 155.

[53] 周小林，向延念，陈秀方. U71Mn50 kg/m 普通碳素钢钢轨疲劳裂纹扩展速率试验研究. 中国铁道科学，2004，25(3)：86 - 90.

[54] 周小林，向延念. 焦柳线石门段 U71Mn50 kg/m 钢轨核伤扩展寿命的估计. 中南大学学报，2004，35(3)：495 - 499.

[55] Xu Qingyuan(徐庆元). Mechanics model of additional longitudinal force transmission between bridges and continuously welded rails with small resistance fasteners. Journal of Central South University of Technology(English edition)，2004，11(3)：336 - 339.

[56] 曾志平，陈秀方. 铁路无缝道岔计算方法的研究. 中国铁道科学，2004，24(6)：45 - 48.

[57] Wu Xiaoping(吴小萍)，Yang Xiaoyu. Application of Graph Overlay Method applied to environmental impact assessment of railway noise. Journal of Central South University of Technology(English Edition)，2005，12(2).

[58] Xiang Jun(向俊)，Zeng Qingyuan(曾庆元). A study on mechanical mechanism of train derailment and preventive measures for derailment. Vehicle System Dynamics，2005，43(2)：121 - 147.

[59] Lou Ping(娄平)，Zeng Qingyuan(曾庆元). Formulation of equations of motion of finite element form for vehicle-track-bridge interaction system with two types of vehicle model. International Journal for Numerical Methods in Engineering，2005，62(3)：435 - 474.

[60] Lou Ping(娄平). Vertical dynamic responses of a simply supported bridge subjected to a moving train with two-wheelset vehicles using modal analysis method. International Journal for Numerical Methods in Engineering，2005，64(9)：1207 - 1235.

[61] 陈宪麦，王澜，杨凤春，等. 用于铁路轨道不平顺预测的综合因子法. 中国铁道科学，2006，27(6).

[62] 陈宪麦，杨凤春，柴雪松，等. 秦沈客运专线轨道谱评判方法的研究. 铁道学报，2006，28(4).

[63] 张向民. 荷载变形关系求解无缝线路轨道稳定性. 工程力学，2007，24(6)：189 - 192.

[64] 张向民，陈秀方. 无缝线路稳定性可靠度计算及参数敏感性分析. 铁道学报，2007，29(4).

[65] 张向民，陈秀方. 无缝线路轨道稳定性简便计算方法. 铁道学报，2007，29(1).

[66] 陈秀方，金守华，曾华亮. 客运专线轨道不平顺功率谱分析. 中国工程科

学, 2008, 10(4): 56 -59, 83.

[67] 曾志平, 陈秀方, 余志武, 赵国藩. 直向过岔时列车与桥上道岔耦合振动影响因素分析. 中南大学学报(自然科学版), 2008, 39(4): 856 -861.

[68] 陈宪麦, 王澜, 陶夏新, 等. 我国干线铁路轨道谱评判方法的研究. 中国铁道科学, 2008, 29(4).

[69] Wang Weidong (王卫东), Du Xianggang, Xie Cuiming. Road landslide information management and forecasting system base on GIS. Environmental Monitoring and Assessment, 2009, 156: 391 -406.

[70] Wang Weidong(王卫东), Xie Cuiming, Du Xianggang. Landslides susceptibility mapping based on geographical information system, Guizhou, south-west China. Environmental Geology, 2009, 58(1): 33 -43.

[71] Xiang Jun(向俊), Zeng Qingyuan(曾庆元). Mechanism and energy random analysis of train derailment on railway bridges. International Journal of Structural Stability and Dynamics, 2009, 9(4): 585 -605.

[72] 曾志平, 余志武, 陈秀方, 赵国藩. 侧向过岔时列车—道岔—连续刚构桥空间振动分析. 振动与冲击, 2009, 28(2): 40 -44.

[73] 徐庆元. 短波随机不平顺对列车—无砟轨道—桥梁系统振动特性影响. 土木工程学报, 2011, 42(4).

[74] 解传银. 基于权重模型的滑坡灾害敏感性评价. 中南大学学报(自然科学版), 2011, (06).

[75] Wang Weidong(王卫东), Guo Jing, Fang Ligang, Chang Xinsheng. A subjective and objective in tegrated weighting method for landslides susceptibility mapping based on GIS. Environmental Earth Sciences, 2012, 65(6): 1705 -1714.

[76] 徐庆元. Crts -I 型板式无砟轨道线路路基不均匀沉降限值研究. 中国铁道科学, 2012, 33(2).

[77] 汪优, 王星华, 陈俊儒. 基于流固耦合的海底隧道注浆圈渗流场影响分析. 铁道学报, 2012, 34(11): 108 -114.

[78] 汪优, 王星华, 刘建华, 蔡君君. 软土地层桥梁群桩基础沉降模型试验研究. 中南大学学报(自然科学版), 2012, 43(3), 1098 -1107.

[79] 汪优, 刘建华, 王星华, 蔡君君. 软土地层桥梁群桩基础沉降非线性有限元分析. 岩土力学, 2012, 33(3): 954 -951.

[80] Lou Ping(娄平), Au F. T. K. (区达光). Finite element formulae for internal forces of Bernoulli-Euler. Beams under moving vehicles. Journal of Sound and Vibration, 2013, 332(6): 1533 -1552.

（六）代表性成果简介

1. 铁路选线设计关键技术研究

1）铁路线路优化理论

采用独创的图形增量求导方法，解决了线路设计这一多变量多约束数学规划问题的求导难题，开发了“铁路线路纵断面优化设计系统”和“铁路线路平纵断面整体优化设计系统”。为铁路、公路线路优化设计奠定了坚实理论基础。多年来，铁道工程系应用遗传算法、人工神经网络等人工智能算法对铁路、公路线路平纵面整体优化展开深入研究。获得 1987 年和 1993 年铁道部科技进步二等奖，并获 1993 年建设部第三届全国工程设计计算机优秀软件一等奖和二等奖、2000 年建设部第六届全国工程设计计算机软件金奖。

2）数字选线

针对铁路数字选线的关键技术开展了系统、深入的研究，主要取得以下创新成果：

（1）首次提出了以数字地理、空间线位、铁道构造等信息为核心的线路信息模型（AIM）理论，构建了基于 AIM 的铁路数字化选线技术体系，开发了多个具有自主知识产权的软件系统。

（2）建立了边界约束线形模型、参照线形模型和复合参照线形模型，解决了新建单、双线铁路，既有线增、改建及枢纽选线中的各种线形设计问题。

（3）提出了铁路关联约束选线设计方法，实现了线路方案群的关联与组合设计，线路与桥、隧、站等相关专业的关联设计，线路平、纵、横联动设计以及图形与数据的联动设计。

（4）提出了基于数字地球的铁路三维空间选线设计方法。利用数字地球软件建立了三维空间选线环境，实现了数字地球基础地理信息资源的自动采集、基于数字地球的交互式定线及线路方案的综合展示。

（5）提出了基于最优化原理的既有线智能恢复方法和既有线增、改建设计的“Ⅱ线模式法”，实现了既有线空间线位的最优重构，系统地解决了既有线各类增改建工程线路设计问题。

（6）提出了铁路线路网络三维交互式可视化的理论与方法，建立了基于 B/S 架构的网络模型，实现了铁路三维场景的远程交互式可视化。

研究成果已在国内 80% 以上铁路勘察设计单位推广使用，辅助完成了国家“十一五”近 80% 的铁路选线设计，成为国内目前铁路行业推广应用最广、产品最齐全的数字选线设计软件系统。

本项目获软件著作权 5 项，出版专著或教材 4 部，在国内外学术期刊上发表论文 114 篇，其中 SCI、EI、ISTP 收录 43 篇，培养博士研究生 5 名，硕士研究生

36名，促进了我国交通运输工程行业的科技进步和学科发展。经湖南省科技厅专家会议鉴定一致认为“研究成果具有重要的理论意义与实践应用价值，整体达到国际先进水平，其中铁路线路信息建模理论与方法居国际领先水平”。获2012年度湖南省科技进步二等奖。

2. 铁路工程结构设计理论及应用

1)无缝线路稳定性的研究

1978年铁道部发布了“统一焊接长钢轨轨道(无缝线路)稳定性计算公式的建议”，简称统一公式，长沙铁道学院为主编单位。此后，统一公式广泛应用于国内无缝线路的设计、科研和教学。1985年，长沙铁道学院协同铁科院等单位合作研究的“无缝线路新技术的研究与推广应用”获得国家科技进步一等奖，长沙铁道学院所建议的无缝线路稳定性计算公式被铁道部定为全路的统一计算公式，是获奖成果的核心内容之一。

1998年，陈秀方教授等完成国家自然科学基金项目“连续焊接长钢轨轨道稳定性可靠度分析”，获得了如下成果：提出了无缝线路原始弯曲的极值概率分析方法，基于广泛的现场调查数据提出了无缝线路原始弯曲的取值，提出了改进的无缝线路稳定性计算公式。这些成果被纳入《秦沈客运专线跨区间无缝线路设计暂行规定》(建技[2001]5号)、《京沪高速铁路设计暂行规定》(铁建设[2004]157号)、《铁路轨道设计规范》(TB10082—2005)、《新建时速200千米客货共线铁路设计暂行规定》(铁建设函[2005]285号)、《新建时速200~250千米客运专线铁路设计暂行规定》(铁建设[2005]140号)、《新建时速300~350千米客运专线铁路设计暂行规定》(铁建设[2007]47号)、《铁路无缝线路设计规范》(TB10015—2012)等铁道部七部规范性文件，广泛应用于工程设计。

2)铁路工程结构可靠度理论的研究

1994年提出“铁路桥梁列车荷载的更新随机过程模型”及“铁路桥梁荷载组合的点跨越法”，完成国家计委项目“铁路工程结构可靠度设计统一标准”荷载专题的研究，成果纳入国家标准“铁道工程结构可靠度设计统一标准”(GB 5021694)的荷载设计条文，作为铁路工程结构设计规范共同遵守的标准。经铁道部、建设部、交通部、能源部和水电部五个部委的28名知名专家教授的评审，达到国际先进水平。

3)铁路缓和曲线理论的研究

1956年提出七次方铁路缓和曲线，在国内外形成重要影响，纳入苏联和我国铁道线路教材。1997年结合高速铁路的发展，又提出“拟九次方缓和曲线”，较国外高速铁路通常采用的“半波正弦形”缓和曲线，具有更优越的技术性能，可缩短缓和曲线长度，节省工程投资。

4)桥上无缝线路设计理论及应用研究

主持完成了铁道部秦沈客运专线(高速铁路)科技攻关项目“跨区间无缝线路关键技术试验研究”(跨兴阎公路特大桥无缝线路综合试验研究),研究了高速铁路特大桥梁上无缝线路与桥梁的相互作用理论,提出了桥梁与轨道相互作用分析的广义变分法。确定了在温度效应作用下,特大铁路桥梁上无缝线路温度力的传递规律,为制定高速铁路桥梁设计规范和无缝线路结构设计规范提供依据。

第二节 桥梁工程

一、学科发展

中南大学土木工程学院桥梁工程学科起源于1953年成立的中南土木建筑学院桥梁与隧道工程系,是长沙铁道学院和中南大学历史最悠久的学科之一。本学科历经风雨60年,历经中南土木建筑学院、湖南工学院、湖南大学、长沙铁道学院和中南大学等不同历史时期,经过几代师生的不懈努力,学科不断发展壮大,目前已经发展成为国内外知名的国家重点学科。以下分为五个阶段梳理桥梁学科的发展过程和特色成果。

(一)学科初创(1953—1960)

1953年中南土木建筑学院成立时,设桥梁与隧道系,王朝伟任系主任,设铁道桥梁与隧道本科专业(下设桥梁和隧道两个专门化)与桥梁结构专修科。1955年本科学制由四年制改为五年制,另设桥梁结构两年制专修科。

桥梁与隧道系下设桥梁教研组,1953—1957年,王朝伟兼任桥梁教研组组长,王承礼任助理组长,1957—1960年,王承礼任组长。当时教研组的教师主要由各个合并院校调入以及学生毕业分配过来。其中,王朝伟、谢世澂、苏思昊从广西大学调入,王承礼、罗玉衡从原湖南大学调入,徐名枢从原云南大学调入,万明坤、姚玲森1953年从同济大学毕业分配过来,华祖焜1953年从湖南大学毕业留校,姜昭恒、周鹏1955年从中南土木建筑学院毕业留校,谢绂忠山东大学毕业后1954年公派留苏、1958年获副博士学位回国到桥梁教研组工作,裘伯永1953年留苏、1958年回国到桥梁教研组工作。上述从各个院校调来的桥梁工程老师构成了桥梁工程学科初创期的师资力量,也是当时中南地区桥梁学科师资最强的高校。

中南土木建筑学院成立后即强调要系统地学习苏联教育经验,积极而又慎重地推进教学改革,从培养目标、专业设置、教学计划、教学大纲、教材、教学方法、考试制度和实践教学环节等方面都以苏联高校为样板进行改革。为了满足教学的需求以及学习苏联专业化的教学模式，桥梁教研组组织编写了桥梁工程的教材与讲义等教学资料。尽管大部分没有出版，但是当时的铁路桥梁工程的教材在相关兄弟院校形成了一定的影响。

1958 年 5 月，桥梁与隧道系师生 200 多人赴岳阳参加修建京广复线黄沙街附近两座桥梁和路口铺隧道的施工任务，直到 1959 年暑假前，师生才先后返校。

(二)艰苦奋斗(1960—1966)

1960 年 9 月 15 日，根据铁道部铁教学部[60]字第 2345 号文件，将湖南大学的铁道建筑、桥梁与隧道、铁道运输三个系分出，正式成立长沙铁道学院，直属铁道部领导。成立长沙铁道学院时，设桥梁与隧道系及铁道桥梁与隧道本科专业，铁道桥梁与隧道本科专业从四年级起分为铁道桥梁专门化、铁道隧道专门化。

当时中南土木建筑学院桥梁教研组全部教师(除姚玲森留在湖南大学)划入长沙铁道学院，构成了长沙铁道学院桥梁学科的基础力量。在 1960—1966 年期间，有卢树圣、林丕文、王俭槐、张龙祥、罗彦宣等年轻老师毕业补充到桥梁教研组。期间，王承礼继续担任教研组组长。

1959—1965 年长沙铁道学院建校初期，桥梁学科全体师生与其他的师生员工一道，为校园建设洒下了辛勤的汗水，详见第一章第二节。

1962 年桥梁与隧道结构开始招收研究生，徐名枢教授招收了桥梁第一批硕士研究生罗彦宣、杨承恩。

时任桥梁隧道系领导班子(谢绂忠等)重点抓师资、试验设备和图书资料建设，为学科发展奠定了很好的基础。

1960—1966 年科研和教学工作的主要特点是师生深入铁路现场，实行教学、科研、生产劳动三结合。通过结合铁路建设和生产实际的技术革新、科学研究、现场教学和“真刀真枪”的毕业设计，取得了一批科技成果，直接为社会主义建设作出了贡献：如 1965—1966 年成昆铁路等参加“三线建设”大会战，在教师主持、指导下完成的“跨度 54 米一线天空腹式铁路石拱桥”设计及“旧庄河一号桥预应力悬臂拼装梁”设计与施工及科甲简支预应力串联梁的现场试验与架设，其成果在路内外有一定影响，受到同行专家好评。其中，“跨度 54 米一线天空腹式铁路石拱桥”设计及“旧庄河一号桥预应力悬臂拼装梁”两项成果获得了 1978 年全国科学大会奖。1966 年，桥梁与隧道系、铁道工程系和铁道运输系等近 200 名师生参加向韶铁路勘测设计与施工，并建成我国铁路上第一座双曲拱桥(红太阳桥)。

(三)韬光养晦(1966—1976)

1966 年 2 月铁道工程系与桥梁与隧道工程系两系合署办公，1970 年，铁道工程系与桥梁与隧道工程系合并为铁道工程系，将铁道工程专业与铁道桥梁与隧道本科专业合并为铁道工程专业。期间，桥梁教研组与钢结构、混凝土结构教研组以及水力学教研组合并为桥梁结构水力学教研组（后来桥结水教研室又改为桥梁教研组），王承礼继续担任教研组组长。

从1966年开始，“文化大革命”运动席卷全国，教研组部分教师受到不公正的批判。1968—1969年5月，一些师生下放到湘西农村接受贫下中农“再教育”。由于受“文化大革命”影响，1961级学生推迟一年到1967年8月毕业；1962级学生同样推迟一年到1968年初毕业；从1970年开始到1976年“文化大革命”结束，铁道工程专业只招收三年制工农兵学员班，本科一直停止招生。其中1970年铁道工程专业招收了一个33人的试点班，1971年暂停招生，1972年招收四个班120人，1973年招收六个班180人，1974年招收五个班150人，1975年招收120人，1976年招收167人。

在开门办学思想指导下，1975年，桥隧专业师生到河南铁门参加了陇海铁路铁门至石佛段改建工程，完成了一座双线曲线桥的勘测设计任务。此外，还完成了河南林县铁矿专用线特大桥梁的勘测设计任务（铁道工程75级），以及南京栖霞山专用线的桥涵勘测设计。

1976年，铁道学院组织教育革命实践队到九江长江大桥开门办学。

尽管“文化大革命”期间的教学科研工作受到严重影响，桥梁教研组老师除了完成教学任务，利用开门办学社会实践的机会开展了大量科研工作。例如，1972年大桥工程局桥梁研究院组织钢桥振动研究组，曾庆元参加了振动研究组，并提出了桁梁桥畸变及考虑畸变桁梁桥空间振动位移和自由振动的计算方法，分析了桁梁静载位移及自由振动，撰写了研究报告《简支下承桁梁桥在偏载作用下的变位、内力及自由振动计算》及《504桥模型（33.33厘米桁宽）偏载变位、内力及自由振动计算》，该成果纳入了成昆铁路技术总结。1976年，曾庆元在九江长江大桥带队实践期间，提出一种箱形梁计算的板梁框架法，帮助大桥工程局作了40米预应力混凝土箱梁偏载计算，得出了该箱梁在自重下“三条腿”时的最大扭曲拉应力和最大竖向位移。其计算结果与1977年该梁原型试验值非常接近，解决了实际工程问题。

1972—1974年，受铁道部第四勘察设计院的邀请，詹振炎主持了“小流域暴雨洪水之研究”项目。该项目主要研究内容如下：一般的桥梁和涵洞绝大多数没有水文观测资料，雨洪流量估算一般均按恒定流理论，由同时汇流面积乘以径流系数得洪峰流量。此法的假定不尽合理，计算结果多数偏离实际较大。詹振炎首先提出了基于非恒定流理论，建立坡面流和河槽流两组微分方程，联立求解这两组方程，考虑雨洪演进过程的调蓄作用，由降雨过程推算洪水过程，再由洪水过程得到暴雨最大流量。他所倡议的方法理论严密、概念清晰，可根据实测洪水演进过程验证计算参数。这种方法经无量纲化处理后，由计算机事先解算出洪水演进过程，应用起来十分方便，妥善地解决了小流域桥涵水文计算问题。该方法至今仍在桥涵勘测设计中广泛采用，并被纳入高等学校教材。该成果获得了1978年全国科学大会奖。

(四)与时俱进(1977—2000)

经过粉碎“四人帮”以后的拨乱反正，中国经济社会发展进入改革开放的新时期。我校的教育事业得到了充分的发展，桥梁工程学科的教学、科研和社会服务工作等各方面都进入了一个快速发展的时期。

1977—1988年，铁道工程专业与桥梁与隧道本科专业合并为铁道工程专业，桥梁本科专业未招生，其中，1984年在铁道工程专业中为铁道部大桥局及铁道部第二工程局开办了桥梁本科班，也是“文化大革命”后的首届“桥班”。1985—1994年，设桥梁工程本科专业，每年招收1~2个班。1995年后按大类招生，其中1995—1996年设交通土建工程本科专业(铁道工程、桥梁工程以及工民建等专业统一为交通土建工程专业)、1997—2000年设为土木工程专业，下设桥梁专业方向。

1978年恢复硕士研究生招生，同年徐名枢老师招收硕士研究生文雨松、李培元，1979年曾庆元老师招收硕士研究生田志奇。1981年获得桥梁与隧道工程(当时称为“桥梁隧道与结构工程”)硕士学位授予权。1986年获得桥梁隧道与结构工程博士学位授予权，1986年9月曾庆元被国务院学位委员会批准为长沙铁道学院该博士点博士生指导教师，1987年该学科被评为铁道部重点学科，同年曾庆元老师招收该学科第一名博士生杨平。1992年，朱汉华成为桥隧专业第一个毕业博士生。2000年该学科获得土木工程一级学科博士学位授予权；同年被评为湖南省重点学科。

期间，部分讲授结构设计原理和水力学的老师从教研室分出，桥梁结构水力学教研组改为桥梁教研室。同时，桥梁教研室的教师队伍得到了不断地充实，先后有周乐农、刘夏平、王艺民、杨平、杨毅、朱汉华、杨文武、骆宁安、胡阿金、徐满堂、陈淮、陈政清、颜全胜、张麒、王荣辉、贺国京、任伟新、盛兴旺、戴公连、乔建东、胡狄、郭向荣、唐冕、郭文华、于向东、杨孟刚、方淑君等毕业留校或从外校毕业到桥梁教研室工作。这一时期，教师的学历层次得到大大的提升，大部分青年教师都获得了博士学位，博士化比例显著提高，学历层次的提升为学科发展奠定了扎实的人才基础。同时，也有部分老师调到其他单位发展，他们都成长为我国桥梁学科的中坚力量，也为兄弟院校学科发展培养了大量人才。期间，曾庆元、姜昭恒、卢树圣、王俭槐、文雨松先后担任教研组组长。

1999年，曾庆元教授当选为中国工程院院士，成为长沙铁道学院培养的首位院士，这也是桥梁教研室在师资队伍建设方面取得的最大成绩。

1977—2000 年，桥梁学科的科研工作取得了巨大的进步，表现在形成了几个特色鲜明的研究方向，取得了大量显著性的研究成果，获得了一批国家及省部级科技奖励。1982 年，与铁道部第四勘察设计院合作，詹振炎老师主持的“小流域暴风雨之研究”项目获全国科学大会奖和国家自然科学四等奖。曾庆元教授带领朱汉华、郭向荣、郭文华等开拓了列车—桥梁系统振动研究方向，建立了具有原创性的列车—桥梁时变系统能量随机分析理论，车桥成果应用到全国大部分新建桥梁的列车走行安全性分析，制定的铁路钢桥横向刚度限值列入桥梁设计规范，1998 年获得了铁道部科技进步奖二等奖，1999 年获得了国家科技进步奖三等奖。徐名枢、卢树圣、姜昭恒教授等主持铁道部按可靠度设计的规范改革，取得了突破性研究成果，通过铁道部鉴定，其中跨度 16 米先张法部分预应力混凝土梁研究获铁道部二等奖。曾庆元教授带领戴公连、盛兴旺等开拓了桥梁结构极限承载力研究方向，桥梁结构局部与整体相关屈曲极限承载力分析理论，解决了岳阳洞庭湖三塔斜拉桥等 10 多座桥梁结构的极限承载力分析问题。陈政清教授带领于向东、何旭辉、杨孟刚等开拓了桥梁抗风研究方向，提出了预测桥梁颤振临界风速的多模态参与单参数自动搜索法。相关成果获得了 2003 年国家科技进步奖二等奖和多项湖南省科技进步一等奖。以裘伯永教授为首的桥梁结构优化方向承担了铁道部课题“空间桩基自动化设计”“桥梁 CAD”的重点课题，软件成果在多家设计院推广应用。王俭槐副教授等完成的铁路钢桥结构系数研究，文雨松教授完成的铁路桥梁恒载统计分析及标准等大量研究成果通过了铁道部鉴定，相关成果纳入了铁路桥梁设计规范。

（五）科学发展（2000—2013）

2000 年 4 月合并组建中南大学后，在学校学科建设大发展的背景下，桥梁工程学科进入稳步发展阶段。

2002 年 1 月桥梁与隧道工程专业被批准为国家重点学科，成为当时全国三个桥梁与隧道工程国家重点学科之一。2003 年土木工程一级学科获批博士后科研流动站。2007 年，桥梁与隧道工程学科通过国家重点学科评估，土木工程被批准为一级学科国家重点学科。

在此期间，教师队伍结构继续改善。周智辉、宋旭明、黄天立、杨剑、文颖、魏标、李玲瑶、欧阳震宇等年轻老师加入到桥梁工程系，侯秀丽老师从中南工业大学资源环境与建筑工程学院并入桥梁教研室。2004 年桥梁教研室改为桥梁工程系。同年，任伟新被聘为湖南省“芙蓉学者计划”中南大学桥梁与隧道工程岗位特聘教授、获得教育部“新世纪优秀人才支持计划”。2006 年，任伟新被聘为教育部“长江学者计划”中南大学桥梁与隧道工程岗位特聘教授。2012 年，何旭辉获得教育部“新世纪优秀人才支持计划”。2013 年，欧阳震宇教授被聘为中南大学“升华学者”特聘教授。2009 年，车线桥时变系统振动控制研究获批土木工程学院创新团队，团队带头人：曾庆元；桥梁健康监测与极限承载力获批土木工程学院创新团队，团队带头人：任伟新、戴公连。“高速列车—桥梁(线路)振动分析与应用”创新团队于2010 年入选湖南省第二批“湖南省高校科技创新团队”(湘教通[2010]53 号)，团队带头人为任伟新，核心成员有郭文华、郭向荣、向俊、黄方林、蒋丽忠，团队成员包括戴公连、杨小礼、谢友均、杨孟刚、何旭辉和周智辉等。期间，乔建东、戴公连先后担任主任。

本科专业以土木工程专业招生，下设桥梁工程方向，针对该方向本科生，桥梁工程系开设的主要桥梁课程有：混凝土桥、钢桥、桥涵水文、桥梁建造、桥梁CAD、桥梁振动、桥梁文化等；针对非桥梁方向本科生，桥梁工程系开设桥梁工程课程。另外，还承担了混凝土结构设计原理与钢结构设计原理等专业基础课。桥梁工程系的本科课堂教学、毕业设计和各类实习等教学环节都取得了显著的进步，近年来共获得校级教学质量优秀奖、校级优秀毕业设计30 余人次。在学校与学院青年教师讲课比赛中取得了良好的成绩。

研究生招生规模为博士研究生约每年 10 人左右，硕士研究生每年 40 ~ 50 人，研究方向进一步拓展。

在科研和社会服务方面，桥梁工程系继续保持良好的势头，在科研成果上取得了骄人的成绩：

曾庆元院士带领团队继续开拓新的研究领域，在列车脱轨分析方面，提出了列车—轨道—桥梁系统稳定性分析理论，从而突破了列车脱轨分析的百年难题。出版了世界上首部列车脱轨专著，该成果获得了2006 年湖南省科技进步一等奖。

文雨松完成的既有铁路桥涵过洪能力评估与水害整治系统，在全国所有铁路桥涵抗洪以及部分公路桥梁抗洪设计中发挥了重要作用。

车桥振动团队为大部分新建铁路桥梁提供了技术支撑。

在高速铁路建设浪潮中，桥梁系师生参与了几乎所有的高速铁路(包括芜湖长江大桥、武汉天心洲长江大桥等著名桥梁)建设项目，承担其科学研究、施工监控、联调联试、健康监测等任务。

戴公连主持设计了目前国内跨度最大的自锚式悬索桥(长沙市三汊矶大桥)。

在本阶段取得了系列科研成果，详见本章“科学研究”小节。

二、师资队伍

(一)队伍概况

桥梁工程学科成立之初，从 7 所高校云集了一批精英组成了初创团队，历经

60 年发展和师资的几代变更，目前拥有院士 1 人，“长江学者计划”和“芙蓉学者计划”1 人，“教育部新世纪优秀人才支持计划”3 人，教授（均为博士生导师）10 人，学科为国家级重点学科，在职教师情况统计见表2.2.1，在职人员名册和曾在桥梁工程系（教研室）工作的教职工名册见第六章第二节。

表 2.2.1　在职教师基本情况表

	合计	职称				年龄			学历		
		教授	副教授	讲师	助教	55 岁以上	36～55 岁	35 岁以下	博士	硕士	学士
人数	23	10	11	2	0	2	17	4	19	4	0
百分比（%）	100	44	48	8	0	8	75	17	83	17	0

1. 特色建设

1）师资队伍建设

教研室一贯重视对青年教师培养工作，为青年教师指定指导教师，如万明坤指导王俭槐、王俭槐指导骆宁安、谢世澂指导林丕文、卢树圣指导申同生等，指导老师负责与青年老师制定成长提高计划，熟悉教学要求、过程。青年教师经过试讲，通过后才能上讲台。

鼓励支持青年教师到外校或现场进修提高，如 20 世纪 50 年代，曾庆元到清华大学读研究生，谢绂忠、裘伯永公派留苏；60 年代，林丕文、卢树圣、田嘉猷等到同济大学进修，王俭槐到唐山铁道学院进修，林丕文到株洲桥梁厂学习预应力施工工艺，70 年代，姜昭恒参加长沙湘江一桥建设，90 年代初，盛兴旺与徐满堂参加长沙湘江二桥建设等，青年教师从工程实践中得到了锻炼与提高。

老教师带领青年教师开展科研及生产、现场调查研究与实践。青年教师积极参与社会实践，对青年教师的思想锻炼和业务提高发挥了重要作用。

2）教学工作优良传统

通过教研室活动对所承担的课程教学大纲、内容、难点按课程分别讨论、分析，达成共识，并贯穿到教学实践中。定期检查教学工作，听课、评论、通过学生投票的方式反映教学的效果。积极组织教材的编写与审定。

3）桥梁文化建设

近十年以来，在桥梁工程系和教工桥梁党支部负责人的倡导与带领下，桥梁工程系努力建设和谐、快乐、健康、进取的桥梁文化。连续主办了 8 届快乐桥梁元旦联欢活动，利用年底聚会机会，总结年度成绩与不足，展望下一年工作。年底桥梁工程系都要邀请已经退休的老教师参加快乐桥梁活动。快乐桥梁活动大大地提高了桥梁工程系的凝聚力与战斗力。桥梁工程系组织老师参加羽毛球锻炼，多次在学校羽毛球比赛中获得了冠军的优秀成绩。通过开展以上活动，加强了老师之间的交流与了解，桥梁工程系形成了和谐向上的良好氛围。

2. 团队建设情况

1)湖南省创新团队

高速列车—桥梁(线路)振动分析与应用，团队带头人：任伟新，2010 年。

2)土木工程学院创新团队

车线桥时变系统振动控制研究，团队带头人：曾庆元，2009 年。

3)土木工程学院创新团队

桥梁健康监测与极限承载力，团队带头人：任伟新、戴公连，2009 年。

3. 出国进修与访问

为提高师资队伍水平，先后派出教师出国进修或访问，具体如下：

裘伯永：1953—1958 年，苏联莫斯科汽车公路学院，读学位，国家派遣。

谢绂忠：1954—1958 年，列宁格勒铁道学院，读学位，国家派遣。

万明坤：1985—1986 年，联邦德国，高级访问学者，国家派遣。

陈政清：1991.10—1992.11，英国格拉斯科大学研修桥梁工程；2002.09—2003.03，美国 Illinois 大学(UIUC)，土木系高级访问学者。

周乐农：1994.08—1995.04，美国肯塔基大学，进修，铁道部派遣。

文雨松：1994.09—1995.03，英国诺丁汉大学，高级访问学者，铁道部派遣。

胡狄：1997.05—1998.05，尼日利亚，工作，铁道部派遣。

郭向荣：1998.03，日本，考察，铁道部派遣。

任伟新：1996.10—1997.03，日本国立名古屋工业大学土木工程系访问教授[日本国政府文部省资助(Visiting Professor)]；1999.02—2000.02，比利时鲁汶大学土木工程系访问教授，比利时鲁汶大学资助(K. U. Leuven Fellowship)；2000.02—2002.01，美国肯塔基大学土木工程系工作，职位：访问研究教授，Visiting Research Professor；2005.09—2006.08，澳大利亚西澳大学土木与资源工程系访问教授，Gledden Senior Fellow。

何旭辉：2009.05—2010.08，美国宾州州立大学(Penn State University)，访问学者。

郭文华：1999.08—2002.07，香港理工大学，攻读博士学位，铁道部公派。2002.07—2003.06，香港理工大学，副研究员，合作研究。

黄天立：2012.02—2013.02，英国格林威治大学，访问学者。

杨孟刚：2012.10—2013.10，美国路易斯安那州州立大学，访问学者。

4. 国内外专家交流

为了提高教学质量，活跃学术空气，提高科研水平，特邀请专家来校讲学，1954 年 3 月，铁道部前苏联专家鲁达项给铁道建筑系与桥隧系两系二年级学生及全体教师作了有关桥梁施工和架设的报告。

1955 年 2 月，前苏联专家萨多维奇和巴巴诺夫来校讲学，和教师座谈课程设计与毕业设计。

至 1956 年底，铁道建筑、桥梁与隧道两系派去前苏联和清华大学、唐山铁道学院、同济大学等高校，以及铁道部大桥工程局等生产单位进修学习两年以上的教师就有十多人。

1957 年邀请前苏联桥梁专家包布列夫、隧道及地下铁道专家纳乌莫夫、铁道选线设计专家雅可夫列夫等 8 人先后来院作专题报告数十次，并直接示范和指导教学。讲学题目为:“预应力梁式铁道桥跨设计”“桥梁建筑施工组织设计”“桥梁建筑中的装配式钢筋混凝土”等。

1994 年 9 月 24 日，中国铁道科学院院长程庆国院士来校讲学，作了题为“高速铁路与铁路现代化”的学术报告。

1995 年 11 月 30 日，中国工程院院士、中国科学院科学工程计算所研究员崔俊芝院士来校讲学，作了题为“工程软件的现状与未来”的学术报告。

2011 年 10 月 31 日上午，香港特别行政区发展局总助理秘书长、前路政署昂船洲大桥总工程师许志豪博士做客我校，在世纪楼国际报告厅为我院师生作了一场题为“Aerodynamic Investigation for Stonecutters Bridge”(昂船洲大桥的抗风研究)的学术报告会。

2011 年 6 月 12 日上午 8 时 30 分，国家交通运输部专家委员会主任、交通部原总工程师凤懋润教授在铁道校区国际报告厅为我校师生作了题为“中国桥梁建设和技术挑战”的报告。

2011 年 9 月 8 日上午 9:30 国际风工程协会(IAWE)主席、日本东京理工大学教授田村幸雄在铁道国际报告厅作“Full-scale and Model-scale Studies in Wind Engineering”(风工程中的足尺和缩尺模型研究)的报告。

2011 年 4 月 27 日下午，中国工程院院士、国际著名桥梁建筑工程大师邓文中院士应我校邀请在世纪楼国际报告厅作了以“21 世纪的工程师”为主题的学术报告。

2010 年 5 月 23 日上午，中国工程院院士、国际著名结构力学专家、中国台湾云林科技大学校长杨永斌院士应曾庆元院士邀请在世纪楼国际报告厅作了一场题为“Rigid mechanics and applications to nonlinear structural analysis”的学术报告。

5. 省级以上集体荣誉

湖南省教委授予桥梁教研室，“湖南省高校优秀教研室”，1990 年。

湖南省教委授予桥梁教研室，“省级优秀教研室”，1996 年。

湖南省教委授予桥梁教研室，“湖南省高校科技工作先进集体”，1999 年。

湖南省教委授予教工桥梁支部，省级先进党支部，1995 年。

湖南省教委授予教工桥梁支部，省级先进党支部，1999 年。

6. 各类人才计划以及其他荣誉

王俭槐, 1987年度省直机关优秀党务工作者, 1988年。

曾庆元, 铁道部优秀教师, 1989年。

文雨松, 湖南省优秀教师, 1989年。

田嘉猷, 全国优秀教师, 1989年。

曾庆元, 全国优秀教师, 1990年。

王朝伟, 曾庆元, 徐名枢, 王承礼, 李廉锟, 谢世澂, 赵方民, 桂铭敬, 国家教委、国家科委联合授予"长期从事教育与科技工作且有较大贡献的老教授"称号, 1990年。

曾庆元, 湖南省教委授予湖南省高校先进工作者, 1991年。

曾庆元, 铁道部、铁道部政治部授予"全国铁路优秀知识分子"称号, 1992年。

曾庆元, 徐名枢, 王承礼, 王朝伟, 李廉锟, 谢世澂, 赵方民, 桂铭敬, 国家教委、国家科委联合授予"全国高等学校先进科技工作者"称号, 1992年。

裘伯永, 湖南省优秀教师, 1993年。

曾庆元, 中国科学技术发展基金会授予第三届詹天佑成就奖, 1997年。

林丕文, 铁道部授予南昆铁路建设立功奖章, 1997年。

陈政清, 湖南省政府授予湖南省师德先进个人, 1997年。

曾庆元, 中国科学技术发展基金会授予第三届詹天佑奖——成就奖, 1998年。

曾庆元, 当选为中国工程院院士, 1999年。

陈政清, 铁道部有突出贡献的中青年科技专家, 2000年。

郭向荣, 第五届詹天佑铁道科学技术奖青年奖, 2001年。

郭文华, 教育部"优秀青年教师资助计划", 2003年。

戴公连, 第七届詹天佑铁道科学技术奖青年奖, 2003年。

任伟新, 人事部、科技部、教育部、财政部、国家发展和改革委员会、国家自然科学基金委员会、中国科学技术协会七部委: 入选"首批新世纪百千万人才工程国家级人选", 2004年。

任伟新, 教育部"新世纪优秀人才支持计划", 2004年。

任伟新, 湖南省"芙蓉学者计划"中南大学桥梁与隧道工程岗位特聘教授, 2004年。

郭文华, 中国科技发展基金会、茅以升科技教育基金委员会——茅以升科研专项奖, 2004年。

曾庆元, 中国科学技术发展基金会授予第七届詹天佑铁道科学技术奖大奖, 2005年。

任伟新，教育部“长江学者计划”中南大学桥梁与隧道工程岗位特聘教授特聘教授，2006 年。

周智辉，“湖南省普通高校青年教学能手”称号，湖南省教育厅，2010 年。

何旭辉，教育部“新世纪优秀人才支持计划”，2012 年。

何旭辉，中国科技发展基金会、茅以升科技教育基金委员会——茅以升科研专项奖，2012 年。

杨孟刚，中国科技发展基金会、茅以升科技教育基金委员会——茅以升科研专项奖，2013 年。

（二）历任系（室）负责人

表 2.2.2　历任系(室)主任表

<table>
<tr><th>时间</th><th>机构名称</th><th>主任</th><th>副主任</th><th>注</th></tr>
<tr><td>1953—1958</td><td>桥梁教研组</td><td>王朝伟</td><td>王承礼</td><td>中南土木建筑学院桥隧系</td></tr>
<tr><td>1958—1960</td><td>桥梁教研组</td><td>王承礼</td><td>曾庆元</td><td>中南土木建筑学院桥隧系</td></tr>
<tr><td>1960—1970</td><td>桥梁教研组</td><td>王承礼</td><td>曾庆元</td><td>长沙铁道学院桥隧系</td></tr>
<tr><td rowspan="2">1970—1978</td><td>桥结水教研组</td><td rowspan="2">王承礼</td><td rowspan="2">曾庆元</td><td rowspan="2">长沙铁道学院铁道工程系，桥梁与钢结构、混凝土结构以及水力学教研组合并为桥结水教研组，后桥结水教研组改为桥梁教研室</td></tr>
<tr><td>桥梁教研室</td></tr>
<tr><td>1978—1985</td><td>桥梁教研室</td><td>曾庆元</td><td>姜昭恒</td><td>长沙铁道学院铁道工程系、土木工程系</td></tr>
<tr><td>1985—1988</td><td>桥梁教研室</td><td>姜昭恒</td><td>卢树圣</td><td>长沙铁道学院土木工程系</td></tr>
<tr><td>1988—1992</td><td>桥梁教研室</td><td>卢树圣</td><td>王俭槐</td><td>长沙铁道学院土木工程系、土木建筑学院</td></tr>
<tr><td>1992—1996</td><td>桥梁教研室</td><td>王俭槐</td><td>盛兴旺</td><td>长沙铁道学院土木建筑学院</td></tr>
<tr><td>1996—2000</td><td>桥梁教研室</td><td>文雨松</td><td>盛兴旺、戴公连</td><td>长沙铁道学院土木建筑学院</td></tr>
<tr><td>2000—2004</td><td>桥梁教研室</td><td>乔建东</td><td>于向东</td><td>中南大学土木建筑学院</td></tr>
<tr><td>2004—2012</td><td>桥梁教研系</td><td>戴公连</td><td>郭文华、于向东</td><td>中南大学土木建筑学院</td></tr>
<tr><td>2012—</td><td>桥梁教研系</td><td>戴公连</td><td>郭文华、于向东</td><td>中南大学土木工程学院</td></tr>
</table>

(三)学科教授简介

余炽昌教授：1899 年生，男，浙江绍兴人。1923 年毕业于国立唐山交通大学土木工程系，获工学士学位。在校期间，参加过“五四”“二七”“五卅”等运动。大学毕业后，在北宁铁路工务段任实习工程师。1925 年赴美国留学，1926 年获美国康奈尔大学工程硕士学位。在美国桥梁公司工作一年后，在美国费城麦克兰钢铁建筑公司任设计师。1928 年回国后，历任东北大学、北洋工学院、武汉大学教授。1937 年任山东大学教授兼土木工程系主任。1938 年 7 月受教育部之聘，任国立编译馆特约编译，年底回武汉大学，先后任教授、训导长、教务长、校务委员、工学院院长等职。1950 年，被任命为武汉市人民监察委员会监察委员。1951 年当选为武汉市人大代表，同年 5 月参加民主建国会。1953 年被聘为铁道部武汉长江大桥技术顾问委员会委员。1953 年全国院系调整，调长沙先后担任中南土木建筑学院筹备委员会副主任委员、湖南工学院副院长、湖南大学副校长、长沙铁道学院副院长等职务。1954 年当选为第一届湖南省人大代表。1955 年后历任第一届湖南省政协委员，第二、三届湖南省政协常委，民主建国会长沙市委常务委员，湖南省科学普及协会常委等职。专长于桥梁工程木结构，学术造诣较深，曾讲授过“结构设计”“钢结构”“木结构”“工程契约及规范”等课程。精通英文，懂俄、法语，翻译了不少文献和资料。出版了《双枢拱桥应力研究》《工程契约及规范》《电焊法》等著作。1977 年逝世，享年 78 岁。

李吟秋教授：见第二章第一节。

谢世澂教授：男，1911 生，湖南醴陵人，1927 年加入共青团，1951 年毕业于交通大学唐山工学院，1938 年毕业于美国密执安大学研究生院。曾任广西大学工学院院长、土木系主任、中南土木建筑学院筹委会委员、中南土木建筑学院教务长，先后任民盟第四、五届全国代表大会代表、民盟湖南省委第四、六、七届委员会委员、第一、二届湖南省人民代表大会代表、湖南省政协第四、五届常务委员等职务。谢教授早期参加过革命宣传、地下革命和武装斗争，1949 年 7 月冒着生命危险冲破国民党的重重阻挠和严密封锁，携眷离开台北，绕道香港偷渡中国台湾海峡和渤海口，投奔东北解放区。他忠诚党的教育事业，从教 38 年，精通英语，学习过德语、俄语、泰语等。翻译出版论文数十篇，出版《棚车》和《机械力学》等 7 种中译英科技资料的教材，出版了《随机振动引论》和《钢筋混凝土结构的裂缝问题》2 部专著、发表论文十余篇。获国家教委国家科委授予的“长期从事教育和科技工作且有较大贡献的老教授”和“全国高等学校先进科技工作者”称号。1997 年因病逝世，享年 86 岁。

王朝伟教授：男，1914 年生，江苏镇江人，农工民主党党员，中共党员。1939 年毕业于上海交通大学，先后在交通大学唐山工学院、广西大学、中南土木建筑学院、长沙铁道学院任教。曾任中南土木建筑学院桥隧系主任、中国人民政治协商会议湖南省第一、二、三届委员和第四、五届常委、湖南省力学学会常务理事兼结构力学计算力学专业委员会主任。从教数十年，讲授投影几何、材料力学、结构力学、弹性力学有限元法、钢结构、钢桥、道路工程等20多门基础课、技术基础课和专业课，指导硕士研究生3名，主编《物理非线性和材料非线性的加权残数法》《有限元法》上、下册、《高等结构力学丛书(15卷)》《中国大百科全书》的"有限元结构力学条目法"等教材或专著，其中《物理非线性和材料非线性的加权残数法》获湖南省教委科技进步奖。先后被评为长沙铁道学院优秀共产党员、湖南省政协"政协委员为社会主义两个文明建设服务先进个人"、国家教委授予的"长期从事教育与科技工作且有较大贡献的老教授"及"全国高等学校先进科技工作者"称号、享受政府特殊津贴。1996年不幸病逝，享年82岁。

徐名枢教授：男，1920年2月生，浙江省宁波人。1942年毕业于上海交通大学土木工程专业，历任教于上海交大、云南大学、中南土建、湖南大学和长沙铁道学院。曾任长沙铁道学院桥梁研究室主任、学报总编辑、学术委员会及学位评定委员会委员，中国铁道学会桥梁专业委员会委员，中国混凝土及预应力混凝土学会理事，湖南省土建学会预应力混凝土技术咨询开发部名誉副理事长，湖南省政协第四、五、六届委员。在教学岗位辛勤耕耘了40余年，培养桥梁工程硕士研究生10余名；主编全国铁路高等学校统一教材《铁路桥梁》、译作出版俄文桥梁专业书籍2种；主持多项铁道部重要研究课题，其中"部分预应力混凝土梁动载疲劳试验研究"及"混凝土桥梁按可靠度理论设计研究"，其成果达到了国际水平，获铁道部科技进步二等奖。分别获国家教委、湖南省教委及铁道部发给的从事高教科研工作40年荣誉证书、国家教委国家科委"长期从事教育与科技工作且有较大贡献的老教授"及"全国高校先进科技工作者"称号。湖南省政协授予的"为湖南经济振兴与社会进步争贡献活动作出重要贡献"的省政协先进个人、全国侨联1994年"为'八五'计划十年规划作贡献先进个人"称号；作为南昆铁路四座特大桥专家组成员，获得南昆铁路建设先进集体和个人立功表彰证书。多次被评为长沙铁道学院优秀教师。享受国务院特殊津贴。

王承礼教授：男，1921年12月生，湖南人，1947年毕业于湖南大学土木工程专业。长期担任长沙铁道学院桥梁教研室主任、《中国高等教育专家名典》特约顾问。长期从事桥梁修造及教学工作，是有影响的桥梁专家。先后参加过湘桂铁路桥梁修复、广州海珠桥修复、汉水铁路桥施工和汉水公路桥施工设计。1966年率师生赴成昆铁路实习，承担54米跨度空腹石拱桥的设计。该项目荣获全国科学大会奖、湖南省科学大会奖和国家科技进步特等奖。开设《桥梁建造与修复》等课程、主编《桥梁建造与修复》《桥梁》《铁路桥梁》上册、《铁路桥梁》等全国铁路高校统编教材；参加成昆技术总结第四册《桥梁》的编写和《中国铁路桥梁史》编撰并担任编委。获国家教委国家科委“长期从事教育与科技工作且有较大贡献的老教授”和“全国高校先进科技工作者”称号。事迹选入《中国高等教育专家名典》。2001 年 2 月不幸病逝，享年 80 岁。

曾庆元教授：男，1925 年 10 月生，江西省泰和县人。1999 年 11 月当选为中国工程院院士(详见第五章，院士风采)。

谢绂忠教授：男，1926 年 4 月生，山东福山人。1953 年山东大学土木系硕士研究生毕业后留校任教。1954 年被委派赴原苏联列宁格勒铁道学院留学，获副博士学位。1958 年回国，分配到长沙原中南土木建筑学院桥梁组任教，讲授铁路桥梁地基基础课，治学严谨，在桥梁基础设计理论方面造诣较深。掌握俄、英、日多种文字，曾给青年教师讲授日文，并翻译外文文献多篇，如主持翻译“新澳法指南”一书，供隧道工程局生产应用。1960—1979 年期间，先后任桥梁隧道系、铁道工程系副主任，历时近 20 年，主持系教学、科研、行政工作，为桥梁隧道学科建设做了大量卓有成效的工作，包括选派青年教师进修等师资建设、设备添置等实验室建设、图书资料和教具配置等，为随后的良好学风建立打下了良好的基础。因工作需要，后调学校图书馆任馆长，并获“研究馆员”职称，1986 年离休，1995 年不幸病故。

万明坤教授：男，1933 年 1 月生，汉族，上海市人，中共党员，1988 年 8 月—1993 年 7 月任北方交通大学校长。1953 年 8 月毕业于上海同济大学结构系。毕业后先后在中南土木建筑学院、湖南大学、长沙铁道学院从事教学工作，任长沙铁道学院副教授、教授、教务处长，1984 年任长沙铁道学院副院长，还先后任中国铁道学会副理事长、《铁道学报》编委会主任、北京市高级职称评审委员会委员兼土建组组长、欧美同学会副会长、中德友协理事、茅以升科技教育基金常务理事、《中国大百科全书》编委。多年来从事结构设计、钢桥、钢筋混凝土桥等教学和研究工作，参加过三峡水利枢纽施工栈桥设计、全焊钢桥、钢桥空间计算、桥梁设计规范改革等科研项目，一些成果被列入《桥梁设计规范》。编著出版《铁路钢桁梁桥计算》，主编出版《桥梁漫笔》，《旅德追忆——廿世纪几代中国留德学者回忆录》等书。1988 年任北方交通大学校长，坚定不移地执行教学、科研两个中心的办学方针，重视硬、软件建设。在铁道部的大力支持下，对学校的校舍与设备进行了大规模的建设，在铁路高校中率先进行校内管理体制的改革。他对“211 工程”的申报与建设抓得早、抓得紧，为学校成为首批进入 21 世纪全国重点建设一百所高校的“211 工程”打下了基础。

裘伯永教授：男，1934 年生，浙江慈溪人，中共党员。1958 年毕业于莫斯科汽车公路学院桥梁专业。同年回国，在中南土木建筑学院任教，1960 年至今在长沙铁道学院任教，1987 年晋升为教授。曾任中国土木工程学会混凝土及预应力混凝土学会理事。40 年来为大学生和研究生开设多门技术基础课和专业课。培养研究生 10 名，指导多名青年教师。作为负责人之一，带领毕业班学生参加设计的成昆铁路一线天 54 米跨度铁路石拱桥，于 1978 年和 1985 年分别获国家科学大会奖、国家科技进步特等奖。主持完成多个部级科研项目，大部分已在生产中应用并取得较大的社会与经济效益。《空间桩基优化设计与计算机绘图》获铁道部第四设计院科技进步一等奖。20 世纪 80 年代以来先后在学报或期刊上发表学术论文 20 余篇。多次参加铁路高校统编教材《桥梁》的编写和主审。参加"桥规"的编写。负责设计多座桥梁。其中全国最大跨度的成昆铁路一线天 54 米石拱桥和郴州下湄河 50 米双曲拱铁路桥被列入"中国铁路桥梁史"。在教学、科研这块沃土上辛勤耕耘 40 余年，曾多次被学校评为优秀共产党员、优秀教师，并被评为湖南省优秀共产党员和优秀教师。享受国务院特殊津贴。座右铭是：实事求是，理论联系实际。

卢树圣教授：男，1936 年生，河南信阳人，中共党员。1959 年唐山铁道学院桥隧专业本科毕业。教授，中国土木工程学会混凝土和预应力混凝土学会理事，全国高效预应力混凝土技术发展与推广委员会委员，铁道部高等院校土建类专业教学指导委员会副主任委员，湖南省土建学会预应力技术咨询开发部副理事长，中南大学本科教学质量考评专家组副组长。曾三次参加《铁路桥涵设计规范》修订工作，主持完成的"钢筋混凝土圆(环)形偏压构件裂缝的试验研究"获铁道部重大科技成果奖；"混凝土铁路桥梁基于可靠度设计理论的研究"通过部级鉴定，成果属国内领先，达到国际水平。在预应力混凝土桥梁结构设计理论、部分预应力混凝土技术应用及混凝土结构行为研究方面有一定的造诣。其中"16 米跨度先张部分预应力混凝土梁研制"获铁道部科技进步二等奖。参与"芜湖长江大桥桥面结合梁性能的试验研究"及南昆铁路"喜旧溪河大桥试验研究"。主编《现代预应力混凝土理论与应用》一书和参加《结构设计原理》《桥梁工程》教材的编写，其中统编教材《结构设计原理》获铁道部优秀教材三等奖。主持《土建类专业人才培养方案及教学内容体系的研究与实践》教改项目获省级三等奖。在国内发表论文、译文 30 余篇。指导硕士研究生 3 名。

陈政清教授：男，1947 年生，1987 年西安交通大学获博士学位，博士生导师。曾任土木工程系副主任、土木建筑学院院长；现为湖南大学教授，湖南大学风工程试验研究中心主任，中国土木工程学会桥梁与结构学会第六、第八届常务理事，美国 ASCE 刊物 Journal of Bridge Engineering 学报的副主编(Co-Editor)，兼任湖南省人民政府参事。长期从事结构非线性、风致振动与控制研究，研究成果为我国 20 世纪 80 年代末以来的大跨度桥梁建设与病害治理提供了关键技术支持。解决了我国第一座和第二座现代悬索桥的非线性设计计算问题和多个桥梁抗风问题，发明的永磁式磁流变阻尼器和电涡流 TMD 已广泛推广应用于斜拉桥拉索，钢拱桥吊杆和人行桥等结构的减振。主持了国家自然科学基金重点项目、“十一五”支撑项目、交通部西部课题重大专项等多项国家及省部级科研课题以及大型工程建设研究课题。在国内外发表论文 191 篇。SCI 收录 20 篇，EI 收录 117 篇，ISTP 收录 16 篇，SCI 他引 46 次，国内引用 1100 多次，2 篇为国内最具影响力论文。至 2011 年，培养的研究生已授博士学位 15 名。获得国家科技进步二等奖 2 项，湖南省科技进步一等奖 4 项，教育部自然科学二等奖 1 项。获国务院特殊津贴，有突出贡献的部级中青年专家，湖南省师德先进个人，湖南省个人科技成就奖——湖南光召科技奖。

文雨松教授：男，博士生导师。1950 年出生于湖南省桃江县。1981 年毕业于长沙铁道学院桥梁工程专业并获工学硕士学位。1992 年曾在英国诺丁汉大学(University of Nottingham)学习。任中国铁道学会桥梁委员会常委、中国防灾协会铁道分会委员、铁道学会水工委员会委员。获“湖南省优秀教师”称号。主讲“桥梁工程”“桥渡设计”“桥梁疲劳”“计算机算法语言”等多门课程。指导博士生、硕士生多届。曾经在铁道部第二设计院从事桥梁设计。曾主持铁道部科研项目及与铁路有关的研究项目“铁路桥梁可靠度研究”“25 吨轴重作用下 1951 年前建造的混凝土梁疲劳寿命评估研究”。获疲劳检测仪的发明专利。主持研制“既有铁路桥梁抗洪能力评估与水害整治专家系统”。此软件正在被中国所有铁路工务单位使用。并于 2005 年获铁道科技奖二等奖。其主导方法“一种基于流量影响线的中小桥山洪预警方法”获发明专利。主持研制“公路工程水文设计检算系统”，软件正在被广东省、山东省、内蒙古等公路设计部门使用，获广东省交通部门的一等奖。出版专著《铁路桥涵可视化水文检定》1 部、教材《桥涵水文》1 部。在《铁道学报》等刊物发表论文约 70 篇。

任伟新教授：男，1960 年 5 月生，辽宁省新宾县人，博士、博士生导师。现为教育部“长江学者”特聘教授，合肥工业大学土木与水利工程学院院长。1993 年博士毕业于长沙铁道学院桥梁与隧道工程专业，1996 年清华大学工程力学系博士后出站。1987 年起在长沙铁道学院工作，历任讲师、副教授、教授，博士生导师。曾作为访问教授分别在日本、比利时、美国、澳大利亚等国高校从事研究工作。2002 年入选“福建省百千万人才工程”，2004 年入选湖南省“芙蓉学者”特聘教授、教育部“新世纪优秀人才支持计划”和“首批新世纪百千万人才工程国家级人选”，2006 年入选“长江学者”特聘教授。担任 *Journal of Bridge Engineering*, ASCE 杂志副主编；*Engineering Structures*、《振动工程学报》等杂志编委；中国振动工程学会理事。长期从事桥梁结构模态分析与实验、损伤识别与健康监测、稳定与振动等方面的研究工作。主持国家自然科学基金面上项目 5 项、863 项目子课题、省、部级科研项目多项，获省部级科技进步奖多次。出版专著及译著 9 本，在国际、国内外学术期刊发表学术论文 200 余篇，其中 SCI 收录 70 余篇。已指导出站博士后 4 人，毕业博士 14 人(含外籍 1 人)，硕士 39 人。

贺国京教授：男，1964 年 5 月生，湖南岳阳人，博士，博士生导师，原土木建筑学院副院长。1984 年毕业于兰州大学，获学士学位；1986 年毕业于华中科技大学，获硕士学位；1993 年毕业于西南交通大学，获博士学位。1987—1990 年，在中南勘测设计研究院工作，主要从事水工结构和边坡的设计、分析与计算工作，1989 年被评聘为工程师。1993—2004 年，在原长沙铁道学院、中南大学土木建筑学院工作，历任土木系副主任、土木建筑学院副院长。主要从事桥梁工程的教学与研究，1995 年被聘为副教授，2000 年被聘为教授、博士生导师，2002 年被确定为湖南省桥梁与隧道工程学科带头人，并获得省教育厅资助。2000 年应邀在香港理工大学做访问学者，合作研究汀九大桥的抗震与控制。2004 年至今，在中南林业科技大学土木建筑与力学学院工作，任土木建筑与力学学院、土木工程与力学学院院长，桥梁工程研究所所长。主要从事桥梁工程的教学与研究。自 2005 年以来，多次在欧洲、瑞典留学和访问，进行桥梁耐久性检测、评估与加固合作研究，2007 年被聘为瑞典 Lulea 大学兼职教授。

戴公连教授：男，汉族，1964 年 10 月生，河南省夏邑县人，博士，博士生导师，主讲课程为混凝土桥、桥梁工程、大跨度桥梁结构等；主要研究方向为桥梁复杂结构空间分析设计理论与极限承载力、大跨度桥梁设计理论与极限承载力、高速铁路桥梁与轨道相互作用。从事复杂桥梁结构设计理论与极限承载力的研究，主持研制开发了一套桥梁结构空间分析设计程序，在我国上百座桥梁建设中得到应用；主持设计了长沙市二环线三汊矶大桥主桥自锚式悬索桥；参与了武广线、京沪线、沪宁线、武汉新站、新广州站等大量高速铁路桥梁的咨询、翻译、设计、分析与研究工作，承担了多项相关研究课题。出版学术专著 2 本，发表学术论文 90 余篇。1997 年，获广州省建委系统科技进步一等奖；2000 年，获优秀博士后论文二等奖；2002 年，获中南大学茅以升教学科研基金科研专项奖和詹天佑青年科技奖及湘潭湘江三桥主孔斜拉桥关键技术研究获湖南省科技进步一等奖；2007 年，斜塔竖琴式斜拉桥的设计与施工获湖南省科技进步一等奖；2008 年，城市桥梁复杂结构空间分析设计方法研究与应用获广东省科技进步三等奖。

盛兴旺教授：男，1966 年 1 月生，湖南长沙人，博士，博士生导师，现任中南大学土木工程学院副院长。1985 年长沙铁道学院铁道工程专业本科毕业，获学士学位，1988 年长沙铁道学院桥隧专业硕士毕业，并留校任教至今。主要从事结构优化、桥梁结构行为及设计理论、结构承载力、桥梁检测与加固研究。主持了 10 多项纵向项目，如桥梁 CAD 软件开发、高速铁路预应力斜交箱形梁桥理论与试验研究、高速铁路混凝土箱梁试验研究与优化设计、预应力混凝土先简支后连续梁桥技术的研究、铁路箱梁受力及设计计算研究、大跨桥梁修建关键技术研究等，承担了30多项横向项目，包括浙赣、昌九城际、洛湛、沪宁城际、石武客专、赣韶、厦深等铁路以及多条公路、市政桥梁的荷载试验、监控、检测与加固等，参加了长沙市湘江二桥、湘潭市湘江四桥、贵阳市环线小关大桥、昌九城际永修刚架系杆拱等多项工程的建设和研究工作，主持开发了“桩基CAD”“正、斜交预应力混凝土简支、连续梁空间静力分析软件”等多套桥梁软件，主持设计了30多座桥梁；获省科技进步奖1次；公开发表论文40余篇，编制教材2部，出版教材1部。主讲本科及研究生课程桥梁工程、桥梁建造、高等混凝土理论、结构分析与程序设计和结构稳定等，指导各类研究生60余名。

李德建教授：男，1967年7月生，湖南邵东人，博士，博士生导师。1987年毕业于华中工学院，获学士学位，1990年毕业于上海交通大学，获硕士学位，1996年毕业于长沙铁道学院，获博士学位。长期从事桥梁工程的教学、研究与设计工作，主要研究方向为桥梁复杂结构空间分析设计方法与应用、桥梁结构极限承载力与安全评估、桥梁减隔震与减振理论及应用。先后主持和参加省部级科研项目30余项，开发的主要程序有“列车—轨道时变系统空间振动分析程序”“列车—桥梁时变系统空间振动分析程序”和“桥梁结构空间分析与设计程序”，研究成果在成百上千座弯桥、斜桥、异形复杂桥梁和特大桥梁空间分析和设计中得到应用，以专业负责人主持了三汊矶湘江大桥主桥自锚式悬索桥设计工作，获省部级科技进步一等奖2项，三等奖1项，获中国公路学会科技三等奖1项，出版学术专著2部，发表学术论文60余篇。

郭向荣教授：男，1968年12月生，湖南桃江县人，博士，博士生导师，1990年毕业于长沙铁道学院土木工程系，1993年获本校硕士学位留校任教至今，2003年晋升教授。一直在桥梁结构空间受力特性、桥梁结构振动与稳定尤其在“车桥时变系统空间耦合振动研究”等方向从事科研与教学工作，至今已主持完成了铁道部项目及各设计院等单位委托项目共计100多项科研课题的研究工作，其中“铁路连续钢桁梁的横向刚度限值研究”成果已纳入我国《铁路桥涵设计规范》及其条文解释。开发了可考虑脉动风和地震作用的车—线—桥空间耦合振动分析软件TBI，成功应用于九江长江大桥、芜湖长江公铁两用斜拉桥、武广天兴州大桥，京沪南京长江大桥等众多桥梁的车桥系统空间耦合振动计算与分析，为旧桥加固及新桥设计提供了理论依据。作为第二完成人完成的课题“列车—桥梁时变系统横向振动分析理论与应用”于1998年5月通过铁道部鉴定，12月获铁道部科技进步二等奖，1999年获国家科技进步三等奖。另获中国铁道学会一等奖2项、国家科技进步二等奖2项、省级科技进步一等奖1项。2001年获第五届詹天佑科技青年奖。发表学术论文 40 余篇，出版专著、译著各 1 部，主编教材 1 部，指导培养博士生 5 人，硕士研究生 40 余人。

郭文华教授：男，汉族，1969 年 11 月生，湖南省常德人，中共党员，1999 年 6 月长沙铁道学院桥梁与隧道工程工学博士研究生毕业。中南大学土木工程学院桥梁系副主任，教授，博士生导师，教育部优秀青年教师资助计划获得者。主要从事桥梁结构振动与稳定、桥梁抗风与抗震等领域的教学与科研工作。先后获国家科技进步奖 1 项，省部级科技进步奖 2 项，2004 年获“茅以升科研专项奖”。主持和完成国家级科研项目 2 项、省部级科研项目 4 项。近年来，在国内外学术期刊上发表论文 40 多篇，其中有 20 多篇论文被 SCI 或 EI 收录。

何旭辉教授：男，1975 年 12 月生于贵州遵义，博士，博士生导师，现为中南大学土木工程学院副院长。1996 年 6 月毕业于长沙铁道学院桥梁工程专业，获工学学士学位，同时留校工作至今，2009 年 5 月中南大学交通运输工程博士后科研流动站出站。2010 年 7 月在美国宾夕法尼亚州州立大学(Penn State University)公派访问一年。2001 年晋升为讲师，2005 年晋升为副教授，2011 年晋升为教授。2011 年获茅以升铁路教育科研专项奖，2012 年教育部“新世纪优秀人才支持计划”。长期从事桥梁工程的教学和科研工作，主讲桥梁工程、桥梁建造等课程。担任《振动工程学报》第 7 届编委，中国土木工程学会全国“结构风工程委员会”第 7 届委员，美国土木工程师协会(ASCE)会员、国际桥梁与结构工程协会(IABSE)会员、国际桥梁维护及安全管理协会(IABMAS)会员、国际桥梁维护及安全管理协会中国团组(IABMAS – CG) 理事。主要研究方向为桥梁风工程、桥梁监测与评估等，主持了国家自然科学基金 2 项(50808175、51178471)和省部级科研项目多项，已发表学术论著 80 多篇，其中 SCI 收录 10 篇，EI 收录 30 篇，发明专利 4 项，并获国家科技进步二等奖 2 项，省部级一、二、三等奖各 1 项。

欧阳震宇教授：汉族，男，1977 年 10 月生于湖南湘潭，工学博士，博士后，现为中南大学土木工程学院教授、博士生导师。2000 年在湘潭工学院获得民用与工业建筑专业学士学位；2003 年 6 月毕业于中南大学防灾与减灾工程专业，获工学硕士学位；2003 年年底赴美国攻读博士学位，2007 年 8 月在美国威斯康星州马凯特大学（Marquette University）获得结构工程专业博士学位；2007 年 10 月开始，在美国路易斯安那州立大学机械工程系进行了为期约 2 年的博士后研究工作；2009 年 8 月开始担任美国路易斯安那州南方大学机械工程系助理教授；2013 年 3 月从美国回到母校中南大学土木工程学院担任“升华学者”特聘教授至今。长期从事桥梁/结构工程的教学和科研工作，主讲断裂力学、复合材料力学、钢结构、结构分析等课程。主要研究方向为智能桥梁结构材料、桥梁加固与维修、桥梁结构耐久性等，主持或合作主持了 4 项美国纵向科研基金，已发表学术论著 50 余篇，其中SCI收录17篇，EI收录38篇，并获大型重要国际会议最佳论文奖一次(排名第一)。担任20余种国际SCI主流刊物的审稿人，以及数个大型国际会议分会场主席。

詹振炎教授：见第二章第一节。

华祖焜教授：见第二章第一节。

三、人才培养

(一)本科教育

1953—1969年，铁道桥梁与隧道(下分铁道桥梁专门化)。

1970—1988年，铁道桥梁与隧道专业与铁道工程专业合并为铁道工程专业。

1989—1994年，恢复桥梁工程专业。

1995—1997年，铁道工程专业、桥梁工程专业、工民建专业合并为交通土建工程(下设桥梁工程专业方向)。

1997年至今，交通土建工程与建筑工程专业合并为土木工程专业(下设桥梁工程方向)。

1. 本科培养目标与培养模式

1952年，全国高校开始学习前苏联教育经验，进行教育改革。1953年，高教部召开全国高等工业学校行政工作会议，做出“稳步进行教学改革，提高教学质量”的决议，并指出“高等教育的改革方针，是学习前苏联先进经验与中国实际相结合”。中南土木建筑学院成立后即强调要系统地学习前苏联教育经验，积极而又慎重地推进教学改革，从培养目标、专业设置、教学计划、教学大纲、教材、教学方法、考试制度和实践教学环节等方面都以前苏联高校为样板进行改革。

本科人才培养目标与学校定位和国家发展的大背景密切相关，2000年合校以前，长沙铁道学院为省部属一般院校，主要培养应用型人才，注重实践能力，培养模式中的开门办学是重要的途径。通过开门办学不仅培养了实践能力，而且培养了学生踏实肯干、吃苦耐劳的品德与作风。

20世纪80年代，土木等专业就注意研究与实践，增加工程经济与工程管理类课程，培养既懂土木工程技术，又懂一定经济与管理的复合型人才，并促进了设置工程管理专业。

2000年合校以后，学校为教育部直属“211”“985”重点高校，人才培养目标与一般院校有所区别。强调具有一定的研究能力和创新能力，强调个性发展，相应在培养模式方面，逐步实现“学历要求+精英培养”，因材施教，培养一批拔尖人才和领军人才。

2. 开门办学

1958—1976年近20年中，桥梁与隧道系师生多次深入现场开门办学(见本章

第一节)，这些实践活动如从20世纪60年代初期的建校劳动到现场参加技术革命和成昆铁路会战等，奠定了学科“实践能力强、有坚实的理论基础、吃苦耐劳、扎实肯干”的人才培养风格，受到了社会的广泛赞誉。

（二）研究生教育

1. 研究生培养基本情况

1962年桥梁与隧道结构开始招收研究生，徐名枢教授招收了桥梁第一批硕士研究生罗彦宣、杨绳恩。

1978年恢复硕士研究生招生，1981年获得硕士学位授予权；1978年徐名枢教授招收硕士研究生文雨松、李培元，1979年曾庆元教授招收硕士研究生田志奇，以上3名学生于1981年获得硕士学位，为本学科在1978年恢复硕士研究生招生后首批硕士学位获得者。

1987年曾庆元教授招收第一个博士生杨平，1988年招收博士生朱汉华。第一个毕业的博士生为朱汉华(1992毕业)。

2000年开始招收建筑与土木工程领域的工程硕士研究生。

桥梁和隧道学科历年共招收博士生210名，毕业博士122名；招收全日制硕士生约720名，毕业硕士555名；历年研究生招生情况见第四章第二节。现年度招收规模为博士8～10名，硕士生30～40名。

2. 优秀研究生

陈锐林，获得湖南省优秀博士论文(论文题目：强风作用下列车脱轨分析)，导师：曾庆元，2011年。

胡楠，获得湖南省优秀硕士论文，导师：戴公连，2010年毕业。

闫斌，获得湖南省优秀毕业博士生，导师：戴公连，2013年。

刘文硕，获得湖南省优秀毕业博士生，导师：戴公连，2013年。

（三）教学成果

1. 教材建设

[1] 王承礼(铁路高等学校桥梁与隧道专业教材编审委员会组织). 桥梁建造与修复. 人民铁道出版社，1965.

[2] 曾庆元. 薄壁杆件分析理论与稳定性. 长沙铁道学院，1976. (内部讲义)

[3] 王承礼，徐名枢，张式深，陈映南，等. 铁路桥梁(上、下册). 中国铁道出版社，1980. (1987年再版)

[4] 曾庆元. 结构稳定理论. 长沙铁道学院，1980. (内部讲义)

[5] 王朝伟. 高等结构力学丛书. 人民交通出版社，1987.

[6] 王朝伟合编. 大百科全书有限元法. 大百科全书出版社，1987.

[7] 曾庆元. 结构动力学. 长沙铁道学院，1987. (内部讲义)

[8] 曾庆元，卢树圣，林丕文等协编. 结构设计原理. 中国铁道出版社，1980.

(注: 1983 年获铁道部优秀教材三等奖)

[9] 万明坤, 王俭槐. 铁路钢桁梁桥计算. 中国铁道出版社, 1988.

[10] 王承礼. 铁路桥梁. 中国铁道出版社, 1990.

[11] 卢树圣. 现代预应力混凝土理论与应用. 中国铁道出版社, 2000.

[12] 裘伯永, 盛兴旺, 乔建东, 文雨松. 桥梁工程. 中国铁道出版社, 2000.

[13] 郭向荣, 陈政清. 土木工程专业英语. 中国铁道出版社, 2001.

[14] 文雨松. 桥涵水文. 中国铁道出版社, 2005.

[15] 胡狄. 预应力混凝土结构设计基本原理. 中国铁道出版社, 2009.

2. 省级及以上的教改项目

文雨松, 张麒, 钢筋混凝土桥梁函授 CAI, 省级主持, 1996—2000 年。

卢树圣, 土建类专业人才培养方案及教学内容体系的研究与实践, 1996 年 1 月—2000 年 12 月。

方淑君, 湖南省教改项目: 基于"知识传授 · 能力培养 · 人格塑造"三位一体的工科研究生创新素质培养实践研究。

3. 省级及以上教学获奖和荣誉

林丕文, 自学考试先进工作者, 湖南省教委, 1989 年。

林丕文(主持), 改革系级教学管理, 提高毕业生人才市场的竞争力, 1989 年获得湖南省优秀教学成果三等奖。

卢树圣等 6 人, 部教改立项项目阶段成果一等奖, 长沙铁道学院, 1998 年。

卢树圣, 土建类专业人才培养方案及教学内容体系改革的研究与实践, 部级(参加主持子课题), 1996—2000 年, 获得阶段性成果一等奖。

林丕文(参加), 普通高校一般院校努力创办一流教育的研究与实践, 获 2001 年国家教学成果二等奖, 湖南省教学成果一等奖。

四、科学研究

(一)主要研究方向

1. 列车—桥梁振动研究方向

提出了弹性系统动力学总势能不变值原理与形成系统矩阵的"对号入座"法则, 建立了车桥系统空间振动矩阵方程。论证了构架实测蛇行波可以作为车桥系统横向振动激振源, 解决了车桥系统横向振动的激振源问题。提出了车桥系统振动能量随机分析方法, 基于实测构架蛇行波的能量特征模拟出人工构架蛇行波, 分析了车桥系统一定保证概率的最大响应, 解决了车桥振动的随机分析问题。通过突破以上三大难点, 创立了列车—桥梁时变系统振动能量随机分析理论。基于该理论, 提出了铁路桥梁横向刚度限值的分析方法, 计算了九江长江大桥拱桁体系钢梁桥等五座桥梁的横向刚度, 与桥建成后的测试效果一致。算出了提速货车作用下，上承钢板梁桥的最大横向振动响应（振幅，摇摆力，轮压减载率等），与实测最大值接近。对数种跨度上承钢板梁桥的多种加固方案与列车系统的空间振动进行了大量计算。为我国大部分新建铁路桥梁的设计、提速、重载状态下既有线桥梁的加固等提供依据，取得较大的经济效益和社会效益。成果被铁道部科技司组织的专家鉴定为原始创新成果，达到国际领先水平。发表了相关学术论文一百余篇，出版了专著《列车桥梁时变系统振动分析理论与应用》。成果获得了1998 年铁道部科技进步二等奖以及 1999 年国家科技进步三等奖。

有关该学术方向的诞生与发展参见第五章第二节。

2. 列车脱轨研究

首次揭示了列车脱轨机理是列车—轨道—桥梁时变系统横向振动丧失稳定。提出了弹性系统运动稳定性的总势能判别准则与平稳运动稳定性分析的位移变分法。基于运动稳定性的基本原理与列车—轨道（桥梁）时变系统能量随机分析理论，提出了列车—轨道—桥梁系统横向振动稳定性分析的能量增量准则以及系统横向振动失稳临界车速与容许极限车速分析方法，从而形成了一套列车脱轨分析理论。运用该理论，验算了 21 例列车是否脱轨的结果，均与实际结果相符合。算出高速列车—板式无砟轨道系统横向振动失稳临界车速与容许极限车速，论证了我国高速铁路具有很高的列车运行安全度。分析了沪通桥主跨 1092 米斜拉桥等大量桥上列车走行安全性问题，为我国提速桥梁与高速铁路桥梁设计与建造提供了坚实的理论依据。提出了铁路桥梁横向振幅行车安全限值分析方法，计算出常见跨度预应力混凝土简支梁桥横向振幅行车安全限值，取得了巨大的经济与社会效益。铁道部科技司组织的专家组鉴定该成果的结论为：“研究成果为原始创新，达到了国际领先水平，具有很高的实用价值和广阔的应用前景。”发表了相关学术论文近百篇，出版了世界上首部列车脱轨专著《列车脱轨分析理论与应用》，成果获得了 2005 年湖南省科技进步一等奖。

有关该学术方向的诞生与发展参见第五章第二节。

3. 桥梁极限承载力研究

在曾庆元院士的带领下，中南大学桥梁工程系已形成特色鲜明、国内知名的“大跨度桥梁稳定极限承载力分析”研究方向：第一阶段（1956—1978）：提出了厂房钢结构变截面柱、斜拉桥主梁和塔柱的自由长度计算方法，解决了复杂结构稳定分析计算量大及耗时长的问题，便于结构设计。第二阶段（1979—1990）：桥梁侧倾稳定分析的有限单元法，提出了桥梁空间耦合变形势能计算方法，创造性地提出“桁梁—闭口薄壁箱梁”等效换算原理，建立了桁梁桥侧倾稳定计算理论，解决了由李国豪院士创立的桁梁桥扭转、稳定理论两个基本假定（其一是假定桁梁截面双轴对称；其二是假定畸变变形对称且均匀）的合理性问题。第三阶段（1991年至今）：桥梁结构局部与整体相关屈曲极限承载力分析，由于传统稳定设计规范都是基于构件而不是基于结构整体，将高估结构极限承载力，结构稳定分析应考虑构件之间弹性约束，只有对结构作极限荷载分析，才能获得正确设计。曾院士带领博士生在4项国家自然科学基金和多项部级项目的资助下，先后提出了桥梁空间耦合变形分析的梁段单元方法和梁段单元节点内力塑性系数法等，应用领域拓展到各类桥型上，解决了数十座国内知名大桥局部与整体相关屈曲极限承载力计算问题。

4. 桥梁抗风研究

本学科桥梁抗风研究始于1991年，由陈政清教授提出预测桥梁颤振临界风速的多模态参与单参数自动搜索法，此后陈政清教授在多项国家自然科学基金的资助下，依托岳阳洞庭湖大桥的抗风设计，取得了多个抗风研究成果，其中具有重要影响的成果主要有以下三项：

梁杆结构三维大变形分析理论桥梁颤振三维分析的多模态单参数搜索法；颤振导数的强迫振动识别方法与试验装置；斜拉桥拉索风雨振的观测与磁流变阻尼器减振技术。

此后，何旭辉在国家自然科学基金的资助下，建立了洞庭湖大桥风雨振非平稳风速模型，提出了斜拉索风雨振多尺度分析方法。

2008年，国家发改委评审通过并正式立项，在中南大学铁道校区建设高速铁路建造技术国家工程实验室，其中包含高速铁路风洞试验系统(详见第三章第一节)。该风洞系统为全钢结构回流式低速风洞，可开展各种类型的桥梁结构风洞试验。

依托已建成的高速铁路风洞试验系统，且具有稳定的抗风研究团队(何旭辉、郭文华、于向东、李玲瑶等)，在国家自然科学基金等项目资助下，正在开展高速铁路风车桥耦合振动和风洞试验等相关研究，逐渐形成我校桥梁风工程研究特色。

5. 桥涵水文研究

桥涵水文研究一直是本学科的一个重要研究方向。2000年以前，这个方向的主要研究者有詹振炎教授等。研究组同铁道部第四设计院一起取得了适应于华东、华南地区小径流流量的计算方法——铁四院法。

灞河桥事故后，铁路需要在短时期内对所有桥涵作出抗洪能力评估，并做出相应加固。因此，铁道部向中南大学下达了研制“既有铁路桥梁抗洪能力评估与水害整治专家系统”的项目。以文雨松教授为主持人的研究小组联合各铁路局的桥梁技术人员，开展了这项研究。项目于2005年获铁道部鉴定后，推广到了全国(除中国台湾以外)所有铁路。取得了铁路桥梁水害事故越来越少的可喜局面。

(二)科研项目

1988—2013年，学科承担的省部级及以上代表性科研项目见表2.2.3。

表 2.2.3　学科代表性科研项目

序号	项　目　名　称	项目来源	起讫时间	负责人
1	铁路列车桥梁时变系统的激振源及其随机振动分析方法	国家自然科学基金	1988—1989	曾庆元
2	钢桥极限承载力分析		1990—1992	曾庆元
3	斜拉桥极限承载力分析		1991—1993	曾庆元
4	大跨度斜拉桥局部与整体相关屈曲极限承载力分析		1995—1997	曾庆元
5	结构动态分析的理论研究与新方法研究		1996.01—1998.12	贺国京
6	桥梁结构地震力隔离理论的试验研究		1996.01—1998.12	王荣辉
7	大跨度桥梁气动导数识别方法及检验标准的研究		1999.01—2001.12	陈政清等
8	直线货物列车脱轨分析理论研究		2001.01—2003.12	曾庆元
9	斜拉索风雨振现场观测与半主动控制研究		2002.01—2004.12	陈政清
10	强风对汽车通过大跨度斜拉桥时安全性、舒适性影响研究		2003.01—2005.12	郭文华
11	基于时频分析的非平稳地震动模拟及桥梁地震反应分析研究		2008.01—2010.12	黄天立
12	基于多尺度理论的桥梁风振敏感构件损伤演化分析		2009.01—2011.12	何旭辉
13	剪力滞和徐变耦合作用下预应力混凝土箱梁时变效应研究		2009.01—2010.03	胡　狄
14	基于 MR 阻尼器的纵飘桥梁被动减振—半主动减振控制研究		2010.01—2012.12	杨孟刚
15	高速铁路桥梁列车安全舒适性控制理论研究		2010.01—2012.12	周智辉
16	强风作用下轻轨车—汽车—公轨两用桥时变系统的动力响应机理及行车安全性舒适性研究		2011.01—2013.12	郭文华
17	基于连续小波变换的桥梁时变与非线性工作参数识别方法研究		2011.01—2013.12	任伟新
18	强风环境下高速铁路车—桥系统气动特性及抗倾覆性能风洞试验研究		2012.01—2015.12	何旭辉
19	大跨度柔性桥梁稳定极限承载力简化分析理论研究		2012.01—2014.12	文　颖

续表 2.2.3

序号	项　目　名　称	项目来源	起讫时间	负责人
20	高速铁路横向刚度和横向摇摆力研究	铁道部科技计划	1994.01—1995.12	曾庆元
21	预应力混凝土桥面系与钢桁结合梁的试验研究——极限承载力分析		1996.01—1998.06	郭向荣
22	芜湖长江大桥关键技术研究(C)——斜拉桥地震响应分析研究及软土地基的抗震问题		1996.01—1998.06	任伟新
23	斜拉桥模型静动力特性试验及刚度值研究——横向刚度理论分析及评价		1996.01—1997.12	曾庆元
24	铁路无黏结预应力混凝土简支梁桥受力分析及疲劳性能研究		1997.11—1998.11	戴公连
25	无缝线路状态, 动态评估技术研究(A)——无缝线路状态安全极限及动态模拟研究		1997.01—1998.12	李德建
26	高速铁路斜交箱形梁桥静、动力分析研究		1997.01—1998.12	盛兴旺
27	简支钢梁动力性能测试及其刚度检测标准分析——提速状态下既有线桥梁检定标准合理值研究子课题		1997.08—1998.12	王荣辉
28	板桁组合结构桥梁空间非线性分析	省级科技计划	1997.09—1998.12	王荣辉
29	25 吨轴重作用下中下跨度混凝土梁疲劳寿命评估(B)——1951 年前建造的混凝土梁疲劳寿命评估研究	铁道部科技计划	1997.01—1998.12	文雨松
30	高速铁路车—线—桥动力响应分析研究(B)——列车—桥梁动力响应分析研究		1997.01—1998.12	曾庆元
31	既有线桥梁在提速和重载状态下评估技术和标准的研究		1997.03—1997.12	曾庆元
32	高速铁路主跨 400 ~ 800 米钢斜拉桥动力特性研究		1997.08—1998.12	曾庆元
33	客车速度 140 千米/小时情况下, 大跨度钢梁主要设计参数确定的研究——动力特性研究		1997.08—1998.12	曾庆元
34	车—线—桥系统动力学仿真计算与分析		1998.01—1999.12	郭向荣
35	铁路大跨度钢管混凝土拱桥新技术		1998.10—1999.06	郭向荣
36	山区铁路大跨度高墩刚构—连续组合梁桥关键技术研究		1998.10—1999.06	郭文华
37	铁路大跨度斜拉桥斜拉索次生应力疲劳与对策研究		1998.01—1999.12	乔建东
38	高速铁路斜交梁桥研究——高速铁路 PC 斜交箱形梁桥理论与试验研究		1998.01—1999.12	盛兴旺

续表 2.2.3

序号	项　目　名　称	项目来源	起讫时间	负责人
39	湘潭湘江三桥主孔斜拉桥关键技术研究	湖南省建委	1999.01—2000.12	戴公连
40	秦沈客运线桥涵关键技术的研究——常用跨度桥梁动力特性及列车走行	铁道部科技计划	1999.01—2000.12	郭向荣
41	秦沈客运专线预应力混凝土整孔简支箱梁弯扭和支座不平整效应分析		1999.01—2000.12	盛兴旺
42	箱梁综合试验研究		2000.01—2003.12	陈政清
43	大跨度桥梁安全监测与损伤识别技术研究		2000.06—2001.12	陈政清
44	高速铁路大跨度斜拉桥设计方案和设计参数研究		2000.01—2001.12	郭向荣
45	箱梁静载研究		2000.01—2001.12	盛兴旺
46	南京长江大桥安全监测及评估系统的研究		2001.01—2003.03	顾建新、陈政清
47	南京长江大桥安全监测和状态评估系统的研究		2001.01—2004.12	陈政清
48	预应力混凝土先简支后连续梁桥技术的研究		2001.01—2002.12	盛兴旺
49	大跨公铁两用桥关键技术的研究——大跨公铁两用桥结构体系和总体方案的研究		2001.01—2001.12	郭向荣
50	京秦线实测200千米/小时提速改造典型桥梁动力特性及列车走行性研究		2001.01—2001.12	郭向荣
51	大跨度公铁两用桥车桥耦合振动分析理论及计算模型研究		2001.06—2002.10	郭向荣
52	芜湖长江大桥裕溪河 2×80 米连续钢桁梁及32米分片式T梁车桥振动分析		2001.09—2001.12	郭向荣
53	列车—线路—桥梁动力学仿真通用软件的研究		2001.04—2003.12	郭向荣
54	强风作用下汽车与大跨度斜拉桥系统的动力响应及其振动控制研究	湖南省自然科学基金委	2002—2004	郭文华

续表 2.2.3

序号	项目名称	项目来源	起讫时间	负责人
55	直线货物列车脱轨过程计算与预防脱轨参数的研究	铁道部科技计划	2001.06—2002.06	曾庆元
56	货物列车脱轨分析理论研究		2001.01—2002.12	曾庆元
57	独柱支撑预应力混凝土连续铁路弯梁模型试验研究		2002.01—2004.12	戴公连
58	铁路预应力高性能粉煤灰混凝土桥梁试验研究与应用		2002.01—2004.12	戴公连
59	洛湛铁路通道益阳至娄底段铁路粉煤灰高性能混凝土		2002.09—2003.12	戴公连
60	铁路大跨度预应力混凝土连续刚构桥梁设计研究		2002.03—2002.12	郭向荣
61	渝怀线桥梁关键技术研究(B)——长寿长江特大桥列车走行性分析		2002.03—2002.12	郭向荣
62	独柱支撑曲线箱梁桥空间分析设计方法的深化研究及其在城市桥梁上的应用		2002.01—2003.12	李德建
63	高速铁路常用跨度简支箱梁优化设计		2002.01—2003.12	盛兴旺
64	高速铁路简支箱梁结构参数优化仿真分析		2002.01—2003.12	盛兴旺
65	高速铁路先简支后连续桥理论分析		2002.10—2003.05	盛兴旺
66	桥上货物列车脱轨分析	湖南省科技厅	2002.01—2003.12	曾庆元
67	列车脱轨能量随机分析理论及防止技术研究	教育部博士点基金	2002.01—2004.12	曾庆元
68	车—线—桥系统动力学通用软件开发	铁道部科技计划	2003.01—2006.12	郭向荣
69	公铁两用大跨度桥梁在列车、汽车同时作用下的车桥系统动力响应研究	湖南省自然科学基金委	2003—2005	郭文华
70	万宜线宜昌长江大桥全桥静动力仿真分析研究	铁道部科技计划	2003.03—2005.12	贺国京
71	既有铁路桥梁抗洪能力评估与水害整治专家系统		2003.02—2004.12	文雨松
72	先张法预应力混凝土简支箱梁空间分析研究		2003.06—2003.08	盛兴旺
73	宜昌桥等效风荷载及抗风稳定性分析		2003.03—2005.03	于向东
74	桥上货物列车走行安全性分析	湖南省科技厅	2003.01—2004.12	曾庆元

续表 2.2.3

序号	项　目　名　称	项目来源	起讫时间	负责人
75	桥上列车走行安全和桥梁动力学指标分析的研究	部级科技计划	2003.01—2004.12	曾庆元
76	高速铁路桥梁动力设计参数研究	部级科技计划	2004.01—2006.12	郭向荣
77	桥上列车脱轨力学机理研究	省级科技计划	2004.01—2005.12	曾庆元
78	天兴洲公铁两用桥梁列车脱轨控制研究	铁道部科技计划	2004.01—2004.12	曾庆元
79	天心洲大桥主桁斜拉桥空间受力分析		2005.01—2007.12	戴公连
80	大跨度预应力混凝土桥梁刚度及后期徐变合理值研究		2006.01—2008.12	郭向荣
81	广东省公路工程水文设计检算系统开发	广东省交通厅	2006.01—2008.12	文雨松
82	内蒙古自治区公路水文数据库系统	省级科技计划	2007.01—2008.12	文雨松
83	山东省公路工程水文设计检算系统	山东省交通厅	2007—2009	文雨松
84	沿海客运专线主要桥梁结构技术研究——连续梁拱组合结构设计研究	铁道部科技计划	2007.12—2009.12	于向东
85	大跨度铁路斜拉桥关键技术研究——斜拉桥车桥耦合振动分析		2008.01—2010.10	郭向荣
86	京沪高速铁路特殊桥梁新结构和新工艺技术——96 米下承式钢箱系杆拱桥研究		2009.01—2010.12	郭向荣
87	货运专线常用跨度标准设计桥梁车桥耦合作用下动力系数计算和分析		2009.01—2010.12	郭向荣
88	大跨度铁路斜拉桥建造技术研究——斜拉桥方案列车走行性分析		2009.05—2010.12	郭向荣
89	铁路桥梁设计关键技术研究——客运专线连续梁—框架墩体系关键技术研究		2009.01—2011.12	郭向荣
90	大跨度桥梁修建关键技术研究——大跨度上承式钢管混凝土拱桥关键技术研究		2009.01—2011.12	盛兴旺
91	广东省公路水文勘测设计检定地方规定研究	广东省交通厅	2009.01—2011.12	文雨松

续表 2.2.3

序号	项　目　名　称	项目来源	起讫时间	负责人
92	大跨度斜拉桥列车走行安全性研究	铁道部科技计划	2009.01—2009.12	周智辉
93	大跨度铁路悬索桥风—车—桥耦合振动及合理刚度研究		2010.03—2013.12	郭向荣
94	大跨度铁路钢箱混合梁斜拉桥车桥及风车桥耦合振动仿真分析与研究		2010.11—2011.12	郭向荣
95	高速铁路大跨度钢筋混凝土拱桥车—桥动力仿真分析研究		2010.12—2012.12	郭向荣
96	基于响应面的桥梁结构有限元模型修正方法	教育部博士点基金	2010.01—2012.12	任伟新
97	京沪高速铁路综合试验研究——控制高速列车安全运行理论研究	铁道部科技计划	2010.01—2011.12	曾庆元
98	钢梁地段铺设Ⅱ型板式无砟轨道关键技术研究——特殊工点板式轨道结构的优化研究		2011.01—2012.12	郭向荣
99	高速铁路桥梁技术深化研究——大跨度连续钢桁梁柔性拱组合关键技术研究子课题—成桥动静载试验		2012.01—2013.12	盛兴旺
100	地下工程平衡稳定分析方法研究	浙江省科技厅	2012.01—2012.12	文颖
101	大跨度桥梁整体与局部相关屈曲极限承载力高效算法研究	人力资源与社会保障部	2012—2013	文颖
102	列车—桥梁(轨道)系统横向振动稳定性分析	湖南省科技厅	2012.01—2012.12	曾庆元
103	高速列车—轨道—桥梁系统横向振动稳定性分析理论研究	湖南省教育厅	2012—2014	周智辉
104	高速铁路160～400米钢桥动力特性及设计参数研究	铁道部科技计划		曾庆元
105	高速铁路中小跨度多跨钢筋混凝土箱形梁墩系统横向刚度限值分析			曾庆元
106	特大跨度铁路斜拉桥、悬索桥车振分析理论			曾庆元

(三)科研奖励

1978年后获省部级以上科研成果奖励见表2.2.4。

表 2.2.4　获省部级以上科研成果奖励

序号	成果名称	获奖时间	奖励名称	等级	完成人
1	成昆铁路旧庄河一号桥预应力悬臂拼装梁	1978	全国科学大会奖		姜昭恒等
2	成昆铁路跨度 54 米空腹式铁路石拱桥	1978	全国科学大会奖		王承礼等
3	小流域暴雨洪水之研究	1978	全国科学大会奖		詹振炎
4	小流域暴雨洪水之研究	1982	全国自然科学奖	四	詹振炎
5	在复杂地质、险峻山区修建成昆铁路新技术	1985	国家科技进步奖	特等	王承礼等
6	主跨 72 米部分预应力混凝土连续梁	1997	国家科技进步奖	三	曾庆元等
7	列车—桥梁时变系统横向振动分析理论与应用	1999	国家科技进步奖	三	曾庆元、郭向荣、郭文华、王荣辉、江锋、张麒、吕海燕、朱汉华、陈淮、杨仕若、骆宁安、杨毅、杨平、颜全胜、田志奇
8	多塔斜拉桥新技术研究	2003	国家科技进步奖	二	陈政清(5)
9	铁路大跨度钢管混凝土拱桥新技术研究	2005	国家科技进步奖	二	郭向荣(11)
10	柔性工程结构非线性行为与控制的研究	2005	国家自然科学奖	二	杨孟刚
11	柔性桥梁非线性设计和风致振动与控制的关键技术	2007	国家科技进步奖	二	杨孟刚(8)、何旭辉(9)
12	列车过桥动力相互作用理论、安全评估技术及工程应用	2009	国家科技进步奖	二	郭向荣(7)
13	长大桥梁结构状态评估关键技术与应用	2013	国家科技进步奖	二	何旭辉(7)等
14	成昆铁路旧庄河一号桥预应力悬臂拼装梁	1978	湖南省科学大会奖		姜昭恒等
15	成昆铁路跨度 54 米空腹式铁路石拱桥	1978	湖南省科学大会奖		王承礼等

续表 2.2.4

序号	成果名称	获奖时间	奖励名称	等级	完成人
16	小流域暴雨径流分析与计算	1978	湖南省科学大会奖		詹振炎
17	跨度16米先张法部分预应力混凝土梁	1991	铁道部科技进步奖	二	徐名枢等
18	主跨72米部分预应力混凝土连续梁	1996	铁道部科技进步奖	二	曾庆元等
19	单拱面预应力混凝土系杆拱桥空间受力研究	1997	广东省建委科技进步奖	一	戴公连等
20	列车—桥梁时变系统横向振动分析理论与应用	1998	铁道部科技进步奖	二	曾庆元、郭向荣、郭文华、王荣辉、江锋、张麒、吕海燕、朱汉华、陈淮、杨仕若、骆宁安、杨毅、杨平、颜全胜、田志奇
21	大跨桥梁静动力非线性分析NACS程序及应用	1999	湖南省教委科技进步奖	一	陈政清、乔建东、于向东、唐冕、丁全顺、郭建民等
22	岳阳洞庭湖大桥多塔斜拉桥新技术研究	2002	湖南省科技进步奖	一	陈政清(5)
23	多塔斜拉桥关键技术研究	2002	湖南省科技进步奖	一	陈政清(4)
24	湘潭湘江三桥主孔斜拉桥关键技术研究	2002	湖南省科技进步奖	一	戴公连(2)
25	铁路大跨度预应力混凝土刚构—连续梁桥技术	2004	中国铁道学会科技奖	一	郭文华
26	铁路大跨度钢管混凝土拱桥新技术研究	2004	贵州省科技进步奖	一	郭向荣(14)
27	洛阜铁路改建工程既有桥梁承载能力评定及加固措施试验与研究	2005	河南省科技进步奖	二	乔建东(2)、杨孟刚(5)、何旭辉(6)
28	既有铁路桥涵过洪能力评估与水害整治系统	2005	铁道部科技进步奖	二	文雨松
29	斜拉桥拉索风雨振机理与振动控制技术研究	2006	湖南省科技进步奖	一	黄方林(4)、何旭辉(5)、杨孟刚(6)

续表 2.2.4

序号	成果名称	获奖时间	奖励名称	等级	完成人
30	列车脱轨分析理论与应用研究	2006	湖南省科技进步奖	一	曾庆元(1)、向俊(2)、周智辉(3)、娄平(4)、李东平(5)、李德建(6)、文颖(7)
31	斜塔竖琴式斜拉桥的设计与施工	2007	湖南省科技进步奖	一	戴公连(8)
32	大跨度自锚式悬索桥设计理论与关键技术研究	2007	湖南省科技进步奖	一	叶梅新(6)、杨孟刚(10)
33	结构非线性阻尼特性研究及其在复杂结构关键构件中的应用(单位未署名)	2008	中国高校科技进步奖	一	黄天立(8)
34	青藏铁路拉萨河特大桥设计关键技术试验研究	2008	中国铁道学会科技奖	一	郭向荣(19)
35	钢管混凝土拱桥设计、施工及养护关键技术研究	2008	湖南省科技进步奖	一	杨孟刚(10)
36	斜拉—拱组合桥式结构体系新技术应用研究	2008	湖北省科技进步奖	二	盛兴旺(7)
37	遂渝客货共线铁路200千米常规跨度简支T梁桥动力特性研究	2009	中国铁道学会科技奖	三	郭向荣(3)、曾庆元(4)
38	复杂地形地质条件下路基桥基修筑处治机理与关键技术	2009	中国公路学会科技奖	三	李德建(5)
39	广东省公路工程水文设计检算系统	2009	中国公路学会科技奖	三	文雨松(3)
40	新型配筋混凝土结构及FRP缆索支撑桥梁设计关键技术	2009	高等学校科学研究优秀成果奖——科技进步奖	二	杨剑(2)
41	结构工作模态参数与损伤识别方法	2010	湖南省科技奖(自然类)	二	任伟新(1)
42	武广高速铁路桥梁关键技术研究	2011	中国铁道学会科技奖	一	郭向荣(16)
43	地下工程平衡稳定理论与应用	2011	浙江省科学技术奖	三	周智辉(6)、文颖(7)

除获奖项目外，1978 年后的科研成果鉴定主要项目见表 2.2.5。

表 2.2.5 科研项目成果鉴定情况

年份	项目名称	主要完成人员	鉴定单位
1978	薄壁箱形梁约束扭转及畸变计算理论	曾庆元	
1979	关于钢桁梁纵横联计算的一些问题	万明坤	
	桁梁桥侧倾稳定计算的探讨	曾庆元	
1980	斜偏心变压钢筋混凝土截面应力计算	裘伯永	
1982	钢筋混凝土圆环形截面偏心受压构件裂缝试验研究	卢树圣、林丕文等	院学术委员会鉴定
1988	跨度 16 米先张法部分预应力混凝土梁	徐名枢、卢树圣、姜昭恒	铁道部
1990	桥梁墩台扩大基础设计、优化和绘图程序	裘伯永、林丕文等	铁路工程总公司
1991	基于可靠性的混凝土受弯构件疲劳验算方法的研究	徐名枢、卢树圣、姜昭恒	国家标准管理组
1992	铁路桥梁恒载统计分析及标准研究	文雨松	局级
1992	铁路桥梁列车活载图式及标准值研究	徐名枢	局级
1992	列车横向摇摆及离心力的集散原则和参数制定	曾庆元	局级
1992	铁路钢桥结构系数的制定	王俭槐、曾庆元、朱汉华	铁道部科技司建设司
1993	铁路钢桁梁横向刚度研究	曾庆元	铁道部科技司建设司
1993	高强度螺栓接头可靠度研究	任伟新	铁道部科技司建设司
1995	斜拉桥、悬索桥空间柔性结构静动力非线性分析 NACS 程序及应用	陈政清	铁道部
1996	主跨 72 米部分预应力混凝土连续梁	曾庆元	铁道部
1996	单拱面预应力混凝土系杆拱桥空间受力研究	戴公连	广东省建委
1997	25 吨轴重作用下既有线活载中小跨度混凝土桥梁疲劳寿命评估	文雨松	铁道部科技司
1997	预应力混凝土斜拉桥计算机辅助设计系统	盛兴旺、乔建东、于向东等	铁道部科技司

续表 2.2.5

年份	项目名称	主要完成人员	鉴定单位
1998	铁路双肢薄壁高墩预应力连续刚构桥设计研究	陈政清、戴公连、裘伯永、盛兴旺、唐冕	铁道部科技司
1998	列车桥梁时变系统横向振动分析理论与应用	曾庆元、郭向荣、郭文华等	铁道部科技司
2005	列车脱轨分析理论与应用	曾庆元、向俊、周智辉、娄平、李东平、文颖	铁道部科技司
2005	既有铁路桥梁抗洪能力评估与水害整治专家系统	文雨松等	铁道部科教司
2009	广东省公路工程水文设计检算系统	文雨松等	广东省交通厅
2009	山东省公路工程水文设计检算系统	文雨松等	山东省交通厅
2011	内蒙古自治区公路水文数据库系统	文雨松等	内蒙古自治区交通厅

（四）专利与软件著作

专利与计算机软件著作见表 2.2.6。

表 2.2.6 专利与计算机软件著作权

序号	发明人及排序	专利与计算机软件著作名称	授权号	IPC 分类号	授权时间	授权国别或组织
1	文雨松（1）	混凝土桥梁疲劳检测技术及检测仪（发明专利）	专利号 97108090.9		1997	中国
2	文雨松（1）	铁路山洪预警系统（计算机软件著作）	软著登字第 0190420 号		2009	国家版权局
3	文雨松（1）	公路工程水文检算系统（计算机软件著作）	软著登字第 0190421 号		2009	国家版权局
4	文雨松（1）	既有铁路桥涵抗洪能力评估系统（计算机软件著作）	软著登字第 0190422 号		2009	国家版权局
5	文雨松（1）	一种基于流量影响线的中小桥山洪预警方法	专利号 201010575687.3		2010	中国
6	何旭辉（1）	一种斜拉索单模态瞬态激振系统	ZL 201220534942.4	G01M7/02(2006.01)I;	20130130	中国
7	何旭辉（1）	一种 U 形风洞试验列车加速系统	ZL 201220651671.0	G01M17/08(2006.01)I; G01M9/00(2006.01)I;	20130321	中国

续表 2.2.6

序号	发明人及排序	专利与计算机软件著作名称	授权号	IPC 分类号	授权时间	授权国别或组织
8	何旭辉(1)	一种悬臂式移动列车轴重测试装置	ZL 201320062304.1	G01G19/04(2006.01)I; G01M9/02(2006.01)I;	20130530	中国
9	何旭辉(1)	一种移动列车无线动力测试系统	ZL 201320063980.0	G01M17/08(2006.01)I; G08C17/00(2006.01)I; G08C23/00(2006.01)I;	20130609	中国

(五)专著与代表性论文

从 1953 年至今统计，出版专著与译著情况见表 2.2.7。

表 2.2.7　专著与译著

序号	著作名称	出版社	出版时间	著/编者
1	土木结构物计算例题	中国铁道出版社	1986	杨雅忱、林丕文译
2	钢压杆稳定极限承载力分析	中国铁路出版社	1994	任伟新、曾庆元
3	杆，板，壳结构计算理论及应用	中国铁道出版社	1999	王荣辉
4	列车桥梁时变系统振动分析理论与应用	中国铁路出版社	1999	曾庆元、郭向荣
5	桥梁结构空间分析设计方法与应用	人民交通出版社	2001	戴公连、李德建
6	铁路桥涵可视化水文鉴定	中南大学出版社	2003	文雨松、张大伟
7	Proceedings of 4th international conference on new dimensions in bridges: Flyovers, overpasses and elevated structures	ISBN 981 – 05 – 3551 – 1	2005	任伟新
8	Proceedings of 9th international conference on inspection, appraisal, repairs and maintenance of structures	ISBN 981 – 05 – 3548 – 1	2005	任伟新
9	桥梁节段预制拼装技术及其在城市轨道交通中的应用	华南理工大学出版社	2006	何旭辉
10	小波分析及其在土木工程结构中的应用	中国铁道出版社	2006	任伟新、韩建刚、孙增寿
11	列车脱轨分析理论与应用	中南大学出版社	2006	曾庆元、向俊、周智辉、娄平

续表 2.2.7

序号	著作名称	出版社	出版时间	著/编者
12	结构分析经典方法与矩阵方法的统一	中国铁道出版社	2008	郭向荣等译
13	漫话桥梁	铁道出版社	2009	戴公连、宋旭明
14	土木工程受力安全问题的思考	人民交通出版社	2012	朱汉华、周智辉
15	梁杆索结构几何非线性有限元法——理论、数值实现与应用	人民交通出版社	2012	陈政清、杨孟刚

从 1953 年至今统计，本学科教师发表科研论文共 1200 余篇，其中被 SCI、ISTP、EI 及以上收录的论文 300 余篇、教改论文 80 余篇，投稿期刊达 100 余种。本学科教师代表性论文如下：

[1] 徐名枢. 铁路建筑物少筋混凝土力学性能分析和实用配筋设计. 长沙铁道学院学报，1979(1)：29 -44.

[2] 曾庆元. 薄壁箱形梁计算的板梁框架法. 铁道学报，1981，3(2)：92 -104.

[3] 林丕文，卢树圣. 关于修改《桥规》钢筋混凝土受弯构件最大裂缝宽度计算方法的建议. 铁道标准设计通讯，1982(11)：7 -13.

[4] 卢树圣，林丕文，汪子瞻. 钢筋混凝土圆(环)形截面偏心受压构件裂缝的试验研究. 铁道学报，1983，5(3)：70 -81.

[5] 裘伯永，熊振南，林丕文. 桥墩扩大基础优化设计. 长沙铁道学院学报，1983(1)：14 -22.

[6] 姜昭恒. 弹性薄板的传递矩阵法分析. 土木工程学报，1984，17(1)：71 -84.

[7] 林丕文. 耳墙式桥台扩大基础优化设计. 长沙铁道学院学报，1984(4)：1 -6.

[8] 曾庆元，杨平. 形成矩阵的“对号入座”法则与桁梁空间分析的桁段有限元法. 铁道学报，1986，8(2)：48 -59.

[9] 姜昭恒. 任意支承矩形板的传递矩阵法分析. 长沙铁道学院学报，1987，5(4)：1 -19.

[10] 王俭槐. 铁路钢桁梁桥杆件自动化设计. 长沙铁道学院学报，1987，5(2)：89 -98.

[11] 林丕文. 桥墩与明挖基础的整体优化设计. 长沙铁道学院学报，1991，9(3)：149 -153.

[12] 王俭槐. 公铁两用钢桥结构系数的研究. 长沙铁道学院学报, 1991, 9(3): 34 -41.

[13] 徐名枢, 戴公连. 铁路混凝土桥梁挠度计算及可靠性研究. 长沙铁道学院学报, 1991, 9(3): 59 -68.

[14] 文雨松, 徐名枢. 铁路桥梁列车竖向荷载的极大值估计. 铁道学报, 1994, 16(2): 80 -84.

[15] 卢树圣. 现代预应力混凝土桥梁结构的新发展. 桥梁建设, 1996(1): 41 -48.

[16] 郭向荣. 高速铁路多Π形预应力混凝土桥梁动力特性及列车走行性分析. 铁道学报, 2000, 22(1): 72 -78.

[17] 郭向荣. 铁路连续钢桁梁桥横向刚度限值分析. 桥梁建设, 2000(1): 13 -16.

[18] 李德建, 曾庆元, 王荣辉, 吕海燕. 列车—轨道时变系统横向振动能量随机分析方法. 振动工程学报, 2000, 13(2): 307 -313.

[19] 于向东, 裘伯永. 铁路桥式方案比选 CAD 系统中的自动化布束方法研究. 铁道学报, 2000, 22(4) : 81 -83.

[20] 曾庆元. 弹性系统动力学总势能不变值原理. 华中理工大学学报, 2000, 28(1): 1 -3.

[21] 郭向荣. 含面内转角自由度的4节点平行四边形单元. 铁道学报, 2001, 23(4): 70 -75.

[22] 郭向荣. 京沪高速铁路南京长江大桥临界风速分析. 铁道学报, 2001, 23(5): 75 -80.

[23] 郭向荣. 高速铁路大跨度钢桥横向刚度限值分析. 中国铁道科学, 2001, 22(5): 29 -33.

[24] Guo Wenhua(郭文华), Xu Y. L.. Fully computerized approach to study cable stayed bridge vehicle interaction. Journal of Sound & Vibration, 2001, 248 (4).

[25] 于向东, 陈政清. 桥梁主梁断面颤振导数的强迫振动识别法. 中国公路学报, 2001, 14(2): 36 -39.

[26] 文雨松, 周智辉. 不明混凝土桥梁疲劳问题的变化相似解. 铁道学报, 2002, 24(2): 89 -91.

[27] 曾庆元, 向俊, 娄平. 车桥及车轨时变系统横向振动计算中的根本问题与列车脱轨能量随机分析理论. 中国铁道科学, 2002, 23(1): 1 -10

[28] 胡狄, 陈政清. 预应力混凝土桥梁收缩与徐变变形试验研究. 土木工程学报, 2003, 36(8): 79 -85.

[29] 李德建, 戴公连, 曾庆元. 钢管混凝土拱桥空间弹塑性稳定极限承载力

非线性分析. 中南工业大学学报, 2003, 34(3): 320 -323.

[30] 李德建, 戴公连, 曾庆元. 曲线箱梁桥列车—桥梁时变系统空间振动随机分析. 振动工程学报, 2003, 16(3): 379 -382.

[31] 李德建, 戴公连, 曾庆元, 金福海, 王小莉. 铁路曲线箱梁桥曲率对车桥系统振动响应的影响分析. 中国铁道科学, 2003, 24(3): 30 -35.

[32] 李德建. 钢筋混凝土桥梁空间弹塑性极限承载力分析——推广的 Cranstone 法. 湘潭矿业学院学报, 2003, 18(2): 26 -29.

[33] 杨孟刚, 陈政清. 两节点曲线索单元精细分析的非线性有限元法. 工程力学, 2003, 20(1).

[34] 于向东, 陈政清. 两自由度及三自由度桥梁断面颤振导数的强迫振动识别法, 铁道学报, 2003, 25(2): 57 -61.

[35] 周智辉, 曾庆元. 列车—轨道—地道桥时变系统振动分析. 中南工业大学学报(自然科学版), 2003, 34(2): 162 -165.

[36] 胡狄, 陈政清. 考虑反向摩阻的后张法 PC 构件锚固损失的计算. 中国公路学报, 2004, 17(1): 34 -38.

[37] 胡狄, 陈政清. 预应力混凝土桥梁徐变分析的全量形式自动递进法. 工程力学, 2004, 21(5): 41 -45.

[38] 盛兴旺, 等. 斜交箱梁的板梁段有限元法. 中国铁道科学, 2004, 25(3): 55 -60.

[39] 盛兴旺, 等. 预应力混凝土先简支后连续梁静、动力试验研究. 中国铁道科学, 2004, 25(6): 88 -93.

[40] 文超, 文雨松. 漂石河床扩大基础桥墩局部冲刷深度的人工神经网络解. 中南工业大学学报(自然科学版), 2004, 35(2): 333 -336.

[41] 周智辉, 曾庆元. 桥上列车脱轨计算分析. 中国铁道科学, 2004, 25(4): 46 -49.

[42] Cheng Zhengqing(陈政清), Yu Xiangdong(于向东). Wind-induced self-Excited loads on bridges. Journal of Structural Engineering, 2005, 131(12).

[43] 方淑君, 戴公连, 曾庆元. 三跨连续曲线铁路箱梁桥模型试验研究. 铁道学报, 2005, 27(3): 85 -90.

[44] 盛兴旺, 等. 先简支后连续梁桥结构的疲劳性能与抗裂性能. 中南大学学报, 2005, 36(3): 511 -516.

[45] 盛兴旺, 等. 预应力斜交箱形连续梁非线性分析. 中国铁道科学, 2005, 26(2): 64 -68.

[46] 方淑君, 戴公连, 曾庆元. 预应力混凝土连续曲线箱梁桥模型试验. 湘潭大学学报, 2006, 28(4): 115 -120.

[47] Guo Wenhua(郭文华), Xu Y. L.. Safety analysis of moving road vehicles on a long bridge under crosswind. Journal of Engineering Mechanics (ASCE), 2006, 132 (4).

[48] 胡狄. 预应力混凝土桥梁时变效应分析的钢筋约束影响系数法. 工程力学, 2006, 23(6): 120-126.

[49] 胡狄. 可控制精度的预应力混凝土杆系结构时变效应通用分析法. 工程力学, 2006, 23(12): 117-122.

[50] 杨孟刚, 陈政清. 自锚式悬索桥磁流变阻尼器减震控制研究. 土木工程学报, 2006, 39(11): 84-89.

[51] 周智辉, 曾庆元, 向俊. 新郑大桥改建新桥横向刚度分析. 中南大学学报(自然科学版), 2006, 37(1): 165-168.

[52] 唐冕, 陈政清. 大跨度自锚式悬索桥的颤振稳定性研究及风洞实验. 中南大学学报(自然科学版), 2007, 38(1): 164-169.

[53] 周智辉, 曾庆元. 铁路钢桥横向刚度限值分析. 中国铁道科学, 2007, 28(3): 34-37.

[54] 方淑君, 李德建, 曾庆元. 三线铁路预应力连续梁桥列车桥梁时变系统空间振动分析. 中南大学学报(自然科学版), 2008, 39(2): 394-399.

[55] He Xuhui(何旭辉), Yu Zhiwu, Chen Zhengqing(陈政清). Finite element model updating of existing steel bridge based on the structural health monitoring. Journal of Central South University of Technology, 2008, 15(3).

[56] 唐冕, 韩艳, 陈政清. 大跨自锚式悬索桥颤振稳定性的敏感性分析. 湖南大学学报(自然科学版), 2008, 35(7): 7-11.

[57] Ouyang Zhenyu(欧阳震宇), Li G. Local damage evolution of DCB specimens during crack initiation process: A natural boundary condition based method ASME journal of applied mechanics, 2009, 76(5).

[58] Ouyang Zhenyu(欧阳震宇), Li G. Cohesive zone model based analytical solutions for adhesively bonded pipe joints under torsional loading. International Journal of Solids and Structures, 2009, 46(5).

[59] Ouyang Zhenyu(欧阳震宇), Li G. Nonlinear interface shear fracture of end notched flexure specimens. International Journal of Solids and Structures, 2009, 46(13).

[60] Ouyang Zhenyu(欧阳震宇), Wan B. Nonlinear deterioration model for bond interfacial fracture energy of FRP/concrete in moist environments, ASCE. Journal of Composites for Construction, 2009, 13(1).

[61] 宋旭明. 三汊矶湘江大桥整体模型试验. 中国公路学报, 2009, 22(1):

53 -59.

[62] 宋旭明. 自锚式悬索桥的黏滞阻尼器减震控制. 华南理工大学学报, 2009, 37(3): 104 -108.

[63] 宋旭明. 自锚式悬索桥地震响应及减震控制分析. 中南大学学报, 2009, 40(4): 1079 -1085.

[64] Wen Ying(文颖), Zeng Qingyuan(曾庆元). A high-order finite element formulation for vibration analysis of beams using the principle of total potential energy. International Journal of Structural Stability and Dynamics, 2009, 9(4).

[65] 杨剑, 方志. CFRP 预应力筋超高性能混凝土 T 梁的受弯性能. 铁道学报, 2009, 31(2): 94 -103.

[66] 杨剑, 方志. 预应力超高性能混凝土梁的受弯性能研究. 中国公路学报, 2009, 22(1): 39 -46.

[67] Dai Gonglian(戴公连), S Xuming, Nan H. Sanchaji Bridge: The longest three-span self-anchored suspension bridge in the world. Structural Engineering International, 2010, 20(4).

[68] 文雨松, 李整, 邹希云, 刘小丰. 基于桥墩历史水痕与气象预报的中小桥水害预测. 铁道学报, 2010, 32(2): 141 -144.

[69] Wen Ying(文颖), Zeng Qingyuan. A novel approach to elasto-plastic finite element analysis of beam structures using the concept of incremental secant stiffness. Finite Elements in Analysis and Design, 2010, 46(11).

[70] Yang Menggang(杨孟刚), Chen Z - Q, Hua X - G. A new two-node catenary cable element for the geometrically non-linear analysis of cable-supported structures. Journal of Mechanical Engineering Science, 2010, 224(6).

[71] He Xuhui(何旭辉), Andrew Scanlon, Peng Li. Linzell, X. D. Yu. Dynamic factor of bridges subjected to linear induction motor train load. The Baltic Journal of Road and Bridge Engineering, 2011, 6(3).

[72] He Xuhui(何旭辉), Hua X. G, Chen Z. Q, Huang F. L. EMD-based random decrement technique for modal parameter identification of an existing railway bridge. Engineering Structures, 2011, 33(4).

[73] Ouyang Zhengyu(欧阳震宇), G Ji, G Li. On approximately realizing and characterizing pure mode - I interface fracture between bonded dissimilar materials. ASME Journal of Applied Mechanics, 2011, 78(3).

[74] 盛兴旺, 等. 内填外包钢管混凝土小偏心受压构件极限承载力分析. 中国铁道科学, 2011, 32(6): 48 -54.

[75] 魏标, 李建中. 基于位移的非规则梁桥抗震设计. 土木工程学报, 2011,

44(8): 95 - 101.

[76] 魏标, 李建中. 非规则梁桥的模态推倒分析. 振动与冲击, 2011, 30(2): 110 - 114.

[77] Wei Biao(魏标). Study of the applicability of modal pushover analysis on irregular continuous bridges. Structural Engineering International, 2011, 21(2).

[78] 文颖, 曾庆元. 平稳运动稳定性分析的位移变分法. 工程力学, 2011, 28(4): 1 - 6.

[79] 文雨松, 李整, 崔阳华, 谢麟. 流量影响线及其在桥梁山洪水害预报中的应用. 铁道学报, 2011, 33(6): 99 - 102.

[80] Yang Menggang(杨孟刚), Chen Zhengqing, Hua Xugang. An experimental study on using MR damper to mitigate longitudinal seismic response of a suspension bridge. Soil Dynamics and Earthquake Engineering, 2011, 31(8).

[81] 周智辉, 张军, 秦文孝, 曾庆元. 金温线武义江桥列车走行性与行车安全指标研究. 振动与冲击, 2011, 30(10): 9 - 13.

[82] 戴公连, 闫斌, 魏标. 门式墩纵向刚度及其对无缝线路纵向力的影响. 华中科技大学学报(自然科学版), 2012, 40(11): 33 - 36.

[83] 戴公连, 刘文硕, 李玲英. 关于高速铁路中小跨度桥梁设计荷载模式的探讨. 土木工程学报, 2012, 45(10): 161 - 168.

[84] 戴公连, 刘文硕, 曾敏. 小半径城市高架曲线梁桥地震动响应研究. 振动与冲击, 2012, 31(2): 155 - 160.

[85] Dai Gonglian(戴公连), Y Bin. Sanchaji Bridge: Longitudinal forces of continuously welded track on high-speed railway cable-stayed bridge considering impact of adjacent bridges. Journal of Central South University, 2012(8).

[86] He Xuhui(何旭辉), Yu X. D, Chen Z. Q. Nonstationarity analysis in wind-rain-induced vibrations of stay cable. Journal of Civil Engineering and Management, 2012, 18(6).

[87] He Xuhui(何旭辉), X. W. Sheng A. Scanlon, D. G. Linzell, X. D. Yu. Skewed concrete box girder bridge static and dynamic testing and analysis. Engineering Structures, 2012, 39(1).

[88] 魏标, 戴公连, 于向东, 曾庆元, 王军文. 纯滚动隔震系统位移计算方法的对比分析. 土木建筑与环境工程, 2012, 34(5): 116 - 120.

[89] 曾庆元, 周智辉, 文颖, 赫丹. 列车—轨道(桥梁)系统横向振动稳定性分析. 铁道学报, 2012, 34(5): 86 - 90.

[90] 魏标, 于向东, 戴公连, 文颖. 桥台支座布置方式对连续梁桥地震反应的影响. 华中科技大学学报(自然科学版), 2013, 41(1): 117 - 121.

[91] Yang Menggang(杨孟刚), Li Chunyang, Chen Zhengqing. A new simple non-linear hysteretic model for MR damper and verification of seismic response reduction experiment. Engineering Structures, 2013, (52)

[92] Yu Xiangdong(于向东). Transverse analysis of box-girder for continuous beam arch composite railway bridge applied. Mechanics and Materials, 2013, (7)

(六)学术交流

主办学术会议:

The Second International Conference on Structural Condition Assessment, Monitoring and Improvement, 19—21 November, 2007, Changsha, China.

2009 年 12 月 29—30 日，第二届“桥梁与隧道工程”国家重点学科建设研讨会。

(七)代表性成果简介

1. 成昆铁路旧庄河一号桥预应力悬臂拼装梁

奖项类别：全国科学大会奖，湖南省科学大会奖，1978 年。

获奖人员：姜昭恒等。

成果简介：修建成昆铁路时，为了采取新技术，组成了钻孔灌注桩、基础、预应力拼装墩、栓焊梁、拱桥、预应力混凝土梁等新技术战斗组。预应力混凝土梁战斗组又分为串联梁和悬臂施工预应力混凝土梁 2 个分组。后者选在旧庄河 1 号大桥为试点。结构形式采用 24 + 48 + 24 米悬臂拼装梁，双肢悬臂对称，中间铰结的结构形式。梁为变截面箱形，利用吊架悬臂拼装，不用脚手架。悬臂施工预应力梁分组由铁科院、第一、二、三设计院、大桥局、郑州局、铁道兵、西南交大、兰州铁道学院和长沙铁道学院等单位派人组成，负责旧庄河 1 号大桥设计与施工。长院派人参加该项工作，具体负责桥墩设计与施工，参加下部结构设计复核以及其他施工工作，历时一年。

2. 获奖名称：列车—桥梁时变系统横向振动分析理论与应用

奖项类别：国家科技进步奖三等奖，1999 年。

获奖人员：曾庆元、郭向荣、郭文华、王荣辉、江锋、张麒、吕海燕、朱汉华、陈淮、杨仕若、骆宁安、杨毅、杨平、颜全胜、田志奇。

成果简介：提出了弹性系统动力学势能驻值原理及系统力素矩阵直接拼装法，直接建立了车桥时变系统空间振动矩阵方程。提出了以构架实测蛇行波为激振源的车桥系统横向振动的确定性分析方法和车桥时变系统横向振动随机分析的构架人工蛇行波分析方法。提出了铁路桥梁横向刚度限制的分析理论与分析结果，计算了九江长江大桥拱桁体系钢梁桥等五座桥梁的横向刚度，与桥建成后的测试效果一致。算出了提速货车作用下，上承钢板梁桥的最大横向振动响应(振幅，摇摆力，轮压减载率等)，与实测最大值接近。对数种跨度上承钢板梁桥的多种加固方案与列车系统的空间振动进行了大量计算，为新建铁路桥梁的设计、提速、重载状态下既有线桥梁的加固等提供依据，取得较大的经济效益和社会效益。成果通过铁道部科教司组织的专家鉴定，达到国际领先水平。

3. 获奖名称：列车脱轨分析理论与应用研究

奖项类别：湖南省科技进步一等奖，2006 年。

获奖人员：曾庆元、向俊、周智辉、娄平、李东平、李德建、赫丹、文颖、左一舟、杨军祥、杨桦、左玉云。

成果简介：率先揭示了列车脱轨机理是列车—轨道(桥梁)时变系统(简称此系统)横向振动丧失稳定。基于弹性系统运动稳定性的总势能判别原理与列车—轨道(桥梁)时变系统能量随机分析理论，建立了列车脱轨的能量增量判别准则，形成了一套列车脱轨能量随机分析理论。首次计算列车脱轨全过程，实现了列车脱轨计算机仿真分析。验算了 21 例列车是否脱轨的结果，均与实际结果相符合。运用该理论，分析了大量桥上列车走行安全性问题，为我国提速桥梁与高速铁路桥梁设计与建造提供了坚实的理论依据。成果通过了铁道部科技司组织的专家鉴定，鉴定结论为："本理论研究成果为原始创新，达到了国际领先水平，具有很高的实用价值和广阔的应用前景，为制订预防列车脱轨措施及预防列车脱轨标准提供了理论依据，可供线、桥设计和规范修订参考。"

4. 获奖名称：铁路大跨度钢管混凝土拱桥新技术研究

奖项类别：国家科技进步奖二等奖，2005 年；贵州省科技进步一等奖，2004 年。

本校获奖人员：郭向荣(5)。

成果简介：本课题是铁道部在水柏铁路结合工程的重点科技攻关项目，科研工作贯穿于设计和施工的全过程。课题研究紧紧围绕北盘江大桥的设计与施工进行，在完成课题的同时建成了北盘江大桥。北盘江大桥为我国第一座铁路钢管混凝土拱桥，主跨 236 米，是当前我国最大跨度的铁路拱桥，同时也刷新了两项拱桥世界纪录，成为目前世界上最大跨度的铁路钢管混凝土拱桥和最大跨度的单线铁路拱桥，其桥型(上承式提篮拱)、钢管混凝土、焊接管结构均为我国铁路桥梁首次采用，钢管拱桁架采用有平衡重单铰平转法施工，转体施工重量达 10400 吨，为当前单铰转体施工最大重量。该课题研究成果于 2004 年获贵州省科技进步一等奖，于 2005 年获国家科技进步奖二等奖。中南大学作为参加单位对铁路大跨度钢管混凝土拱桥进行了车桥耦合的列车走行性分析，提出了满足大桥横向刚度的具体结构措施，为设计提供了科学依据。对拱肋及其横向联结系的构造尺寸进行了多次的优化比选，使拱桥各部结构成为满足动力特性和铁路运营安全的最合理结构。

5. 获奖名称：列车过桥动力相互作用理论、安全评估技术及工程应用

奖项类别：国家科技进步奖二等奖，2009 年；贵州省科技进步一等奖，2004 年。

本校获奖人员：郭向荣(7)。

成果简介：随着我国铁路列车进一步提速，特别是随着高速(快速)客运专线的全面建设，列车通过桥梁时的动态安全性及乘坐舒适性成为重大关键技术问题。车线桥动力仿真分析已成为新桥设计、旧桥加固不可缺少的理论检算依据。本研究为了适应这一需要，对列车过桥动力相互作用理论、安全评估技术及工程应用对列车通过桥梁时的车桥系统动力相互作用理论、安全评估技术及工程应用进行了深入的研究。以此为基础，首次从机车车辆、轨道及桥梁整体大系统的角度，详细考虑各种影响因素，并综合研究列车过桥安全性、平稳性与桥梁动力特性，开发了具有自主知识产权的列车—线路—桥梁动力学仿真分析大型综合软件 TTBSIM。中南大学作为参加单位共同研发了 TTBSIM，提出了一类特殊梁段单元，从而有效提高了 Π 梁、多片 T 梁及结合梁等典型桥梁的建模效率和分析精度。

6. 获奖名称：多塔斜拉桥新技术研究

奖项类别：国家科技进步奖二等奖，2003 年；湖南省科技进步奖一等奖，2002 年。

本校获奖人员：陈政清(4)。

7. 获奖名称：岳阳洞庭湖大桥多塔斜拉桥新技术研究

奖项类别：湖南省科技进步奖一等奖。

成果简介：该项目解决了洞庭湖大桥设计及施工中的关键技术难题。首次对多塔 PC 斜拉桥的基本性能进行了系统研究，探索出了一整套提高多塔结构整体刚度、降低尾索应力幅的有效方法，率先实现了不设稳定索和辅助墩的多塔 PC 斜拉桥结构；提出了确定多塔 PC 斜拉桥合理施工状态的正装迭代法及合理成桥状态的最优化方法；中南大学的主要贡献：在国内最先实现了风洞试验测定桥梁颤振导数的强迫振动法，为我国桥梁风洞试验技术发展作出了贡献，大大提高了颤振导数测定的准确性；在国内首次开展拉索振动的定量观测研究，成功开发和安装了世界上第一个采用现代磁流变控制技术的拉索减振系统。该系统可使每根索都处于最佳减振状态，为拉索减振开辟了一个新的有效途径；提出了索塔预应力优化布置的概念，通过敏感性研究，得到了不同方案优化布束的理论解答；开发了适应多塔斜拉桥构造特点的系列施工及控制技术，包括配置空间转动锚座和水平止推装置的新一代前支点挂篮、基于人工神经网络(ANN)的施工控制技术等。

8. 获奖名称：长大跨桥梁结构状态评估关键技术与应用

奖项类别：国家科技进步奖二等奖，2013 年。

本校获奖人员：何旭辉(排名第七)。

成果简介：该项目创新性成果主要有：①长大跨桥梁结构健康监(检)测关键技术。首次建立了融合数据采集、在线模态分析和状态评估等功能的大型桥梁健康监测系统；攻克了桥梁缆索腐蚀、断丝无损检测的难题；提出了多种异常数据识别、特征分离及数据异常特征库构建的方法，首次实现了对系统自身状态的有效评定。②长大跨桥梁风特性及风致抖振精细分析方法。提出了斜风作用下长大跨桥梁抖振响应的精细化时域计算方法和紊流功率谱密度精细化模拟方法；并基于长期实测数据库建立了桥址区强/台风非平稳风速模型，提高了风致灾变模拟和评估的针对性和准确性。③长大跨桥梁疲劳损伤演化模型与多尺度分析方法。建立了桥梁疲劳损伤的非线性演化模型和疲劳寿命评估模型的更新方法；首次建立了疲劳损伤非线性累积过程的仿真策略；并提出了基于多因素、多目标同步优化的模型修正技术，从而真实地再现了疲劳裂纹萌生和扩展的全过程。④长大跨桥梁的时变可靠度评估方法。提出了 3 种具有不同适用范围的钢桥疲劳可靠度评估方法，并用于在役桥梁的维护加固决策；提出了一套基于随机有限元的时变可靠度评估方法和含损结构的体系可靠度数值模拟联合算法，显著地提高了计算的精度和效率。

中南大学的主要贡献：针对大跨度斜拉桥拉索风雨振和既有公铁两用桥梁状态评估的关键问题，开展了系统深入的研究。基于多尺度理论，建立了斜拉索风雨振非平稳风速模型，研究了洞庭湖大桥风雨振时实测风速非平稳的风场特性；开展了“南京长江大桥安全监测与评估系统”项目研究，基于南京长江大桥结构健康监测数据，建立了该桥的基准有限元模型，提出将经验模态分解和随机减量技术相结合的方法来识别结构的模态参数，提高了参数识别的精度和效率；提出了基于结构健康监测数据的既有公铁两用钢桁梁桥的疲劳损伤可靠性分析方法，有效评估了大桥的运营状态和剩余寿命。上述成果成功用于岳阳洞庭湖大桥拉索风雨振控制分析和南京长江大桥的安全监测和状态评估。

9. 其他代表性成果

1924 年天津发大洪水，冲垮护岸和桥台，致使大红桥钢架全部沉入水中。大红桥倒塌近十年后，1933 年又开始筹建新桥。新桥修建由我校李吟秋老师主持，工程技术人员吸收了旧大红桥倒塌的教训，加固了护岸，同时加大孔径使桥长增加 20 米。这一设计方案遭到当时建桥工程委员、海河工程局总工程师法国人哈代尔的反对。然而该桥自 1937 年建成至今运营状况良好。

1965 年，铁道建筑、铁道桥梁与隧道两专业毕业生在老师的带领下全部到成昆铁路参加“三线建设”大会战，在教师(王承礼、姜昭恒、裘伯永等)主持、指导下完成的“跨度54米一线天空腹式铁路石拱桥”以及“旧庄河一号桥预应力悬臂拼装梁”设计。

图 2.2.1 天津大红桥

图 2.2.2 成昆铁路一线天石拱桥

2002—2006年中南大学戴公连教授领导的桥梁团队设计了长沙市二环线三汊矶湘江大桥主桥，桥梁全长1577米，跨径组合为：8×65米+（70+132+328+132+70=732米）+5×65米。该桥是当年已建成的世界上最大跨度的双塔自锚式悬索桥。首次采用了五跨连续梁体系，有效克服了主缆的上拔力及梁端转角；首次采用了全焊钢锚箱进行主缆锚固，构造新颖，不需在

图 2.2.3 成昆铁路旧庄河一号桥

锚固区加高梁高，桥型结构对称美观；主梁采用顶推施工法，顶推长度为732米的圆弧竖曲线，吊杆安装采用零应力安装法，创造了一个星期全部吊杆安装就位的建设速度。桥梁设计获得了湖南省优秀设计一等奖，全国优秀设计三等奖；施工获得了鲁班奖。

图 2.2.4　长沙市三汉矶大桥(卢树圣老师提供)

第三节　隧道工程

一、学科发展

中南大学土木工程学院隧道与地下工程学科起源于1953年成立的中南土木建筑学院桥梁与隧道工程系，是长沙铁道学院历史最悠久的学科之一。本学科历经中南土木建筑学院、湖南工学院、湖南大学、长沙铁道学院和中南大学等不同历史时期的调整和发展，经过几代师生的不懈努力，目前已经发展成为在国内颇具知名度的国家重点学科。

(一)中南土木建筑学院时期(1953—1960)

隧道与地下工程作为一个独立的学科在我国得以形成和发展是在新中国成立后。解放以前，虽然有不少大学开设了土木工程专业，但那时的土木系一般只设结构组、铁路道路组和水利组。不仅没有专门的隧道组，连隧道课也没有，甚至其他专业课中涉及隧道方面的内容都很少。1953年，中南土木建筑学院组建时在铁路方面开设了铁路建筑系、桥梁与隧道工程系，是当时全国设有桥隧专业的3个高校之一。

1953—1960年长沙铁道学院成立之间的8年时间，是隧道与地下工程学科的萌芽和创业阶段。中南土木建筑学院成立之初，虽然设置了桥梁与隧道工程系，实际仍是铁路桥梁为主，专业课中只有一门隧道课，而且隧道课因工科有三届学生提前毕业，多数专业课未学即离校。直到“铁建55届毕业班”“桥隧56届毕业班”才由桂铭敬、洪文璧两位教授自编内部讲义，第一次开讲隧道课。而隧道与地下铁道教研组的正式成立，则是在1958年6月邝国能、毛儒、刘骥和裘晓浦4人从唐山铁道学院进修返校以后。

隧道教研组成立之前的5年时间，是隧道学科发展的艰难起步阶段。新中国成立后，由于铁路建设中要修建大量隧道，隧道专业人才十分匮乏，这引起了铁道部、教育部和学校的高度重视。学校党政于1955年商议认为有必要、有条件、也有责任创办隧道及地下铁道专业，决定筹办隧道教研组，并从1955年开始将桥隧专业分为“桥梁”及“隧道及地下铁道”两个专门化，桥梁两个班，隧道一个班，前两年半合班上公共课，后两年半分开上各自的专业课及实习、设计等。铁道部则于1956年请4位前苏联专家在唐山铁道学院讲学1~2年，其中就有隧道及地下铁道专家纳乌莫夫教授，专门为隧道及地下铁道专业办研究生班和教师进修班，为新办专业培养教师队伍。为了筹办隧道教研组，学院首先决定桂铭敬、洪文璧（隧道组成立后仍在铁建组，不在隧道组8人之中）两位教授为专任隧道课教师，不再担负“铁建”系的其他课。其次，从结构力学组调出邝国能、从铁路施工组调出毛儒于1955年下学期到唐山铁道学院进修隧道专业，还从结构力学组调回韩玉华任桂铭敬、洪文璧两教授的助教。此外，在1956年唐山铁道学院请来前苏联专家纳乌莫夫后，决定延长邝、毛二人在唐山铁道学院的进修时间，并增加刘骥和裘晓浦前去跟前苏联专家学习隧道工程，至1958年6月返校。学校共选派8名教师前去唐山铁道学院学习，其中隧道专业占4人，这也是当年外校派到唐山铁道学院进修人数最多的学校。学校将刘骥从繁重的党政工作中抽出，也充分说明了学院对筹建隧道组的重视。1958年6月，4名教师从唐山铁道学院进修返校，学院随即宣布隧道及地下铁道教研组正式成立，刘骥任教研组主任。教研组共有教师8人，分别为：刘骥、桂铭敬、邝国能、毛儒、韩玉华、宋振熊、裘晓浦、陶锡珩。1959年9月，卢树圣由唐山铁道学院桥隧系及地下铁道专业毕业，到长沙铁道学院筹备处报到，即分配到隧道教研组任教（1959—1962）。

隧道教研组正式成立后，在两位老教授和主任的带领下，团结奋斗，开始了隧道学科的全面建设，至1960年长沙铁道学院成立之时，已在教学、教材、生产和科研等方面取得了显著成果。

教研组集中力量开展了教学工作，在隧道班开设山岭隧道、地下铁道和水底隧道三门课及实习实践，同时还为桥梁、铁道两个专业开设隧道课。在教学安排上，两位老教授仍负责桥梁、铁道两专业的三个中班隧道课；唐山铁道学院进修回来的4人全上隧道专业的三门大课，并负责实践环节的指导；其他教师则分别负责担任各课的辅导，随班听课。同时教研组十分重视集体教研活动，对教学中的重点、难点组织集体研究或试讲，对教材内容的深度、简繁等问题不断研讨，全体教师都在教学实践中得到锻炼和提高。教研组特别重视课程设计和毕业设计等实践环节。1958 年暑假，邝国能、毛儒、刘骥、裘晓浦和宋振熊老师带领学生到川黔线凉风垭隧道进行为期三个月的专业生产实习。此隧道是当时正在修建的最长的一座隧道，有 6000 多米长，设有平行导坑和斜井等施工措施，设备也较先进。老师跟班当施工技术员，学生跟班当工人，结合生产进行现场教学。1960 年上学期隧道专业第一届学生毕业时，一批师生去北京铁道部专业设计院(由宋振熊和卢树圣教师带队)和天津铁道部第三设计院，在工程师的指导下，进行真刀真枪的盾构及北京地下铁道的设计；一批师生在学院内进行自选题目或自拟题目的山岭隧道设计；少数师生进行专题研究，写论文。通过第一届学生的毕业设计，编写了毕业设计任务书和指导书，建立了口试答辩制度，为以后的教学奠定了良好的基础。

教研组的另一个急迫的工作是解决教材问题。在长沙铁道学院成立之前，桥隧、铁建两个专业的隧道课主要采用桂铭敬、洪文璧教授自编的内部讲义。而隧道专业的山岭隧道、地下铁道和水底隧道三门课有关高校均尚无条件自编，只能采用前苏联专家的讲稿(由唐山铁道学院翻译成中文铅印内部发行，针对研究生)。将研究生教材选为大学生用，其差距如何处理，要在教学中逐步研究试行。1959 年根据铁道部在长沙开会修订的铁建专业教学大纲，组织全组教师分工负责，在原讲义基础上，加上吸取前苏联专家山岭隧道中的一些内容，新编成一本铁道建筑专业用的“隧道讲义”。

在抓好教学工作和教材建设的同时，隧道教研组还十分重视生产实践和科研工作。1958 年京广复线开工，学校积极响应号召支援铁路建设。工作之一是刘骥和韩玉华老师带领 55 级隧道班及 56、57 级学生和部分教师共 100 多人参加岳阳路口铺隧道和长沙隧道的建设。当时铁路局将该隧道设计和施工全部委托给我校，材料和设备采购、师生生活均由教研组自行组织。老师当工程师、技术员，学生当工人，经过两个月的艰苦奋斗开挖进洞，后接教育部给各高校下达的文件，于 1959 年春节前回校上课。工作之二是对学校旁边京广复线长沙隧道的设计施工问题开展研究。1958 年刘骥及其他教师对隧道走向、进洞位置及路堑边坡问题进行了勘测，此后由邝国能主持，设计、施工和学校三方成立工作组，对设计施工出现的问题开展系统研究直至隧道建成。复线通车后，邝国能获得复线指挥部“筑路功臣”称号。工作之三是参加国防部门密号为“5998”的大跨度、高净空洞室进行结构选型及内力分析研究。该课题由铁道部科学院主持，清华大学、唐山铁道学院和我校等学校参加，隧道组由韩玉华负责参加实际工作。为了开展模拟试验，我校在困难的条件下投巨资在材料力学实验室二楼上建立一间光弹实验室。后因项目集中在铁科院进行，调整了力量，我校不再参加。光弹实验室仍作为学校的教学和科研场地继续发挥了作用。

长沙铁道学院成立之前的 8 年时间，老一代隧道教师的艰苦创业为隧道与地下工程学科的发展奠定了良好的基础。1960 年，第一届隧道专门化班学生毕业，隧道教研组圆满完成了新专业第一届学生的培养工作，得到了学院党政的广泛认可。1960 年上半年，湖南大学召开 1958 年以来进行教育革命总结、表彰和经验交流大会，隧道教研组被评为“先进教研组”，刘骥出席大会作了“学习前苏联经验，创办新专业，贯彻教育方针努力提高教育质量”的发言。

（二）长沙铁道学院初期（1960—1966）

1960 年 9 月 15 日，正式成立长沙铁道学院。至 1966 年“文化大革命”开始这一时期，本应是隧道及地下工程学科的快速发展时期，然而，受诸多因素影响，隧道教研组人员流失，发展进入相当困难的一个时期。

长沙铁道学院成立后的几年时间里，由于工作和其他原因，隧道与地下铁道教研组的多位教师调离教研组，刘骥老师因担任教务处副处长，1960 年韩玉华接任隧道教研组主任。1961 年谢连城由北京铁道学院调入，1961 年 9 月，裘晓浦调往新疆铁路局工作，1962 年卢树圣调至建筑结构教研组，沈子钧调往北京。在这一时期，教师队伍人事变动较大，学生招生规模也有所压缩。桥隧专业自 1955 年改为五年制之后，在 1955—1961 年每年均招收 3 个班，1962—1965 年改为每年只招收 2 个班，1966 年“文化大革命”开始停止招生。

在长沙铁道学院刚成立的这几年时间里，教研组在上好隧道课的同时，投入大量精力对 1959 年编写的“隧道讲义”进行加工深化。邝国能老师针对桥梁专业无合适的隧道教材，根据新大纲，在新编讲义的基础上增加了圆形衬砌设计及计算、盾构施工等内容，于 1962 年在学校印刷厂铅印出版，后来被推荐为五年制桥梁专业、四年制桥隧专业教学用书。1962 年，受教育局委托，桂铭敬教授负责的铁建专业隧道教材高等学校教学用书由人民铁道出版社正式出版，一直沿用到二十世纪 80 年代。

（三）“文化大革命”时期（1966—1976）

1966 年“文化大革命”开始，学校的教学和其他工作都受到严重冲击，隧道与地下工程学科也不例外。学院自 1965 年开始停止招收新生（包括本科生和研究生），毕业生推迟毕业分配（61 级推迟到 67 年 8 月进行毕业分配，62 级推迟到 68 年年初毕业分配，63 级推迟到 1969 年毕业，64 级推迟到 1970 年 8 月与 65 级学生一同毕业分配）。1970 年桥梁隧道系并入铁道工程系，一直延续至 1997 年设立土木建筑学院。从 1970 年开始到 1976 年“文化大革命”结束，铁道工程专业只招收三年制工农兵学员班。由于停止招生、学校停课等原因，隧道学科的教学工作受到严重影响。在 1970 年以前，隧道教研组主要负责在校四届老生的隧道课，

1970年以后只能教铁道工程三年制工农兵学员班。师资方面，桂铭敬教授于1973年11月退休，毛儒1977年移居香港，隧道教研组仅邝国能、韩玉华、宋振熊、陶锡珩、谢连城和祝正海6名在职教师(刘骥主要在学校负责党政工作)。

尽管“文化大革命”期间的教学科研工作受到严重影响，隧道教研组在完成四届老生的隧道课和工农兵学员班的教学之外，在科研和生产实践方面仍开展了大量工作。1975—1977年邝国能主持，韩玉华、陶锡珩、祝正海、谢连城等参与了“喷射混凝土加固隧道裂损衬砌模型试验”项目，其研究成果由昆明局在碧鸡关隧道试用，后来在成昆等铁路推广应用，为整治隧道病害作出了重大贡献，先后获得了全国科学大会奖、铁道部及湖南省科学大会奖。此外还围绕铁路工程技术规范改革参与了多项隧道技术调研，包括福州隧道的调查报告、广州南段隧道的调查报告和岩石分类等，在铁道部具有很大影响。

(四)长沙铁道学院后期(1976—1999)

经过粉碎“四人帮”以后的“拨乱反正”，中国经济社会发展进入改革开放的新时期。我校的教育事业得到了充分的发展，隧道与地下工程学科的教学、科研和社会服务工作等各方面都进入了一个良性发展的时期，取得了长足进步，隧道教研组按照长沙铁道学院总体要求，有效地开展教学和科研工作。1981年桥梁与隧道工程获得全国第一批硕士学位授予权，1986年桥隧工程学科获得博士学位授予权，包括隧道学科在内的交通土建专业1995年成为湖南省第一批重点建设学科。

随着隧道学科教学、科研工作步入正轨，教研组先后留下优秀毕业生刘小兵、彭立敏，充实了教师队伍、改善了教师结构。但是1989年邝国能教授英年早逝，使得隧道学科发展一度受到影响。尽管二十世纪90年代隧道教研组规模不大，在韩玉华、宋振熊、谢连城、彭立敏、刘小兵、周铁牛、王薇、杜思村、谢学斌、杨小礼、施成华等老师共同努力下，克服重重困难，积极进行教学改革，参与科研和工程实践工作，仍然取得了显著成绩。

具有代表性的工作包括参与了大瑶山铁路隧道、秦岭隧道等国家重大工程的科研工作，如1986年韩玉华取得了“铁路隧道复合衬砌和施工监测与信息化设计”部级鉴定研究成果；宋振熊等完成铁道部“电化特长单线隧道运营通风必要性和综合配套技术的研究”“秦岭特长隧道修建技术——隧道施工的通风方案及设备配套技术研究”等科技项目，彭立敏、刘小兵等的研究成果“隧道衬砌结构火灾损伤评定和修复加固措施”于1998年通过铁道部科技司鉴定。其中1988年韩玉华参加的“大瑶山长大铁路隧道修建的技术”获铁道部科技进步奖特等奖；彭立敏等完成的“软岩浅埋隧道地表砂浆预加固效果研究”获得1993年铁道部科技进步四等奖；宋振熊等人完成的“双线铁路隧道洞口集中式运营射流通风技术”获得了1998年铁道部科技进步二等奖。

在此期间，教研室还委托宋振熊老师，联络室内中青年教师和系里的部分老教授，翻译了总字数约 10 万字的英、俄、德、日四种文字的隧道文献资料，刊载在原《隧道译从》杂志上，重点介绍了“新奥法”“格构梁”（后改为“格栅钢拱架”）“管棚”等国际新技术。还参与解放后各时期的铁路隧道设计或施工规范的修订工作和讨论。韩玉华和宋振熊两位老师还参与了《中国大百科全书——土木工程卷》中部分隧道工程条目的编写。参与了国内隧道工程设计与施工难题的技术攻关，如“铁路盾构隧道设计”（宋振熊、卢树圣和 10 名学生）“北京地铁工程”（韩玉华、谢连城、毛儒）“狗磨湾浅埋、大跨、偏压隧道施工技术”的攻关、“按概率概念修订隧道设计规范的基础理论研究”（宋振熊），其成果已纳入现行规范中。

此外，教研室于 1990—1992 年承担了湖南省资江氮肥厂铁路专用线碴洋隧道病害综合整治工程的设计与配合施工项目；1993—1995 年主持完成了总长 3.9 千米的湖南长沙永安至浏阳高等级公路蕉溪岭隧道群（1 号隧道长 2382 米，2 号隧道长 1125 米，3 号隧道长 393 米）的工程设计与配合施工项目。该隧道群的建成，改写了湖南省无公路隧道的历史。

（五）中南大学时期（2000—2013）

2000 年，长沙铁道学院和中南工业大学、湖南医科大学合并组建中南大学，隧道与地下工程学科进入一个快速发展时期，2002 年 1 月，桥梁与隧道工程被批准为国家级重点学科。

合校以后，原来中南工业大学张运良、邱业建并入隧道工程系，并加大了人才培养和引进力度。到 2013 年，隧道工程系已有 17 位教师，其中教授 4 人，副教授 9 人，讲师 4 人。教师中有博士学位 15 人，中南大学教学名师 1 人，全国优秀博士论文获得者 1 人，“教育部新世纪优秀人才计划”2 人，“升华学者”特聘教授 2 人。

师资队伍的增强，使得教学和学生培养工作得到了显著提高。合校以后的本科阶段仍以土木工程专业招生，入学以后先统一上基础课，在第 6 或第 7 学期分专业授课，其中隧道工程方向每届均有 3 个班约 100 名学生。尽管培养模式与合校前没有显著变化，但开设课程和教学质量都大大提高。在这期间，隧道工程方向已经开设隧道工程、地下铁道、地下建筑与规划和岩石力学等方面的专业课，而且逐步出版了全套自编教材。除了承担本专业方向的各门专业课之外，隧道系还承担了铁道工程、道路工程、桥梁工程等其他专业方向，以及“詹天佑班”“中澳班”和土木工程高级人才试验班等特色班级和工程管理、工程力学等专业的隧道工程、土木工程安全技术等课程。“隧道工程”于 2008 年和 2013 年分别被评为国家级精品课程和国家级精品资源共享课。隧道工程系的本科课堂教学、毕业设计和各类实习等教学环节都取得了长足的进步，共有 20 多人次获得校级教学质量优秀奖、校级优秀毕业设计奖和校“三十佳”教学竞赛奖。

除了做好教学工作外，隧道工程系教师还特别注重科研工作，尤其是在国家和省部级纵向课题方面取得了骄人成绩。近10年来隧道工程系主持国家自然科学基金的老师比例位居土木工程学院前列，仅2000—2012年全系共主持面上基金项目14项，承担高铁联合基金1项。此外，还主持“973计划”课题2项、国家支撑计划子课题1项。同时隧道工程系教师还积极承担了科技部、铁道部和其他省部级项目50多项；积极参与了乌鞘岭隧道、宜万铁路、青藏铁路、广深港狮子洋隧道、武广高铁、长沙地铁、长沙城际铁路，以及大量的铁路和公路隧道项目的技术攻关或社会服务工作，为国家交通基础设施建设和区域土木工程发展作出了应有的贡献。

依托大量纵向科研和横向技术服务工作，隧道与地下工程学科取得了丰硕成果。2000年以来，隧道工程系教师发表科研学术论文300多篇，其中SCI、EI、ISTP检索收录论文近200篇；共出版专著、教材20余部。在新技术新材料研发方面，共获得授权发明专利2项，实用新型专利8项。获得中国铁道学会科技进步特等奖1项，省部级一等奖4项，二等奖6项，三等奖9项。

2000年以后，隧道与地下工程学科还加强了国内外学术交流工作，邀请国内外知名学者来学校讲学、交流，多次参加国际和国内隧道学术会议，2009年承担了桥梁与隧道工程全国重点学科交流会、中国土木工程学会隧道及地下工程分会理事会会议，2010年承办了中国土木工程学会第十四届年会暨隧道及地下工程分会第十六届年会。通过这些学术交流，增进了与国内外同仁的相互了解，扩大了中南大学隧道与地下工程学科的影响。

岁月流转，春华秋实！经过几代老师的薪火相传和智慧积累，中南大学隧道与地下工程学科在发展中不断调整，在调整中不断壮大，依托学校一流的教学平台和先进的实验室，已经形成了隧道围岩稳定性分析、隧道结构性能演化机制、隧道结构耐久性与可靠度理论、隧道施工技术与控制、隧道与地下工程动力响应、隧道病害治理与防灾减灾等多个具有鲜明特色的研究方向。

二、师资队伍

(一)队伍概况

隧道工程学科现有教师17人，其中：教授4人(均为博导)，副教授9人，讲师4人，获得博士学位者15人，占课程团队人数的88.2%；具有外校学历的9人，其中1人具有国外博士学位，另有4人曾在国外进行过半年以上的学术访问与进修经历。2人入选教育部“新世纪优秀人才支持计划”和中南大学“升华学者计划”特聘教授(杨小礼，阳军生)，1人获全国优秀博士论文奖(杨小礼，2005)，1人获“中南大学教学名师”称号(彭立敏，2009)。教师平均年龄为41.2岁，是一支年富力强、整体结构合理、以中青年教师为主的学科团队(见下表2.3.1)。

现任教师和历任教师名录参见第六章第三节。

表 2.3.1　在职教师基本情况表

	合计	职称			年龄			学历		
		教授	副教授	讲师	55 岁以上	36 ~ 55 岁	35 岁以下	博士	硕士	学士
人数	17	4	9	4	1	11	5	15	0	2
百分比(%)	100	23.5	53.0	23.5	5.9	64.7	29.4	88.2	0	11.8

(二)历任系(室)负责人

表 2.3.2　历任系(室)主任基本情况表

时间	主任	副主任
1958—1960	刘骥	
1960—1974	韩玉华	
1974—1989	邝国能	宋振熊
1989—1994	宋振熊	彭立敏
1994—2004	彭立敏	刘小兵
2004—2006	刘小兵	阳军生
2006—	阳军生	傅鹤林、王薇

(三)学科教授简介

桂铭敬教授：见第二章第一节。

毛儒教授：男，1930 年生，浙江奉化人。1953 年华南工学院土木系毕业后进入中南土木建筑学院桥梁隧道系从事隧道和地下铁道方面的教学和研究工作，1955 年在唐山铁道学院师从高渠清教授和前苏联专家纳乌莫夫教授学习隧道和地下铁道工程，是隧道教研组的创办者之一。在隧道与地下铁道教研组工作期间，除担任教学、科研工作之外，曾参与了北京第一条地铁的设计工作。1976 年移居香港后，曾在香港地下铁道公司等多家知名企业任职，担任过中土(香港)有限公司首任顾问、港澳科伦集团执行董事、中港国际工程咨询有限公司总经理、茂盛集团(中国基础设施)总工程师等职。1985 年受聘为长沙铁道学院客座教授，1987 年受聘为上海铁道学院客座教授，2008 年受聘为中南大学客座教授。主要从事隧道和土木工程风险管理方面的研究，在香港、广州、深圳、北京、上海等地的地铁和其他大型市政工程中做了大量工作，作为专家、顾问参与了铁路隧道风险评估指南、地铁与轻轨运营管理规范的制定工作，发表了大量风险管理方面的文章，是国际隧道协会会员，香港工程师学会资深会员。

邝国能教授：男，1932 年生，广东台山人。青少年时期就读于香港、澳门，解放后到广州岭南大学学习，1953 年毕业于华南工学院并进入中南土木建筑学院桥梁隧道系任教。1954—1958 年在唐山铁道学院进修，师从前苏联专家纳乌莫夫教授。1974—1989 年任隧道教研组主任。期间曾于 1980—1982 年被选派赴加拿大多伦多大学进修和学术访问并出席第 22 届美国岩石力学会议和隧道工程快速掘进会议。邝国能教授从教 36 年，先后为本科生、研究生讲授 8 门课程，指导研究生 7 名，教学成绩显著，多次被评为学院优秀教师，并于 1978 年出席了铁道部先进工作者代表大会及湖南省先进教育工作者代表大会。1963 年参加京广铁路复线长沙隧道工程的研究，获工程指挥部授予的“筑路功臣”称号。先后主持铁道部科研课题多项，其中“喷射混凝土加固隧道裂损衬砌模型试验”的成果在成昆等铁路推广应用，为整治隧道病害作出了重大贡献。该成果获全国科学大会奖、铁道部及湖南省科学大会奖。主持研发《隧道三维有限元计算机程序》得到铁道专业设计院、铁三院和铁四院的应用。所撰写出版的《工程实用边界单元法》，是当时国内相关领域内少有的学术专著。

邝国能教授于 1989 年 2 月不幸病逝，享年 57 岁。他的学术造诣和热爱祖国的师德品行深受师生和国内同行的好评和尊敬，鉴于他的高尚品德和突出的学术贡献，当年被铁道部追授“优秀教师”称号。

刘小兵教授：男，1950 年生，湖南长沙人，曾任隧道工程系主任、湖南省岩石力学与工程学会理事。1977 年 8 月毕业于原长沙铁道学院铁道工程系。从事高校教育 30 多年，有着丰富的教育工作经验，教学效果突出，深受学生的欢迎，曾被学生推选为中南大学首届“最喜爱的老师”。在长期的工作中，作为主要承担者，参与了多项省部级科研项目的研究以及省内外多座隧道的设计与现场配合施工，经常受邀参加各种隧道的施工、设计与事故处理咨询，发表学术论文数十篇，在隧道专业领域有着较为深厚的造诣。合作主编《地下铁道》与《隧道工程》2 部专业教材。讲授过的课程有“隧道工程”“地下铁道”“地下建筑规划与设计”“土木工程学”“计算机算法语言”“地下空间的开发与利用”等，指导毕业硕士研究生 3 人。

彭立敏教授：男，1956 年生，湖南省澧县人，工学博士，博士生导师。现任中南大学土木建筑学院副院长。从事隧道与地下工程领域的教学与科研工作近 30 年。近十几年来主持国家“973 计划”课题、国家自然基金重点项目和面上项目 4 项，省部级课题 10 多项及 30 多项横向课题，获省部级科技成果一等奖 3 项，二等奖 1 项，三等奖 3 项。陆续在全国各级学术期刊上发表专业学术论文 150 多篇，其中有40多篇被SCI、EI、ISTP三大检索收录，专利4项、软件著作权6项，2008年获得茅以升科研专项奖。主编专业教材3部和出版学术专著5部。所领衔的“隧道工程”课程2008年被评为国家精品课程；获省级教学成果一等奖1项、二等奖2项，2009年获中南大学教学名师奖。现任中国土木工程学会隧道分会副理事长、湖南省公路学会副理事长；《现代隧道技术》《灾害学》等全国性专业学术期刊编委。指导已毕业博士研究生12人，硕士研究生50多人。学术研究方向主要有：复杂地质条件下隧道设计与施工关键技术研究、高速与重载隧道动力分析理论与方法、隧道灾害防治与控制技术、城市隧道施工环境影响预测与控制技术等。

阳军生教授：男，1969年出生，湖南省永兴县人，博士，博士生导师。1990年湘潭矿业学院本科毕业，1993年淮南矿业学院获硕士学位，1996年获中南工业大学博士学位，2000年3月完成湖南大学土木水利博士后流动站博士后研究，2001—2002年为美国宾夕法尼亚州立大学访问学者。现为中南大学“升华学者”特聘教授，中国土木工程学会隧道及地下工程分会理事、美国TRB隧道与地下结构委员会委员。1998年被确定为湖南省高校青年骨干教师培养对象，2005年被确定为湖南省高校学科带头人培养对象，2008年入选湖南省新世纪“121人才工程”和“教育部新世纪优秀人才支持计划”。主要从事隧道及地下工程方向的教学和科研工作，承担本科生和研究生教学任务，主要学术研究方向：隧道及地下结构施工力学与风险评价、隧道施工对邻近结构物影响评估、盾构隧道结构分析、隧道及地下工程动态信息化施工、岩土力学基础等。

傅鹤林教授：男，1965年出生，江西人，工学博士，现为中南大学隧道与地下工程系教授，博士生导师，德国Freiberg工业大学和江西理工大学客座教授，广东交通集团华路公司顾问、中国土木工程学会隧道与地下工程分会理事，中国土木学会地下空间专业委员会副主任委员。主要研究方向为：地铁施工对周边环境影响分析评价、地下工程结构分析、隧道及边坡施工监控、边坡工程及地质灾害整治。1991年参加工作，先后主持和参加国家自然科学基金“基于能量渐进耗散的流固耦合作用下土石混合体滑坡演化机制”、交通部课题“多断层网状填充性岩溶隧道灾变预测及处治技术”“永吉高速公路岩溶隧道不良地质预报与灾害控制技术研究”“西部地区公地质灾害监测预报技术”“桥隧相连工程多源损伤力学行为与控制技术”“软质膨胀强风化板岩隧道设计施工关键技术”“长株潭城际铁路I标盾构区间监控量测”等项目60多项，13项通过鉴定。先后获省部级一等奖4项、二等奖4项、三等奖2项、四等奖1项、软件著作权2项，专利2项。公开发表学术论文140多篇，53篇被EI、ISTP收录。出版专著6部，参编教材2部，主审专著2部。指导硕士研究生63人，毕业51人；独立指导博士生18人，协助指导2人，毕业9人。

杨小礼教授：男，1969 年生，安徽人，博士生导师、中南大学“升华学者”特聘教授。先后获得了全国百篇优秀博士学位论文奖，省科技进步一等奖 2 项、二等奖 2 项，教育部新世纪优秀人才计划奖，中国岩石力学与工程学会青年科技奖，湖南省青年科技奖，中国铁路总公司科技进步一等奖等 10 多项科研奖励；10 篇国际论文获 25 Top Hottest Articles 奖，成果在国际 www. science driect. com 网上公布。先后负责了国家重点基础研究计划 973 项目、国家自然科学基金、湖南省杰出青年基金、交通部西部交通科技项目、中国博士后科学基金等 10 多项科研课题研究。长期从事土木工程方面的教学与科研工作。传统极限分析理论是建立在线性 Mohr-Coulomb 准则基础上，实际上大量的实验证明破坏准则是非线性的。基于非线性准则，在国际上首次建立了极限分析非线性理论，在国外期刊上发表论文 20 余篇，成果得到国际同行专家高度认可。共发表论文 180 余篇，39 篇被 SCI 检索，118 篇被 EI 检索。论文被 SCI 他引 220 多次；参著《高等土力学》1 部。多次在 Hong Kong Polytechnic University 进行高级访问研究。指导的博士论文获全国优秀博士学位论文提名奖；指导的硕士论文获湖南省优秀硕士学位论文奖。担任国外期刊 International Journal of Physical Sciences 主编、国外期刊 Current Advances in Environmental Science 副主编。

三、人才培养

(一)本科教育

隧道工程是长沙铁道学院最早设立的本科专业之一，1953 年中南土木建筑学院成立，开设有桥梁与隧道专业，此时并没有将隧道与桥梁专业分开设置。

1955—1960 年，归属桥梁与隧道专业，每年招收五年制本科 3 个班，其中隧道专门化 1 个班，前两年半合班上课，后两年半按专门化分开上课。

1961—1965 年，归属桥梁与隧道专业，每年招收五年制本科 2 个班，其中隧道专门化 1 个班。

1966—1969 年，全国停止招生。

1970—1976 年，铁建、桥梁、隧道并入铁道工程专业，招三年制工农兵学员班。

1977—1994 年，铁建、桥梁(1989 年分出)、隧道并入铁道工程专业，恢复四年制本科招生。

1995—1996 年，归属交通土建专业，招收四年制本科。

1997 年至今，归属土木工程专业，招收四年制本科。前三年为统一的培养方案，第四年分方向，其中隧道工程方向每届均有 3 个班约 90 多名学生。2000 年合校以后的本科阶段仍以土木工程专业招生，其中 2012 年的培养方案修订为 2.5 年后分方向，在第 6 或第 7 学期分专业方向授课。自 1997 年设置隧道工程专业方向以来，已培养毕业该专业方向毕业生 1000 余人。

（二）研究生教育

1. 研究生培养基本情况

1956 年教育部决定在全国恢复研究生招生并采取审批导师制，桂铭敬教授被批准为第一批研究生导师。1962 年桂铭敬教授招收第一名隧道专业研究生吴维。

1966—1977 年停止招生。

1978 年恢复硕士研究生招生，桥梁隧道与结构专业于 1981 年获得第一批硕士学位授予权，1986 年获得博士授予权。

1978—1999 年，隧道工程学科先后有邝国能、韩玉华、彭立敏三位教师被批准为硕士生导师，刘宝琛院士为桥梁与隧道工程学科博士生导师。

2000 年中南大学成立，同年开始招收建筑与土木工程领域的工程硕士研究生。

桥梁和隧道学科历年共招收博士生 210 名、毕业博士 122 名，招收全日制硕士生约 720 名、毕业硕士 555 名，历年研究生招生情况见第四章第二节。现每年招收规模为博士生 6 ~ 8 名，硕士生 25 ~ 35 名。

2. 优秀研究生

安永林，获校级优秀博士论文，2009 年毕业，导师，彭立敏。

黄林冲，获省级优秀硕士论文，2006 年毕业，导师，彭立敏。

雷明峰，获省级优秀硕士论文，2008 年毕业，导师，彭立敏。

王金明，获省级优秀硕士论文，2011 年毕业，导师，杨小礼。

（三）教学成果

1. 主编或参编教材

[1] 隧道及地下铁道教研组. 山岭隧道(讲义). 长沙：原湖南大学时期印刷，1959.

[2] 长沙铁道学院隧道及地下铁道教研组. 隧道(讲义). 长沙：长沙铁道学院印刷厂，1961.

[3] 谢连城，韩玉华参编. 铁路隧道. 北京：中国铁道出版社，1980.

[4] 彭立敏，刘小兵主编. 交通隧道工程. 长沙：中南大学出版社，2003.

[5] 杨小礼参编. 高等土力学. 北京：机械工业出版社，2005.

[6] 彭立敏，刘小兵主编. 地下铁道. 北京：中国铁道出版社，2006.

[7] 阳生权，阳军生主编. 岩体力学. 北京：机械工业出版社，2008.

[8] 彭立敏，刘小兵主编. 隧道工程. 长沙：中南大学出版社，2009.

[9] 彭立敏，王薇，余俊编著. 地下建筑规划与设计. 长沙：中南大学出版社，2012.

2. 教学改革

1990 年度以来，隧道工程系(室)承担各级教改教研课题 16 项，其中省级及其以上课题 4 项(见表 2.3.3)，发表教研论文 20 多篇。

表 2.3.3　承担省级及其以上教改课题情况表

课　题　名　称	课　题 负责人	课题 来源	时间	立项依据
理工科本科学生实践与创新能力培养模式的探索与实践的研究	彭立敏 (参加)	教育部	2006—2010	
理工科应用型人才实践动手能力培养的研究与实践	彭立敏 (参加)	湖南省 教育厅	2006—2008	湘教通 [2006]171 号
土建类创新型本科专业人才培养模式的研究与实践	彭立敏 (主持)	湖南省 教育厅	2007—2009	湘教通 [2007]230 号
土建类本科专业实验教学模式改革式的研究与实践	彭立敏 (主持)	湖南省 教育厅	2008—2011	湘教通 [2008]263 号

3. 教学成果奖

1990 年以来，隧道工程系(室)获省、校级以上教学成果等奖励 14 项，其中省级教学成果奖 6 项(见表 2.3.4)。此外，《隧道工程》于 2008 年和 2013 年分别被评为湖南省、国家级精品课程和国家精品资源共享课。

表 2.3.4　获得省级教学成果奖励情况表

成 果 名 称	奖励单位	时间	奖励等级	获奖人	排名
主动适应社会主义市场经济，努力探索专业改造新路子	湖南省	1997.07	二等	张运良	3
土建类专业人才培养方案及教学内容体系的研究与实践	湖南省	2001.03	三等	刘小兵	4
适应国际化要求，提升工科人才工程素质的拓展性培养	湖南省 教育厅	2009.04	二等	彭立敏	2
土建类创新型本科专业人才培养体系的研究与实践	湖南省 教育厅	2009.04	二等	彭立敏	3
理工科本科学生实践与创新能力培养模式的探索与实践	湖南省 教育厅	2010.10	一等	彭立敏	3
《隧道工程》优秀教材奖	中国大学 出版社协会	2011.10	中南地区 一等奖	彭立敏	1

四、科学研究

（一）主要研究方向

1. 隧道工程动力分析理论与方法

本研究方向主要包括隧道结构动力分析理论和隧道空气动力效应两个方面。

在隧道结构动力分析方面，主要针对软弱、易液化等地层条件下隧道结构的长期运营安全性，对列车长期荷载及地震荷载作用下隧道结构及其周边环境的动力响应问题进行研究，以揭示铁路隧道底部结构、基岩以及管片衬砌结构（管片接头）的累积疲劳损伤机理；完善列车长期振动荷载作用下隧道结构动力分析理论；提出高速或重载铁路隧道底部结构基于长期变形的设计方法。

在隧道空气动力研究方面，主要针对高速铁路隧道及地铁区间隧道列车运行空气动力效应引起的环境影响及乘车环境舒适性问题进行研究，分析高速铁路隧道列车运行微气压波和压缩波的变化规律，确定高速铁路隧道空气动力学效应的影响因素及影响程度；研究地铁车厢内空气品质与列车运行空气动力效应及环控系统的相关性，提出改善地铁乘车环境的具体改造措施。

2. 大瑶山长大铁路隧道修建新技术

成果于 1989 年获铁道部科技进步特等奖。

土木工程系主要完成人：韩玉华、谢连城、张俊高。

大瑶山长大铁路隧道修建新技术该课题有十项关键配套新技术。我院参加两项：①穿越 9 号断层综合配套技术；②复合式衬砌技术。大瑶山隧道 9 号断层为区域性大断层，主断层带宽 90 m，洞身影响宽 400 余 m，是工程攻坚地段，关系工程安全与质量。我院有韩玉华、张俊高参加现场攻关组，配合旗工，参与地质预测预报、施工方案与工艺的工作。复合式衬砌技术专题是：承担模型试验，探测复合式衬砌受载过程的变形发展规律与破坏形态；初期支护与二次衬砌承力关系，为复合式衬砌设计参数提供理论参考。参加模型试验主要成员为韩玉华、谢连诚。从大瑶山隧道修建后，公、铁路隧道已完全采用复合式衬砌。

3. 多场耦合环境下隧道及岩土工程安全性的基础研究

本研究方向主要针对多场耦合复杂地质条件下隧道及重大岩土工程的安全性进行。

在隧道工程研究方面，主要针对岩溶、富水、高水压、高地应力、穿越河底等复杂地质条件，研究高速铁路浅埋大跨隧道、岩溶隧道等在多场耦合作用下围岩—结构静动力相互作用机理，分析不同施工方法下隧道结构及围岩的稳定性，提出隧道结构的优化设计方法，形成一种能适应复杂多变的地质环境的大断面隧道快速施工工法。

在岩土工程研究方面，主要针对渗流场、温度场、应力场等多场耦合条件下重大岩土工程的安全问题，建立非饱和土石混合体温度—渗流—应力耦合弹塑性力学模型，以揭示土石混合体滑坡演化机制，预测大型岩土工程开挖损伤区的多场耦合过程的长期演化性能，推导基于潜在滑动面剪应力分布的边坡稳定性计算公式，确定渗流场与应力场耦合作用对岩质顺层边坡稳定性影响的基本规律。

4. 隧道施工风险管理与灾害防治技术研究

本研究方向主要针对隧道施工风险管理、隧道施工环境影响，隧道火灾防治技术进行。

在隧道施工风险管理方面，针对目前隧道风险分析与管理的研究难以满足工程应用的现状，建立隧道施工风险因素的识别方法和风险分析模型，根据风险分析所得到的各个风险"基本事件"本身的特征和其对工程施工的影响程度，确定相应的风险处理方法，建立面向施工单位的能指导各种复杂地层条件下现场工程施工的风险管理体系。

在隧道施工环境影响预测与控制方面，针对我国目前正在大规模兴建的城市地铁隧道工程，特别是城市地铁工程，以最大限度地降低隧道施工对邻近建筑物及管线设施的影响为研究目标，研究软硬不均、复杂地质条件下地层变形随隧道施工的时间—空间发展规律，提出控制地层变形的工程措施，建立隧道施工环境影响综合评价体系。

在隧道火灾防治技术方面，针对城市地铁以及其他长大公路隧道，研究隧道火灾灾害机理，模拟火灾条件下隧道人员疏散过程；研究火灾分区控制的理论、合理的分区长度以及具体的火灾分区控制方法，提出一种具体的隧道火灾分区控制方法，以完善我国城市地铁和长大公路隧道的灾害救援技术。

5. 极限分析非线性理论在隧道工程中的应用

极限分析非线性理论包括：非线性上限定理和非线性下限定理。本研究方向基于极限分析非线性理论，建立隧道塌方时的非线性能量耗散方程。通过虚功计算，将隧道支护压力看作目标函数，采用变分方法优化目标函数，确定隧道塌方时的最小能量耗散，求出塌方体积。其研究成果是解决隧道塌方难题、指导隧道支护设计的有效方法之一。

目前，现行隧道设计规范是建立在线性破坏准则基础上，很多应用于隧道工程中的设计计算软件也是根据线性破坏准则编写。当围岩破坏服从非线性破坏准则时，抗剪强度指标大小未知，如何进行安全设计是设计人员面临的难题。根据极限分析非线性理论，建立线性与非线性强度参数的转化模型，获取了等效的线性强度参数。该等效参数为非线性破坏准则下隧道工程的安全设计提供理论基础。

(二)科研项目

2004 年以后，承担的国家级课题见表 2.3.5。

表 2.3.5 承担的国家级课题(2004 年以后)

序号	项目名称	项目来源	起讫时间	承担人
1	城市隧道施工与邻近结构物相互作用的研究	国家自然科学基金（青年基金）	2004—2006	阳军生
2	失稳过程中能量渐进耗散机理研究	国家自然科学基金（青年基金）	2005—2007	杨小礼
3	高速铁路板式轨道——隧道结构体系动力累积效应及变形机理研究	国家自然科学基金（面上项目）	2008—2010	彭立敏
4	基于能量渐进耗散的流固耦合作用下土石混合体滑坡演化机理研究	国家自然科学基金（面上项目）	2009—2011	傅鹤林
5	富水裂隙岩体动力损伤——流失耦合理论及其应用基础研究	国家自然科学基金（青年基金）	2009—2011	施成华
6	复杂应力状态下岩石材料固有各向异性变形与屈服性状研究	国家自然科学基金（青年基金）	2009—2011	张学民
7	基于散体介质理论的土石混合体边坡降雨诱滑演化机制研究	国家自然科学基金（青年基金）	2010—2012	周中
8	寒区隧道衬背双源供热防冻的智能温控模型及其应用研究	国家自然科学基金（青年基金）	2011—2013	伍毅敏
9	基于上限有限元法浅埋隧道围岩破坏模式与失稳机理研究	国家自然科学基金（青年基金）	2011—2013	杨峰
10	强地震下考虑不同流固耦合状态的土中群桩基础抗震机理与试验研究	国家自然科学基金（青年基金）	2011—2013	余俊
11	城市轨道交通地下结构性能演化与感控基础理论——地下结构性能与环境耦合作用机制	国家 973 计划	2012—2016	彭立敏
12	地铁施工承压水风险控制关键技术	国家科技支撑计划	2012—2014	阳军生
13	高速铁路交叉隧道动力特性及结构安全性理论	国家自然科学基金重点项目（高铁联合基金）	2012—2015	彭立敏
14	复杂状态时下限应力场分布机理的理论与实验研究	国家自然科学基金（面上项目）	2012—2015	杨小礼
15	基于损伤理论的大断面隧道结构地震响应机理研究	国家自然科学基金（青年基金）	2012—2014	黄娟
16	地铁隧道岩溶地基稳定性极限分析方法研究	国家自然科学基金（青年基金）	2012—2014	杨秀竹
17	深长隧道突水突泥重大灾害致灾机理预测预警与控制理论/深长隧道突水突泥多元信息特征与综合预测理论	国家 973 计划	2013—2017	杨小礼

续表 2.3.5

序号	项　目　名　称	项目来源	起讫时间	承担人
18	重载铁路隧道底部结构服役性能演化机制与设计方法研究	国家自然科学基金(面上项目)	2013—2016	施成华
19	循环动载对低塑性粉土剪切行为的影响	国家自然科学基金(青年基金)	2013—2015	王树英

2. 省部级纵向课题

1990 年以后，承担的省部级纵向课题见表 2.3.6。

表 2.3.6　承担的省部级纵向课题(1990 年以后)

序号	项　目　名　称	项目来源	起讫时间	承担人
1	电化特长单线隧道运营通风必要性和综合配套技术的研究	铁道部科技司	1991—1994	宋振熊
2	隧道衬砌结构火灾损伤评定和修复加固措施	铁道部科技司	1994—1997	彭立敏
3	基于概率理论的隧道设计规范的基础理论研究	铁道部科技司	1995—1998	宋振熊
4	秦岭特长隧道修建技术——隧道施工的通风方案及设备配套技术研究	铁道部科技司	1995—1999	宋振熊
5	膨胀土路基稳定的分形正交研究	湖南省自然基金	1999—2000	傅鹤林
6	贵州多雨地区铁路路基隧道铺底病害整治综合技术研究	贵州省科技厅	2000—2002	彭立敏
7	宜万铁路桥隧相连、大跨车站隧道复杂结构设计和施工技术的研究	铁道部科技司	2004—2006	彭立敏
8	乌鞘岭隧道岭脊地段复杂应力条件下的变形控制技术研究—子课题：群洞效应分析	铁道部科技司	2004—2006	彭立敏
9	不同隧道围岩类别和环境条件下三车道单拱和连拱隧道断面几何参数优化与设计荷载确定	浙江省交通厅	2004—2005	傅鹤林
10	水平层状围岩高速公路隧道结构力学行为分析与施工控制技术研究	湖南省交通厅	2004—2006	阳军生

续表 2.3.6

序号	项　目　名　称	项目来源	起讫时间	承担人
11	管棚作用机理分析及其在既有公路下连拱隧道施工中的应用研究	湖南省交通厅	2004—2006	阳军生
12	衡炎高速公路崩塌、滑坡地质灾害监测预警技术研究	湖南省交通厅	2005—2007	傅鹤林
13	高速公路煤矸石路基填筑技术研究	河南省交通厅	2005—2006	阳军生
14	宛坪高速公路大跨度连拱隧道围岩稳定与变形控制技术研究	河南省交通厅	2005—2007	阳军生
15	公路不良地基研究成果推广应用研究	湖南省交通厅	2005—2008	傅鹤林
16	狮子洋隧道地震及列车振动响应分析	铁道部科技司	2007—2010	彭立敏
17	城市地铁岩溶地基稳定性分析及岩溶处治新技术研究	湖南省自然科学基金	2007—2009	杨秀竹
18	复杂环境下隧道地层预加固与施工风险控制技术研究	交通部科技司	2009—2012	阳军生
19	层状土体失稳控制理论的试验与应用研究	湖南省自然科学基金	2009—2011	杨小礼
20	单拱四车道隧道设计优化与施工技术研究	交通部科技司	2009—2013	杨小礼
21	多断层网状填充性岩溶隧道灾变预测及处治技术研究	交通部科技司	2009—2011	傅鹤林
22	桥隧相连工程多源损伤力学行为与控制技术研究	贵州省科技厅	2009—2011	傅鹤林
23	浅埋偏压隧道施工及质量控制技术调查研究	贵州省交通厅	2009—2011	傅鹤林
24	软质膨胀强风化板岩隧道设计施工关键技术研究	湖南省交通厅	2009—2011	傅鹤林
25	往复动载作用下隧道基底富水软岩损伤机理及变形特性研究	湖南省教育厅	2010—2010	彭立敏
26	层状土体失稳控制的现场试验	湖南省交通厅	2010—2014	杨小礼
27	异形支护结构围岩压力在线监测与分析技术研究	江西省交通厅	2010—2013	伍毅敏
28	晋北地区隧道衬背地源供热防冻排水技术研究	山西省交通厅	2010—2013	伍毅敏
29	煤系地层隧道结构与施工技术研究	贵州省交通厅	2010—2012	张学民

续表 2.3.6

序号	项　目　名　称	项目来源	起讫时间	承担人
30	城市浅埋中长隧道半敞开式自然通风关键技术研究	湖南省交通厅	2010—2013	傅鹤林
31	穿越湘江长沙地铁施工关键技术与风险控制研究	湖南省科技厅	2011—2012	王薇
32	公路高瓦斯隧道施工安全控制与监控技术研究	贵州省科技厅	2011—2012	张学民
33	湖南城际轨道交通沿线隐伏型岩溶注浆充填材料应用研究	湖南省发改委	2012—2014	杨秀竹
34	公路隧道地下水限排标准与措施研究	湖南省交通厅	2013—2015	傅鹤林
35	永吉高速公路岩溶隧道不良地质预报与灾害控制技术研究	湖南省交通厅	2013—2015	傅鹤林

(三)科研获奖

1978 年以后，所获得的教学科研奖励见表 2.3.7。

表 2.3.7　获得的教学科研奖励(1978 年以后)

序号	成果名称	获奖时间	奖励名称	等级	完成人	备注
1	喷锚支护在铁路隧道中受力特性的试验研究	1978	全国科学大会奖 湖南省科学大会奖		邝国能等	
2	用喷射混凝土加固铁路隧道衬砌模型试验	1978	铁道部科学大会奖		邝国能等	
3	大瑶山长大铁路隧道修建新技术	1989	铁道部科技进步奖	特等	张俊高、韩玉华等	
4	软岩浅埋隧道地表砂浆锚杆预加固效果研究	1993	铁道部科技进步奖	四	彭立敏、韩玉华	
5	双线铁路隧道洞口集中式运营射流通风技术	1998	铁道部科技进步奖	二	宋振熊、田嘉猷	
6	隧道衬砌火灾损伤评估与修复加固措施	2002	中国铁路工程总公司科学技术奖	三	彭立敏(3)、刘小兵(4)	
7	贵州多雨地区铁路路基与隧道铺底病害整治综合技术研究	2005	贵州省科技进步奖	三	施成华(2)、彭立敏(6)	

续表 2.3.7

序号	成果名称	获奖时间	奖励名称	等级	完成人	备注
8	水平层状围岩高速公路隧道结构力学行为分析与施工控制技术的研究	2007	湖南省科技进步奖	三	阳军生(2)	
9	管棚作用机理分析及其在既有公路下连拱隧道施工中的应用研究	2007	中国公路学会科技进步奖	三	阳军生(1)	
10	秦岭终南山特长公路隧道施工技术研究	2008	湖南省科技进步奖	二	阳军生(3)、彭立敏(5)、杨峰(8)	
11	乌鞘岭隧道修建技术	2008	中国铁道学会科学技术奖	特等奖	无个人排名	
12	西部地区公路地质灾害监测预报技术研究	2009	中国公路学会科技奖	一	傅鹤林(5)	
13	高速公路崩塌滑坡地质灾害预测与控制技术	2010	湖南省科技进步奖	二	傅鹤林(1)、伍毅敏(6)	
14	浅埋隧道围岩稳定与施工动态控制技术研究	2010	湖南省科技进步奖	三	阳军生(7)	
15	高速铁路浅埋暗挖大断面城市隧道关键技术	2011	安徽省科技进步奖	一	阳军生(3)、彭立敏(7)	
16	宜万铁路复杂山区岩溶隧道设计关键技术	2011	中国铁道学会科技奖	一	彭立敏(18)	
17	单拱四车道公路隧道设计优化与施工技术研究	2012	湖南省科技进步奖	二	杨小礼(3)	
18	浅埋暗挖水下软岩双洞隧道修建关键技术	2012	湖南省科技进步奖	三	傅鹤林(1)	
19	浅埋跨海越江隧道暗挖法设计与风险控制技术	2012	河南省科技进步奖	一	彭立敏(6)、施成华(10)	

(四)发明专利与软件著作权

本学科所获授权发明专利和软件著作权见表 2.3.8。

表 2.3.8 授权发明专利和软件著作权

序号	类型	发明人或软件著作人	专利或软件名称	授权号	授权时间	授权机构
1	发明专利	伍毅敏、傅鹤林	一种寒区隧道施工缝双源供热排水防冻方法	ZL200910043575.0	2011.12	国家专利局
2	发明专利	彭立敏、施成华等	隧道超欠挖控制激光放样装置	ZL201110249545.2	2012.11	国家专利局
3	软件著作权	彭立敏、刘小兵、施成华	隧道衬砌结构直刚法计算软件	2007SR03034	2007.02	国家版权局
4	软件著作权	傅鹤林、董辉、祝志恒	滑坡预测预报集成系统	2008SR08073	2008.08	国家版权局
5	软件著作权	傅鹤林、周栩	西部地区公路地质灾害监测预报系统软件	2008SR15723	2008.11	国家版权局
6	软件著作权	彭立敏、施成华、张运良等	隧道施工及运营期下部结构变形监测信息管理及预测系统	2010SR038822	2010.08	国家版权局
7	软件著作权	施成华、彭立敏、雷明峰	浅埋隧道施工周边地层变形计算软件	2010SR044213	2010.08	国家版权局
8	软件著作权	彭立敏、施成华、丁祖德等	高速铁路隧道结构动力计算软件	2011SR062907	2011.09	国家版权局
9	软件著作权	彭立敏、施成华、安永林等	水下隧道施工动态风险管理软件系统	2012SR038695	2012.05	国家版权局
10	软件著作权	施成华、彭立敏、雷明峰等	浅埋偏压隧道围岩压力及施工参数计算软件	2012SR039690	2012.05	国家版权局

(五)专著与代表性论文

1. 专著

[1] 邝国能，熊振南，宋振熊. 工程实用边界单元法. 北京：中国铁道出版社，1989.

[2] 阳军生，刘宝琛. 城市隧道施工引起的地表移动和变形. 北京：中国铁道出版社，2002.

［3］姚振凯，黄运平，彭立敏. 公路连拱隧道工程技术. 北京：人民交通出版社，2005.

［4］傅鹤林，韩汝才. 隧道衬砌荷载的计算理论及岩溶处治技术. 长沙：中南大学出版社，2005.

［5］黄生文，阳军生，柳厚祥，帖智武，刘辉. 公路工程地基处理手册. 北京：人民交通出版社，2005.

［6］傅鹤林. 岩土工程数值分析. 北京：机械工业出版社，2006.

［7］傅鹤林，彭思甜，韩汝才，何贤锋. 岩土工程数值分析新方法. 北京：机械工业出版社，2006.

［8］吴波，阳军生. 岩石隧道全断面掘进机施工技术. 合肥：安徽科学技术出版社，2008.

［9］傅鹤林，郭磊，欧阳刚杰. 大跨隧道施工力学行为及衬砌裂缝产生机理. 北京：科学出版社，2009.

［10］傅鹤林，李凯，彭学军. 梅关隧道工程施工技术. 北京：科学出版社，2009.

［11］彭立敏，安永林，施成华. 近接建筑物条件下隧道施工安全与风险管理理论与实践. 北京：科学出版社，2010.

［12］施成华，彭立敏，雷明峰. 浅埋隧道施工地层变形时空统一预测理论与应用. 北京：科学出版社，2010.

［13］傅鹤林，赵朝阳，刘小兵. 隧道安全施工技术手册. 北京：人民交通出版社，2010.

［14］佘小年，傅鹤林，罗强. 公路滑坡崩塌地质灾害预测与控制技术. 北京：人民交通出版社，2010.

［15］傅鹤林，董辉，邓宗伟. 地铁安全施工技术手册. 北京：人民交通出版社，2012.

［16］杨高尚，彭立敏. 公路隧道火灾性能化安全疏散设计与防火安全评估研究. 成都：西南交通大学出版社，2012.

［17］赵明桥，彭立敏. 基于灾害分区防控理论的地铁火灾烟气控制研究. 成都：西南交通大学出版社，2012.

［18］吴从师，阳军生. 隧道施工监控量测与超前地质预报. 北京：人民交通出版社，2012.

［19］王立川，彭立敏，周伟东. 浅埋偏压隧道极限分析与施工技术. 北京：人民交通出版社，2013.

2. 代表性论文

［1］B. 博鲁日涅尔，宋振熊. 地下建筑物防水的新方法. 铁路标准设计通讯，

1962(04)：41－42，34.

[2] 宋振熊. 软弱围岩浅埋隧道的施工方法. 铁道建筑，1986(05)：21－22.

[3] 谢连城. 大瑶山隧道复合式衬砌模型试验研究——超挖回填层对复合式衬砌承载能力的影响. 长沙铁道学院学报，1987(02)：77－88.

[4] 韩玉华，谢连城. 隧道复合衬砌模型试验成果的分析. 长沙铁道学院学报，1988(04)：1－7.

[5] 谢连城，宋振熊. 关于隧道格构梁支撑的强度和稳定计算. 长沙铁道学院学报，1989(04)：13－21.

[6] 彭立敏、邝国能. 隧道斜交洞口段衬砌空间受力机理探讨. 长沙铁道学院学报，1990(02)：17－26.

[7] 宋振熊，李清和，孙三忠. 铁路隧道衬砌随机性数值分析. 铁道标准设计，1992(04)：10－12.

[8] 刘小兵，韩玉华. 喷锚支护参数的优化确定. 岩石力学与工程学报，1994(01)：79－89.

[9] 彭立敏，刘小兵，杜思村. 不同温度量级对隧道衬砌强度损伤程度的试验研究. 铁道学报，1997，19(5)：87－94.

[10] 刘小兵，彭立敏，王薇. 隧道洞口边仰坡的平衡稳定分析. 中国公路学报，2001(04)：81－85.

[11] 彭立敏，施成华，刘小兵. 隧道钢筋混凝土结构的优化设计模型与应用. 中国公路学报，2001，14(2)：71－74.

[12] 彭立敏，施成华，吴波，刘宝琛. 高层建筑基础与下部地下洞室相互作用的空间效应研究. 岩石力学与工程学报，2004，23(9)：1496－1501.

[13] Yang Junsheng(阳军生)，Liu Baochen(刘宝琛)，Wang Mianchang. Modeling of tunneling-induced ground surface movements using stochastic medium theory. Tunneling and Underground Space Technology，2004，19(2)：113－123.

[14] 刘小兵. 双跨隧道穿越大型溶槽的弹性地基梁法. 岩石力学与工程学报，2004(15)：2557－2561.

[15] 傅鹤林，韩汝才，朱汉华. 破碎围岩中单拱隧道荷载计算的理论解. 中南大学学报(自然科学版)，2004(03)：478－483.

[16] 杨秀竹，王星华，雷金山. 宾汉体浆液扩散半径的研究及应用. 水利学报，2004(6)：75－79.

[17] 刘小兵，陈宇. 溶槽地段双跨连拱隧道的结构计算与分析. 中南大学学报(自然科学版)，2005(03)：517－521.

[18] 杨秀竹，陈福全，雷金山，王星华. 悬挂式帷幕防渗作用的有限元模拟. 岩土力学，2005，26(1)：105－107.

[19] Yang Gaoshang(杨高尚), Peng Limin(彭立敏), Zhang Jinghua, An Yongling. Simulation of people's evacuation in tunnel fire. Journal of Central South University of Technology, 2006, 13(3): 307 -312.

[20] Yang Junsheng(阳军生), Yang Li, Deng Shaojun, Li Guoliang. Interactions of four tunnels driven in squeezing fault zone of Wushaoling Tunnel. Tunneling and Underground Space Technology, 2006, 21(3 -4): 359.

[21] 傅鹤林，周宁，罗强，郭建峰. 板裂介质理论在牟珠洞滑坡机理分析中的应用. 中南大学学报(自然科学版), 2006(01): 188 -193.

[22] 周中，傅鹤林，刘宝琛，谭捍华，龙万学，罗强. 堆积层边坡开挖致滑的原位监测试验研究，岩石力学与工程学报, 2006, 25(10): 2065 -2070.

[23] 周中，傅鹤林，刘宝琛，谭捍华，龙万学. 土石混合体渗透性能的正交试验研究. 岩土工程学报, 2006, 28(9): 1135 -1138.

[24] 施成华，彭立敏. 连拱隧道不同施工阶段结构体系可靠度计算. 岩土力学, 2008, 39(5): 1329 -1304.

[25] Yang Junsheng(阳军生), Gou Deming, Zhang Yongxing. Field measurements and numerical analyses of double-layer pipe roof reinforcement in a shallow multi-arch tunnel. Transportation Research Record, Journal of Transportation Research Board, 2008, No. 2050/Structures: 145 -153.

[26] 黄娟，彭立敏，陈松洁. 高速移动荷载作用下铁路隧道的动力响应分析. 郑州大学学报(工学版), 2008, 29(3): 117 -121.

[27] 傅鹤林，李昌友，郭峰，周中. 滑坡触发因素及其影响的原位试验. 中南大学学报(自然科学版), 2009(03): 781 -785.

[28] Zhou Zhong(周中), Wang Honggui, Fu Helin(傅鹤林), Liu Baochen(刘宝琛). Influences of rainfall infiltration on the stability of accumulation slope by in-situ monitoring test. Journal of Central South University of Technology, 2009, 16(2): 297 -302.

[29] 周中，刘宝琛. 滑坡预测预报的 Verhulst 反函数残差修正模型. 中国铁道科学, 2009, 30(4): 13 -18.

[30] 张学民，阳军生，李婕，顿志林，高雪冰. 横观各向同性体非轴对称半空间问题的统一解. 哈尔滨工业大学学报, 2009, 41(10): 177 -180.

[31] 伍毅敏，吕康成，徐岳. 软基隧道锁脚钢管承载特性研究. 岩土工程学报, 2009, 31(12): 1825 -1832.

[32] 余俊，尚守平，李忠，任慧. 饱和土中桩水平振动引起土层复阻抗分析研究. 岩土力学, 2009, 30(12): 3858 -3865.

[33] 黄娟，彭立敏，李兴龙. 可液化地层狮子洋盾构隧道横向地震响应规律

及减震措施研究. 岩土工程学报, 2009, 31(10): 1539 -1546.

[34] 黄娟, 彭立敏, 施成华. 基底富水条件下隧道铺底结构疲劳寿命的试验研究. 铁道学报, 2009, 31(1): 68 -73.

[35] 施成华, 彭立敏, 雷明锋. 盾构法施工隧道地层变形时空统一预测方法研究. 岩土力学, 2009, 30(8): 2379 -2384.

[36] 王薇, 徐志胜, 廖仕超. 特长公路隧道独立排烟道结构高温安全性研究. 防灾减灾工程学报, 2009, 29(5): 561 -565.

[37] 王薇, 廖仕超, 徐志胜. 城市综合防灾应急能力可拓评价模型构建及应用. 安全与环境学报, 2009, 9(6): 167 -172.

[38] Yang Feng(杨峰), Yang Junsheng(阳军生). Stability of shallow tunnel using rigid blocks and finite-element upper bound solutions. International Journal of Geomechanics(ASCE), 2010, 10(6): 242 -247.

[39] Zhou Zhong(周中). Model test study on dynamic responses of loess slope by dynamic compaction. ICCTP 2010, ASCE, Geotechnical Special Publication, 2010 (06): 38 -49.

[40] Zhang Xuemin(张学民). Experimental study on anisotropic strength properties of sandstone. Electronic J. of Geotechnical Engineering, 2010(15): 1325 -1335.

[41] Yang Xiaoli(杨小礼), Fu Huang. Collapse mechanism of shallow tunnel based on nonlinear Hoek-Brown failure criterion. Tunnelling and Underground Space Technology, 2011, 26(6): 686 -691.

[42] Yang Xiaoli(杨小礼), Wang Jinming. Ground movement prediction for tunnels using simplified procedure. Tunnelling and Underground Space Technology, 2011, 26(3): 462 -471.

[43] Yang Xiaoli(杨小礼), Zou Jinfeng. Cavity expansion analysis with nonlinear failure criterion. Geotechnical Engineering, ICE, 2011, 164(1): 41 -46.

[44] Wang Shuying(王树英), Ronaldo Luna, Rick Stephenson. A slurry consolidation approach to reconstitute low-plasticity silt specimens for laboratory triaxial testing, Geotechnical Testing Journal (ASTM), 2011, 34(4): 288 -296.

[45] 杨峰, 阳军生, 张学民. 基于线性规划模型的极限分析上限有限元的实现. 岩土力学, 2011, 32(3): 914 -921.

[46] 施成华, 雷明锋, 彭立敏. 砂层隧道列车振动响应与地基累积变形研究, 铁道学报, 2011, 33(7): 118 -124.

[47] 阳军生, 杨元洪, 晏莉, 张华林, 胡鑫, 唐鹏. 大断面隧道下穿既有高压输电铁塔施工方案比选及应用研究. 岩石力学与工程学报, 2012, 31(6): 1184 -1191.

[48] 张运良，聂子云，李凤翔，王昌胜.数值分析在基坑变形预测中的应用.岩土工程学报，2012，S1：113－119.

[49] 杨峰，阳军生.基于六节点三角形单元和线性规划模型的上限有限元研究.岩石力学与工程学报，2012，31(12)：2556－2563.

[50] 张学民，石钰锋，张自力，白伟，阳军生，张国亮.列车动载作用下偏压基坑围护结构的动力响应分析.振动与冲击，2012，31(20)：103－109.

[51] Wang Shuying(王树英)，Ronaldo Luna. Monotonic behavior of Mississippi River valley silt in triaxial compression. Journal of Geotechnical and Geoenvironmental Engineering (ASCE)，2012，138(4)：516－525.

[52] 张运良，聂子云，李凤翔.衬砌背后脱空对隧道结构影响三维数值分析.郑州大学学报(工学版)，2013，(02)：94－98.

[53] Yang Xiaoli(杨小礼)，Fu Huang. Three-dimensional failure mechanism of a rectangular cavity in a Hoek － Brown rock medium. International Journal of Rock Mechanics and Mining Sciences，2013，61：189－195.

[54] Wang Shuying(王树英)，Yang Junsheng(阳军生)，Site Onyejekwe. The effect of previous cyclic shearing on liquefaction resistance of Mississippi River valley silt. Journal of Materials in Civil Engineering (ASCE)，2013，25(10).

[55] Shi Chenghua(施成华)，Ding Zude，Peng Limin(彭立敏). Accumulated deformation behavior and computational model of water-rich mudstone under cyclic loading. Rock Mechanics and Rock Engineering，2013，5.

(六)学术交流

隧道工程系十分重视学术交流工作，多次承办或参与行业协会的理事会或学术交流会。其中影响较大的是，2010年11月5—6日与中国中铁隧道集团有限公司共同承办了“中国土木工程学会第十四届年会暨隧道及地下工程分会第十六届年会”。本次年会为中国土木工程学会百年庆典系列活动之一，由中国土木工程学会、中国土木工程学会隧道及地下工程分会主办，主题为“我国隧道及地下工程的新理念与新技术”。全国隧道及地下工程领域的专家、学者及工程技术人员约420余人出席了大会。此次年会展示了我国隧道及地下工程的新理念和新技术，内容包括隧道及地下工程规划、设计、施工、运营管理等方面的新理念、新理论、新技术、新工艺、新材料、新成果，以及工程经验与教训，会议旨在加强工程界同仁的相互交流，促进学科的发展，为隧道及地下工程贡献更多的智慧，为城市建设提供强有力的保障。共收录论文136篇，以中国土木工程学会隧道及地下工程分会会刊《现代隧道技术》(国内公开发行刊物)增刊形式出版，会上共交流论文32篇。

1980年6月—1982年8月，邝国能在加拿大多伦多大学访问。

2004 年 5 月，彭立敏参加在新加坡举行的世界隧道大会暨国际隧协(ITA)第30 届年会。

2008 年 9 月，阳军生参加在印度阿格拉举行的世界隧道大会暨国际隧协(ITA)34 届年会。

2009 年 5 月，张学民参加在香港举行的 SINOROCK2009 国际岩石力学大会。

2010 年 5 月，彭立敏参加在加拿大温哥华举行的世界隧道大会暨国际隧协(ITA)第 36 届年会。

2011 年 5 月，阳军生、杨峰参加在芬兰赫尔辛基举行的 2011 年世界隧道大会暨国际隧协(ITA)第 37 届年会。

2012 年 5 月，彭立敏、阳军生、施成华、雷明锋(博士生)、梁禹(博士生)等参加在泰国曼谷举行的 2012 年世界隧道大会暨国际隧协(ITA)第 38 届年会。

2013 年 6 月，彭立敏参加在瑞士日内瓦举行的世界隧道大会暨国际隧协(ITA)第 39 届年会。

2013 年 5 月，施成华等参加在美国西雅图举行的 International Conference on Computational & Experimental Engineering & Sciences（ICCES'13）国际会议。

(七)代表性成果简介

1. 喷锚支护在铁路隧道中受力特性与喷射混凝土加固隧道裂损衬砌研究

该成果于 1978 年分别获得铁道部、湖南省科学大会奖和全国科学大会奖。

主要完成人：邝国能、韩玉华、陶锡珩、祝正海、谢连城等。

本成果系首次将喷射混凝土与锚杆支护技术应用于既有隧道衬砌的裂损整治工程中。成果通过现场和室内试验，从理论上揭示了裂损衬砌喷锚支护作用原理，提出了裂损衬砌加固前后结构内力分析和稳定性评价方法；从技术上提出了采用喷锚支护整治隧道衬砌裂损工艺的主要设计参数和技术标准。喷锚支护技术不但能较好地使裂损衬砌恢复正常运用状态，而且与传统的套拱法整治相比，具有施工时对行车干扰小，施工进度快，造价低等一系列优点。成果由昆明局在碧鸡关隧道试用，后来在成昆、梅集、朝开、图佳、丰沙、宝成、宝天等铁路线推广应用，共整治各种裂损类型的衬砌十多延长千米，显示出良好的技术经济效果，为既有隧道的病害治理作出了重大贡献。

2. 城区复杂地层高速铁路大断面隧道施工技术研究

该成果获 2011 年安徽省科学技术奖一等奖。

本系主要参与人：阳军生、彭立敏。

该成果紧密结合武广高速铁路隧道工程进行科技攻关，与中铁四局一道，研发了高速铁路大断面隧道斜井转正洞施工方法，创新和丰富了辅助坑道施工技术；在市区浅埋富水岩溶地层，采用洞外 H 型注浆帷幕加固技术为主、洞内堵排结合和大管棚超前技术为辅的施工技术，有效地控制了地面沉降，确保了施工过程中周围环境结构物(公路、立交桥、管线等)的安全；提出了复杂地质与环境条件下隧道施工安全风险的评估方法和控制对策，研发了隧道施工安全风险管理软件系统，有效地降低了施工过程中紧邻高速公路、立交桥、管线和岩溶、淤泥地层施工的安全风险，对施工起到很好的指导作用，保证了穿越城区复杂地层和复杂环境条件下武广高速铁路金沙洲隧道建设的顺利完成。

3. 浅埋跨海越江隧道暗挖法设计施工与风险控制技术

该成果获2012年河南省科学技术奖一等奖。

本系主要参与人：彭立敏、施成华。

本成果依托长沙市营盘路湘江隧道工程，与中铁隧道集团一道，①建立了基于工程控制措施的水下隧道最小埋深确定方法，采用该方法确定营盘路湘江隧道的最小埋深为11.5米，隧道覆跨比仅为0.46，较国内外既有水下隧道埋深确定方法得到的埋深减小5米以上，减少隧道长度近400米，满足了隧道东、西两岸接地点的位置要求，充分发挥了隧道的交通疏解功能。②建立了注浆及不注浆加固条件下，考虑地下水渗透力作用的水下隧道断层破碎带掌子面稳定系数的理论分析方法，为水下隧道施工掌子面突涌水风险分析提供了理论依据；③建立了水下隧道施工动态风险管理流程，提出了利用功效系数法综合考虑定性监测指标和定量指标来动态评价隧道各开挖步下的风险，研发了相应的隧道施工动态风险管理软件系统，确保了隧道的施工安全。成果成功解决了长沙市营盘路湘江隧道浅埋大断面隧道设计施工、风险控制等技术难题，对拓展我国城市越江通道的建设思路，推动越江隧道工程的全面发展和技术进步具有重大意义。

第四节　岩土工程

一、学科发展

中南大学岩土工程系由原长沙铁道学院土力学地基基础教研室、工程地质教研室、土力学实验室和工程地质实验室以及原中南工业大学地基基础教研室等合并组成。岩土工程学科可大致分为孕育期、成形期、磨炼期、成长期和新时期五个发展阶段。

(一)学科孕育期(1953—1960)

中南大学岩土工程学科源自长沙铁道学院前身中南土木建筑学院所设立的土力学地基基础和工程地质等课程。1953年中南土木建筑学院成立时，设有营造建筑系(含工业与民用建筑本、专科专业)，下设土力学教研室，由系副主任殷之澜兼任教研室主任。教研室按课程分为土力学和地质两个教学小组和一个土力学实验室、工程地质实习室，承担着全校相关专业的土力学、地基基础和工程地质课的课堂教学和实验、实习活动。

1960 年正式成立长沙铁道学院时，以熊剑为主任的土力学教研室划归桥梁与隧道系，增设了地质实验室(标本室)。

在此期间，土力学教研室人员来自国内几个高校，其中，殷之澜(原南昌大学土木系主任、教授)来自南昌大学，周光龙来自武汉大学，熊剑、杨庆彬来自南昌大学，陈映南湖南大学留校，朱之基来自同济大学，谢庆道来自南京大学，宁实吾 1956 年北京地质学院毕业来校，陈昕源 1957 年东北地质学院毕业来校，李靖森 1958 年毕业留校。

(二)学科成形期(1961—1966)

1961—1964 年期间，长沙铁道学院的系及专业进行了较大调整，岩土工程学科的教师队伍有所变动和加强，其中：1954 年毕业于唐山铁道学院的李家钰于 1960 年调入；1959 年毕业于莫斯科大学的李毓瑞来校；1960 年张式深和金宗斌由唐山铁道学院调入；董学科、张俊高均于 1960 年从成都地院毕业来校；杨绍煦于 1960 年调入土力学实验室，曾阳生于 1961 年本校毕业后留校。

1960—1966 年科研和教学工作的主要特点是师生深入铁路现场，实行教学、科研、生产劳动三结合。通过结合铁路建设和生产实际的技术革新、科学研究、现场教学和“真刀真枪”的毕业设计，取得了一批科技成果，直接为社会主义建设作出了贡献。1965 年本学科的毕业班部分学生，以隧道工地的施工组织作为毕业设计内容，解决了木模台架和石砟的综合利用机具设计问题，其成果被现场采用。该学科的毕业生到成昆铁路参加“三线建设”大会战，取得一定的成果，在路内外有一定的影响，受到同行专家好评。在生活和工作条件都十分困难的情况下，不少教师仍积极承担科研项目，开展科研工作。其中“无缝线路稳定性计算”“喷射混凝土加固隧道裂损衬砌”等项目的研究成果，对我国铁路建设和科技发展作出了重要贡献。

1964 年年初，学校首次制订了《1964—1968 年发展规划》，铁道桥梁与隧道本科专业学制为五年。除普教本科教育外，1960—1965 年，土力学教研室的教师招收了桥梁与隧道结构、铁路线路构造和结构力学 3 个学科专业的研究生 9 名。岩土工程学科逐渐成形。

(三)学科磨炼期(1966—1976)

1970 年，“土力学教研室”更名为“土力学与基础工程教研室”(下称“土基室”)，“线路教研室”中“路基”部分划出，并入“土基教研室”，当时的“土基室”包括有“土力学与基础工程”“地质路基”两门课程和土力学、地质两个实验室。熊剑为教研室主任兼“土地基”课程教学组长，顾琦为“地质路基”课程教学组长。

在此期间，虽然教学工作条件非常艰苦，但“土基室”的教职工数量进一步增加，教师队伍进一步得到加强，结构更趋合理。1955年同济大学毕业的顾琦和1960年本校毕业留校的夏增明同时从线路室调入，任满堂1967年毕业留校，王永和1969年毕业留校，1957年毕业于长春地院的杨雅忱于1971年从铁道部第四勘察设计院调入，1953年本校毕业留校的华祖焜也于1972年3月由桥梁室调入，罗国武1975年从铁道兵部队调入，王立阳1976年、黄铮1977年毕业留校先后进入“土基室”。

1970年的一个“试点班”及1972—1976年六届共招收铁道工程专业学员750余名，各类进修班学员120余名，根据他们由工厂、企业、农村和部队选送来学习的实际情况和国家建设的需要，因材施教，以工程实践和应用为主要特点，以培养应用型人才为目标。因此，除了课堂教学外，实验、实习等实践环节成为了培养计划的重要组成部分。这一阶段的各类“实践队”应运而生，师生们在许多铁路、桥梁工地参加勘测设计或施工劳动，边干边学，他们走向社会后，大多成为了各单位中、基层的管理或技术骨干。

（四）学科成长期（1977—2000）

1976年后，随着国家政治形势的改变，岩土工程学科也迎来了前所未有的良好发展条件和势头，于1978年开始招收硕士研究生姜前、刘启凤（从在读的哈尔滨力学所转入），该专业于1981年获得我国首批硕士学位授予权，熊剑成为了“文化大革命”后“土基室”的首位硕士生指导教师。1981年“土基室”更名为“岩土工程教研室”。

继1978年增设工业与民用建筑专业正式招收本科生后，增设了“工民建”课程教学小组，由张式深负责。

在此期间，本学科的教师队伍进一步增强，新进人员学历学位不断提升。本学科首届硕士研究生姜前、刘启凤1981年毕业后留校，成为了土基室第一批拥有硕士学位的年轻教师；先后有王萍兰、张佩知、蒋崇伦、谭菊香、张国祥、李顺海、向楚柱、张向京、傅鹤林、张家生和方理刚调入岩土工程教研室；李亮、刘杰平、徐林荣、李宁军、陈维家、魏丽敏、肖武权、何群、张旭芝、李政莲、傅旭东、金亮星、倪宏革、阮波毕业留校或分配来校；冷伍明于1994年西南交大博士毕业后被引进来校，是本学科首个拥有博士学位的年轻教师；王星华于1997年从西南交通大学铁、公、水流动站出站来校，成为岩土工程教研室第一个博士后。在教师队伍不断引进充实的同时，也陆续有杨绍姁、姜前、何玉珮、刘启凤、刘杰平、李宁军、陈维家、傅旭东、周文波、倪宏革先后调离我校。

1986年、1998年“桥梁与隧道工程”及“道路与铁道工程”学科分别获国家博士学位授予权，岩土工程作为这两个铁道部重点学科的重要支撑，陆续开始招收岩土工程方向的博士研究生。1997年王永和教授招收了本方向的第一个博士生何群。

刘宝琛院士1999年正式加盟岩土工程学科，使本学科的教学、研究力量得到了极大提升。

在此发展阶段，由刘宝琛院士主导，成立了“岩土与地下工程研究中心”。岩土工程学科逐渐走向成熟。

(五)学科新时期(2000—2013)

2000年4月三校合并组建中南大学时，原中南工业大学相关专业并入，岩土工程学科得到了进一步壮大和发展。

2004年更名为“岩土工程系”“土力学实验室”更名为“岩土工程实验室”(含工程地质标本室)。

2000年岩土工程学科获得博士学位授予权，2002年“岩土工程”专业被批准为“十五”期间湖南省重点建设学科；2006年被批准为“十一五”期间湖南省重点建设学科；2007年被批准为国家重点学科，同时土木工程学科也成为了一级学科国家重点学科。

在此期间，教师队伍继续得到加强。周建普、张新春等5人从原中南工业大学并入，先后有周生跃、彭意、雷金山、杨果林、乔世范、王晅、陈晓斌、赵春彦、郑国勇、杨广林、聂如松、张升、杨奇、林宇亮毕业来校或调入。2012年岩土工程系引进了来自澳大利亚纽卡斯尔大学的国家“千人计划”盛岱超教授。

二、师资队伍

(一)队伍概况

本学科现有教学科研人员28名，其中：中国工程院院士1名(刘宝琛)，国家“千人计划”1名、教授9名，分别是刘宝琛、方理刚、张家生、盛岱超、王星华、冷伍明、杨果林、魏丽敏、张国祥，副教授和高级工程师6名，22人具有博士学位。学科教师名册见第六章第四节。

表2.4.1　在职教师基本情况

	合计	职称				年龄			学历		
		教授	副教授	讲师	助教	55岁以上	36～55岁	35岁以下	博士	硕士	学士
人数	23	9	6	8	0	2	14	7	22	1	0
百分比(%)	100	39	26	35	0	9	61	30	96	4	0

(二)历任系(室)负责人

表 2.4.2　历届系(教研室)主要负责人

时间	教研室主任	副主任
1953—1959	殷之澜	秘书、周光龙
1960—1984	熊剑	
1984—1992	华祖焜	夏增明
1992—1993	王永和	李亮
1993—1994	李亮	曾阳生
1994—1995	曾阳生	魏丽敏
1995—1996	魏丽敏	陆海平
1996—1997	魏丽敏	冷伍明
1997—2005	冷伍明	傅鹤林
2005—2008	冷伍明	徐林荣、肖武权
2009—2010	冷伍明	杨果林、肖武权
2011—	冷伍明	杨果林、乔世范

(三)学科教授简介

陈映南教授：男，1926 年生，湖南衡山人，1952 年毕业于湖南大学土木系并留校工作。1987 年晋升为教授。在近 40 年的工作中，除完成本科及研究生的教学任务外，还主持或参加了大量的科研工作。主要成就有：参加“地基土几种原位测试技术研究”，获 1989 年铁道部科技进步一等奖；1989—1992 年主持国家自然科学基金项目“勘探新技术——几种原位测试技术机理研究”，主持“成层土原位测试技术机理与应用研究”，于 1993 年通过湖南省建委组织的鉴定；参加“原位测试机理研究”，1990 年获国家科技进步三等奖；主持的“成层土原位测试技术机理与应用研究”获 1994 年湖南省科技进步二等奖(省教委一等奖)。1991 年被省教委授予“湖南省高校先进科技工作者”称号；1992 年被授予“湖南省优秀科技工作者”称号。1994 年因病在长沙去世，享年 68 岁。

张式深教授：男，生于 1926 年 12 月，河北石家庄人。1952 年毕业于唐山铁道学院结构系，并留校担任桥隧系助教、讲师(1956 年始任)。1960 年调至长沙铁道学院工程系任教，分别于 1980 年、1988 年被评为副教授、教授。在近 40 年从教工作中，除完成本科及研究生的教学任务外，还主编了《铁路桥梁》中下部结构部分、*The Language of Building in English*，协编了《土力学地基基础》等教材；

主译了《土压力和挡土墙》(美, W. C. Huntingtun 主编)、协译了《基础工程手册》(美, Winterkorn H. F. 著)、《土与基础相互作用的弹性分析》(加, Selvadurai A. P. S. 著)等专著。发表了抗滑桩内力分析、土坡上地基极限荷载的虚功率解法、考虑土体的非线性力学特性确定地基的容许承载力等学术论文。1989 年 6 月退休, 2010 年 3 月 8 日因病在北京去世, 享年 84 岁。

华祖焜教授: 男, 生于 1931 年, 湖南省临澧县人。1950 年考入湖南大学土木系, 1953 年提前毕业并留校任中南土木建筑学院结构力学教研室助教。1955 年前往武汉长江大桥工程现场担任技术员, 参加中苏技术合作研究项目——管柱基础岩石地基的极限承载力, 1957 年返校担任桥梁教研室助教, 1959 年末担任长沙铁道学院筹建处基建技术负责工作。1972 年调到土力学基础工程教研室。1984—1986 年, 在美国加利福尼亚大学担任访问副教授, 参加美、华合作的项目——加筋土结构的离心模拟研究。1994 年调入土木工程中心实验室, 2000 年 4 月退休。享受政府特殊津贴。担任过: 土力学基础工程教研室主任、土木工程中心实验室主任、长沙铁道学院学术委员会委员、铁道部高等教育教学指导委员会委员、中国土力学及基础工程学会理事、中国土工合成材料工程学会理事、铁道部《地质路基》编委和顾问、国际土力学及基础工程学会委员。主持的“加筋土结构研究”“加筋土地基研究”先后获得湖南省科技进步二等奖、湖南省教委科技进步一等奖。多次出席国际学术会议并发表论文, 其中《作用于锚定板结构上的侧压力》于 1996 年刊于美国土木工程学报。编写《湖南省加筋土结构设计与施工暂行规程》, 主审《土力学》《岩土工程数值分析新方法》等教材。

刘宝琛教授: 男, 生于 1932 年, 辽宁省开源县人。现任中南大学土木工程学院教授、博导, 岩土工程专家, 中国随机介质理论奠基人及其应用的开拓者。1994 年当选为波兰科学院外籍院士, 1997 年当选为中国工程院院士。1962 年年初以优秀成绩在波兰科拉克夫矿冶大学取得技术科学博士学位。长期从事采矿工程及岩土工程研究, 致力于岩石流变学及岩石力学实验研究, 于 1978 年在国内首次获得岩石应力—应变全图, 提出了裂隙岩石通用力学模型; 形成了独树一帜的开采影响下地表移动及变形计算方法并开发了系列微机软件。发展创建时空统一随机介质理论, 将其应用于建筑物下、河下及铁路下开采地表保护工程, 打破了前苏联专家规定的太子河保安煤柱禁区, 采出煤上百万吨。又应用于铁矿、金矿及磷矿, 从“三下”采出大量矿石, 解决了北京地铁建设预疏水地表沉降预计问题, 获巨大经济效益。获国家科技进步三等奖 1 项, 省部级科技进步奖多项。2000 年被评为“全国先进工作者”。

王永和教授: 男, 1945 年生, 安徽合肥人。1969 年毕业于长沙铁道学院桥隧专业, 1978—1980 年在硕士研究生班学习岩土工程专业, 1984—1986 年在联邦德国铁路技术咨询公司(DEC)派驻巴格达专家组任顾问工程师, 1992—1993 年在美国 Pennsylvania State University 等高校学习研究。曾任长沙铁道学院副院长，中南大学铁道校区党工委书记，全国高等土木工程学科专业指导委员会第二、三届委员，中国交通教育研究会高教分会第四、五届常务理事，湖南省高教协会第四届常务理事，铁道部继续教育中南基地主任，长沙市天心区第二届人大代表，中南大学铁道科学技术研究院副院长，土木建筑学院教授委员会主任，《铁道科学与工程学报》《湖南工业大学学报》《现代大学教育》等刊物编委等。1992 年后指导硕士生 12 人。1996 年后指导博士生 19 人，博士后 5 人。长期从事岩土工程、道路与铁道工程、桥梁工程方面的教学、研究以及教育管理。主持或参加国家、省部级等研究课题 40 余项，在桩基础、新型支挡结构和高速铁路路基处理等方面做了大量研究工作。先后获得部、省级科技进步奖 9 项。1997 年和 2002 年先后获国家优秀教学成果二等奖和湖南省优秀教学成果一、二、三等奖各 1 项，主持的《土力学与基础工程》于 2006 年获评为湖南省精品课程，指导肖宏彬的学位论文于 2006 年被评为湖南省优秀博士学位论文。先后在国内外学术刊物上发表的论文中约 80 篇被 SCI、EI 检索，主编（审）著作或教材 7 部，参编 4 部。先后获"长沙市高校中青年教师奖励金""铁道部优秀教师""铁道部有突出贡献的中青年专家"等称号和"茅以升科技教育基金会教育教学专项奖"。1994 年起享受国务院特殊津贴。

王星华教授：男，1957 年生，1981 年底毕业于中南工业大学，分别于 1985、1995 年从中南工业大学获硕士、博士学位，1997 年从西南交通大学铁、公、水博士后流动站出站，1998 年 9 月聘为教授。现为中南大学土木工程学院教授、博导。同时兼任中国岩石力学与工程学会教育委员会委员，中国铁道学会铁道工程分会委员，湖南省岩石力学与工程学会理事，"铁道科学与工程学报"编委，《西部探矿工程》编委，《岩土工程学报》与《岩土力学》等专业学术刊物的技术审稿人，国家自然科学基金评审专家，科技部 863 项目评审专家，教育部博士点基金评审专家，美国宾州州立大学访问教授，鲁东大学兼职教授，福建工程学院客座教授。个人发表论文 231 篇，其中被三大检索收录 80 余篇，出版专著 4 部，教材 2 部，获国家级奖励 2 项，省部级奖励 10 余项，国家级教学成果奖 1 项，省部级教学成果奖 1 项，获国家发明专利 3 项，实用新型专利 1 项，主编工法 2 项。主持过国家 863 项目、国家自然科学基金项目等国家级项目 3 项，省部级项目 20 余项，其他项目 20 余项。指导研究生 52 人，其中 1 人为非洲留学生，毕业 42 人，指导博士 29 人，毕业 18 人，指导博士后 3 人，出站 2 人，指导高校优秀青年教师国内访问学者 1 人，

方理刚教授：男，1959 年 6 月生于浙江新昌，研究生学历，工学硕士学位，中南大学土木工程学院教授。担任中国岩石力学与工程学会地下工程学会常务理事，岩石力学与工程学报第六届编委，铁道科学与工程学报第一届副主编，享受

国务院特殊津贴专家。先后9次获得省部级科技进步奖，发明专利1项。曾任长沙矿冶研究院采矿与岩土工程研究所所长和中南大学土木建筑学院副院长等职务。主持的重要科研项目有：①973国家重点基础研究发展计划(973计划)项目重大工程灾变滑坡演化与控制的基础研究((2011CB710600))课题1——重大工程灾变滑坡区地质过程及孕灾模式(2011CB710601)负责人；②贵州省重大科技专项厦蓉线水都高速公路浅变质岩路堑边坡稳定性评价体系及辅助分析与设计系统研究黔科合重大专项字[2008]6013-01负责人；③贵州省交通厅课题——贵州煤系地层路基软化及稳定性研究负责人。主要研究领域：岩土路基与边坡稳定性；岩土材料本构关系及地基基础模型；基础水下探测与土木结构稳定性分析等。

张国祥教授：男，1962年生。1979年7月考入长沙铁道学院(现中南大学)土木工程系，1983年7月本科毕业，获得学士学位；同年继续攻读长沙铁道学院岩土工程专业硕士学位，1983年7月硕士研究生毕业，获得工学硕士学位；硕士毕业后进入石家庄铁道学院(现石家庄铁道大学)，1994年1月调回长沙铁道学院土木工程系；1996年在职攻读长沙铁道学院桥梁与隧道工程专业博士学位，1999年12月博士研究生毕业，获得工学博士学位；2005—2006年在瑞典皇家工学院做访问学者。工作以来，主要从事地基基础、路基工程和地下工程的教学、科研工作。1988年9月被评为讲师，1999年9月被评为副教授，2005年9月被评为教授，2006年7月被评为博士生导师。现为中南大学教授、博士生导师。至今主持省部级项目4项、横向项目10余项，主持和参加的科研项目通过省部级鉴定有10余项，开发的工程应用软件先后获省部级奖4项。在国内外重要刊物上发表学术论文100余篇，出版著作1部。

杨果林教授：男，湖南省桃江县人，1963年1月出生，中共党员，教授，工学博士、博士后，博士生导师。1985年7月毕业分配到原湘潭矿业学院工作。1985年7月—1990年10月在原湘潭矿业学院科研处工作。1990年10月—1992年9月在原湘潭矿业学院建筑工程系任教，兼工程结构实验室主任。1992年9月—1995年6月原长沙铁道学院“岩土工程”专业攻读硕士研究生，1995年6月毕业并获硕士学位。1995年6月—1998年9月在原湘潭工学院土木工程系任教，兼院中心实验室主任。1998年9月—2001年3月中南大学“道路与铁道工程”专业攻读博士研究生，2001年3月毕业并获博士学位。2001年6月—2003年11月，为湖南大学土木工程学院博士后，2003年11月博士后出站。2001年3月博士毕业后留中南大学任教，2005—2006年在湖南省高校重点实验室——中南大学土木工程安全科学实验室任常务副主任；1995年7月晋升为实验师；1996年7月转为讲师；1999年6月破格晋升为副教授；2001年6月破格晋升为教授；2001年起招收硕士研究生；2004年起招收博士研究生。现为中南大学土木工程学院三级教授，博士生导师，岩土工程系支部书记兼副系主任。到2012年底止，主持并完成国家自然科学基金，省、部级科技计划项目40多项；获得国家、省部级科技成果奖11项；获得并转让专利13项；出版专著6部、教材2部；在国内外权威刊物上发表学术论文150多篇，其中EI等收录30多篇；已指导毕业博士生、硕士生30多名；现指导在读博士生、硕士生20多名，获各类研究生教学成果奖、优秀学位论文奖7项。

张家生教授：男，生于1964年2月，湖南省溆浦县人。1983年阜新矿业学院采矿系本科毕业，获工学学士学位。1986年淮南矿业学院采矿系硕士研究生毕业，获工学硕士学位。1993年中南工业大学采矿系博士研究生毕业，获工学博士学位。1993—1999年在长沙矿冶研究院工作，先后任高级工程师(1995)、采矿与岩土工程研究所副所长(1995—1999)。1999年调入中南大学土木工程学院，先后任教授、博士生导师(2000)、岩土工程实验室主任(2002—2006)、土木工程学院副院长(2006—　)、高速铁路建造技术国家工程实验室副主任(2008—　)、重载铁路工程结构教育部重点实验室主任(2012—　)。同时还担任中国岩石力学与工程学会测试专业委员会副主任委员、湖南省土木建筑学会常务理事等学会职务。张家生教授一直致力于岩土力学、岩土边坡工程、隧道工程方面的教学与科研工作，先后培养毕业博士11名、硕士39人，主持或参加了国家科技攻关、国家自然科学基金以及湖南省杰出青年基金等重要科研项目30余项。获国家科技进步三等奖1项，省部级科技进步一等奖1项。出版专著1部，发表学术论文80余篇。

冷伍明教授：男，1964年生，1983年7月考入西南交通大学土木工程系，1987年7月本科毕业，获得学士学位；因本科阶段成绩优秀，同年被推荐免试攻读西南交通大学岩土工程专业硕士学位，1990年12月硕士研究生毕业，获得工学硕士学位；又因硕士研究生阶段成绩优秀，同年被推荐免试攻读西南交通大学桥梁与隧道工程专业博士学位，1993年12月博士研究生毕业，获得工学博士学位。博士毕业后进入长沙铁道学院(现中南大学)工作，主要从事地基基础、路基工程和地下工程的教学、科研工作。1995年9月被评为副教授，2001年9月被评为教授，2002年7月被评为博士生导师。现为中南大学教授、博士生导师，中南大学土木工程学院岩土工程系主任，湖南省岩石力学与工程学会理事，全国高等土木工程学科专业指导委员会第四届委员，中国铁道学会地质和路基工程专业委员会委员。《路基工程》《铁路地质与路基》《铁道建筑技术》学术期刊编委。至今发表学术论文100多篇，出版专著1部，参编教材和地方设计施工规范5部；主持完成国家和省部级科研项目30多项；获省部级科学技术进步奖5项，其中一等奖2项；迄今培养博士研究生10名、硕士研究生42人。先后获得中南大学优秀教师、教学质量优秀奖、教学成果奖。

魏丽敏教授：女，1965年生，1981年考入长沙铁道学院铁道工程专业，1986年毕业并获得学士学位，同年考入长沙铁道学院岩土工程专业攻读硕士研究生学位，1989年7月毕业、获得硕士学位并留校任教；在职攻读中南大学道路与铁道工程专业博士学位，于2005年获得工学博士学位。执教以来，主要从事土力学、地基基础、路基与支挡结构的教学与科研工作。于1997年9月评为副教授、硕士研究生指导教师；2007年9月评为教授，2008年评为博士生指导教师。于2003—2011年担任国际土工合成材料学会中国委员会理事。主要研究方向有：路基沉降规律及预测技术、桩基础工程、地基加固与处理、边坡工程等。先后主持省部级科研项目近20项。获省部级科学技术进步奖3项。主持的校级教改项目“《土力学与基础工程》精品课程建设”获得湖南省精品课程、中南大学精品课程。曾获中南大学青年教师讲课比赛“十佳讲课”、教学成果奖、教学质量优秀奖、师德先进个人等多项奖励和荣誉。先后指导博、硕士研究生40余人。在相关国内外发表学术论文70余篇，被EI、ISTP检索30余篇次；发表的教改论文获全国铁路优秀教育论文二等奖。主编、参编教材各1本，参编地方规范3部。

盛岱超教授：男，生于1965年，湖南省益阳人。1982年进入兰州大学学习，1986年获得理学学士学位后，进入瑞典吕勒奥理工大学学习，先后在该校获得硕士(1988)、副博士(Licentiate，1990)及博士学位(1994)。博士毕业后，于1994—1997年在瑞典吕勒奥理工大学担任研究员；1997—2012年在澳大利亚纽卡斯尔大学先后担任高级讲师(1997)、副教授(2001)、教授(2007)，并先后担任该校工学院副院长及研究中心副主任等科研管理职位，2010年担任澳大利亚岩土科学与工程国家中心副主任；2012年入选中组部“千人计划”特聘专家，于同年年底来中南大学土木工程学院工作。主要从事计算土力学、土的本构关系、环境岩土工程的教学与科研工作。现为中南大学教授、博士生导师，国际土协非饱和土研究会副主席，Canadian Geotechnical Journal副主编、Computational Mechanics编委。至今发表学术论文近200篇，论文被引用次数为全球岩土工程领域排名前三(50岁以下)；主持完成各国科研项目20余项；获加拿大岩土工程学会2008年度最佳论文奖(RM Quigley Award)等10余项国际奖项。

三、人才培养

岩土工程系教职工给博士、硕士研究生和本科生开设的主要课程有：土木工程导论(岩土工程)、土力学、基础工程、工程地质学、路基与支挡结构、地基加固与处理、岩土工程学、高等土力学、土动力学、高等基础工程学、岩土工程进展等。指导桥梁墩台基础工程、路基工程、边坡与支挡结构、地下工程、地基处理、基坑工程、不良土改良、滑坡治理和地下水防治等专业领域的本科毕业设计(论文)和硕士与博士研究生。2006年“土力学与基础工程”获得“湖南省精品课程”

称号，2007年工程地质实习基地获得“湖南省优秀实习基地”称号。

(一)本科教育

岩土工程学科开设的本科生课程见表2.4.3。

表2.4.3　现在职人员本科生授课情况表

课程名称	授课对象	主讲人
土木工程导论(岩土工程)	本科生	冷伍明、杨果林
土力学	本科生	张家生、冷伍明、陈晓斌、金亮星、郑国勇、聂如松、王晅、张国祥、阮波、杨果林、赵春彦、杨奇
土力学基本实验	本科生	张向京、彭意、周生跃、张佩知
基础工程	本科生	魏丽敏、方理刚、张国祥、何群、阮波、赵春彦、郑国勇、王晅、陈晓斌、金亮星、杨果林
基础工程课程设计	本科生	魏丽敏、方理刚、张国祥、何群、金亮星、赵春彦、郑国勇、陈晓斌、阮波
工程地质	本科生	肖武权、乔世范、王晅
工程地质实习	本科生	肖武权、乔世范、王晅、王星华
路基与支挡结构	本科生	杨果林、肖武权、乔世范、张国祥、林宇亮、赵春彦、陈晓斌
地基加固与处理	本科生	王星华、杨果林
岩土工程学	本科生	阮波、雷金山
桥梁墩台与基础	本科生	魏丽敏
工程地质与路基	本科生	王星华
毕业设计(论文)	本科生	全系教师

(二)研究生教育

本学科于1978年开始招收岩土工程专业硕士研究生。1981年，岩土工程学科获得我国首批硕士学位授予权，2000年获得博士学位授予权。

随着师资力量不断加强，招收规模也不断壮大，目前岩土工程学科博士生导师8名，硕士生导师17名。现每年招收硕士研究生30余名，博士生近10名。历年招生的博士、硕士情况分别见第四章第二节。

本学科在研究生培养方面取得了较好成绩，曾获得国家优秀博士学位论文1篇，湖南省优秀博士学位论文2篇，校级优秀博士学位论文4篇。湖南省和校级优秀硕士论文5篇。

岩土工程学科开设的研究生课程见表2.4.4。

表 2.4.4　现在职人员研究生授课情况表

课程名称	授课对象	主讲人
高等土力学	硕士生	冷伍明、魏丽敏、方理刚、张国祥、乔世范、张升、杨果林
土动力学	硕士生	方理刚
高等基础工程学	硕士生	魏丽敏
岩土工程数值分析	硕士生	张国祥、傅鹤林
地基基础相互作用理论	硕士生	金亮星
高等工程地质	硕士生	乔世范
高等地基处理与加固	硕士生	王星华
城市轨道交通工程	硕士生	王星华
三轴试验	硕士生	彭意、张向京、周生跃、张佩知
随机介质理论	博士生	张家生
岩土工程进展	博士生	杨果林、冷伍明、魏丽敏、张家生、张国祥
地基处理与加固	博士生	王星华
冻土的温度水分应力及其相互作用	博士生	王星华
冻融土中的热输送问题	博士生	王星华
冻土力学	博士生	王星华

(三)教学成果

岩土工程学科出版教材、承担的教改课题、教学成果获奖情况见表2.4.5～表2.4.7。

表 2.4.5　出版教材一览表(1977 年以后)

序号	教材名称	出版单位	出版时间	完成人	备注
1	地质路基	校内自用教材	1977	教研室	主编
2	土力学和基础工程上下册	中国铁道出版社	1980	张式深	主审
3	铁路桥梁上下册	中国铁道出版社	1980	张式深	参编
4	工民建专业英语	学校内部教材	1986	张式深	主编
5	土力学	中国铁道出版社	1990	华祖焜	主审

续表 2.4.5

序号	教材名称	出版单位	出版时间	完成人	备注
6	路基工程	中国铁道出版社	1992	顾琦、夏增明等	参编
7	工程地质	中国铁道出版社	1995	李家钰	主审
8	基础工程	西南交通大学出版社	1995	刘启凤	参编
9	继续教育科目指南丛书	中国人事出版社	2000	王永和	主编
10	岩石力学与工程	科学出版社	2002	王星华	参编
11	地基处理与加固	中南大学出版社	2002	王星华	主编
12	基础工程	中南大学出版社	2005	李亮、魏丽敏	主编
13	桥梁工程(施工)	中国建筑工业出版社	2005	王永和	主审
14	爆破工程	中国建筑工业出版社	2005	傅鹤林	主审
15	岩体力学	机械工业出版社	2008	张家生	主审
16	土力学实验	中南大学出版社	2009	阮波、张向京	主编
17	土力学	中国铁道出版社	2011	冷伍明	参编
18	土木工程导论	中南大学出版社	2013	冷伍明	参编

表 2.4.6　教学改革研究项目一览表

序号	项目名称	项目来源	起止时间	负责人	备注
1	铁路高等教育评估研究与实践	铁道部	1996—1999	王永和	主持
2	一般工科院校培养的人才素质要求与人才培养模式的研究与改革实践	国家教委	1996—1999	王永和	参与
3	铁路高等教育工程本科教育(一般院校)人才培养模式与素质要求的研究与改革实践	铁道部	1998—1999	王永和	参加
4	改革现有管理模式，加强研究生创新素质培养的研究	湖南省教委	2000	王星华	主持
5	普通高校成人教育创新教育模式的研究与实践	湖南省	2000—2004	王永和	主持
6	中国入世后高等教育国际合作发展模式的研究与实践	全国高教学会	2002—2005	王永和	主持

续表 2.4.6

序号	项目名称	项目来源	起止时间	负责人	备注
7	“土力学与基础工程”精品课程建设	湖南省	2006	何群、魏丽敏、王永和、冷伍明、方理刚	主持
8	“中南大学娄底工务段省级优秀工程地质实习基地”建设	湖南省	2006—2007	徐林荣、肖武权、乔世范、张家生	

表 2.4.7 教学研究成果获奖一览表

序号	项目名称	所获奖项	发证机关	时间	完成人	备注
1	新形势下成人高等教育教学管理的探索与实践	湖南省优秀教学成果三等奖	湖南省教育厅	1997	王永和等	
2	将教改成果固化到教学计划和人才培养中的探索与实践	中国高等教育研究会优秀论文二等奖	中国高教研究学会	2001	王永和	
3	将教改成果固化到教学计划和人才培养中的探索与实践	湖南省高校教学管理专业委员会优秀论文一等奖	湖南省高教管理委员会	1999	王永和	
4	普通高校一般院校创办一流教育的研究与实践	湖南省优秀教学成果一等奖	湖南省教育厅	2001	王永和等5人	
5	高等教育工程本科(一般院校)人才培养模式与素质要求的研究与改革实践	湖南省优秀教学成果二等奖	湖南省教育厅	2001	王永和等	
6	因材施教，培养工程应用研究与开发型优秀人才	湖南省高等教育优秀教学成果三等奖	湖南省教育厅	2001	雷金山	
7	普通高校一般院校创办一流教育的研究与实践	国家优秀教学成果二等奖	教育部：教高[2002]5号	2002	王永和等5人	
8	对本科教学随机性水平评价工作的认识与实践	全国铁路教育系统优秀论文一等奖	中国铁道学会教委	2003	王永和等3人	

续表 2.4.7

序号	获奖名称	发证机关	时间	完成人	备注
9	《岩石力学与工程》教材	国家教学成果二等奖	教育部 北京市	2005 2004	王星华等
10	基础工程课程设计的改革探索	全国铁路优秀教育论文二等奖	中国铁道学会教育委员会	2005	魏丽敏、何群、王永和
11	土力学与基础工程	湖南省精品课程	湖南省教育厅	2006	王永和、魏丽敏、何群、冷伍明、方理刚
12	工程地质实习基地	湖南省优秀实习基地	湖南省教育厅	2007	徐林荣、肖武权、乔世范
13	土建类创新型本科专业人才培养体系的研究与实践	湖南省教学成果二等奖	湖南省教育厅	2009	张家生

(四)人才培养实验条件建设

19 世纪 50 年代初成立土力学教研室的同时，土力学实验室组建，后不久又增设了地质实验室。承担着全校相关专业的土力学和工程地质教学实验工作。至 2000 年，土力学实验室更名为“岩土工程实验室”。特别是近十年，岩土工程实验室依托学校三个国家级重点学科(岩土工程、道路与铁道工程、桥梁与隧道工程)，以及“高速铁路建造技术国家工程实验室”“重载铁路工程结构教育部重点实验室”“轨道交通安全教育部重点实验室”和“土木工程安全科学湖南省高校重点实验室”，在这些国家和省部级重点实验室和学校 985、211 工程立项建设中，岩土工程试验设备和条件得到了前所未有的加强，为本学科的科研实验和人才培养提供了坚实支撑。

除了拥有齐全的常规岩土力学实验设备外，还购置和研制了一些大型实验装置，在人才培养方面发挥了不可或缺的重要作用，主要包括：

LG100D 液塑限联合测定仪 15 台套、GJ－2 低压固结仪 16 台套、SDJ－1A 电动直剪仪 16 台套和 TSZ－1 三轴剪力仪 7 台套：主要用于本科生和研究生的教学和研究性实验。

DDS-70 微机控制动三轴试验系统：主要用于细粒土的动强度试验、动弹模和阻尼比试验、疲劳试验及砂土液化试验。

GDS 全自动三轴及非饱和土试验系统：主要用于细颗粒土的标准三轴试验、非饱和土强度试验、渗透试验和应力路径试验。

SZ304 型粗粒土三轴剪切试验系统：主要用于粗颗粒土的三轴试验、蠕变试验、加筋土强度试验。

TAW-800 大型直接剪切试验系统：主要用于粗粒土直剪试验、土与结构物的剪切试验和加筋土力学参数试验。

TAW-3000 电液伺服岩石三轴试验系统：主要用于岩石的单轴抗压强度试验、弹性模量和泊松比试验、三轴抗剪强度试验及蠕变试验。

TAJ-2000 大型动静三轴试验系统：主要用于粗粒土动强度试验、粗粒土动弹模和阻尼比试验、蠕变试验及加筋土动力特性试验。

TGJ-500 微机控制电液式粗粒土工固结试验系统：主要用于粗粒土的压缩试验、固结试验和蠕变试验。

轨道—路基足尺动力模型试验系统：可模拟不同轴重、不同速度和多个列车轮对同时作用下有砟和无砟铁路路基动力试验，模型比例可达 1∶1。

深基础与上部共同作用大型模型试验槽：模型槽宽 5 米、长 6 米、深 12 米(扩展深度 24 米)，可安置大比例深基础与上部结构共同作用试验模型。

4 联振动台实验系统：由四个可移动间距的 4 米×4 米振动台组成，每个振动台为 6 自由度，可以承担路基、边坡和地基基础等地震模拟试验。

四、科学研究

(一)主要研究方向

经过 50 多年的建设与发展，岩土工程学科在国内具有一定的优势，在刘宝琛院士带领下，部分研究领域在国内还享有较高的声誉，特别是随机介质理论在岩土及地下工程中的应用，解决了建筑物下、河下及铁路下各种开挖工程的安全问题，在国内外岩土工程界有着较高的声誉。本学科点已经形成了“路基工程静动力特性及变形控制研究”“软弱土加固与地下水防治技术”“边坡工程与加固技术”“地基基础动力特性和沉降控制技术”及“特殊路基与新型支挡结构工程”5 个稳定的具有明显特色和优势的研究方向。

1. 高速和重载铁路路基工程静动力性能与关键技术

本方向结合国家 863、自然科学基金和省部级重要项目，依托国家高速和重载铁路建设和提速重大需求，对铁路路基模型试验技术、填料静动力性能、路基结构动力学计算理论、过渡段设置方法、沉降控制技术、路基状态评估和加固技术持续开展了研究，创建了车—轨—路—地结构系统时空耦合模型，提出了轨下结构层的耦合计算方法和基于过渡段刚度匹配的计算优化方法，自主研发了路基变形监测评估系统，完善和发展了重载列车运行条件下铁路路基静动力性能试验、快速检测和强化分析理论和设计方法，为高速和重载铁路建设提供重要技术支撑。

2. 边坡工程与加固技术

本方向先后主持并完成了国家“七五”“八五”攻关课题和973项目。深入研究了岩石边坡的破坏机制及判据、边坡的加固机理及技术、边坡稳定性分析新方法等重要问题，提出了岩土极限分析非线性分析方法，建立了利用塑性区滑移线划分单元的运动单元法理论和数值分析技术，开发了多种新型加筋土结构，研究成果在铁路、公路、水利、矿山等多项复杂边坡工程中得到成功应用。

3. 软弱土加固与地下水防治技术

本方向重点对饱和沙土的动力学特性、高原多年冻土的保护方法、岩溶地层的处理方法、高原地区季节性冻土的保护方法、加速淤泥质土固结的方法以及山岭隧道和海底隧道的防治水技术进行研究，研究各种基础（特别是桩基础）在这些软弱土地基中与土的相互关系及其变形控制的措施，为国家相关的重点工程建设提供技术支撑。

4. 地基基础动力特性和沉降控制技术

快速和重大交通工程对桥梁地基基础提出了不少新的或更加严格的要求，本方向针对我国交通建设中特别是高速铁路桥梁上部结构与基础相互作用的关键技术问题，重点对高速列车荷载作用下桥墩—桩基—地基体系动力响应性状、高速铁路墩台基础沉降控制技术和设计理论、复杂条件下土工结构探测和评价技术等问题开展了系统深入的研究工作，为快速和重大交通工程地基基础工程设计、运行安全评估提供了理论基础和技术支撑。

5. 特殊土路基与新型支挡结构工程

随着高速公路、高速铁路和山区机场建设的发展，遇到越来越多的特殊土，如高填方不良级配土石料、膨胀土、红黏土、红砂岩、软岩、全风化花岗、多年冻土、泥石流、煤矸石等，本方向对非饱和颗粒介质本构理论和上述特殊土开展了系统深入的处治技术理论与工程应用研究。为解决复杂地质条件下艰险山区高陡边坡的支挡问题，开展了复合新型支挡结构的理论分析、设计计算方法、动力特性、工程抗震等研究，研究成果在二十多条高速公路、高速铁路工程上得到推广应用。

(二)科研项目

表 2.4.8 主要科研项目一览表(1990 年以来)

序号	项目名称	项目来源	起止时间	负责人
1	山区支线机场高填方变形和稳定控制关键基础问题研究——不良级配土石混合料及特殊土的本构关系(2014CB047001)	973 计划课题	2014—2018	盛岱超
2	重大工程灾变滑坡区地质过程及孕灾模式(2011CB710601)	973 计划课题	2011—2015	方理刚
3	重载铁路桥梁和路基检测与强化技术研究(2009AA11Z10)——路基检测与强化技术试验	863 计划专题	2009—2011	冷伍明
4	高速列车荷载作用下路堤填料(粗粒土)疲劳损伤——蠕变变形耦合分析(51378514)	国家自然科学基金项目	2014—2017	张家生
5	重载铁路桥梁和路基检测与强化技术——路基状态评估系统研究(2009AA11Z10)	863 计划专题	2009—2011	乔世范
6	地下工程承压地下水的控制与防治技术研究(2007AA11Z134)	863 计划项目	2007—2010	王星华
7	勘探新技术——几种原位测试技术机理研究	国家自然科学基金项目	1989—1992	陈映南 姜前
8	加筋土结构基本性状研究	国家自然科学基金项目	1991—1993	华祖焜 王永和
9	振动注浆技术机理的应用研究(59979001)	国家自然科学基金项目	1999—2002	王星华
10	振动注浆技术机理的应用研究(59979001)	国家自然科学基金项目	1999—2002	王星华 王永和
11	高速交通荷载作用下桥墩—桩基—地基体系动力响应性状研究(50678175)	国家自然科学基金项目	2007—2009	冷伍明
12	高速铁路无砟轨道高密集度过渡段路基的动力特性与变形控制研究(50678177)	国家自然科学基金项目	2007—2009	王永和
13	客运专线无砟轨道红黏土地基变形特性与动力稳定性研究(50778180)	国家自然科学基金项目	2008—2010	杨果林
14	时空统一随机介质变形破坏判据及其在环境岩土工程中的应用基础研究(50708116)	国家自然科学基金项目	2008—2010	乔世范

续表 2.4.8

序号	项目名称	项目来源	起止时间	负责人
15	碎石土路堤填料蠕变核函数基础理论研究(50908233)	国家自然科学基金项目	2009—2012	陈晓斌
16	高速铁路路基长期动力稳定性评价方法研究(51278499)	国家自然科学基金项目	2012—2015	杨果林
17	高速铁路墩台群桩基础负摩阻力及沉降特性研究(51108464)	国家自然科学基金项目	2012—2014	聂如松
18	高速铁路桥梁桩基工后沉降机理与预估方法研究(51208518)	国家自然科学基金项目	2013—2015	杨奇
19	基于大变形理论的岩土材料热—力本构特性的研究(51208519)	国家自然科学基金项目	2013—2015	张升
20	加筋土地基研究	湖南省建委项目	1991—1993	王永和
21	既有线上不明桥梁墩台基础的探测以及状态评定技术研究(94G03)	铁道部科技司	1991—1997	王永和
22	黏土固化浆液固结机理的研究	人事部 博士后基金	1996—1997	王星华
23	芜湖长江大桥北岸引桥深厚淤泥层“软土对桩基产生负摩擦力影响的研究”(96G35—Q02)	铁道部科技司	1996—1998	王永和
24	浅基础极限承载力及稳定性的可靠性设计研究(铁建技字[97]第13号)	铁道部项目	1997—1999	冷伍明
25	高速铁路深层软土地基上桥梁基础合理形式及设计研究(97G04)	铁道部项目	1997—1998	冷伍明
26	沉管隧道竖井结构及稳定性研究(97G10)	铁道部项目	1997—1998	冷伍明
27	深基坑失稳定时预报理论与方法的研究	湖南省科委	1998—2000	王星华
28	秦沈客运专线桥涵与路基过渡段设计及施工工艺试验研究	铁道部项目	1999—2000	王永和
29	加筋土结构动力特性研究(J98297)	铁道部科技专项经费资助项目	1998—2000	王永和
30	膨胀土处理方法研究(J2000Z035)	铁道部基金	1999—2001	王星华
31	利用土工布稳定滨湖地区铁路路堤的实验研究(人事司[1999]24号)	铁道部专家科研活动小额资助项目	1999—2001	王永和
32	桥涵基础工后沉降试验研究(99G19)	铁道部项目	1999—2003	魏丽敏
33	秦沈客运专线综合试验科技攻关项目——桥涵基础工后沉降的试验研究(2000G48-E-A)	铁道部项目	2000—2006	冷伍明

续表 2.4.8

序号	项目名称	项目来源	起止时间	负责人
34	改革现有管理模式，加强研究生创新素质培养的研究(9911)	湖南省教委	2000.1—2000.12	王星华
35	洞庭湖区堤坝砂土地基动力学特性研究(00ssy2014)	湖南省科委	2000—2002	王星华
36	秦沈客运专线桥涵与路基过渡段	铁道部科技司	2000—2004	王永和
37	秦沈客运专线路桥过渡段试验研究	铁道部科技攻关项目	2000—2003	杨果林
38	青藏铁路试验工程昆仑山和风火山隧道关键技术的研究(隧道防排水技术试验研究)(2001G001 - E - 03)	铁道部重点	2001—2004	王星华
39	青藏铁路试验工程融区和多年冻土过渡段路桥涵关键技术研究(沱沱河拼装式涵洞应用试验研究)(2001G001 - C - 06)	铁道部重点	2001—2003	王星华
40	涵洞洞顶不同填土厚度试验	铁道部项目	2001—2005	张国祥
41	加筋土路堤非线性有限元研究与计算	交通部西部开发项目	2002—2003	冷伍明
42	石质路堑边坡喷砼植草实验研究	湖南省科技厅	2002—2004	王星华
43	膨胀土地区公路修筑成套技术研究(20023180015)	国家西部建设“十五”规划重大项目	2002—2005	王永和
44	西部地区膨胀土公路修筑成套技术研究	交通部	2002—2005	杨果林
45	软土地基路桥设计参数科研攻关课题——单桩轴向动载试验研究(软试部2003合桥字04号，2003K002 - B - 4)	铁道部	2003—2004	冷伍明
46	高速铁路墩台基础工后沉降计算方法和工程措施的研究(2003G005)	铁道部重点课题	2003—2005	冷伍明
47	长衡客运专线软质岩块填筑路基的室内实验研究(2003G019)	铁道部科技司	2003—2004	王永和
48	协调薄板弯曲单元构造理论及应用	湖南省自然基金项目	2003—2006	张国祥
49	路基沉降及其对路面的影响研究(200314)	湖南省交通科技项目	2003—2012	张家生
50	长、大直径桩—土—承台—桥墩共同作用机理研究，No. 04SK2008	湖南省科技厅重点	2004—2006	王星华

续表 2.4.8

序号	项目名称	项目来源	起止时间	负责人
51	路桥过渡段的动力特性研究(20030533043)	博士学科点专项科研基金	2004—2006	王永和
52	水对膨胀土路基损害作用机理模型试验研究	湖南省自然科学基金项目	2004—2006	杨果林
53	武广客运专线线下工程变形监测方案及典型区段试验研究——墩台基础变形测试方法与试验(2005K002－A－1)	铁道部重大课题	2005—2010	冷伍明
54	武广客运专线软岩改良土填筑路基成套技术试验研究(2005K002－B－1)	铁道部	2005—2009	王永和
55	无砟轨道过渡段路基变形控制技术及施工工艺试验研究(2005 K002－B－3)	铁道部	2005—2009	王永和
56	武广客运专线花岗岩全风化层改良土及路堑工程特性试验研究(2005K002－B－4)	铁道部	2005—2009	王永和
57	武广高速铁路无砟轨道路基沉降规律及测量技术研究(2005K002－B－6)	铁道部	2005—2008	魏丽敏
58	武广客运专线线下工程变形监测方案及典型区段试验研究(2005K002－A－1)路基分题	铁道部	2005—2009	魏丽敏
59	武广客运专线灰岩残积层红黏土地基变形特性与路堑边坡稳定性研究(2005K002－B－2－1)	铁道部	2005—2008	杨果林
60	温福线软土地基桥台施工测试监控研究	铁道部	2006—2008	冷伍明
61	膨胀土路基水损害防治措施研究	交通部西部交通建设科技项目	2007—2008	杨果林
62	贵州省交通厅课题——贵州煤系地层路基软化及稳定性研究	贵州省交通厅	2007—2011	方理刚
63	粗粒土蠕变核函数应用研究(20080440996)	中国博士后科学基金	2008—2010	陈晓斌
64	高速公路浅编制沿路基与边坡稳定性研究(20063188023703)	交通部西部课题	2008—2012	方理刚
65	贵州省重大科技专项厦蓉线水都高速公路浅变质岩路堑边坡稳定性评价体系及辅助分析与设计系统研究(黔科合重大专项字[2008]6013—01)	贵州省科技厅	2008—2012	方理刚
66	高速铁路土建工程技术体系集成研究(2008G031－1)	铁道部重大课题	2008—2010	冷伍明

续表 2.4.8

序号	项目名称	项目来源	起止时间	负责人
67	高速公路与下伏采空区相互作用机理及工程安全评价研究(20080430690)	中国博士后科学基金	2008—2009	乔世范
68	随机介质变形破坏判据及其在高速公路路基稳定性评价中的应用研究(200801206)	中国博士后科学基金特别资助	2008—2009	乔世范
69	寒区客运专线路基及涵洞防冻胀技术研究(2006G011 - B - 3)	铁道部重点	2008—2010	王星华
70	京沪高速铁路桥涵工后沉降变形控制技术研究(2008 - ZJKJ - 02 - E)	铁道部	2008—2011	王星华
71	高速铁路深厚软土、松软土路基和桥梁基础沉降分析、监测和评估技术试验(2008G031 - B)	铁道部	2008—2012	魏丽敏
72	铁路路基工程抗震设计标准与方法研究(2008G010 - A - 4)	铁道部科技研究开发计划项目	2008—2009	杨果林
73	高陡边坡典型支挡结构抗震性能试验研究(2008G028 - D - 1)	铁道部科技研究开发计划项目	2008—2010	杨果林
74	高速铁路工程结构动力学及关键技术(2008G031 - 17)	铁道部专项课题	2008—2010	张家生
75	新建贵广铁路隧道超前预报	横向	2009—2014	张家生
76	京沪高速铁路深厚软土地段桥梁基础沉降监测及试验研究(2008G031 - B)	铁道部重大课题	2009—2011	冷伍明
77	超浅埋偏压暗挖隧道设计及施工技术研究(2009G009 - C)	铁道部课题	2009—2011	冷伍明 阳军生
78	杭甬铁路客运专线深厚软土区段施工新工艺研究(2009G008 - B)	铁道部	2009—2011	魏丽敏
79	山区公路设计与施工技术研究	交通部西部课题	2010—2012	方理刚
80	艰险困难山区高速铁路路基关键技术研究——山区高边坡稳定性评价方法及工程措施研究(2010G018 - B - 1)	铁道部重点课题	2010—2012	冷伍明
81	岩土构筑物抗震动力特性研究(编号CX2010B049)	湖南省研究生科研创新项目	2010—2011	林宇亮
82	高速铁路基础理论及综合技术研究——艰险山区高速铁路线下工程变形远程自动化综合监测系统研究(2010G018 - E - 3)	铁道部	2010—2013	魏丽敏

续表 2.4.8

序号	项目名称	项目来源	起止时间	负责人
83	新线建设关键技术研究——云桂铁路膨胀土岩溶地段关键技术研究(2010G016-B-1)	铁道部科技研究开发计划项目	2010—2012	杨果林
84	路基状况模拟试验及路基病害对路面使用性能的影响研究(2011 318824350)	交通部重大科技专项子题	2011—2014	聂如松
85	高速铁路路基结构维护整治技术研究——高速铁路路基病害分析与计算(2012G012-A)	铁道部重大课题	2012—2014	冷伍明
86	挡墙后黏性土地震动土压力非线性分布的通用解答(2012M511760)	中国博士后科学基金面上项目	2012—2013	林宇亮
87	城市地下空间综合规划与利用研究(2012-R2-28)	住房和城乡建设部	2012—2014	王星华
88	挡墙地震动土压力非线性分布的分析方法研究(编号 13JJ4017)	湖南省自然科学基金青年项目	2013—2015	林宇亮
89	复杂地质条件下建筑物及河道下盾构施工的岩土环境效应及风险控制技术研究(2013SK3075)	湖南省科技厅社会发展支撑计划	2013—2014	乔世范
90	非饱和土动力响应特征理论研究(20120162110023)	教育部博士点博导类基金	2013—2015	王星华
91	桩—土接触面特性对高速铁路桥梁桩基工后沉降影响研究(2013RS4030)	湖南省博士后科研资助专项	2013—2014	杨奇

(三)科研奖励

1978 年以来本学科教师主要科研奖励见表 2.4.9。

表 2.4.9　主要科研奖励一览表(1978 年以来)

获奖人	项目名称	获奖名称与等级	时间
熊剑、华祖焜、王永和	锚固桩试验	全国科学大会奖	1978(参加)
陈映南、夏增明、楚华栋等	地基土几种原位测试技术研究	国家科技进步三等奖	1990(参加)
张家生	高陡边坡工程与计算机管理技术研究	国家科技进步三等奖	2000
刘宝琛等	建筑物下及河下采煤地表移动规律及建筑物保护加固研究	冶金部科学大会奖	1977

续表 2.4.9

获奖人	项目名称	获奖名称与等级	时间
刘宝琛等	建筑物下及河下采煤地表移动规律及建筑物保护加固研究	湖南省科学大会奖	1978
熊剑、华祖焜、王永和	锚定式支挡建筑物——锚固桩	湖南省科学大会奖	1978(主持)
华祖焜等	旱桥锚定板桥台设计原则	铁道部科技成果四等奖	1986(参加)
张俊高等	大瑶山长大铁路隧道修建新技术	铁道部科技进步特等奖	1989(参加)
陈映南、夏增明、楚华栋等	地基土几种原位测试技术研究	铁道部科技进步一等奖	1989(参加)
顾琦、曾阳生等	重载铁路基本技术条件	铁道部科技进步三等奖	1989(参加)
刘宝琛等	本溪水泥厂在采煤区地表建设大型架空索道研究	辽宁省科技进步一等奖	1992
华祖焜、王永和等	加筋土结构研究	湖南省科技进步二等奖	1993(主持)
陈映南等	成层土原位测试技术机理与应用研究	湖南省科技进步二等奖	1994(主持)
傅鹤林	块石砂浆胶结充填技术研究	中国有色总公司科技进步一等奖	1994(参加)
王星华	地下水防治技术——江西铜业公司城门山铜硫矿湖泥注浆技术研究	中国有色金属工业总公司科技进步奖三等奖	1994
华祖焜、魏丽敏、王永和等	加筋土地基研究	湖南省教委科技进步一等奖	1995(主持)
刘宝琛等	西藏罗布莎铬铁矿露天边坡稳定性研究	西藏自治区科技进步二等奖	1995
张国祥	铁路支挡建筑交互式辅助设计系统	山东省优秀成果三等奖	1998
王星华	黏土固化浆液在地下工程中的应用	湖南省科技进步奖三等奖	2001
冷伍明、何群	浅基础极限承载力及稳定性的可靠性设计研究	湖南省科技进步三等奖	2003
王星华	铁路岩溶路基水平帷幕注浆加固试验研究	湖南省科技进步三等奖	2004

续表 2.4.9

获奖人	项目名称	获奖名称与等级	时间
王星华	黏土固化浆液固化剂	中国有色金属工业科学技术进步三等奖	2004
王星华	南京地铁软流塑地层浅埋暗挖隧道和大跨度浅埋暗挖隧道群穿越旧建筑物施工技术	江苏省科技进步二等奖	2004
杨果林、王永和	潭邵高速公路膨胀土改良技术研究	湖南省科技进步三等奖	2004
冷伍明、魏丽敏	公路路基基底承载力研究	中国公路学会科学技术奖三等奖	2005
杨果林、王永和等	加筋土结构分析理论及工程应用新技术研究	湖南省科技进步三等奖	2006(主持)
杨果林、王永和等	湖南省膨胀土地区公路路基处治技术研究	中国公路学会科学技术一等奖	2006(参加)
杨果林、王永和等	膨胀土地区公路路基与构造物地基处治技术研究	湖南省科技进步三等奖	2006(参加)
杨果林	膨胀土处治理论与工程应用新技术研究	湖南省科学技术进步奖三等奖	2006
方理刚	水平层状围岩高速公路隧道结构力学行为分析与施工控制技术研究	湖南省科技进步 3 等获奖	2007
王星华	青藏铁路多年冻土工程技术	中国铁道学会铁路重大科技成果特等奖	2007
王星华	青藏铁路多年冻土隧道关键技术	中国铁道学会铁路重大科技成果二等奖	2007
雷金山	山区高速公路高陡边坡稳固及生态再造综合技术研究	湖南省科技进步三等奖	2008
冷伍明	山区公路路基轻型支护技术研究	湖南省科技进步三等奖	2008
王星华	广西金属矿产资源综合利用与矿业可持续发展	广西第十次社会科学优秀成果奖二等奖	2008
杨果林	公路边坡失稳分析及处治技术研究	中国公路学会科技进步一等奖	2009
王星华	金属矿山环境与灾害信息提取技术及预警系统	中国有色金属工业协会二等奖	2010

续表 2.4.9

获奖人	项目名称	获奖名称与等级	时间
王星华	特殊土地层的地下水处治技术研究	湖南省科技进步二等奖	2010
王星华	大新县大新铅锌矿地质环境调查及污染规律研究	中国有色金属工业协会科学技术三等奖	2010
冷伍明	南方山区高速公路路基修筑支撑技术研究及应用	湖南省科技进步一等奖	2011
王永和等	武广高速铁路无砟轨道路基关键技术研究	中国铁道学会科学技术二等奖	2011(参加)
王永和、何群、杨果林、冷伍明、魏丽敏	高速铁路过渡段路基关键技术研究与应用	湖南省科技进步一等奖	2012(主持)
陈晓斌	城市地下空间结构耐久性评估及剩余寿命预测技术研究	广东省科技进步二等奖	2012

(四)专利与软件著作权

[1] 王星华, 涂鹏. 一种隧道注浆效果检测的方法. 中国, ZL200910303527.0.

[2] 王星华, 王曰国, 黄勤灿, 雷鸣, 等. 渗透系数测定仪. 中国, ZL2005100313172.

[3] 王星华, 高渠清. 黏土固化浆液固化剂. 中国, 96117823.X.

[4] 王星华, 涂鹏. 一种保持试验土体饱和度恒定的装置. 中国, 201210447755.7.

[5] 王星华, 涂鹏. 一种保持试验土体饱和度恒定的方法. 中国, 201210447782.4.

[6] 王星华, 涂鹏. 一种测试注浆浆液结石体使用寿命的方法. 中国, 201210135685.1.

[7] 王星华, 涂鹏. 一种测试注浆浆液结石体使用寿命的装置. 中国, 201210135682.8.

[8] 王星华, 涂鹏. 一种注浆结石体使用寿命测试仪. 中国, 2009103035285.

[9] 王星华, 涂鹏. 一种地表注浆效果检测的方法. 中国, 2009103035266.

[10] 陈晓斌, 张家生, 王晅. 大型三轴流变试验仪压力提供装置. 中国, CN200820053223.4.

[11] 陈晓斌, 张家生, 张佩知. 粗粒土大型直剪实验土样装卸辅助结构. 中国, CN201220180725.X.

[12] 杨果林. 钢筋混凝土网格式挡土墙. 中国, ZL97238922.9.

[13] 杨果林，林小松. 钢纤维高强混凝土及其制作方法. 中国，ZL 02114053.7.

[14] 杨果林，林小松. 配冷轧带肋钢筋的钢纤维高强砼井盖. 中国，ZL 02223861.1.

[15] 杨果林，等. 短时动三轴试验测定体积动剪应变门槛的方法. 中国，201010520167.

[16] 郭建湖，杨果林，刘晓红，周飞，赵勇，詹志雄，邬强，匡晋平，王翱. 疲劳动三轴试验测定控制动剪应变的方法. 中国，201010520219.

[17] 郭建湖，杨果林，邬强，刘晓红，赵勇，周飞，陈占，刘庆辉，朱明杰，李海斌. 高速铁路红黏土路堑基床结构. 中国，201010516065.

[18] 于洋生，杨果林，徐云涛，刘泽，张荣福. 一种复合支挡结构. 中国，ZL201220261502.6.

[19] 翁辉，刘泽，陈航，杨果林，董熙强. 一种钢筋面板土工格栅加筋土挡墙. 中国，ZL201220263021.9.

[20] 凌永茂，林宇亮，彭立，刘湘远，杨果林，黄向京，赖咸根. 一种钢筋网面挡墙的复合防护结构. 中国，ZL201220654290.8.

[21] 刘湘远，林宇亮，彭立，凌永茂，杨果林，黄向京，赖咸根. 一种检测建筑筋材界面摩擦特性的拉拔试验装置. 中国，ZL201220655291.4.

(五)学术专著、参编建筑法规和代表性论文

1997 年以来，出版学术专著 21 部，参编法规 3 部。

1. 主要学术专著

[1] 王永和参编. 一般工科院校人才培养模式探索目标. KAQ. 长沙：中南工业大学出版社，1997.

[2] 王星华. 黏土固化浆液在地下工程中的应用. 北京：中国铁道出版社，1998.

[3] 王永和参编. 现代科技综述大辞典. 北京：北京出版社，1998.

[4] 冷伍明. 基础工程可靠度分析与设计理论. 长沙：中南大学出版社，2000.

[5] 王永和等副主编. 继续教育科目指南丛书. 北京：中国人事出版社，2000.

[6] 张国祥，刘宝琛. 潜在滑移面理论及其在边坡分析中的应用. 长沙：中南大学出版社，2000.

[7] 杨果林，肖宏彬著. 王永和主审. 现代加筋土挡土结构. 北京：煤炭工业出版社，2002.

[8] 林小松，杨果林著. 钢纤维高强与超高强混凝土. 北京：科学出版社出版，2002.

[9] 刘宝琛，张家生，廖国华. 随机介质理论在矿业工程中的应用. 长沙：湖

南科学技术出版社, 2004.

[10] 王永和参编. 21 世纪高等教育改革与发展. 武汉: 武汉理工大学出版社, 2005.

[11] 王星华, 江亦元, 汤国璋, 滕冲, 金守华. 高原多年冻土隧道工程研究. 北京: 中国铁道出版社, 2007.

[12] Wang Xinghua(王星华). Proceeding of GEO-Changsha 2007 an international conference on geotechnical engineering, Singapore, CI-Premier PTE LTD, 2007 ISBN: 978-981-05-7591-5.

[13] 王星华, 周海林, 杨秀竹, 王建. 振动注浆原理及其理论基础. 北京: 中国铁道出版社, 2007.

[14] 杨果林, 彭立, 黄向京著. 加筋土分析理论与工程应用新技术. 北京: 中国铁道出版社, 2007.

[15] 杨果林, 刘义虎, 黄向京. 膨胀土处治新技术与工程实践. 北京: 人民交通出版社, 2008.

[16] 丁加明, 丁力行著. 王永和主审. 膨胀土路基的气候性灾害. 北京: 人民交通出版社, 2009.

[17] 杨果林, 刘晓红. 高速铁路无砟轨道红黏土地基沉降控制与动力稳定性. 北京: 中国铁道出版社出版, 2011.

[18] 王星华, 涂鹏, 周书明, 龙援青, 汪建刚. 地下工程承压地下水的控制与防治技术研究. 北京: 中国铁道出版社, 2012.

[19] 唐孟雄, 陈晓斌. 城市地下混凝土结构耐久性研究及技术应用. 北京: 中国建筑工业出版社, 2012.

[20] 李献民主编. 王永和主审. 公路膨胀土加筋设计与施工新技术. 北京: 中国建筑工业出版社, 2012.

[21] 杨果林, 沈坚, 陈建荣, 杨啸. 柔性生态型加筋土结构及示范工程. 北京: 科学出版社, 2013.

2. 参编建筑法规

[1] 王永和, 华祖焜, 胡国兴, 刘启凤, 孙渝文, 蒋崇伦, 李宁军, 魏丽敏. 湖南省加筋土支挡结构设计/施工规程 DBJ43/T001—1993. 长沙: 国防科技大学出版社, 1994.

[2] 冷伍明, 张国祥, 王永和, 何群, 魏丽敏(参编). 长沙市挡土墙及基坑支护工程设计、施工与验收规程 DB43/009—1999. 长沙: 湖南科学技术出版社, 2000.

[3] 魏丽敏, 熊剑, 冷伍明, 何群(参编). 长沙市地基基础设计与施工规定 DB43/010—1999. 长沙: 湖南科学技术出版社, 2000.

3.代表性论文

从1962年至今统计，本学科教师发表科研论文共1500余篇，其中被SCI、ISTP、EI及以上收录的论文500余篇、教改论文70余篇，投稿期刊达50余种。本学科教师代表作如下：

[1] Liu Baoshen(刘宝琛). Application of the theory of stochastic media of the determination of the profile of the subsidence through on ground surface due to the exploitation of an inclined deposit. Bull. Pol. Acad. Sci., 1961, 9(9): 541-546.

[2] Liu Baoshen(刘宝琛). Motion of rock masses due to advancing exploitation butt in the light of the theory of stochastic media. Bull. Pol. Acad. Sci., 1962, 10(4): 243-252.

[3] 华祖焜. 锚定板结构的位移分析. 长沙铁道学院学报, 1979: 51-60.

[4] 张式深. 抗滑桩内力分析. 长沙铁道学院学报, 1979: 30-38.

[5] 华祖焜, 罗国武. 锚定板挡土结构设计中的墙背土压力问题——锚定板结构墙背土压力与锚定板尺寸的关系. 路基工程, 1981: 65-69.

[6] 张式深. 土坡上地基极限荷载的虚功率解法. 铁道标准设计通讯, 1981: 6-11.

[7] 曾阳生, 顾琦, 何玉珮. 原状超固结黏性土在列车荷载下的性状. 长沙铁道学院学报, 1986, 4(4): 1-7.

[8] 刘杰平, 熊剑. 受水平力作用的桩的极限状态分析. 长沙铁道学院学报, 1987, 5(2): 57-66.

[9] 姜前, 陈映南, 蒋崇伦. 旁压土体应力路线及其非线性分析. 长沙铁道学院学报, 1988, 6(2): 1-8.

[10] 张式深, 龚茂波. 考虑土体的非线性力学特性确定地基的容许承载力. 长沙铁道学院学报, 1988, 6(2): 9-18.

[11] 孙渝文, Rourke T D O. 可压缩挡墙的侧向稳定. 路基工程, 1989: 89-94.

[12] 张新兵, 陈映南, 姜前. 软岩的旁压机理分析. 勘察科学技术, 1989, 6: 32-36.

[13] 陈维家, 陈映南. 砂土静力触探机理分析. 岩土工程学报, 1990, 12(2): 64-72.

[14] 华祖焜, 蒋崇伦, 孙渝文. 衡阳湘江公路大桥东引道加筋土挡墙的研究. 公路, 1991: 11-14.

[15] Liu Baoshen(刘宝琛). Theory of stochastic medium and its application in surface subsidence due to excavation. Transactions of NFSOC, 1992, 2(3): 17-24.

[16] 曾阳生, 张佩知, 顾琦. 石灰膨胀土的动力特性. 长沙铁道学院学报, 1992, 10(3): 9-14.

[17] Wang Yonghe(王永和), Wang MianC. Performance of polypropylene-strip-reinforced soil retaining structures. Geotechnical Engineering, Journal of Southeast Asian Geotechnical Society, 1994, 25(1): 39 -53.

[18] 冷伍明, 赵善锐. 土工参数不确定性的计算分析. 岩土工程学报, 1995, 17(2): 68 -74.

[19] 魏丽敏, 华祖焜. 加筋土地基筋带内力量测与分析. 岩土工程学报, 1997, 4(1): 15 -21.

[20] 刘宝琛, 张家生, 杜奇中, 涂继飞. 岩石抗压强度的尺寸效应. 岩石力学与工程学报, 1998, 17(6): 611 -614.

[21] Wang Xinghua(王星华), Zhou Hailin(周海林). An improved hyperbola rheological model for fresh cement-clay grouts. Tunneling and Underground Space Technology, 2001, 16(4): 353 -357.

[22] 金亮星, 黄建陵, 张家生. 风滩电厂近坝库区边坡岩体力学性质试验研究. 岩土力学, 2003, 24(6): 1021 -1024.

[23] Sheng Daichao(盛岱超), Scott W. Sloan, Antonio Gens, David W. Smith. Finite element formulation and algorithms for unsaturated soils. Part I. Theory International Journal for Numerical and Analytical Method in Geomechanics, 2003, 27: 745 -765.

[24] 金亮星, 冯伟杰, 张家生. 风滩电厂近坝库区岩质边坡安全系数的极大似然估计. 岩石力学与工程学报, 2004, 23(11): 1891 -1894.

[25] 冷伍明, 律文田, 谢维鎏, 蔡华炳. 基桩现场静动载试验技术研究. 岩土工程学报, 2004, 26(5): 619 -622.

[26] Sheng Daichao(盛岱超), S. W. Sloan, A. Gens. A constitutive model for unsaturated soils: Thermo mechanical and computational aspects. Computational Mechanics, 2004, 33: 453 -465.

[27] 肖武权, 冷伍明. 某深基坑支护结构内力与变形研究. 岩土力学, 2004, 25(8): 1271 -1274.

[28] 冷伍明, 赵健, 何群. 路堤下软土地基承载力的计算研究. 土木工程学报, 2005, 38(4): 120 -124.

[29] 乔世范, 方理刚, 刘宝琛. GM(1, 1) 模型与指数模型在基桩沉降预测中的应用. 中国铁道科学, 2005, 26(3): 53 -55.

[30] 阮波, 方理刚. 煤系地层中锚索预应力监测分析. 岩土力学, 2005, 26(2): 315 -318.

[31] 阮波, 李亮, 刘宝琛, 聂志红. 浒家洞滑坡治理工程监测分析. 岩石力学与工程学报, 2005, 24 (8): 1445 -1448.

[32] 阮波, 肖武权. 卓福泥石流成因分析和减灾措施. 防灾减灾工程学报,

2005, 25(4): 437 -440.

[33] 肖武权, 冷伍明. 软土地基沉降实时建模动态预测. 岩土力学, 2005, 26(9): 1481 -1484.

[34] 杨果林, 黄向京. 不同气候条件下膨胀土路堤土压力的变化规律试验研究. 岩土工程学报, 2005, 27(8): 948 -954.

[35] 张国祥, 魏伟. 一种新型的 C1 阶协调任意四边形薄板弯曲单元. 工程力学, 2005, 22(6): 69 -75.

[36] 王星华, 江亦元. 对高原冻土隧道防排水系统的几点思考. 岩土工程学报, 2006, 28(1): 37 -41.

[37] 王晅, 张家生, 刘学鹏. 龙滩水电站航道座滑边坡平面有限元模拟研究. 工程地质学报, 2006, 15(4): 481 -487.

[38] 陈晓斌, 张家生, 安关峰. 红砂岩粗粒土流变工程特性试验研究. 岩石力学与工程学报, 2007, 26(3): 601 -607.

[39] 王晅, 张家生, 刘学鹏. 龙滩水电站航道座滑边坡平面弹塑性有限元分析. 岩土力学, 2007, 28(5): 1026 -1030.

[40] 王晅, 张家生, 杨果林, 陈晓斌. 重载作用下公路路基及基层动应力测试研究. 振动与冲击, 2007, 26(6): 169 -173.

[41] 魏丽敏, 何群, 王永和. 软土参数反分析方法及其在沉降预测中的应用. 中国铁道科学, 2007, 28(4): 1 -6.

[42] 肖武权. 深基坑支护结构设计的优化方法. 岩土力学, 2007, 28(6): 1201 -1211.

[43] 张国祥, 曹鑫. 非线性破坏准则对主动土压力的影响. 岩土力学, 2007, 28(12): 2629 -2633.

[44] Chen Xiaobin(陈晓斌), Zhang Jiasheng(张家生). The stress conditions effects on granular soil's rheological properties in large triaxial rheology laboratory tests. Journal of Cent. South University Technology, 2008, 15(9): 397 -402.

[45] 方理刚, 段靓靓, 梁锴, 曲广琇. 横观各向同性岩体边坡与预应力锚索框架梁. 岩石力学与工程学报, 2008, 27(1): 135 -143.

[46] 金亮星, 乔世范. 车辆—轨道—路基系统垂向动力分析模型的试验验证. 振动与冲击, 2008, 27(3): 38 -41.

[47] 聂如松, 冷伍明, 李箐, 杨奇. 东江大桥嵌岩桩承载性能试验研究. 岩土工程学报, 2008, 30(9): 1410 -1415.

[48] 乔世范, 殷建华, 刘宝琛. 圆形断面隧道开挖引起的地表及岩土体的位移和变形计算研究. 岩石力学与工程学报, 2008, 27(S2): 3611 -3616.

[49] Sheng D, Fredlund D G, Gens A. A new modeling approach for unsaturated

soils using independent stress variables. Canadian Geotechnical, 2008, 45(4): 511-534.

[50] 王永和, 等. 秦沈客运专线路桥(涵)过渡段路基的动力特性分析. 岩土力学, 2008, 29(9): 2415-2421.

[51] 杨奇, 冷伍明, 邓宗伟, 聂如松. 桥台地基附加竖向压应力通用计算公式. 岩土力学, 2008, 29(3): 832-837.

[52] Zheng Guoyong(郑国勇), Yang Yiren. Chaotic motions and limit cycle flutter of a two dimension wing in Supersonic Flow. Acta Mechanica Solida Sinica. 2008, 21(5): 441-448.

[53] 何群, 魏丽敏, 王永和. 软土路基黏弹塑性大应变分析的工程应用. 中南大学学报(自然科学版), 2009, 4(2): 512-518.

[54] 聂如松, 冷伍明, 杨奇, 魏巍. 桩—土间剪切应力的传递探讨. 岩土力学, 2009, 30(3): 799-805.

[55] 王永和, 等. 地基沉降修正系数的 Bayes 概率推断. 中南大学学报, 2009, 30(2): 323-327.

[56] Zhang Sheng(张升), Zhang Feng. A thermo-elasto-viscoplastic model for soft sedimentary rock. Soils and Foundations, 2009, 49: 583-595.

[57] 林宇亮, 杨果林, 赵炼恒, 钟正. 地震动土压力水平层分析法. 岩石力学与工程学报, 2010, 29(12): 2581-2591.

[58] Lin Yuliang(林宇亮), Yang Guolin, Li Yun, Zhao Lianheng. Engineering behaviors of reinforced gabion retaining wall based on laboratory test. Journal of Central South University of Technology, 2010, 17(6): 1351-1356.

[59] 乔世范, 刘宝琛. 随机介质变形破坏判据研究. 岩土工程学报, 2010, 32(2): 165-171.

[60] Wang Xinghua(王星华), Cui Keyu(崔科宇), Wang Zhenyu(王振宇), Wang Mianchang(王绵昌). Deduction and experimental investigation of constitutive relation of liquefaction of saturated sand. Journal of Central South University of Technology, 2010, 17(6): 1376-1382.

[61] 魏丽敏, 何群, 王永和. 软土路基大应变黏弹塑性正/反分析沉降预测对比. 岩土力学, 2010, 31(8): 2630-2636.

[62] 杨果林、林宇亮、李昀. 新型加筋土挡墙动变形特性试验研究. 振动与冲击, 2010, 29(1): 23-227.

[63] 果林, 刘晓红, 方薇. 疲劳动剪应变门槛与武广高铁无砟轨道路堑基床长期动力稳定. 岩土力学, 2010, 31(S2): 119-124.

[64] 张国祥, 付江山. 基于极限分析的圆形浅基础地基承载力上限解. 岩土

力学, 2010, 31(12): 3849 - 3854.

[65] 徐望国, 张家生, 贺建清. 加筋软岩粗粒土路堤填料大型三轴试验研究. 岩石力学与工程学报, 2010, 29(3): 535 - 541.

[66] 谢桂华, 张家生, 尹志政. 基于随机介质理论的采水地面变形时空分布. 岩土力学, 2010, (1): 282 - 286.

[67] Zhang Sheng(张升), Hirotomo Nakano, Xiong Yonglin, Tomohiro Nishimura, Zhang Feng. Temperature-controlled triaxial compression/creep test device for thermodynamic properties of soft sedimentary rock and corresponding theoretical prediction. Journal of Rock Mechanics and Geotechnical Engineering, 2010, 2: 255 - 261.

[68] Zheng Guoyong(郑国勇). Nonlinear aeroelastic analysis of a two-dimensional wing with control surface in supersonic flow. Acta Mechanica Sinica, 2010, 26(3): 401 - 407.

[69] 郑国勇, 杨翊仁. 具有操纵面立方非线性机翼的混沌响应. 工程力学, 2010, 27(2): 209 - 213.

[70] 林宇亮, 杨果林, 赵炼恒. 地震条件下挡墙后黏性土主动土压力研究. 岩土力学, 2011, 32(8): 2479 - 2486.

[71] Sheng Daichao(盛岱超). Review of fundamental principles in modelling unsaturated soil behaviour. Computers and Geotechnics, 2011, 38: 757 - 776.

[72] 王启云, 张家生, 熊智彪. 红砂岩嵌岩桩桩—岩界面摩阻特性试验研究. 岩土工程学报, 2011, 33(4): 661 - 666.

[73] Chen Xiaobin(陈晓斌), Zhang Jiasheng. Grain crushing analysis and effects on the weathered granular soil's rheological behavior. Journal of Cent. South University Technology, 2012, 19(7): 2022 - 2028.

[74] Zhang J C, Zhou Sh, Xu Xh, Fang L G(通讯作者). Evolution of the elastic properties of a bedded argillite damaged in cyclic triaxial tests. International Journal of Rock Mechanics and Mining Sciences. 2012, 58(2): 103 - 10.

[75] 杨果林, 文畅平. 格构锚固边坡地震响应的振动台试验研究. 中南大学学报(自然科学版), 2012, 43(4): 1482 - 1493.

[76] Zhang Sheng(张升), Leng Wuming, Zhang Feng, Xiong Yonglin. A Simple Thermo-elastoplastic Model for Geomaterials. International Journal of Plasticity, 2012, 49: 93 - 113.

[77] Zhao Chunyan(赵春彦). Attenuation-type and failure-type curve models on accumulated pore water pressure in saturated normal consolidated clay. Journal of Central South University, 2012, 19(7): 2047 - 2053.

[78] 赵春彦, 周顺华, 杨龙才. 上海地区软土的循环累积孔压模型. 铁道学

报, 2012, 34(1): 77 - 82.

[79] Zhang Jiuchang, Zhou Suhua, Fang Ligang(通讯作者), Xu Xianghua. Effects of axial cyclic loading at constant confining pressures on deformational characteristics of anisotropic argillite. J. Cent. South Univ, 2013(3): 799 - 811.

[80] 林宇亮, 杨果林, 许桂林. 柔性网面土工格栅加筋土挡墙工程特性研究. 中南大学学报(自然科学版), 2013, 44(4): 1532 - 1538.

[81] 聂如松, 冷伍明. 负摩阻力作用下的单桩竖向承载性状. 中南大学学报(自然科学版), 2013, 44(4): 1539 - 1544.

[82] Chen Cheng, Zhang Jiasheng(张家生). Constitutive modeling of loose sands under various stress paths. International Journal of Geomechanics, 2013, 13(1): 1 - 8.

[83] Chun Yanzhao(赵春彦), Wu Mingleng, Guo Yongzheng. Calculation and analysis for the time-dependency of settlement of the single-driven pile in double-layered soft clay. Applied Clay Science, 2013, 79(7): 8 - 12.

(六)学术交流

(1)1987 年 4 月承办湖南省铁道学会工程委员会第届学术年会。

(2)1990 年 2 月承办湖南省土建学会学术年会。

(3)1990 年 11 月承办湖南省土建学会岩土工程学术交流会在长沙铁道学院举行。

(4)2007 年 11 月主办 GEO - Changsha Focusing on New Developments in Soil & Rock Engineering Engineering Geology & Environmental Geotechnigue, 28 - 30 Nov, 有美、英、日、瑞、印、中等 14 个国家(地区)的 150 余位学者参会。

(5)2009 年 8 月承办第 7 次全国岩石力学与工程试验及测试技术学术交流会, 在长沙举行。

(6)2009 年 11 月承办第一节届全国“岩土工程”国家重点学科建设研讨会, 18 所高校的学科带头人参会交流。

(7)2013 年 10 月协办 IACGE 2013 - Challenges and Recent Advances in Geotechnical and Seismic Research and Practices, 中国成都, 2013 年 10 月 25—27 日。

(七)代表性成果简介

1. 地基土几种原位测试技术研究

本项目获 1989 年铁道部科技进步一等奖、获 1990 年国家科技进步三等奖, 获奖人为: 陈映南、夏增明、楚华栋等。

该成果包括: 静力触探、旁压试验、动力触探等应用技术和原位测试机理。以我院为主完成了旁压试验方法与应用的研究。

其主要内容是:

（1）旁压试验方法方面：首次提出环刀扩大成孔法，保证了成孔质量，提出了旁压膜约束力标定方法，加荷稳定时间，采用旁压剖面整理资料。鉴定认为：环刀扩大成孔法是一个创新，旁压膜约束力标定方法等明显提高了旁压试验结果的可靠性。

（2）通过黄土和黏性土的荷载—旁压，压缩—旁压对比试验，根据旁压试验机理，提出确定土体变形性质的5个相关公式和相应的确定黄土、黏性土的变形模量、压缩模量的图表；对于旁压试验首次提出了旁压剪切模量的概念，并作为试验参数确定土体的变形性质。鉴定认为：用旁压试验结果通过转换系数（旁压剪切模量）确定土体的变形模量和压缩模量，用 $p-V$ 旁压曲线模拟 $p-S$ 荷载曲线等填补了国内空白，成果居国内领先地位。

3）根据试验研究内容提出"旁压试验规则（草案）"，成为后来制定铁道部行业规程"铁路工程地基土旁压试验规程"的蓝本。

2. 南方山区高速公路路基修筑支撑技术研究及应用

本项目获2011年度湖南省科技进步奖一等奖，获奖人为：冷伍明（排名第四）。

我国是多山的国家，山区约占据国土面积的三分之一左右。山区修建高速公路，具有地形地质条件复杂多变、山高坡陡、高填深切频繁交错等特点，存在大量的半挖半填、陡坡路堤和斜坡桥基，工程结构复杂、工程规模与施工难度大。路基作为路面的支撑结构物，路基失稳将带来严重后果，一方面将严重制约南方山区高速公路的发展，大大增加工程建设成本和难度；另一方面，运营期间将严重威胁交通和人民生命财产的安全。

课题组经过10余年的刻苦攻关，以南方山区高速公路建设为依托，针对三大不利因素，围绕四大难题，采用多技术手段、多理论方法，取得了两大理论创新、三大支撑技术，并进行应用示范和推广。对比国内外研究成果，本项目的三项支撑技术先进性显著。

（1）发展了南方山区高速公路路基设计理论：构建了南方山区公路建设场地地质力学环境评价方法；发展了路基、桥基稳定性分析与设计理论。

（2）创新了山区高速公路路基稳定支撑技术；创新了四种路基轻型支护结构设计与处治技术；提出了土工合成材料增强路基设计与处治技术；开发了斜坡桥基处治技术。

（3）研究成果为南方山区高速公路路基、桥基提供了稳定性分析设计理论和成套的支撑技术体系，提升了南方山区高速公路建设科技水平。

（4）研究成果已成功地应用于湖南临长、邵怀、怀新、湖北沪蓉西等20余条高速公路及二级公路的建设中，直接节省工程投资3.9亿元，减少占用耕地林地1560亩、减少了环境污染、缩短了建设工期、节省了养护费用。目前正在为湖南在建的吉怀等30多条山区高速公路直接提供技术支撑。

项目获得软件著作权1项，发明专利1项，实用新型专利3项。发表论文59篇，其中EI收录29篇，SCI收录4篇，出版专著2部。培养博士后1名、博士4名，硕士16名；项目依托工程获詹天佑土木工程大奖1项、国家环境友好工程奖1项、公路交通优质工程奖一等奖1项；研究成果已被《公路路基设计规范》《公路路基施工技术规范》《公路土工合成材料应用技术规范》等国家行业标准采纳，推动了行业技术进步。为我国建设资源节约型、环境友好型公路发挥了科技引领作用。

3. 高速铁路过渡段路基关键技术研究与应用

本项目获2012年度湖南省科技进步奖一等奖，获奖人为：中南大学(1)单位排名第一，王永和(排名第一)，何群(排名第三)，杨果林(排名第六)，冷伍明(排名第七)，魏丽敏(排名第八)。

本项目在国家自然科学基金委员会、教育部、铁道部等资助下，对高速铁路过渡段路基的结构形式、技术要求、填料改良与填筑工艺、变形特性与动力稳定性、沉降控制与地基处理等一系列关键技术，进行了深入系统研究，取得了如下创新性成果：

(1)发展了过渡段路基动力学计算理论：根据高速铁路过渡段路基层状结构的受力特点，建立了有限元不同单元类型的约束方程，创建了高铁过渡段车—轨—路—地结构系统时空耦合模型，提出了高铁过渡段轨下结构层的耦合计算方法，现场实测结果证明该模型的有效性与可靠性；获发明专利1项，软件著作权1项，出版专著2部。

(2)提出了高速铁路过渡段路基优化设计方法：提出了基于动力学特性的过渡段刚度匹配的计算优化方法，首次运用优化设计方法，解决了过渡段的动力不平顺问题。基于过渡段竖向动位移0.5毫米的限值，首次提出了最不利间距内的相邻过渡段必须采用“刚性过渡”，填补了密集过渡段设计空白。优化获得了14种密集型过渡段路基的结构形式，填补了设计空白，成果已纳入《高速铁路设计规范(试行)》(TB10621—2009)。已申请发明专利3项、出版专著2部。

(3)解决了不良土用于高速铁路过渡段路基填筑的技术难题：提出了全风化花岗岩和软岩风化物路基填料适宜性的分类标准、改良方法和控制指标；建立了该特殊土类改良土填筑施工、质量控制和检测的成套技术；并建立了长期稳定性的评判标准；成功解决了全风化花岗岩和软岩等特殊土用于高速铁路过渡段路基填筑的设计、施工等关键技术问题，有效地解决了高速铁路建设中大量弃土的利用难题，具有重大的经济和环保意义。已申请发明专利3项、出版专著1部。

(4)建立了过渡段路基动力测试体系和变形监测评估系统：率先开展了高速铁路过渡段路基动力学参数原位测试，提出了采用现场大型激振法、波速法等测试过渡段路基结构层物理力学参数的试验方法及适用范围。系统开展了高速铁路过渡段路基行车动力响应现场测试，揭示了密集过渡段路基行车动力响应规律，自主研发了高速铁路无砟轨道过渡段路基变形监测评估系统（确立了变形监测原则、建立了变形评估指标体系、提出了变形预测方法、开发了路基变形监测评估系统），并获得发明专利2项、软件著作权2项。

本项目成果在秦沈客运专线、武广高速铁路、海南东环铁路、武汉城市圈城际铁路、石武客运专线及省内多条高速公路等项目中推广应用，取得了显著的直接经济效益，并有效地保证了高速铁路过渡段路基工程的建设质量。同时，该项目多项研究成果已纳入我国《高速铁路设计规范（试行）》（TB10621—2009）中，在全国推广运用。

4. 普通高校（一般院校）创办一流教育的研究与实践

本项目获2002年度国家优秀教学成果二等奖，获奖人为王永和（排名第三）、吴斌（排名第四）。

本项目在国家教委、铁道部教卫司等资助下，对一般工科院校培养的人才素质要求与人才培养模式进行了深入系统研究，取得了如下成果：

“九五”以来，在招生并轨、毕业生不包分配和市场经济大潮的冲击下，长沙铁道学院作为一所办学近50年的部属院校，以强烈的危机感、紧迫感和历史责任感，试图在一般院校的层次上努力办出一流的教育，以求占有生存和发展的空间。

学校首先正确定位，从四个方面明确了其内涵：

（1）学校层次定位：高校虽有“重点”与“一般”之分，但不同的高校都有其发展空间，都能创办不同层面的一流教育。

（2）培养目标定位：主要培养应用开发型人才，即面向经济建设主战场、面向基层、懂管理的科技人才和具有科技知识的管理人才。

（3）学科结构定位：适度的多学科性、紧密的相关性和较强的综合性，即以工为主，工、理、文、经、管、法等多学科的协调发展。

（4）服务面向定位：在巩固原有铁路特色和铁路人才市场的基础上，大力拓宽为区域经济服务，即服务铁路，又面向社会。

学校瞄准一流教育目标，全面推进素质教育、高起点、全方位、大力度深化教学改革。“九五”期间，学校抓住机遇，先后承担国家和省部级项目50余项，学校配套167项，全面推进人才培养模式和素质教育的研究与改革。以宽口径专业人才培养方案及教学内容，课程体系改革研究为主线，带动教学方法和教学手段的改革，并以科学化、规范化、现代化为目标改革教学管理。同时，加强精神文明建设，为一流教育营造优良的育人环境。

作为载体和动力以及探索一流教育的途径，学校于1996年12月正式启动了

“122 建设工程”:“1”实现本科教学工作评价达优,努力创办一流教育;“2”在教学方面开展“面向 21 世纪教学改革的研究与实践”和“逐步完善以学分制为主体的教学管理体系”;“2”在育人方面开展“以基础文明教育为切入口的学生素质教育”和“以职业道德建设为重点的教职工精神文明建设”。

20 世纪 90 年代的教育教学研究与改革实践,使学校的环境条件和师生们的精神面貌发生了深刻的变化,先后获得国家或省部级的各种奖励、荣誉达数十项,学生在数学建模、电子设计、英语演讲、挑战赛等全国、全省各类竞赛、比赛中,一般都获得了省内各高校名列前茅的好成绩。特别是 1999 年 12 月,作为全国首所一般院校经历了教育部评估专家组的本科教学随机性评价,获得了“优秀”的评价。

基于教育教学研究与改革实践成果,先后在国内《高等工程教育研究》《中国大学教学》等高水平刊物上发表论文近百篇,出版专著 2 部,承办全国性研讨会 3 次,并被特邀在教育部“第二次普通高等学校本科教学工作随机性水平评估工作座谈会”上作了专题报告。

5. 高等教育工程本科(一般院校)人才培养模式与素质要求的研究与改实践

本项目获 2001 年度湖南省优秀教学成果二等奖,获奖人为王永和(排名第 3)。

课题组在承担国家教委、铁道部教卫司和湖南省教委资助的相关本科教育教学项目开展研究的基础上,在长沙铁道学院推进人才培养改革实践,即:①在全校范围内进行按大类专业招生培养,以学分制管理为特征的教改实践;②按大类专业(土建类、机械类)组织成试点班进行全过程改革实践;③组建全校性的因材施教班进行教改实践。

在学分制的教改方案中,注重了教学内容、教学过程和学分比例的优化,实行弹性学制。坚持按学科大类制定培养计划,建立和运用现代化教学方法和手段,加强通识教育和必要的工程训练,整体优化人才培养过程。

经过改革实践和不断的完善,为一般工科院校本科人才培养的素质要求与培养模式的推广打下了基础。

第五节　结构工程

一、学科发展

中南大学结构工程学科前身是长沙铁道学院工业与民用建筑专业。从 1978 年开始招收工业与民用建筑专业四年制本科生,1994 年工业与民用建筑专业更名为建筑工程专业,1997 年后纳入土木工程专业大类招生。目前,结构工程学科是湖南省重点学科,该学科隶属于中南大学土木工程一级学科国家重点学科。1994

年获得结构工程专业硕士学位授予权，2000 年获得结构工程专业博士学位授予权，2003 年设立博士后科研流动站。经过几十年的发展，该学科已逐渐成长为教学科研力量雄厚、国内一流的结构工程专业人才培养基地和科学研究中心。

结构工程学科的发展历程大体可分为创建(1960—1993)、发展(1994—1999)、提升(2000—　)三个阶段。

(一)创建阶段(1960—1993)

早在 1960 年长沙铁道学院成立之初，工业与民用建筑专业曾经招收全日制本科生，后因专业调整，学生分散到其他专业。直到 1976 年，工业与民用建筑专业开始招生(工农兵学员)。1978 年工业与民用建筑专业开始招收全日制本科生，学制四年。1980 年开始招收工民建夜大生。1982 年开始招收工民建函授生。1985 年，长沙铁道学院成为湖南省高等教育自学考试工业与民用建筑专业的主考院校。1993 年，开设建筑企业项目经理培训班。

1986 年，工业与民用建筑专业欧阳炎教授与中国建筑科学研究院等合作研究的“建筑工程设计软件包”，通过部级鉴定，成果获全国计算机应用展一等奖和建设部科技成果二等奖。同年，欧阳炎获铁道部“有突出贡献中青年专家”称号。

(二)发展阶段(1994—1999)

1994 年工业与民用建筑专业从土木工程系分出，并成立建筑工程系，工业与民用建筑专业更名为建筑工程专业；同年结构工程学科获硕士学位授予权。1996 年，开设建筑企业经理培训班。1997 年 4 月 3 日，建筑工程专业被确定为湖南省第二批重点专业；6 月 14 日，全国高等院校建筑工程专业教育评估委员会正式批准建筑工程专业评估通过；同年，土木工程系和建筑工程系两个系合并成立土木建筑学院，交通土建专业和建筑工程专业合并为土木工程专业。

1999 年，余志武获铁道部“有突出贡献中青年专家”称号。

(三)提升阶段(2000—　)

2000 年三校合并组建中南大学，长沙铁道学院结构工程学科与中南工业大学结构工程学科两部分合并组成建筑工程系，结构工程获博士学位授予权。2003 年中南大学包括结构工程在内的土木工程博士后科研流动站获准设立，2006 年，结构工程学科获批为湖南省重点学科，2007 年建筑工程系、材料所与湖南省建筑工程集团总公司、湖南天铭建材有限公司联合申报的“湖南省先进建筑材料与结构工程技术研究中心”获得批准；2009 年，“混凝土结构与砌体结构设计”获国家级精品课程立项建设，2012 年，以赵衍刚、余志武为带头人的“高速铁路工程结构服役安全”创新研究团队成功入选教育部“创新团队发展计划”。

2000 年，周朝阳获铁道部“有突出贡献中青年专家”称号。2004 年，余志武等人与清华大学合作申报的“钢—混凝土组合结构关键技术的研究及应用”获国家科技进步二等奖。2006 年，蒋丽忠入选教育部“新世纪优秀人才支持计划”。

2007 年，余志武入选湖南省首批科技领军人才，蒋丽忠获湖南省杰出青年科学基金资助。2009 年，余志武主持的 863 项目“重载铁路桥梁和路基检测与强化技术研究”获批，科研合同经费 2350 万元；余志武申请的“高速铁路客站‘房桥合一’混合结构体系研究”获得国家自然科学基金重点项目计划资助，这是土木工程学院首次主持国家自然科学基金重点项目。2011 年，余志武主持的国家科技支撑计划课题“钢—混凝土组合结构桥梁关键技术研究”获批，科研合同经费 552 万元。同年，结构工程学科引进了中组部“千人计划”国家特聘专家赵衍刚教授；赵衍刚申请的高速铁路基础研究联合基金重点支持项目“基于全寿命可靠度的高速铁路工程结构设计理论与方法研究”获批，余志武主持的住建部教改项目“区域内高校土木工程专业实践教学一体化改革与实践”以及省级教改项目“区域内高校土木工程专业实践教学资源共享模式研究与实践”正式启动；蒋丽忠入选湖南省第二批科技领军人才，丁发兴入选教育部“新世纪优秀人才支持计划”。结构工程学科引进了中组部“青年千人计划”柏宇教授。

二、师资队伍

(一)师资队伍发展概况

在 1960 年长沙铁道学院成立之初，熊振南、杨承惁等筹办工业与民用建筑专业。1976 年正式招生后熊振南、杨承惁、朱明达、詹肖兰、叶椿华等老师承担了该专业课程教学工作。截至 1993 年，杨祖钰、黄仕华、袁锦根、赖必勇、欧阳炎、邓荣飞、魏伟、余志武、杨建军、何刚、周朝阳等先后调入，专任教师队伍已壮大到 12 人 。

1994—1999 年间，有罗小勇、陆铁坚、刘澍、周凌宇、贺学军、蒋丽忠 6 位专业教师调入，至 1999 年，专任教师队伍已壮大到 18 人。

2000—2013 年，本学科共有 29 名专任教师调入，3 人调出，师资队伍发展迅速，博士学位获得者比例大幅提升，现有专任教师 31 名，形成了一支中青年教师骨干为主的教学科研团队。

表 2.5.1　在职教师基本情况

	合计	职称				年龄			学历		
		教授	副教授	讲师	助教	55 岁以上	36 ~ 55 岁	35 岁以下	博士	硕士	学士
人数	31	9	15	7	0	2	23	6	23	7	1
百分比(%)	100	25	50	25	0	7	74	19	74	23	3

(二)人才计划与荣誉

1993 年，欧阳炎获铁道部“有突出贡献中青年专家”称号。

1999 年，余志武获铁道部“有突出贡献中青年专家”称号。

2000 年，周朝阳获铁道部“有突出贡献中青年专家”称号。

2006 年，蒋丽忠入选教育部“新世纪优秀人才支持计划”。

2007 年，余志武入选湖南省首批科技领军人才。

2011 年，结构工程学科引进了中组部“千人计划”国家特聘专家赵衍刚；蒋丽忠入选湖南省第二批科技领军人才，丁发兴入选教育部“新世纪优秀人才支持计划”。

2012 年，以赵衍刚为带头人的“高速铁路工程结构服役安全”创新研究团队成功入选教育部“创新团队发展计划”；结构工程学科引进了中组部“青年千人计划”柏宇。

(三)教师出国访问交流

赵衍刚，1991 年 9 月—1992 年 9 月，日本清水建设株式会社，客座研究员；1993 年 4 月—1996 年 3 月，日本名古屋工业大学获博士学位；1996 年 4 月—2009 年 3 月，历任日本名古屋工业大学助理教授、副教授，期间于 2001 年 9 月—2002 年 3 月，美国加州大学欧文分校，访问研究员；2009 年 4 月—2011 年 10 月，日本神奈川大学，教授。

卫军，1992—1998 年间留学德国，在慕尼黑联邦国防军大学获工学博士学位。

周朝阳，1995—1996 年，英国曼彻斯特大学，访问学者，国家公派(中英友好奖学金资助)；2005—2006 年，美国佛罗里达州立大学，高级访问学者，教育部公派。

蒋丽忠，2008 年 11 月—2009 年 7 月，2012 年 3 月—2012 年 10 月，美国宾州州立大学土木与环境工程系，高级研究学者，国家公派。

卢朝辉，2004 年 4 月—2005 年 3 月，日本名古屋工业大学，研究生；2005 年 4 月—2007 年 3 月，日本名古屋工业大学获博士学位；2007 年 4 月—2007 年 11 月，日本名古屋工业大学，非长勤讲师；2007 年 11 月—2009 年 11 月，日本学术振兴会外国人特别研究员。

周凌宇，2009 年 9 月—2010 年 8 月，美国肯塔基大学土木工程系，访问学者，国家公派。

周期石，2010 年 12 月—2011 年 12 月，美国肯塔基大学土木工程系，访问学者，国家公派。

朱志辉，2010 年 12 月—2011 年 12 月，美国肯塔基大学土木工程系，访问学者，国家公派。

王海波，2012 年 11 月—2013 年 11 月，美国肯塔基大学土木工程系，访问学者，国家公派。

阎奇武，2010 年 2 月—2011 年 2 月，美国肯塔基大学土木工程系，访问学者，国家公派。

蔡勇，2011 年 9 月—2012 年 9 月，美国莱斯大学，访问学者，国家公派。

刘小洁，2012 年 7 月—2013 年 7 月，美国宾州州立大学土木与环境工程系，访问学者，国家公派。

(四)历任系(教研室)主任

表 2.5.2　历任系(教研室)主任基本情况表

时间	主任	副主任
1978—1981	朱明达(建筑结构教研室)	
1981—1985	杨承惁(建筑结构教研室)	
1985—1989	詹肖兰(建筑结构教研室)	
1989—1991	熊振南(建筑结构教研室)	
1991—1994	欧阳炎(建筑结构教研室)	
1994—1995	周朝阳(建筑结构教研室)	
1995—2000	杨建军(建筑结构教研室)	
2000—2002	陆铁坚(建筑工程系)	
2002—2005	周朝阳(建筑工程系)	
2005—2013	蒋丽忠(建筑工程系)	罗小勇、陆铁坚、丁发兴
2013—	罗小勇(建筑工程系)	陆铁坚、丁发兴、龚永智

(五)学科教授简介

杨承惁教授：男，1929 年 12 月出生于湖南省湘潭县，汉族，1953 年毕业于湖南大学土木系，1988 年 6 月晋升为教授，并于 1993 年 10 月起享受国务院政府津贴。曾任建筑施工教研室主任。2000 年 4 月退休。现任中国房地产学会空心楼盖研究会顾问，湖南省土木建筑学会施工专业学术委员会顾问。业绩已载入《中国专家大辞典》(第九卷)、《建筑实用大词典》和《中国专学人名辞典》。长期以来，从事建筑结构、施工技术与工程管理的教学、科研与生产实践工作。先后在国内学术刊物上发表论文近 20 余篇，主编教材 2 部，专著 2 部，参编 4 部。特别是退休后十多年，主编科技新书《绿色施工新技术与工程管理》13 种。主持与参加建设部和湖南省建设厅研究的科研项目有 10 余项，其中“建筑工程招投标报价系统研究与应用”于 2001 年获湖南省科学技术进步二等奖(2)。参加研究的“拱撑式建筑用门式钢管脚手架”获湖南省科学技术进步三等奖(4)，参加的“国家级工法管理及评审信息系统”通过国家建设部组织专家评审验收。参编《混凝土空心楼盖结构技术规程》CECS175—2004 和《钢—混凝土空心楼盖结构技术规程》——建标[2013]6 号。

欧阳炎教授：男，1938 年生，汉族。1964 年毕业于长沙铁道学院铁道建筑系；1964—1982 年就职于第三铁路设计院，曾参与京原线、邯长线、沈阳枢纽、本溪枢纽、南同蒲改造等工程项目的勘察设计工作，期间 1972—1978 年在中国建筑科学院结构研究所从事合作研究；1980—1988 年担任国家“六五”重点科技攻关项目“建筑工程设计软件包(BDP)”总联调技术负责人；1991 年任长沙铁道学院建筑结构教研室室主任、建筑工程系系主任；1994—1998 年担任长沙铁道学院土木建筑学院第一任院长；2001 年退休。1978 年晋升工程师；1987 年晋升副教授；1992 年晋升铁道工程和结构工程教授；1980 年获国家建筑工程总局优秀科研成果三等奖；1986 年获全国计算机应用一等奖；1987 年获建设部科技进步二等奖；1989 年获长沙铁道学院优秀教学成果二等奖；1991 年获国务院特殊津贴；1992 年获铁道部“有突出贡献中青年科技专家”称号；1996 年成为国家一级注册结构工程师。

余志武教授：男，1955 年 5 月生，无党派人士。中南大学二级教授、博士生导师，高速铁路建造技术国家工程实验室主任。1984 年 6 月从湖南大学结构工程专业研究生毕业后，在机械工业部北京研究生部任助教，1985 年至今在中南大学(原长沙铁道学院)从事教学与科研工作，历任讲师、副教授、教授、博士生导师。1994—2000 年任原长沙铁道学院建工系副主任、土木建筑学院任副院长、科技处副处长、处长，2001—2003 年任中南大学铁道校区科技办主任、铁道校区副主任，2004—2013 年任中南大学土木工程学院院长，2008 年兼任高速铁路建造技术国家工程实验室主任。中国土木工程学会理事，中国钢协钢—混凝土组合结构协会副理事长，中国建筑学会混凝土结构委员会副主任委员，湖南省土木建筑学会副理事长，教育部科技委能源与土木建筑水利学部委员，住建部高等土木工程学科专业指导委员会委员。《铁道科学与工程学报》主编，《建筑结构学报》《铁道学报》《桥梁建设》《世界桥梁》等杂志编委。第十届湖南省政协委员，湖南省人民政府参事。先后主持和参加国家自然基金重点项目各 1 项、主持国家支撑计划课题、国家高科技计划项目 863、国家“十五”重大攻关项目 3 项、主持国家自然科学基金面上项目 5 项、省部级重大与重点科研项目 9 项。率领研究团队在现代钢—混凝土组合结构设计理论、高性能混凝土结构设计理论、高速铁路工程结构动力学和重载铁路工程结构经时行为状态评估与性能提升技术等方面取得了多项创新型成果。先后获得国家科技进步二等奖 3 项，湖南省科技进步一等奖 4 项，湖南省科技进步二等奖 2 项，教育部科技进步二等奖 1 项；湖南省教学成果二等奖 2 项，铁道部优秀教材三等奖 1 项；主参编著作、规程和教材 7 部。

卫军教授：男，1958 年生，工学博士，博士生导师。长期致力于土木工程中混凝土材料性能、混凝土及预应力混凝土结构性能研究等方面的科学研究和教学工作。数十年来，主讲本科生、硕士和博士研究生课程 10 余门；先后主持承担和参与了国家级和其他科学研究项目 50 余项，参与了数十项工程结构设计、技术咨询等工作；获得过教育部首届青年骨干教师资助计划、教育部重点项目基金、国家 863 计划、国家自然科学基金(面上和重点)、铁道部重大专项、交通部西部科技计划等一系列项目的资助。获得软件著作权 3 项，获得发明专利授权 3 项和 1 项实用新型专利。曾获得河南省 1993 年度科技进步三等奖 1 项(排名第一)，曾获华中科技大学 2008 年度优秀博士论文导师奖、中南大学 2011 年度优秀毕业论文导师奖。出版学术著作 2 部、主编本科生教材 1 部。

赵衍刚教授：男，1963 年生，“千人计划”国家特聘专家。1984 年毕业于山东科技大学，获工学学士学位；1987 年毕业于国家地震局工程力学研究所，获工学硕士学位；1996 年毕业于名古屋工业大学，获工学博士学位。现任中南大学教授，博士生导师。教育部创新团队发展计划“高速铁路工程结构服役安全”团队带头人。中组部“千人计划”国家特聘专家 (2011)。历任国家地震局工程力学研究所助理研究员、日本名古屋工业大学助理教授和副教授、美国加州大学欧文分校访问研究员、日本神奈川大学工学部教授。先后主持国家自然科学基金海外及港澳学者合作基金项目，地震学联合基金项目，国家自然基金高铁联合基金重点项目各 1 项，日本文部省科学研究辅助金(相当于我国自然科学基金)项目 5 项，日本其他各类基金项目 20 余项。参与编写和制定了《建筑物极限状态设计指南》(日本建筑学会，2002)和《钢管混凝土结构抗震设计指南》(日本钢结构协会，2006)等土木工程设计指南。1997 年获日本建筑学会东海奖，2003 年获中、日、韩 3 国建筑学会 JAABE Best Paper Award，2008 年获日本建筑学会奖。

周朝阳教授：男，1964 年生，1989 年毕业于湖南大学土木工程系，获工学博士学位。曾经国家选派在英国曼彻斯特大学任访问学者(1995)、美国佛罗里达州立大学任高级访问学者(2005)；曾应邀担任伦敦西敏大学访问教授(1996)、青海大学客座教授(2000)。现任土木工程学院教授(1998)、博士生导师(2000)、学术委员会委员、土木工程专业委员会委员，学校土木建筑及交通运输学科学位委员会委员，国家一级注册结构工程师(1997)，国家住建部建筑维护加固与房地产标准化技术委员会委员，中国工程建设标准化协会建筑振动专业委员会委员，全国建筑物鉴定与加固改造标准技术委员会委员，中国土木工程学会 FRP 及工程应用专业委员会委员，中国铁道学会高级会员，全国高等教育研究会会员，国际桥梁与结构工程学会会员。主要从事建筑、桥梁及市政基础设施等各类土木工程结构的分析、设计、监控、试验、检测、评估、加固或改造，以及高技术、新材料在土木工程中的应用，已主持完成国家自然科学基金等各级各类科研项目 30 多项，6 次获得省、部及国家级科技进步奖和技术发明奖，主编或参编出版学术著作 5 部，获得发明专利授权 6 项，主编或参编技术标准 4 部。2000 年被评为铁道部“有突出贡献中青年专家”，并享受国务院政府特殊津贴，2011 年获茅以升科教基金会专项奖。

叶柏龙教授，男，汉族，1964 年生，浙江省诸暨市人，中共党员，1989 年毕业于中南工业大学地质力学与计算机模拟应用方向，获硕士学位，1996 年获正教授专业资格。主要从事智能化楼宇的建设研究、建筑幕墙设计与检测、建筑工程的计算机模拟应用、地基设计与处理等。现为湖南省高新技术企业和高新技术产品评委电子信息组组长、湖南省高新技术引导和发展基金评委，湖南省软件行业协会副理事长。获得过美国 ABI 颁发的 1 项杰出贡献奖和 1 项世纪荣誉奖，获得过 3 项部级科技进步二等奖、1 项三等奖。

喻泽红教授：女，汉族，1966 年出生，湖南长沙人，港口、海岸及近海工程学士、硕士，2005 年获湖南大学结构工程博士学位，中南大学土木建筑工程学院教授。长期从事岩土工程、结构工程教学科研工作。主要从事结构与土共同工作机理、边坡工程、基础工程等，研究成果在多个工程项目中得到了推广应用，取得了显著的经济和社会效益。现为交通部港口科技进步奖评审专家，主持和参加国家级科研项目 3 项，省部级及其他科研项目 12 项。获得过部级科技进步二等奖 2 项、三等奖 1 项。

罗小勇教授：男，汉族，湖南省衡南县人，1968 年 5 月生，博士生导师。2000 年湖南大学结构工程博士研究生毕业并获得博士学位，2002—2004 年在清华大学土木工程系博士后工作站工作。1989—1992 年在国家“八五”重点工程五强溪水电站从事施工技术管理工作，1995 年以来一直在长沙铁道学院和中南大学从事土木工程的教学与研究工作。主讲了本科生课程“混凝土设计基本理论”“混凝土与砌体结构”“土木工程概论”和博士生课程“高等结构设计理论”，作为重要成员参加了国家级精品课程“混凝土与砌体结构设计”的建设并通过验收，主持国家自然科学基金面上项目 2 项，主持和参加其他国家和省部级科研项目 20 多项，其中 6 项鉴定为“达到国际先进水平”，作为主要成员获得国家科技进步二等奖 1 项，省部级科技进步一、二等奖 5 项。

蒋丽忠教授：男，汉族，1971年12月生，湖南衡山县人，国务院特殊津贴专家。1999年7月在上海交通一般力学与力学基础专业获工学博士学位，1999年至今在中南大学任教。2000年5月起任副教授，2004年9月晋升为教授，并聘为博士研究生导师。多年来一直从事结构工程和工程力学专业的教学与科研工作，主持国家863计划子项目1项，国家自然科学基金5项，教育部新世纪优秀人才基金1项，铁道部重大科技攻关项目6项、湖南省杰出青年基金1项、自然科学基金2项。承担国家自然科学基金重点项目2项，承担其他科研项目30余项。获国家科技进步二等奖2项，湖南省科技进步一等奖4项，湖南省发明一等奖1项，教育部提名国家科技进步二等奖1项，2005年获茅以升青年科研专项奖励，2006年获教育部新世纪优秀人才支持计划，2007年获詹天佑青年科研成果奖，2011年被评为湖南省第二届科技领军人才，出版专著1部。

丁发兴教授：男，1979年1月生，工学博士，教授，博士生导师。2000年6月毕业于中南大学建筑工程专业，获工学学士学位，2006年9月毕业于中南大学结构工程专业，获工学博士学位。2006年10月晋升为副教授，2011年10月晋升为教授。从事钢—混凝土组合结构静力性能、抗火性能、抗震性能及设计方法的科研工作，教育部新世纪优秀人才。主持国家级项目3项、省部级项目2项，参与国家级及省部级科研项目10余项。获得湖南省科技进步一等奖2项。

三、人才培养

(一)本科教育

1976—1977年，结构工程学科共培养学生约60人。1978—1993年，该学科共培养12届本科生780人，夜大生454人，函授生403人。1993年，举办了第一期240人的企业项目经理培训班。1994—1999年，共培养6届本科生420人，夜大生382人，函授生324人。2000—2013年，共培养14届建筑工程方向本科生1400余人。

承担的本科生主要课程有："混凝土结构设计原理""钢结构设计原理""地震工程基础""建筑结构""土木工程概论""结构可靠度理论""建筑新技术""混凝土结构与砌体结构设计""房屋钢结构""高层建筑结构设计""工程结构抗震设计""特种结构"，同时还承担建筑工程方向的课程设计、实习和毕业设计指导工作。

(二)研究生教育

承担的研究生主要课程有：

硕士研究生："高等混凝土结构理论""高等钢结构理论""组合结构理论""预应力结构理论""结构非线性分析""结构可靠度理论""结构损伤评估与加固改造技术""结构分析软件"等课程。

博士研究生：“高等结构分析理论”“高等结构设计理论”。

2000—2013 年间结构工程学科共培养结构工程硕士 461 人，结构工程博士 61 人，其中 1 篇获得湖南省优秀博士论文奖，3 篇获得湖南省优秀硕士论文奖。

表 2.5.3 湖南省优秀博士、硕士论文一览表

序号	学生姓名	论文题目	学科专业	年度	获奖名称
1	周凌宇	钢—混凝土组合箱梁受力性能及空间非线性分析	桥梁与隧道工程	2007	湖南省优秀博士学位论文
2	郭风琪	预应力钢—混凝土组合梁负弯矩区抗裂度及裂缝宽度研究	结构工程	2004	湖南省优秀硕士学位论文
3	周旺保	四肢钢管混凝土格构柱极限承载力试验研究与理论分析	结构工程	2010	湖南省优秀硕士学位论文
4	应小勇	圆钢管高强轻骨料混凝土结构受力性能研究	结构工程	2012	湖南省优秀硕士学位论文

（三）教学成果

2009 年，“混凝土结构与砌体结构设计”获国家级精品课程建设，2012 年通过验收。2011 年，余志武教授主持的住建部教改项目“区域内高校土木工程专业实践教学一体化改革与实践”以及省级教改项目“区域内高校土木工程专业实践教学资源共享模式研究与实践”正式启动。

结构工程学科数十年来共出版教材、规程及专著 45 部，目录如下：

[1] 欧阳炎参编. 结构力学. 高等教育出版社，1983.

[2] 李君如，詹肖兰，欧阳炎. 高层建筑结构分析. 人民交通出版社，1990.

[3] 莫沛锵，邹仲康，余志武. 建筑结构常见疑难设计(续篇). 湖南大学出版社，1990.

[4] 陆铁坚参编. 结构力学(第 3 版). 高等教育出版社，1994.

[5] 袁锦根. 建筑结构抗震设计. 湖南科学技术出版社，1995.

[6] 邓顺华，叶柏龙著. 微型计算机图形学. 中南工业大学出版社，1996.

[7] 顺华，叶柏龙著. C/C ++ 实用教程. 中南工业大学出版社，1996.

[8] 叶柏龙，邓顺华. FORTRAN(V5. 2)程序设计. 中南工业大学出版社，1996.

[9] 袁锦根，余志武. 混凝土结构设计基本原理(第一版). 中国铁道出版

社, 1997.

[10] 王济川, 贺学军. 建筑工程质量检验与质量控制. 湖南科学技术出版社, 1998.

[11] 余志武, 袁锦根. 混凝土结构与砌体结构设计(第一版). 中国铁道出版社, 1998.

[12] 杨建军参编. 钢结构(第一版). 中国铁道出版社, 1998.

[13] 杨建军, 陆铁坚参编. 高层建筑结构设计(第一版). 中国铁道出版社, 1999.

[14] 王济川, 贺学军. 建筑工程质量事故实例鉴定与处理. 湖南科学技术出版社, 1999.

[15] 余志武, 等. 长沙市挡土墙及基坑支护工程设计、施工与验收规程. 湖南科学技术出版社, 2000.

[16] 余志武, 等. 长沙市地基基础设计与施工规定. 湖南科学技术出版社, 2000.

[17] 丁春庭, 尹铿, 邓乐, 叶柏龙, 等. 城镇职工基本医疗保险信息化实用大全. 湖南人民出版社, 2001.

[18] 杨承惁, 李光中. 建筑施工与管理. 湖南科学技术出版社, 2001.

[19] 杨承惁, 李光中. 建筑科学与工程. 国防科技大学出版社, 2002.

[20] 杨承惁, 李光中. 现代建筑科技与工程. 国防科技大学出版社, 2003.

[21] 袁锦根, 余志武. 混凝土结构设计基本原理(第二至三版). 中国铁道出版社, 2003, 2012.

[22] 王小红. 建筑结构 CAD - PKPM 软件应用. 中国建筑工业出版社, 2004.

[23] 卫军. 砌体结构. 华南理工大学出版社, 2004.

[24] 罗小勇参编. 城市桥梁养护技术规范. 中国建筑工业出版社, 2004.

[25] 杨承惁, 李光中. 现代建筑施工与实践. 国防科技大学出版社, 2004.

[26] 余志武. 自密实混凝土设计与施工指南. 中国建筑工业出版社, 2004.

[27] 余志武, 袁锦根. 混凝土结构与砌体结构设计(第二至三版). 中国铁道出版社, 2004, 2013.

[28] 贺国京, 阎奇武, 袁锦根. 工程结构弹塑性地震反应. 中国铁道出版社, 2005.

[29] 杨承惁, 李光中. 现代建筑科技与工程实践. 国防科技大学出版社, 2005.

[30] 杨建军, 杨承惁参编. CECS175: 2004. 现浇混凝土空心楼盖结构技术规程. 中国计划出版社, 2005.

［31］杨承惁，李光中. 建筑科技与项目管理. 国防科技大学出版社，2006.

［32］蒋丽忠. 作大范围运动柔性结构的耦合动力学. 科学出版社，2007.

［33］杨承惁，方东升. 现代建筑施工与项目管理. 吉林科学技术出版社，2007.

［34］杨承惁，方东升. 现代建筑建造技术与管理. 吉林科学技术出版社，2008.

［35］陆铁坚参编. 结构力学(第5版). 高等教育出版社，2009.

［36］杨承惁，方东升. 绿色施工技术与管理. 吉林科学技术出版社，2009.

［37］杨承惁，陈浩. 绿色建筑施工与项目管理. 吉林科学技术出版社，2010.

［38］叶柏龙，郑昭著. 管理八论. 中国商务出版社，2010.

［39］杨建军参编. 建筑施工门式钢管脚手架安全技术规范. 中国建筑工业出版社，2010.

［40］杨承惁，陈浩. 绿色施工技术与管理. 国防科技大学出版社，2011.

［41］杨承惁参编. 湖南省工程建设工法汇编(上、中、下三册). 中国建筑工业出版社，2012.

［42］余志武参编. 自密实混凝土应用技术规程. 中国建筑工业出版社，2012.

［43］杨承惁，陈浩. 绿色施工技术与工程管理. 国防科技大学出版社，2013.

［44］余志武，周朝阳. 土木工程导论. 中南大学出版社，2013.

四、科学研究

(一)主要研究方向

经过几十年的发展与调整，逐步凝练了具有明显特色的如下5个研究方向：

1. 新型组合结构体系设计理论与应用

该研究方向从1995年开始一直致力于钢—混凝土组合结构的研究与应用，建立了钢—混凝土组合梁施工阶段和使用阶段的界面滑移计算理论和考虑滑移效应影响的变形分析理论(滑移—挠度耦合法)，研发了多种钢—混凝土组合结构新体系：大跨度预应力钢—混凝土叠合板连续组合梁、异形钢—混凝土连续组合梁、预制装配可拆式预应力钢桁—混凝土叠合板组合梁、钢—混凝土空间组合结构等。成功应用于岳阳琵琶王立交桥、三峡永久船闸临时施工桥、长沙锦绣华天大厦、钦州歌舞剧院等国内数十个桥梁工程和建筑工程中，取得了显著的技术经济效益和社会效益。获得国家科技进步二等奖1项，湖南省科技进步一等奖3项，教育部科技进步二等奖1项。

2. 现代预应力结构设计理论与应用

该研究方向从1990年开始一直致力于现代预应力结构的研究，对多种形式的无黏结预应力混凝土结构进行了大量的研究，提出了无黏结预应力的抗震设计方法和构造措施，系统地提出了预应力钢—混凝土组合梁的设计方法，对预应力混凝土结构在火灾下的受力性能进行了系统的试验研究和理论分析，探讨了预应力混凝土结构在火灾作用下的力学行为，提出了高温下和高温后预应力结构的实用设计计算方法，对预应力碳纤维加固技术和预应力钢丝网—聚合砂浆加固技术进行了系统的研究，提出了预应力碳纤维加固技术和预应力钢丝网—聚合砂浆加固技术的设计理论。获得国家科技进步二等奖 1 项，湖南省科技进步一等奖 1 项、二等奖 1 项，建设科技部科技进步一等奖 1 项，教育部科技进步二等奖 1 项。

3. 混凝土结构基本理论、可靠性评估与加固技术

该研究方向从 20 世纪 80 年代就开始致力于混凝土结构设计理论的研究，近十几年来又将研究领域逐渐拓展到工程结构的可靠性评估与加固改造技术、结构监测与控制等。先后提出了钢筋混凝土板及基础冲切承载力计算模式及合理设计方法、将无黏结预应力筋应力与节点位移列矢一并求解的无黏结预应力混凝土结构非线性有限元分析方法、以及高效确定截面呈规律性反复变化的非经典构件抗弯刚度的通用计算方法等，解决了平行管式空心双向板和蜂窝钢梁的抗弯刚度准确求值与合理表达等问题。实用技术方面，先后发明了抗冲切扁钢 U 形箍、双钩筋、柔性片材免胶拉结器、FRP 片材非黏加固法以及后张预应力 FRP 加固法等，先后开发了新型抗冲切配筋技术、混凝土倒 T 型叠合板楼盖技术、现浇混凝土空心楼盖技术、自密实高性能混凝土成套技术、带组合连梁混合筒体技术以及 FRP 高效快速加固工程结构成套技术等。研究成果应用于武广客专长沙站、长沙市两馆一厅等重点工程，取得了显著的社会、经济综合效益。获得国家科技进步二等奖 1 项，湖南省科技发明一等奖 1 项、二等奖 1 项。

4. 工程结构的抗震分析与设计理论

该研究方向近十年来对工程结构的抗震设计理论进行了较为深入的研究，提出了钢—混凝土组合梁、组合梁与混凝土剪力墙连接的组合(弱)节点的滞回恢复力模型和骨架曲线模型，建立了钢管混凝土格构柱、组合梁与钢筋混凝土柱节点在低周反复荷载作用下延性系数的经验计算公式，提了出精细拟动力试验方法及钢管混凝土组合筒体结构拟动力试验方法，进行了混凝土框筒高层结构、钢管混凝土组合筒体结构和钢框架—混凝土筒高层混合结构等结构体系的拟动力试验，为结构的抗震设计提供了大量的试验资料。开展了高速铁路桥梁抗震性能及其关键技术研究，揭示了地震作用下高速列车—无砟轨道—桥梁—墩—桩土动力系统空间耦合振动机理，构建了地震作用下高速列车—桥梁动力学分析理论框架，提出了高速铁路桥梁基于位移和损伤的抗震设计方法，确定了不同地震烈度、墩高、场地条件下高速列车行车限值的要求，为我国地震作用下高速铁路桥梁抗震

设计与列车安全行车限值的制定提供了理论依据。获得湖南省科技进步一等奖1项、二等奖1项。

5. 工程结构的耐久性设计理论

面对大批在役工程结构已临近设计使用年限、日益加剧的环境污染对工程结构所造成的严重影响以及大量跨世纪工程对结构设计使用寿命苛求的局面，本研究方向从20世纪90年代即致力于混凝土和预应力混凝土结构耐久性的研究，并依据耐久性研究的特点，形成了涵盖结构工程、桥梁工程、工程材料和工程力学等领域的学科交叉研究团队。长期以来，本研究团队从混凝土结构的劣化机理、耐久性设计理论与工程应用、混凝土耐久性评估与寿命预测以及结构的实用防护措施研发等方面，对环境对混凝土结构的作用、侵蚀介质的传输机理、混凝土中钢筋的锈蚀规律、混凝土和预应力混凝土结构构件的性能退化、耐久性极限状态、耐久性设计理论和方法、结构耐久性评估与寿命预测、混凝土和预应力混凝土结构的耐久性检测/监测技术及仪器设备研发以及结构耐久性问题的计算机仿真等问题进行了系列研究。曾先后参与了杭州湾跨海大桥、武广客运专线、京沪高速铁路等多项国家重大工程的耐久性问题咨询与研究。获得国家科技进步二等奖1项。

(二)科研项目

历年来结构工程学科主持国家级及重大省部级项目见表2.5.4。

表2.5.4 主持国家级及重大省部级项目

序号	项目名称	类型	时间	主持人
1	建筑工程设计软件包研究	国家“六五”攻关项目	1981—1985	欧阳炎
2	钢—混凝土组合结构桥梁关键技术研究	国家科技支撑计划	2012—2015	余志武
3	重载铁路桥梁和路基检测与强化技术研究	科技部863重大计划	2009—2011	余志武
4	高速铁路客站“房桥合一”混合结构体系研究	国家自然科学基金重点项目	2010—2013	余志武
5	新型钢—混凝土组合结构体系研究	国家自然科学基金重点项目	2005—2008	余志武

续表 2.5.4

序号	项目名称	类型	时间	主持人
6	基于全寿命可靠度的高速铁路工程结构设计理论与方法	国家自然科学基金高铁联合基金重点支持项目	2012—2015	赵衍刚
7	钢—混凝土组合桥梁耐久性研究	国家自然科学基金面上项目	2009—2011	余志武
8	预应力钢—混凝土组合梁受力性能与设计方法研究	国家自然科学基金面上项目	1998—2000	余志武
9	高速铁路工程结构服役安全	教育部“创新团队发展计划”	2013—2015	赵衍刚
10	钢—混凝土组合梁抗震性能研究	国家自然科学基金青年基金项目	2004—2006	蒋丽忠
11	柔性多体系统耦合时变动力学研究	国家自然科学基金面上项目	2006—2008	蒋丽忠
12	巨型钢—混凝土组合框架结构的稳定性研究	国家自然科学基金面上项目	2008—2010	蒋丽忠
13	高层与超高层巨型组合结构体系抗震性能研究	国家自然科学基金面上项目	2011—2013	蒋丽忠
14	非黏锚碳纤维布加固混凝土连续梁的抗剪性能及设计方法研究	国家自然科学基金面上项目	2008—2010	周朝阳
15	受腐蚀钢筋混凝土结构的时变抗震可靠度研究	国家自然科学基金青年基金项目	2011—2013	卢朝辉
16	钢—混凝土组合桁架空间受力和抗震性能研究	国家自然科学基金青年基金项目	2008—2010	周凌宇
17	带偏心支撑钢管混凝土框架—核心筒混合结构体系抗震性能研究	国家自然科学基金青年基金项目	2010—2012	王海波
18	基于数值分析的多因素作用下重载铁路桥梁结构性能演化过程的研究	国家自然科学基金联合基金	2012—2014	卫军
19	混凝土结构的损伤自监测与自修复关键问题研究	国家自然科学基金青年项目	2011—2013	匡亚川

续表 2.5.4

序号	项目名称	类型	时间	主持人
20	基于谱理论的混凝土结构环境作用研究	国家自然科学基金青年项目	2011—2013	刘晓春
21	以辨析表观破损潜在信息为辅助手段的在役混凝土结构状态分析与评估	国家自然科学基金面上项目	2009—2011	卫军
22	基于整体性能的钢管混凝面框架结构抗火分析与设计方法	国家自然科学基金青年基金项目	2009—2011	丁发兴
23	带组合连梁混合筒体抗震性能与设计研究	国家自然科学基金面上项目	2006—2008	阎奇武
24	高温下钢管高性能混凝土结构受力性能与设计方法研究	国家自然科学基金面上项目	2006—2008	余志武
25	多相随机介质与随机地震场下超大群桩基础响应机理及行为模拟	国家自然科学基金青年基金项目	2008—2010	吴鹏
26	高速列车荷载作用下桥墩—桩—软土地基体系动力相互作用理论及试验研究	国家自然科学基金青年基金项目	2009—2011	朱志辉
27	强地震及余震下高速铁路客站系统失效机理与风险评估研究	国家自然科学基金青年基金项目	2012—2014	国巍
28	超高层建筑非定常非线性气动力模型及风致非线性振动和分岔研究	国家自然科学基金青年基金项目	2013—2015	黄东梅
29	多维随机地震作用下高层钢—混凝土混合结构抗震性能及动力可靠度分析	国家自然科学基金面上项目	2005—2007	陆铁坚
30	无黏结预应力混凝土结构的疲劳与耐久性研究	国家自然科学基金面上项目	2004—2006	罗小勇
31	钢筋混凝土结构抗震耐久性研究	国家自然科学基金面上项目	2012—2015	罗小勇
32	自密实高性能混凝土结构受力性能与设计方法研究	国家自然科学基金面上项目	2003—2005	余志武
33	火灾作用下预应力混凝土结构基本性能与设计方法研究	国家自然科学基金面上项目	2001—2003	余志武
34	考虑时间效应和动力效应共同作用的高速铁路组合桥梁长期性能研究	国家自然科学基金青年项目	2012—2014	刘小洁

续表 2.5.4

序号	项目名称	类型	时间	主持人
35	多维随机地震作用下底部大空间配筋砌块砌体剪力墙结构非线性动力响应及可靠度分析	国家自然科学基金面上项目	2008—2010	蔡勇
36	高层钢结构框支交错桁架结构体系研究	国家自然科学基金面上项目	2009—2011	周期石
37	高速铁路桥梁抗震试验及关键技术研究	铁道部重点攻关项目	2009—2011	蒋丽忠
38	高速铁路工程结构动力学及关键技术研究	铁道部重大攻关项目	2008—2010	余志武
39	钢筋混凝土桥梁剩余寿命评估方法的研究	交通部西部办	2007—2009	余志武
40	高层和超高层钢—混凝土组合结构体系研究	湖南省杰出青年基金	2006—2008	蒋丽忠
41	三山岛金矿断裂构造网络和导水性及建模研究	国家“八五”攻关课题	1992—1993	叶柏龙
42	褶皱形成过程中的不变量和计算机建模研究	国家自然科学基金	1999—2000	叶柏龙
43	PowerNMCS 网络监测与控制一体化安全管理系统	国家创新基金项目	2009—2011	叶柏龙

(三)科研获奖

历年来结构工程学科共获得国家科技进步二等奖 3 项，省部级科技进步一等奖 5 项、二等奖 5 项，其他科研奖励 3 项。

表 2.5.5 科研获奖一览表

序号	项目名称	获奖类型	获奖时间	主要完成人
1	平面杆系结构分析	国家建委三等奖	1978	欧阳炎
2	建筑工程设计软件包	建设部科技成果二等奖	1986	欧阳炎
3	无黏结预应力混凝土框架结构的抗震性能研究	湖南省科学技术进步二等奖	1996	余志武、罗小勇、周朝阳、朱明达
4	预应力混凝土结构设计基本问题的研究	国家科学技术进步奖二等奖	1998	余志武(5)
5	三山岛金矿防水工程研究	国家黄金局科技进步奖二等奖	1994	叶柏龙(2)

续表 2.5.5

序号	项目名称	获奖类型	获奖时间	主要完成人
6	河南洛宁蒿坪沟—铁炉坪地区地质测量及银金多金属矿床成矿预测与建模研究	中国有色总公司科技进步奖二等奖	1994	叶柏龙(2)
7	青海东部阿尼玛青卿山—鄂拉山地区海相火山岩铜矿成矿条件及预测建模研究	中国有色总公司科技进步奖三等奖	1996	叶柏龙(2)
8	异形钢—混凝土叠合板连续组合梁的应用与研究	湖南省科技进步一等奖	2002	余志武、周凌宇、蒋丽忠、罗小勇、魏伟、谢礼群、曹建安
9	预应力钢—混凝土组合梁受力性能与设计方法研究	湖南省科技进步一等奖	2003	余志武、蒋丽忠、周凌宇、罗小勇、郭风琪、谢礼群、曹建安、欧阳炎
10	钢—混凝土组合结构关键技术的研究及应用	国家科技进步奖二等奖	2004	余志武、蒋丽忠、周凌宇、罗小勇、郭风琪
11	自密实高性能混凝土技术的研究与应用	湖南省科技进步一等奖	2007	余志武、谢友均、蒋丽忠、尹健、刘小洁、龙广成、杨元霞、丁发兴、刘赞群
12	加劲肋管技术集成及在现浇砼加劲肋楼盖中应用	湖南省技术发明二等奖	2009	周朝阳(6)
13	GBF 蜂巢芯集成技术及其在现浇混凝土双向空腹密肋楼盖中的应用	湖南省技术发明一等奖	2010	蒋丽忠(4)
14	混凝土桥梁服役性能与剩余寿命评估方法及应用	国家科技进步奖二等奖	2011	余志武(3)、蒋丽忠(9)
15	钢—混凝土组合结构抗震及稳定性的研究与应用	湖南省科技进步一等奖	2011	蒋丽忠、丁发兴、余志武、龚永智、王海波、周旺保、戚菁菁、刘小洁、蔡勇
16	拱撑式建筑用门式钢管脚手架	湖南省科技进步三等奖	2011	杨建军(2)、杨承惁(4)、阎奇武(7)

(四)专利

授权发明专利如表 2.5.6 所示。

表 2.5.6　授权发明专利

序号	发明人	年份	专利名称	授权专利号	授权国家
1	周朝阳	2010	柔性片状材料平行杆式锚固装置及方法	ZL201010516683.8	中国
2	周朝阳	2010	绕杆搭接锚固纤维片材加固结构构件的方法	ZL201010152099.9	中国
3	周朝阳	2010	柔性片状材料绕杆自锁的方法	ZL201010269384.9	中国
4	周朝阳	2010	利用平行双杆锚固纤维片材的方法	ZL201010269381.5	中国
5	周朝阳	2010	利用平行多杆对纤维片材施加预应力的方法	ZL201010269438.1	中国
6	余志武、邱则有、丁发兴	2010	一种异型柱	ZL 201010152127.7	中国
7	余志武、邱则有、蒋丽忠	2010	钢管混凝土组合结构	ZL 201010152109.9	中国
8	余志武、邱则有、谢友均	2010	一种自密实混凝土	ZL 201010152083.8	中国
9	余志武、邱则有、蒋丽忠	2010	混凝土建筑模网组合结构	ZL 201010152106.5	中国
10	余志武、邱则有、蒋丽忠	2010	混凝土剪力墙	ZL 201010152079.1	中国
11	余志武、邱则有、丁发兴	2010	现浇钢筋砼空心板的制作方法	ZL 201010152102.7	中国
12	余志武、邱则有、蒋丽忠	2010	混凝土短肢剪力墙	ZL 201010152131.3	中国
13	余志武、邱则有、蒋丽忠	2010	一种自密实混凝土	ZL 201010152075.3	中国
14	余志武、邱则有、蒋丽忠	2010	模网空心墙的制作方法	ZL 201010152099.9	中国

(五)代表性论文

[1] Zhou Zhaoyang(周朝阳). Discussion on punching shear strength in concrete slabs. ACI Structural Journal, 1991, 88(1): 440 -450.

[2] 叶柏龙. 有限不等厚介质中主层褶皱的模拟实验及理论研究. 地球科学, 1993, 18(2).

［3］喻泽红. 土工网与土相互作用机理的有限元分析. 岩土工程学报，1997，19(3)：76－82.

［4］周朝阳. 配置抗冲切钢筋的混凝土板柱连接的破坏形态与承载力分析. 建筑结构学报. 1997，19(6)：26－32.

［5］Jiang Lizhong(蒋丽忠). The coupling dynamical modeling theory of flexible multibody system. Acta Mechanica Solid Sinica. 1999，12(4)：365－372.

［6］Zhao Yangang(赵衍刚). Moment methods for structural reliability. Structural Safety，2001，23(1)：47－75.

［7］罗小勇. 自密实部分预应力混凝土梁的疲劳性能试验研究. 建筑结构学报，2003，24(3)：76－81.

［8］周期石. 悬索理论在电视塔安装中的应用. 土木工程学报，2003，36(4)：42－48.

［9］Zhao Yangang(赵衍刚). System reliability assessment by method of moments. ASCE Journal of Structural Engineering，2003，129(10)：1341－1349.

［10］余志武. 集中荷载作用下钢—混凝土组合梁界面滑移及变形. 土木工程学报，2003，36(8)：1－6.

［11］蔡勇. 砌体在剪—压作用下抗剪强度研究. 建筑结构学报，2004，25(5)：118－123.

［12］周期石. 水平荷载作用下交错桁架结构的内力和侧移计算. 建筑结构学报，2004，25(4)：66－71.

［13］刘澍. 一种改进的抗震框架梁配筋设计方法. 中南大学学报(自然科学版)，2005，36(3)：527－531.

［14］Ding Faxing(丁发兴). Strength criterion for plain concrete under multiaxial stress based on damage Poisson's ratio. Acta Mechanica Solida Sinica，2006，19(4)：307－315.

［15］刘晓春. 黏结抗拉强度对岩壁梁受拉锚杆应力的影响. 建筑结构学报，2006，S27：570－574.

［16］陆铁坚. 高层筒体结构整体稳定及二阶位移分析的改进条元法. 计算力学学报，2006，23(1)：29－33.

［17］Wang Hanfeng(王汉封). Effect of initial conditions on interactions between a boundary layer and a wall-mounted finite-length-cylinder wake. Physics of Fluids，2006，18：065106.

［18］杨建军. 现浇混凝土空心楼盖的试验研究. 建筑结构，2006，3：71－74.

［19］余志武. 自密实混凝土梁长期变形性能研究. 土木工程学报，2006，39(10)：11－18.

[20] 蔡勇. 配筋砌块砌体剪力墙 1/4 比例模型房屋抗震性能试验研究. 土木工程学报, 2007, 40(9): 16 - 22.

[21] He Xuejun(贺学军). Effect of releasing pretension for RC beams bonded with prestressed FRP strip. AJSE The Arabian Journal for Science and Engineering, 2007, 32(1B): 3 - 9.

[22] 罗小勇. 无黏结部分预应力混凝土梁疲劳性能研究. 建筑结构学报, 2007, 28(3): 98 - 104.

[23] Yu Zhiwu(余志武). Experimental behavior of circular concrete-filled steel tube stub columns. Journal of Constructional Steel Research, 2007, 63(2): 165 - 174.

[24] Zhou Zhaoyang(周朝阳). Effect of releasing pretension for RC beams bonded with prestressed FRP strip. The Arabian Journal for Science and Engineering, 2007, 32(1): 3 - 9.

[25] 朱志辉. 分层土—箱基—结构在爆破地震作用下的计算分析. 岩土工程学报, 2007, 29(2): 231 - 236.

[26] 贺学军. 内嵌 CFRP 板条加固混凝土梁的抗弯性能试验研究. 土木工程学报, 2008, 41(12): 14 - 20.

[27] Kuang Yachuan(匡亚川). Self-repairing performance of concrete beams strengthened using superelastic SMA wires in combination with adhesives released from hollow fibers. Smart Materials and Structure, 2008, 17(2).

[28] 陆铁坚. 钢—混凝土组合梁与混凝土柱节点的抗震性能试验研究. 建筑结构学报, 2008, 29(1): 70 - 74.

[29] 罗小勇. 无黏结预应力钢绞线锈蚀后力学性能研究. 铁道学报, 2008(2), 30(2): 108 - 112.

[30] 卫军. 锈蚀钢筋与混凝土粘结应力模型研究. 建筑结构学报, 2008, 25(12).: 112 - 116.

[31] 丁发兴. 不等弯矩下钢管混凝土偏压柱力学性能研究. 土木工程学报, 2009, 42(9): 47 - 53.

[32] 龚永智. CFRP 筋增强混凝土偏心受压柱受力性能的试验研究. 土木工程学报, 2009, 42(10): 46 - 52.

[33] 黄东梅, 朱乐东, 陈伟. 复杂体型超高层建筑层风力功率谱函数研究. 土木工程学报, 2009, 42(11): 31 - 40.

[34] 陆铁坚. 高层钢—混凝土混合结构拟动力试验研究. 建筑结构学报, 2009, 30(3): 27 - 35.

[35] 阎奇武. 组合连梁与墙肢节点恢复力模型试验研究. 中南大学学报(自然科学版), 2009, 40(2).504 - 511.

[36] Zhao Yangang(赵衍刚). A quality evaluation method for existing carbonated reinforced concrete members. Structure and Infrastructure Engineering, 2009, 5(2): 137 -144.

[37] Guo Wei(国巍). An effective and practical method for solving an unnegligible problem inherent in the current calculation model for multi-support seismic analysis of structures. Science China(Technological Sciences), 2010, 53 (7): 1774 -1784.

[38] 黄东梅, 朱乐东. 超高层建筑层风力空间相干函数研究——分析归纳法. 土木工程学报, 2010, 43(9): 32 -39.

[39] 蒋丽忠. 四肢钢管混凝土格构柱极限承载力的试验研究与理论分析. 土木工程学报, 2010, 43(9): 55 -62.

[40] Lu Zhaohui(卢朝辉). Empirical stress-strain model for unconfined high-strength concrete under uniaxial compression. Journal of Materials in Civil Engineering-ASCE, 2010, 22(11): 1181 -1186.

[41] Lu Zhaohui(卢朝辉). Estimation of load and resistance factors based on the fourth-moment method. Structural Engineering and Mechanics, 2010, 36(1): 19 -36.

[42] Yu Zhiwu(余志武). 钢—混凝土组合结构抗火性能研究与应用. 建筑结构学报, 2010, 31(6): 96 -109.

[43] Ding Faxing(丁发兴). Elasto-plastic analysis of circular concrete-filled steel tube stub columns. Journal of Constructional Steel Research, 2011, 67(10): 1567 -1577.

[44] Wang Hanfeng(王汉封). Streamwise evolution of an inclined cylinder wake. Experiments in Fluids, 2011, 51: 553 -570.

[45] 卫军. 空心板铰缝协同工作性能影响因素分析. 中国公路学报, 2011, 24(2): 29 -33.

[46] Jiang Lizhong(蒋丽忠). Numericsal investigation on seimic responses of high-speed railway isolated bridge with lead rubber bearings. Applied Mathematics & Information Sciences, An International Journal, 2012/3/6.

[47] Li Changqing(李常青). Explicit concomitance of implicit method to solve vibration equation. Earthquake engineering and engineering vibration, 2012, 11(2): 269 -272.

[48] Lu Zhaohui(卢朝辉). Reliability-based assessment of design code provisions for circular CFT stub columns. Advances in Structural Engineering, 2012, 15(11): 1921 -1934.

[49] Wang Hanfeng(王汉封). Effects of aspect ratio on the drag of a wall-mounted finite-length cylinder in subcritical and critical regimes. Experiments in Fluids, 2012, 53: 423 -436.

[50] 卫军. 重载铁路桥梁服役性能评估. 华中科技大学学报(自然科学版), 2012, 40(12): 103 - 106.

[51] 余志武. 重载铁路桥梁疲劳试验研究. 土木工程学报, 2012, 45(12): 115 - 126.

[52] Zhao Yangang(赵衍刚). On the first-order third-moment reliability method. Structure and Infrastructure Engineering, 2012, 8(5): 517 - 527.

[53] Zhou Linyu(周凌宇). Experimental research on end joints of joint plate steel-concrete composite truss. The Baltic Journal of Road and Bridge Engineering, 2012, 7(4).

[54] 周凌宇. 大跨度钢—混凝土组合桁架铁路桥上弦端节点模型试验研究. 土木工程学报, 2012, 45(1): 92 - 99.

[55] 朱志辉. 高速铁路桥梁及场地土交通振动分析. 振动工程学报, 2012, 10, 25(5): 548 - 555.

[56] Guo Wei(国巍). An efficient and accurate method for calculating stochastic seismic response of non-proportionally damped structure. Journal of Structural Engineering, 2013, 139(3): 472 - 474.

[57] Huang Dongmei(黄东梅), Ren Weixin, Mao Yun. Modified complex mode superposition design response spectrum method and parameters optimization for linear seismic base-isolation structures. Earthquakes and Structures (EAS) - An International Journal, 2013, 341 - 363.

[58] 朱志辉. 车—桥振动诱发周围环境及建筑物振动分析. 铁道学报, 2013, 4, 35(4): 102 - 109.

(六)学术交流

国内外学术交流情况见表2.5.7。

表2.5.7 学术交流

序号	学术会议名称	年份	主管协会	主办或协办	参会人数
1	钢—混凝土组合结构创新论坛	2003	中国钢结构协会	主办	75
2	第7届钢—混凝土组合结构会议	2007	中国钢结构协会	主办	
3	第11届后张预应力混凝土全国学术会议	2007	中国建筑结构协会	主办	
4	The 2nd ICACS	2008	ICACS	协办	中国
5	The 10th ISSEYE	2008	ISSEYE	协办	
6	第8届混凝土结构理论与工程应用	2010	中国建筑结构协会	主办	

（七）代表性成果简介

1. 异形钢—混凝土叠合板连续组合梁的应用与研究

完成人员：余志武、欧阳政伟、周凌宇、聂建国、蒋丽忠、罗小勇、钟新谷、魏伟、谢礼群、王立刚、曹建安、罗万象。

完成单位：中南大学、岳阳市建设委员会、清华大学、湘潭工学院。

项目简介：首次提出了异形钢—混凝土叠合板连续组合梁结构体系，开展了一系列理论分析、试验研究和工程应用等创新性研究工作，建立了异形钢—混凝土连续组合梁空间分析理论，提出了不同设计阶段异形钢—混凝土叠合板连续组合梁的设计计算模型、设计方法和构造措施，并通过有限元仿真、模型实验和成桥试验检验了理论分析和设计方法的可靠性。由于本项目研究成果在结构体系、设计理论和设计方法等方面获得了创新与突破，进一步完善了复杂结构体系的分析手段，大大改善了复杂结构体系的受力性能，有效地解决了异形结构区的裂缝和变形控制疑难，实现了异形结构的大跨、轻质、低造价和高性能。本项目研究成果在国内多个城市推广应用，建成了国内第一座位于城市中心区五交路口的异形钢—混凝土叠合板连续组合梁桥（岳阳市琵琶王立交桥），取得了直接经济效益近千万元。该研究成果于2002年获湖南省科技科技进步一等奖。

2. 钢—混凝土组合结构关键技术的研究及应用

完成人员：聂建国、余志武、李勇、蒋丽忠、欧阳政伟、周凌宇、罗小勇、樊健生、陈宜言、郭风琪。

完成单位：中南大学、清华大学、深圳市市政工程设计院、中铁二局股份有限公司、湖南中大建科土木科技有限公司。

项目简介：在国内首先开展了预应力钢—混凝土组合梁受力性能和设计方法的系统研究，在理论分析、试验研究和工程应用等方面取得了一系列创新性成果，独创性地建立了考虑滑移效应影响的钢—混凝土组合梁变形分析理论：滑移—挠度耦合法；提出了预应力钢—混凝土组合梁成套设计方法及加固计算与设计方法，包括极限承载力计算、弯矩调幅、开裂荷载、裂缝宽度、变形及延性计算方法和相应的构造措施，进一步丰富和完善了我国钢—混凝土组合结构设计规程。本项目研究成果已在国内多项实际工程中推广应用，提出了多种新型组合结构体系，在国内外率先提出了预制装配可拆式预应力钢桁—混凝土叠合板组合梁结构体系，成功应用于三峡永久船闸临时施工桥；发展了大跨度预应力钢—混凝土连续组合梁结构体系，成功应用于国内多座城市立交桥中，研究开发了预应力钢—混凝土组合结构加固技术，成功应用于长沙市八一路跨线桥等三项工程中。取得了直接经济效益数千万元和间接经济效益逾亿元。研究成果2003年获湖南省科技科技进步一等奖，2005年获国家科技进步二等奖。

3. 自密实高性能混凝土技术的研究与应用

主要完成人：余志武、谢友均、蒋丽忠、尹健、刘小洁、龙广成、杨元霞、丁发兴、刘运华、刘赞群、陈火炎、陈卫东。

完成单位：中南大学、湖南省建筑工程集团总公司、郴州市建设工程质量安全监督管理站、湖南省中大建科土木科技有限公司、佛山市路桥建设有限公司。

项目简介：基于自密实混凝土制备、检验和设计理论和方法的创新，进行了系统的发明。发明了完整的自密实混凝土材料组成设计方法及制备与应用技术体系，突破了自密实混凝土低成本化和高性能化的关键技术，实现了混凝土传统振捣密实施工方式的革新，创新了高效、低碳建设施工技术，适应了现代建设技术发展的要求；发明了自密实混凝土拌合物“自密实性”的试验测试评价方法，建立了自密实混凝土工程质量控制与评价指标体系，解决了国内外同类试验方法所存在的现场适用性与有效性差的技术难题，确保了自密实混凝土的优良品质，为实现自密实混凝土施工常态化提供了技术支撑；发明了钢—自密实混凝土组合结构加固、聚苯乙烯塑料板—自密实混凝土组合结构节能保温体系和石灰石粉自密实混凝土等多项应用新技术，达到了结构加固后受力性能优异、结构体系自保温节能率达 80% 和废物利用节省水泥 15% 的效果，本项目申请发明专利 25 项，授权 19 项，编制了中国土木工程学会标准《自密实混凝土设计与施工指南》CCES02—2004，研发了自密实混凝土扩大截面加固施工工法——国家工法（YJGF208—2006），获 2007 年湖南省科技进步一等奖。

4. 混凝土桥梁服役性能与剩余寿命评估方法及应用

主要完成人：张建仁、金伟良、余志武、刘扬、王磊、杨金喜、彭建新、彭晖、蒋丽忠、王海龙。

完成单位：长沙理工大学、浙江大学、中南大学、长沙金码高科技实业有限公司、广西交通科学研究院、贵州省交通科学研究院。

项目简介：按不同的老化阶段，对混凝土桥梁构件进行了静载和反复荷载下的破坏性试验，考虑不同跨径影响，确定了桥梁破坏形态，建立了疲劳破坏模型，考虑抗力衰减随机过程，依据混凝土桥梁类型，建立了构件疲劳极限状态方程，依据混凝土桥梁中各构件（包含混凝土梁桥的各主梁、桥墩及临时固结体系、桥台、基础及混凝土拱桥的主拱圈、墩台、拱上建筑、横系梁及临时固结体系等）的空间位置、相互结构联系、重要程度以及现阶段安全状况，提出了各部分在复杂桥梁系统的串并联方式判别方法。考虑随机移动荷载及抗力衰减随机过程的影响，基于桥梁系统中各构件的串并联方式，应用 Monte Carlo 法或 JC 法对混凝土桥梁在不同使用时间内不同车辆荷载循环次数及荷载截口分布参数提出了结构疲劳时变可靠指标。依据车辆荷载出现频率的统计规律及增长趋势的预测方法，结合不同使用年限内混凝土桥梁的疲劳可靠指标计算结果，确定了混凝土桥梁疲劳剩余寿命的计算方法。研究成果2011年获国家科技进步二等奖。

5. 钢—混凝土组合结构抗震及稳定性的研究与应用

主要完成人：蒋丽忠、丁发兴、余志武、陈浩、龚永智、王海波、周旺保、黄刚、戚菁菁、谭青、刘小洁、蔡勇。

完成单位：中南大学、中国建筑股份有限公司、中建五局建设工程股份公司、湖南省中大建科土木科技有限公司。

项目简介：提出了组合梁的抗震设计参数，完善了简支组合梁抗震计算与设计方法，发展了连续组合梁抗震计算与设计方法；建立了钢管混凝土格构柱偏压及轴压稳定承载力和局部稳定性理论分析方法，提出了合理适用的钢管混凝土格构柱稳定承载力的半经验半理论计算公式及其设计方法；建立了工字型钢组合梁、Π型组合梁和组合箱梁稳定性计算方法，提出了组合梁负弯矩区稳定设计的修正方法，建立了组合梁不设横向加劲肋时钢梁腹板的高厚比限值和加劲肋布置间距的计算方法；提出了单肢钢管混凝土组合柱承载力与变形实用计算公式及组合截面实用计算方法，建立了组合框架结构地震作用下弹塑性时程分析方法和基于位移与能量的组合框架抗震分析方法，并编制了相应的分析计算软件，提出了合理的组合框架的抗震设计参数范围；考虑二阶效应及半刚性连接性能对组合框架内力、位移的影响，提出了组合框架的简化塑性稳定设计方法。研究成果在建筑工程和桥梁工程中具有广阔的推广应用前景，在全国十多个城市的二十多个实际工程中得到了推广应用，取得直接经济效益1.7亿元，2011年获湖南省科技进步一等奖。

第六节　道路工程

一、学科发展

道路与铁路工程专业于1983年获硕士学位授予权，1998年获博士学位授予权，2001年被评为国家二级重点学科，2003年获交通运输工程博士后流动站，2007年其所在的交通运输工程学科被评为国家一级重点学科。

道路工程学科的历史沿革最早可追溯到1953年院系调整成立的中南土木建筑学院铁道建筑系与道路建筑系。组建中南大学后，2002年由原长沙铁道学院的“道路与铁道工程”专业和中南工业大学的“道路与桥梁工程”专业合并组建成。道路与铁道工程学科，隶属交通运输工程学科。

1953年中南土木建筑学院正式成立，下设道路建筑系。1960年成立长沙铁道学院，道路建筑系保留在中南土建学院，道路建筑系中的测量教研室随铁道建筑系划归长沙铁道学院。

中南工业大学道路与桥梁工程专业可追溯到原长沙工业高等专科学校。1995年，长沙工业高等专科学校首届公路与城市道路专业专科正式招生，归属建设工程系，时任系主任周建普、系总支书记曾旭日，时任专业基础课和专业课教师有：唐新孝、周建普、周殿铭、张运良、李志成、曾习华、吴湘晖、蔡恒学、马驰峰等。1998年8月长沙工业高等专科学校并入中南工业大学，该专业归属资源环境与建筑工程学院，1998、1999年每年招生2个班80人，2000年，公路与城市道路专业专科停止招生，同时扩大土木工程本科生招生规模，由原来的4个班120人扩招到6个班180人。1998年教育部颁布新的全国本科专业目录，从99级开始，中南工业大学土木工程本科生分“建筑工程”和“道路与桥梁工程”两个专业方向，每届分流到“道路与桥梁”方向的学生近百人。

2000年三校合并组建成立中南大学后，2002年进行专业与院系调整并组建中南大学土木建筑学院，土木工程专业本科生设置道路工程专业方向，因当时道路工程系还未成立，教学由时任副院长的周建普负责。

2004年10月成立道路工程系，抽调岩土工程系的周建普、李志成、龙汉，土木工程材料研究所的周殿铭和测量教研室的吴祖海、李军、彭仪普、宋占峰、孙晓9位教师组成，首任系主任周殿铭，副系主任李军。2005年，增加师资5名(铁道工程系转入蒋建国、曾习华和吴湘晖，引进博士魏红卫和聂志红)。同年5月路基路面实验室正式成立，周殿铭兼任实验室主任。

2006年，原隶属于结构实验室的测量室划入路基路面实验室，测量实验室人员高春华、赵鸿杰、罗梦红、苏立同时转入道路系。系主任为周建普，副系主任为周殿铭、李军、魏红卫，周殿铭兼任实验室主任。同年成立道路系教工党支部，彭仪普任支部书记，蒋建国、高春华任支部委员。刘小明任工会小组长。

2008年9月，徐林荣(岩土工程系支部书记兼副系主任)调任道路工程系主任，周殿铭、李军、魏红卫任系副主任。同时《土木工程地质》课程及任课教师(徐林荣、张新春、李政莲、张旭芝、牛建东5人)转入道路工程系，土木工程地质实验室由岩土系划入道路系路基路面实验室。同年，徐林荣任系主任，周殿铭、李军、魏红卫任副系主任，徐林荣兼任路基路面实验室主任，李军、蒋建国任路基路面实验室副主任。

目前道路工程系下设道路组、工程测量组和工程地质组。

(一)工程测量教研室

自1953年至今，工程测量组伴随高校和院系的历次调整变迁而不断发展。

1.“教研组初建、专攻教学”时期：中南土木建筑学院(1953—1957)

1953年，全国院系调整，中南土木建筑学院设营建、铁道建筑、桥梁隧道、道路建筑4个系，铁道建筑下设测量教研组，教研组主任为范杏祺。

测量教研组成立之初，汇聚多个名校具有丰富教学和实践经验的教师，承担学院各系本专科的“工程测量”技术基础课程教学。

该时期的特点是教研组专攻教学，属纯教学阶段。

2.“开门办学”时期：中南土木建筑学院(1958—1960)、长沙铁道学院(1960—1982)

自1958年始，全国教育改革，为贯彻国家“教育与生产劳动相结合”“开门办学”的方针，测量教研组将测量教学与生产结合，由学校组织、教师带队，带领学生奔赴全国各地完成铁路线路的初测和定测任务，教学质量得到极大的提高。

1960年9月15日，长沙铁道学院正式成立，原中南土木建筑学院测量教研组的13位教师随迁至长沙市南郊烂泥冲，设立长沙铁道学院铁道建筑系测量教研组，教研组主任为蔡俊。

20世纪60年代中期至80年代末，担任过测量教研组组长(室主任)有陈冠玉、蒋琳琳、李嗣科、林世煦、张作容、肖修敢。

20世纪六七十年代，开门办学期间，由测量教研组教师带领学生承担过水口山专用线、陇海线—铁石段改线初定测，广西河唇柳钢专用线、岳阳—公田地方铁路初测，湘东铁路茶陵段定测和韶山铁路勘测等生产任务，有的与现场合作，有的独立完成，足迹遍及大半个中国。

同时期，长沙铁道学院测量组选派张作容参加由铁道部第二勘察设计院主持的第一部《铁路测量规范》的制定工作。

1964年，铁道建筑系更名为铁道工程系，铁道工程系下设测量教研组，教师9人，教研组组长为蔡俊，同年测量课程作为长沙铁道学院13门试点课之一，由测量教研组教师陈冠玉为主讲授经纬仪构造及水平角观测(6节)和误差理论(32节)，并试行郭兴福教学法。

1970年，测量教研组与选线设计教研组合并，共同组建选线测设教研室。

1970年，长沙铁道学院针对铁道工程专业工农兵学员进行教学改革试点，编写教材《铁路勘测设计》，进行了测量学体系的大胆改革，将原来的“先平面测量后高程测量、先学习经纬仪的操作再学习水准仪的操作”的体系改革为“先高程测量后平面测量”。该项教学改革成果反映在由长沙铁道学院组织编印的内部使用教材《铁路勘测设计》(1971)和《铁路测量》(林世煦主编，1976)中。

3.“提高发展”时期：长沙铁道学院(1976—2000)、中南大学(2000—2003)

1978年，张作容著《典型图形固定系数法平差》，测绘出版社出版。

1979年，长沙铁道学院张作容、林世煦、苏思光参编由铁道部组织编写的第一部路内专业测量教材《铁道工程测量学》。

1983年，铁道工程系选线测设教研室进行调整，成立工程测量教研室，教师9人，教研室主任为张作容。同年，工程测量教研组开始招生硕士研究生金向农和周懿，于1986年毕业，并取得硕士学位，导师张作容。

1984 年，张作容与周霞波著《测边网和边角网力学方法平差》，人民铁道出版社。

1985 年，张作容当选为湖南省测绘学会第三届理事会副理事长。

1986 年 3 月，张作容、周霞波被邀参加 1986 年国际测量工作者协会多伦多会议，并在大会上宣读论文《功能原理在测边网和边角网平差中的应用》。

1986 年 9 月 17 日，张作容、周霞波的题目为《功能原理在测边网和边角网平差中的应用》的论文在全路高校科研成果和学术论文报告会学科会上宣读，并荣获学术论文报告会土建类学科二等奖。

1987 年，长沙铁道学院肖修敢参加铁道部路内高校《铁道工程测量学》(上册)修订的审稿会议。

1987 年，长沙铁道学院土木工程系工程测量教研室负责湖南省自学考试的测量实习及操作考核。

1988 年，林世煦获长沙铁道学院教学优秀二等奖。

1989 年，林世煦、刘道强、肖修敢共同主持的"'测量学'教学改革"项目荣获长沙铁道学院 1989 年度教学成果二奖。

1990 年，林世煦获长沙铁道学院"优秀教师"荣誉称号。

1992 年，吴斌、苏思光、金向农、罗梦红参与完成了益娄线窄轨改标准轨的测量工作。

1992 年，吴斌参加湖南省首届青年科技大会，宣读论文。吴斌、罗梦红参与完成了广深高速公路太平互通勘测设计，吴斌任测量专业负责人。

1993 年，铁道部路内部分高校依据铁道工程、桥梁、隧道专业教学指导委员会的决定，集体编写并出版《测量学》，兰州铁道学院曾昭武主编，长沙铁道学院苏思光主审，林世煦参编第六、十二和十三章，中国铁道出版社出版。

1993 年，林世煦获长沙铁道学院教学优秀二等奖。

1993—1995 年，由工程测量教研室教师负责，先后完成了猴子石大桥既有墩台检测及桥址河床断面测量、湘乡水泥厂专用线棋梓桥站扩建勘测、惠州博罗大桥连接线勘测和长沙市二环线新中路立交桥施工监测等工作。

1994 年，长沙铁道学院土木工程系测量教研室承办了由湖南省测绘局主办的全省测绘系统人员培训工作。

1995 年，吴斌、肖修敢参加湖南省测绘局测绘学会在五强溪水电站举行的学术年会，在会上发言并获优秀论文奖。

1997 年，吴斌参加湖南省第二届青年科技大会，宣读论文，获优秀论文奖。同年，吴斌论文获省自然科学优秀论文二等奖，吴祖海论文获省自然科学优秀论文三等奖。

4."专业融合与新发展"时期：中南大学(2004—2013)

2005 年，工程测量教研室全体教师编写教材《土木工程测量》(主编：宋占峰，李军；主审：吴祖海），用于土木工程、交通运输、工程管理、工程力学等本科专业的测量教学，使用至今。

2009 年，吴祖海、李军指导土木工程 2006 级 8 位同学参加湖南省第一届大学生测绘实践创新技能竞赛，荣获非专业组一等奖；与信息物理学院的专业组共同组团，荣获湖南省参赛高校团体一等奖。吴祖海、李军荣获湖南省拓普康杯大学生测绘实践创新技能竞赛“优秀指导教师”称号。

2009 年，孙晓参加湖南省普通高校青年教师教学比赛，荣获湖南省普通高校“青年教师教学能手”称号。

2010 年 7 月，工程测量教研室承担了对北京铁城建设监理有限责任公司监理人员进行高速铁路无砟轨道铁路工程测量技术培训的工作。

2010 年，宋占峰、孙晓指导土木工程 2008 级 8 位同学参加湖南省第二届大学生测绘实践创新技能竞赛，荣获非专业组特等奖；与信息物理学院的专业组共同组团，荣获湖南省参赛高校团体一等奖。

2012 年，宋占峰、李军指导土木工程 2010 级 8 位同学参加湖南省第三届大学生测绘实践创新技能竞赛，4 位同学获得非专业组特等奖，4 位同学获得非专业组一等奖；与地信学院的专业组共同组团，荣获湖南省参赛高校团体一等奖。宋占峰、李军荣获湖南省第三届大学生测绘实践创新技能竞赛“优秀指导教师”称号。

（二）工程地质教研室

高校和专业设置经历了多次调整和变迁，中南大学校“工程地质”课程建设与发展大致经历了三个阶段。

1. 中南土木建筑学院时期(1953—1959)

1953 年全国高校院系调整时，由中南和西南地区 7 所院校的土建和铁道类专业合并组建中南土木建筑学院(后相继更名为湖南工学院、湖南大学)。当时该校的铁道建筑、桥梁隧道两个专业即开设有地质学与水文地质学课程，至今已有近 60 年历史。

2. 长沙铁道学院时期(1960—1999)

1960 年，中南土木建筑学院的铁道建筑、桥梁隧道、铁道运输三个铁道方面的系和专业成建制分出，在新校址成立长沙铁道学院，隶属铁道部，铁道建筑系 6 位从事工程地质的教师：李家钰、陈昕源、荘大新、张俊高、董学科、杨美良，设立工程地质教学小组，李家钰任教学组主任，并同时建立地质实验室，实验室使用面积 116.7 平方米，可开设 6 个实验项目，有 1 名实验人员。1964 年铁道建筑系更名为铁道工程系，下设工程地质及土力学地基基础教研组，其中工程地质教学小组教师 6 名：宁实吾、李家钰、陈昕源、张俊高、董学科、杨美良，宁实吾任教学组主任。铁道建筑、桥梁隧道两专业(1970 年合并为铁道工程专业，1995

年更名为交通土建工程专业)开设的课程更名为铁道工程地质。1976 年与 1985 年先后增设工民建专业(1994 年更名为建筑工程专业)与工程管理专业，每年每专业招生 2 ~ 3 个班，约 60 ~ 90 人开设该课程。其中，1984 年工程地质从土力学地基基础教学小组分离，成立工程地质教研室，教研室教师 6 人：杨雅忱、李家钰、陈昕源、张俊高、董学科、张新兵，主任为杨雅忱，实验室主任为张新兵，相关课程开设 3 门："工程地质""工程地质与土力学"和选修课"遥感技术"。1990—1997 年，教研室主任为陆海平。

1997 年根据教育部颁布的《本科专业目录》，交通土建工程与建筑工程两专业合并为土木工程专业，1999 年招生已达 438 人，课程更名为土木工程地质。2000 年后，工程地质教研室、土力学地基基础教研室与中南工业大学地基基础教研室合并组成岩土工程系，期间徐林荣教授担任系副主任，并负责工程地质教学组。

教材使用与建设：1978 启用由西南交通大学主编，我校李家钰老师主审的《铁路工程地质》，该书于 1995 年再版，仍由李家钰老师主审。

3. 中南大学时期(2000—2013)

开设该课程的专业有：土木工程专业(涵盖铁道工程、桥梁工程、隧道与地下结构工程、建筑工程与道路工程 6 个方向)每年招生 16 个班约 550 人(40 学时，其中室内课 6 学时，野外实习 2 周)，工程管理专业每年两个班约 60 人(32 学时，其中室内课 6 学时，野外实习 2 周)，建筑与艺术学院的城市规划专业约 60 人(24 学时)，课程负责人徐林荣。2006 年 6 月，联合广州铁路局娄底工务段，将土木工程地质课程野外实习基地成功申报为省级优秀实习基地。2008 年，土木工程地质课程从岩土工程系分离并入道路工程系，课程负责人为徐林荣，目前，该课程教师 11 人(含岩土系 3 人)。

由徐林荣、肖武权等编制了土木工程地质作为室内实习、野外实习和配套练习讲义。作为本课程教材的延伸，2005 年由徐林荣任副主编，机械工业出版社出版了全国研究生土木工程系列教材之一《高等工程地质》。

二、师资队伍

(一)队伍概况

中南大学土木工程学院道路工程系自 2004 年重组以来，共引进海内外博士 11 人。截至 2013 年 7 月 30 日，道路工程系共有教职工 35 人，其中教授 4 人，副教授 14 人，讲师 10 人，高级工程师 1 人，工程师 2 人，工人 3 人。其中博士生导师 3 人，硕士生导师 22 人。教师基本情况见表 2.6.1。

表 2.6.1 在职教师基本情况

	合计	职称				年龄			学历		
		教授	副教授	讲师	助教	55岁以上	36～55岁	35岁以下	博士	硕士	学士
人数	28	4	14	10	0	3	17	8	16	11	1
百分比(%)	100	14	50	36	0	11	60	29	57	39	4

2004 年系成立以来，师资团队发展变化见表 2.6.2。

表 2.6.2 现有师资团队发展表

年份	教职工成员	博士	研究生导师	教职工总人数
2004	周殿铭、周建普、吴祖海、彭仪普、李军、宋占峰、孙晓、龙汉、李志成	2	2	9
2005	转入：蒋建国、曾习华、吴湘晖、罗梦红、高春华、赵鸿杰；引进：魏红卫、聂志红	5	6	17
2006	转入：肖益铭	5	6	18
2007	引进：刘小明；转入：谭建伟	6	6	20
2008	转入：徐林荣、李亮、吴斌、张新春、李政莲、张旭芝、牛建东；引进：邹金锋；转出：李志成	10	9	20
2009	引进：马昆林、李海峰；转出：龙汉	14	13	28
2010	引进：杨伟超、赵炼恒	16	14	30
2011	引进：刘维正、但汉成	18	16	32
2012	引进：吴昊	19	19	33
2013—	转入：肖彩	19	22	35

（二）历任系（室）负责人

道路工程系自 2004 年成立历任系主任见表 2.6.3，其中道路系下属的测量组和地质组历任负责人见表 2.6.4 和 2.6.5。

表 2.6.3 历任系主任表

时间	系主任	系副主任	备注
2004—2006	周殿铭	李军	中南大学土木建筑学院
2006—2008	周建普	周殿铭、李军、魏红卫	中南大学土木建筑学院
2008—2012	徐林荣	周殿铭、李军、魏红卫	中南大学土木建筑学院
2012—	徐林荣	周殿铭、李军、魏红卫	中南大学土木工程学院

表 2.6.4 测量组历任负责人

时间	机构名称	主任	副主任	备注
1953—1960	测量教研组	范杏祺		中南土木建筑学院铁道建筑系
1960—20 世纪 60 年代中期	测量教研组	蔡俊		长沙铁道学院铁道建筑系
20 世纪 60 年代中期至 80 年代末	测量教研组	陈冠玉 蒋琳琳 李嗣科 林世煦 张作容 肖修敢		长沙铁道学院铁道建筑系 长沙铁道学院铁道工程系 长沙铁道学院土木工程系
1989—1995	测量教研室	吴斌		长沙铁道学院土木工程系
1995—2003	测量教研室	吴祖海		长沙铁道学院土木工程系 长沙铁道学院土木建筑学院 中南大学土木建筑学院
2003—2004	测量教研室	李军		中南大学土木建筑学院

表 2.6.5 地质组历任负责人

时间	机构名称	主任	副主任	备注
20 世纪 60 年代初至 80 年代初	工程地质及土力学地基基础教研组	李家钰 宁实吾		长沙铁道学院桥梁隧道系 长沙铁道学院铁道工程系 长沙铁道学院土木工程系
1984—1990	工程地质教研组	杨雅忱		长沙铁道学院土木工程系
1990—1997	工程地质教研组	陆海平		长沙铁道学院土木建筑学院岩土工程系(教研室)
1997—2008	岩土工程系(教研室)	冷伍明	徐林荣 肖武权	中南大学土木建筑学院，期间工程地质教研组并入岩土工程系

（三）教授简介

周建普教授：男，1954 年 11 月生，湖南长沙人。中共党员，硕士生导师。1982 年 7 月毕业于原中南矿冶学院地质普查与勘探专业，一直在高校从事矿山地质、工程地质、道路工程的教学与科研工作，已指导硕士研究生 20 余名，先后主讲“矿山地质学”“矿床学”“矿山地质经济与管理”“路基路面工程”“土力学”“地基处理与加固”“边坡工程”“土木工程地质”“土木工程导论”等课程。主持和参与科研、设计、监理项目 20 余项，获教育部主持的中国高校科技进步奖一等奖 1 项，排名第 4，发表学术论文 30 余篇，2 篇被 EI 收录，公开发表教改论文 6 篇；获湖南省教改成果二等奖 1 项，排名第 1；2008—2010 年主持完成湖南省“路基路面工程”网络教育精品课程建设；历任湖南省地质学会理事，湖南省公土路学会理事、常务理事，湖南省公土路学会道路专业委员会副理事长，长沙工业高等专科学校建工系系主任、中南大学资源环境与建筑工程学院副院长、土木建筑学院副院长、土木建筑学院工会主席等职。

李亮教授：男，1962 年 10 月生，博士，博士生导师，全国岩土力学与工程学会理事，湖南省岩石力学学会分会副理事长。一直从事道路与铁道工程和岩土工程方面的教学与研究，主要在岩土极限分析上下限理论、孔扩张理论及应用、岩土多孔介质渗流理论及其应用、地基基础共同作用、复杂边坡稳定性分析与加固、软土地基处理、路基塌方沉陷修复技术、公（铁）路桥梁桩基础注浆加固技术、路面结构力学以及高温多雨地区路面水损害与治理等专题开展研究。主持完成国家级、省部级科技项目 20 余项、横向科研项目 50 余项。现今主要承担国家 863 项目、国家自然科学基金项目、铁道部科技研究开发计划项目等国家及省部级项目 10 余项，企事业委托重大工程项目 10 余项。获得省部级科技进步一等奖 1 项、二等奖 3 项。发表学术论文 190 余篇，其中 SCI、EI 收录 100 余篇，获得专利 2 项。先后为本科生、研究生主讲“高等土力学”“基础工程”“地基基础相互作用”“岩土工程最新进展”等多门专业课程，出版专著 1 部。指导博士 17 名、硕士 40 余名，其中，协助指导 1 名博士获全国优秀博士论文奖，指导 1 名博士获全国优秀博士学位论文提名奖，指导 2 名博士生获湖南省优秀博士论文奖，指导 1 名硕士获湖南省优秀硕士论文奖。

吴斌教授：男，1962 年 11 月生。工学硕士、硕士生导师。1984 年长沙铁道学院铁道工程系铁道工程专业毕业留学校，承担“工程测量”“测量学”课程教学和实习指导。曾任长沙铁道学院土木系工程测量教研室主任，长沙铁道学院教务处副处长，评价办副主任，中南大学教务处副处长、本科生院培养管理处处长。公开发表论文 50 余篇，其中 EI、CSCD、CSSCI 收录 30 余篇。获湖南省青年科技大会优秀论文奖，湖南省自然科学优秀学术论文二等奖，中国铁道学会优秀论文二等奖等省级优秀论文7篇。出版著作1部。承担省级以上科研项目6项、教研项目8项。先后获国家教学成果二等奖1项、省教学成果一等奖2项、省教学成果二等奖5项、省教学成果三等奖1项。1999年获“湖南省高等学校优秀教务处先进工作者”，2002年获中国科学技术发展基金会“茅以升铁路教育专项奖”，2007年获“湖南省高等学校优秀教务工作者”，2010年参与主持的“误差理论与测量平差基础”课程获国家精品课，2012年获“湖南省优秀教育工作者”、记二等功。现主要从事测量类课程教学研究和教育管理工作，主要研究方向为误差理论与力学平差方法的理论研究及应用。

徐林荣教授：男，汉族。1964年9月生，浙江嘉兴人，博士，博士生导师。1986年毕业于西南交通大学工程地质专业，同年分配到长沙铁道学院，历任助教，讲师，副教授与教授，现任中南大学道路工程系主任，湖南省有色资源与地质灾害探查重点实验室副主任，国际土工合成材料工程协会会员，铁道学会地质与路基专业委员会副主任委员。长期从事工程地质、岩土工程与道路工程的教学与科研工作。主要研究方向为地质灾害治理设计与评价、特种土路基处治设计理论与施工技术、高铁工后沉降控制与土工合成材料应用。主持科研项目22项，其中国家级5项，省部级17项。研究成果在高铁与汶川地震灾区中得到广泛应用。在国内外刊物发表论文100余篇，有30余篇论文被SCI、EI、ISTP收录。2001年被列为湖南省青年骨干教师培养对象；作为第一负责人，2006年获“土木工程地质”课程省级优秀实习基地；2010年，“土木工程地质”获中南大学精品课程奖励；获省部级科研二等奖2项；已指导30余名硕、博士研究生毕业。主讲过本科生课程6门，硕、博士生课程3门。

三、人才培养

(一)本科教育

原中南工业大学土木工程本科专业道路工程方向从1999年开始面向全国招生，每年招收3个班，学生90人左右。

2000年，三校合并，原中南工业大学土木工程本科专业道路工程方向学生划归中南大学资源环境与建筑工程学院。

2002年中南大学开展专业与院系调整，中南大学资源环境与建筑工程学院土木工程本科专业道路工程方向学生划归中南大学土木建筑学院。中南大学土木建筑学院设土木工程本科专业道路工程方向，并停招专科生。

1997—2013年土木工程本科专业(道路工程方向)及公路与城市道路专业(专科)招生规模及人数见表2.6.6。

土木工程专业道路工程方向及公路与城市道路专业的本专科生服务对象包

括：高等院校及有关研究单位、交通管理部门、各级交通设计研究院、交通施工单位、监理单位等。

表 2.6.6　道路工程方向本、专科招生规模及人数(1997—2013)

年级	生源	招收班数	人数
1997 级(公路与城市道路专业专科)	长沙工业高等专科学校	2	80
1998 级(公路与城市道路专业专科)	长沙工业高等专科学校	2	80
1999 级(公路与城市道路专业专科)	中南工业大学	2	80
1999 级	中南工业大学	3	90
2000 级	中南工业大学	3	90
2001 级	中南大学	6(资环院 3 个班，土建院 3 个班)	180
2002 级	中南大学	3	90
2003 级	中南大学	3	90
2004 级	中南大学	3	90
2005 级	中南大学	2	60
2006 级	中南大学	2	60
2007 级	中南大学	2	49
2008 级	中南大学	2	48
2009 级	中南大学	2	42
2010 级	中南大学	2	47
合计		39	1176

（二）研究生教育

本学科从 1983 年开始了硕士研究生的培养工作，1998 年开始了博士研究生的培养工作。硕士研究生导师名单见表 2.6.7，博士研究生导师见表 2.6.8。

表 2.6.7　硕士研究生导师表

序号	姓名	职称	职务	受聘时间
1	李　亮	教授	中南大学研究生院学科办主任	1994
2	徐林荣	教授	系主任	1999
3	周建普	教授	院工会主席	1999

续表 2.6.7

序号	姓名	职称	职务	受聘时间
4	吴　斌	研究员	中南大学本科生院培养办主任	2004
5	彭仪普	副教授	系支部书记	2004
6	蒋建国	副教授		2004
7	魏红卫	副教授	系副主任	2005
8	宋占峰	副教授		2005
9	聂志红	副教授		2005
10	李　军	副教授	系副主任	2008
11	周殿铭	副教授	系副主任	2009
12	吴祖海	副教授		2009
13	张新春	副教授		2009
14	邹金锋	副教授		2010
15	刘小明	副教授		2011
16	吴　昊	副教授		2011
17	马昆林	副教授		2012
18	李海峰	副教授		2012
19	赵炼恒	讲师		2012
20	杨伟超	讲师		2013
21	刘维正	讲师		2013
22	但汉成	讲师		2013

表 2.6.8　博士研究生导师表

序号	姓名	职称	职务	受聘时间
1	李　亮	教授	中南大学研究生院学科办主任	2002
2	徐林荣	教授	系主任	2004
3	魏红卫	副教授	系副主任	2012

(三)教学成果

1. 本学科的优秀硕士博士论文见表2.6.9，及出版的教材见表2.6.10。

表2.6.9 优秀博士/硕士论文

序号	时间	专业	获奖学生	获奖级别	指导老师
1	2002	道路与铁道工程	徐林荣	中南大学优秀博士论文	刘宝琛
2	2005	道路与铁道工程	杨小礼	全国优秀博士论文	刘宝琛
3	2010	道路与铁道工程	邹金锋	全国优秀博士论文提名奖	李 亮
4	2010	道路与铁道工程	邹金锋	湖南省优秀博士论文	李 亮
5	2011	道路与铁道工程	马昆林	湖南省优秀博士论文	谢友均
6	2011	地下与隧道工程	邹金锋	湖南省优秀博士后	李 亮
7	2011	道路与铁道工程	马国存	湖南省优秀硕士论文	蒋建国
8	2012	道路与铁道工程	赵炼恒	湖南省优秀博士论文	李 亮
9	2012	道路与铁道工程	邓东平	湖南省优秀硕士论文	李 亮
10	2013	道路与铁道工程	但汉成	中南大学优秀博士论文	李 亮

表2.6.10 出版教材

序号	著作名称	出版社/编印单位	出版/编印时间	著/编/译者
1	测量学	中南土木建筑学院 印	1959	测量教研组(译) 程昌国总校
2	铁路勘测设计	长沙铁道学院 印	1971	选线测设教研室
3	铁路测量	长沙铁道学院印	1976	选线测设教研室测量组编， 林世煦主编
4	铁道工程测量学	人民铁道出版社	1979	张作容、林世煦、苏思光参编
5	测量学	中国铁道出版社	1993	林世煦参编，苏思光主审
6	土木工程测量	吉林科学技术出版社	2005	宋占峰、李军主编，吴祖海主审
7	高等工程地质	机械工业出版社	2005	徐林荣副主编
8	地基处理与加固	中南大学出版社	2002	徐林荣参编

2. 省级以上教学成果奖

表 2.6.11 获得的教学成果奖

序号	项目名称	获奖年份	获奖名称及等级	主要完成人
1	主动适应社会主义市场经济，努力探索专业改造新路子	1997	湖南省高等教育省级教学成果二等奖	周建普
2	本科毕业设计管理与指导模式研究与实践	2001	湖南省教学成果二等奖	吴斌(1)
3	高校教务管理运行机制的构建与实践	2006	湖南省教学成果二等奖	吴斌(1)
4	基于高校内部教学质量保障体系的本科教学评估长效机制的研究与实践	2009	湖南省教学成果二等奖	吴斌(1)
5	工程测量课件	2009	湖南省多媒体教育软件大赛三等奖	彭仪普(2)
6	“土木工程地质”课程省级优秀实习基地	2006	湖南省教育厅教学成果奖	徐林荣(1) 肖武权(2) 李政连(3) 张旭芝(4) 乔世范(5) 张新春(6)
7	“路基路面工程”	2010	湖南省精品课程	周建普、蒋建国

3. 省级以上教学荣誉

表 2.6.12 获得的荣誉称号

序号	年份	获奖名称及等级	获奖人
1	1999	湖南省高校优秀教务处先进工作者	吴斌
2	2001	湖南省青年骨干教师培养对象	徐林荣
3	2002	茅以升铁路教育专项奖	吴斌
4	2007	湖南省普通高等学校优秀教务工作者	吴斌
5	2009	湖南省普通高校青年教师教学能手	孙晓
6	2012	湖南省优秀教育工作者，并记二等功	吴斌
7	2011	中南大学升华育英计划	邹金锋
8	2011	湖南省新世纪“121”人才工程	马昆林
9	2013	中南大学“531”人才队伍建设工程	李亮、邹金锋、马昆林、李海峰、赵炼恒、但汉成

4. 教学论文

表 2.6.13　教学论文

序号	作者姓名	论文题目	刊物名称	发表年月
1	徐林荣、李亮、李政莲	“铁路工程地质”课程教学改探讨	铁路教育研究	1998(4)
2	徐林荣、金亮星、张旭芝、肖武权	提高“工程地质”课程野外实习效果的探讨	铁路教育研究	1999(2)
3	李军	导线计算的综合数学模型	四川测绘	1999(1)
4	吴斌、林其荣	以教改研究为龙头　全面推进教育改革与实践	中国高教研究	2001(5)
5	吴斌、程金林、靳晓枝	毕业设计的管理与指导模式研究	高等工程教育研究	2002(1)
6	吴斌、程金林	与时俱进 建设高素质的教学管理队伍	长沙铁道学院学报(社科版)	2002(4)
7	李军、李飞	模块化设计方法在多媒体课件开发中的应用	企业技术开发	2003(6)
8	周建普、吴祖海	“路基路面工程”多媒体教学研究与实践	长沙铁道学院学报(社会科学版)	2006.7(2)
9	周殿铭	普通沥青混凝土与改性沥青混凝土三大指标及力学性质初探	长沙铁道学院学报(社会科学版)	2006.7(1)
10	李军、吴祖海	“工程测量”课程中误差传播定律的教学与思考	长沙铁道学院学报(社会科学版)	2006(2)
11	吴斌、马赛	高效教务管理运行机制研究	高等工程教育研究	2007(5)
12	彭仪普、廖红	土木工程专业道路方向毕业设计(论文)的教学思考	长沙铁道学院学报(社会科学版)	2007.8(1)
13	张旭芝、徐林荣	简论土木工程专业“工程地质”的实习教学	职业教育研究	2009(4)
14	孙晓	土木工程测量教学改革的实践与探索	长沙铁道学院学报(社会科学版)	2009.10(1)
15	徐林荣、牛建东、张旭芝、乔世范	PDCA 质量管理模式在“土木工程地质”野外实习中应用研究	长沙铁道学院学报(社会科学版)	2010.11(1)

续表 2.6.13

序号	作者姓名	论文题目	刊物名称	发表年月
16	蒋建国、周建普	“路基路面工程”网络教学探讨	长沙铁道学院学报(社会科学版)	2010.11(1)
17	刘小明、蒋建国	加强土木工程类毕业设计质量控制的思考	长沙铁道学院学报(社会科学版)	2011.12(1)
18	李海峰、徐林荣、李军、彭仪普	面向现代测绘技术的“土木工程测量”教学体系改革方法探讨	广西轻工业	2011(8)
19	马昆林、徐林荣、李军	工程测量课程在非测绘专业中教学方法的改革与思考	科技创新导报	2011(21)
20	蒋建国、刘小明	道路工程专业毕业设计指导时代性的探讨	中国电力教育	2012(31)
21	蒋建国、刘小明、李耀庄	区域内土木类高校实验室资源共享基础模块研究	实验室科学	2012(10)
22	刘小明、蒋建国、余志武	“沥青及沥青混合料实验”实践环节区域共享虚拟教学平台的建设	科技资讯	2012(23)
23	刘维正、徐林荣、李军	区域内高校毕业设计数字化教学资源共建共享的探索与实践	长沙铁道学院学报(社会科学版)	2013.14(1)
24	宋占峰、李军、吴祖海	注重质量控制，进行多元化实验教学模式研究——以全站仪数字测图为例	长沙铁道学院学报(社会科学版)	2013.14(1)

四、科学研究与学术交流

(一)主要研究方向

道路与铁道工程学科点紧密结合国家高速交通(公路、铁路)发展的重大需求开展前沿性科学研究，形成了以下 5 个独具特色的研究方向：

1. 路基稳定性分析与加固设计理论与路基填筑技术

该方向形成了独特的面向多因素复杂条件下路基边坡稳定性的极限分析理论，基于失稳状态耗能最小原理的复杂边坡加固设计能量方法和基于滑移线场理论的非线性土工构筑物稳定性分析理论为路基稳定性分析与加固设计奠定了理论基础；指导研究生获国家优秀博士论文提名奖 1 项。获省部级科技进步一等奖 1

项，省部级二等奖励 4 项。

2. 高速铁(公)路路基施工技术、地基处理与工后沉降控制

开发了公路特殊土填料(石棉尾矿与冰水堆积物)与紧邻既有线的客运专线建设路基填筑与质量控制成套技术，形成了广泛应用于路基工程施工的技术指南，基于控制工后沉降研究开发的多种地基处理技术与高铁工后沉降计算新方法，成功应用于京沪、沪宁、甬台温、赣龙、兰新、哈大、武广、郑武等1000 余千米，部分成果鉴定为“具有国际先进水平”，并获省部级科技进步二等奖 2 项，其他奖励 2 项。

3. 现代勘测技术及选线设计优化理论与方法

该方向紧密结合高速铁路快速发展的形势，发展了面向高速铁路建设的精密测量技术、参与研发了轨道“SGJ－T－CSU－1”型轨道精密测量系统，将现代测绘技术(GIS、RS)与选线优化理论方法相融合，成功应用于武广、郑武、杭长等高速铁路建设，为轨道精密测量与安装提供技术保障；参与研发数字选线系统，参与研发的数字选线系列研究成果已在国内 80% 以上的铁路勘测设计单位推广应用，先后获得了全国工程设计优秀软件金奖、铁道部工程勘察设计优秀计算机软件一等奖、湖南省科技进步二、三等奖、四川省科技进步二等奖及中国公路学会科技三等奖等国家级、省部级奖励，并取得了重大社会效益。

4. 路面病害诊断及快速修补技术

该方向结合我国高等级公路的快速发展，发展了高等级公路路面结构与材料及其快速修补材料技术，路面病害检测与修复技术，山区高速公路测设技术，为我国高等级路面材料的选择与发展提供了理论支持。发表相关论文 30 余篇，主持相关科研课题 10 余项，创造了较好的社会和经济效益。

5. 线域(铁路、公路)工程地质灾害监测预警技术和方法

提出了以“线域”作为地质灾害的监测和预警的最新研究主体，采用多源传感器网络理论，建立空天地一体化的线域灾害主动感知体系的方法；提出了工程易损性评价方法，发展了地质灾害风险分析方法，为活动断裂区铁路与公路的选线与灾害治理提供理论指导与技术保障；提出的地质灾害防治工程的优化方法，在四川汶川地震灾区泥石流治理项目中得到推广应用，并获省部级科技进步二等奖 1 项。

(二)科研项目

近年来，道路工程系主持或参加了国家科技攻关、省部级以及横向研究项目 60 余项，获省部级科技进步三等奖以上奖励 19 项，具体见表 2.6.14、表 2.6.15 和表 2.6.16 所示。

表 2.6.14 科研成果简表

年代	科研项目			研究生培养		EI/SCI论文
	国家级项目/个	省部级以上项目/个	省部级以上获奖/人次	硕士	博士	
2004 年以前	1	3	4		校优 1 名	—
2004—2005	0	2	2		国优 1 名,	1
2006—2008	2	9				57
2009		5	1			33
2010	1	6	4		省优 1 名，国优提名 1 名	33
2011	4	2	3	省优 1 名	省优 1 名	42
2012	5	7	5	省优 1 名	省优 1 名	45
2013—	6	7	2		校优 1 名	未统计

表 2.6.15 承担的国家及省部级科研项目

序号	项 目 名 称	课题来源	起讫时间	承担人
1	高性能环保型纳米沥青复合材料研发的项目研究(子题负责人)	国家(863)计划重点项目	2008—2011	李亮
2	高速铁路软土地基沉降变形规律与控制方法研究(U1134207)	国家自然科学基金(高铁联合基金)	2012—2015	徐林荣
3	基于模糊控制理论的筋土界面参数测试方法与计算模型合理选择研究(50578159)	国家自然科学基金(面上项目)	2005—2008	徐林荣
4	地震作用下桥台—加筋路堤—基础共同作用特性及抗震稳定加固机理(50778181)	国家自然科学基金(面上项目)	2008—2010	魏红卫
5	高速铁路无砟轨道桩—筏复合地基固结特性与沉降控制机理研究(51078358)	国家自然科学基金(面上项目)	2011—2013	徐林荣

续表 2.6.15

序号	项 目 名 称	课题来源	起讫时间	承担人
6	基于失稳状态耗能最小原理的边坡失稳与加固设计方法研究及应用(51078359)	国家自然科学基金(面上项目)	2011—2013	李亮
7	高速铁路隧道内接触网系统气—固耦合振动机理及风致疲劳实验研究(51008310)	国家自然科学基金(青年基金)	2011—2013	杨伟超
8	多任务并发条件下 QoS 感知的空间信息服务优化组合方法(41001220)	国家自然科学基金(青年基金)	2011—2013	李海峰
9	装配式土工合成材料加筋挡土墙抗震特性及设计方法研究(51178472)	国家自然科学基金(面上项目)	2012—2015	魏红卫
10	硫酸根离子在混凝土中迁移机制的研究(51108463)	国家自然科学基金(青年基金)	2012—2014	马昆林
11	荷载—环境介质耦合作用下透水混凝土路面耐久性能劣化规律及力学机理研究(51208521)	国家自然科学基金(青年基金)	2013—2015	吴昊
12	压缩破坏机制下非线性圆孔扩张问题能耗法系方法研究(51208523)	国家自然科学基金(青年基金)	2013—2015	邹金锋
13	基于上限有限元运动单元法的堆积边坡非线性失稳机理研究(51208522)	国家自然科学基金(青年基金)	2013—2015	赵炼恒
14	泥石流危害桥隧工程承灾链特征与工程易损度动态评价方法研究(41272376)	国家自然科学基金(面上项目)	2013—2016	徐林荣
15	长期循环荷载作用下软土结构损伤机理与累积变形特性研究(51208517)	国家自然科学基金(青年基金)	2013—2015	刘维正
16	潮湿山区路面凝冰机理与凝冰环境预测模型研究	国家自然科学基金(主任基金)	2013—2013	但汉成
17	基于非饱和渗流理论的路面排水基层平衡设计理论及方法研究	国家自然科学基金(青年基金)	2014—2016	但汉成
18	无砟轨道路基沉降控制系统技术深化研究(子题)	铁道部重大项目	2011—2012	徐林荣
19	沉降控制复合桩基变形特性与沉降控制效果(子题)	铁道部重大项目	2008—2011	徐林荣

续表 2.6.15

序号	项 目 名 称	课题来源	起讫时间	承担人
20	高速铁路灾害防治与应急救援技术措施研究(子题)	铁道部专项课题	2011—2013	徐林荣
21	活动断裂区泥石流防治技术与推广应用研究(子题)	西部交通项目	2008—2011	徐林荣
22	冰水堆积物地区高速公路路基修筑技术研究	四川省交通厅项目	2006—2009	徐林荣
23	既有线铁路地质灾害风险评估与对策研究	铁道部重点项目	2005—2006	徐林荣
24	桩网复合地基工程性状及其计算模型研究	湖南省自然科学基金	2008—2010	徐林荣
25	沪宁城际铁路施工安全与沉降监测技术(子题)	铁道部重点项目	2009—2011	徐林荣
26	京沪高速铁路沉降控制复合桩基加固软基研究(子题)	铁道部重大项目	2009—2011	徐林荣
27	土工合成材料在垃圾无害化处理的集成系统中应用研究	湖南省省科委	2000—2001	徐林荣
28	湖南突发性地质灾害应急救援模拟仿真系统	湖南省国土资源厅科技项目	2010—2012	徐林荣
29	铁路路基土工合成材料应用示范工程(子题)	国家经贸委	1999—2000	徐林荣
30	软土地基沉降估算方法及不同地基处理方法加固效果研究(子题)	铁道部重大项目	2003—2005	徐林荣
31	广深线软基工后沉降规律和整治措施的研究	铁道部重点项目	2001—2003	徐林荣
32	客运专线复合加固深层软土技术研究(子题)	铁道部重点项目	2009—2011	徐林荣
33	沪宁城际铁路沉降控制效果的机理分析与对策研究(子题)	铁道部重点项目	2013—2015	徐林荣
34	基于承灾链的泥石流危害桥隧工程致灾模式研究	湖南省教育厅	2013—2015	徐林荣
35	石棉尾矿用于筑路技术研究(子题)	四川省交通厅项目	2006—2009	徐林荣
36	湖南公路路面典型结构防排水技术评估及对策研究(子题负责人)	湖南省交通厅科技项目	2007—2010	李亮
37	京沪高速铁路桥梁桩基后注浆技术试验研究(子题负责人)	铁道部科技研究开发计划重点资助项目	2008—2010	李亮
38	海南自然环境与交通状况下沥青路面质量控制关键技术研究(子题负责人)	海南省交通厅重点科技项目	2009—2012	李亮

续表 2.6.15

序号	项 目 名 称	课题来源	起讫时间	承担人
39	公路隧道地下水限排标准确定方法及措施研究	贵州省交通厅项目	2010—2013	李亮
40	框架梁预应力锚索系统质量检测与耐久性研究	贵州省交通厅项目	2010—2013	李亮
41	艰险困难山区高速铁路路基关键技术研究(2010G018 - B - 3)	铁道部科技司	2010—2013	聂志红
42	戈壁地区高速铁路路基关键技术研究(2009G020 - c)	铁道部科技司	2009—2011	聂志红
43	武广客专花岗岩全风化层改良土及路堑工程特性试验研究	铁道部科技司	2006—2008	吴斌
44	高速铁路无砟轨道精密定轨测量技术研究	铁道部	2007—2008	彭仪普
45	路面凝冰形成机理与凝冰路面力学响应试验研究	中国博士后科学基金面上项目	2012—2014	但汉成
46	路面排水基层材料非饱和水力性质及设计方法研究	中国博士后科学基金特别资助项目	2013—2015	但汉成
47	高低温及潮湿凝冰状态下沥青路面的动力学响应研究	贵州省科技厅	2013—2016	但汉成
48	公路路面排水基层排水系统优化设计关键技术研究	贵州省交通科技项目	2013—2016	但汉成
49	非确定环境下的空间信息服务组合：QoS 感知的鲁棒优化方法	国家博士后基金特别资助项目	2013—2014	李海峰
50	QoS 感知的空间信息服务组合：多任务并发下的合作与竞争机制研究	国家博士后基金面上资助项目	2012—2013	李海峰
51	富水补给地段岩溶灾变控制关键技术与处治时效性研究	湖南省交通科技项目	2012—2015	邹金锋
52	断层破碎带及煤夹层隧道水灾变机理分析与快速处治关键技术研究	湖南省交通科技项目	2010—2013	邹金锋
53	复杂地质条件下特长分岔隧道设计与施工风险控制关键技术研究	湖南省交通科技项目	2013—2016	邹金锋
54	破碎带及煤夹层隧道水灾变机理与快速处治关键技术研究	湖南省自然科学基金	2010—2013	邹金锋
55	高等级公路路基加固新技术及工程示范研究	西部交通科技项目	2012—2014	邹金锋
57	后施工地铁隧道穿越桥隧交叠段施工关键技术研究	湖南省自然科学基金	2012—2015	邹金锋

续表 2.6.15

序号	项 目 名 称	课题来源	起讫时间	承担人
58	基于系统耗能最小原理的堆积体滑坡非线性失稳机理研究	中国博士后科学基金特别资助项目	2012—2014	赵炼恒
60	艰险山区复杂堆积体边坡非线性失稳机理分析与整治关键技术研究	湖南省科学技术厅科技计划一般项目	2012—2013	赵炼恒
61	能耗分析方法在边坡失稳机理分析与加固设计中的应用研究	贵州省交通运输厅科技项目	2012—2015	赵炼恒
62	复杂条件下非线性岩土边坡灾变及其加固设计的能量分析方法研究	中国博士后科学基金资助项目	2010—2012	赵炼恒
64	通用非线性破坏准则下浅埋地基极限承载力能耗分析方法研究	湖南省教育厅科学研究项目	2012—2014	赵炼恒
65	考虑土结构性效应的路基疏桩工作机理与沉降特性研究	湖南省科技计划博士后专项项目	2012—2014	刘维正
66	高速交通荷载下软土的循环软化机理与长期变形规律研究	中国博士后科学基金资助项目	2013—2015	刘维正

(三)科研获奖

表 2.6.16 获得的科研成果奖项

序号	级别	名称	时间	姓 名
1	中国高校科技进步奖一等奖	广东凡口铅锌矿狮岭矿(段)区成矿预测研究	2002	周建普(4)
2	湖南省科学技术进步一等奖	山区复杂地段公路边坡关键技术及推广应用研究	2010	李亮(2)、邹金锋(3)、赵炼恒(7)
3	湖南省科学技术进步二等奖	铁路新线实时三维可视化 CAD 系统	2005	宋占峰(2)
4	湖南省科学技术进步二等奖	高速公路崩塌滑坡地质灾害预测与控制技术	2010	李亮(4)
5	广东省科技进步二等奖	城市地下空间结构耐久性评估及剩余寿命预测技术研究	2013	马昆林(7)
6	湖南省科学技术进步三等奖	公路数字地形图机助设计系统	2001	宋占峰(3)
7	湖南省科学技术进步三等奖	高速公路地面数字模型与航测遥感技术研究	2003	宋占峰(4)
8	湖南省科学技术进步三等奖	基础极限承载力及稳定性的可靠性设计研究	2003	李亮(2)

续表 2.6.16

序号	级别	名称	时间	姓 名
9	湖南省科学技术进步三等奖	废弃混凝土资源化再生利用关键技术研究与应用	2012	吴昊(5)
10	中国铁道学会一等奖	上跨软土深基坑干线铁路钢格构柱便桥结构关键技术研究	2013	彭仪普(11)
11	中国施工企业管理协会科学技术奖技术创新成果奖一等奖	客运专线简支箱梁施工阶段收缩徐变仿真分析与控制技术研究	2011	李军(4)
12	中国公路学会科学技术二等奖	加筋土路基力学行为与设计方法的研究	2009	徐林荣(5)
13	中国公路学会科学技术二等奖	路基塌方沉陷快速修复技术研究	2011	赵炼恒(3) 李亮(7)
14	中国铁道建筑总公司二等奖	沿海铁路地基处理技术研究	2011	徐林荣(4)
15	中国公路学会科学技术二等奖	活动断裂区高速公路修筑关键技术研究与应用示范	2012	徐林荣(5)
16	中国公路学会科学技术三等奖	高速公路地面数字模型与航测遥感技术研究	2005	宋占峰(4)
17	中国公路学会科学技术二等奖	山区高速公路富水隧道设计施工关键技术及工程应用	2012	邹金锋(2) 李亮(7)
18	铁道部工程勘察设计优秀计算机软件一等奖	新建单双线铁路线路机助设计系统	2000	宋占峰(4)
19	地理信息科技二等奖	基于 LiDAR 技术的道路智能设计	2012	李海峰(8)

(四)专著与代表性论文

1. 专著

道路工程系教师公开出版学术著作如表 2.6.17 所示。

表 2.6.17　道路工程系教师出版的著作

序号	著作名称	出版社/编印单位	出版/编印时间	著/编/译者
1	典型图形固定系数法平差	测绘出版社	1978	张作容著
2	测边网和边角网力学方法平差	人民铁道出版社	1984	张作容、周霞波著
3	子流形曲率模长的间隙现象	中南大学出版社	2013	刘进、李海峰等著

2. 代表性论文

道路工程系教师发表科研论文共300余篇，其中被ISTP、EI及以上收录的论文近200篇，代表作分类如下：

1)路面工程方向

[1]蒋建国，邹银生，周绪红，等. 水平地震作用下考虑轴向力桩间动力相互作用因子计算. 岩土工程学报，2002，24(6)：345－353.

[2]周建普，李献民，王永和. 黏土边坡可靠性分析方法研究. 湖南大学学报(自然版)，2002，29(5)：387－392.

[3]聂志红，李亮，刘宝琛，阮波. 秦沈客运专线路基振动测试分析. 岩石力学与工程学报，2005，24(6)：1067－1071.

[4]牛建东，徐林荣，周中，匡乐红. 高速铁路软基桩—网复合地基基底应力试验分析. 哈尔滨工业大学学报，2005，Vol. 37(sup)：133－139.

[5]董文澎，周建普. 推滑平衡法应用于填石路堤的实验研究. 岩土工程学报，2006，28(1)：37－44.

[6]马昆林，谢友均，龙广成. 硫酸钠对水泥砂浆物理侵蚀特性研究. 硅酸盐学报，2007，35(10)：1376－1382.

[7]聂志红，项志敏，胡一峰. 客运专线全风化砂砾岩路基填料特性. 交通运输工程学报. 2008，8(6)：49－52.

[8]Liu Xiaoming(刘小明)，Wu Shaopeng. Self-monitoring application of asphalt concrete containing graphite and carbon fibers. Journal of Wuhan University of Technology (Mater. Sci. Ed.)，2008，23(2)：268－271.

[9]Liu Xiaoming(刘小明)，Shaopeng. Properties evaluation of asphalt-based composites with graphite and mine powder. Construction & Building Materials，2008，22(3)：121－126.

[10]Liu Xiaoming(刘小明)，Wu Shaopeng. Research on the conductive asphalt concrete's piezoresistivity effect and its mechanism. Construction & Building Materials，2009，23(8)：2752－2756.

[11]Ma Kunlin(马昆林)，Xie Youjun，Long Guangcheng. Study on chloride ion invading in cement-based material. Journal of Central South University，2010，17(2)：263－268.

[12]Liu Xiaoming(刘小明)，Wu Shaopeng. Study on the graphite and carbon fiber modified asphalt concrete. Construction & Building Materials，2011，25(4)：1807－1811.

[13]Wu Hao(吴昊)，Huang Baoshan，Shu Xiang，Dong Qiao. Laboratory evaluation of abrasion resistance of portland cement pervious concrete. Journal of Materials in Civil Engineering (ASCE)，2011，Mar.

[14]Ma Kunlin(马昆林), Long Guangcheng, Xie Youjun. Railway tunnel concrete lining damaged by formation of gypsum, thaumasite and sulfate crystallization products in southwest of China. Journal of Central South University, 2012, 19(8): 2340-2347.

[15]Wu Hao(吴昊), Huang Baoshan, Shu Xiang. Characterizing viscoelastic properties of asphalt mixtures utilizing loaded wheel tester (LWT). Road Materials and Pavement Design, 2012, 13(1): 38-55.

[16]Yao Hui(姚辉), You Zhanping, Li Liang. Performance of asphalt binder blended with non-modified and polymer-modified nanoclay. Construction and Building Materials, 2012, 35: 159-170.

[17]Dan Hancheng(但汉城), Xin Pei, Li Ling, Li Liang. An improved Boussinesq equation-based model for transient flow in a drainage layer of highway: Capillary correction [J]. Journal of Irrigation and Drainage engineering-ASCE, 2013: 10.1061/(ASCE)IR.1943-4774.0000642.

[18]Wu Hao(吴昊), Huang Baoshan, Shu Xiang. Characterizing fatigue behavior of asphalt mixtures utilizing loaded wheel tester. Journal of Materials in Civil Engineering (ASCE), 2013, 10.1061/(ASCE) MT.1943-5533.0000791.

2)线路勘测与优化

[1]张作容.应用天文方法测定地面直线真方位角的精度.长沙铁道学院学报，1981，(01)：59-64.

[2]张作容，周霞波.测边网和边角网的力学方法平差.铁路航测，1982，(02)：4-12.

[3]苏思光.同时解算红外线测距仪的常数.工程勘察，1982，(05)：56-60.

[4]张作容，周霞波.关于不同类观测值的权.铁道工程学报，1984，(03)：96-102.

[5]林世煦，苏思光.铁路曲线测设程序.工程测量，1986，(04)：9，28.

[6]肖修敢.真方位角测量的可靠性.长沙铁道学院学报，1987，(04)：34-38.

[7]吴斌.测边三维网有限单元法平差.长沙铁道学院学报，1992，10(4)：67-73.

[8]吴斌.极坐标法测设铁路曲线控制点闭合差限值和置镜点区域.长沙铁道学院学报，1994，(01)：31-36.

[9]吴祖海.用垂线相对控制测相对高程的近景摄影测量方法.铁路航测，1994，(04)：9-12.

[10]苏思光，戴嘉芸.Robust 估计的算法优化.测绘学报，1996，(02)：72-76.

[11]吴祖海. 定测中线遇障碍时的测量方法. 中国有色金属学报, 1996, (02): 158 - 160.

[12]彭仪普. 实时交互的多分辨率地形模型. 武汉大学学报信息科学版, 2003, (08): 567 - 573.

[13]吴斌. 顾及起算数据误差的三维测边网点位权函数建立的力学方法. 湖南科技大学学报(自然科学版), 2004, 19(2): 43 - 45.

[14]宋占峰, 詹振炎, 蒲浩. 道路整体模型视相关简化方法研究. 中国公路学报, 2004, 4(2): 102 - 109.

[15]彭仪普. 客运专线无砟轨道精密定轨测量技术研究. 铁道科学与工程学报, 2007, (12): 1127 - 1132.

[16]宋占峰, 蒲浩. 基于约束的线路设计方案重组算法. 中国公路学报, 2007, 20(4): 297 - 303. (EI).

[17]宋占峰. 线路设计中多方案组合优化算法. 中国公路学报, 2009, 22(3): 167 - 173. (EI).

[18]Li Haifeng(李海峰), Zhu Qing, Yang Xiaoxia, Xu Lingrong. Geo-information processing service composition for concurrent tasks: A QoS - aware game theory approach. Computers & Geosciences, 2012, 47: 46 - 59.

[19]李军, 蒋世琼. 基于改进的 AHP 法的道路选线风险评估研究. 安全与环境学报, 2013, 13(1): 246 - 249.

[20]Li Haifeng(李海峰), Wu Bo. Adaptive geo-information processing service evolution: Reuse and local modification method[J]. ISPRS Journal of Photogrammetry and Remote Sensing, 2013, 10.1016/j.isprsjprs.2013.1003.1002.

3)路基工程与灾害防治

[1]徐林荣, 华祖焜, 杨灿文. 加筋土陡边坡状态评定的模糊聚类分析. 岩土工程学报, 1999, (04): 475 - 480.

[2]魏红卫. 考虑位移协调的上埋式圆管涵设计方法. 岩土工程学报, 2003, 25(6): 737 - 741.

[3]徐林荣. 筋土界面参数测试方法合理选择研究. 岩土力学, 2003, 24(3): 458 - 462.

[4]徐林荣, 凌建明, 刘宝琛. 土工格栅与膨胀土界面摩擦阻力系数试验研究. 同济大学学报, 2004, 32(2): 172 - 176.

[5]魏红卫. 排水条件对土工合成材料加筋黏性土特性的影响. 水利学报, 2006, 37(7): 838 - 845.

[6]魏红卫. 土工合成材料加筋边坡剪切屈服区特性和破坏模式. 工程力学, 2006, 23(4): 104 - 108.

[7]Jiang Jianguo(蒋建国), Zhou Xuhong, Zhang Jiasheng. Dynamic interaction factor considering axial load. Geotechnical and Geological Engineering, 2007, 25(3): 178 -183.

[8]魏红卫. 土工合成材料加筋黏性土的三轴试验研究. 工程力学, 2007, 24(5): 107 -113.

[9]Xu Linrong(徐林荣). Formula of pile-soil stress ratio in pile-net composite ground. Geo-technical Engineering Journal of SEAGS, 2007, 38(1): 8 -15.

[10]牛建东, 徐林荣, 刘宝琛. 软土 SM 模型参数敏感性分析. 塑性工程学报, 2007, (8): 465 -472.

[11]赵炼恒, 李亮, 何长明, 邹金锋. 土石混填路堤强夯加固范围研究. 中国公路学报, 2008, 21(1): 12 -18.

[12]Zou Jinfeng(邹金锋), Luo Heng(罗恒), Yang Xiaoli. Effective depth of dynamic compaction in embankment built with soils and rocks. Journal of Central South University of Technology, 2008, 15(S2): 34 -37. (SCI)

[13]邹金锋, 彭建国, 张进华, 罗恒, 安爱军. 基于非线性 Mohr-Coulomb 强度准则下的扩孔问题解析. 土木工程学报, 2009, 42(7): 90 -97.

[14]Zhao Lianheng(赵炼恒), Li Liang(李亮), Yang Feng, Luo Qiang. Upper bound analysis of slope stability with nonlinear failure criterion based on strength reduction technique. Journal of Central South University of Technology, 2010, 17(4): 836 -844. (SCI)

[15]徐林荣, 王磊, 苏志满. 隧道工程遭受泥石流灾害的工程易损性评价. 岩土力学, 2010, 31(7): 2153 -2158.

[16]杨伟超, 彭立敏, 施成华. 地铁条件下车体表面压力的变化特性分析. 空气动力学学报, 2010, 28(1): 76 -81.

[17]Liu Weizheng(刘维正), Shi Minglei, Miao Linchang, Xu Linrong, Zhang Dingwen. Constitutive modeling of the destructuration and anisotropy of natural soft clay. Computers & Geotechnics, 2013, 51: 24 -41.

[18]Zhao Lianheng(赵炼恒), Li Liang, Yang Feng, Liu X. Joined influences of nonlinearity and dilation on the ultimate pullout capacity of horizontal shallow plate anchors by energy dissipation method. International Journal of Geomechanics, 2011, 11(3): 195 -201.

[19]李亮, 邓东平, 赵炼恒. 任意滑动面搜索新方法应用于三维复杂土坡稳定性分析. 岩土工程学报, 2011, 33(4): 544 -553.

[20]Dan Hancheng(但汉城), Luo Suping, Li Liang, Zhao Lianheng. Capillary effect on flow in the drainage layer of highway pavement. Canadian Journal of Civil En-

gineering, 2012, 39(6): 654 -666.

[21]Dan Hancheng(但汉城), Xin Pei, Li Ling, Liang Li, David Lockington. Boussinesq equation-based model for flow in the drainage layer of highway with capillarity correction. Journal of Irrigation and Drainage engineering - ASCE, 2012, 138(4): 336 -348.

[22]Dan Hancheng(但汉城), Luo Suping, Li Liang, Zhao Lianheng. Boussinesq equation-based model for flow in drainage layer of highway. Journal of Central South University of Technology, 2012, 19(8): 2365 -2372.

[23]Zou Jinfeng(邹金锋), Tong Wuqi, Zhao Jian. Energy dissipation of cavity expansion based on generalized non-linear failure criterion under high stresses. Journal of Central South University of Technology, 2012, 19(5): 1419 -1424.

[24]刘维正, 石名磊, 徐林荣. 考虑软黏土结构性损伤的圆柱孔扩张弹塑性分析. 岩土工程学报, 2013, 35(3): 487 -494.

[25]Zhao Lianheng(赵炼恒), Feng Yang. Construction of improved rigid blocks failure mechanism for ultimate bearing capacity calculation based on slip-line field theory. Journal of Central South University of Technology, 2013, 20(4): 1047 -1057.

(五)学术交流

1979年，铁道部路内高校根据铁道部批准的铁道工程专业教学计划的要求，集体编写出版第一部路内专业测量教材《铁道工程测量学》，北方交通大学朱成燐、西南交通大学王兆祥主编，兰州铁道学院宋卓民主审，长沙铁道学院和上海铁道学院参编。长沙铁道学院的参编教师为张作容、林世煦、苏思光，人民铁道出版社出版。

1986年3月，张作容、周霞波被邀参加1986年国际测量工作者协会多伦多会议，并在大会上宣读论文《功能原理在测边网和边角网平差中的应用》。

1986年9月17日，张作容、周霞波的题目为《功能原理在测边网和边角网平差中的应用》的论文在全路高校科研成果和学术论文报告会学科会上宣读，并荣获学术论文报告会土建类学科二等奖。

1987年，铁道部路内高校集体修订并出版《铁道工程测量学》(上册)，西南交通大学王兆祥主编，兰州铁道学院宋卓民主审，长沙铁道学院肖修敢参加审稿会议，中国铁道出版社出版。

1992年11月，吴斌参加湖南省首届青年科技大会，宣读论文。

1993年，铁道部路内部分高校依据铁道工程、桥梁、隧道专业教学指导委员会的决定，集体编写并出版《测量学》，兰州铁道学院曾昭武主编，长沙铁道学院苏思光主审，林世煦参编第六、十二和十三章，中国铁道出版社出版。

1995 年 8 月，吴斌、肖修敢参加湖南省测绘局测绘学会在五强溪水电站举行的学术年会，在会上发言并获优秀论文奖。

1997 年，吴斌参加湖南省第二届青年科技大会，宣读论文，获优秀论文奖。

同年，吴斌论文获省自然科学优秀论文二等奖，吴祖海论文获省自然科学优秀论文三等奖。

第七节　工程力学

一、学科发展

中南土木建筑学院于 1953 年就成立了力学教研组（1954 年分为理论力学和材料力学两个教研组）和结构理论教研组，1960 年成立长沙铁道学院时，工程力学本科专业是当时创办的 7 个专业之一，学制 4 年。1962 年工程力学专业招收了第一届硕士研究生，是当时招收研究生的三个专业之一。1966 年，“文化大革命”开始，工程力学专业普教生、研究生停止招生。1977 年恢复全国统一高考制度后，于 1978 年招收了一届力学专业师资班。工程力学本科专业重新申办于 2000 年，自 2000 年起每年招收 2 个班。

中南矿冶学院于 1952 年成立“力学教研室”。1984 年固体力学专业开始招收第一届研究生。1985 年更名为中南工业大学力学教研室，隶属中南工业大学数理系。1993 年扩建为“中南工业大学工程力学教研室”，隶属中南工业大学建筑工程系，1995 年随中南工业大学建筑工程系并入资源环境与建筑工程学院，成为建筑工程研究所下的工程力学教研室。

2000 年 4 月，组建中南大学，2002 年 5 月，长沙铁道学院土木建筑学院的结构力学教研室、流体力学教研室、数理力学系的力学教研室与中南工业大学资源环境与建筑工程学院的力学中心合并组建力学系，隶属中南大学土木建筑学院。2004 年力学系的结构力学教研室单独成立工程与力学研究所。

1962 年新增工程力学硕士点，1984 年新增固体力学硕士点，2003 年新增工程力学博士点（共建）。2004 年 5 月，重新申办的工程力学专业获批学士学位授予权。

二、师资队伍

（一）队伍概况

在“优化组合、在职学习、人才引进”的师资建设思想指导下，经过多年的建设和发展，本学科建立了一支学历层次、年龄分布、职称结构等方面均合理的师资队伍，现有教师35人，其中教授7人，副教授14人，讲师14人。博士学位获得者23人，除1人外，其余教师都有硕士以上的学位，青年教师比例近50%。

本学科由力学系和工程与力学研究所合建。

2002年，土木建筑学院成立了力学系。当时力学系的教师有饶秋华、郭少华、刘庆潭、李东平、李丰良、周一峰、邹春伟、谢晓晴、刘长文、李学平、唐松花、王修琼、郑学军、肖柏军、王英、刘静、李海英、罗建阳、陈德怀、刘志久、罗贤东、禹国文、喻爱南、王涛、鲁四平、宁明哲、王晓光、李社国、陈永进、李亚芳、叶梅新、黄方林、陈玉骥、周文伟、唐琎、刘小洁、张晔芝、罗如登、侯文崎等。2003年后先后引进李铀、李显方、吴元太、蒋树农、鲁立军、刘丽丽、杜金龙和王曰国，饶秋华、王晓光、李社国、鲁四平、唐琎调到学校或学院其他部门，郑学军调到湘潭大学，刘庆潭、周一峰、陈德怀、罗贤冬、陈永进、李亚芳等先后退休。

2004年，土木建筑学院成立工程与力学研究所。当时研究所的教师有叶梅新、黄方林、陈玉骥、周文伟、唐琎、刘小洁、张晔芝、罗如登、侯文崎等9人。2002年后调入或引进殷勇、肖方红、鲁四平、韩衍群、周德和孟一，唐琎、陈玉骥和刘小洁先后调离。

表2.7.1　在职教师基本情况

	合计	职称				年龄			学历		
		教授	副教授	讲师	助教	55岁以上	36~55岁	35岁以下	博士	硕士	学士
人数	35	7	14	14	0	1	31	3	23	11	1
百分比(%)	100	20	40	40	0	3	89	8	66	31	3

(二)历任系(室、所)负责人

表2.7.2　历任组长(主任)基本情况表

时间		主任	副主任
中南工业大学力学教研室	1993—1995	刘又文	
	1995—1998	吴道权	
	1998—2002	刘静	

续表 2.7.2

时间		主任	副主任
长沙铁道学院结构力学教研室	1977 年以前	张炘宇	
	1992—1995	卢同立	
	1995—1997	杨仕德	
	1997—2002	陈玉骥	
长沙铁道学院工程力学教研室	1977 年以前	黄建生(理力)、荣崇禄(材力)	
	20 世纪 80 年代	谢柳辉(理力)、程根吾(材力)	
	20 世纪 90 年代	周一峰(理力)、夏时行(材力)	
	2000—2002	李丰良	李东平
工程与力学研究所	2004—2006	叶梅新	陈玉骥
	2006—	黄方林	张晔芝
力学系	2002—2004	叶梅新	饶秋华
	2004—2006	刘庆潭	李铀、邹春伟
	2006—	李东平	李铀、李显方、邹春伟

(三)学科教授简介

李廉锟教授: 男，1915 年生，1940 年毕业于清华大学土木系。1944 年获美国麻省理工大学科学硕士学位。1946 年回国后先后在湖南大学、中南土木建筑学院、长沙铁道学院(现中南大学)任教授和桥梁隧道系、数理力学系主任。长期为本科生和研究生讲授结构力学、弹性力学、土力学、基础工程、钢筋混凝土、钢木结构和结构设计理论等课程。以教风严谨、教学效果优良著称。20 世纪 70 年代初期，在武汉桥梁工程期刊上发表连载文章，比较系统地介绍了有限单元法的原理和应用，是我国最早引进和推广有限元法学者之一。曾编写和主编结构力学、土力学及地基基础等教材五部。其中，1983 年由高等教育出版社出版的《结构力学》(第二版)获 1987 年国家教委优秀教材二等奖；1996 年由高等教育出版社出版的《结构力学》(第三版)获 2000 年铁道部优秀教材二等奖。2011 年 5 月逝世。

叶梅新教授: 女，汉族，1946 年生，教授，博士生导师。1970 年复旦大学数学系力学专业本科毕业，1982 年国防科技大学固体力学专业研究生毕业，获硕士学位。1982 年起在长沙铁道学院(中南大学)工作。1994 年在英国访问学习。1993 年晋升教授，1999 年被铁道部评为博士生导师。主要从事大型复杂结构分析、桥梁结构、钢—混凝土组合结构等的研究。主持铁道部重大项目、湖南省自然科学基金等数十项科研项目，发表相关科研论文 50 多篇，其中被 SCI、EI 收录

40余篇，研究成果已成功应用于芜湖公铁两用长江大桥、秦沈客运专线、青藏铁路、宁波大榭岛跨海大桥、佛山平胜大桥、宜万线、京沪高速铁路、武汉天兴洲公铁两用长江大桥、南京大胜关长江大桥、武广客运专线等，收到了很好的经济效益和社会效益，2011年退休。2002年获国家科技进步一等奖1项，2001年获"中国科学技术发展基金会詹天佑铁道科技发展基金第五届詹天佑铁道科学技术奖人才奖"，2006年获湖南省科技进步二等奖1项，2006年获教育部科技进步二等奖1项，2007年获湖南省科技进步一等奖1项。

李丰良教授：男，1954年5月生，河北邯郸人。1982年7月毕业于原长沙铁道学院基础课部力学专业，获学士学位。1983年至今在原长沙铁道学院数理力学系，后又合并到中南大学土木工程学院力学系从事教学、科研工作。2004年晋升为教授。主要从事电气化铁路的弓网系统动力学、弓网系统的动态检测等工作。20世纪90年代，完成株洲电力机车厂和铁道部的重点课题，国产TSG_3受电弓的改造任务，使该受电弓由最高速度120千米/小时提高到180千米/小时，满足了中国铁路准高速铁路对高速受电弓的需要，产生了很好的经济效益。后又完成了铁道部课题，弓网动态检测系统的研制。共取得国家发明专利4项，实用新型专利5项。在有影响的学术刊物上发表文件10余篇，其中2篇被EI收录。

黄方林教授：男，1964年10月生，湖南邵东人。1984年7月毕业于南京航空航天大学飞机系飞机设计专业，获学士学位；1990年3月毕业于西北工业大学振动工程研究所振动、冲击、噪声专业，获硕士学位；1993年6月毕业于西北工业大学振动工程研究所一般力学专业，获博士学位；1996—1999年在原长沙铁道学院机电工程学院机电教研室从事教学、科研工作，1996年晋升为副教授；2000年至今在中南大学土木建筑学院从事教学、科研工作，2002年晋升为教授，2004年评为博士生导师，现任工程与力学研究所所长。湖南省力学学会常务理事。主要从事结构动力学、桥梁检测和监测、测试信号分析与处理等方面的研究工作，主持和参加了国家重点实验室、国家自然科学基金、航空科学基金、湖南省自然科学基金、铁道部重大项目等课题的研究工作，在桥梁检测及监测、测试技术、信号分析与处理、模态参数识别等方面取得了良好的研究成果，2005年获教育部提名国家自然科学二等奖1项，2006年获湖南省科技进步一等奖1项，在国内外有影响的学术刊物和国际重要学术会议上发表论文70余篇，其中被SCI、EI、ISTP收录40余篇，出版著作3部。

李显方教授：男，1964年11月生，湖南永州人。1985年7月毕业于湖南师范大学数学系，获学士学位；1987年12月毕业于北京科技大学数力系，获硕士学位；1999年7月毕业于北京理工大学材料科学研究中心，获博士学位；2004年7月在国防科技大学力学博士后流动站出站。1987—1996年在中南工业大学从事教学、科研工作，1995年晋升为副教授；1999—2004年在湖南师范大学从事教学、科研工作，2000年晋升为教授；2004年至今在中南大学土木工程学院从事教学、科研工作，2004年评为博士生导师。湖南省学科带头人培养计划人选和湖南省"121"人才工程第二层次人选。美国Vanderbilt大学，澳大利亚Sydney大学和韩国延世大学访问学者。现任湖南省力学学会理事，中国材料学会疲劳分会理事，三种国际期刊的编委。主要从事固体材料的缺陷分析及强度理论，新型材料与结构的力学性能与优化设计，工程结构和微尺度材料的振动与稳定性分析的研究。主持或参加国家973项目子课题、国家自然科学基金和国际合作项目、国家留学回国人员科研启动基金等近10项。出版英文专著2章，获得发明专利1项，发表SCI学术论文百余篇。曾获湖南省自然科学奖1项，湖南省"优秀博士学位论文"指导教师2次。

饶秋华：女，汉族，1965年7月生，江西丰城人。1986年7月毕业于湘潭大学化工机械专业，获学士学位；1989年7月毕业于湘潭大学固体力学专业，获湖南大学硕士学位；1997年6月毕业于瑞典吕勒欧工业大学岩石力学专业，获博士学位；1989—1994年在湘潭大学机械系力学教研室从事教学、科研工作，2001年至今在中南大学土木学院从事教学、科研工作，2001年晋升为教授，2004年评为博士生导师，曾任力学系主任、力学教学实验中心主任，现任研究生院学位办主任。中国化学会、中国力学学会流变学专业委员会委员，湖南省力学学会副理事长，湖南省岩石力学与工程学会常务理事。主要从事岩土材料的流变损伤与断裂、多场耦合计算、新型材料的性能分析与优化等方面的研究工作，主持了国家自然科学基金、教育部博士点基金、教育部留学回国人员科研启动基金、湖南省自然科学基金等课题的研究工作，在国内外有影响的学术刊物和国际重要学术会议上发表论文70余篇，其中被SCI、EI、ISTP收录50余篇，出版著作3部。

李东平教授：男，汉族，1965年9月生，湖南邵阳人。1995年6月毕业于西南交通大学一般力学专业，获硕士学位。2000年晋升为副教授，2005年晋升为教授。现任力学系主任，湖南省力学学会常务理事。主要从事力学课程的教学工作和工程结构动力学、振动与控制等方面的研究工作。在重要学术刊物发表论文20多篇，其中被SCI、EI、ISTP收录6篇，主编和参编教材3部。主持和参加了教育部、铁道部、湖南省和中南大学等十余项教改项目；参加了国家自然科学基金、铁道部重大项目等课题的研究工作。在教学和科研中取得了一定的成绩，2000年获湖南省教学成果一等奖和三等奖各1项，2006年获湖南省教学成果二等奖1项，2003年获湖南省科技进步三等奖1项，2006年获湖南省科技进步一等奖1项；2007年获中南大学第三届教学名师奖。

郭少华教授：男，1960年6月出生，陕西西安人，中共党员，工学博士，教授，博导，中国振动工程学会土动力学专业委员会委员。1982年毕业于西安交通大学工程力学系，获学士学位；1985年毕业于西安交通大学工程力学系，获硕士学位；1985—1995 年在西安建筑科技大学建筑工程系工作，1994 年晋升为副教授；1996—2001 年在原中南工业大学资源环境与建筑工程学院工作，任副院长，1997 年晋升为教授；2002—2010 在合并后的中南大学土木建筑学院工作，任副院长，2003 年在职获得博士学位并于同年被评为中南大学博士生导师；2004 年 9 月—12 月到美国加州大学 Riverside 分校智能结构研究所做访问教授；2006 年 4 月—2007 年 4 月分别在瑞典皇家工学院传感技术研究所、瑞典 Chalmers 大学土木工程系做客座教授。主要从事混凝土材料与结构非线性分析、岩体结构失稳破坏计算以及智能材料与结构方面的研究工作。主持和参与了 3 项国家自然科学基金、多个省部级科研课题和国际合作项目的研究工作，完成了 10 余项工程课题研究。在国内外重要刊物上发表论文 100 余篇，其中 SCI 检索 50 余篇，还合作分别在 Sciyo、Intech 等国际出版集团出版《Acoustic Waves》等专著 3 部，合作获得发明专利 3 项，获湖南省自然科学奖 1 项。

李铀教授：男，汉族，1961 年 7 月生，籍贯湖南临湘。1982 年 1 月毕业于原山东矿业学院矿井建设专业，获学士学位；1986 年 7 月毕业于中国矿业大学北京研究生部工程力学专业，获硕士学位；2002 年 12 月毕业于中国科学院研究生院固体力学专业，获博士学位；1997 年 3 月至 1997 年 12 月为美国田纳西大学高级访问学者。1982 年 1 月至 1984 年 8 月在山东省兖州矿务局兴隆庄煤矿工作，1986 年 7 月至 2003 年 8 月在中国科学院武汉岩土力学研究所工作，2003 年 9 月至今在中南大学土木建筑学院工作。2003 年晋升为教授，2006 年评为博士生导师，现为中国岩石力学与工程学会地下工程分会常务理事、地面岩石工程专业委员会委员，湖南省力学学会理事，注册土木工程师(岩土)。主要从事弹塑性力学、岩土力学与工程方面的研究与教学工作。主持或作为骨干参与了三十余项省部级攻关、国家自然科学基金及 973 项目等科研课题，建立了明显优越于经典理论的塑性力学理论新体系，使塑性力学理论及工程应用取得了突破性进展，引起了国内外学者的广泛关注并获高度评价。发表论文近 70 篇，出版专著 1 部，获实用新型专利和计算机软件著作权各 1 项。

三、人才培养

(一)本科教育

工程力学专业重新申办于 2000 年，自 2000 年起每年招收 2 个小班。工程力学专业培养具备扎实力学理论知识、力学计算和试验能力，具备土木工程基础知识，具有较强的电算能力和计算机使用与维护能力的高级工程科学技术复合人才。毕业生的主要去向是与土木工程有关的研究、设计、施工单位的电算站、计算中心、质检站、检测中心以及高等院校、研究院所等部门，从事科学研究、试验研究、软件应用和开发、工程设计和力学教学等工作。

主干学科：固体力学和计算力学。

主干课程：结构力学、弹性力学、有限元法、结构动力学、实验力学、大型工程软件包的应用。

主要课程：大学数学、数值分析、计算机文化基础课、Fortran 语言程序设计、理论力学、材料力学、结构稳定、塑性力学、工程制图基础、混凝土结构设计原理、钢结构设计原理、土木工程概论。

特色课程：大型工程软件包的应用、实验力学。

2004 年，工程力学专业第一届本科生毕业。2007 年，工程力学本科专业由工程与力学研究所管理改为由工程与力学研究所和力学系共同建设和管理。

（二）研究生教育

1. 硕士研究生培养

本学科多年来注重学科建设，在大型复杂结构（构筑物）非线性分析、高新技术材料的损伤和断裂、工程结构的断裂和疲劳、结构振动与控制、大型土木工程结构健康监测等方面取得了丰硕的成果，解决了许多理论和实践难题，形成了稳定的系列研究方向。

多年来，本学科重视实验室建设，建立了比较完善的实验系统，例如有先进的 INSTRON 材料试验机、多套动态应变测试系统和振动测试系统、各类型传感器、大型通用有限元计算软件 ANSYS、ADINA 等，并进行了卓有成效的开发和工程应用研究，获国家科技进步一等奖等多项奖励。

本学科早在 1962 年就开始了硕士研究生的培养工作，2004 年至今，培养工程力学硕士研究生 35 名，为本学校及社会输送了众多优秀人才，详细名单见表 4.2.2。

2. 博士研究生培养

2007 年至今，培养工程力学博士研究生 12 名。

（三）教学成果

1. 获得的主要荣誉，见表 2.7.3。

表 2.7.3　获得的主要荣誉

序号	年份	获奖名称及等级	获奖人
1	2000	中国科学技术发展基金会茅以升科技教育基金 2000 年度中南大学茅以升铁路教育专项奖（科研专项奖）	叶梅新
2	2000	中国力学学会优秀力学教师	陈玉骥
3	2001	中国科学技术发展基金会詹天佑铁道科技发展基金第五届詹天佑铁道科学技术奖人才奖	叶梅新

续表 2.7.3

序号	年份	获奖名称及等级	获奖人
4	2004	湖南省优秀教师，记二等功	叶梅新
5	2007	湖南省优秀硕士论文奖	黄方林
6	2000	湖南省教学成果一等奖	刘庆潭(1)、李东平(4)
7	2000	湖南省教学成果三等奖	李东平(5)
8	2000	铁道部第四届优秀教材二等奖	刘庆潭(1)、李东平(4)
9	2002	中国力学学会优秀力学教师	饶秋华
10	2003	中国科学技术发展基金会茅以升科技教育基金 2000 年度中南大学茅以升铁路教育专项奖	刘庆潭
11	2004	中南大学 2003 年师德先进个人	李东平
12	2004	湖南省教学成果二等奖	刘庆潭(1)
13	2006	湖南省教学成果二等奖	刘庆潭(1)、李东平(2)
14	2006	中国力学学会优秀力学教师	刘庆潭
15	2007	湖南省教学名师奖	刘庆潭
16	2007	中南大学第三届教学名师奖	李东平
17	2008	“湖南省普通高校青年教师教学能手”称号	谢晓晴
18	2010	“湖南省普通高校青年教师教学能手”称号	罗建阳
19	2012	中国科学技术发展基金会茅以升科技教育基金 2012 年度中南大学茅以升铁路教育专项奖	刘静

2. 教材建设

工程与力学研究所原为长沙铁道学院结构力学教研室，从成立之初，主要承担“结构力学”等课程的教学任务，在老一辈教师的引领下，不断进行教材建设，先后共主编并出版了 5 版《结构力学》教材，第 2 版获国家优秀教材二等奖。

1958 年 5 月，李廉锟、周泽西、俞集容、张炘宇、杨茀康编写的《结构力学》由高等教育出版社出版。

1979 年，李廉锟主编《结构力学》(第 1 版)，高等教育出版社出版。

1983 年，李廉锟主编《结构力学》(第 2 版)，高等教育出版社出版，获国家优秀教材二等奖。

1994 年，李廉锟主编《结构力学》(第 3 版)，高等教育出版社出版。

2004 年，李廉锟主编《结构力学》(第 4 版)，高等教育出版社出版，为普通高等教育“十五”国家级规划教材。

2010 年，李廉锟主编《结构力学》(第 5 版)，高等教育出版社出版，为普通高等教育“十一五”国家级规划教材。

2002 年，黄方林主编《现代铁路运输概论》，西南交通大学出版社出版。

2003 年，黄方林主编《现代铁路运输设备》，西南交通大学出版社出版。

2005 年，黄方林主编《铁路运输新设备》，中国铁道出版社出版。

力学系自成立以来，主要承担了“理论力学”“材料力学”“工程力学”“流体力学”“基础力学实验”“实验力学”“振动测试技术”“分析力学”“弹性力学”“塑性力学”“断裂力学”等课程的教学任务，在老一辈教师的引领下，不断进行教材建设，先后共主编并出版了教材 20 部。

1998 年，郭少华主编《结构力学》，中南工业大学出版社。

1999 年，郭少华主编《工程力学》，中南工业大学出版社。

2002 年，刘庆谭主编《材料力学》，机械工业出版社。

2003 年，饶秋华主编《理论力学》，北京邮电大学出版社。

2003 年，周一峰主编《理论力学》，湖南科技出版社。

2006 年，刘庆谭主编《材料力学教程》，机械工业出版社。

2008 年，邹春伟主编《理论力学》，中国铁道出版社。

2009 年，王英主编《流体力学》，中南工业大学出版社。

2009 年，刘静、李东平主编《基础力学实验》，中南工业大学出版社。

四、科学研究

(一)主要研究方向

1. 大型特殊桥梁结构研究

本研究方向在大型特殊桥梁结构的研究方面做了大量的工作，先后对芜湖公铁两用长江大桥板桁组合结构、秦沈客运专线连续结合梁桥、京沪高速铁路下承式桁梁结合梁桥、青藏铁路结合梁桥、宜万铁路特殊桥梁结构、京沪高速铁路南京大胜关长江大桥钢正交异性板整体桥面、武广高速铁路下承式钢箱系杆拱桥、铁路大跨高墩桥、大跨度三塔双主跨铁路斜拉桥等重大课题进行了研究，对双层公铁两用桥上层板桁组合结构、下承式铁路桥梁板桁组合结构、高速铁路连续结合梁、严寒下(−50℃)的铁路结合梁、铁路钢正交异性板整体桥面、四线高速铁路桥梁、大跨度三塔双主跨铁路斜拉桥、高速铁路下承式钢箱系杆拱桥的受力机理、合理结构体系和结构形式、设计计算理论、疲劳性能和极限承载力等作了系统的研究，产生了创造性的成果，取得了很好的经济效益和社会效益。

2. 智能材料与结构

本学科方向紧密结合学科发展前沿，注重基础理论与工程应用，围绕一些相关力学问题，开展结构健康评估与监测、失效破坏分析、多场耦合下材料及结构的跨尺度力学行为分析与设计等方向的基础理论与工程应用研究，形成了明显的特色与优势。主要研究方向有：

失效破坏分析主要研究在极端工作环境以及在微观、细观和宏观尺度下材料与结构的断裂机理，分析材料含内部裂纹尖端处及夹杂尖端处的奇异性规律，发展在静态和动态载荷作用下各种构型缺陷及夹杂的多场响应的解析和数值方法，电场或磁场以及温度变化对材料和结构开裂的影响，揭示固体材料的断裂准则及失效破坏的基本特征。

微尺度下的多场耦合材料及结构的力学行为与设计，主要研究力—热—电—磁等多场耦合作用下智能材料的宏微观响应，弹性波以及电磁波、声波等波动载荷的解析和数值方法，跨尺度的材料性能分析和微结构响应的优化及设计原理，开发和研究无线供能的新型压电传感器、制动器以及压电谐振器在温度变化及初应力等各种外界环境影响条件下的频率稳定性分析，开发和研究碳纳米管和石墨烯等新一代微纳质量传感器及工作原理。

3. 多场耦合流变损伤断裂与控制

本方向研究岩石及其脆性材料在任意加载条件(如纯压、平面纯剪、反平面纯剪、压剪等)和各种环境(如高温、高压等)下的断裂特征与止裂条件，具有较高的理论深度与系统性，不仅对岩石及其脆性材料断裂力学的完善与发展具有重要的学术意义，而且对岩体及其脆性材料实际工程的断裂强度计算、安全评估、灾害预测等具有广泛的应用价值。本方向取得了以下创新性成果：

通过对纯压、纯剪、压剪等载荷作用下的岩石断裂模式的理论分析、数值计算和实验研究，提出了“断裂模式不同于加载形式”的新观点，指出了经典断裂力学理论应用于岩石及其脆性材料的缺陷，建立了各种加载条件下岩石发生Ⅰ型或Ⅱ型的断裂判据，提出了合理的岩石Ⅱ型断裂韧度测试方法，较好地解决了现有的断裂力学理论无法避免的诸如实测的Ⅱ型断裂韧度小于Ⅰ型断裂韧度、翼型断裂机理、裂纹止裂及闭合条件等一系列问题，得到了国内外同行的高度评价。

从微观、细观尺度上探讨了岩石微观结构如晶粒度尺寸、晶体学取向、微观尺度缺陷及不同表面处理等对岩石的变形、断裂模式及强度的影响。通过应力、变形及破坏过程的可视化模拟与仿真，揭示了岩石微观物理参数与宏观力学性能(如本构关系、断裂韧度等)之间的内在联系，建立了岩石宏—微观断裂机理，为从微观或细观上寻找提高岩石静态断裂强度的方法提供了理论依据。

在断裂力学、非平衡态热力学、流变力学的理论框架下，揭示了温度对岩石的剪切强度、变形、本构关系及其断裂过程的影响规律，首次建立了岩石热—力耦合剪切断裂机理与判据，提出了更符合深部开采工程中热—力耦合条件下岩石的断裂强度计算准则。

(二)科研项目

表 2.7.4 承担的国家、省部级科研项目(2000—2013)

序号	项目名称	来源	时间	承担人
1	秦沈客运专线钢与混凝土结合梁试验研究	铁道部科技开发计划项目	2000—2001	叶梅新
2	大跨度公铁两用桥结构体系极限承载力分析研究	铁道部科技开发计划项目	2001.06—2002.10	叶梅新
3	南京长江大桥安全运营和状态评估系统的研究	铁道部重大项目	2001.12—2004.12	黄方林(2)
4	青藏铁路钢—混结合梁试验的研究	铁道部科技开发计划项目	2002.01—2002.12	叶梅新
5	铁路结合梁规范修订补充试验研究	铁道部建设司	2002—2003	叶梅新
6	斜拉索风雨振现场观测与半主动振动控制研究	国家自然科学基金项目	2002.01—2004.12	黄方林(2)
7	高速铁路下承式钢桁结合梁的试验研究	铁道部科技开发计划项目	2003—2004	叶梅新
8	宜万线野三河桥、马水河桥、落步溪桥桥式结构试验研究	铁道部科技开发计划项目	2004—2005	叶梅新
9	马水河桥模型试验研究	铁道部科技开发计划项目	2005.03—2006.01	叶梅新
10	天兴洲公铁两用长江大桥铁路结合桥面研究	铁道部科技开发计划项目	2005.02—2005.12	张晔芝
11	大跨度双线铁路不对称钢管混凝土拱桥模型试验研究	铁道部科技开发计划项目	2005.03—2006.03	叶梅新
12	南京大胜关长江大桥关键技术的研究——道砟整体桥面结构分析与试验研究	铁道部科技开发计划项目	2005—2006	叶梅新
13	武广客运专线下承式钢箱系杆拱桥关键技术研究——下承式钢箱系杆拱桥结构形式、计算方法和受力特性的试验研究	铁道部科技开发计划项目	2006—2008	张晔芝
14	客运专线简支钢桁梁道砟桥面结构的试验研究	铁道部科技开发计划项目	2006—2007	张晔芝

续表 2.7.4

序号	项目名称	来源	时间	承担人
15	城际轨道交通大跨度预应力混凝土桥梁试验研究——185 米无砟轨道预应力连续刚构徐变变形预估控制分析	铁道部科技开发计划项目	2006—2009.07	韩衍群
16	郑州黄河桥特殊构造细节试验研究——斜拉索主塔钢锚箱受力研究	铁道部科技开发计划项目	2007—2008	侯文崎
17	沿海客运专线桥梁结构设计与耐久性技术的研究——沿海客运专线主要桥梁结构技术研究：雁荡山特大桥钢箱叠合拱桥结构受力行为和全桥空间仿真受力分析研究	铁道部科技开发计划项目	2007—2008	殷勇
18	基于局部主成分分析和统计模式识别的桥梁结构异常检测方法研究	国家自然科学基金项目	2007.01—2009.12	黄方林(2)
19	高速货车超偏载轮重扫描监测方法关键技术研究	国家自然科学基金项目	2007.01—2009.12	黄方林(2)
20	客运专线桥梁设计技术研究——客运专线桥梁正交异性板整体钢桥面系技术研究	铁道部科技开发计划项目	2008—2009	张晔芝
21	大跨度桥梁修建关键技术研究——昌九城际轨道交通工程 128 米刚架系杆拱桥关键技术研究：修水桥墩拱节点局部应力分析与模型试验研究	铁道部科技开发计划项目	2008.06—2009.06	张晔芝
22	大跨度铁路斜拉桥关键技术研究——整体桥面受力性能试验研究	铁道部科技开发计划项目	2008.11—2010.01	罗如登
23	铁路桥梁设计关键技术研究——四线以上高速铁路特大跨度桥梁主结构体系的试验研究	铁道部科技开发计划项目	2009—2010	叶梅新

续表 2.7.4

序号	项目名称	来源	时间	承担人
24	大跨度铁路斜拉桥建造技术研究——韩家沱长江大桥有砟桥面系构造分析研究及斜拉桥方案列车走行性分析	铁道部科技开发计划项目	2009.05—2010.12	叶梅新
25	高速铁路桥梁技术深化研究——高速铁路大跨度铁路桥梁柱板式高墩试验研究	铁道部科技开发计划项目	2010—2011	叶梅新
26	高速铁路长大桥梁技术研究——大跨度三塔双主跨铁路斜拉桥刚度标准研究	铁道部科技开发计划项目	2011.06—2012.12	张晔芝
27	形状记忆合金在土木工程中应用的初步研究	湖南省自然科学基金	2012—2014	罗如登
28	PBL剪力键疲劳性能及其影响因素试验研究	国家自然科学基金青年基金	2013—2015	侯文崎
29	集压电驱动/传感一体化技术的结构健康在线监测的研究	国家自然科学基金	2008—2010	郭少华
30	最小势能边坡稳定分析方法的研究与应用	省级科技计划	2005.07—2008.06	李铀
31	复杂构筑物弹塑性新型数值方法研究	省级科技计划	2008.01—2010.12	李铀
32	淮南矿区深部开采围岩扰动区和煤与瓦斯突出风险研究(子题)	"十一五"国家科技支撑计划	2009.07—2010.12	李铀
33	塑性力学问题求解新体系的应用研究	省级自然科学基金	2005.01—2006.12	李铀
34	弓网动态特性检测系统研制	铁道部科技开发计划项目子课题	2000—2002	李丰良
35	高速受电弓力学分析及力传感器研制	铁道部科技开发计划项目子课题	2003—2005	李丰良
36	热—力耦条件下岩石断裂特征及止裂条件研究	国家自然科学基金面上项目	2004—2006	饶秋华
37	裂隙岩石热—水—力耦合损伤断裂与止裂研究	国家自然科学基金面上项目	2011—2013	饶秋华

续表 2.7.4

序号	项目名称	来源	时间	承担人
38	基于深海稀软底质流变分析的履带式集矿机行走特性及结构优化研究	国家自然科学基金面上项目	2013—2017	饶秋华
39	热—水—力耦合作用下岩石断裂机理与断裂判据的研究	教育部博士点基金项目	2010—2012	饶秋华
40	化学环境对岩石断裂的影响研究	教育部留学回国人员科研启动基金项目	2002—2004	饶秋华
41	岩石温度—应力—化学耦合断裂的理论与实验研究	湖南省自然科学基金项目	2008—2010	饶秋华
42	T应力及其对裂纹扩展路径的影响	国家自然科学基金	2007—2009	李显方
43	含裂纹压电体的动态响应行为的研究	国家自然科学基金	2003—2004	李显方
44	智能材料中非奇异应力的研究	国家自然科学基金国际合作项目	2007—2009	李显方
45	压电材料的动态断裂研究	湖南省自然科学基金	2003—2004	李显方
46	直线货物列车脱轨分析理论研究	国家自然科学基金项目	2001	李东平
47	桥上列车走行安全和桥梁动力学指标分析的研究	铁道部科技司项目	2002	李东平
48	上海市中心城区的地貌划分及附属性建筑物的抗风分析及防灾对策	上海市科委	2000.12	王修琼
49	塑性力学问题求解新体系的应用研究	湖南省自然科学基金	2004	李铀
50	TSG_3手电弓的力学模型及运动微分方程	湖南省科委	2000.11	李丰良
51	弓网动态特性检测系统研制	铁道部	2001	李丰良
52	接触网接触压力检测装置研制	铁道部	2002	李丰良
53	高速受电弓力学分析及力传感器研制	铁道部	2001	李丰良

续表 2.7.4

序号	项目名称	来源	时间	承担人
54	特种货物承运、装载加固计算机管理系统	铁道部	2000	李丰良
55	软地基加固处理的研究与应用	湖南省交通厅	2001	刘静
56	大坝帷幕注浆的特性研究与质量监控	湖南省交通厅	2000	刘静
57	岩溶发育地区灌注桩的特性研究	湖南省交通厅	2000	刘静
58	岩溶地区桩基特性研究	湖南省交通厅	2001	刘静

（三）科研获奖

2000—2013 年间，获得科研奖励 12 项，其中国家科技进步一等奖 1 项，省部级科研奖 8 项，详见表 2.7.5。

表 2.7.5　工程力学专业获得的科研成果奖项

序号	项目名称	获奖时间	获奖名称及等级	主要完成人
1	大跨度低塔斜拉桥板桁组合结构建造技术	2002	国家科技进步一等奖	叶梅新(8)
2	柔性工程结构非线性行为与控制的研究	2005	教育部提名自然科学二等奖	黄方林(7)
3	斜拉桥拉索风雨振机理与振动控制技术研究	2006	湖南省科学技术进步奖一等奖	黄方林(4)
4	铁路钢—混凝土组合桥的研究	2006	湖南省科学技术进步奖二等奖	叶梅新(1)、张晔芝(2)、侯文崎(3)、罗如登(4)、殷勇(5)
5	钢—混凝土组合结构桥梁研究	2006	教育部科学技术进步奖二等奖	叶梅新(1)、张晔芝(2)、侯文崎(3)、罗如登(4)、陈玉骥(5)、殷勇(6)、韩衍群(11)、周德(12)
6	大跨度自锚式悬索桥设计理论与关键技术研究	2007	湖南省科学技术进步奖一等奖	叶梅新(6)
7	过载—振动复合力学环境模拟的应用基础研究	2009	陕西省科学技术进步奖一等奖	肖方红(5)
8	武广高速铁路桥梁关键技术研究	2011	中国铁道学会科学技术奖一等奖	张晔芝(18)

续表 2.7.5

序号	项目名称	获奖时间	获奖名称及等级	主要完成人
9	宜万铁路复杂山区桥式结构技术	2011	中国铁道学会科学技术奖二等奖	叶梅新(9)
10	宜万铁路山区复杂地形桥式结构试验研究	2011	中国铁道建筑总公司科学技术奖一等奖	叶梅新
11	沿海客运专线桥梁结构设计与耐久性技术的研究——沿海客运专线桥梁结构技术研究	2011	中国铁道建筑总公司科学技术奖二等奖	张晔芝
12	上跨软土深基坑干线铁路钢格构柱便桥结构关键技术	2012	上海铁路局科技进步一等奖	鲁四平
13	列车脱轨分析理论与应用研究	2006	湖南省科学技术进步一等奖	李东平(5)
14	力学系列课程(材料力学)演示型多媒体课件	2003	湖南省科学技术进步三等奖	刘庆潭(1)李东平(4)
15	智能材料与结构的可靠性分析及无线供能机理研究	2009	湖南省自然科学三等奖	李显方、郭少华、蒋树农

(四)专利与软件著作权

表 2.7.6 专利与软件著作权

专利名称	专利号	类型	专利权人
一种高速受电弓弓头	201010610605.4	发明	李丰良
DSA 系列受电弓专用力传感器	200410046818.3	发明	李丰良
高精度微型传感器机器制造方法	200410046654.4	发明	李丰良
高精度微型传感器的力引导装置	200710181378.6	发明	李丰良
一种接触网定位管传感器	201120226284.8	实用新型	李丰良
无硬点不黏接高速接触网分段绝缘器连接结构	200920063164.3	实用新型	李丰良
一种聚四氟乙烯瓷瓶	200920063641.6	实用新型	李丰良
高速受电弓弓头	201020685817.4	实用新型	李丰良
器件式分相接头	200720064751.5	实用新型	李丰良
压电晶体谐振器电极形状设计方法	CN101257287A		杨增涛、杨嘉实、蒋树农、郭少华、李显方

（五）专著和代表性论文

主要专著有：

2012 年，周筑宝、唐松花著《最小耗能原理及其应用（增订版）》湖南科学技术出版社。

2007 年，周筑宝、唐松花著《功耗率最小与工程力学中的各类变分原理》科学出版社。

1990 年，黎振兹编著《工程断裂力学基础》，中南工业大学出版社。

2008 年，李铀编著《塑性力学引论》，科学出版社。

代表性论文如下：

[1] 黄方林，顾松年. 结构故障高阶谱诊断的一种方法. 振动工程学报，1991，4(1).

[2] Huang Fanglin（黄方林），Gu Songnian（顾松年）. A new approach for frequency response function estimation by bispectrum. Journal of Analytical and Experimental Modal Analysis，1993，8(4).

[3] Huang Fanglin（黄方林），He Xuhui，Chen Zhengqing，Zeng Chuhui. Structural safety monitoring for Nanjing Yangtze River Bridge. Journal of Central South University of Technology，2004，11(3).

[4] 陈玉骥，叶梅新. 钢—混凝土连续结合梁的温度效应. 中南大学学报：自然科学版，2004，35(1).

[5] 陈玉骥，叶梅新. 简支下承式桁梁结合梁的模型试验. 中国铁道科学，2004，25(6).

[6] 肖方红，阎桂荣，韩宇航. 双稳随机动力系统信号调制噪声效应的数值分析. 物理学报，2004，53(2).

[7] 侯文崎，叶梅新. 低温下钢—混凝土组合结构疲劳试验和极限承载力. 中南大学学报自然科学版，2004，35(6).

[8] 张晔芝. 高速铁路下承式钢桁桥研究. 铁道学报，2004，26(6).

[9] 黄方林，王学敏，陈政清，等. 大型桥梁健康监测研究进展. 中国铁道科学，2005，26(2).

[10] 肖方红，阎桂荣，韩宇航. 混沌时序相空间重构参数确定的信息论方法. 物理学报，2005，54(2).

[11] Xiao Fanghong（肖方红），Yan Guirong，Zhu Changchun. Manifesting the mutual relation of spatiotemporal chaotic signals by symbolic analysis. Chinese Physics，2005，14(2).

[12] 叶梅新，黄琼. 高速铁路钢—混凝土组合梁的损伤识别. 中南大学学报自然科学版，2005，36(4).

[13] 张晔芝. 下承式铁路钢桁结合桥的桥式结构比较. 铁道学报, 2005, 27(5).

[14] 叶梅新, 韩衍群, 张敏. 基于 ANSYS 平台的斜拉桥调索方法研究. 铁道学报, 2006, 28(4).

[15] Xiao Fanghong(肖方红), Guo Shaohua, Hu Yuantai. Evaluating the dynamical coupling between spatiotemporally chaotic signals via an information theory approach. Chinese Physics, 2006, 15(7).

[16] Xiao Fanghong(肖方红), Yan Guirong, Xie Shicheng. Signal modulating noise effect in bistable stochastic resonance systems and its analog simulation. Journal of Central South University of Technology, 2006, 13(5).

[17] Ye Meixin(叶梅新), Huang Qiong(黄琼), Wu Qinqin(吴芹芹). Analysis of steel-concrete composite structure with overlap slab of Xingguang bridge. Journal of Central South University of Technology, 2007, 14(1).

[18] Huang Fanglin(黄方林), Wang Xuemin, Chen Zhengqing, He Xuhui, Ni Yiqing. A new approach to identification of structural damping ratios. Journal of Sound and Vibration, 2007, 303(1-2).

[19] 韩衍群, 叶梅新, 罗如登. 整体桥面钢桁梁桥桥面荷载传递途径的研究. 铁道学报, 2008, 30(1).

[20] 张晔芝. 下承式钢桁半结合桥桥面系的受力状态及改善方法. 中国铁道科学, 2008, 29(2).

[21] 韩衍群, 叶梅新. 连续钢桁结合梁桥桥面系受力状态及与桥面系刚度的关系. 中南大学学报(自然科学版), 2008, 39(2).

[22] 罗如登. Ansys 中砼单元 Solid65 的裂缝间剪力传递系数取值. 江苏大学学报(自然科学版), 2008, 29(2).

[23] 周德, 叶梅新, 罗如登. 高速铁路下承式钢箱系杆拱结合桥的受力分析. 中南大学学报(自然科学版), 2009, 40(1).

[24] 周德, 叶梅新, 欧丽. 高速铁路大跨度下承式结合梁系杆拱桥桥面结合方式研究. 武汉理工大学学报(交通科学版), 2010, 34(1).

[25] Zhou De(周德), Ye Meixin(叶梅新), Luo Rudeng(罗如登). Mechanical behavior and improved methods for concrete slab of large-span through tied-arch composite bridge. Journal of Central South University of Technology, 2010, 17(3).

[26] 韩衍群, 史召锋, 叶梅新. 多横梁整体桥面结构桥面荷载传递途径及计算方法. 中南大学学报(自然科学版), 2010, 41(5).

[27] 侯文崎, 叶梅新. 铁路桥梁群钉组合结构极限承载力和静力行为分析. 中国铁道科学, 2011, 32(1).

[28] Zhang Yezhi(张晔芝), Zhang Min(张敏). Structure and behavior of floor

system of two super high - speed railway Changjiang composite bridges. Journal of Central South University of Technology, 2011, 18(2).

[29] Meng Yi(孟一), Yi Weijian(易伟建). Application of a PVDF-based stress gauge in determining dynamic stress-strain curves of concrete under impact testing. Smart Materials and Structures, 2011, 20(6).

[30] 孟一，易伟建. 混凝土圆柱体试件在低速冲击下动力效应的研究. 振动与冲击，2011，30(3).

[31] Zhang Yezhi(张晔芝), Luo Rudeng(罗如登). Patch loading and improved measures of incremental launching of steel box girder. Journal of Constructional Steel Research, 2012, 68(1).

[32] 鲁四平，黄方林. 基于 Ansys 的非线性动力稳定性分析方法研究. 机械强度，2013，35(2).

[33] Guo Shaohua(郭少华). An eigen theory of electromagnetic waves based on the standard spaces. Int. J. Eng. Sci, 2009, 47(3).

[34] Guo Shaohua(郭少华). An eigen theory of rheology for complex media. Acta Mech, 2008, 198(3).

[35] Guo Shaohua(郭少华). An eigen expression for piezo - electrically stiffened elastic and dielectric constants based on the static theory. Acta Mech, 2010, 210(4).

[36] Guo Shaohua(郭少华). An eigen theory of electro - magnetic acoustic waves in magnetoelectroelastic media. Acta Mech, 2010, 211(1).

[37] Guo Shaohua(郭少华). An eigen theory of waves in piezoelectric solids. Acta Mech. Sinica, 2010, 26(2).

[38] Jiang Shunong(蒋树农). Performance of a piezoelectric bimorph for scavenging vibration energy. Smart Materials and Structures, 2005, 14(4).

[39] Jiang Shunong(蒋树农). Piezoelectromagnetic waves in a ceramic plate between two ceramic half-Spaces. International Journal of Solids and Structures, 2006, 43.

[40] Jiang Shunong(蒋树农). Analysis of a piezoelectric bimorph plate with a central-attached mass as an energy harvester. IEEE Transactions on Ultrasonics, Ferroelectrics, and Frequency Control, 2007, 54(7).

[41] Jiang Shunong(蒋树农). Analysis of a piezoelectric ceramic shell in thickness-shear vibration as a power harvester. International Journal of Applied Electromagnetics and Mechanics, 2006, 24(1 -2)

[42] Rao Qiuhua(饶秋华). Shear fracture (Mode II) of brittle rock. International Journal of Rock Mechanics and Mining Science, 2003.

[43] Rao Qiuhua(饶秋华). A new criterion for Mode II (shear) fracture of rock. J. Cent. South Univ. Technol, 2003, 1.

[44] Rao Qiuhua(饶秋华). Use of double edge-cracked Brazilian disk geometry for compression-shear fracture investigation of rock. J. Cent. South Univ. Technol, 2003, 3.

[45] Rao Qiuhua(饶秋华). Critical Review of Shear (Mode II) Fracture Toughness Testing Methods of Rock. J. Cent. South Univ. (Science and Technology), 2004.

[46] Li Xianfang, etc. (李显方等). Vibrational modes of Timoshenko beams at small scales. Appl. Phys. Lett, 94(10), 101903, 2009.

[47] Li Xianfang, etc. (李显方等). Effects of electric field on crack growth for a penny-shaped dielectric crack in a piezoelectric layer. J. Mech. Phys. Solids, 52(9), 2079 - 2100, 2004.

[48] Li Xianfang(李显方). Dynamic analysis of a cracked magnetoelectroelastic medium under antiplane mechanical and inplane electric and magnetic impacts. Int. J. Solids Struct, 42(11 - 12), 3185 - 3205, 2005.

[49] Li Xianfang(李显方). A unified approach for analyzing static and dynamic behaviors of functionally graded Timoshenko and Euler-Bernoulli beams. J. Sound Vib, 318(4 - 5), 1210 - 1229, 2008.

[50] Li Xianfang, etc. (李显方等). T-stresses across static crack kinking. ASME J. Appl. Mech, 74(2), 181 - 190, 2007.

[51] Li You(李铀). New research on the stress field of elastic-plastic small deformation problems. Journal of Materials Processing Technology, 2003, 138(1 - 3).

[52] Li You(李铀). Elastoplastic analysis of structure composed of columns based on the basic equation system. Applied Mechanics and Materials, 2012, 166 - 169.

[53] 李铀, 陆洋, 李铌, 等. 锚杆(索)加固边坡的最小势能稳定分析方法研究. 岩土力学, 2008, 29(9).

[54] 李铀, 朱维申, 彭意, 等. 某地红砂岩多轴受力状态蠕变松弛特性试验研究. 岩土力学, 2006, 27(8).

[55] 李铀, 彭意. 塑性力学问题的一种近似算法. 岩石力学与工程学报, 2003, 22(3).

[56] 蒋树农. 单压电片悬臂梁式压电俘能器效能分析. 振动与冲击, 2012, 31(19).

[57] 李东平. 风载作用下大型升船机支承结构的动力响应分析. 长沙铁道学院学报, 2002, 24(4).

[58] 李东平. 大型支承结构自由振动的模态综合解法. 铁道学报, 2002, 24(4).

[59] 李东平. 建立车辆多体系统动力学方程的有限元法. 中国铁道科学,

2004, 25(5).

[60] 李东平. 离散系统动力学的位移变分原理. 铁道科学与工程学报, 2007, 4(1).

[61] Li Xianfang, etc(李显方等). Vibrational modes of Timoshenko beams at small scales. Appl. Phys. Lett., 94(10), 101903, 2009.

[62] 刘长文, 周筑宝. 一种强度理论体系——广义强度理论. 固体力学学报, 2002, 23.

[63] 刘长文. 金属材料疲劳性能曲线的研究. 铁道学报, 1999, 21.

[64] 刘志久, 尚守平, 徐建. 埋置基础扭转振动的实用化计算. 地震工程与工程振动, 2012, 32(2).

[65] 刘志久, 徐建, 尚守平, 王贻荪. 埋置基础扭转振动的实用化计算与试验的对比. 岩土力学, 2011, 32(12).

[66] 刘志久, 尚守平. 任意形状埋置基础滑移振动复合集总参数模型. 工程力学, 2010, 27(12).

[67] 唐松花. 线弹性动力学中的最小势能原理(含最小余能原理). 动力学与控制学报, 2005, 3(1).

[68] Tang Songhua(唐松花). The finite element method of a kind of new variational principle. Journal of Central South University of Technology, 2007, 14(1).

[69] 王曰国. 铁路岩溶路基注浆材料试验研究. 岩土力学, 2003, 24(24).

[70] 王曰国. 基于 Ubiquitous-Joint 模型的层状岩坡稳定性分析. 灾害学, 2007, 22(4).

[71] 王曰国. 某大型露天矿合理边坡角设计及稳定性分析. 工程勘察, 2007, 12.

[72] 周筑宝. 三轴应力状态下混凝土的一种新强度准则. 固体力学学报, 1999, 20(3).

[73] 邹春伟, 郭少华. 带裂缝混凝土路面的极限承载力. 中南工业大学学报, 2002, 33(5).

[74] 邹春伟, 郭少华. 温度变形对刚性路面路基的影响. 中南工业大学学报, 2003, 343(2).

(六)学术交流

郭少华：2004 年 9 月—12 月到美国加州大学 Riverside 分校智能结构研究所做访问教授；2006 年 4 月—2007 年 4 月分别在瑞典皇家工学院传感技术研究所、瑞典 Chalmers 大学土木工程系做客座教授。

李显方：2004 年 9 月—2005 年 1 月在美国 Vanderbilt 大学土木与环境工程学院做访问学者；2007 年 3 月—2008 年 3 月在澳大利亚 Sydney 大学航空、机械和机电工程学院做访问学者；2008 年 7 月—2008 年 12 月在韩国 Yonsei 大学机械工程学院做访问学者。

刘静：1999 年 9 月—2000 年 9 月作为国内访问学者到北京大学物理系访问；2004 年 7 月—2005 年 1 月在英国曼彻斯特大学土木与机械学院做访问学者。

罗如登：2005—2006 年在德国乌珀塔尔大学土木建筑学院做访问学者；2012 年 4—10 月在澳大利亚莫纳什大学工程学院土木工程系进行教学和博士后科研合作。

王英：2009 年 10 月—2010 年 10 月在美国 UIUC Water Survey 做访问学者。

侯文崎：2013 年 2 月在美国田纳西大学做访问学者。

(七)代表性成果简介

1996—2000 年，叶梅新课题组针对芜湖公铁两用长江大桥板桁组合结构的特点，带领课题组成员做了大量、系统的理论分析和试验研究，主要作出了如下贡献：

(1)完成了剪力连接件的选材、选型工作，选取 $\phi22$ 和 $\phi25$ 的栓钉(用 ML15 棒材制成)为剪力连接件，并制定了栓钉及其焊接质量检验标准。该标准对栓钉质量检验、焊接工艺规范、焊接质量检验、生产焊接控制等都作了明确、具体、详细的规定。

(2)撰写了芜湖桥混凝土桥面系与钢桁结合梁(非受拉区)的设计条文(规范)和条文说明。对设计总则、位移计算、内力计算、应力计算、剪力连接件(包括静、动承载力的规定，各种作用效应的计算，布置和构造要求)等都作了详尽的规定。

(3)对受拉区板桁结合梁做了对比试验和综合模拟试验，研究了预制混凝土板之间、预制混凝土板与现浇混凝土板之间的纵向、横向连接，混凝土中裂纹的分布、扩展和控制，混凝土出现微裂缝后剪力连接件的受力行为和传力性能，结合梁的刚度变化、应力分布变化和极限承载力等问题，为芜湖桥受拉区板桁组合结构提供了合理的结构形式和设计依据。

该成果，不仅满足了芜湖桥板桁组合结构的设计、施工和监理的需要，确保了施工质量和工期，而且也已被其他许多结合梁桥的设计、施工所广泛采用和借鉴。

2002 年，“大跨度低塔斜拉桥板桁组合结构建造技术”获国家科学技术进步一等奖。

李显方课题组系统研究了涉及多场耦合的智能材料与结构中的力学问题。对于压电智能材料的失效分析开展了一系列的研究，主要提出了基于形变为基础的强度因子作为此类材料的断裂准则，探讨了裂纹及电极尖端处的场的分布规律，获得了几种典型构型下的裂纹和电极封闭解，揭示了多场耦合的断裂机理。该方面的研究成果发表在力学权威刊物 J Mech Phys Solids，Mech Mater，Int J Solids

Struct 等和中国科学、力学学报等刊物上。发表的文章被同行专家学者广泛引用，获得发明专利 1 项，获湖南省自然科学奖 1 项。第十三届全国疲劳与断裂大会上应邀作大会特邀报告，部分成果应邀出版在英文专著 *Smart Materials and Structures*：*New Research*（Edited by P. L. Reece，NovaScience Publishers，2007）中作为其中单独一章。

第八节　土木工程材料

土木工程材料（Civil Engineering Materials）也称建筑材料（Construction Materials 或 Building Materials），是建造各种工程结构和建筑物所用材料的总称，土木工程一级学科中的二级学科名称以及高校土木、水利类专业的一门专业基础课的名称。土木工程材料学科是材料学与土木工程学交叉发展起来的分支学科，它从土木工程应用要求出发，运用材料科学知识，研究各种土木工程材料的组成、结构、性能及其相互关系，材料的环境行为与服役性能，材料性能的检验与评价方法，以及制备与施工工艺及其对材料和建材制品的组成、结构和性能的影响等基本原理与应用技术。

中南大学土木工程学院的“土木工程材料”学科历史悠久，其前身是 1953 年组建的“中南土木建筑学院”的建筑材料学科。经过 60 年的建设和发展，在前辈们的艰苦创业、不懈努力的引领之下，通过几代人的辛勤耕耘和开拓进取，土木工程材料学科已发展成为在国内和铁路行业有较大声誉和影响的二级学科，是中南大学“土木工程”一级学科国家重点学科的重要组成部分；它具有一支力量雄厚、结构合理、团结进取、勇于探索的师资队伍；形成了“高性能混凝土”“胶凝材料物理化学”“水泥基复合材料”和“工程结构修复材料”四个特色鲜明、优势凸显的研究方向；开展了相关理论与技术的科学研究，取得了一批具有重要价值、并在我国铁路建设中广泛应用的研究成果；建立了能开展组成分析、性能测试和工艺试验的建筑材料实验室，并成为“土木工程国家级实验教学示范中心”的重要组成部分；拥有硕士学位和博士学位授予权，为国家培养了一批“材料学”和“土木工程材料”专业的硕士和博士研究生。该学科现已成为我国土木工程材料科学研究和高层次人才培养的重要基地之一。

一、学科发展

土木工程材料学科 60 年的发展历程，可分为以下四个阶段：

（一）学科初成，夯实基础（1953—1966）

1953 年，中南土木建筑学院成立时，在道路工程系就设立了工程材料教研组。1960 年 9 月，长沙铁道学院成立时在桥梁隧道工程系设立工民建教研室，由王浩老师任教研室主任，曾庆元老师任教研室副主任。教研室下设建筑材料教学组，有王浩、易立经、张承蓉、王采玉、周士琼、刘建维6位老师，1964年张绍麟老师从湖南大学调入教研组，加强了师资力量。

王浩和曾庆元2位教研室主任博学多才，治学严谨，很注重青年教师的培养和师资队伍建设，给青年教师制定了培养计划，教研室还定期组织观摩教学和试讲，并及时讲评；同时，王采玉老师先后到唐山铁道学院、同济大学进修，周士琼到同济大学进修，张绍麟老师赴清华大学进修。通过院内在岗以老带新培养和国内名校进修学习，促进了青年教师教学和理论水平的提高。

由王浩老师主编了第一部《建筑材料》教材，并于1961年由原人民铁道出版社出版。在完成建筑材料课程教学的同时，积极组织和鼓励青年教师参与工程实践，建材教研组的老师先后参与了成昆铁路、宜昌—平城铁路的大江孔隧道和石门隧道的工程建设，并为湘黔铁路的多座隧道、桥梁工程建设进行技术指导，丰富了老师们的工程实践经验。

教研室成立之初，就含有建材实验室，限于当时条件，仅有1台100吨和1台5吨的压力试验机，以及硬练法水泥试验设备等。由王采玉老师担任实验室主任，主要承担建筑材料课程的试验教学。

(二)坚守岗位，潜心教学(1966—1976)

1966年开始的“文化大革命”运动席卷全国，学校的正常教学秩序受到影响，但建筑材料教研室的大多数教职工在遭受迫害、打击的情况下，仍然坚守岗位，尽职尽责，并作出了较大的贡献。当时教研组老师有王浩、张绍麟、王采玉、周士琼、易立经、张承蓉、刘建维等，前期仍由王浩老师担任教研组长，后期张绍麟老师升任教研组长。1974年后，先后有杜颖秀、刘新整和何庆健老师调入实验室工作，仍由王采玉老师担任实验室主任，建材实验室新增2台200吨压力试验机和1台60吨全能试验机，使课程基础试验用仪器基本完善。同时，根据技术发展，水泥强度试验由硬练法改为软练法，试验技术人员也参加相关技术培训。1971年，开始招收工农兵大学生，教研组和实验室主要承担建筑材料课程和试验教学任务。

(三)沐浴春风，科研起步(1976—2000)

1976年“文化大革命”结束，全国进行了“拨乱反正”。1977年恢复高考制度，招收本科生。教研组将工作重点转移到教学和科研上来，提出了“以提高教学质量和学术水平为中心任务”的新目标，在完成本科教学任务的同时，还开展科学和技术研究，在教学、科研等各项工作上取得了可喜的成绩，建筑材料学科开始进入新的发展阶段。

王浩老师主编的铁道部统编教材《建筑材料》是一部深受路内外同仁和广大读者欢迎的教材。王老师去世后，教研室一直接任了铁道部统编教材的主编，不断完善教材，由周士琼老师主编的《建筑材料》(中国铁道出版社出版，1999)于2000年获铁道部优秀教材一等奖。

乘着改革开放的春风，在王浩、张绍麟老师的带领下，教研室全体老师参加了与铁道部第一工程局合作的铁路规范改革项目(负责最大水灰比和最小水泥用量子课题)及国标混凝土力学性能试验方法部分内容的科研工作。1978年，为修订国家行业标准《普通混凝土力学性能试验方法》，张绍麟老师牵头，进行混凝土力学性能试验方法研究。从此，建筑材料教研室走上了以科研促教学、促实验室建设和促人员学术水平提高的发展道路，教研室老师和实验室人员的业务素质也与时俱进，不断提高，使得这个团队始终能掌握学科前沿的知识和动态，并具有较强的处理实际工程问题的能力，从而丰富教学内容，理论联系实际地完成课堂教学。

以张绍麟老师为主，彭雅雅和杜颖秀老师参加，承担了"混凝土劈裂抗拉强度与轴心抗拉强度理论关系和试验对比"的科研项目，该项目是建设部行业标准《混凝土力学性能试验方法》的重要组成部分。该项目取得的科研成果于1980年获得湖南省重大科技成果三等奖。

为适应发展需要，1983年长沙铁道学院进行了系、室的调整，将隶属于工民建教研室的建筑材料教研组独立为"建筑材料教研室"，隶属铁道工程系(后更名为土木工程系)，为建筑材料学科的发展提供更好的契机。

1983年张绍麟副教授开始招收铁道工程专业建筑材料方向的硕士研究生，标志着该学科开始培养研究生。1995年该学科获得建筑材料专业硕士学位授予权。

20世纪90年代，在学科带头人周士琼教授的带领下，建筑材料教研室的老师开始高强高性能混凝土的研究，在混凝土外加剂和超细矿物掺合料的研究和应用方面取得了突出成果，其成果纳入相关铁路标准和规范，并应用于多条铁路建设。分别于1996年和1997年获得湖南省科技进步三等奖、湖南省教委科技进步一等奖和湖南省建设科学技术进步三等奖。

1999年，周士琼教授被聘为博士研究生导师，并招收道路与铁道工程专业建筑材料方向的博士研究生。

实验室建设也取得较大进展，1978—2000年，承担各届学生教学实验、科研以及大量生产试验。后陆续引进60吨压力机、60吨全能机、10吨油压机、水泥抗折试验机，砂石试验也采用新的筛分仪器。建设改造养护室，增设混凝土实验振动台，1998年首批通过湖南省本科教学双基实验室评估。

(四)平台提升，快速发展(2000—2012)

2000年4月，长沙铁道学院与中南工业大学、湖南医科大学合并组建"中南大学"。结合学科发展特点，2002年建筑材料学科更名为土木工程材料学科，建筑材料教研室更名为"土木工程材料研究所"(简称材料所)，先后由谢友均教授、邓德华教授担任材料所所长。

伴随着国家经济社会建设与发展的重大需求，依托中南大学的平台，土木工程材料学科进入了新一轮的快速发展期。自2000年以来的十多年间，在师资队伍、研究生培养、课程教学、科研和实验室建设等方面，均在快速发展。

在师资队伍方面，通过人才引进、在职攻读学位等方式，材料所全体任课教师均具有博士学位，2名实验人员具有硕士学位；教职工的职称也不断提升，到2012年，材料所有教授5人，副教授6人，高级工程师3人；博士研究生导师4人，硕士研究生导师11人。

从2000—2012年，每隔2年修订一次研究生培养方案，使研究生培养规范化。开设了6门硕士研究生课程，2门博士研究生课程。共有14名博士研究生毕业，并获得博士学位；每年招收10多名硕士研究生，共有136名硕士研究生毕业，并获得硕士学位。马昆林和何富强的博士论文分别于2011年和2013年被评为湖南省优秀博士论文，刘赞群的博士论文于2012年被评为中南大学校级优秀博士论文；刘竞和勾成福的硕士论文分别于2008年和2012年被评为湖南省优秀硕士论文。

材料所为本科生开设了土木工程材料(必修)和新型建筑材料(选修)两门课程，每年承担约24个自然班的本科课程教学。在教学中，不断优化教学内容，改进教学方法，提高教学水平。2004年周士琼教授主编、中国铁道出版社出版了《土木工程材料》教材；2010年由邓德华教授主编、中国铁道出版社出版了《土木工程材料》国家“十一五”规划教材。从2005—2007年，在土木工程专业本科生中开展了“三性试验”，共举行三次本科生课程实验研究论文报告会。在完成教学任务的同时，积极开展教学研究，共承担并完成了3项校级和3项院级教改项目，获得中南大学教学成果二等奖3次、三等奖1次。肖佳、邓德华分别于2006年和2007年获得茅以升教学专项奖。

在我国高速铁路快速发展的推动下，材料所全体教师积极开展高速铁路建设关键工程材料理论和技术的研究。例如，2000—2002年以谢友均教授为首承担了预应力混凝土简支梁桥徐变变形性能试验研究课题，研究成果纳入相关铁路建设标准，最早应用于秦沈客运专线的建设，在实际工程应用并验证的基础上，在全路客运专线和高速铁路建设中推广应用；2001年，谢友均参与了铁道部重点科技计划和国家863计划低温早强耐蚀高性能混凝土研究，成果用于青藏铁路工程建设，并因此于2008年获国家科技进步特等奖；2006年，由谢友均、邓德华负责板式轨道结构用水泥乳化沥青砂浆的研究，共研发三种型号的水泥乳化沥青砂浆，2009年通过铁道部工管中心组织的技术审查后，在京沪、京广、沪昆、哈大等13条高速铁路和铁路客专线上应用，总应用里程达2200多双线千米。

十多年来，材料所教师共承担并完成的科研项目88项，其中国家973计划课题1项、国家863计划项目子课题3项、国家攻关和支撑计划子课题3项、国家自然科学基金项目12项、省(部)级科研项目39项，横向项目33项。共获得科技奖励17项，其中国家科技进步特等奖1项，省级科技进步奖9项。发表学术论文400余篇。

随着国家“985”和“211”工程的实施，建材实验室也得到了不断建设和提升，逐渐发展成拥有先进试验设备总数达211台套的试验教学和研究生培养基地，分设土木工程材料基本性质、水泥、砂石、混凝土、新型建筑材料、材料力学性能、工程结构无损检测和材料耐久性等8个专门试验室。进一步完善和提高了本科生土木工程材料和建筑功能材料两门课程的实验教学设备，开发了一些新的试验方法，如2004年，开发了“混凝土材料耐久性试验”，并获得2005年中南大学教学成果二等奖，2012年建设成为“土木工程国家级实验教学示范中心”的主要组成部分；积极参与土木工程学院的三个国家和省部级平台建设，2003年邓德华教授牵头完成了“湖南省先进建筑材料与结构工程技术研究中心”的申报工作，2003—2005年，以邓德华教授为主负责建设了“混凝土材料与结构耐久性模拟试验系统”；2006年谢友均教授等材料所老师参与了“湖南省土木工程安全科学实验室”的申报和建设工作；2009年谢友均、邓德华等材料所老师积极参与了“高速铁路建造技术国家工程实验室”的申报和建设工作，2010年以邓德华、李建、元强等老师负责建成了“水泥乳化沥青砂浆试验系统”，并于2011年被铁道部质检中心确立为原铁道部“水泥乳化沥青砂浆I级实验室”，具有检测资质。

(五)历数风流，明朝更盛

回眸60年的建设和发展历程，彰显了如下四个特点：

1)注重师资队伍建设

学科建立之初到现在，采取以老带新、国内外进修、在岗培养、人才引进等多种方式，持续地建设师资队伍，不断地提升教师的理论和业务水平。从1960—2013年，先后派往国内知名高校进修的老师4人次；国外访问学者3人次；从国内知名高校和科研机构引进硕士和博士学位研究生7人次；国外引进博士人才3人次；本学科自己培养和在岗培养并使教师获得博士学位有9人次。到2012年，材料所全体教师均具有博士学位；两位实验人员具有硕士学位。

2)传承教材编写与出版

从1961年王浩老师主编的铁道部统编教材《建筑材料》开始到现在，共主编和出版了4个版本的“建筑材料”教材和2个版本的“土木工程材料”教材。

3)基于应用开展科研

改革开放以前，建筑材料教研室和实验室的老师主要以本科教学为主。1977—2012年的30多年间，随着我国经济和社会建设的快速发展，基于工程应用，既紧贴建筑工程和铁路(高速铁路)工程建设的实际和需要，又紧跟本学科的国内外研究热点和前沿，积极开展建筑材料和铁路建设关键土木工程材料的研究，并及时将科研成果应用于工程建设和工业化生产。

4)强化实验室根基

本学科从成立之初就包含了建筑材料实验室，60 年来，持续不断地强化学科根基，建设和完善建材实验室，使之成为“土木工程国家级实验教学示范中心”的重要部分，也是本学科研究生培养和科研的试验基地。

回眸过去，土木工程材料学科建设成就斐然；看今朝，土木工程材料学科基础扎实、人才济济、实验设备和手段先进、学生素质不断提高；展望未来，在中南大学和“土木工程”一级学科国家重点学科的引领下，经过持续的建设和发展，必将成为国内一流的学科。

二、师资队伍

(一)教师队伍建设

1960 年建筑材料教研组成立之时，有王浩、易立经、张承蓉、王采玉、周士琼、刘建维等 6 位老师。

1966—1976 年，建材教研组的教师有：王浩、王采玉、周士琼、张成蓉、张绍麟等。建材实验室有：刘建维、何庆健，1975 年杜颖秀调入。

1976—2000 年，建筑材料教研室的教师有王浩、王采玉、周士琼、张成蓉、张绍麟、刘新整、李德贵和何庆健，1977 年，彭雅雅老师调入；1981 年后，先后有张丹阳、王云祖、胡晓波、吴晓惠、谢友均、李建、张松洪、刘宝举、杨元霞、尹健、孙晓宝等调入或毕业留校，大大地增强了本学科的师资力量。在这期间，也有几位老师调离，几位老师退休。

2000—2012 年，建筑材料教研室和后来的土木工程材料研究所教师有周士琼、谢友均、胡晓波、刘宝举、杨元霞、尹健，建材实验室有李建、张松洪和孙晓宝老师。2000 年后，先后有邓德华、肖佳、周殿铭、石明霞等调入或毕业留校，2004 年后，先后引进教授史才军(加拿大)、博士后董荣珍(华中科技大学)、博士龙广成(同济大学)、郑克仁(东南大学)、李益进(本校)、元强(比利时根特大学)、刘赞群(比利时根特大学)。在这期间，胡晓波在同济大学在职攻读博士学位，谢友均、尹健、刘宝举、肖佳在本学科在职攻读博士学位，邓德华于 2000—2001 年在清华大学进修博士学位课程，并以同等学力在本学科获得博士学位。

本学科现有教师 11 人：谢友均、胡晓波、邓德华、肖佳、龙广成、刘宝举、李益进、董荣珍、郑克仁、元强、刘赞群，均获博士学位(2 人获比利时根特大学博士学位)；其中教授 5 人、副教授 6 人；4 名博士生导师，11 名硕士生导师。建材实验室有实验人员 4 人：李建、石明霞、张松洪、谌明辉。其中 2 人具有硕士学位，3 人具有高级工程师职称。在职教师基本情况见表 2.8.1。

表 2.8.1　在职教师基本情况

	合计	职称				年龄			学历		
		教授	副教授	讲师	助教	55 岁以上	36 ~ 55 岁	35 岁以下	博士	硕士	学士
人数	11	5	6	0	0	1	9	1	11	0	0
百分比(%)	100	45	55	0	0	9	82	9	100	0	0

(一)历任主任(所长)

本学科历任主任(所长)情况见表 2.8.2。

表 2.8.2　历任教研组主任(所长)基本情况表

时间	主任	副主任
1960—1974	王浩(建材结构教研室建材组)	
1974—1986	张绍麟(建筑材料教研室)	
1986—1998	周士琼(建筑材料教研室)	
1998—2004	谢友均(建筑材料教研室、土木工程材料研究所)	邓德华
2004—2013	邓德华(土木工程材料研究所)	胡晓波、尹健、龙广成
2013 年 7 月—	龙广成(土木工程材料研究所)	胡晓波、刘赞群

(二)学科教授简介

王浩：男，副教授，1953—1985 年在中南土木建筑学院、湖南大学、长沙铁道学院工作，1960—1974 年间曾担任教研室(组)主任。研究方向为混凝土耐久性，组织教研室人员参加了与铁道部第一工程局合作的铁路规范改革(最大水灰比和最小水泥用量子题)及国标混凝土力学性能试验方法部分内容的科研工作，带领建筑材料教学组走上了科研促教学，促实验室建设，促人员素质提高的发展道路。分别于 1961 年、1964 年和 1980 年三次主编了铁道部统编教材《建筑材料》，深受路内外同仁和广大读者欢迎，本教研室从此一直主编铁道部《建筑材料》统编教材，并不断更新和完善教材内容。这些教材的出版为铁路建设相关专业建立了建筑材料教学知识架构体系。

张绍麟：男，副教授，1964—1986 年在长沙铁道学院工作，1974—1986 年间曾担任教研室主任。研究方向为混凝土力学性能，组织教研室人员参加了与铁道部第一工程局合作的铁路规范改革(最大水灰比和最小水泥用量子题)及国标混凝土力学性能试验方法部分内容的科研工作，延续了建筑材料学科教学、科研并重的传统，曾获湖南省重大科技进步三等奖。张绍麟老师是3本有关混凝土材料试验方法的国家标准(GBJ80—85、GBJ81—85、GBJ 82—85)的编制人之一。

周士琼教授：女，1939年1月生，博士生导师。1960年毕业于成都工学院(现四川大学)，1986—1998年间曾任建筑材料教研室主任，兼任中国土木工程学会耐久性委员会和高强高性能混凝土委员会委员，中国硅酸盐学会高性能混凝土委员会委员，湖南省土木建筑学会材料委员会副主任。主要从事土木工程材料的教学和科研工作，研究方向为高强高性能混凝土，享受国务院特殊津贴。先后主持和参加纵向课题20余项，包括建设部、铁道部以及“九五”国家重点科技攻关项目，研究成果达国际先进水平，曾获湖南省科技进步二等奖1项、三等奖3项、四等奖1项，主编2本教材，专著1部(参加)，2000年获铁道部优秀教材一等奖。1994年获湖南省教育系统“巾帼建功标兵”荣誉称号，国内外公开发表论文100余篇。2004年退休。

邓德华教授：男，1958年生，汉族，工学博士，博士生导师。1984年毕业于湖南大学建筑材料专业，获工学硕士学位，中国土木工程学会会员。2000年4月调入中南大学，2004—2013年任土木工程材料研究所所长。研究方向为新型胶凝材料、土木工程材料耐久性和新型土木工程材料及其制备技术等。曾承接和完成了国家自然科学基金资助项目(主持)和国家科技攻关、部省级科研课题30余项。获得国家发明专利3项、国家实用新型专利3项；四项科研成果已转化为工业化生产的产品与技术。曾获得部级科技进步二等奖、省级科技进步三等奖和市级科技进步一等奖各1项。在国内外知名刊物上发表论文110余篇，提出了碱式盐水泥的概念及碱式盐水化物的离子水解—缩聚反应机理、以及板式无砟轨道水泥乳化沥青砂浆充填层劣化与失效机理。研发的三种型号水泥乳化沥青砂浆被广泛应用于我国高速铁路(铁路客运专线)的建设。2004年参编《土木工程材料》教材1部，2010年主编国家“十一五”规划教材《土木工程材料》。“土木工程材料”中南大学校级精品课程负责人。

胡晓波教授：男，1961年生，工学博士，中国土木工程学会会员，中国建筑学会会员。1984年毕业于同济大学，获建筑材料专业硕士学位，当年分配到原长沙铁道学院工作，曾任党支部宣传委员、书记，土木院部门工会副主席，现任土木工程材料研究所副所长。研究方向以土木工程材料研究与应用为主，侧重水泥混凝土材料研究及工程应用技术。指导硕士研究生17位。坚持大学教育以“同学自主学习为主，自主选择自身知识构成和完善加强工作能力，教师引导提供专业知识、理论和学习研究方法为辅，保证专业培养基本知识和能力构成，因材(人)施教，自觉完善，培养适合社会、专业技术和科学发展需求的创新型高级专业人才”教学理念。承担并完成科研项目13项，发表教学研究论文2篇，发表学术论文49篇，获得湖南省科技进步三等奖2次，湖南省教委科技进步一等奖1

次，中南大学教学成果一等奖 1 次。参编《建筑材料》教材 1 部，《土木工程材料》教材 2 部。

谢友均教授，男，1964 年 1 月生，工学博士，博士生导师。霍英东教育基金会青年教师奖获得者、铁道部青年科技拔尖人才、中国硅酸盐学会混凝土与水泥制品分会理事、《铁道科学与工程学报》编委等。1984 年本科毕业于长沙铁道学院工民建专业，1987 年硕士研究生毕业于中国铁道科学研究院无机非金属材料专业，并于当年分配到原长沙铁道学院土木系工作，2006 年在中南大学在职获得道路与铁道工程专业博士学位。一直从事高性能水泥基材料的研究开发，近年来，主持 973 计划课题、863 项目、国家自然科学基金和铁道部重大项目 15 项，并取得了一批研究成果，理论研究与应用实践经验丰富，主持研发的水泥乳化沥青砂浆、高性能混凝土广泛应用于我国铁路建设，2013 年获国家技术发明二等奖 1 项，2008 年获得国家科技进步特等奖(青藏铁路工程)，2007 年和 2004 年分别获湖南省科技进步一等奖和二等奖各 1 项，公开发表论文近 150 篇，其中被 SCI、EI 收录论文 80 余篇次，参编《土木工程材料》(2004 年版)教材 1 部，参编学术专著 2 部，获得国家发明专利 5 项，成果被 12 个国家和行业技术标准采纳。

肖佳教授：女，1964 年 10 月生，工学博士，硕士生导师。本科毕业于原长沙铁道学院工民建专业，硕士、博士分别毕业于中南大学土木建筑学院材料学、道路与铁道工程专业。研究方向为高性能混凝土和新型建筑材料。主持和参加国家、省部级纵向项目，横向项目近 20 项，其中，主持铁道部科技研究开发计划项目 2 项、横向项目 2 项，主持和参加国家自然科学基金、省部级重点项目 10 余项。在国内外公开刊物发表论文 70 余篇，其中被 SCI、EI 检索 22 篇，其中第一作者 55 篇，被 SCI、EI 收录 16 篇。获省科技进步二等奖 3 项、教育部科技进步二等奖 1 项、获得国家发明专利 1 项、获省级教学成果一等奖、获铁路教育茅以升教学专项奖、获铁道部优秀教材奖。培养指导硕士研究生 15 名，毕业的硕士生中分别获得了特等格雷斯奖学金、校级优秀硕士论文、省级优秀硕士论文及优秀硕士毕业生。

龙广成教授：男，1973 年 11 月生，工学博士，博士生导师，美国混凝土协会(ACI)会员，中国建筑学会建筑材料测试技术专业委员会委员、中国土木工程学会混凝土质量专业委员会委员。2004 年 1 月于同济大学材料科学与工程学院博士毕业进入中南大学工作；2010 年获教育部“新世纪优秀人才计划”资助；2011 年聘为中南大学博士生导师；2011 年 6 月—2012 年 6 月到加拿大舍布鲁克大学工学院土木系做访问学者 1 年。主要从事自密实混凝土、活性粉末混凝土的研究。主持和参与国家级和省部级科研项目 10 余项，在国内外期刊上发表论文 100 余篇，出版著作 3 部，授权国家发明专利 5 项，获国家技术发明二等奖 1 项、湖南省科学技术进步一等奖 1 项、中国铁道学会科技进步三等奖 1 项。

三、人才培养

(一)本科教育

1. 教材建设

先后共主编并出版了6部铁路教育系统的统编教材和1部国家“十一五”规划教材。

1961年，王浩主编《建筑材料》，人民铁道出版社出版。

1964年，王浩主编《建筑材料》，人民铁道出版社出版。

1980年，王浩主编《建筑材料》，中国铁道出版社出版。

1991年，周以恪、张绍麟主编《建筑材料》，中国铁道出版社出版。

1998年，教研室老师参编《建筑施工材料检测实验基本知识培训教材》，湖南省建设委员会。

1999年，周士琼主编《建筑材料》，中国铁道出版社出版。2000年获铁道部第四届优秀教材一等奖，同年获中南大学教学成果一等奖。

2004年，周士琼主编《土木工程材料》，中国铁道出版社出版。

2010年，邓德华主编《土木工程材料》(普通高等教育“十一五”国家级规划教材)，中国铁道出版社出版。

2. 教学研究

主要教改成果体现在如下几方面：

1)树立新的教学理念

从土木工程应用和发展的要求出发，教学土木工程材料科学知识。在长期的教学实践中，逐渐树立了符合本课程特点和要求的教学理念——二强调、五注重：强调材料科学知识与土木工程应用紧密结合，强调能力训练比知识传递更重要；注重优化知识结构，注重夯实理论基础，注重强化实践训练，注重培养综合能力，注重激发创新意识。

2)不断优化课程内容

通过对国外20多所知名大学的“Civil Engineering Materials”和“Construction Materials”课程内容的调研，结合我国土木工程专业学生培养的要求，将《土木工程材料》课程内容优化，以胶凝材料、混凝土、砌筑材料、钢材、木材、高分子材料、沥青材料等基本土木工程材料的材料科学基础理论和土木工程应用技术为主要内容。

3)运用启发式“三问”教学法

教学方式上，采用课前提问、启发式课堂讨论和读书报告或综述性小论文作业等，重点突出三个方面的问题：工程材料的组成与结构特点是什么(what)？在土木工程应用中，工程材料应具有的性能及其主要影响因素(which)是什么？在土木工程中如何正确应用或选择这些材料(how)？我们归纳为“三问”教学法。在有限学时内，更注重培养学生自主获取知识、分析和解决工程问题的综合能力，激发学生材料创新和工程材料创新性应用的意识。

4)应用现代化教学手段和灵活多样的教学方法

从2001年以来，本课程全面采用多媒体教学手段和方法，形象地表述工程材料的性能随其组成与结构的变化、各种因素对工程材料结构和性能的影响，以及工程材料在土木工程中的应用过程和技术参数的控制等课程内容。

5)改革实验教学

将实验项目优化组合为两部分，一部分为基本试验技能的训练试验项目，包括水泥、砂石、混凝土、钢材等基本性能测试等试验内容；另一部分为开放式“三性”(设计性、研究性、创新性)试验，其内容由学生自主选择和命题，也可是任课教师所承担的科研项目内容。以竞赛方式，由学生自由组合成研究小组完成一个土木工程材料及其应用方面的问题的试验研究。制定了“开放式‘三性’实验实施细则”。

6)改进学生课程学习成绩考核评价体系

将整个教学过程作为学生学习成绩的评定过程，制定了“本课程学生学习成绩评定体系实施细则”。从知识掌握程度、应用知识的综合能力和创新能力等多方面对学生进行考核，从课堂提问与讨论，平时作业与读书报告，试验报告，1次部分章节内容的考试，1次期终综合考试等5个内容进行考核，其考核成绩均以一定比例计入学生该门课程学习的最终成绩。

7)承担并完成的教改项目

2001年，“开放式实验教学模式研究”，中南大学立项，负责人刘宝举。

2004年，“注重学生创新能力培养、构建《建筑材料》课程教学新体系”，中南大学立项，负责人邓德华。

2005年，“土木工程材料”，中南大学校级精品课程，负责人邓德华。

8)发表的教改论文

[1] 胡晓波. 建筑材料课程如何注重学生知识面拓宽和创造能力培养的探讨. 铁路教育研究，1999，(4)：51-53.

[2] 胡晓波，方晓平. 科研运行模式和人才培养机制刍议. 长沙铁道学院学报(社科版)，2007，8(1)：244-245.

[3] 邓德华，肖佳. “土木工程材料”课程教学改革. 长沙铁道学院学报(社会科学版)，2006(2)：78-80.

[4] 肖佳，邓德华. 土木工程材料“开放性实验”教学与实践. 长沙铁道学院学报(社会科学版)，2006，7(2)：83-84.

[5] 尹健，李益进. “建筑材料”教学改革实践，株洲师范高等专科学校学报，

2004，(5)：47 -49.

[6] 刘宝举，杨元霞.“土木工程材料”课程教学方法探讨.株洲师范高等专科学校学报，2007，32(4)：80 -81.

[7] 刘宝举，杨元霞.在土木工程材料教学中激发、提高并保持学生积极性.长沙铁道学院学报(社会科学版)，2006，(2)：81 -82.

[8] 刘宝举，谢友均，周士琼.“建筑材料”课程实验教学改革初探.铁路教育研究，1999，17(2)：54 -55.

[9] 肖佳.知识经济教育为本新的征程(2002 湖南省普通高校教学管理专业委员会学术年会论文集).中南大学出版社，2002，38 -41.

[10] 龙广成.研究生教学改革初探.长沙铁道学院学报(社会科学版)，2008，9(12)：135 -137.

[11] 龙广成.“土木工程材料”课程教学改革新探.长沙铁道学院学报(社会科学版)，2007，8(3)：78 -79.

[12] 元强.“土木工程材料”课程双语教学的探讨.科教文汇，2012，(7).

9)获得教学成果奖励

[1] 谢友均获 1999 年第七届霍英东教育基金会青年教师奖。

[2] 李建获 2001 年中南大学校级实验技术成果二等奖。

[3] 肖佳获 2006 年铁路教育茅以升教学奖。

[4] 邓德华获 2007 年度茅以升教学专项奖。

[5] 谢友均获 2010 年湖南省教学成果二等奖。

(二)研究生培养

土木工程材料学科主要培养材料学专业硕士研究生、土木工程材料专业的硕士和博士研究生以及道路与铁道工程(土木工程材料方向)博士研究生。

1983 年，张绍麟副教授被聘为硕士研究生导师，培养铁道工程专业(建材方向)硕士研究生。1985 年，周士琼讲师被聘为硕士研究生副导师，协助张绍麟老师培养硕士研究生。1993 年，周士琼副教授被聘为硕士研究生导师，培养铁道工程专业(建材方向)和建筑材料专业硕士研究生。1995 年，谢友均、胡晓波副教授被聘为硕士研究生导师。1999 年，周士琼教授被聘为博士研究生导师，开始招收和培养“铁道工程”专业(建材方向)和“土木工程材料”专业博士研究生。

2000 年以来，有硕士研究生导师：谢友均、邓德华、胡晓波、尹健、史才军、肖佳、龙广成、刘宝举、杨元霞、李益进、郑克仁、董荣珍、刘赞群。现有博士研究生导师：谢友均、邓德华、尹健、龙广成、郑克仁。

在 1983—2000 年间，共培养博士研究生 2 名，硕士研究生 15 名。2000—2012 年，共培养博士研究生 14 名、硕士研究生 136 名。获得省级优秀博士论文 2 篇；中南大学校级优秀博士论文 1 篇；省级优秀硕士论文 3 篇；中南大学校级优秀硕士论文4篇。

2000年，李益进获得茅以升铁路教育优秀学生奖。

2008年，唐咸燕撰写的硕士论文《GGBS水泥基复合材料抗硫酸盐型酸雨侵蚀性能的研究》获中南大学优秀硕士论文奖。

2009年，刘竞撰写的硕士论文《提高海洋构筑物混凝土保护层抗渗开裂性能的研究》获湖南省优秀硕士论文奖。

2011年，马昆林撰写的博士论文《混凝土盐结晶侵蚀机理与试验评价方法研究》获湖南省优秀博士论文奖。

2012年，刘赞群撰写的博士论文《混凝土硫酸盐侵蚀基本机理研究》获中南大学优秀博士论文奖。

2012年，荀成福撰写的硕士论文《水泥—石灰粉—矿粉复合胶凝体系收缩性能研究》获湖南省优秀硕士论文奖。

2013年，何富强撰写的博士论文《硝酸银显色法测量水泥基材料中氯离子迁移》获湖南省优秀博士论文奖。

（三）建筑材料实验室建设

略，见第三章第一节。

四、科学研究

（一）主要研究方向

土木工程材料学科紧扣国家重大基础设施如高速铁路、客运专线、高速公路和高层建筑等工程建设中的重大需求，瞄准相关土木工程材料的性能、制备及其应用技术领域中的关键科学问题，系统深入地开展相关理论和技术的研究工作，建立水泥基材料的性能设计、制备与应用相关技术的理论体系，解决工程结构水泥基材料制备工艺、应用技术及其服役寿命设计等工程技术领域的关键技术难题。本学科已形成的主要研究方向：

1. 高性能混凝土

重点研究蒸养高性能混凝土、耐蚀高性能混凝土和自密实混凝土等的基本理论、制备和应用关键技术，形成了一系列成果，为解决青藏铁路混凝土耐久性、秦沈客运专线桥梁徐变上拱控制、洛湛铁路高性能混凝土制梁技术、铁路预应力高性能混凝土轨枕以及沿海氯盐侵蚀环境下高速铁路桥梁结构耐久性等关键技术难点提供了支撑，主要研究成果已纳入国家和行业相关技术规程。

2. 胶凝材料物理化学

重点研究硅酸盐水泥—矿物掺合料、水泥—聚合物、水泥—乳化沥青等复合胶凝体系的流变特性、水化硬化机理、物理力学性能及其长期性能。在超细矿物掺合料的作用效应、水泥乳化沥青复合浆体流变和微细观结构模型等方面，提出了一些创新观点，对新型工程材料的研发和工程技术的应用起到了重要指导作用。

3. 水泥基复合材料

该研究方向运用材料的组成、结构与性能之间相互关系等基本原理，较为深入地开展了超高强水泥基材料、钢纤维增强混凝土、水泥乳化沥青砂浆等的设计方法及其制备与应用技术研究。在水泥乳化沥青砂浆、活性粉末混凝土等研究领域取得了显著的成果，已规模化应用于我国高速铁路建设工程，相关理论与技术成果已纳入铁道部行业技术标准。

4. 工程结构修复材料

重点开展用于工程结构的无机、有机和无机—有机复合基修复加固材料的制备与应用新技术研究，取得了一系列创新性研究成果，研发了一系列用于水泥混凝土路面快速修补、高速铁路无砟轨道快速修复的材料和修复技术。

(二)科研项目

1976—2000 年间，教研室老师们共承担并完成国家、省(部)级科研项目 20 项，横向项目 20 余项。详见表 2.8.3。取得较多成果，如 1979 年参与提出“标准试验方法——跳桌法检验混凝土施工性能(草案)”；1985 年参与起草建设部行业标准《普通混凝土试验方法标准》；全教研室人员参与了铁路混凝土质量数据调研(株洲、包头桥梁厂等)。

表 2.8.3　承担的主要科研项目汇总表(1976—2000)

序号	项目(课题)名称	项目来源	起讫时间	承担人
1	粉煤灰复合超细粉的开发利用研究	国家重点科技项目攻关计划	1999—2002	周士琼、尹健
2	碳纤维增强水泥基导电复合材料	国家自然科学青年基金(参加)	1996—1998	胡晓波
3	混凝土劈裂抗拉强度与轴心抗拉强度理论关系和试验对比	建设部 建研院	1978—1980	张绍麟、彭雅雅、杜颖秀
4	C80 - C100 高性能混凝土开发研究	建设部	1998—2000	尹健
5	碳纤维增强水泥	上海市自然科学基金(参加)	1989—1992	胡晓波
6	跳桌法检验混凝土施工性能	铁路系统	1982—1984	王采玉
7	100 MPa 混凝土的研究与应用	铁道部 (子题主持)	1993—1996	胡晓波

续表 2.8.3

序号	项目(课题)名称	项目来源	起讫时间	承担人
8	高强(卵石)泵送混凝土技术研究	湖南省科委等	1992—1997	谢友均等
9	特种混凝土优化设计及复合外加剂应用技术(自防水、大体积、防辐射、抗裂混凝土等)	湖南省第三建筑公司等	1992—1998	谢友均等
10	结构混凝土及灾后混凝土性能检测及评估技术	中建五局等	1994—1999	谢友均等
11	免振、增韧高性能混凝土的研究(95G44)	铁道部	1995—1997	谢友均、尹健
12	活性粉末混凝土(J97G014)	铁道部	1997—1999	谢友均
13	免振高性能混凝土在桥梁构件中的应用研究(98G20)	铁道部	1998—2001	余志武、谢友均
14	预应力混凝土简支梁桥徐变试验研究(99G09)	铁道部 重点课题	1999—2001	谢友均
15	超细粉煤灰高性能混凝土应用研究(98G21)	铁道部	1998—2001	谢友均
16	高性能快速修补混凝土研究与应用	铁道部	1999—2000	尹健
17	高强混凝土在桥梁构件中的应用研究	铁道部	2000—2001	周士琼、尹健
18	C55 高强卵石混凝土泵送技术	湖南省科委	1995—1996	胡晓波
19	粉煤灰高性能混凝土研究与应用	湖南省科委	1996—1998	尹健
20	高效复合外加剂的研究与应用	湖南省建委、湖南省科委	1991—1993	胡晓波
21	用干热—微压湿热养护法快速推定水泥强度	其他	1985—1987	周士琼
22	磁化水混凝土的试验研究	湖南省工程总公司	1990—1993	周士琼
23	湖南国际金融大厦工程 C30S8、C40 泵送混凝土、C55 高强混凝土及高效复合外加剂研究	企业	1992—1997	胡晓波

2000—2013 年，教研室(研究所)的老师们共承担并完成的科研项目 100 余项，其中国家 973 计划课题 1 项、国家 863 计划项目子课题 3 项、国家攻关和支撑计划子课题 3 项、国家自然科学基金项目 12 项、省(部)级科研项目 39 项，横向(含社会服务)项目 50 余项，主要项目详见表 2.8.4。

表 2.8.4 承担的主要科研项目汇总表(2000—2013)

序号	项目(课题)名称	项目来源	起讫时间	承担人
1	高速铁路基础结构动态性能演变及服役安全基础研究——高速铁路基础结构关键材料动态性能劣化行为(课题一)(2013CB036201)	国家 973 计划	2013—2017	谢友均 邓德华 龙广成 刘赞群
2	西部高海拔、高寒地区抗盐渍侵蚀建筑材料与技术研究(2002AA335020)	863 计划 (副组长)	2002—2005	谢友均
3	我国重大工程结构与材料失效事故与安全服役技术标准的调查——水利工程行业工程结构与材料失效事故与安全服役技术标准的调查(2006FY210200 - 2)	国家科技基础性工作专项	2007—2009	谢友均
4	重载铁路桥梁和路基检测与强化技术研究(2009AA11Z101)	国家高技术研究发展计划(863 计划)	2008—2010	董荣珍 (参加)
5	预切槽隧道施工成套设备关键技术研究子课题：预支护壳体大流动度超早强混凝土研究	科技部国家科技支撑计划(子课题)	2013—2015	李益进
6	地震灾区建筑垃圾资源化技术及其示范生产线(2008BAK48B01)	国家"十一五"科技支撑计划(子课题)	2008—2009	尹健
7	混凝土结构耐久性设计与评估基础理论研究(50538070)	国家自然科学基金重点基金	2006—2009	董荣珍 (参加)
8	超细粉煤灰在低水胶比混凝土中改性机理研究(50178014)	国家自然科学基金	2002—2004	谢友均
9	混凝土硫酸盐侵蚀机理及其劣化模式研究(50378092)	国家自然科学基金	2004—2006	邓德华
10	混凝土盐结晶侵蚀破坏机制及试验评价方法研究 (50678174)	国家自然科学基金	2007—2009	谢友均
11	新老混凝土复合体系中介质迁移特性与机制(50708114)	国家自然科学基金	2008—2010	龙广成
12	板式无砟轨道水泥沥青砂浆垫层劣化与失效机理(50878209)	国家自然科学基金	2009—2011	邓德华
13	水泥沥青砂浆的热行为及变形机理(50978257)	国家自然科学基金	2010—2012	郑克仁
14	水泥沥青砂浆用 SBS 改性沥青乳液的稳定性研究(50978256)	国家自然科学基金	2010—2012	刘宝举

续表 2.8.4

序号	项目(课题)名称	项目来源	起讫时间	承担人
15	自密实橡胶混凝土的微细观结构与力学机制(51178467)	国家自然科学基金	2012—2015	龙广成
16	水泥乳化沥青砂浆长期变形性能研究(51278498)	国家自然科学基金	2013—2016	谢友均
17	混凝土开裂状态对其内部钢筋锈蚀的影响研究(51278495)	国家自然科学基金	2013—2016	董荣珍
18	新型岩石基矿物掺合料体系的理论基础与工程应用研究	国家自然科学基金	2013—2016	肖佳
19	影响新拌水泥基浆体剪切变稠行为关键因素的研究(51208515)	国家自然科学基金	2013—2015	元强
20	双块式无砟轨道道床板裂缝形成机理研究	教育部高校博士学科点专项科研基金	2010—2012	李益进
21	教育部新世纪优秀人才支持计划项目(NCET-10-0839)	教育部	2011—2013	龙广成
22	水泥混凝土路面快速修补剂的研制及应用研究	中国博士后基金项目	2004—2005	尹健
23	钢筋混凝土结构氯盐病害的混凝土修补系统研究(20060400883)	中国博士后基金	2006—2008	龙广成
24	粉煤灰对高性能混凝土徐变性能影响机理研究(09JJ3105)	湖南省自然科学基金	2009—2011	刘宝举
25	板式轨道乳化沥青水泥砂浆研发-B(2007G044-K-2)	铁道部科技计划重大课题	2007—2009	谢友均、邓德华
26	高速铁路工程材料与结构耐久性试验研究(2008G031-R)	铁道部科技计划重大课题	2008—2010	谢友均、邓德华、胡晓波、龙广成、李益进、郑克仁、董荣珍
27	高性能混凝土应用技术与质量控制措施研究(J2005G004)	铁道部科技专项课题	2005—2007	邓德华、谢友均
28	青藏线低温早强耐蚀高性能混凝土应用试验研究(2001G005)	铁道部重点课题(2子题)	2001—2005	谢友均
29	高速铁路隔音、降噪、防火新型板材的开发研究	铁道部	2000—2002	邓德华

续表 2.8.4

序号	项目(课题)名称	项目来源	起讫时间	承担人
30	预应力高性能粉煤灰混凝土桥梁静载疲劳性能试验模拟研究(2002G031)	铁道部(子题)	2002—2003	尹健
31	C60 高性能混凝土应用技术研究(2003G035 - A)	铁道部	2003—2006	尹健
32	大跨度双线铁路不对称钢管混凝土拱桥模型试验研究(2004G020 -3)	铁道部	2004—2006	肖佳
33	沿海客运专线桥梁结构设计及耐久性技术的研究——沿海客运专线结构耐久性技术措施研究(2006G010 - B)	铁道部重点课题	2006—2008	谢友均、邓德华
34	武广客运专线路基加固与防护工程抗环境水侵蚀相关技术研究(2005k002 - B - 5)	铁道部重点课题	2006—2008	谢友均、邓德华
35	寒区铁路混凝土结构耐久性技术研究	铁道部重点课题(子题)	2006—2008	刘宝举
36	无砟轨道结构混凝土材料的试验研究 - A	铁道部重点课题	2007—2008	刘宝举
37	高性能预应力混凝土梁徐变性能研究	铁道部重点课题	2007—2010	肖佳
38	武汉至广州铁路客运专线大跨度预应力混凝土桥梁技术研究	铁道部	2008—2010	尹健
39	复杂地质隧道修建技术研究——铁路隧道混凝土结构盐侵蚀防治技术研究(2008G025 - C)	铁道部重点课题(子题)	2008—2010	谢友均
40	岔区板式无砟轨道自密实混凝土材料试验研究(2009G022 - A)	铁道部重点课题(子题)	2009—2010	龙广成
41	高速铁路板式无砟轨道水泥乳化沥青砂浆的深化研究——适应于大规模施工的水泥乳化沥青砂浆材料和质量控制技术研究(2009G023 - A)	铁道部重点课题(子题)	2009—2011	邓德华
42	抗环境水侵蚀火山灰水泥基材料研究与应用技术(2005K002 - B - 4)	铁道部重点课题(子题)	2009—2011	龙广成

续表 2.8.4

序号	项目(课题)名称	项目来源	起讫时间	承担人
43	高速铁路技术总结——高速铁路轨道工程技术总结：CRTS Ⅰ和Ⅱ型板式无砟轨道水泥乳化沥青砂浆充填层技术总结(2011G010 - C)	铁道部重点课题(子题)	2011—2012	邓德华
44	高速铁路无砟轨道(Ⅲ板)弹韧性混凝土技术研究(2010G002 - E)	铁道部重点课题	2010—2012	龙广成
45	无砟轨道砂浆充填层耐久性改善技术的深化研究(2010G002 - F)	铁道部重点课题	2010—2012	邓德华
46	膨胀土(岩)地段路基关键技术研究——新型防排水水泥基材料的研发	铁道部重点课题(子题)	2010—2012	龙广成
47	控制 CRTS Ⅱ 型板式无砟轨道充填层砂浆与轨道板离缝技术研究	铁道部重点课题	2012—2013	元强
48	废弃混凝土再生利用的关键技术研究及应用	湖南省科技厅科技支撑计划项目	2008—2010	尹健、李益进
49	中低强度等级自密实混凝土的制备与应用技术研究(2006SK4017)	湖南科技发展计划项目	2006—2008	龙广成
50	绿色高性能混凝土成套关键技术研究与应用	湖南省科技厅科技计划项目	2011—2013	尹健、李益进
51	沥青混凝土路面裂缝修补关键技术研究及工程示范(2011 - 2 - 22)	广东省交通厅科技计划项目	2011—2013	尹健、李益进
52	高强增韧水泥基材料制品——窨井盖研究	湖南省建设厅	2000—2002	胡晓波
53	冬季(0 - 5℃)施工早强高性能混凝土研究主持	湖南省建委	—	胡晓波
54	轻质墙板墙体设计、施工、验收规范的制定	湖南省建委	2003—2004	邓德华
55	水泥混凝土路面整板快速修补技术研究	湖南省交通科技项目	2002—2004	尹健
56	水泥混凝土路面快速修补关键技术研究(粤公研 2007 - 6)	广东省公路管理局科技项目	2007—2009	尹健、李益进
57	水泥稳定再生骨料基层设计与技术开发研究(2006 - 11)	广东省公路管理局科技项目	2006—2008	尹健、李益进

续表 2.8.4

序号	项目(课题)名称	项目来源	起讫时间	承担人
58	高速铁路无砟轨道结构用连续浇筑混凝土裂缝修补关键技术研究(2010DXPY010)	中央直属高校新兴与交叉方向前瞻布局研究重点项目	2010—2013	尹健
59	超早强混凝土的微细观结构与相关性能研究	中南大学科学研究基金	2006—2007	李益进
60	双块式无砟轨道道床板混凝土裂缝控制机理研究	中南大学自由探索计划项目	2009—2011	李益进
61	沿海铁路桥梁防腐技术与耐久性设计研究	铁四院	2005—2006	邓德华、肖佳
62	路基工程抗环境水侵蚀成套技术研究	铁二院	2005—2007	谢友均
63	双块式无砟轨道结构耐久性研究	铁四院	2008—2009	肖佳
64	水泥乳化沥青砂浆技术咨询	壳牌(中国)公司,广东南粤物流公司,安徽中铁材料公司,杭甬客专公司,哈大客专公司,京广客专河南公司,沪昆客专江西公司,沪昆客专湖南公司,成绵乐客专公司等	2008—2014	谢友均、邓德华、刘宝举、郑克仁、元强、刘赞群等
65	水泥乳化沥青砂浆Ⅱ级实验室及技术服务	广深港客专公司,广珠城际公司,杭甬客专公司,京广客专河南公司,沪昆客专江西公司,沪昆客专湖南公司,成绵乐客专公司等	2009—2014	李建、石明霞等
66	炎汝高速公路桥梁基桩试验检测与质量控制	湖南省炎汝高速公路建设有限公司项目	2010—2012	李益进

(三)科研获奖

1976—2000 年间,获得科研奖励 7 项,其中省级科技奖 5 项,详见表 2.8.5;2000—2012 年间,获得科研奖励 17 项,其中国家科技进步特等奖 1 项,省级科研奖 9 项,详见表 2.8.6。

表 2.8.5　获得的科研奖项(1976—2000)

获奖项目名称	奖励类别(等级)	获奖时间	获奖人
混凝土劈裂抗拉强度与轴心抗拉强度理论关系和试验对比	湖南省重大科技成果奖三等奖	1980	张绍麟、彭雅雅、杜颖秀
高效复合外加剂研究与应用	湖南省科技进步三等奖	1996	胡晓波、周士琼、王采玉、李光中
用干热—微压湿热养护法快速推定水泥强度	湖南省科技进步四等奖	1986	周士琼、彭雅雅
混凝土拌合物稠度试验——跳桌增实法	铁道部科技进步五等奖	1986	王采玉
高效复合外加剂研究与应用	湖南省教委科技进步一等奖	1996	胡晓波、周士琼、王采玉
C55 高强卵石砼泵送技术	湖南省建设科学技术进步三等奖	1997	胡晓波(5)

表 2.8.6　获得的科研奖项(2000—2012)

获奖项目名称	奖励类别(等级)	获奖时间	获奖人
青藏铁路工程	国家科技进步特等奖	2008	谢友均(113)
佛山一环快速干线工程建设与管理创新实践(B11－0－特－01－D07)	广东省科技进步特等奖	2012	尹健(4)
自密实混凝土技术研究与应用(2007560300－1)	湖南省科技进步一等奖	2007	谢友均(2)、尹健(4)、龙广成(6)、杨元霞
高性能混凝土技术和粉煤灰复合超细粉的开发研究(2003410303－2)	湖南省科技进步二等奖	2003	周士琼、谢友均、尹健、刘宝举
混凝土高性能化的研究和应用	建筑材料科学技术进步二等奖	2007	周士琼
混凝土组合桥的研究	湖南省科技进步二等奖	2006	肖佳(8)
钢—混凝土组合结构桥梁的研究	教育部科技进步二等奖	2007	肖佳(8)
废弃混凝土资源化再生利用关键技术研究与应用(20124309－J3－214－R01)	湖南省科技进步三等奖	2012	尹健、李益进
高性能快速修补混凝土的研究与应用(2006410305－3)	湖南省科技进步三等奖	2006	尹健、周士琼、李益进、刘宝举

续表 2.8.6

获奖项目名称	奖励类别(等级)	获奖时间	获奖人
水泥混凝土路面快速修复技术研究	湖南省科技进步三等奖	2007	周士琼、尹健、李益进
青藏铁路低温早强耐腐蚀高性能混凝土应用技术	中国铁道学会科技进步二等奖	2007	谢友均、刘宝举
无砟轨道结构混凝土材料试验研究及工程应用	中国铁道学会科技进步二等奖	2011	刘宝举(13)
武广客运专线路基加固与防护工程抗环境水侵蚀相关技术研究	中国铁道学会科技进步三等奖	2011	龙广成(2)
宜万铁路桥梁关键技术研究——大跨预应力混凝土刚构桥的研究	中国铁道学会科技进步三等奖	2011	李益进

(四)学术专著

本学科出版的主要学术专著有:

[1] 史才军, 郑克仁编译. 碱—激发水泥与混凝土. 化学工业出版社, 2008.

[2] 蒋正武, 龙广成, 孙振平编著. 混凝土修补——原理、技术与材料, 化学工业出版社, 2008.

[3] 蒋正武, 龙广成, 孙振平译著. 钢筋混凝土结构的锈蚀, 机械工业出版社, 2009.

[4] 史才军, 元强编译. 高性能土木工程材料——科学理论与应用, 重庆大学出版社, 2012.

[5] Liu Zangqun(刘赞群). Advances in Crystallization Processes. Chapter 17, InTech, 2012.

[6] 邓德华, 辛学忠, 谢友均, 元强编著. CRTS Ⅱ 型板式无砟轨道砂浆充填层施工技术, 中国铁道出版社, 2013.

[7] 龙广成, 谢友均著. 自密实混凝土, 科学出版社, 2013.

[8] Zheng Keren. Chapter 11 – Recycled glass concrete, In F Pacheco-Torgal, S Jalali et al (eds.) Eeo-efficient concrete Woodhead Publishing Limited, London, 2013.

(五)授权专利

本学科授权的主要国家专利如下:

表 2.8.7 授权的国家专利

专利名称	专利号	授权时间	专利类型	发明人
混凝土的二氧化碳养护方法及工艺	200710035219.5	2008	发明	史才军、邹庆焱、郑克仁
道路基层材料冲刷试验机	200720064071.3	2008	实用新型	尹健、李益进、徐运峰
一种抗盐侵蚀破坏的混凝土结构构件及其施工方法	CN101070705A	2009	发明	邓德华、刘赞群、肖佳、元强、黄海
混凝土抗盐溶液物理结晶侵蚀破坏性能测试装置	200710035969.2	2010	发明	谢友均、马昆林、龙广成
自密实混凝土充填性能测试装置	201010229119.8	2011	发明	龙广成、马昆林、谢友均
水泥乳化沥青砂浆材料热变形测试仪	201110399959.3	2012	实用新型	郑克仁、周锡玲、谢友均、蔡锋良
一种用于防止隧道衬砌混凝土抗盐侵蚀的修补材料	201110007225.7	2012	发明	龙广成、吴敏、翁璧石、谢友均
一种蒸养高性能混凝土及其制备方法	201010542757.5	2012	发明	龙广成、谢友均、贺智敏
一种参比传感器	201110045391.5	2013	发明	董荣珍

（六）代表性论文

1994 年至今，本学科教师公开发表学术论文共 410 余篇，其中被 SCI、ISTP、EI 收录的论文 180 余篇，教改论文 12 篇，投稿期刊达 20 余种。本学科教师在国内外影响因子较高的期刊上发表并被 SCI、EI 收录的代表性论文如下：

[1] 周士琼，吴晓惠，谢友均. 蒸压灰砂空心砖砌体力学性能的试验研究. 建筑结构学报，1994，15(3)：45 – 52.

[2] 周士琼，李霞，沈志林. 普通混凝土受拉性能的试验研究. 中国公路学报，1994，7(2)：15 – 19.

[3] 胡晓波. 碳纤维—尼龙纤维混杂改性水泥力学性能及显微结构观察. 硅酸盐学报，1996，24(6)：707 – 711.

[4] Deng Dehua(邓德华). The formation mechanism of the phases in magnesium oxychloride cement. Cement and Concrete Research, 1999, 29(9): 1365 – 1371.

[5] Liu Baoju(刘宝举), Xie Youjun, Zhou S Q. Influence of ultrafine fly ash composite on the fluidity and compressive strength of concrete. Cement and Concrete Research, 2000, 30(9): 1489 – 1493.

[6] Liu Baoju(刘宝举), Xie Youjun, Zhou Shiqiong. Some factors affecting early

compressive strength of steam-curing concrete with ultrafine fly ash. Cement and Concrete Research, 2001, 31(10): 1455 - 1458.

[7] Xie Youjun(谢友均), Liu Baoju et al. Optimum mix parameters of high-strength self-compacting concrete with ultrapulverized fly ash. Cement and Concrete Research, 2002, 32 (3): 477 - 480.

[8] Long Guangcheng(龙广成), Wang Xinyou, Xie Youjun. Very-high-performance concrete with ultrafine powders. Cement and Concrete Research, 2002, 32(4): 601 - 605.

[9] 周士琼, 李益进, 尹健. 超细粉煤灰的性能研究. 硅酸盐学报, 2003, 31(5): 513 - 516.

[10] Deng Dehua(邓德华). The mechanism for soluble phosphates to improve the water resistance of magnesium oxychloride cement. Cement and Concrete Research. 2003, 33(9): 1311 - 1317.

[11] Long Guangcheng(龙广成), Wang Xinyou, Xie Youjun. Influences of ultra-fine powders on the compatibility of cement and superplasticiser with very low water/binder ratio. Advances in Cement Research, 2003, 15(1): 17 - 21.

[12] 胡晓波, 张彦春, 杨元霞, 等. 钢纤维混凝土窨井盖疲劳试验与使用等级研究. 建筑材料学报, 2003, 6(2): 200 - 203.

[13] 胡晓波, 陈志源. 高效减水剂在水泥颗粒表面的吸附. 硅酸盐学报, 2003, 31(8): 784 - 789.

[14] 刘宝举, 谢友均. 蒸养超细粉煤灰混凝土的强度与耐久性. 建筑材料学报, 2003, 6(3): 123 - 128.

[15] 尹健, 周士琼, 李益进, 张松洪. 新—老混凝土本构关系试验研究. 建筑材料学报, 2003, 6(2): 195 - 199.

[16] 周士琼, 高英力, 尹健. 道路用复合超细粉煤灰的应用研究. 建筑材料学报, 2004, 7(3): 311 - 316.

[17] Liu Baoju(刘宝举), Xie Youjun, Li Jian. Influence of steam curing on the compressive strength of concrete containing supplementary cementing materials. Cement and Concrete Research, 2005, 35(5): 994 - 998.

[18] 邓德华, 肖佳, 元强, 张文恩, 刘铁翔. 水泥基材料的碳硫硅钙石型硫酸盐侵蚀(TSA). 建筑材料学报, 2005, 8(5): 532 - 541.

[19] 龙广成, 谢友均, 王培铭, 等. 活性粉末混凝土的性能与微细观结构. 硅酸盐学报, 2005, 33(4): 456 - 461.

[20] 李益进, 周士琼, 尹健, 等. 超细粉煤灰高性能混凝土的力学性能研究. 建筑材料学报, 2005, 8(1): 23 - 29.

［21］李益进，周士琼，尹健，等. 预应力高性能混凝土梁中超细粉煤灰合理掺量研究. 中国铁道科学，2005，26(01)：36－41.

［22］Long Guangcheng(龙广成)，Xie Youjun et al. Volume changes of very-high performance cement-based composites. Magazine of Concrete Research，2006，58：657－665.

［23］谢友均，马昆林，龙广成，石明霞. 矿物掺合料对混凝土中氯离子渗透性的影响. 硅酸盐学报，2006，34(11)：1345－1350.

［24］肖佳，邓德华，张文恩，曾志，唐咸燕. 硫酸盐侵蚀下石膏形成引起的水泥净浆的破坏. 建筑材料学报，2006，9(1)：20－24.

［25］李俊，尹健，周士琼，李益进. 基于正交试验的再生骨料混凝土强度研究. 土木工程学报，2006，39(9)：43－46.

［26］郑克仁，孙伟，赵庆新，等. 基于混凝土基体和界面过渡区性质的疲劳方程. 硅酸盐学报，2007，35(2)：236－241.

［27］郑克仁，孙伟，缪昌文，等. 矿物掺合料对混凝土疲劳性能的影响. 建筑材料学报，2007，10(4)：379－385.

［28］Xie Youjun(谢友均)，Liu Yunhua，Long Guangcheng. Long-term durability of cement-based material with very low w/b. Journal of Wuhan University of Technology Materials Science，2008，23(3)：303－308.

［29］Yuan Qiang(元强)，Shi Caijun et al. Effect of hydroxyl ions on chloride penetration depth measurement using the colorimetric method. Cement and Concrete research，2008，38：1177－1180.

［30］董荣珍，卫军，徐港，等. 锈蚀产物在钢筋混凝土界面处的分布状态分析. 华中科技大学学报(自然科学版)，2008，36(6)：100－102.

［31］Yuan Qiang(元强)，Shi Caijun et al. Chloride binding of cement-based materials subjected to external chloride environment-A review. Construction and Building Materials，2009，28：1－13.

［32］Liu Zanqun(刘赞群)，G. D. Schutter，Deng Dehua，et al. Micro-analysis of the role of interfacial transition zone in "salt weathering" on concrete. Construction and Building Materials，2010，24(11)：2052－2059.

［33］Xiao Jia(肖佳)，Gou Chengfu，Jin Yonggang，Wang Yonghe. Effect of $CaCO_3$ on hydration characteristics of C_3A. Journal of Central South University of technology，2010，17(5)：918－923.

［34］Yin Jian(尹健). Research and application of recycled aggregate concrete. Paving Materials and Pavement Analysis (ASCE N0. 203)，2010，3：162－168.

［35］谢友均，曾晓辉，邓德华. 铁路无砟轨道水泥乳化沥青砂浆力学性能. 建

筑材料学报, 2010, 13(4): 483 -486.

[36] 田冬梅, 邓德华, 黄波, 廖乃凤. 水泥乳化沥青砂浆毛细吸水性研究. 中国铁道科学, 2010, 31(6): 32 -36.

[37] 肖佳, 勾成福, 金勇刚, 邢昊. $CaCO_3$ 对硅酸三钙水化性能的影响. 中南大学学报(自然科学版), 2010, 41(5): 1894 -1899.

[38] Liu Zanqun(刘赞群), Deng Dehua, G. D. Schutter, Yu Zhiwu. Micro-analysis of 'salt weathering' on cement paste. Cement and Concrete Composite, 2011, 33(1): 179 -191.

[39] He Fuqiang(何富强), Shi Caijun(史才军) et al. Calculation of chloride concentration at the color change boundary of $AgNO_3$ colorimetric method. Cement and Concrete Research, 2011, 41(5): 1095 -1103.

[40] Yuan Qiang(元强), Shi Caijun et al. Numerical model for chloride penetration into saturated concrete. Journal of materials in Civil Engineering, Journal of materials in Civil Engineering, 2011, 23: 305 -311.

[41] 谢友均, 曾晓辉, 邓德华。CRTSI 型板式无砟轨道水泥乳化沥青砂浆搅拌动力学. 建筑材料学报, 2011, 14(2): 191 -195.

[42] Liu Zanqun(刘赞群), Deng Dehua, G. D. Schutter, Yu Zhiwu. Chemical sulfate attack performance of partially exposed cement and cement + fly ash paste. Construction and Building Materials, 2012, 28(1): 230 -237.

[43] Yuan Qiang(元强), Deng Dehua et al. The application of silver nitrate colorimetric method to non-steady-state diffusion test. Journal of Central South University of Technology, 2012, 19(10): 2983 -2990.

[44] 邓德华, 刘赞群, G. D. Schutter, 刘运华. 关于"混凝土硫酸盐结晶破坏"理论的研究进展. 硅酸盐学报, 2012, 40(2): 179 -184.

[45] 刘宝举, 宁少英, 陈欢, 杨元霞. 乳化沥青 pH 对 CA 砂浆工作性能的影响. 建筑材料学报, 2012, 15(6): 814 -818.

[46] Liu Zanqun(刘赞群), Deng Dehua, G. D. Schutter, Yu Zhiwu. The effect of $MgSO_4$ on thaumasite formation. Cement and Concrete Composite. 2013, 35(1): 102 -108.

[47] Yuan Qiang(元强), Deng Dehua et al. Chloride binding isotherm from migration and diffusion tests. Journal of Wuhan University of Technology Materials Science Edition, 2013, (3): 1 -9.

(七)学术交流

主办和承办了 3 次国内国际学术会议:

(1)第四届全国高强高性能混凝土学术会议, 2000 年 5 月, 湖南长沙。

(2)第一届自密实混凝土性能、设计与使用国际学术会议(SCC -2005),

2005 年 5 月，中国长沙。

(3)第二届自密实混凝土性能、设计与使用国际学术会议(SCC－2009)，2009 年 6 月，中国北京。

第九节 工程管理

一、学科发展

(一)酝酿筹备期(1953—20 世纪 80 年代初)

工程管理学科的发展可以追溯到 1953 年中南土木建筑学院成立之时，当时学院共设营造建筑系、铁道建筑系等 4 个系。施工教研组(后改为建筑施工教研组)隶属营造建筑系，铁道教研组(后改为铁道建筑教研组)隶属铁道建筑系。1960 年长沙铁道学院成立，营造建筑系施工教研组部分老师加入铁道建筑教研组。铁道建筑教研组承担铁道建筑、桥梁隧道两专业的铁路建筑工程机械和施工技术、铁路建筑施工组织与计划等技术基础课和专业课，并负责两专业的生产实习和部分选题的毕业设计。施工教研室承担工业与民用建筑专业施工组织和施工技术相应课程的教学、毕业设计。当时所有青年教师在指导毕业设计前都完成了必需的现场实际生产实践和毕业设计试做工作，对铁道建筑相关专业加强了工程管理相关内容的讲授，仅一门铁道建筑专业课程授课时间就多达 188 学时，分两个学期进行。除进行铁路路基、桥梁、隧道、全线线路、概预算等课程设计外，还要做一个全线工程的施工组织设计。“文化大革命”后，铁道建筑教研组改名为铁道施工教研组。这些积累为之后工程管理专业的创建和学科的发展奠定了基础，因此，铁道建筑教研组(铁道施工教研组)和建筑施工教研组是之后组建工程管理系的前身和 1985 年创立长沙铁道学院工程管理专业的基础。

(二)创立与建设期(20 世纪 80 年代初—1999)

1982 年，长沙铁道学院开始酝酿筹建“建筑管理工程”专业，1983 年报铁道部并获批准。1985 年建筑管理专科专业正式开始招生，意味着工程管理学科正式创立，首届专业委员会也于 1985 年成立，并着手该专业本、专科教学计划的制定、教材选订和编写、选调和培养师资等一系列专业建设工作。经过 3 届建筑管理工程专业专科生培养，1987 年学校向教育部申报增设“建筑管理工程专业”本科的申请，1987 年 10 月 16 日获得了国家教委(87 教高二字 021 号)的批准。1988 年 9 月，建筑管理工程本科专业正式开始招生，是铁道部率先开始招收建筑管理工程专业本科生的学校。铁道建筑教研组也改名为建筑管理教研室，建筑管理教研室除承担铁道、桥梁、隧道等专业的工程经济与管理、施工组织计划与概预算等课程外，主要负责建筑管理工程专业基础课、专业方向课程的教学以及生产实习和毕业设计。而后，教育部将建筑管理工程专业改为管理工程专业，1998年教育部专业调整时，又将管理工程专业统称为工程管理专业。随之，建筑管理工程教研室更名为工程管理教研室(后改为工程管理系)。这期间因为长沙铁道学院院系调整，建筑施工教研组与建筑管理教研组几次分分合合，最后建筑施工教研室于1997年并入工程管理教研室。1998年，获"管理科学与工程"硕士学位授予权。在此期间，工程管理系还承担和开拓了一系列工程技术和项目管理领域的专业岗位人才培训任务，包括建设部委托的项目经理、造价工程师、施工企业内审员培训，铁道部委托的项目经理、监理工程师、总监理工程师培训等，扩大了工程管理专业的社会影响，产生了良好的社会效益。

(三)快速发展期(2000—2013)

2000年中南大学组建，2002年将中南大学资源环境与建筑工程学院土建类工程管理教师并入后成立土木建筑学院工程管理系。这期间，伴随着国家经济社会建设与发展的重大需求，依托中南大学的平台，工程管理学科进入了新一轮的快速发展期，在师资队伍、研究生培养、课程教学、科研和实验室建设等方面均取得长足进步。2004年工程管理学科获"土木工程规划与管理"博士学位授予权和"项目管理"工程硕士学位授予权，2006年通过了建设部工程管理教育评估委员会组织的专业评估，2007年承办了首届中国工程管理论坛，目前已连续举办6届，每届论坛都有超过20名院士和300多名专家学者及产业界人士参加，受到学术界、企业界及管理部门等各方面的热烈响应。论坛的举办对促进我国工程管理的学术交流，推进我国工程管理的科学发展起到重要作用。2010年获"工程管理"专业硕士学位授予权。2011年顺利通过了住建部工程管理教育评估委员会组织的专业复评，成立了中南大学工程管理研究中心。2012年成立了全国首个省级工程管理学会——湖南省工程管理学会。

工程管理专业在办学历程中，始终坚持以培养适应社会主义现代化建设需求，德、智、体、美全面发展，具有一定的实践能力、创新能力的高级工程管理人才为宗旨，狠抓教育质量和教学改革，依托土木工程学院雄厚的师资力量和鲜明的土木工程学科背景，逐步形成了"服务铁路，面向社会，适应发展，创新务实"的办学特色，在国内外工程管理界，尤其在我国铁路系统具有较大影响力，是中南大学的优势和特色专业之一。

二、师资队伍

(一)队伍概况

长沙铁道学院铁道建筑系铁道建筑教研组(后改为铁道施工教研组)的师资有：洪文璧教授，张显华副教授，汪子瞻、刘邦兴、周继祖、李增龄、宋治伦、周镜松和李嗣科等讲师。建筑施工教研组的主要师资有：奚锡雄、曹曾祝、杨承惁、谢恒等。

为了筹备建筑管理工程专业，师资队伍不断扩大，甘惠娥、谭运华、潘蜀健、徐赤兵、宋君亮等陆续引进或留校进入铁道施工教研组。周栩、李亮、李易豹等年轻教师也留校进入建筑施工教研组。

随着1985年建筑管理工程专业创立，工程管理系专业师资队伍建设速度加快，师资队伍明显壮大。之后，严俊、粟宇、戴菊英、凌群、廖群立、黄若军、刘军、王玉西，李昌友、王菁、王孟钧、罗会华、陈立新、王芳、余浩军、顾光辉、张飞涟、王敏、刘武成、徐哲诣、宇德明、王进、晏胜波、陈汉利、傅纯、刘根强、郑勇强、丁加明、范臻辉、张彦春、陈辉华、刘伟、王青娥、李香花陆续引进、分配、留校或从其他院系调入到工程管理系。特别是中南大学成立后，作为学科领军人物的孙永福、何继善院士以及周庆柱、郭乃正、黄建陵、曹升元等研究员和郭峰副教授的加入，工程管理系师资结构明显改善。

目前，工程管理系已形成由中国工程院院士孙永福教授和中国工程院院士何继善教授为学科领军人物，郭乃正、黄建陵、王孟钧、张飞涟等8名教授作为学术带头人、7名副教授和11名讲师组成的学术梯队和教学团队，绝大多数教师具有博士学位。其中，宇德明教授曾在英国诺丁汉大学做过为期1年的访问学者，郭峰副教授曾分别在日本进修1年、在美国加州圣荷赛大学做过1年访问学者。

工程管理系全职教师基本情况见表2.9.1。

表2.9.1 在职教师基本情况

	合计	职称				年龄			学历		
		教授	副教授	讲师	助教	55岁以上	36~55岁	35岁以下	博士	硕士	学士
人数	18	3	7	8	0	1	17	0	12	5	1
百分比(%)	100	17	39	44	0	6	94	0	67	28	5

(二)历任系(室)负责人

工程管理系历任系(室)负责人见表2.9.2。

表2.9.2 工程管理系演变过程及人员组成表

时间	系(室)名称	主任	副主任
1953—1959	铁道建筑教研组 (后改名铁道施工教研组)	张显华	
1960—1982	铁道建筑教研组	张显华	

续表 2.9.2

时间	系(室)名称	主任	副主任
1983—1989	建筑管理工程教研室	周继祖	谭运华(1987—1988) 徐赤兵(1988 年以后)
1990—1992	经济教研室	周继祖	徐赤兵
	管理教研室	谢恒	王玉西
1993	建筑管理教研室	谢恒	
1994—1996	建筑管理教研室	廖群立	谢恒　李昌友
1997—2000	工程管理教研室	廖群立	王孟钧　李昌友
2001—2005	工程管理系	李昌友	王孟钧　张飞涟
2006—2013	工程管理系	张飞涟	宇德明　傅纯

(三)学科教授简介

杨承悊教授：见第二章第五节。

周继祖教授：男，1933 年 4 月生，汉族，江苏如皋人。中南大学工程管理专业创始人和学科带头人。1955 年 7 月毕业于同济大学铁道建筑系铁道建筑专业。毕业后在中南土木建筑学院、长沙铁道学院工程系铁道建筑教研组从事“铁道建筑”“铁路建筑经济组织与计划”等课程教学和科研工作，参与了铁道部高教统编教材的编写和整理工作。先后主持了“应用层次分析法进行施工组织设计优选”“新建铁路工程施工进度计划、网络及优化研究”“新建铁路建设项目管理系统开发研究”“新建铁路建设项目后评价理论与方法的应用研究”等铁道部科技司科研项目。1983 年开始筹建“建筑管理工程”专业，1992 年获得湖南省教学成果二等奖。主持开办了两期铁道部基建部门内“经济数学方法及其应用”培训班，为部内培养了一批经济数学应用人才，后来都成了这方面的骨干。主编了《缆索吊车》《工程机械使用手册(1 ~5 册)》等著作，翻译了《铁路建筑工程中的经济数学方法》等著作，发表了《利用土积图进行铁路正线路基土石方调配问题理论研究》《用层次分析法进行铁道施工组织方案优选》等论文。曾为中国施工企业管理协会理事、中国铁道工程建设协会理事、中国工程造价管理协会铁路工程委员会常委、湖南省造价管理协会理事、湖南省资产管理协会理事、建筑经济大辞典常务编委、中国土木建筑百科辞典桥梁卷撰稿人、“基建管理优化”杂志常务编委。业绩入编《中国专家大辞典》《建筑实用大辞典》《中国高等教育名人录》等。

何继善教授：男，1934 年 9 月生，汉族，湖南省浏阳人。中国工程院院士，博士生导师，现任中国工程院工程管理学部常委。曾任中南工业大学校长、湖南省科协主席、湖南省院士专家咨询委员会主任。从事高等教育 50 余年，指导博士后研究人员、博士生、硕士生200余人；完成科研项目70余项，其中国家自然科学基金项目5项，国家教委博士点基金项目3项，国家攻关项目5项，省部级重点项目21项，取得各种专利8项，获国家、省、部级奖励24项；出版专著、教材9部，公开发表论文100余篇。长期关注我国工程管理事业和工程管理研究、教育的发展，从2007年发起组织每年一届的全国工程管理论坛，旨在研究我国工程管理理论与实践，探讨我国工程管理现状及发展关键问题；组织发起成立了湖南省工程管理学会，并担任名誉理事长；承担了中国工程院重大咨询项目“中国工程管理理论体系建设研究”“中国工程管理现状及发展关键问题”等，出版《中国工程管理现状与发展》《管理科学：历史沿革、理论与发展趋势》等专著2部，发表《工程管理理论解析与体系构建》《工程与工程管理的哲学思考》《工程和谐与工程创新的互动关系研究》《论工程管理》等相关论文10余篇，为推动我国工程管理事业的发展以及工程管理学科建设作出了极大的贡献。

谢恒副教授：男，1934年10月生，汉族，湖南衡阳人，中南大学工程管理专业创始人。1953—1956年，就读于衡阳铁路工程学校；1956年被保送到中南土木建筑学院铁道建筑专业学习，毕业于长沙铁道学院（首届毕业生），并留校任教于铁道建筑系铁道建筑教研组，先后教授“施工机械与技术”“工程机械基础”课程；1983年开始筹建建筑管理专业工作；1984年开始任铁道工程系分管建管专业建设的系副主任，后任土木工程系副主任。为工程管理学科的筹建与建设，费尽心力；编著的相关教材，屡次获奖；主持了铁道部基建总局的科研课题“机械配备优化”，圆满完成课题，并获得好评。

孙永福教授：男，1941年2月生，汉族，陕西长安县人，2005年当选为中国工程院院士。（详见第五章院士风采）

周庆柱研究员：男，1946年10月生，汉族，博士生导师，茅以升科技教育基金会常委、湖南省铁道学会理事长。1970年8月毕业于长沙铁道学院桥隧系桥梁专业。留校后，曾历任干事、院团委书记、组织部副部长、系党总支书记兼系主任、组织部长、副院长、院党委书记。2000年4月，三校合并后，曾任校党委副书记等职。长期从事学校党政管理研究，关注、支持工程规划与管理学科建设发展。多年来，组织承担了铁道部重点课题“京沪高铁质量管理体系及风险控制研究”“铁路工程项目管理理论研究”“青藏铁路工程管理总结”及“朔黄铁路技术创新平台建设”等多项课题，参与组织创建了工程管理研究中心，和工程管理系广大教师一道，有力推进工程管理学科发展。

郭乃正研究员：男，1961年2月生，汉族，河南获嘉人。博士，博导。1978年9月至1982年6月在长沙铁道学院土木工程系铁道工程专业学习，1982年7月留校任教，历任团总支副书记、团委副书记、团委书记、党总支副书记、系副主任、党总支书记、党委组织部部长、党委副书记、副院长，2000年4月任中南大学党委常委、纪委书记，现任中南大学党委常委、副书记。长期致力于工程地质与地基处理、工程项目管理、技术创新管理等方面的研究，主持和参与“重大建设工程技术创新网络协同机制研究”“基于产学研一体化的高速铁路科技创新平台建设研究”“铁路突发事件应急管理技术系统研究与应用”“公路工程建设管理执行控制体系研究”“大型建筑企业投资建设一体化管理技术研究”“铁路工程突发事件应急管理研究”“客运专线基础设施综合维修体系构建及运行评价系统研究”等国家、省部级纵向和横向科研项目10余项，获省部级奖励3项，发表学术论文20余篇。担任高速铁路建造技术国家工程实验室副理事长、湖南省工程管理学会理事长。

王孟钧教授：女，1961年7月生，汉族，湖南长沙人。博士，博导。长期从事工程管理、建筑经济、企业战略等方面的教学与科研工作，取得了一系列研究成果。近年来，在国内外刊物上公开发表论文80余篇，出版《WTO与中国建筑业》《建筑企业战略管理》《大型基础设施建设项目管理模式与目标控制体系》等专著与教材8部，主持科研项目30多项，其中国家自然科学基金项目3项，省自然科学基金项目2项，中国工程院咨询项目2项。获得省、部级科技进步奖5项，其中主持的“重大建设项目执行控制体系及技术创新管理平台研究”获2010年湖南省科技进步一等奖，“公路工程建设执行控制成套技术研究与应用”获2009年中国公路学会科学技术奖一等奖。担任全国工程管理专业教学指导委员会委员，全国工程管理专业评估委员会委员，全国工程管理专业学位研究生教育指导委员会委员，中国建筑学会工程管理分会常务理事，中南大学工程管理研究中心主任。为全国首批注册监理工程师，首批注册造价工程师。

张飞涟教授：女，1964年2月生，汉族，湖南湘潭人。博士，博导，中南大学第七届教学名师。现任中南大学土木工程学院工程管理系主任、工程管理研究中心副主任、湖南省运筹学会理事。1983年本科毕业于湖南师大获理学学士学位，1989年硕士毕业于南开大学获经济学硕士学位，2004年博士毕业于中南大学，获交通运输规划与管理博士学位。长期致力于工程经济与评价、工程规划与管理方向的科研和教学工作。先后主持或参加了国家社科基金、国家自然科学基金、铁道部、省交通厅、省建设厅、省教育厅、企业等20多项纵横向科研课题，获中国铁道科学技术奖二等奖1项、三等奖1项，获湖南省教育教学成果奖二等奖1项，获茅以升教学成果奖、中南大学师德先进个人、芙蓉百岗明星、优秀研究生德育导师等多种荣誉称号。在土木工程学报、铁道学报、交通运输工程学报、系统工程、国防科技大学学报、中国铁道科学、水力水电学报等核心刊物上发表论文80余篇，其中20多篇被EI和ISTP检索，出版和编写专著、教材6部。

曹升元研究员：男，1965年3月生，汉族，湖南澧县人，中共党员，管理学博士，高级会计师，中国注册会计师非执业会员。1986年7月参加工作，先后在湘潭矿业学院、长沙铁道学院、中南大学工作，历任副科长、处长助理、副处长；2001年9月在中南大学工程管理专业攻读硕士学位，2004年9月在中南大学管理科学与工程专业攻读博士学位；2005年11月任中南大学计划财务处处长；2012年4月任山东大学党委常委、总会计师。现任中国教育会计学会常务理事，湖南省会计学会常务理事，湖南省总会计师协会常务理事，湖南省教育会计学会副会长。1989年获首届财政部全国会计知识竞赛湖南省教育系统第一名，2007年获"湖南省首届杰出会计工作者"荣誉称号，2011年中国教育会计学会论文一等奖。

黄建陵研究员：男，1965年7月生，汉族，湖南醴陵人。博士，博导。1983年9月—1987年6月在长沙铁道学院土木工程系工业与民用建筑专业学习，1987年7月留校任教，历任辅导员、系主任助理、副院长、党委副书记，2000年4月任中南大学土木建筑学院党委副书记，现任中南大学土木工程学院党委书记。长期致力于工程项目组织与实施、工程安全与风险管理、企业战略管理等方面的研究，形成了特色鲜明的研究方向。主持国家自然科学基金项目"动态不确定条件下紧邻既有线施工天窗的鲁棒优化方法"，承担"基于产学研一体化的高速铁路科技创新平台建设研究""铁路工程项目管理理论研究""云桂铁路广西段工程总结研究"等省部级纵向和横向科研项目10余项，获省部级奖励2项，发表学术论文20余篇。担任湖南省工程管理学会常务副理事长，中南大学工程管理研究中心副主任。

宇德明教授：男，1967年1月生，汉族，湖南宁乡人。工程管理系副主任，博士，研究生导师，英国诺丁汉大学访问学者。主持高速公路施工安全分区精细管理技术研究，参加国家自然科学基金课题"建筑市场信用系统演进分析与机制设计研究"、铁道部重大科研项目"京沪高速铁路建设项目质量管理体系及风险控制技术研究""铁路科技成果管理技术研究——基于产学研一体化的高速铁路科技创新平台建设研究""铁路工程项目管理理论研究"、中国工程院重大咨询项目子课题"中国土木工程建设安全法规体系研究"和铁道部青藏铁路公司课题"青藏铁路工程管理总结"、厦深铁路广东公司课题"厦深铁路(广东段)工程总结"。获省部级科技进步奖4次，出版专著(教材)3部，发表学术论文30余篇。现为国家二级注册安全评价师和安全工程师。

三、人才培养

(一)本科教育

1. 教学计划的变迁和调整

1985年通过广泛调研，制定了建筑管理工程专业专科教学计划，经过3年的试行，修改制定1988年建筑管理工程专业本科教学计划，并在实践中不断完善，形成了技术与管理并重的工程管理专业特色。

随着1994年、1998年建筑管理工程专业名称的变化，本科教学计划也进行了相应调整。

2001年在1998年教学计划基础上，全面修订了工程管理专业教学计划，并从2002级起开始执行2002版《本科培养方案》(教学计划)，该培养方案采用的是“公共基础课+学科基础课+专业课”的课程结构体系。

2007年制定了新的《本科培养方案》(教学计划)，并在2008级开始执行。在新的课程体系设置中，课程框架按照“公共课程+大类课程+专业课程”结构体系进行设置，压缩部分课程学时，增加选修课程；在遵循教学指导委员会讨论的专业平台课程设置方案和结合自身特色的基础上，专业课程再分为四大平台模块(工程技术平台、工程经济平台、工程管理平台、工程法律平台)和两个专业方向(项目管理与投资、房地产经营与管理)。

2011年依据“大类宽口径培养”、满足“学科发展、专业特色、学生个性化发展”要求，按照“通识教育、学科教育、专业教育、个性培养”四个模块设置了课程框架和课程体系，对2007年制订的本科培养方案进行了局部修改和调整，适当压缩了理论课总学时和毕业总学分，新增了“创新创业导论”(选修课)和“新生课”(必修课)。

2. 招生规模及毕业人数

工程管理专业1985年招收首届专科生，1988年招收首届本科生。工程管理专业面向全国招生，每年招收工程管理专业本科生不少于2个班。1985级至2013级本专业本科具体招生规模及毕业人数见第四章第一节。

(二)研究生教育

1. 硕士研究生

工程管理系早在1985年就开始了硕士研究生培养工作，至今招收硕士研究生统计数据见第四章第二节，硕士研究生导师聘任情况见表2.9.3。

表2.9.3　硕士研究生导师聘任情况

序号	姓名	职称	受聘时间	所属系所
1	周继祖	教授	1985	建筑管理工程教研室
2	杨承惁	教授	1988	建筑施工教研室
3	王孟钧	副教授	1998	建筑管理教研室
4	张飞涟	副教授	1998	工程管理教研室
5	周栩	副教授	2000	工程管理系
6	宇德明	副教授	2001	工程管理系

续表 2.9.3

序号	姓名	职称	受聘时间	所属系所
7	傅纯	副教授	2003	工程管理系
8	周庆柱	研究员	2005	工程管理系
9	李昌友	副教授	2005	工程管理系
10	廖群立	副教授	2005	工程管理系
11	王进	副教授	2005	工程管理系
12	黄建陵	副研究员	2006	工程管理系
13	郭峰	副教授	2006	工程管理系
14	曹升元	副教授	2006	工程管理系
15	王青娥	副教授	2010	工程管理系
16	陈辉华	副教授	2012	工程管理系
17	陈汉利	副教授	2012	工程管理系
18	张彦春	副教授	2013	工程管理系

2. 博士研究生

自 2005 年开始，工程管理系开展了博士研究生培养工作，2005 年至今招收的博士研究生统计数据见第四章第二节。土木工程规划与管理方向博士研究生导师聘任情况见表 2.9.4。

表 2.9.4 博士研究生导师聘任情况

序号	姓名	职称	受聘时间	所属系所
1	刘宝琛	院士	2004	岩土系
2	李亮	教授	2004	道路系
3	王孟钧	教授	2004	工程管理系
4	孙永福	院士	2006	工程管理系
5	何继善	院士	2006	地球科学与信息物理学院
6	张飞涟	教授	2006	工程管理系
7	周庆柱	研究员	2006	工程管理系
8	郭乃正	研究员	2007	工程管理系
9	黄建陵	研究员	2012	工程管理系

(三)教学成果

1. 教材

教材编写情况见表2.9.5。

表2.9.5 教材编写一览表

序号	著 作 名 称	出版社	出版时间	编者
1	工程机械基础	中国铁道出版社	1980	杨承惁
2	现代建筑业企业管理	湖南大学出版社	1996	杨承惁
3	工程项目管理与建设法规	湖南大学出版社	1998	王孟钧(2)
4	施工技术	中国铁道出版社	2000	王孟钧(3)
5	土木工程经济与管理	中国铁道出版社	2001	李昌友
6	现代管理学	中南大学出版社	2002	张飞涟
7	土木工程施工组织学	中国铁道出版社	2003	刘武成
8	国际工程项目管理与国际建筑市场	中国铁道出版社	2004	张飞涟
9	科技英语阅读与写作	中国铁道出版社	2004	宇德明
10	工程经济学	中南大学出版社	2005	郑勇强
11	建筑企业战略管理 (高等学校工程管理专业规划教材)	中国建筑工业出版社	2007	王孟钧(1) 陈辉华(2)
12	建设法规	武汉理工大学出版社	2008	王孟钧(1) 陈辉华(2)
13	工程项目组织	中国建筑工业出版社	2011	王孟钧
14	土木工程项目管理	冶金工业出版社	2013	郭峰
15	建设工程法规	武汉大学出版社	2013	陈辉华

2. 省部级以上教改项目

省部级以上本科教改项目见表2.9.6，研究生教改项目见表2.9.7。

表2.9.6 省部级以上本科教学改革项目

编 号	项目名称	项目级别	主持人	起止时间
	经济管理类专业案例教学体系的研究与建设施工企业管理课程	部级	周继祖	1996—1999
湘教通[2005]280号	21世纪工程管理专业人才培养模式和课程体系优化的研究与实践	省级	张飞涟	2005—2007

续表 2.9.6

编　号	项目名称	项目级别	主持人	起止时间
	基于工程伦理观的工科创新应用型人才培养模式	部级	王进	2006—2007
	土建类创新型本科专业人才培养体系的研究与实践	省级	黄建陵	2006—2008
	创新型工程管理专业人才培养模式与课程体系优化研究	省级	郭乃正	2008—2010
建人函[2011]71 号	《建筑企业战略管理》教材编写(入选土建学科"十二五"规划教材)	部级	王孟钧	2011—2013
湘教通[2012]407 号	大类人才培养模式下的人性化教学管理研究	省级	傅纯	2012—2014

表 2.9.7　研究生教改成果一览表

序号	项目名称	项目级别	主持人	完成时间
1	《建筑企业战略管理》研究生精品课程建设	省级	王孟鈞	2011
2	创建"理论 + 实践 = 研究员 + 班导师"学生工作模式的探索与实践	部级	郭峰	2013
3	跨学科培育研究生创新能力与培养创新人才的研究与实践	省级	傅纯	2013

3. 省部级以上获奖和荣誉

本学科本科教学获省部级以上奖情况见表 2.9.8，研究生培养获奖见表2.9.9。

表 2.9.8　省部级以上本科教学获奖和荣誉

序号	项目名称	获奖年份、名称及等级	主要完成人
1	建筑管理工程专业培养目标和建设规模	1992 年获湖南省优秀教学成果二等奖	谢恒、周继祖、宋治伦、曹曾祝等
2	创新型工程管理专业人才培养模式与课程体系优化研究	2010 年获湖南省教育教学成果二等奖	郭乃正、张飞涟、黄建陵、张彦春、刘伟等
3	《建设项目评价》多媒体作品	2011 年湖南省普通高校多媒体教育软件大赛中获二等奖	陈汉利

表 2.9.9 研究生培养成果一览表

序号	成果名称	获奖时间	获奖名称及等级	指导老师
1	大型建筑企业运作 BOT 项目的风险研究	2005	湖南省优秀硕士学位论文	王孟钧
2	公路设计项目投标决策体系研究	2010	湖南省优秀硕士学位论文	王进

4. 代表性成果简介

(1)获奖项目名称：创新型工程管理专业人才培养模式与课程体系优化研究。

(2)奖励名称及等级：湖南省教学成果二等奖。

(3)获奖人员：郭乃正，张飞涟，黄建陵，张彦春，刘伟。

(4)获奖成果简介：

本项目从研究工程管理专业的历史沿革入手，回顾了国内外工程管理专业的发展历程，提出改革目标；运用 SWOT 方法，分析 21 世纪工程管理人才培养的环境，揭示中南大学工程管理人才培养的优势、不足、机遇及挑战；从工程管理人才培养模式内涵和国内外部分院校工程管理人才培养模式定位入手，结合中南大学工程管理人才培养模式确定的大环境，探讨中南大学 21 世纪工程管理专业新的人才培养模式；深入研究社会对从业人员的能力需求，确定 21 世纪中南大学工程管理专业人才培养目标，并在此基础上对中南大学工程管理专业课程体系进行了优化设计。实现了 3 个创新：①依托 3 个“国家一级重点学科”，提出了“技术与管理并重”、兼顾创新素质培养的研究—应用型人才培养模式；②优化 4 个“专业基础课程平台”，构建了“厚宽强高”的人才培养方案；③共建 5 个“实践教学校内外实习实训基地”，形成了“二模块、三层次”的人才培养实践教学体系。

四、科学研究

(一)主要研究方向

1. 建筑战略与创新管理理论及应用

该研究方向的学术带头人是孙永福院士、王孟钧教授和郭乃正教授，重点开展了公路工程建设管理执行控制体系、中国工程管理现状与发展关键问题、中国铁路建设工程管理关键问题、基于产学研一体化的高速铁路科技创新平台建设、大型建筑企业投资建设一体化管理技术、建筑市场信用机理与制度建设、建筑市场信用系统演进机理与机制设计、政府重大城建项目管理模式、基于和谐发展观的投资项目利益相关者分析、多元价值观下的公共项目规划方案选择、佛山一环工程管理模式与目标管理、BOT 项目运作与建设管理模式、三峡库区及其上游水质管理体制与流域协调发展战略、基于和谐项目管理的总承包管理体系、高速公路 BOT 项目运作与应用、西江“黄金水道”水铁联运、长株潭“两型社会”基础设施建设投融资模式、技术制度创新与企业效率增长、公共项目供给机制与治理制度、贵州省公路水路交通运输“十二五”科技发展规划、建筑市场信用体系建设、长株潭“两型社会”廉租房建设融资模式等研究，明确了中国工程管理发展和中国铁路建设工程管理的关键问题，揭示了建筑市场信用系统的演进机理和科技创新的一般规律，分析了各种工程建设模式的特点，开发了大型建筑企业投资建设一体化管理技术，设计了基于和谐项目管理的总承包管理体系，提出了三峡库区及其上游水质管理体制与流域协调发展战略。

今后，该研究方向将重点研究建筑业市场准入、建筑业市场监管、建筑企业投资组合管理、建筑企业变更管理、项目技术方案比选优化方法、现代化管理理论和方法在项目管理中的应用，项目群管理、政府投资项目管理、工程项目管理信息化等方面的关键问题。

2. 工程经济与评价理论及应用

该研究方向的学术带头人是何继善院士和张飞涟教授，重点开展了高速铁路铺架工程质量信誉评价及质量控制技术、铁路工程造价标准体系、青藏铁路工程管理经验与教训、东环铁路工程管理经验与教训、客运专线基础设施综合维修体系构建及运行评价系统、城镇市政设施投资项目后评价方法与参数、政府投资项目决策模型与评价方法、佛山市干线公路建设“双标”管理实施细则编制、贵州省西部交通建设科技项目后评价、基于模拟仿真技术的工程造价及工期确定方法等研究，开发了高速铁路铺架工程质量信誉评价及质量控制技术，设计了铁路工程造价标准体系，总结了青藏铁路、东环铁路工程管理的经验与教训，提出了城镇市政设施投资项目后评价方法与参数。

今后，该研究方向将重点研究土木工程项目评价与后评价理论和方法、土木工程项目绩效评价理论与方法、土木工程项目投资与造价控制理论与方法、土木工程项目融资模式和结构、土木工程项目索赔管理等方面的关键问题。

3. 工程安全与风险管理理论及应用

该研究方向的学术带头人是周庆柱教授、黄建陵教授和宇德明教授，重点开展了京沪高铁建设项目质量保证体系及风险控制技术、铁路工程突发事件应急管理、深圳港西部港区疏港道路工程新填海造陆区软土路基处理技术、地铁施工重大危险源识别与评估、隧道施工地层风险评估和高速公路施工安全分区精细管理技术等研究，识别了京沪高铁建设项目质量保证体系运行失效模式和质量影响因素，提出了“一个核心、两种方法、三个前提、四重外部监督、五条原则和六个理念”的质量控制模式，识别、设计和优化了75个质量管理流程，提出了高速公路施工安全分区精细管理技术，开发了相应的计算机软件。

今后，该研究方向将重点研究土木工程建设安全风险管理法律法规、土木工程项目地质灾害预防与控制、土木工程项目洪水风险管理、土木工程项目施工安全风险管理、土木工程项目职业健康与环境风险管理等方面的关键问题。

(二)科研项目

近年来，工程管理系教师承担的各类科研项目共80多项，其中：国家级科研项目5项、省部级科研项目38项、横向科研项目50余项。具体科研项目见表2.9.10。

表2.9.10　承担的国家及省部级科研项目

序号	项目名称	项目来源	起止时间	负责人
1	建筑工程招投标报价系统研究与应用	湖南省建设厅	1993	杨承惁
2	建设项目后评估理论及应用	铁道部科教司	1997—1998	周继祖
3	新建铁路建设项目管理系统开发研究	铁道部科教司	1997—1998	周继祖
4	我国高速铁路施工质量保证体系的研究	铁道部科教司	1998—1999	廖群立
5	新建铁路项目后评价理论与方法的试验性应用研究	铁道部科教司	2000—2001	张飞涟
6	铁路运输化学危险物质定量风险评价技术研究	铁道部科教司	2000—2001	宇德明
7	石化企业重大火灾、爆炸、毒物泄漏事故危险性分析技术研究	湖南省科技厅	2000—2001	宇德明
8	建筑企业现代化企业制度创新研究	湖南省建设厅	2000—2001	王孟钧
9	建设工程质量管理机制与管理信息系统	湖南省建设厅	2002—2003	王孟钧
10	建筑施工项目成本动态控制	湖南省建设厅	2003—2004	王孟钧
11	建筑市场信用制度理论与创新研究	湖南省自然科学基金	2003—2005	王孟钧
12	湖南省建筑业“十一五”规划及发展战略	湖南省发展改革委	2004—2005	王孟钧
13	对铁路货运市场经济发展需求的研究	河南省交通厅	2004—2005	张飞涟
14	城镇市政设施投资项目后评价方法与参数研究	国家社科基金	2005—2007	张飞涟
15	三峡库区及其上游水质管理体制与流域协调发展战略研究	中国工程院咨询项目	2005—2007	何继善、王孟钧
16	建筑市场信用机理与制度建设研究	国家自然科学基金科学部主任基金	2006—2008	王孟钧
17	中国工程管理现状与发展关键问题研究	中国工程院重点咨询项目	2006—2009	何继善、王孟钧

续表 2.9.10

序号	项目名称	项目来源	起止时间	负责人
18	建筑市场信用系统演进机理与机制设计研究	国家自然科学基金	2007—2009	王孟钧
19	中国铁路建设工程管理关键问题研究	中国工程院咨询项目	2007—2008	孙永福、周庆柱
20	创新型工程科技人才培养研究	中国工程院咨询项目	2007—2008	何继善、王进
21	铁路工程造价标准体系研究	铁道部建设司课题	2008—2009	张飞涟
22	政府投资项目决策模型与评价方法研究	湖南省自然科学基金	2008—2009	王孟钧
23	高等院校教师科研成果评价的研究与实践	湖南省哲学社会科学成果评审委员会	2008—2009	王进
24	多元价值观下的公共项目规划方案选择研究	湖南省软科学项目	2008—2009	王进
25	贵州省西部交通建设科技项目后评价研究	贵州省交通厅	2008—2009	王进
26	京沪高速铁路质量管理体系与风险监控技术研究	铁道部重点项目	2009—2010	孙永福、周庆柱
27	基于产学研一体化的高速铁路科技创新平台建设研究	铁道部重点项目	2009—2010	郭乃正
28	长株潭“两型社会”基础设施建设投融资模式研究	湖南省科技厅	2009—2010	李香花
29	长株潭“两型社会”廉租房建设融资模式研究	湖南省科技厅	2009—2010	张彦春
30	公共项目供给机制与治理制度研究——以长株潭“两型社会”建设为视角	湖南省科技厅	2009—2011	傅纯
31	贵州省公路水路交通运输“十二五”科技发展规划	贵州省交通厅	2010—2011	王进
32	铁路工程项目管理理论研究	铁道部重点项目	2011—2012	孙永福、周庆柱
33	跨学科培育研究生创新能力与培养创新人才的研究与实践	湖南省教育厅	2011—2013	傅纯
34	政府性投资工程招投标中串谋行为分析及防范研究	湖南省社会科学基金	2011—2013	刘伟
35	单价承包模式下铁路工程价格指数研究	铁道部建设司课题	2012—2014	张飞涟

续表 2.9.10

序号	项目名称	项目来源	起止时间	负责人
36	大类招生人才培养模式下的人性化教学管理研究	湖南省教育厅	2012—2014	傅纯
37	重大建设工程技术创新网络协同机制研究	国家自然科学基金	2013—2016	王孟钧
38	中国工程管理理论体系研究	中国工程院重点咨询项目	2013—2014	何继善、王孟钧
39	动态不确定条件下紧邻既有线施工天窗的鲁棒优化方法	国家自然科学基金	2014—2017	黄建陵

(三)科研获奖

代表性科研成果奖励见表 2.9.11。

表 2.9.11　代表性科研成果奖励

序号	成果名称	获奖时间	获奖名称及等级	主要完成人
1	易燃易爆有毒重大危险源辨识评价技术研究	1997	劳动部科学技术进步奖一等奖	宇德明(9)
2	建筑工程招标投标系统研究与应用	2001	湖南省科技进步二等奖	王孟钧(1)
3	铁路建设项目后评价理论与应用	2002	中国铁道学会科学技术奖二等奖	周继祖、张飞涟、王孟钧、廖群立、余浩军、王敏、刘武成
4	BOT 项目运作与建设管理模式研究	2008	中国铁路工程总公司科学技术奖二等奖	王孟钧(2)、郭峰(3)、陈辉华(5)、傅纯(9)、李香花(10)
5	公路工程建设执行控制成套技术研究与应用	2009	中国公路学会科学技术奖一等奖	王孟钧(2)、郭乃正(4)、王青娥(5)、陈辉华(8)
6	重大建设项目执行控制体系及技术创新管理平台研究	2010	湖南省科技进步一等奖	王孟钧(1)、郭乃正(2)、王青娥(5)、陈辉华(8)
7	高速公路滑坡与崩塌预测与控制技术	2010	湖南省科技进步二等奖	李昌友(7)
8	珠江黄埔大桥建设成套技术研究	2011	广东省科学技术二等奖	王孟钧(6)

（四）专著与代表性论文

公开出版学术著作31部，表2.9.12。

表2.9.12 出版专著

序号	著作名称	出版社	出版时间	著/编者
1	铁路建筑土方工程机械筑路纵队施工（译著）	人民铁道出版社	1958	周继祖
2	运材道路的勘测与建筑（合译）	中国林业出版社	1959	周继祖
3	直铲挖土机施工组织的几个问题（译著）	人民铁道出版社	1959	周继祖
4	缆索吊车	中国铁路出版社	1981	周继祖
5	铁路建筑工程中的经济数学方法（译著）	中国铁道出版社	1982	周继祖
6	工程机械施工手册（第1～4卷）	中国铁道出版社	1986	周继祖
7	经济数学方法在建筑施工组织中的应用	中国铁道出版社	1987	杨承愁
8	建筑经济大辞典	上海社会科学院出版社	1990	周继祖
9	工程机械施工手册（第5卷）	中国铁道出版社	1991	周继祖、谢恒
10	中国土木建筑百科辞典（桥梁工程卷）	中国建筑工业出版社	1999	周继祖
11	易燃易爆有毒危险品储运过程定量风险评价	中国铁道出版社	2000	宇德明
12	现代建筑企业管理理论与实践	中国建材工业出版社	2001	王孟钧
13	WTO与中国建筑业	中国建材工业出版社	2002	王孟钧
14	施工索赔	中国铁道出版社	2004	宇德明
15	计算机绘图实用教材	中南大学出版社	2004	刘伟
16	2005年全国注册造价师考试工程造价案例分析	大连理工大学出版社	2005	郑勇强
17	技术、制度与企业效率——企业效率基础的理论研究	中国经济出版社	2005	傅纯（3）
18	建筑地基基础工程施工质量验收手册	中国建筑工业出版社	2005	王青娥
19	建筑市场信用机制与制度建设	中国建筑工业出版社	2006	王孟钧

续表 2.9.12

序号	著 作 名 称	出版社	出版时间	著/编者
20	铁路建设项目后评价理论与方法	中国铁道出版社	2006	张飞涟
21	公路工程建设执行控制格式化管理	人民交通出版社	2007	王孟钧(3)
22	BOT 项目运作与管理实务	中国建筑工业出版社	2008	王孟钧(2)、陈辉华(3)
23	公路工程建设执行控制体系理论与应用	人民交通出版社	2008	王孟钧(1)
24	市政工程招投标与预决算	化学工业出版社	2009	郑勇强
25	政府投资项目管理模式与总承包管理实践	中国建筑工业出版社	2009	王孟钧(2)
26	建设项目协调管理	科学出版社	2009	郭峰
27	大型基础设施建设项目管理模式与目标控制体系	中国建筑工业出版社	2010	王孟钧(1)、陈辉华(4)
28	中国工程管理现状与发展	高等教育出版社	2013	王孟钧(2)、王青娥(3)
29	协调管理与制度设计	科学出版社	2013	郭峰
30	土木工程项目管理	冶金工业出版社	2013	郭峰
31	照照西洋镜	湖南人民出版社	2013	郭峰

工程管理系教师发表科研论文共 500 余篇，其中被 ISTP、EI 及以上收录的论文 81 篇、投稿期刊达 80 余种，本学科代表性论文如下：

[1] 周继祖. 铁路施工组织方案比选方法研究. 铁道工程学报，1987(4)：143－155.

[2] 杨承惁. 群体网络计划的排序研究. 系统工程，1988，6(2)：56－66.

[3] 周继祖. 关于网络计划“工期规定资源均衡”优化的几个问题. 铁道学报，2000，22(4)：117－120.

[4] 李昌友. 用多层次多目标决策方法进行施组方案优选. 铁道工程造价管理，2001(4)：1－4.

[5] 李昌友，周继祖. 建设项目施工组织设计的辅助决策和设计系统. 国防科技大学学报，2001，23(4)：73－77.

[6] 李昌友，周继祖. 铁路施工组织设计的 CAD 系统. 铁道建筑技术，2001(8)：58－60.

[7] 王孟钧，邓铁军，朱高明. 建筑市场管理的自组织理论及其实现. 湖南大学学报(自然科学版)，2001，28(4)：121－126.

[8] 张飞涟，周继祖. 铁路建设项目可持续发展评价. 铁道学报，2002，24(1)：93－96.

[9] 刘武成，周栩. 基于 GIS 的工程施工动态可视化仿真. 中南工业大学学报(自然科学版)，2004，35(4)：643－646.

[10] 廖群立. 新建铁路基本走向决策研究. 系统工程，2004，22(5)：107－110.

[11] 张飞涟，史峰. 铁路客货运量预测的随机灰色系统模型. 中南大学学报(自然科学版)，2005，36(1)：158－162.

[12] 王孟钧，彭彪，陈辉华. 基于系统动力学的建筑市场信用系统. 系统工程理论方法与应用，2006，15(5)：409－411.

[13] Fan Zhenhui(范臻辉)，Wang Yonghe(王永和)，Xiao Hongbin(肖宏彬). Analytical method of load-transfer of single pile under expansive soil swelling. Journal of central south university of technology，2007，14(4)：575－579.

[14] 王进，喻珍. 城市轨道交通次生环境影响可拓综合评价. 中南大学学报(自然科学版)，2007，38(5)：1007－1011.

[15] 陈辉华，王孟钧，彭庆辉. 建筑业产业竞争力评价. 统计与决策，2007(22)：128－130.

[16] 陈辉华，王孟钧，朱慧. 政府投资项目决策体系及运行机制分析. 科技进步与对策，2008，25 (10)：87－90.

[17] Wang Jin(王进). Research on project selection system of pre-evaluation of engineering design project bidding. International Journal of Project Management，2009，27(8)：584－599.

[18] 张飞涟，李蓓，赖纯莹. 基于效率成本模型的政府投资项目代建制监管成本优化分析. 土木工程学报，2009，42(10)：111－115.

[19] 何继善，王孟钧，王青娥. 工程管理理论体系解析与体系构建. 科技进步与对策，2009，26(21)：1－4.

[20] 廖群立. 灰色理论在高速铁路生态风险评价中的应用. 价值工程，2009(12)：116－118.

[21] 黄建陵，杨丁颖，徐林荣，刘宝琛. 铁路新线施工组织和紧邻既有线运输组织的协调管理分析. 铁道科学与工程学报，2010，7(3)：71－76.

[22] 黄建陵，左珅. 紧邻既有线城际铁路路基稳定性计算与分析. 铁道科学

与工程学报, 2010, 7(4): 49 –55.

[23] 王进. 从伦理行为构成视角谈工程师的实践智慧内涵. 自然辩证法研究, 2010, 26(12): 42 –46.

[24] 刘武成. 复杂桥梁工程施工动态的可视化仿真. 中南大学学报(自然科学版), 2011, 42 (1): 207 –212.

[25] 范臻辉, 张春顺, 肖宏彬. 基于流固耦合特性的非饱和膨胀土变形仿真计算. 中南大学学报(自然科学版), 2011, 42(3): 758 –764.

[26] 宇德明, 郭乃正, 罗鹏宇. 模拟软件 Simphony 在科研项目进度计划中的应用. 铁道科学与工程学报, 2011, 8(3): 84 –87.

[27] 孙永福, 张国安, 王孟钧. 铁路工程项目技术动力创新机制研究. 铁道学报, 2011, 34 (4): 76 –81.

[28] 李香花, 王孟钧, 张彦春. 模糊多维偏好群决策的 BOT 项目风险管理研究. 科技进步与对策, 2011, 28(13): 85 –89.

[29] Chen Hanli(陈汉利). Study on the Date Generation Process of Chinese Thermal Power. Applied Mechanics and Materials, 2012(1): 1234 –1237.

[30] 李香花, 边宁, 王孟钧. 基于非线性 GRA 的群体模糊多属性决策模型. 统计与决策, 12(3): 59 –61.

[31] 郭峰, 高冬梅. 建设项目协调管理绩效的关键影响因素分析. 科技进步与对策, 2010, 28(19): 27 –31.

[32] Guo Feng, et al. Research on evaluation of construction project under engineering variation. Applied Mechanics and Materials, 2012(5): 2911 –2915.

[33] 王进, 等. 权重线性组合与逻辑回归模型在滑坡易发性区划中的应用与比较. 中南大学学报(自然科学版), 2012, 43 (5): 1932 –1937.

[34] 钟姗姗, 张飞涟. 基于耗散结构理论的水电梯级开发项目环境管理绩效分析. 水利水电学报, 2012, 31(6): 300 –304.

[35] 王孟钧, 等. 重大建设工程技术创新网络协同要素与协同机制分析. 中国工程科学, 2012, 14 (12)106 –112.

[36] 王青娥, 王孟钧. 关于中国工程管理理论体系框架的思考. 科技进步与对策, 2012, 29 (18): 7 –8.

(五)学术交流

工程管理系在学术交流方面做了大量的工作，通过承办及协办国际、国内工程管理学科学术交流会议，邀请国内外院士、专家、教授来校作学术报告等方式，营造浓郁的校园学术氛围，扩大师生学科前沿视野。近年来，工程管理系承办、协办的学术会议见表 2.9.13，举办的学术报告见表 2.9.14。

表 2.9.13　承办、协办的学术会议(2007—2013)

序号	学术会议名称	举办时间	参加会议总人数	境外人员参加人数
1	首届中国工程管理论坛(广州)	2007.04	300 余人	10
2	新西兰奥克兰大学与中南大学两校土木工程进展研讨会	2008.04	48 人	6
3	第二届中国工程管理论坛(鄂尔多斯)	2008.9	250 余人	12
4	第三届中国工程管理论坛(成都)	2009.11	300 余人	7
5	第四届中国工程管理论坛(北京)	2010.10	350 余人	16
6	第五届中国工程管理论坛(长沙)	2011.5	300 余人	5
7	第六届中国工程管理论坛(合肥)	2012.9	300 余人	5
8	第七届中国工程管理论坛(哈尔滨)	2013.8	300 余人	

表 2.9.14　举办的学术报告会(2003—2013)

序号	报告题目	报告人	职称/职务	工作单位	时间
1	母校是我事业成功的起点	张健峰	教授	中国铁路工程总公司	2003.10
2	纽约市大型轨道交通系统——设计、施工、运营管理在美国的成功经验	陈立强	高工	中国旅美科协工程学会会长	2003.12
3	香港工程管理经验及主跨1018 米之斜拉桥设计与建造	刘正光	客座教授会长	香港工程师学会	2004.05
4	美国土木工程项目管理	张健琪	博士	美籍华人	2004.05
5	新光大桥——珠江上的新亮点	张健峰	总工	中国铁路工程总公司	2005.05
6	铁路工程造价管理的发展动态	徐　川	教授级高工	铁道第四勘察设计院	2005.11
7	铁路施工现场对工程管理类人才的素质要求	兰　焰	高工	铁道第二勘察设计院	2005.11
8	铁路工程造价确定与计算方法	吴刘忠球	高工	铁道第二勘察设计院	2005.11
9	建设世界一流的高原铁路	孙永福	副部长、院士	铁道部	2005.09
10	艰苦我不怕，因为我吃苦；奋斗无止境，因为恋事业	和民锁	总经理	中铁一局集团	2005.11

续表 2.9.14

序号	报告题目	报告人	职称/职务	工作单位	时间
11	莽莽登天路，悠悠赤子情——青藏铁路建设情况报告	覃武陵	教授级高工	铁道部青藏办	2007.12
12	高速铁路重大工程技术	孙永福	教授，院士	铁道部	2007.12
13	中国高速铁路客运专线建设的回顾与思考	李长进	教授级高工	中国铁路工程总公司	2008.02
14	工程项目的风险管理——上海隧道风险管理	毛儒	教授，总工	香港茂盛集团公司	2008.05
15	房地产开发中的经营管理与售后服务	杨树坪	主席	城启集团董事局	2008.06
16	铁路工程造价管理模式的思考	王中和	高级工程师	铁路工程定额所所长	2008.06
17	铁路工程造价信息化建设进程及展望	李连顺	高级工程师	铁路工程定额所副所长	2008.06
18	京津城际铁路工程管理创新	孙永福	教授，院士	中国铁道学会理事长	2008.11
19	铁路发展规划及关键技术	林仲洪	教授级高工	铁道部经规院	2009.02
20	(公用事业/基础设施)特许经营项目融资	王守清	教授	清华大学	2009.12
21	建筑施工创新技术及工程应用	张希黔	教授	重庆大学	2010.04
22	基于都江堰启示的人力资源战略	鲁贵卿	董事长	中建五局	2010.09
23	隧道工程风险管理	毛儒	教授，高工	香港	2010.11
24	一个学科、一所大学与一届世博会的故事	何清华	教授	同济大学	2011.04

(六)代表性成果简介

(1)获奖项目名称：重大建设项目执行控制体系及技术创新管理平台研究。

(2)奖励名称及等级：湖南省科学技术进步一等奖。

(3)本学科主要完成人：王孟钧(1)、郭乃正(2)、王青娥(5)、陈辉华(8)。

(4)项目成果简介：

本项目针对重大工程项目目前缺乏先进实用的管理标准和有效的技术创新实现平台，其执行力与科技成果能力处于瓶颈阶段的现实问题，依托于众多重大工程科技攻关，取得大量具有创新价值的研究成果：

①在创新我国重大工程管理模式的基础上，提出“执行控制”理念，创新性地构建了由文化子系统、目标子系统、组织子系统、CPF 子系统、信息化子系统和评价子系统构成的工程项目执行控制理论体系，各子系统既相互独立又相互支撑，是一个动态、开放的有机整体，丰富了我国工程管理理论和知识体系，解决了工程项目执行力不足、缺乏系统的管理标准和指南这一顽疾。

②研制以合同化、程序化、格式化和信息化为核心内容的 CPFI 成套技术，开发了以工程单元信息控制技术为特色的建设管理信息系统，实现了管理目标合同化、管理内容格式化、内容执行程序化、执行手段信息化，解决了工程项目建设管理依据不足、责权利难以落实等难题。

③构建以提升技术创新能力为宗旨，以“执行控制”文化为指导，以高效的组织架构为保障，以“CPFI”成套技术和建设管理信息系统为手段，以动态评价反馈为动力的重大工程技术创新管理平台，通过技术创新管理平台的有效运行，实现了管理技术与工程技术的无缝连接，孵化出一系列重大技术创新成果。

④研究成果为工程建设管理和技术创新提供了可操作的管理标准和工作指南，撰写专著 6 部，发表论文 50 余篇，被 EI 和 ISTP 收录、引用 30 篇次。

⑤研究成果成功应用于广州珠江黄埔大桥、广州新光大桥、重庆大剧院、佛山一环工程、河南平正高速公路等众多重大工程项目，使工程管理效率明显提高，技术创新成效显著，建设工期大大缩短；技术创新管理平台的构建与运行有效促进了新技术、新材料、新工艺、新设备的研究与应用，大大缩减了研发成本与研发进程。

⑥本项目结合重大工程项目需求，进行理论创新、技术开发和工程应用，有效提升项目执行力和技术创新能力；研究成果对推进我国工程管理理论的深化，提升工程管理水平与效率，加快重大工程技术创新的进程具有十分重要的意义。

第十节　消防工程

一、学科发展

1997 年，成立长沙铁道学院防灾科学与安全技术研究所。1998 年获“防灾减灾工程及防护工程”硕士点，开始招收“防灾减灾工程及防护工程”专业硕士研究生。

1998 年，徐志胜、赵望达、徐彧、裘志浩、张焱、王飞跃等先后到同济大学、上海远东防火基地、南京建筑科学研究院、中国建筑科学研究院、中国人民武装警察部队学院、中国矿业大学调研，制定火灾实验室的建设方案。1999 年，对火灾实验室的建设方案进行了多次论证，经长沙铁道学院校务会研究决定立项建设火灾实验室，并于 2000 年 10 月 2 日建成，防灾科学与安全技术研究所与火灾实验室合署办公。

2000 年，获得“防灾减灾工程及防护工程”博士点授予权，开始招收“防灾减灾工程及防护工程”专业博士研究生。2002 年，获得“消防工程”博士和硕士点授予权，成为全国第一家拥有“消防工程”博士和硕士点授权单位，并开始招收“消防工程”专业博士和硕士研究生。

2002 年，向中南大学申请增设“消防工程”本科专业，2003 年获得中南大学批准、教育部备案，并于 2004 年招收第一届本科生。2005 年，土木建筑学院批准成立消防工程系，消防工程学科得到了更好的发展。

研究方向由仅有的土木工程防灾减灾，发展到目前的城市消防规划与安全管理、火灾蔓延规律及逃生救援仿真模拟、火灾科学与工程结构防火、火灾及重大危险源安全评估技术、火灾自动报警与消防自动化技术等。中南大学消防工程学科在国内处于领先地位。

表 2.10.1　学科发展历程

年份	学科相关事件
1997	成立防灾科学与安全技术研究所
1998	获得防灾减灾工程及防护工程硕士点
1999	火灾实验室立项建设
2000	火灾实验室完成建设
	获得防灾减灾工程及防护工程博士点
	编制学科“一五”发展规划
2002	获得消防工程博士点和硕士点
	申请增设消防工程本科专业
2003	增设消防工程本科专业获得批准
	制定 2004 版消防工程专业本科培养计划
2004	招收消防工程专业第一届本科生

续表 2.10.1

年份	学科相关事件
2005	成立土木建筑学院消防工程系
	编制学科“二五”发展规划
2006	开始建设消防工程专业本科实验室
	第一届消防工程博士研究生冯凯、赵望达毕业
2007	制定 2008 版消防工程专业本科培养计划
2010	消防工程专业本科实验室改造建设
	编制学科“三五”发展规划
2012	制定 2012 版消防工程专业本科培养计划

二、师资队伍

(一)队伍概况

经过十几年的发展，防灾科学与安全技术研究所从无到有，由 1 人到 5 人再到目前 14 人的团队。1996 年，徐志胜从西南交通大学博士后流动站出站，引进到长沙铁道学院工作，筹建防灾科学与安全技术研究所。1998 年，赵望达由长沙矿山研究院调入研究所工作。1999 年，裘志浩于长沙铁道学院毕业留校工作。2000 年，徐彧于中南大学硕士研究生毕业留校工作。2002 年，中南大学校院系调整，李耀庄调入研究所工作。2004 年，张焱于中南大学硕士研究生毕业留校工作，姜学鹏由武汉科技大学硕士研究生毕业，来研究所工作并在职攻读消防工程专业博士研究生。2005 年，陈长坤、易亮由中国科学技术大学国家火灾重点实验室博士毕业来研究所工作。2005 年，王飞跃来研究所工作并在职攻读消防工程专业博士研究生。2006 年，徐烨由土木建筑学院资料室调入研究所工作。2009 年，申永江由浙江大学建筑工程学院博士毕业来研究所工作，熊伟由湖南大学土木工程学院博士毕业来研究所工作。2012 年，谢宝超由中南大学和英国谢菲尔德大学联合培养博士毕业留校工作。

目前，研究所有职工 14 人，其中，教授 4 人(徐志胜、赵望达、李耀庄、陈长坤)，副教授 1 人(易亮)，讲师 7 人，工程师 1 人，拥有博士学位教师 11 人，硕士学位教师 2 人。研究所已形成了“防灾减灾工程及防护工程”和“消防工程”两个学术团队。“消防工程”学术团队人员包括：徐志胜、赵望达、李耀庄、陈长坤、易亮、姜学鹏、王飞跃、裘志浩、谢晓晴；“防灾减灾工程及防护工程”学术团队人员包括：徐志胜、李耀庄、赵望达、陈长坤、徐彧、张焱、申永江、熊伟。

徐志胜1999年获“湖南省跨世纪学术带头人”“铁道部青年科技拔尖人才”称号。陈长坤2011年入选中南大学国家杰出青年培育基金人才，2012年入选中南大学升华育英人才。陈长坤、易亮2013年入选中南大学“531”人才计划。

表2.10.2 在职教师基本情况

	合计	职称				年龄			学历		
		教授	副教授	讲师	助教	55岁以上	35~55岁	35岁以下	博士	硕士	学士
人数	12	4	1	7	0	0	10	2	11	1	0
百分比(%)	100	33	8	59	0	0	83	17	92	8	0

(二)历届系所负责人

表2.10.3 防灾所和消防工程系历届系主任

时间	主任(所长)	副主任(副所长)
1997—2000	徐志胜	赵望达
2001—2005	徐志胜	赵望达
2005—2010	徐志胜	赵望达、李耀庄
2010—	徐志胜	赵望达、陈长坤

(三)学科教授简介

徐志胜教授：男，1962年2月生，汉族，山东潍坊人，博士，博士生导师。1983年山东科技大学采矿工程专业本科毕业；1989年山东科技大学系统工程专业硕士毕业；1994年中国矿业大学采矿工程专业博士毕业；1996年西南交通大学安全工程研究所博士后出站调入长沙铁道学院。曾任防灾科学与安全技术研究所所长、土木建筑学院副院长，现任消防工程系主任，从事火灾科学、城市公共安全及综合防灾、土木工程防灾减灾等的教学与科研工作。“防灾减灾及防护工程”和“消防工程”学科带头人。指导硕士生62名、博士生36名，为研究生、本科生开设“防排烟工程”“防灾减灾工程学”“安全系统工程”“消防施工技术”“消防法规”等课程。主持或参加国家“十五”科技攻关项目、省部级科研项目共46项，通过省部级以上鉴定6项。1999年获“湖南省跨世纪学术带头人”和“铁道部青年科技拔尖人才”称号。中国消防学会常务理事、中国职业健康安全学会常务理事，

《防灾减灾工程学报》《灾害学》《铁道科学与工程学报》编委。发表论文210多篇，三大检索收录53篇次。出版《人—机—环境系统可靠性研究》《安全系统工程》《防灾减灾工程学》《公路隧道火灾烟雾控制》《防排烟工程》等教材或专著。

赵望达教授：男，1965年9月生，汉族，湖南双峰人，博士，博士生导师，从事防灾减灾工程及防护工程、消防工程和控制工程交叉学科的教学和研究工作。担任的社会职务有：中国土木工程学会工程防火技术分会理事、国家科技部科学技术奖评审专家、中国博士后基金评审专家、教育部博士点基金评审专家、湖南省安全生产专家委员会专家、科技部中小企业创新基金评审专家、九三学社中南大学铁道学院支社主任委员。主持或参加包括国家"十五"科技攻关项目、省部级项目和横向项目40多项，通过省部级以上鉴定6项，获省部级以上科技进步奖4项。为研究生开设"土木工程测试技术""智能传感器系统""智能控制"等课程；为本科生开设"建筑消防自动化技术""自动控制原理""智能建筑"等课程。指导研究生30余人，博士生3人，博士后2人，指导的研究生获校级优秀硕士论文奖3人次，湖南省优秀硕士论文奖1人次。主持本科生教学改革、实验室建设、研究生教改项目10余项，获中南大学教学成果二等奖2项，三等奖1项，发表教学和科研论文150多篇，三大检索收录26篇次。出版《电气安全知识问答》《电气防火技术》《土木工程测试技术》等教材或专著。

李耀庄教授：男，1970年11月生，汉族，湖南双峰人，博士，博士生导师，注册安全工程师、一级安全评价师、全国消防标准化技术委员会建筑构件耐火性能分技术委员会委员、教育部高等学校实验室建设指导委员会委员、湖南省建设工程消防技术专家库专家。1993年获大连理工大学工程力学专业学士学位；1999年获湖南大学结构工程专业博士学位。1999年进入中南工业大学资环建院工作，2002年调入防灾所，历任副所长、系副主任、系党支部书记、副院长等职，从事土木工程防灾减灾教学与科研工作。开设"结构损伤评估与诊断""防灾减灾工程学"等研究生课程及"混凝土结构设计原理""防灾减灾概论"等本科生课程。主持或参与科研项目10余项，获省部级科技奖2项、厅局级科技奖2项、发明专利1项，发表论文70余篇。出版《结构动力学及应用》《防灾减灾工程学》等教材，参与编写《重晶石防辐射混凝土应用技术规范》GB/T50557—2010。指导硕士生34人、博士生2人、协助指导博士后3人，指导研究生获校级优秀硕士论文2人次、省级优秀硕士论文1人次，获校级教学质量优秀奖5次、校级教学成果奖4项。

陈长坤教授：男，1977年生，汉族，福建福安人，博士，博士生导师。现任中南大学防灾科学与安全技术研究所副所长、消防工程系副主任、中南大学国家杰出青年培育基金人才、中南大学升华育英人才、中国土木工程学会工程防火技术分会常务委员。2000年于中国科学技术大学获热能与动力工程专业、计算机科学与技术专业学士学位；2005年于中国科学技术大学火灾科学国家重点实验室获工程热物理专业博士学位。2003—2004 年，在香港城市大学建筑系担任研究助理。2005 年进入中南大学工作，研究方向为钢结构建筑火灾防治、城市公共安全及应急管理等。主讲研究生课程“火灾科学”“高等燃烧学”“数值传热学”等；主讲本科生课程“燃烧学”“消防工程学”等。主持或参与国家、省部级等各类项目 30 多项。发表科研论文 40 多篇，其中 SCI 收录 10 篇，EI 收录 16 篇。获得软件著作权与发明专利各 1 项，主编《燃烧学》教材 1 部。指导研究生获校级优秀硕士论文奖 3 人次，湖南省优秀硕士论文奖 2 人次，获中南大学教学成果奖一等奖 1 项。

三、人才培养

(一)本科教育

消防工程本科专业从 2004 年起开办，面向全国招生，每年招收两个班，60 人左右，招生规模及招收人数见表 4.1.7。在开办不到 10 年的时间里，消防工程本科专业教学培养质量一年一个新台阶，在全国范围内获得广泛好评。2008 年教育部评定本科专业办学水平级别 A + +(优秀)；2010 年国内权威机构专业评价认证中，中南大学消防工程名列全国第二；在用人单位专业院校毕业生能力评价中，消防工程专业毕业生综合素质与能力位居全国非军事院校第一位。消防工程本科生就业形势良好，深受用人单位的欢迎与肯定。

消防工程系老师特别注重学生综合素质的培养。1999 年赵望达等创建了土木建筑学院大学生课外科技活动基地，为激发大学生科研兴趣发展提供了平台。2011 年消防工程专业本、硕、博学生组成的学术社团“消防科学青年社”成立，社团主要目的是促进消防工程系师生学术交流。

(二)研究生教育

防灾科学与安全技术研究所拥有防灾减灾工程及防护工程和消防工程两个专业的硕士及博士授权，本学科自 1996 年开始招收硕士研究生。目前有硕士生导师 10 人，博士生导师 4 人。1996 年至今的硕士及博士研究生学生招生数额分别为 133 人和 41 人。在所指导的研究生中获得校级优秀博士学位论文奖 1 人次，获得校级优秀硕士学位论文奖 9 人次，获得省级优秀硕士论文奖 4 人次。

(三)教改成果

从研究所创办和消防工程系成立至今，师生同心协力打造“中南消防”教育品牌。在教学过程中，消防工程系老师承担了教改项目 17 项，发表教改论文 18 篇，获得各类荣誉称号 20 余人次，获得教学成果奖 6 项。

表 2.10.4 教改项目

序号	项目名称	项目来源	完成年份	负责人
1	区域内高校土木工程实践教学一体化改革与实践	省级教改项目 教指委教改项目	2011—2012	余志武、郑建龙、方志、张建仁、李耀庄
2	消防工程课程体系教学内容优化与改革的研究与实践	校级教改项目	2008—2009	李耀庄
3	提高土木建筑类大学生信息化素质的课外科技活动实践	校级教改项目	2006—2008	赵望达
4	土木工程测试技术教材建设	校级研究生教改项目	2011—2013	赵望达
5	土木工程测试技术精品课程	校级研究生教改项目	2011—2013	赵望达
6	大土建类专业大学生课外科技活动基地建设的研究	校级教改项目	2008—2010	赵望达
7	培养土木工程研究生信息化素质和创新能力的教学改革研究	校级研究生教改项目	2009—2011	赵望达
8	消防工程专业燃烧学综合实验平台建设与教学改革	校级教改项目	2010—2012	陈长坤
9	新兴交叉学科协同式研究生创新团队培养模式研究与实践	校级教改项目	2010—2012	陈长坤
10	“燃烧学”精品课程建设	校级精品课程立项	2011—2012	陈长坤
11	高等学校消防工程专业核心课程体系优化研究与实践	校级教改项目	2012—2014	陈长坤

主要教改论文：

［1］赵望达，徐志胜，裘志浩. 建筑构件火灾实验过程检测和控制系统设计与开发. 实验室研究与探索，2004，7.

［2］姜学鹏，李耀庄，等. 我国消防工程专业学历教育前景和亟待解决的问题. 中国安全科学学报，2006，16(4)：36－41.

［3］赵望达，徐志胜，李耀庄. 培养土木工程研究生信息化素质和创新能力

的教学改革研究.研究生教育论坛，2009.

[4] 李耀庄，蒋迪国，余志武.区域内高校实验教学资源共享管理模式.实验室研究与探索，2012.

表 2.10.5 教学成果奖

序号	项目名称	年份	获奖名称及等级	主要完成人
1	高速铁路防风防雨安全监测报警系统	2001	全国大学生挑战杯三等奖	赵望达
2	FZS－Ⅱ型土木工程温度智能监测仪	2002	省级大学生挑战杯二等奖	赵望达
3	火灾模拟实验多通道温度自动采集处理系统开发	2005	校级实验技术成果三等奖	赵望达(1)
4	培养土建类学生信息化素质和创新能力的课外实践教学模式探索	2008	校级教学成果二等奖	赵望达(1)
5	大土建类专业大学生课外科技活动基地建设的研究	2010	校级教学成果二等奖	赵望达(1)
6	新兴交叉学科协同式研究生创新团队培养模式研究与实践	2012	校级教学成果一等奖	陈长坤(1)
7	土木工程专业特色人才培养模式研究与实践	2012	校级教学成果一等奖	李耀庄(4)

表 2.10.6 优秀硕士、博士学位论文

序号	年份	专业	学生	指导老师	荣誉称号
1	2003	防灾减灾工程及防护工程	蒋晴霞	赵望达	校优秀硕士学位论文
2	2004	防灾减灾工程及防护工程	黎燕	赵望达	校优秀硕士学位论文
3	2007	消防工程	赵望达	徐志胜	校优秀博士学位论文
4	2008	防灾减灾工程及防护工程	刘勇求	赵望达	校、省优秀硕士学位论文
5	2008	防灾减灾工程及防护工程	王丽	李耀庄	校、省优秀硕士学位论文
6	2008	防灾减灾工程及防护工程	唐义军	李耀庄	校优秀硕士学位论文
7	2010	消防工程	肖荣	陈长坤	校优秀硕士学位论文
8	2012	消防工程	李智	陈长坤	校、省优秀硕士学位论文
9	2013	消防工程	张冬	陈长坤	校、省优秀硕士学位论文

四、科学研究

（一）研究方向

研究所成立至今，形成了消防工程科学与技术和土木工程防灾减灾两个主要研究方向。消防工程科学与技术，主要研究内容包括：火灾蔓延规律及人员逃生研究；工程结构抗火理论方法及模型分析研究；安全科学理论方法及灾害评估技术研究；隧道、地下空间标志性工程防火减灾研究；大型工程消防性能化评估设计；数字消防及数字防灾（网络、软件开发）。土木工程防灾减灾，主要研究内容包括：工程结构抗火理论方法及防灾减灾研究；工程结构抗震理论方法及防灾减灾研究；土木工程灾害防治研究及检测、评估；高速铁路路基沉降控制理论方法及检测；安全智能检测及产品研发。

（二）科研项目

近年来，消防工程系主持或参加了国家科技攻关、省部级以及横向研究项目40余项，具体见表2.10.7。

表2.10.7　国家及省部级科研项目

序号	项目来源	项目级别	项目名称	负责人	项目起止时间
1	国家“十五”科技攻关	科技攻关	小城镇基础工程设施防灾减灾关键技术研究	徐志胜	2002—2004
2	国家“十五”科技攻关	科技攻关	小城镇固定废弃物处理成套技术研究	徐志胜	2002—2004
3	国家“十五”科技攻关	科技攻关	小城镇防灾安全与环保建设科技示范	徐志胜	2003—2005
4	国家“十五”科技攻关	科技攻关	城市公共安全综合试点	徐志胜	2003—2005
5	国家自然科学基金	青年基金	钢结构交错桁架体系抗火性能研究	陈长坤	2008—2010
6	国家自然科学基金	青年基金	双排抗滑桩与桩排间岩土体相互作用机理研究	申永江	2012—2014
7	国家自然科学基金	青年基金	适用于村镇不发达地区的新型岩土隔震系统研究	熊伟	2012—2014
8	国家自然科学基金	青年基金	火灾下钢框架柔性剪力板连接的组件模型及其鲁棒性研究	谢宝超	2013—2015
9	国家自然科学基金	青年基金	尾矿坝溃坝无源监测机制及系统动态可靠性研究	王飞跃	2013—2015

续表 2.10.7

序号	项目来源	项目级别	项目名称	负责人	项目起止时间
10	省级自然科学基金	青年专家基金	建筑物火灾内在灾害机理及灾后结构损伤鉴定修复	徐志胜	1998—2000
11	部级科技计划	重点项目	特长隧道运营环境综合治理措施方案研究	徐志胜	1998—1999
12	省级科技计划	重点项目	桥梁结构损伤的在线实时振动检测	徐志胜	1998—2000
13	省级科技计划	重点项目	建筑结构受火灾损伤后的加固技术研究	徐志胜	1998—2000
14	部级科技计划	重点项目	铁路轨道安全性能参数动态检测装置的研究	徐志胜	1999—2000
15	省级科技计划	重点项目	城市公共安全综合规划	徐志胜	2002—2004
16	省级科技计划	重点项目	钢筋混凝土框架结构火灾反应全过程分析与仿真研究	李耀庄	2006—2011
17	省级自然科学基金	重点项目	重载铁路隧道高载荷重大荷载动力学特征	陈长坤	2012—2014
18	省级科技计划	重点项目	超大城市综合体火灾风险评估系统研发及应用示范	徐志胜	2013—2016
19	省级科技计划	一般项目	基于不确定性理论的尾矿坝稳定性分析及综合评价研究	王飞跃	2009—2012
20	省级科技计划	一般项目	火灾损伤后建筑结构安全性能智能诊断装置研制	赵望达	2002—2004
21	省级科技计划	一般项目	火灾智能报警传感器系统研制	裘志浩	2005—2007
22	省级科技计划	一般项目	火灾现场消防队员安全保障电子通信系统的开发	赵望达	2009—2011
23	省级科技计划	一般项目	隧道火灾点式排烟系统关键技术研究	姜学鹏	2012—2014

(三)科研获奖

获省部级科技进步三等奖以上奖励 5 项，通过省部级鉴定 8 项，见表2.10.8。

表 2.10.8　科研成果奖项

序号	项目名称	获奖时间	获奖名称及等级	主要完成人
1	公路隧道火灾独立排烟道排烟关键技术研究	2011	中国公路学会科学技术奖一等奖	徐志胜(2)、易亮(4)、张焱(5)、裘志浩(10)、赵望达(12)
2	小城镇基础设施防灾减灾关键技术研究	2006	华夏建设科学技术奖三等奖	徐志胜(3)、李耀庄(4)
3	深部铜矿尾砂胶结充填工艺技术试验研究	1998	中国有色金属总公司科技进步三等奖	赵望达(6)
4	赣龙铁路桐子窝隧道下穿京九线铁路便梁、轨道动态特性及安全性研究	2006	江西省科学技术进步奖三等奖	徐志胜(2)、李耀庄(6)
5	混凝土结构火灾反应与检测加固技术研究	2006	河南省建设科学技术进步奖一等奖	李耀庄(2)、徐志胜(3)
6	公路隧道排烟道顶隔板结构抗火关键技术	2012	第三届中国消防协会科学技术创新奖二等奖	徐志胜(1)
7	高速铁路水下盾构法隧道设计关键技术	2013	中国铁道建筑总公司科学技术特等奖	徐志胜(1)、姜学鹏(2)

(四)专利及软件著作权

表 2.10.9　专利及软件著作权

序号	名称	发明人/设计人	类别	授权日期
1	叠合板楼盖	黄赛超、蒋青青、王方、李耀庄、郑勇强、侯小美	发明专利	2002
2	热力耦合实验台	厉培德、陈长坤、秦俊、姚斌、范维澄	发明专利	2008
3	建筑火灾模拟试验智能测控系统 V1.0 软件	赵望达、徐志胜、裘志浩	软件著作权	2007
4	基于 ANSYS 的钢交错桁架结构抗火分析软件系统 FRASST1.0	陈长坤	软件著作权	2009
5	纳米、环保、无机膨胀型隧道防火涂料及制备方法	徐志胜、黄林冲、石雪春、倪天晓	发明专利	2009

(五)著作和代表性论文

表 2.10.10　出版教材与著作

序号	著作名称	出版社	出版时间	著/编者
1	防灾减灾工程学	机械工业出版社	2005	江见鲸、徐志胜
2	结构动力学及应用	安徽科学技术出版社	2005	李耀庄
3	电气安全知识问答	中国劳动社会保障出版社	2005	赵望达
4	安全系统工程	机械工业出版社	2007	徐志胜
5	防排烟工程	机械工业出版社	2011	徐志胜、姜学鹏
6	电气防火技术	机械工业出版社	2012	高庆敏、白国强、赵望达、裘志浩
7	火灾调查	机械工业出版社	2012	刘一祥、张焱
8	公路隧道火灾烟雾控制	人民交通出版社	2013	吴德兴、徐志胜
9	燃烧学	机械工业出版社	2013	陈长坤

消防工程系教师发表科研论文共 600 余篇，其中被三大检索机构收录论文 120 多篇。主要论文如下：

[1] 赵望达，鲁五一，徐志胜，刘子建. PID 控制器及其智能化方法探讨. 化工自动化及仪表，1999，26(6)：45 –48.

[2] 李耀庄，邹银生，王贻荪. 黏弹性地基中桩动力反应分析. 湖南大学学报，2000，27(1)：92 –96.

[3] 王飞跃，徐志胜，张武. 湿式氢气贮柜爆炸伤害效应预测. 安全与环境学报，2002，2(3)：35 –36.

[4] 李耀庄，蒋青青，黄赛超，等. 混凝土预制倒 T 叠合连续板试验研究. 中南工业大学学报，2003，34(6)：695 –698.

[5] 徐志胜，周庆，徐彧. 运行旅客列车隧道火灾模型实验及数值模拟. 铁道学报，2004，26(1)：124 –128.

[6] 赵望达，刘勇求，贺毅. 基于 RBF 神经网络提高压力传感器精度的新方法. 传感技术学报，2004，17(4)：640 –642.

[7] 徐志胜，冯凯，张威振，阳震宇. CFRP 加固钢筋混凝土梁火灾后的试验研究. 哈尔滨工业大学学报，2005，37(1)：98 –100.

[8] 赵望达，徐志胜，吴敏，段方英. 火灾模拟实验智能测控系统. 中南大学学报(自然科学版)，2005，36(6)：1054 –1058.

[9] 赵望达，徐志胜，吴敏. 火灾模拟实验炉温软测量建模的研究. 计算机测量与控制，2006，14(10)：1296-1298.

[10] 易亮，霍然，张靖岩，李元洲，张和平. 柴油油池火功率特性的实验研究. 燃烧科学与技术，2006，12(2)：164-168.

[11] 易亮，杨淑江，徐志胜. 有风条件下自然排烟准稳态的双区模型分析. 中国矿业大学学报，2007，36(6)：728-733.

[12] 姜学鹏. 公路隧道事故分级及其应急响应研究. 灾害学，2008，23(4)：84-88.

[13] 张焱，徐志胜. 火灾后碳纤维布约束混凝土棱柱体受力性能试验研究及分析. 工程力学，2008，25(5)：202-209.

[14] 李耀庄，李昀晖，火灾下四面受火钢筋混凝土柱极限承载力的简化计算. 防灾减灾工程学报，2007，27(3)：323-329.

[15] 王飞跃，徐志胜，董陇军. 尾矿坝稳定性分析的模糊随机可靠度模型及应用. 岩土工程学报，2008，30(11)：1600-1605.

[16] Huang Linchong(黄林冲)，Xu Zhisheng，Wang Lichuan. Constitutive equations and finite element implementation of strain localization in sand deformation. Journal of Central South University of Technology，2009，(3)：482-487.

[17] 王飞跃，杨铠腾，徐志胜，金永健. 基于浸润线矩阵的尾矿坝稳定性分析. 岩土力学，2009，30(3)：840-844.

[18] 易亮，李勇. 泄露条件下室内火灾烟气的自然充填过程. 燃烧科学与技术，2009，15(2)：124-128.

[19] Chen Changkun(陈长坤)，Li Zhi，Sun Yunfeng. A new model for describing evolution and control of disaster system including instantaneous and continuous actions. International Journal of Modern Physics C，2010，21(3)：307-332.

[20] 张焱，徐志胜. 钢筋混凝土结构抗火性能试验中存在问题的思考. 土木工程学报，2010，43(4)：76-84.

[21] Chen Changkun(陈长坤)，Zhang Wei. Experimental study of the mechanical behavior of steel staggered truss system under pool fire conditions. Thin-Walled Structures，2011，49：1442-1451.

[22] Chen Changkun(陈长坤)，Shen Bingyin. A simplified model for describing the effect of intumescent coating to protect steel under fire conditions. Advanced Science Letter，2011，4(3)：1265-1269.

[23] Liu Kefei，Xu Zhisheng. Traffic flow prediction of highway based on wavelet relevance vector machine. Journal of Information and Computational Science，8(9)，

2011：1641 -1647.

[24] 姜学鹏，胡杰，徐志胜，刘琪. 隧道火灾烟气逆流的计算模型. 中南大学学报(自然科学版)，2011，42 (9)：2837 -2842.

[25] 申永江，孙红月，尚岳全，刘健. 锚索双排桩与刚架双排桩的对比研究. 岩土力学，2011，(6)：1838 -1842.

[26] 易亮，杨洋，徐志胜，吴德兴，李伟平. 纵向通风公路隧道火灾拱顶烟气最高温度试验研究. 燃烧科学与技术，2011，17(2)：109 -114.

[27] 易亮，杨洋，李勇，徐志胜. 水平风作用下火羽流的质量流率. 燃烧科学与技术，2011，17(6)：505 -511.

[28] 姜学鹏，胡杰，徐志胜，赵红莉，刘琪. 铁路隧道火灾烟气逆流的计算模型. 中南大学学报(自然科学版)，2011，(09)：2837 -2842.

[29] 易亮，杨洋，李勇，徐志胜. 水平风作用下火羽流的质量流率. 燃烧科学与技术，2011，17(6)：505 -511.

[30] Chen Changkun(陈长坤)，Li Jian，Zhang Dong. Study on evacuation behaviors at a T-shaped intersection by a force-driving cellular automata model. Physica A：Statistical Mechanics and its Applications，2012，391(7)：2408 -2420.

[31] Chen Changkun(陈长坤)，Zhang Wei. Comparative experimental investigation on steel staggered-truss constructed with different joints in fire. Journal of Constructional Steel Research，2012，77：43 -53.

[32] 熊伟，李耀庄，严加宝. 火灾作用下钢筋混凝土梁温度场数值模拟及试验验证. 中南大学学报(自然科学版)，2012，43(7)：2838 -2843

[33] 姜学鹏，徐志胜，蔡崇庆. 隧道火灾集中排烟时机械补风风速研究. 科技导报，2013，31(08)：5 -10.

[34] 徐志胜，赵红莉，李洪，姜学鹏，李冬. 水平隧道火灾临界风速的理论模型. 中南大学学报(自然科学版)，2013，03：1138 -1143.

[35] 谢宝超. 客运专线隧道火灾时人员疏散研究. 铁道学报，2013，(8).

[36] Xiong Wei(熊伟)，Li Yaozhuang. Seismic isolation using granulated tire-soil mixtures for less-developed regions：Experimental validation. Earthquake Engineering & Structural Dynamics. 2013，online，DOI：10.1002/eqe.2315.

[37] L. Yi，J. L. Niu，Z. S. Xu，D. X. Wu. Experimental studies on smoke movement in a model tunnel with longitudinal ventilation. Tunnelling and Underground Space Technology，2013，35：135 -141.

（六）学术交流

表 2.10.11　主办/协办的学术会议

序号	会议名称	会议地点	性质	主办/协办	会议时间
1	2006 安全科学与技术国际会议	长沙	国际	协办	2006.10
2	第一届中国消防教育与科技发展论坛	长沙	国内	主办	2010.10
3	第二届中国消防教育与科技发展论坛	焦作	国内	协办	2011.10
4	第三届中国消防教育与科技发展论坛	沈阳	国内	协办	2012.10
5	第四届中国消防教育与科技发展论坛	成都	国内	协办	2013.07

（七）代表性成果简介

防灾科学与安全技术研究主持项目“公路隧道火灾独立排烟道排烟关键技术研究”获 2011 年度中国公路学会科学技术一等奖。该项目包括“公路隧道纵向排烟模式与独立排烟道集中排烟模式模型试验研究”“公路隧道排烟道顶隔板结构耐火性能试验研究”“特长公路隧道纵向通风模式下独立排烟道系统的研究与应用”三大子课题，项目的研究囊括了公路隧道火灾独立排烟道集中排烟模式在设计与应用中的关键技术，创新性地提出了纵向通风与顶部排烟道集中排烟组合通风排烟方案；建立了 1∶10 的隧道独立排烟道排烟试验模型，研究揭示了不同参数对集中排烟下火灾温度场分布、烟气蔓延及控制效果、排烟阀和排烟道流速分布、排热效率和排烟效率的影响规律；提出了其排烟系统的设计方法和设计方案；建立了排烟道顶隔板结构耐火性能试验模型，研究获得了高温和荷载下顶隔板和植筋牛腿的温度场变化规律和力学响应特性、破坏形态、剩余强度和剩余承载力变化规律；提出了火灾后顶隔板损伤等级的判定标准和判定方法。

项目填补国内外对集中排烟进行系统研究的空白，解决了其系统设计、结构防火及实际应用的关键技术问题，为公路隧道消防设计、规范修订和工程实际推广应用提供技术支持。成果成功应用于钱江隧道等隧道，提高了防灾救援能力，确保了良好的排烟效果和结构安全，提高了人员逃生和救援安全性，取得了显著社会与经济效益。成果总体达到国际先进水平，部分达到国际领先水平，对推动行业科技进步有重大作用。

第三章　平台与团队

第一节　科研平台

一、高速铁路建造技术国家工程实验室

(一)简介

高速铁路建造技术国家工程实验室是国家发改委2007年授牌启动建设的第一批国家工程实验室，2013年2月通过原铁道部和国家发改委验收。实验室由中国铁路工程总公司、中南大学、中国铁道科学研究院和铁道第三勘察设计院集团有限公司联合建设，主管部门为中国铁路工程总公司，法人单位为中国铁路工程总公司，建设地点位于中南大学铁道校区。实行理事会领导下的实验室主任负责制。首任理事长为中国中铁股份有限公司(中国铁路工程总公司独家发起的方式设立的股份有限公司)李长进董事长，首任实验室主任为余志武教授。

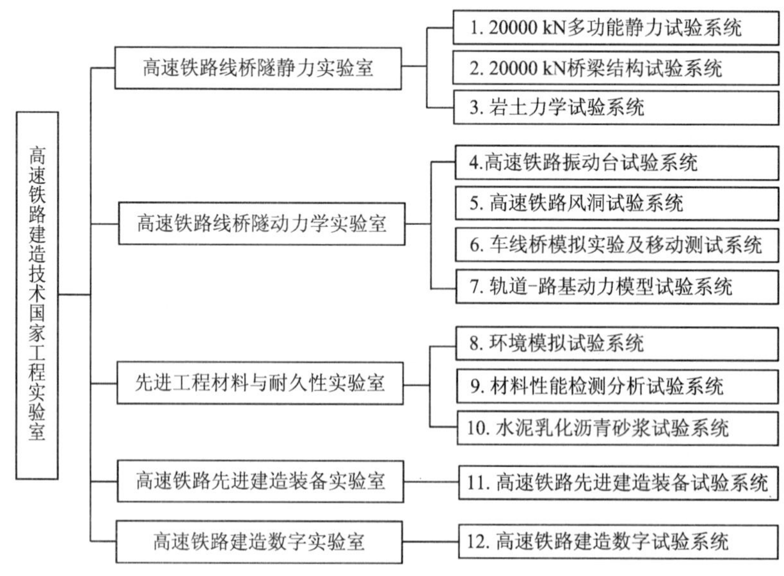

图3.1.1　高速铁路建造技术国家工程实验室总体构成

实验室以中南大学“土木工程”“交通运输工程”等相关一级学科国家重点学科为依托，在“土木工程安全科学”湖南省高校重点实验室的基础上进行建设，建设期间共投入建设资金 11802 万元，其中设备投资 9431 万元，建设资金来源于国家专项经费以及铁道部、中国铁路工程总公司和中南大学的配套资金。

实验室现有实验用房约 12000 平方米，由高速铁路线桥隧静力实验室、高速铁路线桥隧动力学实验室、先进工程材料与耐久性实验室、高速铁路先进建造装备实验室和高速铁路建造数字实验室 5 个专业实验室组成，建有“高速铁路振动台试验系统”“高速铁路风洞试验系统”等 12 个试验系统，实验室总体构成见图 3.1.1。

（二）试验系统

1. 多功能振动台试验系统

由 4 个 4 米 ×4 米三向六自由度振动台构成台阵，台阵长 55 米（图 3.1.2）。可开展桥梁、路基和房屋结构多点输入地震模拟试验、高速铁路人体舒适度试验以及列车—桥梁耦合动力试验研究。

2. 风洞试验系统

风洞为闭式单回流双实验段低速风洞（图 3.1.3），洞体为全钢结构。高速实验段：3 米 ×3 米 ×15 米，风速 0 ~ 90 米/秒连续可调。低速试验段：12 米 ×3.5 米 ×18 米，风速 0 ~ 20 米/秒连续可调。可开展风环境、大跨桥梁、房屋及高速列车空气动力学等风工程试验研究。

图 3.1.2　多功能振动台试验系统

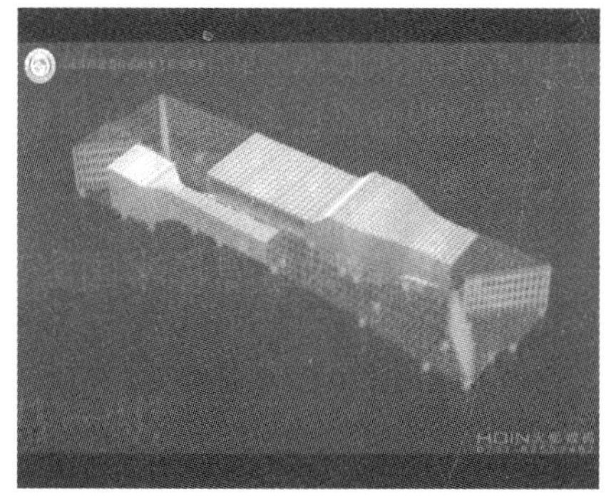

图 3.1.3　风洞试验系统

3. 轨道—路基动力模型试验系统

由 28 米 ×13 米 ×6 米的模型槽、电液伺服作动器、油源和 MTS 控制器构成，可真实模拟不同运行速度的列车动荷载（图 3.1.4），可开展路基结构及各种岩土工程足尺动力模型试验研究。

4. 20000 千牛桥梁结构试验系统

由 39.5 米×15 米的满天星反力箱及其加力架、5 个 2000 千牛和 10 个 1000 千牛电液伺服作动器组成(图 3.1.5)。可开展足尺或缩尺大型结构的承载力试验研究。

图 3.1.4　轨道－路基动力模型试验系统

图 3.1.5　20000 千牛桥梁结构试验系统

5. 20000 千牛多功能静力试验系统

由三立柱式空间钢结构反力架、作动器、油源及控制系统组成(图 3.1.6)。最大试件尺寸可达 6 米×6 米×8 米，最大竖向加载能力 20000 千牛，双向水平加载能力 2000 千牛，可开展大型结构及节点的各种静力、疲劳和拟动力试验研究。

图 3.1.6　20000 千牛多功能静力试验系统

图 3.1.7　岩土力学试验系统

6. 岩土力学试验系统

由 TAJ－2000 大型静动三轴试验系统、TAW－3000 电液伺服岩石三轴试验系统、GDS 全自动三轴及非饱和土试验系统、DDS－70 微机控制动三轴试验系统、SZ304 型粗粒土三轴剪切试验系统以及 TAW－800 大型直接剪切试验系统构成(图 3.1.7)。可进行细颗粒土、粗颗粒土的静动三轴试验、非饱和细颗粒土三轴、渗透试验以及岩石三轴、流变试验研究。

7. 车—线—桥模拟试验及移动测试系统

由传感器、数据采集系统、无线传输系统、移动车辆和相应的数据分析处理软件等组成(图 3.1.8)。可开展高速铁路线路、路基、桥梁和隧道综合动力性能试验研究。

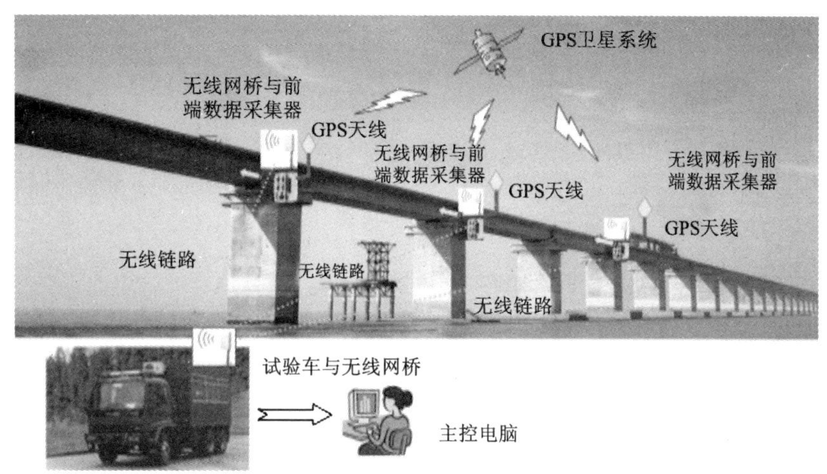

图 3.1.8 车—线—桥模拟试验及移动测试系统

8. 环境模拟试验系统

由“人工气候环境模拟室”“恒载—环境耦合模拟室”“动载—环境耦合模拟室”和“恒温—恒湿收缩徐变室”四部分组成(图 3.1.9)。可开展多因素耦合作用下工程结构经时行为的试验研究。

9. 材料性能测试分析试验系统

由混凝土材料细观与微观结构分析、混凝土内部物理与化学状态检测、混凝土内钢筋状态检测等三部分组成(图 3.1.10),可实现对混凝土结构耐久性细观损伤的全面、系统检测与分析。

10. 水泥乳化沥青砂浆试验系统

包括冻融循环机、耐候箱、激光粒度分析仪、流变仪、Zeta 电位测试仪、热膨胀系数测定仪等(图 3.1.11)。可开展板式无砟轨道充填层砂浆、自密实混凝土及无砟轨道修补材料的性能测试与分析。

图 3.1.9　环境模拟试验系统

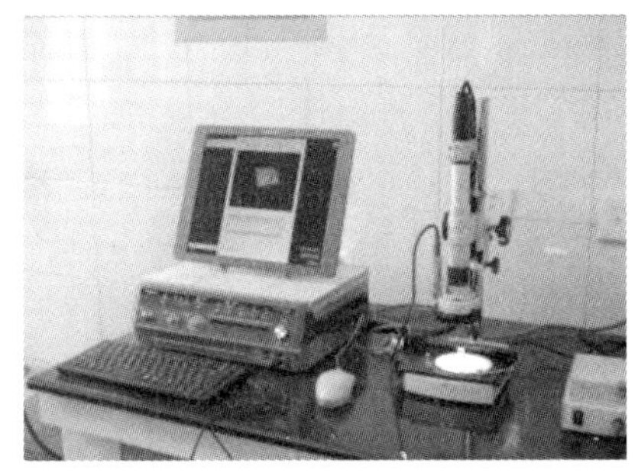

图 3.1.10　材料性能测试分析试验系统

11. 高速铁路先进建造装备试验系统

由电气、电子试验、电液控制、精密控制网测量、粗调机检定、装备设计与仿真等部分组成(图 3.1.12)。可开展高速铁路先进建造装备设计与仿真、复杂工程机械电液系统综合性能试验、高速铁路测量调整设备研发与检定等工作。

图 3.1.11　水泥乳化沥青砂浆试验系统

图 3.1.12　高速铁路先进建造装备试验系统

12. 高速铁路建造数字试验系统

由图形集群、多通道立体投影、中央控制系统大场景虚拟环境构建软件等部分组成(图 3.1.13),可开展土木与交通工程建设领域的数字设计、数字施工与数值分析等工作。

图 3.1.13　高速铁路建造数字试验系统

实验室主要研究方向为:高速铁路无砟轨道关键技术、高速铁路特殊土路基处理及沉降控制技术、高速铁路桥梁建造成套技术、高速铁路隧道设计与施工关键技术、高速铁路关键工程材料及其制备技术、高速铁路建造数字化技术。

近五年来，实验室承担国家973课题4项，国家863计划项目2项，国家自然科学重点项目4项、面上及青年基金项目56项，铁道部重大攻关和重点项目26项，教育部、湖南省科技项目20项，企业横向项目136项。获得国家及省部级科技奖励17项，其中国家科技进步特等奖1项、二等奖2项，省部级科技进步特等奖1项、一等奖9项、二等奖4项。获国家发明专利38项。主编与参编国家及行业规范8种。

通过建设与发展，实验室已基本成为我国轨道交通工程领域应用基础理论研究、共性关键技术及先进装备研发的创新平台和技术辐射中心，土木工程、交通运输工程领域人才培养与学术交流的重要基地。

（三）实验室机构

1. 实验室理事会成员名单

名誉理事长：孙永福

理事长：李长进

常务副理事长：刘辉

副理事长：吴克俭、米隆、盛黎明、郭乃正、周科朝、赵有明、孙树礼、刘成军、李开言、余志武

常务理事：和民锁、唐志成、黄怀朋、许宝成、徐中义、朱颖、鲁贵卿

理事：张志方、杨煜、赵印军、董炬洪、郑静、董彦录、魏云祥、柯松林、赵智、张敏、金耀、伍晓军、李玲、赵剑发、郭大焕、胡汉舟、胡守正、高锦林、王爱平、赵华、李寿兵、张学伏、王玉泽、王立新

2. 实验室理事会办公室成员名单

主任：陈唯一

副主任：李昌友、王澜、朱志营、张瀚

3. 实验室负责人名单

主任：余志武

副主任：陈唯一、张家生、谢友均、蒋丽忠、任伟新(2008.05—2012.12)、陈昭平(2013.01—　)、沈志军(2013.09—　)

办公室主任：张向民(2008.05—2013.03)、陈昭平(兼，2013.03—　)

财务总监：李静

财务部部长：彭满如

4. 技术委员会名单

主任委员：何华武

副主任委员：安国栋、吴克俭、米隆、盛黎明、刘辉、孙树礼、余志武、王建

宇、王阳升

委员：马庭林、牛荻涛、王平、王孟钧、王俊峰、史玉新、任伟新、江成、许再良、闫培渝、应力军、张志方、张家生、李宏男、李宗津、辛学忠、陈政清 、陈唯一、金伟良、洪开荣、赵正旭、赵智、夏禾、秦顺全、聂建国、高宗余、葛耀君、蒋丽忠、谢友均、谢永江、蒲浩、翟婉明

二、重载铁路工程结构教育部重点实验室

(一)简介

“重载铁路工程结构教育部重点实验室”于 2010 年 12 月由教育部批准立项建设，并于 2011 年 5 月通过教育部组织的《建设计划任务书》论证。实验室位于中南大学铁道学院，预计将于 2014 年建成并验收。

实验室依托中南大学土木工程、交通运输工程 2 个一级学科国家重点学科、“桥梁与隧道工程”“道路与铁道工程”以及“岩土工程”3 个二级国家重点学科、结构工程省级重点学科以及防灾减灾与防护工程校级重点学科的总体优势，在“土木工程安全科学”湖南省高校重点实验室的基础上，利用战略合作伙伴朔黄铁路发展有限公司在重载铁路交通方面的丰富资源组建而成。现有建筑面积约 3000 平方米。拟建设“工程结构动力学数值分析中心”“重载铁路路基静动力学模型试验系统”“疲劳—环境耦合作用模拟试验系统”“轨道结构静动力学与磨耗实验测试系统”以及“隧道火灾模拟试验系统”6 个实验系统，建设总经费为 1100 万元。

实验室 4 个主要研究方向：①重载铁路桥梁结构动力学及耐久性；②重载铁路路基状态分析及加固技术；③重载铁路轨道结构设计理论与应用；④重载铁路隧道结构设计理论及灾害防治技术。分 4 个研究单元进行建设，即：重载铁路桥梁结构、重载铁路路基结构、重载铁路轨道结构、重载铁路隧道结构。

(二)实验室机构

1. 实验室负责人

主任：张家生

副主任：文颖

办公室主任：陈昭平(兼)

2. 学术委员会成员名单

主任：王梦恕

副主任：余志武

委员：薛继连、吴波、何益斌、王平、屈晓辉、张家生、李传习

三、湖南省先进建筑材料与结构工程技术研究中心

（一）简介

湖南省先进建筑材料与结构工程技术研究中心由湖南省建工集团总公司、中南大学和湖南天铭建材有限公司联合组建，2007 年列入湖南省工程技术研究中心建设计划（湖南省科学技术厅（湘科计字[2007] 143 号）），湖南省建工集团为项目依托单位。该中心的主要任务是：以建筑行业发展为导向、大型企业为主体、高校为技术支持、科研项目为依托、工程项目为载体、应用基础理论和试验研究为基础、研究成果工程化和产业化为目标，发挥产学研强强联合的优势，研发拥有自主知识产权的建筑核心技术和先进建筑材料，培养高水平技术人才，提升自主创新能力，为提高我省和我国建筑行业国际竞争力提供强有力的技术支撑。

（二）中心主要研究方向

高性能混凝土制备关键技术；

节能型复合墙体与结构材料的关键技术；

先进工程水泥基复合材料及其应用的关键技术；

提高围护结构自身保温隔热性能新型结构体系；

具有优良保温隔热性能的夹芯复合墙体新结构体系；

现代结构工程关键技术；

大型复杂工程施工计算机仿真技术。

（三）中心管理机构

主任：陈浩

副主任：蒋丽忠　陈庆炎

总工程师：邓德华

四、土木工程安全科学湖南省高校重点实验室

土木工程安全科学实验室组建于 2002 年，2004 年列入湖南省普通高等学校重点实验室建设计划，2007 年建成验收。实验室由结构实验室、岩土工程实验室、防灾减灾实验室、建筑材料实验室和土木工程检测中心 5 个专业实验室组成，总建筑面积约 17000 平方米，试验设备总值 2600 万元。

实验室以土木工程、交通运输工程两个一级学科国家重点学科为依托，拥有良好的科研与试验条件和雄厚的科研力量，多年来，针对土木工程安全领域重大关键科学研究问题，凝练研究方向、组建学术团队、形成了如下一批特色研究方向：列车脱轨分析理论与应用研究；桥梁车振、风振分析理论与应用研究；钢—混凝土组合桥梁设计理论与应用；桥梁结构空间分析与极限承载力；桥隧防灾减

灾理论与健康监测；隧道结构分析理论与应用；岩土边坡稳定与新型支挡结构；特殊土路基处理及路桥过渡段动力特性；铁(道)路选线设计及规划的理论与方法；高性能混凝土技术及其在铁(道)路工程中应用；地基基础动力特性和沉降控制技术等。

五、湖南铁院土木工程检测有限公司

公司是依托原长沙铁道学院土木工程学院中心实验室发展起来的，中心实验室于1988年申请湖南省建设厅从业资质后对外营业，顺应发展，由学院自筹资金相继注册成立公司，2012年11月8日根据教育部关于规范高校校办产业管理的有关精神，经中南大学批准，由“中南大学土木工程检测中心”改制后而成立。

具有湖南省建设工程质量检测机构资质、交通部公路工程桥梁隧道工程专项、湖南省公路工程综合乙级资质，并且取得了湖南省质量技术监督局及国家认证认可监督管理委员会的计量认证、ISO9000质量管理体系认证证书。中心技术力量雄厚，拥有教授22人，副教授及高工41人，讲师及工程师42人。公司检测技术先进，仪器设备齐全，拥有电液伺服加载系统、大吨位多功能试验机(20000千牛)、疲劳试验机(1200千牛)、三轴试验机(5000千牛)、动(静)态数据采集分析系统、土动三轴仪、扫描电子显微镜、徐变试验仪、振动台、全站仪、数字式探伤仪、基桩动测仪、基桩声测仪、伺服式压力机(2000千牛)、伺服式橡胶支座试验机、地质雷达、GPS、隧道地质预报系统等大型设备及精密仪器。现有检测试验用房4000平方米，铁路标准线路25米。

主要从事市政、铁路、公路、轨道交通、房建工程的试验检测——建筑结构鉴定；建(构)筑物工程质量检测、评估；工程结构的静、动载试验；地基基础检测及评估、基坑监测；隧道施工监控、超前地质预报及衬砌质量检测等技术服务工作。自1996年以来，已完成南昆铁路喜旧溪大桥砼节点模型和有机玻璃全桥模型试验研究、邵怀高速公路全线隧道交竣工验收、湖南省常吉高速公路全线隧道交竣工验收检测、武广客运专线桥梁基桩检测及桥梁施工监控、哈大铁路客运专线桥梁基桩检测、京沪高速铁路基桩检测及桥梁施工监控等上千个工程项目的检测任务，参与武广、京沪高铁联调联试试验工作。服务水平和服务质量深得客户的好评，在社会上赢得了良好的信誉。也为反哺土木工程学院教学科研工作作出了巨大贡献。

第二节　教学平台

一、土木工程实验教学中心国家示范实验室

（一）原长沙铁道学院时期（1953—2000）

土木工程实验教学中心的前身是原长沙铁道学院土木工程中心实验室，由结构实验室、岩土工程实验室、建筑材料实验室、水力学实验室、工程测量实验室在1992年合并组建而成，为原长沙铁道学院的大型综合性实验室。原中心面向交通土建各专业和学科，既是土建类学生实验教学的重要场所，又是多个博士点和硕士点的科学研究基地。1995年经湖南省建委审查核定为建筑企业一级实验室，并经湖南省计量局计量认证。其中：

工程测量实验室组建于1953年，是面向交通土建、建筑工程、工程管理、运输等专业进行测量教学实验与科研的技术基础课实验室。

建筑材料实验室成立于1953年，承担土建类各专业技术基础课“建筑材料”全部实验教学。

结构实验室始建于1960年，主要面向铁道工程、桥梁与隧道工程、工民建等专业和学科。1986年被评为全国高校先进实验室，1992年被评为湖南省先进实验室。

岩土工程实验室组建于1960年，主要承担交通土建类本科、专科、硕士和博士研究生岩土课程实验教学。

水力学实验室重建于1997年，主要进行水力学测量类实验和演示类实验教学。

防灾科学与安全技术实验室始建于1997年，是湖南省第一家专门从事建筑火灾研究和教学的实验室。

CAD及多媒体教学实验室组建于1985年，是集CAD技术、CAI多媒体教学、科研、开发及人才培训于一体的教学和实验基地。

（二）中南大学成立以后（2000—　）

在2002年，将原中南工业大学资源环境与建筑工程学院力学中心、原长沙铁道学院数力系基础力学教研室、原长沙铁道学院机电工程学院建筑环境与设备工程系合并组建中南大学土木建筑学院，同时对实验室进行了调整和合并。原长沙铁道学院土木工程中心实验室、原中南工业大学资源环境与建筑工程学院土木工程实验教学部分合并组建土木工程实验教学中心，包括结构实验室、测量实验室、建筑材料实验室、岩土工程实验室、路基路面实验室、工程地质实验室、土木

建筑计算中心、防灾减灾实验室。

2004 年，土木工程安全科学实验室被列为湖南省普通高校重点建设实验室。

2005 年开始建设消防工程专业实验室，隶属于防灾减灾实验室。

2006 年，将工程地质实验室、测量实验室与路基路面实验室合并组建路基路面实验室。

2010 年，土木工程实验教学中心申报成为湖南省示范实验室建设单位。

2011 年通过湖南省教育厅组织的验收评估，成为土木工程实验教学省级示范实验室。

2012 年申报成为国家级示范实验室建设单位。

土木工程实验教学中心目前下设结构实验室、建筑材料实验室、岩土工程实验室、路基路面实验室、土木工程计算中心、防灾减灾实验室 6 个实验教学模块，承担土木工程、工程管理、消防工程、工程力学、交通运输、建筑学、城市规划 7 个专业的实验教学任务。

土木工程实验教学中心实行校院两级管理，推行中心主任负责制，现有面积 4581 平方米，仪器设备 2171 台套数，总资产达到 2794.7 万元，中心现有实验教师 71 名，其中正高级职称 34 人，副高级职称 24 人，中级职称 13 人。中心承担了上述 7 个专业 23 门课程的实验教学任务，每年完成 87500 学时的实验教学任务。

中南大学土木工程实验教学中心的建设目标是：适应国家交通土建的重大需求，形成优质资源融合、教学科研协同、校企联合培养人才的实验教学基地，在中南地区乃至全国具有一定示范和辐射作用，建成在国内有重要影响的土木工程实验教学国家级示范中心。

土木工程实验教学中心国家示范实验室下属各实验室简介如下：

1. 结构实验室

结构实验室现有专职实验人员 3 人，其中高工 1 人、工程师 1 人、工人 1 人兼职实验课教师 6 人，其中副教授 4 人、讲师 2 人。试验用房 839 平方米，各种教学仪器设备 925 台套。

结构实验室主要面向土木工程学院土木工程和工程力学两个专业开设实验课程，共开设了结构实验、实验力学、实验应力分析 3 门独立设课的实验课，其中实验应力分析面向土木工程研究生开设。实验室面向本科生的设计型、综合型实验项目 22 个，课程总学时数 32，其中必修实验学时数 16，选修实验学时数 10。面向工程力学专业本科生的实验力学实验项目 5 个，课程总学时数 48，其中必修实验学时数 24，选修学时数 10。面向研究生的实验应力分析实验项目 4 个，课程总学时数 32，其中必修实验学时数 16，选修学时数 6。面向工程实验班、“詹天佑班”及研究生开出创新实验项目 8 个，并设有线桥隧、振动台、风洞 3 个大学生创新工作室。目前学生的创新实验已获多项国家专利。

实验室自行设计制作混凝土梁加力架6套、预应力混凝土加力架2套、钢桁梁加力架2套，动力测试加载装置1套。教学目的以培养学生动手能力和创新能力为主线，教学内容以设计型、综合型实验为主体，教学方式以开放式和启发式为主。

2. 建筑材料实验室

建筑材料实验室现有专职实验技术人员4人，其中，具有高级工程师技术职称3人，工程师1人。

实验室为土木工程专业本科生开设了土木工程材料和新型建筑材料两门课程，每年承担约24个自然班的本科实验教学任务。其中，土木工程材料课程开设的基本实验项目包括水泥实验、砂石实验、混凝土拌合物试验、混凝土力学性能试验、混凝土耐久性试验；新型建筑材料课程开设的基本实验项目包括材料导热系数试验、防水材料老化性能试验、结构材料（混凝土）韧性试验。同时，开设开放式三性试验，其内容由学生自主选择和命题，也可以是任课教师所承担的科研项目内容。以竞赛方式，由学生自由组合成研究小组完成一个土木工程材料及其应用方面问题的试验研究。

建材实验室近年来得到了不断建设和提升，逐渐发展成拥有先进试验设备总数达211台套的试验教学和研究生培养基地，分设土木工程材料基本性质、水泥、砂石、混凝土、新型建筑材料、材料力学性能、工程结构无损检测和材料耐久性8个专门试验室。

1978—2013年陆续购进60吨压力机、60吨全能机、10吨液压机、水泥抗折试验机、砂石试验仪器设备等，更新改造养护室，新增混凝土实验用振动台，逐步建立了混凝土结构非破损检测（包括回弹法、超声法、钻芯法、拔出法等）及砌体、砂浆、钢筋检测的全套仪器设备；相继购置了水泥水化热测定仪、300吨混凝土压力试验机、万能试验机、混凝土快速冻融循环试验机、混凝土盐冻法试验机、混凝土碳化试验箱、疲劳试验机、氙灯耐候试验箱、混凝土电通量测试仪、混凝土氯离子扩散系数测定仪、混凝土抗渗仪、混凝土徐变仪、导热系数测定仪、拉力试验机等设备。

材料学是一门技术科学，实践性强。因此，土木工程学科从成立之初就包含了“建筑材料实验室”。60年来，持续不断地强化学科根基，建设和完善建筑材料实验室，使其成为本学科研究生培养和科研的试验基地。

3. 岩土工程实验室

岩土工程实验室现有专职和兼职实验人员7名，其中教授1人、副教授1人，高工1人，讲师1人，工程师2人，工人1人，形成了一支年龄、职称和学历结构合理的实验教学队伍。现有实验用房面积662.3平方米，设备总值达到272.56

万元。

实验室已经发展成为土力学试验、岩石力学试验和土工合成材料物理力学性能试验为一体的综合性实验室，是我院岩土工程国家级重点学科的依托实验室。每年承担土木工程、工程管理、工程力学专业 20 个班 700 多名本科生和 80 多名研究生的实验教学，每年完成实验教学工作量约 1200 学时。开设实验课程包括土力学试验、岩石力学试验、高等土力学试验和土工合成材料试验。土力学试验项目包括土的密度试验、含水率试验、液塑限试验、固结试验、直接剪切试验和三轴压缩试验等。岩石力学试验包括密度试验、含水率试验、吸水率试验、单轴抗压强度试验、单轴压缩变形及劈裂强度试验等。土工合成材料试验包括土工格栅的拉伸试验、土工布拉伸试验、CBR 顶破强力试验、刺破强力试验及撕破强力试验等。

实验室主要的仪器设备有：非饱和土试验系统；土动三轴试验系统；大型三轴剪切试验系统；全自动三轴仪、液塑限联合测定仪、直剪仪、固结仪、高压直剪仪及高压固结仪；压力试验机、切割机、磨平机；维卡测定仪、老化箱、电子万能试验机、土工合成材料垂直渗透仪、土工合成材料水平渗透仪、土工膜抗渗仪等。

4. 路基路面实验室

路基路面实验室有实验技术人员 5 人，高级职称 1 人，中级职称 2 人，其他 3 人。

路基路面实验室肩负土木工程学院测量、工程地质及道路工程试验三部分实验课程教学任务。实验室主要目标是以国家重大需求和学科前沿为导向，按照实现道路、地质和测量等学科间的交叉、渗透、融合与创新、凝练特色的方针，建设一个确保基础需求、特色突出、涵盖路基、路面、地质和勘测的综合性实验室，实现建设具备特色的高水平实验室。自成立以来，根据学院发展要求，在学院领导关怀下，实验室仪器配备基本满足教学要求，适当考虑创新性需要。

目前，实验室为土木工程开设测量工程、工程地质及道路工程试验课程。测量实验共有设备 257 台套，实验用房面积 423 平方米，可开出 10 个测量实验及勘测实习，其中，综合性实验 7 个，验证性实验 3 个。每年完成学生测量实验任务 14720 学时，勘测实习任务 89 班・周实践学时。工程地质实验共有 8 组，实验用房面积 150 平方米，可开出 3 个工程地质实验及地质实习，其中，设计性实验 1 个，验证性实验 2 个。每年完成学生工程地质实验教学任务 3456 学时，工程地质实习任务 30 班・周实践学时。道路工程实验共有设备 54 台套，实验用房面积 320 平方米，每年完成学生道路工程实验任务 660 学时。能够开出包括路基路面材料、路基路面检测共 12 项基本实验。可进行路面材料综合强度、沥青材料及路基填料等设计研究型及创新性实验 4 项，满足本科生创新性教学要求。

5. 土木工程计算中心

土木工程计算中心现有实验技术人员 2 人，都具有高级工程师职称，全面负责实验室的管理工作，包括计算机的软件更新、硬件维护、电脑日常保修、机房卫生、学生的上机服务、实验室建设、设备的台账管理等。实验室下辖微机室、模拟与仿真室和普华科技项目管理实验室。实验室有 3 个机房，机房总面积为 326 平方米，共有计算机 170 余套，另有一台高性能服务器，机房内配有多媒体教学设备。

计算中心为土木工程专业、工程管理专业、工程力学专业和消防工程专业的本科生和研究生提供计算机辅助教学上机实践，每学年承接的实验项目在 20 个左右；计算中心为学生毕业设计提供上机服务，全天免费开放；另外计算中心还积极支持教师和学生的科研工作和相关培训，也为学生的课外活动提供服务；全年开出的总机时数为 3 万左右。

工程管理模拟与仿真实验室是一个为工程管理专业的学生提供实验的专业教学实验室，可以进行项目施工过程模拟、工程量清单报价模拟、招投标全过程模拟等；普华科技项目管理系统是一套既融入了国际先进的项目管理思想，又结合了国内管理习惯及标准的企业级多项目管理集成系统，实验室通过“项目管理情景模拟教学方案”能模拟项目管理全生命周期，大大提升了学生的实践操作能力，也为专业教师提供了重要的科研平台。

6. 防灾减灾实验室

防灾减灾实验室有实验技术人员 3 人，其中教授 1 人，工程师 1 人，工人 1 人。防灾减灾实验室包括火灾实验室和消防工程实验室，实验室建筑面积 1500 多平方米，仪器设备总值约 500 余万元。

火灾实验室拥有立式火灾模拟试验炉、卧式火灾模拟试验炉，可以进行梁、板、柱等构件力学性能试验以及防火墙、防火板、防火卷帘耐火性能的试验研究和检测。自行开发了试验炉的温度采集控制系统，自行设计和开发了钢筋和混凝土高温下和高温后材料灾变性能试验炉，可以开展钢筋和混凝土材料高温下和高温后力学性能的试验研究。该实验室主要满足科研、研究生教学需求。

消防工程实验室主要承担消防工程本科专业实验教学任务。实验教学任务涉及燃烧学模块、建筑防火模块、火灾科学模块、消防自动化模块 4 大类实验，每个实验模块安排 1 周左右时间的实验教学任务。燃烧学模块主要包括氧指数实验、点着温度实验、开口闭口闪点实验、垂直水平燃烧实验、红外热像实验和锥形量热实验等；建筑防火模块主要包括建筑材料火灾特性测试实验、内部装修材料燃烧性能测试实验、火灾烟气减光性能测试实验、钢结构防火涂料性能测试实验和饰面型防火涂料性能测试实验等；火灾科学（烟气成分测量及火灾过程模拟）模块主要包括火灾过程多参数（CO_2、CO 等烟气成分、烟气毒性、火灾荷载、失重等)测定、火灾烟气蔓延及人员逃生计算机仿真、基于 GIS 的火灾蔓延规律模拟等；消防自动化模块主要包括火灾传感器探测实验、火灾自动报警实验、PLC 火灾模拟控制实验、火灾物证分析实验、消防联动控制实验和消防应急通信模拟等。

二、中南大学广铁集团国家级工程实践教育中心

国家级工程实践教育中心是教育部“卓越工程师教育培养计划”重要的实践依托项目。2010 年中南大学与广州铁路(集团)公司(以下简称：广铁集团)联合申报国家工程实践教育中心。2011 年 7 月，教育部批准中南大学依托广铁集团建设国家工程实践教育中心，中南大学的土木工程学院、交通运输工程学院、机电工程学院、资源与安全工程学院是该中心重要的联合建设单位。中心由校企双方主要领导担任实践基地的负责人，成立专业实践教学委员会，以人才培养为目标，根据实际情况探索建立可持续发展的管理模式和运行机制，建立校外实践教学运行机制和学生管理、安全保障等规章制度，完成中心的企业导师管理、日常实践教学工作、校企协调工作等。

广铁集团国家工程实践教育中心的主要任务是利用集团真实工程环境和先进的工程实践条件的优势，在集团下属的株洲、衡阳、娄底、张家界、怀化工务段和广州工务大修段建设 6 个稳定的工程养护维修实训基地，在各项目公司建立 3 ~ 4 个流动的工程施工实训基地，为土木工程各专业方向(包括铁道工程、桥梁工程、隧道工程等)认识实习、生产实习和毕业设计提供现场教学平台、工程能力训练平台、工程技术开发平台、学生实践生活保障平台和优秀的企业导师资源库，为“卓越计划”专业人才培养创造优良的实践教学条件。

三、中南大学湖南建工集团国家级实践教育中心

2010 年中南大学与湖南省建筑工程集团总公司(以下简称：省建工集团)联合申报国家工程实践教学中心。2011 年 7 月，教育部批准中南大学依托省建工集团建设国家工程实践教学中心，土木工程学院是该中心主要的联合建设单位。中心由校企双方主要领导担任实践基地的负责人。以人才培养为目标，根据实际情况探索建立可持续发展的管理模式和运行机制，成立专业实践教学委员会，建立校外实践教学运行机制和学生管理、安全保障等规章制度，完成中心的企业导师管理、日常实践教学工作、校企协调工作等。

利用省建工集团真实工程环境和先进的工程实践条件的优势，为土木工程各专业方向(包括建筑结构工程、道路工程、桥梁工程等)认识实习、生产实习和毕业设计构建实践教学平台、工程能力训练平台、工程技术开发平台、生活保障平台以及企业导师资源库，为“卓越计划”专业人才培养创造优良的实践教学条件。

四、中南大学力学教学实验中心湖南省基础课示范实验室

(一)历史沿革

1. 原长沙铁道学院时期(1953—2000)

力学教学实验中心的前身包括原长沙铁道学院基础力学实验室、原长沙铁道学院水力学实验室和原中南大学工业大学力学中心。原长沙铁道学院基础力学实验室由理论力学实验室和材料力学实验室组成。材料力学实验室(教研室)成立于1953年。1977年实验室承担的“高墩混凝土温度场的研究”项目获国家科技进步奖;1989年研制成功的材料力学CAMM软件包通过湖南省教委组织的科技成果鉴定,是全国第一个正式通过省部级科技成果鉴定的计算机辅助教学软件;1991年材料力学教研室被评为湖南省优秀教研室,同年参加了国家教委工科力学课程指导委员会项目“材料力学训练型多媒体课件”的研制;1995年材料力学课程通过铁道部专家组的评估,被评为铁道部优秀课程,1996年主持了教育部面向21世纪高等教育计划“材料力学演示型课件”、铁道部面向21世纪高等教育计划“力学系列课程演示型课件”及国家“九五”重点科技攻关项目“工程力学训练型多媒体课件”的研制,同时参加了“九五”国家重点教材“材料力学训练型多媒体课件”的编写;1998年,力学实验室通过了湖南省教育委员会首批“双基”实验室合格评估,被授予“普通高等学校基础课教学示范合格实验室”称号。原长沙铁道学院水力学实验室重建于1997年5月,主要进行水力学测量类实验和演示类实验教学。

2. 中南大学成立以后(2000—2013)

在2002年,三校实质性融合,将原长沙铁道学院基础力学实验室、原长沙铁道学院水力学实验室和原中南工业大学力学中心合并组建中南大学力学教学实验中心。2002—2010年,力学教学实验中心的实验室分别处在铁道校区第一综合实验楼和校本部力学馆。2010年,新校区建成后,力学教学实验中心整体搬迁到新校区综合楼,实验环境和实验条件得到了极大改善。2002年7月力学教学中心被湖南省教育厅批准为“普通高等学校基础课教学示范实验室”建设单位。2003年7月力学教学实验中心顺利通过“湖南省基础课教学示范实验室”中期评估,2005年6月力学教学实验中心通过了湖南教育厅的评估验收,被评为“湖南省普通高等学校基础课教学示范实验室”。

(二)力学教学实验中心的现状

中南大学力学教学实验中心现有力学性能室、电测室、动测室、光测室、疲劳断裂室、数值模拟室、流体力学室7个分室和1个学生课外活动室;现有实验用房面积2674.4平方米,仪器设备615台套,总资产达到776.5万元;现有教学和管理人员30人,其中正高职称的教师8人,副高职称10人,专职实验技术员5人。

力学教学实验中心的指导思想是从满足国民经济建设和国防建设的人才需要出发，切实转变教学思想，树立科学的发展观、人才观、质量观。以力学课程教学改革为主线，以培养创新型人才和提高教学质量为目标，以研究性教学为核心，以师资队伍建设为保证，把力学教学实验中心建设成为工科力学教学改革示范基地。

力学教学实验中心的建设思路是以先进的教育理念和先进的实验教学观念为指导，以培养创新性高素质人才为目标，以巩固和发展"双基"成果、推进实验体系改革为前提，以实验教学内容、方法与手段的改革为核心，以资源共享为基础，以实验队伍建设和实验室管理为保障，创建具有明显特色和示范作用的力学教学实验中心，为培养适应新世纪国家经济建设和社会发展需要的创新性高素质人才提供条件保障。

力学教学实验中心的建设目标以培养高素质创新型人才为根本宗旨，全方位改革实验教学，构建"融业务培养与素质教育为一体，融知识传授与能力培养为一体，融教学与科研为一体"的实验教学新体系，实现教学内容科学化、教学方法与手段现代化，改善教学条件与环境，建设一支结构合理、素质优良、具有创新奉献精神和实践能力的实验师资队伍，全面提高实验教学质量，提升实验室整体水平和效益。

构建了"三系列、四层次"的实验课程新体系。系列一：面向中南大学开设"理论力学""材料力学"课程的土木、采矿类、机械类等专业，将"理论力学"和"材料力学"两门相关课程的实验内容相互贯通、相互融合，建立独立的与理论教学紧密配合、互为补充的"基础力学实验"课程，加强实验教学环节，提高学生实验技能，培养创新性高素质人才。"流体力学"课程因实验学时较少，不单独设置实验课，通过提高"三性"实验比例来达到高素质创新人才培养要求。系列二：面向中南大学开设"工程力学"课程的非土木、采矿类、非机械类等专业(地质、安全、矿物、冶金、材料、粉体、信息物理、热动、环境、消防、建环、工程管理等)，不单独设立实验课，按照各学科(专业)门类特点，增加一些既能满足不同专业人才培养的要求、又能满足工程技术开发和学科发展需要的"三性"特色实验项目。系列三：面向中南大学原来不开设力学课程的专业，如数学、物理、化学、化工、信息科学、文、法、商、艺术类等，开设全校性选修的力学系列素质课程如"分析力学基础""计算力学基础""振动力学基础""断裂力学基础""流体力学基础"等以及相关的工程力学认知性实验，提高其力学素质，初步培养他们应用力学知识和方法分析工程实际问题的能力。力学实验项目分为基本性、综合性、设计性、研究创新性实验四个层次，实现分层次教学，体现了循序渐进和因材施教的原则，有效地提高了学生的学习积极性和学习质量，加强了学生的创新意识和创新能力的培养。

力学教学实验中心的实验教学质量在改革和建设中稳步提高。近几年来，学校、学院(研究所)和学生三方面对力学教师的授课水平和质量进行综合评价，普遍反映优良。1 人被评为“湖南省教学名师”，2 人被评为“中南大学教学名师”、2 人被评为“全国力学教学优秀教师”、2 人被评为“湖南省教学能手”，多人获省部级、校级教学成果奖、十多人次获校级教学质量优秀奖。大批青年教师在教学实践中快速成长，很快成为力学课程的教学骨干。在中南大学青年教师教学竞赛活动中，力学实验中心有 5 名教师分别荣获中南大学“十佳课件”“十佳教案”“十佳讲课”，居全校之首。近几年，获“中南大学实验技术成果奖”二等奖 2 次，三等奖 1 次。同时，在近几年的全国周培源大学生力学竞赛和湖南省大学生力学竞赛中，取得了十分优异的成绩。

五、中南大学土木工程安全科学实验室

(一)基本情况

中南大学土木工程安全科学实验室组建于 2002 年，2004 年列入湖南省普通高等学校重点实验室建设计划，2007 年，该实验室主体部列入“高速铁路建造技术国家工程实验室”建设计划。当时它的组成包括结构实验室、岩土工程实验室、防灾减灾实验室、建筑材料实验室和土木工程检测中心 5 个专业实验室，总建筑面积约 17000 平方米，此外还有 3000 多平方米的研究与办公用房，试验设备总资产 2600 万元。

(二)主要特色

土木工程安全科学实验室以我校土木工程学院土木工程、交通运输工程两个一级学科国家重点学科为依托，有较好的科研与试验条件和雄厚的科研力量，5 年来，针对土木工程安全领域重大关键科学研究问题，凝练研究方向、组建学术团队形成了如下一批特色研究方向，其中有些研究方向在国内具有重要影响。

如列车脱轨分析理论与应用研究、桥梁车振、风振分析理论与应用研究、钢—混凝土组合桥梁设计理论与应用、桥梁结构空间分析与极限承载力、桥隧防灾减灾理论与健康监测、隧道结构分析理论与应用、岩土边坡稳定与新型支挡结构、特殊土路基处理及路桥过渡段动力特性、铁(道)路选线设计及规划的理论与方法、高性能混凝土技术及其在铁(道)路工程中的应用、地基基础动力特性和沉降控制技术等。

(三)建设成果

根据 2004 年 7 月报湖南省教育厅的《建设计划任务书》，土木工程安全科学湖南省普通高等学校重点实验室的建设内容主要包括：

建成国际先进、国内一流“铁道安全科学与工程”的“国际学术交流中心”“人才培养基地”“标志性成果的孵化器”。改善试验条件，增加研究手段，建设 10 个

实验系统，超大吨位桥梁结构静力试验系统、列车—桥梁(轨道)脱轨数值模拟实验系统、铁路工程信息技术与防灾技术综合系统、轨道—路基一体化实验系统、多功能三平台地震振动台实验系统、高温数据采集系统、工程结构风工程数值仿真系统、地质灾害模拟实验系统、重大土木工程在线综合监测系统、混凝土结构耐久性实验研究系统。

六、广铁集团娄底地质实习湖南省优秀基地

中南大学土木工程地质野外实习基地在娄底市，娄底地处湖南省中部，素以“梅山文化”著称，以其独特的地理地质条件孕育了一个天然地质博物馆。区域内纵横贯穿了湘黔线、洛湛线、娄邵线、益娄线、邵永线等铁路主干线。广州铁路集团娄底工务段，就肩负着这近700千米主干线路的养护维修任务，承担严重影响铁路安全运行的地质灾害的治理和抢险任务。

1958年，中南土木建筑学院教师带领铁道建筑系55级、56级和刚入学的58级300多名学生参与了娄邵线的勘测、设计等工作，极大地锻炼了师生员工的工程实践能力，并获取了对教学十分有益且珍贵的多种地质灾害处治技术第一手资料。在娄邵线通车运营后的数十年间，学院师生多次参加铁路地质灾害治理与抢险工作，有些地段路基进行了多次治理加固，甚至有的路段因滑坡等地质灾害而改线。

频发的地质灾害对铁路建设与营运是严重的安全隐患，也是难得的工程地质教学案例。因此，1975年土木工程学院正式将娄底工务段作为永久的“工程地质”课程实习基地。在近半个世纪历程中，学校和专业虽经历多次调整与合并等变迁，但在娄底工务段的工程地质野外实习从没间断，每年都完成一届学生的地质实习任务。1996年与娄底工务段进一步签订合作协议，2005年举行了挂牌仪式。2007年8月，被湖南省教育厅授予湖南省普通高等学校优秀实习基地。2010年7月，教育部批准中南大学和广铁集团共同建设国家级工程实践教学中心，娄底工务段作为广铁集团的下属企业，上升为国家级工程实践教学中心的重点建设平台，该平台除了具有真实、生动的工程环境，还为实习学生提供优秀的企业导师资源。根据不同专业实习要求，学生地质实习时间为2～4周。

该基地面向土木工程(桥梁、隧道、建筑工程)、道路与铁道工程、工程管理、工程力学等专业，工程地质实习的主要内容为：

(1)基础地质：强调野外地质实习基本技能训练，要求学生熟练掌握用地质罗盘仪测定岩层产状方法，并能识别野外常见岩矿与地质构造，了解河流地质作用与河谷地貌。

(2)工程地质：重点选择与铁路、公路工程关系密切的路线，强调地质灾害成因与防治措施相关关系，剖析地质灾害治理措施合理性，培养学生工程创新意

识。具体实习路线除辖区内铁路线外，还补充有周边多条省道和国道公路。

第三节　创新团队

一、高速铁路工程结构服役安全教育部创新团队

“高速铁路工程结构服役安全”创新团队于 2012 年入选教育部“创新团队发展计划”（批准号：IRT1296；起止年月：2013 年 1 月至 2015 年 12 月）。团队带头人为赵衍刚，研究骨干有余志武、蒋丽忠、谢友均、郭向荣、卫军、柏宇、龙广成和丁发兴，团队成员包括周朝阳、邓德华、何旭辉、罗小勇、卢朝辉、曾志平、龚永智、周凌宇、匡亚川、国巍、宋力和郭风琪等人。团队所在研究基地为高速铁路建造技术国家工程实验室。

创新团队的发展主要经历了三个阶段：起步阶段（1993—1997）：本团队始于 1993 年成立的原长沙铁道学院结构工程研究中心与土木工程材料研究所，围绕我国铁路提升工程建设的重大需求，在高性能混凝土材料和预应力混凝土结构等方面开展了有特色的研究工作；发展阶段（1998—2007）：围绕铁路既有线路提速和我国客运专线建设发展的重大需求，紧密结合铁路工程建设和服役安全所涉及的关键科学理论和技术难题开展攻关研究；提升阶段（2008—　）：围绕货运重载和客运高速的重大需求，通过开展国内国际合作研究，引进和培养高层次人才，进一步提升了团队的研究实力和学术地位，强化了团队在高性能混凝土材料、桥梁结构动力学、混凝土结构耐久性和结构可靠性等研究领域的研究特色。

在建设期内，创新团队针对高速铁路工程结构建设与安全运营的重大需求，基于多年的研究基础，选择高速铁路工程结构为主攻方向深入系统地开展高速铁路工程结构服役安全研究，具体包括高速铁路工程结构经时行为、高速铁路工程结构动力学和高速铁路工程结构服役状态评估与性能提升技术。创新团队发展目标：建立高速铁路工程结构经时行为和高速铁路工程结构动力学分析理论，提出基于时变可靠度的高速铁路工程结构服役安全设计方法和性能提升成套技术，提升高速列车平稳安全运行品质，提高我国在高速铁路工程结构建造与维护技术的国际竞争力；成为我国高速铁路工程结构服役安全研究和工程应用的优秀人才培养基地，并在未来力争成功入选国家自然科学基金委创新群体。

二、高速列车—桥梁（线路）振动分析与应用湖南省创新团队

“高速列车—桥梁（线路）振动分析与应用创新团队于 2010 年入选湖南省第二批“湖南省高校科技创新团队”（湘教通［2010］53 号），团队带头人为任伟新，研究骨干有郭文华、郭向荣、向俊、黄方林、蒋丽忠，团队成员包括戴公连、杨小

礼、谢友均、杨孟刚、何旭辉和周智辉等。

该团队针对高速列车—桥梁振动突出技术问题进行深入系统的研究，研究包括基础研究和应用研究两个方面。

基础研究包括：高速列车脱轨机理及脱轨分析理论研究；高速铁路桥梁环境致振机理与损伤识别方法研究；高速列车—桥梁(轨道)—路基系统动力学研究；大跨度预应力混凝土桥梁高速行车适应性研究；大风环境下高速行车舒适性和行车安全保障系统研究。

应用研究包括：制订预防高速列车脱轨的线路标准；制订预防高速列车脱轨的桥梁横向刚度限值；研制高速列车脱轨预警系统。

三、院级创新团队简介

(一)车线桥时变系统振动控制研究

由曾庆元院士领衔的土木工程学院创新团队，其主要成员有向俊教授、周智辉副教授、郭向荣教授、郭文华教授、娄平教授、李东平教授、文颖副教授等。该团队创立了一套崭新的列车脱轨分析理论。自2006年这套理论问世后，已获得广泛应用：

(1)解决了南京长江铁路大桥128米简支梁、通辽线烟囱沟32米钢筋混凝土桥及东沟24米砼梁等7座桥梁横向振幅较大能否安全正常行车问题，避免了桥梁加固和换梁；据沈阳、上海铁路局估算，获得经济效益8500万元。

(2)提出了预防脱轨的桥梁横向刚度限值的分析方法及提速线上上承钢板梁桥和下承连续钢桁梁桥预防脱轨的横向刚度限值——容许宽跨比。

(3)提出了预防脱轨的桥梁横向振幅行车安全限值及桥梁临界墩高的计算方法，算出了提速线预应力砼T形梁桥的横向振幅行车安全限值$L/4500$。

(4)论证了《铁路桥梁检定规范》(2004年版)规定的桥梁横向振幅行车安全限值及横向自振频率行车安全限值分别为按预防脱轨的桥梁横向振幅行车安全限值计算方法算出限值的1/2倍和2倍左右，严重限制了桥梁运能的发挥。

(5)提出了桥上列车脱轨控制的分析方法及桥梁抗脱轨安全度的计算式，完成了5座客运专线特大桥梁列车脱轨控制分析，成果被大桥工程局和铁四院采用。

(6)分析了长春至图们干线上33117次货物列车重大脱轨事故的原因为列车—轨道系统横向振动失稳，被铁道部安检司采用。

(7)首次计算了高速列车在无砟轨道上运行时的抗脱轨安全度；提出了无砟轨道刚度的设计建议值。

(8)考虑空气动力作用，基于空气动力学理论，提出了强风作用下列车脱轨能量随机分析方法及列车倾覆分析理论，经国内外8例风载下客、货列车脱轨、倾覆事故检验，证明上述方法和理论正确可行。

(9)提出了系统运动稳定性分析的位移变分法，解决了经典运动稳定性理论不能解决的许多问题，丰富和发展了运动稳定性理论。

(10)计算了九江长江大桥在140千米/小时车速以下列车走行安全性、平稳性和舒适性，认为实测报告70千米/小时货车脱轨系数超标要限速60千米/小时的意见不必考虑。

课题组发表论文100余篇，SCI收录40余篇，EI收录60余篇，ISTP收录30余篇，出版了世界上首部《列车脱轨分析理论与应用》专著。

（二）桥梁健康监测与极限承载力

团队带头人：任伟新教授、戴公连教授；团队顾问：曾庆元院士；团队成员：文雨松、李德建、盛兴旺、郭向荣、郭文华、何旭辉、欧阳震宇、乔建东、胡狄、于向东、杨孟刚、方淑君、唐冕、周智辉、宋旭明、杨剑、黄天立、文颖、魏标、李玲瑶。

自20世纪70年代以来，在老一代学者曾庆元院士的带领下，致力于桥梁空间稳定与振动研究，逐渐形成了以任伟新教授、戴公连教授为首的新一代研究团队，2009年成立桥梁健康监测与极限承载力创新团队。目前该团队总人数22人，其中高级职称20人，中级职称2人，博士后、博士生和硕士生30多人，团队年龄结构、学缘结构、职称结构和学历结构合理，在桥梁健康监测与极限承载力基础理论和工程应用领域已形成了具有明显特色和优势的研究方向。

本创新团队自成立以来主持国家自然科学基金面上及青年项目10项，铁道部课题、湖南省交通科技计划项目、教育部博士点基金、博士后基金等项目多项。在桥梁健康监测与极限承载力基础理论和工程应用等领域取得了一系列创新成果。研发了大型复杂结构系统工作模态识别软件MACES并在美国Roebling悬索桥、福建青州闵江斜拉桥等十余座桥梁中应用，研究成果处于国际领先地位，其中“结构工作模态参数与损伤识别方法”获2010年湖南省科技进步二等奖(自然类)；继承和发扬了大跨度斜拉桥桥梁结构局部与整体相关屈曲极限承载力分析理论，研发了一套桥梁结构空间分析设计程序并在我国60余座桥梁建设中得到应用，主持完成了国内最大规模的自锚式悬索桥长沙三汊矶湘江大桥设计、节段模型和整体模型试验。

以本创新团队主要研究人员组建的“高速列车—桥梁(线路)振动分析与应用”团队入选2010年湖南省创新团队。团队自组建以来，努力加强团队人才队伍建设，引进1名“升华学者”特聘教授，团队成员中1人晋升教授、6人晋升副教授、1人获得“教育部新世纪优秀人才计划”资助。今后，创新团队将采取奖励与督促相结合的措施，充分调动团队成员的积极性，在原有社会服务优势的基础上，进一步加强基础教学和科研创新等方面的工作，争取在三年内更进一步提升本团队在教学、科研、社会服务等多方面在国内外的影响和知名度。

(三)隧道工程基础理论与安全技术研究

本创新团队带头人为彭立敏教授，团队学术骨干有阳军生教授、傅鹤林教授，团队主要成员：张运良、王薇、施成华、杨秀竹、周中、张学民、伍毅敏等副教授，并依托土木工程学院隧道工程系组建。已形成以教授为核心，具有博士学位的青年教师为骨干的稳定研究团队。

研究团队在前期发展的基础上，针对高速与重载铁路、公路和城市地铁等隧道工程建设与运营中亟待解决的关键科学技术问题，结合本学科的实际条件，加强特色，凝练研究方向，建成一个以应用基础创新性研究为主的研究团队，在复杂地质条件下隧道设计与施工关键技术研究、隧道工程动力分析理论与方法、多场耦合环境下隧道与岩土工程安全性研究、隧道灾害防治技术与风险评估、隧道与地下工程围岩加固与防治水技术、城市隧道施工环境影响预测与控制技术、既有隧道病害整治综合技术研究等领域具有明显特色和优势。

提出的高速铁路隧道底部结构基于长期变形的设计方法、构建的不同施工方法下隧道结构及围岩的稳定性评价体系，研发的能适应复杂多变地质环境大断面隧道快速施工的关键技术、建立的控制城市隧道地层变形的工程控制措施与隧道施工环境影响综合评价方法、“一种寒区隧道缝衬背双源供热防冻方法”发明专利等研究成果已在武广客运专线浏阳河隧道、广深港铁路狮子洋隧道、湖南省邵阳至怀化高速公路雪峰山隧道、长沙湘江营盘路水下隧道、广州地铁、深圳地铁、山西省广灵至浑源高速公路鸿福隧道等工程的设计与施工中得到了应用，取得了重大经济和社会效益。

自团队组建以来，努力加强人才队伍建设，引进1名获得国际知名大学博士学位的青年学者，同时团队成员中3人晋升副教授、1人获得“教育部新世纪优秀人才计划”资助。共承担各类纵、横向科研课题80多项，总经费超过5000万元，其中主持973课题1项，国家自然科学基金重点(联合)基金2项，国家支撑计划子课题1项，面上和青年基金项目10多项，湖南省自然科学基金项目2项，其他省部级科研课题20多项，横向科研课题40多项，在国内外核心期刊上发表论文200多篇，其中SCI检索10多篇、EI、ISTP检索100多篇，出版专著、教材10多部，获得国家授权专利10余项，研发具有著作权的计算机软件10多项；获省级科技进步一等奖3项，二等奖3项，三等奖4项。培养博士研究生10多名、硕士研究生100多名，获得中南大学优秀博士论文1篇、湖南省优秀硕士论文2篇。

(四)线路工程设计理论与方法科技

创新团队带头人：蒲浩教授；团队成员：吴小萍、蒋红斐、王卫东、缪鹍、徐庆元、曾志平、张向民、陈宪麦。

本团队主要研究方向为“铁路选线与轨道的设计理论与方法”，始创于20世纪80年代初，由选线专家詹振炎教授和轨道专家陈秀方教授创建，在数字选线和轨道结构领域，多项成果居于国内领先水平。2009年申请获批为中南大学土木建筑学院创新团队。目前该团队具有高级职称8人，均具有博士学历，团队年龄结构、学缘结构、职称结构和学历结构合理，在铁路数字化、智能化、绿色选线及轨道动力学领域已形成了具有明显特色和优势的研究方向。

本创新团队自2009年成立以来主持国家863项目子课题2项，国家自然科学基金8项，省部级科研课题15项，其他横向课题30余项。在铁路数字选线、轨道动力学等领域取得了一系列创新成果，其中2项成果通过了省部级鉴定“达到了国际先进水平，部分成果达到了国际领先水平”，研发了面向铁路各设计阶段及各设计内容的全阶段数字化选线系统，已在国内80%以上的铁路勘察设计单位推广应用，成为国内目前推广应用最广，功能最齐全，行业认可度最高的软件系统，获省部级一等奖1项，二等奖4项(主持)，三等奖1项，软件著作权12项，实用新型专利3项。

(五)道路工程系科技创新团队

路基与地质灾害防治创新团队带头人为李亮教授，团队主要学术骨干为徐林荣教授和道路系的年轻教师，并依托道路与铁道工程国家重点学科组建。

自团队成立以来共承担纵横向课题43项，总经费达1800余万元，其中分项主持国家863计划1项，主持国家自然科学基金14项、省部级课题38项。在路基与地质灾害防治领域取得了一系列创新成果，研究成果已在湖南、湖北、广东、广西、贵州和四川等省的19个高速公路项目中推广应用，节省了建设资金6亿元，取得显著社会、经济与环保效益；其中“山区复杂地段公路边坡关键技术及推广应用研究”于2010年获湖南省科技进步一等奖。

团队组建期间，共引进人才8名，其中5人晋升为副教授、1人获得中南大学升华育英计划、2人公派出国交流与访问；在国内外重要期刊发表学术论文150余篇，其中SCI收录32篇，EI收录76篇；培养博士研究生10名、硕士研究生60名，获全国优秀博士论文提名奖1人、湖南省优秀博士论文奖3人、湖南省优秀硕士论文奖2人；公派出国及联合培养共派出博士生7人次。

(六)快速交通岩土工程关键理论与技术

本创新团队负责人：冷伍明；团队顾问：刘宝琛院士；组团时的团队成员有：王永和，方理刚，张家生，魏丽敏，刘庆潭，金亮星，乔世范，阮波，陈晓斌，何群，王晅，雷金山，赵春彦，郑国勇。后陆续有盛岱超，张升，聂如松，杨奇等加入。目前该团队总人数达20多人，其中高级职称13人，中级职称5人，博士后、博士生和硕士生20多人，团队年龄结构、学缘结构、职称结构和学历结构合理，在地基基础和路基工程领域已形成了具有明显特色和优势的研究方向。

在近5年的建设中，结合国家高速铁路、公路建设的重大需要和亟待解决的关键理论和技术问题，针对快速交通领域岩土力学基本理论不够完善问题、岩土工程与环境问题、路基和过渡段动力学问题、非饱和土力学问题、重大工程地基基础计算和检测技术问题等，依靠团队的整体力量，开展深入研究，取得了一些重要成果：近5年，获省部级科技进步一等奖2项(其中1项单位和个人排名均为第一)、二等奖1项；新增973项目2项(课题主持)、863项目子题2项(主持)、国家自然科学基金项目5项和省部重大课题10多项，累积科研经费超4000万；发表高水平论文100多篇(其中有一篇影响因子超过5)；引进国家"千人计划"特聘教授1人、国外获博士学位人才1人和其他重点大学博士毕业人才5人。

(七)特殊土路(地)基加固处理技术

"特殊土路(地)基加固处理"创新团队带头人为王星华教授，团队的主要研究骨干为张国祥教授、杨果林教授、肖武权副教授等，并依托学院岩土工程系而组建。

团队自组建以来，紧扣国家重大交通基础设施如高速铁路、客运专线和高速公路等工程建设中的重大需求，瞄准本领域国际学术前沿，重点针对特殊土路(地)基、地下工程防治水等领域中的关键科学问题，系统深入地开展多年冻土、季节性冻土、饱和软土、岩溶地层的路(地)基承载能力与沉降以及地下工程防治水的应用基础理论研究，完善特殊土路(地)基加固处理与地下工程防治水技术的理论体系，解决重大工程中特殊土路(地)基、地下工程防治水等工程技术领域存在的关键技术难题。

近5年来，团队取得了一系列研究成果，初步形成了高速铁路特殊土路基(多年冻土、季节性冻土、膨胀土、红砂岩等)加固处理与地下工程地下水防治的设计与应用的技术体系，特别是团队研发了具有完全自主知识产权的"隧道工程有压地下水控制与防治的成套技术"，并在精伊霍铁路、宜万铁路、向蒲铁路、青岛胶州湾海底隧道、长沙营盘路湘江隧道、雅泸高速、达陕高速、巴达高速8项国家重点工程中，为我国隧道钻爆法施工提供了相应的技术支撑，并在工程实施过程中作出了突出贡献。

自2009年本团队组建以来，努力加强团队人才队伍建设，引进1名获得国内知名大学博士学位的青年学者。团队共承担纵横向科研课题30余项，总经费达2000余万元，其中主持国家863计划课题1项、主持国家自然科学基金2项、铁道部重点科技计划项目2项、一般项目7项；获得省部级科技奖励7项；在国内外重要期刊发表学术论文185篇，其中SCI/EI收录论文80余篇；出版学术专著6部；获得国家授权发明专利4项；毕业博士研究生16名、硕士研究生37名、外国留学硕士生1人、博士后3人，国内访问学者1人，获得中南大学优秀博士论文2篇。

（八）工程结构性能设计与全寿命设计

“工程结构的性能设计与全寿命设计研究及应用”创新团队由卫军教授牵头，李显方、周朝阳、罗小勇、杨建军等教授为核心，董荣珍、刘小洁、贺学军、刘澍、蔡勇、匡亚川、宋力、刘晓春等年轻博士（副教授）为骨干，于2009年由学院建筑工程系、工程力学系、土木工程材料研究所的部分教师形成和组建。本团队由结构工程、工程力学和材料科学等多学科研究人员交叉融合，依托“高速铁路建造技术国家工程实验室”研究平台，主要在工程结构耐久性理论研究与工程应用，新型建筑结构体系设计理论及应用以及既有工程结构可靠性评估与加固技术等研究领域展开工作。

自组建以来，本团队通过统一支配，整合现有资源，充分发挥学科交叉以及团队优势，逐渐成为一支人员层次和研究水平高、国内外学术影响大、年龄结构和知识层次合理的研究队伍。本团队关注青年教师的科研能力培养，组织青年教师参加国际国内学术交流情况，组织科研创新座谈，提高青年教师创新意识，使得团队研究水平不断提升，逐步达到国内领先水平。本团队作为“高速铁路工程结构服役安全”的主要组成部分，成功地参加了教育部创新团队的申请并获得成功。

团队自成立以来，在混凝土结构耐久性、抗震加固结构耐久性及工程结构服役性能检测与评估等方面取得了一系列研究进展。团队成员主持国家自然科学基金面上项目7项（其中：2名青年教师获得面上项目、3名青年教师获得青年基金项目），承担国家863项目子课题1项和铁道部重大科技计划项目子课题1项，参加铁道部重大科技计划项目多项。获湖南省发明二等奖1项（周朝阳，2009）、湖南省科技进步奖三等奖1项（杨建军，2011）。共发表学术论文100余篇，其中SCI收录20余篇，EI收录50余篇。申请发明专利9项，获得授权5项。获得软件著作权3项。共有4名博士研究生毕业并获得学位，培养毕业硕士研究生80余名，获得湖南省优秀博士论文3篇，获茅以升铁路教育专项奖——教学奖1项。

（九）现代工程结构设计理论及应用

团队带头人：蒋丽忠教授；团队顾问：余志武教授；团队成员：丁发兴、喻泽红、李铀、陆铁坚、阎奇武、王海波、周凌宇、周期石、蔡勇、朱志辉、龚永智、匡亚川、国巍、李常青。

1995年以来，余志武教授致力于钢—混凝土组合结构理论与应用的研究，以余志武、蒋丽忠教授为首的中青年教师创立了结构与市政工程研究与发展中心，于2009年成立现代工程结构设计理论及应用创新团队。目前该团队总人数达50多人，其中高级职称14人，中级职称2人，博士后、博士生和硕士生30多人，团队年龄结构、学缘结构、职称结构和学历结构合理，在新型组合结构体系和工程结构动力学及防灾减灾领域已形成了具有明显特色和优势的研究方向。

本创新团队自成立以来主持国家863计划1项，国家科技支撑计划1项，国家自然科学基金重点项目1项，国家自然科学基金面上及青年项目10多项。在钢—混凝土组合结构设计理论与应用和工程结构动力学及防灾减灾等领域取得了一系列创新成果，研究成果在长沙市锦绣华天大厦、钦州市文化艺术中心、湘雅医院内科病栋、岳阳市琵琶王立交桥、长沙市环线芙蓉路立交桥、三峡永久船闸临时施工桥等十多个工程项目中推广应用，社会经济综合效益超2亿元。其中“GBF蜂巢芯集成技术及其在现浇混凝土双向空腹密肋楼盖中的应用”于2010年获湖南省技术发明一等奖，“混凝土桥梁服役性能与剩余寿命评估方法及应用”于2011年获国家科学技术进步奖二等奖，“钢—混凝土组合结构抗震及稳定性的研究与应用”于2011年获湖南省科技进步一等奖，“新型自密实混凝土设计与制备技术及应用”于2013年获国家技术发明二等奖。

以余志武教授和蒋丽忠教授为主要研究带头人组建的“高速铁路工程结构服役安全”团队获2012年教育部创新团队计划支持。团队在已有的基础上将进一步建设成为一支以在国内外有一定学术影响的高层次人才为学术带头人、以教授、博士等高水平人才为学术骨干、年龄结构和学缘结构更加合理的研究团队，逐步提升本团队在教学、科研、社会服务等多方面在国内外的影响和知名度。

(十)先进水泥基材料工程行为理论

“先进水泥基材料工程行为理论”创新团队带头人为谢友均教授，团队主要学术骨干为邓德华教授和龙广成教授，并依托学院土木工程材料研究所而组建。同时本团队亦是“高速铁路工程结构服役安全”教育部创新团队的重要组成部分。

团队自组建以来，紧扣国家重大交通基础设施如高速铁路、客运专线和高速公路等工程建设中的重大需求，瞄准本领域国际学术前沿，重点针对高性能混凝土、水泥乳化沥青砂浆、结构修补等水泥基材料，凝练先进水泥基材料的设计、制备及其应用技术领域中的关键科学问题，系统深入地开展先进水泥基材料工程行为的应用基础理论研究，完善先进水泥基材料的性能设计、制备与应用技术的理论体系，解决重大工程结构中先进水泥基材料制备工艺、应用技术及其服役寿命设计等工程技术领域存在的关键技术难题。

近5年来，团队取得了一系列研究成果，初步形成了高速铁路关键工程结构水泥基材料(蒸养混凝土、连续浇筑抗裂混凝土、耐蚀混凝土、水泥乳化沥青砂浆等)设计、制备及其应用的技术体系，特别是本团队研发了具有完全自主知识产权的三种型号的水泥乳化沥青砂浆，并在京沪、京广、沪昆、哈大等13条高速铁路和铁路客运专线规模化工程应用2200余千米，提出了自密实混凝土的骨料间距模型及其配合比设计新方法，揭示了蒸养混凝土的热损伤效应并提出了改善其性能的技术措施。本团队取得的研究成果及其推广应用，为我国高速铁路工程建设提供了相应的技术支撑，并在工程实施过程中作出了突出贡献。

自 2009 年本团队组建以来，努力加强团队人才队伍建设，引进 2 名获得国际知名大学博士学位的青年学者，同时团队成员中 1 人晋升教授、2 人晋升副教授、1 人获得教育部新世纪优秀人才计划资助。团队共承担纵横向科研课题 50 余项，总经费达 5000 余万元，其中主持国家 973 计划课题 1 项、参加 863 计划课题 1 项、主持国家自然科学基金 9 项、铁道部重大和重点科技计划项目 3 项；获得国家及省部级科技奖励 8 项；在国内外重要期刊发表学术论文 100 余篇，其中 SCI/EI 收录论文 70 余篇；出版学术专著 2 部；获得国家授权发明专利 6 项；培养博士研究生 10 名、硕士研究生 60 名，获得湖南省优秀博士论文 2 篇、中南大学优秀博士论文 1 篇、湖南省优秀硕士论文 2 篇。

（十一）现代工程管理理论及应用

团队带头人：王孟钧教授；团队顾问：孙永福院士；团队成员：张飞涟、宇德明、郭乃正、周庆柱、黄建陵、傅纯、郭峰、王青娥、陈辉华、陈汉利、张彦春和刘伟。

该团队以中南大学土木工程学院工程管理系、中南大学工程管理研究中心和中南大学—普华项目管理实验室为依托，形成了 3 个具有明显特色和优势的研究方向：建筑战略与创新管理、工程经济与评价、工程安全与风险管理。

团队自组建以来，紧扣国家重大交通基础设施如高速铁路、客运专线和高速公路等工程建设中的重大需求，瞄准本领域国际学术前沿和工程建设重大需求，重点针对中国工程管理现状与发展关键问题、中国铁路建设工程管理关键问题、铁路工程项目管理理论、基于产学研一体化的高速铁路科技创新平台建设、大型建筑企业投资建设一体化管理技术、建筑市场信用机理与制度建设、建筑市场信用系统演进机理与机制设计、政府重大城建项目管理模式、城镇市政设施投资项目后评价方法与参数、铁路工程造价标准体系、高速铁路铺架工程质量信誉评价及质量控制技术、客运专线基础设施综合维修体系构建及运行评价系统、政府投资项目决策模型与评价方法、隧道工程地层风险、高速公路施工安全分区管理、高速铁路质量管理体系与风险控制技术、中国土木工程安全风险法规体系、重大工程建设经验总结等开展前沿性研究，先后承担省部级以上科研项目 10 余项，横向科研项目 20 余项，科研经费 1000 多万元，取得了重要成果。如“BOT 项目运作与建设管理模式研究”获 2008 年度中国铁路工程总公司科学技术奖二等奖，“铁路建设项目后评价理论与应用”获中国铁道学会科学技术二等奖，国家社科基金“城镇市政设施投资项目后评价方法与参数”2009 年一次通过国家哲学社会科学办验收，评价为良好，“公路工程建设执行控制成套技术研究与应用”获 2009 年度中国公路学会科学技术奖一等奖，“重大建设项目执行控制体系及技术创新管理平台研究”获 2010 年湖南省科技进步一等奖，“高速公路施工安全分区精细管理技术”2011 年通过湖南省交通厅组织的科技成果鉴定，评价为良好。发表高水平学术论文 50 多篇，出版专著十多部。

本团队取得的研究成果及其推广应用，为我国高速铁路、高速公路工程建设提供了相应的技术支撑，并在工程实施过程中作出了突出贡献，取得了显著的经济、社会和环境效益。本团队已成为国家和区域创新体系中知识创新体系的重要组成部分。

第四章　人才培养

第一节　本(专)科生培养

一、专业建设与发展概况

中南大学土木类各专业源自于1953年10月成立的中南土木建筑学院铁道建筑专业、桥梁与隧道专业2个四年制本科和工业与民用建筑、铁道选线设计、桥梁结构专业3个专修科以及桥梁、隧道2个专门化专业(二年制)。当时在教学体制方面，学习前苏联先进经验，分设专业培养专门人才。1955年本科学制由四年制改为五年制，除本科外，另设有二年制专修科。

1960年9月长沙铁道学院成立时，设置的相应专业有铁道建筑、铁道桥梁与隧道、工业与民用建筑、工程力学4个，除工程力学专业学制为四年外，其他专业学制均为五年。铁道桥梁与隧道专业从四年级起分为铁道桥梁专门化、隧道及地下铁道专门化。1961年10月，为贯彻《高等学校暂行工作条例》(即《高教60条》)，调整学校规模，仅保留了基础较好的2个专业：即铁道建筑和桥梁与隧道，学制仍为五年，工业与民用建筑、工程力学2个专业停办。

1966年6月"文化大革命"开始后，停止招收新生。1970—1976年，将铁道工程、铁道桥梁与隧道专业合并为铁道工程专业，招收学制三年的工农兵学员。期间于1976年还招收过一届(1个班)工业与民用建筑专业的工农兵学员。

1977年恢复全国统一高考制度，恢复招收铁道工程专业四年制本科生。1978年开始招收工业与民用建筑专业四年制本科生。

1984年，应铁道部大桥局等单位的要求，接受委托在铁道工程专业内培养桥梁四年制本科生。1985增设铁道工程和建筑管理2个专科专业。1987年，铁道工程专业被批准为铁道部重点专业，1988年9月，建筑管理工程本科专业正式开始招生。1989年，桥梁工程本科专业恢复招生。

1994年工业与民用建筑专业改称建筑工程专业，建筑管理专业改称管理工程专业。1995年，按照国家新的专业目录要求，铁道工程、桥梁工程专业合并更名为交通土建工程专业；增设建筑学专业(五年制)。同年，交通土建专业被批准为湖南省第一批重点建设专业。

1997 年 3 月交通土建专业和建筑工程专业合并，称土木工程专业(下设桥梁工程、建筑工程、道路与铁道工程、隧道及地下结构工程 4 个专业方向，1998 年开始正式实行)，另还有管理工程、建筑学 2 个本科专业。

2000 年 4 月，长沙铁道学院与中南工业大学、湖南医科大学合并组建中南大学。同年，土木建筑学院增设工程力学专业；2002 年 5 月中南工业大学的土木工程、城市规划专业和长沙铁道学院的建筑环境与设备工程专业并入土木建筑学院。至此，土木建筑学院设置有：土木工程、工程管理、建筑学、城市规划、工程力学、建筑环境与设备工程 6 个本科专业。

2004 年，增设消防工程本科专业，招收第一届本科生。2005 年 9 月，建筑环境与设备工程专业划归能源与环境工程学院。土木工程学科成立特色教育本科班"詹天佑班"("茅以升班")。2007 年 12 月，土木工程专业被批准为国家"第一类特色专业建设点"。

2008 年 9 月，学校开始在新一届学生中全面实施按大类培养方案，即第 1 学年按土建类(分土木类和建筑类)培养，第 2 年起再分专业培养。

2009 年 9 月，开办第一届"3 +1"土木工程高级工程人才(卓越工程师)试验班，为全校首批 7 个专业之一。

2010 年 9 月 26 日，建筑与城市规划系与艺术学院合并组建中南大学建筑与艺术学院，建筑学和城市规划专业划归建筑与艺术学院。至此，土木工程学院有土木工程、工程管理、工程力学和消防工程 4 个本科专业。

2011 年，土木工程专业被教育部和财政部联合批准为全国专业综合改革试点专业。

中南大学土木工程学院专业沿革参见图 1.1。

二、培养方案

60 年来，随着社会人才需求变化和科技进步，中南大学土木工程学院各学科在不同历史时期有不同人才培养目标、培养要求和课程学时分配。以下是 2012 年版各专业人才培养方案。

(一)土木工程

1. 培养目标

为土木工程行业培养实用型、复合型、创新型的技术和管理骨干人才。毕业生应具有良好的人文科学素养，扎实的自然科学基础与土木工程专业基础，掌握土木工程专业知识和规范，了解土木工程学科的前沿发展现状和趋势，具有较强的工程实践能力、社会适应能力、创新创业能力和终身学习能力以及比较广阔的国际视野。

本专业毕业生可在道路与铁道工程、桥梁与隧道工程、建筑结构工程等领域，从事工程项目的规划、设计、施工、管理等工作，也可在相应领域从事科学研究。

2. 培养要求

(1)具有坚实的自然科学基本理论知识，并了解当代科技发展的主要方向和应用前景，具有良好的人文和社会科学知识和素养。

(2)掌握坚实的土木工程科学与技术基础理论知识，包括工程测量、工程制图、电工学、计算机应用基础等。

(3)掌握土木工程项目的规划、勘测、设计、施工、养护维修等方面的专业知识，并在某一方向初步具备一定的科学研究和应用开发能力。

(4)具备一定的工程项目组织和管理能力。

(5)掌握综合应用现代科技手段获取与处理信息的能力，并掌握现代计算机和信息技术在土木工程中的应用。

(6)深入了解土木工程专业的行业技术标准与规范。

(7)熟练掌握一门外国语，能运用外语进行专业沟通与交流。

3. 课程学时学分分配

表 4.1.1　土木工程专业课程学时学分分配表

<table>
<tr><th colspan="3" rowspan="2">课程模块类别</th><th colspan="2">必修课</th><th colspan="2">选修课</th><th colspan="2">合计</th><th rowspan="2">学分比例/%</th></tr>
<tr><th>学分</th><th>学时</th><th>学分</th><th>学时</th><th>学分</th><th>学时</th></tr>
<tr><td rowspan="2">通识教育</td><td colspan="2">理论教学</td><td>39</td><td>686</td><td>8</td><td>128</td><td>47</td><td>814</td><td>24.2</td></tr>
<tr><td colspan="2">实践环节</td><td>4.5</td><td>7 周</td><td></td><td></td><td>4.5</td><td>7 周</td><td>2.3</td></tr>
<tr><td rowspan="2">学科教育</td><td colspan="2">理论教学</td><td>65.5</td><td>1056</td><td>7.5</td><td>120</td><td>73</td><td>1176</td><td>37.5</td></tr>
<tr><td colspan="2">实践环节</td><td>12</td><td>12 周</td><td></td><td></td><td>12</td><td>12 周</td><td>6.2</td></tr>
<tr><td rowspan="3">专业教育</td><td rowspan="2">理论教学</td><td>专业核心类</td><td></td><td></td><td>8</td><td>128</td><td>8</td><td>128</td><td>4.1</td></tr>
<tr><td>专业类</td><td>1</td><td>16</td><td>16</td><td>256</td><td>17</td><td>272</td><td>8.7</td></tr>
<tr><td colspan="2">实践环节</td><td>23</td><td>23 周</td><td>2</td><td>2 周</td><td>25</td><td>25 周</td><td>12.9</td></tr>
<tr><td>个性培养</td><td colspan="2">课外研学</td><td></td><td></td><td>8</td><td></td><td>8</td><td></td><td>4.1</td></tr>
<tr><td colspan="3">总计</td><td>145</td><td>1758 +42 周</td><td>49.5</td><td>632</td><td>194.5</td><td>2390 +44 周</td><td>100</td></tr>
<tr><td colspan="3">其中：集中实践环节</td><td>39.5</td><td>42 周</td><td>10</td><td>2 周</td><td>49.5</td><td>44 周</td><td>25.4</td></tr>
</table>

(二)工程管理

1. 培养目标

培养适应社会主义现代化建设需要，德、智、体、美全面发展，具备由土木工程技术基础知识、与项目管理相关的管理、经济和法律等基础知识和专业知识组成的系统的、开放性的知识结构，全面获得工程师的基本训练，重视创新素质培养，具有一定研究能力，初步具备工程项目决策和全过程管理能力的复合型、创新型工程管理专业人才。

本专业毕业生可在道路与铁道工程、桥梁与隧道工程、房屋建筑工程、市政工程等领域从事工程项目的规划与管理等工作。

2. 培养要求

1)基本素质要求

(1)具备正确的人生观、价值观和健全人格，良好的思想品德、社会公德和职业道德，爱岗敬业、团队协作，社会责任感强，德智体美全面发展；

(2)具备较高的人文素养，良好的中外文沟通、表达与写作能力；

(3)具备一定的体育基础知识，掌握科学锻炼身体的基本方法，达到国家要求的大学生体育合格标准。

2)知识能力要求

(1)具有较扎实的数理基础知识，具有较强的计算机应用能力和良好的国际视野；

(2)具有扎实的经济和管理理论基础；

(3)具备完善的法律基础，掌握工程建设领域相关的法律、法规；

(4)掌握土木工程技术知识；

(5)掌握工程管理专业的系统知识和基本技能；

(6)具有综合运用上述知识从事工程管理的基本能力；

(7)具有较强的自主学习能力与获取新知识和追踪本学科发展动态的能力；

(8)熟练掌握一门外国语，能运用外语进行专业沟通与交流。

(9)了解学科发展前沿和新技术应用，具有较强的实践能力、初步的科学研究能力和创新创业能力。

3. 课程学时学分分配

表 4.1.2　工程管理专业课程学时学分分配表

课程模块类别		必修课		选修课		合计		学分比例/%
		学分	学时	学分	学时	学分	学时	
通识教育	理论教学	36	600	12	64	48	664	24.9
	实践环节	4.5	6 周			4.5	6 周	2.3
学科教育	理论教学	37.5	600	12	192	49.5	792	25.6
	实践环节	7.5	40 学时+6 周			7.5	40 学时+6 周	3.9

续表 4.1.2

<table>
<tr><th colspan="3" rowspan="2">课程模块类别</th><th colspan="2">必修课</th><th colspan="2">选修课</th><th colspan="2">合计</th><th rowspan="2">学分比例/%</th></tr>
<tr><th>学分</th><th>学时</th><th>学分</th><th>学时</th><th>学分</th><th>学时</th></tr>
<tr><td rowspan="3">专业教育</td><td rowspan="2">理论教学</td><td>专业核心类</td><td>26.5</td><td>424</td><td></td><td></td><td>26.5</td><td>424</td><td>13.7</td></tr>
<tr><td>专业类</td><td>7</td><td>112</td><td>15</td><td>240</td><td>22</td><td>352</td><td>11.4</td></tr>
<tr><td colspan="2">实践环节</td><td>27</td><td>27 周</td><td></td><td></td><td>27</td><td>27 周</td><td>14.0</td></tr>
<tr><td>个性培养</td><td colspan="2">课外研学</td><td></td><td></td><td>8</td><td></td><td>8</td><td></td><td>4.1</td></tr>
<tr><td colspan="3">总计</td><td>146</td><td>1776 学时
+39 周</td><td>47</td><td>496</td><td>193</td><td>2272 学时
+39 周</td><td>100</td></tr>
<tr><td colspan="3">其中：实践环节</td><td>39</td><td>32 学时
+39 周</td><td>8</td><td></td><td>47</td><td>32 学时
+39 周</td><td>24.4</td></tr>
</table>

（三）工程力学

1. 培养目标

培养适应社会主义现代化建设需要，德、智、体全面发展，具有良好的人文科学素养，掌握扎实的自然科学基础，掌握工程力学学科的基础理论，具备土木工程学科的基础知识，具有较强计算和实验研究能力的创新型高级工程力学专门人才。

本专业毕业生可在铁路、公路、桥梁、隧道与地下建筑、房屋建筑等部门从事土木工程的科学研究、实验研究、软件应用与开发、设计、施工、管理和开发工作，也可在高等学校和科研院所从事教学、科研工作。

2. 培养要求

(1)具有坚实的自然科学基本理论知识，并了解当代科技发展的主要方面和应用前景，具有良好的人文和社会科学知识和素养。

(2)扎实掌握工程力学学科基础知识和基本理论，以及土木工程学科的基本理论，具有较强解决与力学有关工程技术问题的理论分析与实验研究能力。

(3)具有较强的计算机应用能力，掌握一种计算机程序语言。

(4)具有综合应用各种手段查询资料、获取信息的基本能力。

(5)了解土木工程建设的主要法规。

(6)掌握一门外国语。能顺利阅读本专业的外文资料，并具有听、说、写的初步能力。

3. 课程学时学分分配

表 4.1.3　工程力学专业课程学时学分分配表

课程模块类别			必修课		选修课		合计		学分比例/%
			学分	学时	学分	学时	学分	学时	
通识教育	理论教学		39	624	12	64	51	688	26.4
	实践环节		4.5	7 周			4.5	7 周	2.3
学科教育	理论教学		61.5	984	15	240	76.5	1224	39.6
	实践环节		11	64 学时+9 周			11	64 学时+9 周	5.7
专业教育	理论教学	专业核心类	5	80			5	80	2.6
		专业类			13.0	208	13	208	6.7
	实践环节		24	24 周			24	24 周	12.4
个性培养	课外研学				8		8		4.1
总计			145	1752 学时+40 周	48	512	193	2264 学时+40 周	100
其中：实践环节			39.5	64 学时+40 周	8		47.5	64 学时+40 周	24.6

(四)消防工程

1. 培养目标

本专业培养掌握火灾科学的基本理论、消防安全技术和工程方法以及消防政策法规，获得工程师基本训练的创新型、复合型消防工程专业人才。毕业生可在大中型企业、设计院和公安消防部队等从事消防工程的设计、施工与管理、灭火救援指挥、火灾调查、建筑消防审核、消防器材研究与开发等工作，也可在科研院所和高等学校从事消防工程方面的科研和教学工作。

2. 培养要求

(1)具有基本的人文社会科学理论知识和素养。

(2)具有较扎实的自然科学基本理论知识，了解当代科学技术发展的主要方向和应用全景。

(3)具有扎实的消防工程基本理论和专业知识，掌握消防工程、土木工程、自动控制、安全工程的基本理论和基本知识；掌握各类消防技术、措施和技术监督的技能，具有进行消防工程设计、施工和管理的能力；熟悉消防监督管理、灭火救援和消防法规、建筑消防审核等；经过一定环节的训练后，具有消防设备和仪器的研究和应用开发的创新能力。

(4)具有综合应用各种手段查询资料、获取信息的基本能力；具有应用语言文字、图形等进行工程表达和交流的基本能力。

(5)掌握一门外国语，能顺利阅读本专业的外文资料，并具有听、说、写的初步能力。

(6)掌握一种计算机程序语言，并具有初步应用的能力。

3. 课程学时学分分配

表 4.1.4 消防工程专业课程学时学分分配表

<table>
<tr><th colspan="3" rowspan="2">课程模块类别</th><th colspan="2">必修课</th><th colspan="2">选修课</th><th colspan="2">合计</th><th rowspan="2">学分比例/%</th></tr>
<tr><th>学分</th><th>学时</th><th>学分</th><th>学时</th><th>学分</th><th>学时</th></tr>
<tr><td rowspan="2">通识教育</td><td colspan="2">理论教学</td><td>39</td><td>684</td><td>11</td><td>48</td><td>50</td><td>732</td><td>25.9</td></tr>
<tr><td colspan="2">实践环节</td><td>4.5</td><td>7 周</td><td></td><td></td><td>4.5</td><td>7 周</td><td>2.3</td></tr>
<tr><td rowspan="2">学科教育</td><td colspan="2">理论教学</td><td>45.5</td><td>728</td><td>9</td><td>144</td><td>54.5</td><td>872</td><td>28.2</td></tr>
<tr><td colspan="2">实践环节</td><td>3.5</td><td>48 学时
+2 周</td><td></td><td></td><td>3.5</td><td>48 学时
+2 周</td><td>1.8</td></tr>
<tr><td rowspan="3">专业教育</td><td rowspan="2">理论教学</td><td>专业核心类</td><td>22</td><td>352</td><td></td><td></td><td>22</td><td>352</td><td>11.4</td></tr>
<tr><td>专业类</td><td>3</td><td>48</td><td>16.5</td><td>232</td><td>19.5</td><td>280</td><td>10.1</td></tr>
<tr><td colspan="2">实践环节</td><td>27</td><td>27 周</td><td>4</td><td>4 周</td><td>31</td><td>31 周</td><td>16.1</td></tr>
<tr><td>个性培养</td><td colspan="2">课外研学</td><td></td><td></td><td>8</td><td></td><td>8</td><td></td><td>4.1</td></tr>
<tr><td colspan="3">总计</td><td>144.5</td><td>1828 学时
+36 周</td><td>48.5</td><td>424 学时
+3 周</td><td>193</td><td>2252 学时
+39 周</td><td>100</td></tr>
<tr><td colspan="3">其中：实践环节</td><td>35</td><td>48 学时
+36 周</td><td>12</td><td>4 周</td><td>47</td><td>48 学时
+40 周</td><td>24.4</td></tr>
</table>

三、土木工程本科专业特色班

(一)特色人才多元化培养模式

从 2002 年开始，土木工程学院每年对国内土木工程大型企业(中国中铁、中国铁建、中建集团、中水集团和中交集团等世界 500 强企业)展开了人才需求调查。首先制定了完善的调研方案、调查问卷和调研提纲，然后深入企业人力资源部门和基层，展开土木工程专业人员现状和需求调查。目前，人才需求调查已经持续 10 年。通过对调查结果进行统计、分析和研究，形成《土木工程专业特色人才需求调研报告》。

根据人才需求调查结果分析和人才培养长期实践经验，课题组形成了工程应用型、研究创新型和国际项目型人才的培养目标，学院提出和探索了三种土木工程特色人才(工程应用型、研究创新型和国际项目型)培养模式。在稳定、高质培养实用型和复合型土木工程人才(普通班)的基础上，学院抓住三个契机(2005年“詹天佑科学技术发展基金”和“茅以升科技教育基金”设立“詹天佑班”“茅以升班”，2006年澳大利亚蒙纳升与土木工程学院合作办学、2009年教育部推出“卓越计划”)，从2005年开始逐步增设“詹天佑班”“茅以升班”“中澳班”和“卓越班”等特色班。

依托特色班，学院首创了“三型四优五要素”的特色人才培养机制，整体构筑了特色人才培养综合环境，实现了多元化的培养模式(表4.1.5)。

(1)构建了土木工程“三型”(工程应用型人才、研究创新型人才、国际项目型人才)人才培养体系。形成三个鲜明的培养目标，创建了三种培养模式(科研教学协同、国际合作交流、校企联合办学)和相应的培养方案。

(2)凝聚了“四优”特色人才教育资源(优势学科专业、优质教学团队、优良实践环境、优秀教学管理)，打造高水平专业人才培养平台。

(3)强化了特色人才培养“五要素”(“三并重”的导师队伍，特色班课程体系，“三注重、四结合、五延伸”的教学方法，“四型”的学习方法和竞争机制)。

①“三并重”的导师队伍：工程教育与工程研发并重、工程教育与工程实践并重、国内工程与国外工程并重的研学导师。

②“三注重”：注重基础概念教学、注重分析能力培训、注重创新能力培养。

“四结合”：将土木工程传统知识传授与最新技术进展相结合、将专业知识传授与现代信息技术相结合、将书本知识传授与教师的科研成果介绍相结合和将基本概念传授与工程案例教学相结合。体现正确处理传统知识与现代技术的关系。

“五延伸”：将课堂理论教学内容尽量融入或延伸至实验教育、课程设计、毕业设计、学科竞赛和课外科技创新活动等实践环节，充分调动了学生在实践中学习专业理论的积极性，提高了学生分析问题与解决问题的能力。体现正确处理课内教学与课外教学的关系。

③“四型”的学习方法：自主型、协作型、研究型和创新型四种学习方法。

表4.1.5 土木工程专业特色人才培养模式

特色班	学制	培养模式	培养特色	说明
詹天佑班 茅以升班	4年 (1+3)	科研教学协同	厚基础、宽口径、重创新、懂管理的复合型培养	创建于2005年。大学二年级开始，在普通班中采取自主报名、笔试和面试方式从普通班中遴选品学兼优学生，以培养研究创新型人才为目的

续表 4.1.5

特色班	学制	培养模式	培养特色	说明
中澳班	4 年 (2+2)	国际合作培养	培养体系国际化 教学团队国际化 考核方式国际化	创建于 2006 年。从入学开始，采取自主报名和外语考试方式从普通班中选择学生，前 2 年在中南大学学习，后 2 年在澳洲 Monash University 完成学业，授予 2 个学校的学位，以培养国际项目型人才为目的
卓越班	4 年 (3+1)	校企联合办学	双师教学 双证培养 双基实践	创建于 2009 年。从入学开始，采取自主报名和考试方式从普通班中选择学生，大学 4 年学习中，有 1 年为企业实践学习，以培养工程应用型人才为目的

（二）特色教学推动专业建设和学科发展

多年来，特色班的培养模式、教学体系（培养方案和课程体系）、教学模式、教学平台（包括实践平台建设）、教学队伍的建设极大推动了土木工程专业建设和学科发展，显著提升了教学质量。

（1）特色班学生在知识、能力、素养方面取得的成绩对全院教师在教育思想上形成极大冲击，增强了全体教师的教学改革动力和积极性。大多数教师对学院的教学改革从被动接受转变为主动关心和积极参与。学院适时推出网络化、数字化的实践教学改革课题（共有 52 个子项），普通教师积极参与，并取得大量教改成果，建成了数字化共享实践教学平台（包括各专业的课程设计、毕业设计、虚拟实践和虚拟实验等）。

（2）特色班的培养模式（科研教学协同、国际交流合作和校企联合培养）突破了传统的、单一的培养模式，实现了多元化培养模式，在教学管理层和教师中形成了多元化的培养理念。

（3）特色班的教学体系极大推进土木工程专业培养方案和课程体系改革，2008 版和 2012 版土木工程专业（普通班）培养方案和课程大纲都体现了科研内容进入课程教学，企业生产项目进入实践教学。

（4）特色班的教学方法（“三注重”“四结合”和“五延伸”）使广大教师从传统的、单一的课堂授课方式转变为多途径的、渗透式的教学方式，显著提高了教师教学水平。通过宣传和主动引导，特色班“四型”的学习方法，也极大提高了普通班学生的学习积极性，从被动学习转变为主动学习、协作学习。

（5）特色班的实践教学，在高速铁路建造技术国家工程实验室、重载铁路工程结构教育部重点实验室、国家级土木工程实验示范中心开辟了综合性和创新性实验平台，极大改善了原有的实践教学条件。

(6)特色班的“三并重”师资队伍建设，使传统的、单一的校内师资队伍在短期内、低成本地扩展为校企联合师资和国际师资，有效改善了师资队伍结构建设。

(7)特色班成效。“詹天佑班”和“茅以升班”100%通过英语四级，100%发表论文，100%入党，100%保研。据统计，自创班以来，总共有166人获得各类国家、省、校级奖学金，总额达到150余万元。共有58人次获得了省级荣誉称号，735人次获得了校级荣誉称号。“詹天佑班”和“茅以升班”总共17次被评为校级优秀集体。历届学生共获国际级奖项17项，国家级奖项86项，省级奖项144项。学生本科在校期间以第一作者公开发表论文共计365篇，其中被SCI收录1篇，EI收录2篇，CSCD收录4篇。

四、大学生科技创新活动

为实现“教”与“学”的有机结合，培养大学生科技创新能力，形成优良的学术氛围，学院鼓励学生参与科技创新活动。为加强对科技创新活动的指导，学院于2006年成立“大学生科技创新能力培养中心”，搭建大学生科技活动平台，给予政策和措施的支持。中心所开展的学术和科研活动为大学生科技创作及学术学习交流创造了良好的空间，营造了良好的学术科技氛围。组织参加的学科性竞赛活动主要有：国际和全国级数学建模大赛、全国英语大赛、全国和省级力学竞赛、全国和省级结构模型大赛、全国挑战杯等，取得了优异的成绩，表4.1.6为2003—2012年大学生科技创新活动获奖情况，其中主要获奖是2006年以后获得的。

表4.1.6 大学生科技创新活动获奖(2003—2012) 单位：人次

年份	国际级			国家级				省级			
	特等奖	一等奖	二等奖	特等奖	一等奖	二等奖	三等奖	特等奖	一等奖	其他	小计
2003						3				6	9
2004			3		3	3			6	25	40
2005					3	6			5	22	36
2006					10	4			7	29	50
2007			2			13	3		19	38	75
2008			6		5	5	9		24	44	93
2009			3		5	5	44		36	73	166
2010			9	1	5	5	6	8	38	119	191
2011			6		2	8	36		48	163	263
2012	3	1	7	1	2	2	9	4	23	66	118
合计	3	1	36	2	35	54	107	12	206	585	1041

五、历年招生、毕业人数统计表

从建校到2013年，土木工程学院共培养了56届本科毕业生，招生人数近2万，毕业1.7万余名。学院各专业本科招生人数和毕业人数见表4.1.7。

表4.1.7　土木工程学院各个专业本科招生、毕业人数汇总（1953—2013）

专业名称	起止年份	招生人数	毕业人数	备注
铁道建筑	1953—1969	1777	2094	铁道建筑、桥梁、隧道专业是1960年划属土木工程学院的原中南土建、湖南工学院、湖南大学各专业学生
桥梁、隧道	1953—1969	1028	1081	
铁道工程	1970—1994	2637	2609	1970年铁道建筑、桥梁、隧道专业合并为铁道工程专业
工业与民用建筑	1976—1996	1258	1232	
工程师范	1987—1988	60	58	
桥梁工程	1989—1994	309	292	
工程管理	1988—2013	1451	1380	建筑管理本科1998年更名为工程管理本科
建筑学	1995—2010	792	390	2010年该专业转入建筑与艺术学院
交通土建	1995—1996	386	386	
土木工程	1997—2013	8113	6303	
建筑环境与设备工程	2001—2005	232	179	2005年该专业转入能源动力学院
城市规划	2001—2010	571	237	2010年该专业转入建筑与艺术学院
工程力学	2000—2013	612	542	
消防工程	2004—2013	451	316	
合计		19677	17099	

1985—1999年，铁道工程和建筑管理招收专科生，招生人数和毕业人数见表4.1.8。

表4.1.8　土木工程学院各个专业专科招生、毕业人数汇总（1985—1999）

专业	起止年份	招生人数	毕业人数	备注
铁道工程	1985—1999	1029	1029	
建筑管理	1985—1987	176	176	
合计		1205	1205	

各年招生和毕业人数见表4.1.9。

表4.1.9 土木工程学院各年招生、毕业人数汇总(1953—2013,包括本科、专科)

年份	招生人数	毕业人数	年份	招生人数	毕业人数
1953	298		1984	223	141
1954	348	169	1985	481	152
1955	217	261	1986	227	149
1956	326	416	1987	286	410
1957	265	113	1988	263	318
1958	227	105	1989	235	344
1959	260		1990	284	163
1960	183	233	1991	312	235
1961	135	287	1992	259	217
1962	113	240	1993	416	257
1963	155	203	1994	424	249
1964	125	316	1995	471	287
1965	153	161	1996	464	312
1966			1997	474	427
1967		245	1998	458	411
1968		152	1999	633	472
1969			2000	746	441
1970	33	274	2001	901	346
1971			2002	884	485
1972	120		2003	846	730
1973	180	33	2004	844	807
1974	150		2005	753	804
1975	120	120	2006	794	831
1976	202	172	2007	803	784
1977	78	149	2008	796	779
1978	124	119	2009	818	781
1979	140		2010	862	678
1980	154	201	2011	690	675
1981	155		2012	663	663
1982	150	194	2013		660
1983	161	133	合计	20882	18304

各专业年度招生、毕业及在校人数见表 4.1.10 ~ 4.1.14。

表 4.1.10　铁道、桥隧、工民建专业历年招生毕业及在校人数表(1953—1984)

年份	铁道建筑专业			桥梁隧道专业			铁道工程专业			工业与民用建筑专业		
	毕业	招生	在校	毕业	招生	在校	毕业	招生	在校	毕业	招生	在校
1953		179	539		119	263						
1954	121	289	702	48	59	260						
1955	172	124	623	89	93	265						
1956	367	227	472	49	99	308						
1957	61	170	575	52	95	347						
1958	50	141	651	55	86	372						
1959		169	812		91	450						
1960	148	93	756	85	90	425						
1961	196	74	622	91	61	386						
1962	158	63	595	82	50	350						
1963	116	93	568	87	62	349						
1964	235	63	451	81	62	324						
1965	90	92	383	71	61	295						
1966			383			295						
1967	134		249	111		182						
1968	92		156	60		121						
1969			156			121						
1970	154			120	铁建、桥隧合为铁道工程			33	33			
1971									33			
1972								120	153			
1973							33	180	300			
1974								150	450			
1975							120	120	442			
1976							172	167	437		35	35
1977							149	78	366			32
1978							119	93	338		31	63
1979								100	437		40	103
1980							169	93	359	32	61	130

续表 4.1.10

年份	铁道建筑专业			桥梁隧道专业			铁道工程专业			工业与民用建筑专业		
	毕业	招生	在校	毕业	招生	在校	毕业	招生	在校	毕业	招生	在校
1981								91	448		64	194
1982							164	89	371	30	61	225
1983							95	94	367	38	67	252
1984							85	157	433	56	66	262
合计	2094	1777		1081	1028		1106	1565		156	425	

表 4.1.11　土木工程学院历年招生专业及人数(1985—2000)

年份	桥梁工程专业			工程师范专业			铁道工程专业			工业与民用建筑专业			建筑管理专业		
	毕业	招生	在校	毕业	招生	在校	毕业	招生	在校	毕业	招生	在校	毕业	招生	在校
1985							91	142	482	61	174	370			
1986							89	91	484	60	40	349			
1987					30	30	94	108	498	151	55	274			
1988					30	60	157	64	405	65	73	281	53	66	66
1989		37	37			60	142	91	354	109	33	203	65	30	96
1990		46	83			60	91	103	366	42	41	201		29	125
1991		54	135	30		28	108	129	387	53	59	202		29	154
1992		32	168	28			64	108	431	70	57	193	55	35	123
1993	36	70	198				91	129	469	36	74	224	29	60	153
1994	43	70	226				103	107	473	37	80	270	25	52	176
1995	54		172				129		344	47	70	281	30	71	218
1996	32		132				108		236	52	77	301	37	55	237
1997	60		68				129		107	66			57		174
1998	67						107			80			52	71	192
1999										70			70	100	290
2000										77					
合计	292	309		58	60		1503	1072		1076	833		473	598	

表 4.1.12　土木工程学院历年招生专业及人数(1985—2005)

年份	铁道工程专业			建筑管理专业			交通土建专业			建筑环境与设备工程专业		
	毕业	招生	在校	毕业	招生	在校	毕业	招生	在校	毕业	招生	在校
1985		108	108		57	57						
1986		42	150		54	111						
1987	108	28	70	57	65	119						
1988	42	30	58	54		65						
1989	28	44	74	65								
1990	30	65	109									
1991	44	41	105									
1992		27	68									
1993	65	83	151									
1994	41	115	225									
1995	27	105	303					205	205			
1996	83	127	347					181	386			
1997	115	92	324						386			
1998	105	53	272						386			
1999	127	69	214				205		181			
2000	92						181					
2001	53										55	55
2002	69										55	110
2003										67	58	168
2004										55	64	232
2005										57		
合计	1029	1029		176	176		386	386		179	232	

表 4.1.13　土木工程学院历年招生专业及人数(1995—2013)

年份	土木工程专业			建筑学专业			城市规划专业		
	毕业	招生	在校	毕业	招生	在校	毕业	招生	在校
1995					20	20			
1996					24	44			
1997		353	353		29	72			
1998		305	660		29	101			
1999		438	1098		26	127			
2000		572	1631	20	20	128			

续表 4.1.13

年份	土木工程专业			建筑学专业			城市规划专业		
	毕业	招生	在校	毕业	招生	在校	毕业	招生	在校
2001	205	582	2008	24	60	164		59	59
2002	316	536	2228	29	59	194		58	117
2003	538	544	2234	29	62	227		59	176
2004	572	481	2143	26	61	262		61	237
2005	582	456	2047	20	62	304		62	299
2006	536	491	2002	60	59	303	59	57	297
2007	544	497	2018	59	69	313	58	59	298
2008	481	526	2000	62	76	327	59	45	284
2009	486	556	2059	61	72	338	61	51	274
2010	491	569	2137		64			60	
2011	497	544	2184						
2012	514	663(土建类)	2321						
2013	547								
合计	6309	7017		390	792		237	571	

表 4.1.14　土木工程学院历年招生专业及人数(1995—2013)

年份	消防工程专业			工程力学专业			工程管理专业		
	毕业	招生	在校	毕业	招生	在校	毕业	招生	在校
2000					58	58	71	96	267
2001					56	114	64	89	356
2002					59	173	71	117	402
2003					62	235	96	61	363
2004		55	55	58	63	240	96	59	326
2005		54	109	56	56	240	89	63	300
2006		62	171	59	61	242	117	64	247
2007		56	227	62	60	240	61	62	248
2008	55	50	222	63	41	218	59	58	247
2009	54	49	217	56	34	196	63	56	240
2010	62	66	221	61	35	170	64	68	244
2011	56	59	224	60	27	137	62	60	242
2012	50			41			58		
2013	39			26			54		
合计	316	451		542	612		1025	853	

第二节 研究生培养

一、学位点建设情况

土木工程学院的研究生教育始于1956年中南土木建筑学院时期，由当时的铁道建筑系副主任李吟秋教授招收1名“铁路选线与设计”专业副博士研究生。1962年，铁道建筑、桥梁与隧道、工程力学三个专业开始招收硕士研究生，至1965年，“铁路选线与设计”“桥梁”专业共招收研究生9名。“文化大革命”期间停止了研究生的招生。

1978年以后，研究生教育得到了迅速发展。拥有18个硕士学位授予点。18个硕士学位授予点分别为：桥梁与隧道工程、道路与铁道工程、岩土工程、结构工程、防灾减灾工程及防护工程、市政工程、工程力学(共建)、土木工程材料、土木工程规划与管理、消防工程、城市轨道交通工程、固体力学、材料学(共建)、管理科学与工程(共建)、建筑历史与理论、建筑设计及其理论、城市规划与设计、建筑技术科学。其中，建筑历史与理论、建筑设计及其理论、城市规划与设计、建筑技术科学4个学位点于2012年机构调整时随建筑学与城市规划学科划入了建筑与艺术学院。

以上各学位点均获高校教师在职攻读硕士学位授予权。

1999年获建筑与土木工程领域工程硕士学位授予权，拥有建筑与土木工程、项目管理2个工程硕士点。

2010年获工程管理专业硕士学位授予权。

1986年桥梁与隧道工程专业获博士学位授予权，1987年桥梁与隧道工程专业首批招收博士生，发展至今拥有土木工程和交通运输工程2个一级学科博士点，11个二级学科博士点，分别为桥梁与隧道工程、道路与铁道工程、岩土工程、结构工程、防灾减灾工程及防护工程、市政工程、工程力学、土木工程材料、土木工程规划与管理、消防工程、城市轨道交通工程。

各学位点获得授权的时间见表4.2.1。

2012年，教育部学位与研究生教育发展中心发布2009—2012年学科评估结果，中南大学土木工程一级学科排名第7，交通运输工程一级学科排名第5。

表 4.2.1　学位点获得授权时间表

类型	名称	获得授权时间	备注
博士二级点	桥梁与隧道工程	1986	
	道路与铁道工程	1998	
	岩土工程	2000	
	结构工程	2000	
	防灾减灾工程及防护工程	2000	
	市政工程	2000	
	消防工程	2003	自主设置
	城市轨道交通工程	2003	自主设置
	土木工程规划与管理	2003	自主设置
	土木工程材料	2003	自主设置
	工程力学	2003	共建
博士一级点	土木工程	2000	
	交通运输工程	2000	
硕士二级点	桥梁与隧道工程	1981	
	岩土工程	1981	
	道路与铁道工程	1983	
	固体力学	1986	
	结构工程	1992	
	材料学	1995	
	防灾减灾工程及防护工程	1998	
	管理科学与工程	1998	共建
	市政工程	2000	
	工程力学	2001	共建
	消防工程	2003	自主设置
	土木工程规划与管理	2003	自主设置
	土木工程材料	2003	自主设置
	城市轨道交通工程	2003	自主设置
	建筑设计及其理论	2003	2012 年转建筑与艺术学院
	城市规划与设计	2003	2012 年转建筑与艺术学院
	建筑技术科学	2003	2012 年转建筑与艺术学院
	建筑历史与理论	2005	2012 年转建筑与艺术学院

续表 4.2.1

类型	名称	获得授权时间	备注
硕士一级点	土木工程	2000	
	交通运输工程	2000	
	建筑学	2005	2012 年转建筑与艺术学院
工程硕士（专业学位）	建筑与土木工程	1999	
	项目管理	2004	
工程管理硕士（专业学位）		2010	

二、培养目标与方案

(一)博士研究生

博士研究生的培养目标是：培养德、智、体全面发展的适应社会主义现代化建设需要的高级专门技术人才，能胜任教学、科研和技术管理等工作。有献身科学的强烈事业心和创新精神，掌握学科坚实宽广的基础理论、系统深入的专门知识、现代实验技能和数据分析方法；具有严谨的科研作风，能独立从事创造性科学研究工作，同时具有良好的团队合作精神和较强的交流能力。

博士研究生学制 3 ~6 年，总学分不少于 15 学分。学习期间至少须在本学科领域的 SCI、EI 检索源期刊上发表论文 3 篇并被 SCI、EI 检索 1 篇；或者在 CSCD 核心库期刊上发表论文 4 篇；或者在被 SCI、EI 检索的国外期刊上发表论文 1 篇，并撰写博士学位论文后方可申请授予博士学位。

(二)硕士研究生

科学学位硕士研究生的培养目标是：培养应用型、复合应用型、工程型人才。掌握本学科坚实的基础理论、系统的专门知识，现代实验方法和技能，具有良好的科研作风、科学道德和合作精神，品行优秀，身心健康；具有从事科学研究或独立担负专门技术工作的能力，能适应科技进步和社会经济文化发展的需要；在科学研究或专门工程技术工作中具有一定的组织、管理能力。硕士研究生学制 3 ~5 年，总学分不少于 32 学分，平均绩点不低于 2.5，并撰写学位论文后方可申请答辩。

专业学位硕士研究生的培养目标是：为工矿企业和工程建设部门特别是为国有大中型企业培养工程型、复合应用型、高层次职业型、研究应用型的工程技术和工程管理人才。研究生应掌握专业领域坚实的基础理论和宽广的专业知识，掌握解决工程实际问题的规划、设计、计算、测试和绘图等现代技术方法和手段；具有创新意识和独立承担工程技术或工程管理工作的能力，具有良好的职业道德、创业精神和团队协作精神，积极为我国经济建设和社会发展服务。专业学位硕士研究生学制 3 ~5 年，总学分不少于 36 学分，平均绩点不低于 2.5，并撰写学位论文后方可申请答辩。

三、博士研究生名录

到2012年共计招收博士生632名，详见表4.2.2。

表4.2.2 历年招收的博士生名单

学科专业	入学年份	人数	姓名
桥梁与隧道工程	1987	1	杨 平
	1988	1	朱汉华
	1989	3	陈 淮 任伟新 汪正兴
	1990	2	颜全胜 阳旺云
	1991	1	唐进锋
	1992	2	李德建 戴公连
	1993	5	郭向荣 钟兴谷 周文伟 肖万伸 罗荣华
	1994	4	王荣辉 梁 硕 徐林荣 盛兴旺
	1995	8	李 华 乔建东 郭文华 舒文超 朱文彬 彭立敏 李 亮 张国祥
	1996	3	韦成龙 胡 狄 程 浩
	1997	4	于向东 何 群 傅鹤林 向 俊
	1998	5	杨果林 娄 平 李开言 杨 洋 田仲初
	1999	7	王修勇 唐 冕 祝志文 张 麒 周智辉 江 锋 陈玉骥
	2000	5	刘小洁 周海浪 周凌宇 邓荣飞 程 浩
	2001	14	贺学军 张旭芝 杨秀竹 陆铁坚 杨 光 李学平 王中强 侯文琦 罗如登 杨孟刚 华旭刚 施成华 李东平 夏桂云
	2002	12	王兴国 方淑君 林 缨 黄 琼 欧 丽 江亦元 余晓琳 周治国 吴再新 申同生 罗延忠 何旭辉
	2003	9	邹中权 殷 勇 刘 建 魏泽丽 黄 羚 文 超 鲁四平 宋旭明 彭 彦
	2004	8	韩衍群 崔科宇 晏 莉 黄 娟 蒋 烨 陈锐林 宁明哲 田卿燕
	2005	12	方联民 张 敏 周 德 杨伟超 易伦雄 方圣恩 王 超 王学敏 黄 戡 罗许国 赫 丹 张 戈
	2006	16	马 广 雷金山 杨 峰 康石磊 贾瑞华 司学通 王立川 安永林 苏权科 毕凯明 朱红兵 阳发金 陈 佳 曹建安 刘长文 文 颖
	2007	13	项志敏 赵 丹 刘海涛 王秋芬 李 整 蒋 欣 陈代海 靳 明 蔡海兵 舒小娟 罗 浩 张永兴 邓子铭
	2008	15	肖 祥 黄星浩 刘宇飞 姜冲虎 李星新 张华林 袁世平 章 敏 丁祖德 任剑莹 李进洲 郑鹏飞 黄 阜 李 苗 杨 栋

续表 4.2.2

学科专业	入学年份	人数	姓　　名
道路与铁道工程	1996	1	常新生
	1997	1	蒋红斐
	1998	2	蒲　浩　周小林
	1999	9	宋占峰　李秋义　魏丽敏　谢友均　尹　健　杨小礼　周海林　曾　胜　周志刚
	2000	8	金守华　阮　波　吴小萍　汪健刚　袁剑波　周援衡　关宏信　肖宏彬
	2001	11	夏国荣　王　薇　张劲文　陈　瑜　徐庆元　杨元霞　李益进　李献民　范臻辉　金亮星　乔世范
	2002	9	高英力　刘宝举　彭军龙　王　辉　黄永强　贺建清　王　晅　牛建东　梅松华
	2003	7	黄志军　徐　暘　何增镇　聂忆华　曾志平　姚京成　匡乐红
	2004	5	李跃军　徐望国　陈晓斌　肖　佳　谢桂华
	2005	5	吕大伟　黄向京　许湘华　李珍玉　陈　铖
	2006	8	聂如松　苏志满　尹光明　何贤锋　郭　磊　刘　剑　马昆林　黄传胜
	2007	9	楼捍卫　胡　萍　屈畅姿　王宏贵　方　薇　李丽民　但汉成　张丙强　张春顺
	2008	12	李　伟　林宇亮　易　文　陈小波　沈　弘　陈湘亮　鲁文斌　岳　健　刘　项　刘国龙　姚　辉　成伟光
	2009	7	杨光程　张迎宾　谢福君　罗苏平　任东亚　谢李钊　彭　浩
	2010	9	陈舒阳　雷小芹　罗　伟　周光权　李月光　孙志彬　刘运思　李　凯　曾中林　毛建红
	2011	8	陈嘉祺　李　康　邓东平　彭安平　石　熊　徐　进　徐敬业　龚　凯
	2012	6	邓国栋　顾绍付　黄长溪　赵海峰　石鹤扬　蔡陈之
岩土工程	2002	9	律文田　卿启湘　陈雪华　夏力农　汤国璋　王曰国　聂志红　王卫华　李江腾
	2003	8	王志斌　滕　冲　王　建　莫时雄　彭柏兴　丁加明　周　中　张学民
	2004	9	邓宗伟　董　辉　邹金锋　和民锁　郭乃正　杨果岳　印长俊　贺若兰　万　智
	2005	4	李　康　尹志政　聂春龙　陈洁金
	2006	7	李雅萍　罗　强　罗　恒　赵炼恒　赵　健　郭麒麟　刘晓红
	2007	5	曹希尧　杨　奇　徐　进　蒋建清　李　昀
	2008	6	杨平园　安爱军　李　磊　李雪峰　温树杰　肖尊群

续表 4.2.2

学科专业	入学年份	人数	姓　　名
结构工程	2002	2	杨晓华　丁发兴
	2003	2	刘　澍　郭风琪
	2004	1	贺飒飒
	2005	3	资　伟　戚菁菁　龙卫国
	2006	2	朱金元　石　磊
	2007	6	石立君　梁　炯　张国亮　李　政　李　沛　石卫华
	2008	5	陈浩军　樊　玲　陈令坤　邹洪波　刘轶翔
市政工程	2003	2	王化武　缪　鹍
供热供燃气通风及空调工程	2003	4	顾小松　胡　烨　陈　宁　杨培志
	2005	1	饶政华
防灾减灾工程及防护工程	2002	2	徐　彧　段方英
	2003	7	彭　微　赵明桥　杨高尚　牛国庆　陈　敏　王晓光　冯　凯
	2004	5	崔　辉　李　军　黄　昂　陈国灿　姜学鹏
	2005	1	贺志军
	2006	3	高　迪　郭信君　黄林冲
	2007	1	任　达
	2008	1	刘克非
消防工程	2004	2	张　焱　王飞跃
	2005	1	杨淑江
	2006	2	谢晓晴　谢宝超
	2007	2	李修柏　倪天晓
	2008	1	刘　琪
	2009	2	赵红莉　赵　迪
	2010	1	李晓康
	2011	2	刘　勇　石　磊
	2012	4	楚志勇　李　璞　李　建　张　新

续表 4.2.2

学科专业	入学年份	人数	姓　　名
土木工程规划与管理	2005	5	傅瑞珉　张彦春　李昌友　刘少兵　罗　伟
	2006	10	王喜军　岳鹏威　陈辉华　李香花　陈　帆　谢洪涛　李　铌　黄建陵　刘武成　李　倩
	2007	11	龙　京　罗　建　唐斌斌　孟红宇　王　燕　杨亚频　唐朝贤　叶　娟　刘家锋　程庆辉　姚继韵
	2008	15	张国安　颜红艳　汪　海　杨文安　边　宁　王　敏　张少锦　曾　磊　刘　伟　朱顺娟　汤　莉　曲　娜　邹卓君　钟姗姗　封　宁
	2009	13	韩伟威　史海兵　盛松涛　马良民　刘　辉　朱　政　龚　强　罗　曦　邓凌云　刘乃芳　楚芳芳　黄春华　杨丁颖
	2010	17	张镇森　李晶晶　易　欣　唐文彬　王志春　林莎莎　毛　磊　吴李艳　宋　杰　邱　慧　郑彦妮　陈柏球　任倩岚　李　朋　石碧娟　陆　洋　何世玲
	2011	8	刘严萍　唐艳丽　朱卫华　王　璐　吴宏晋　刘　慧　黎启国　刘　尚
	2012	11	刘路云　吴荻子　张　平　张　静　王　靖　郑俊巍　刘天雄　段　劲　刘润姣　赫永峰　王飞球
土木工程材料	2005	3	元　强　刘赞群　刘运华
	2006	2	刘　伟　李　敏
	2007	4	曾晓辉　唐旭光　何富强　张　鸣
	2008	3	田冬梅　马　骁　贺智敏
城市轨道交通工程	2005	3	巢万里　雷　鸣　涂　鹏
	2006	2	陶　克　杨子厚
	2008	1	任文峰
	2009	1	李志林
	2010	1	赵文菲　程　峰
	2011	3	陈永雄　周　韬　洪英维
工程力学	2007	5	康颖安　彭旭龙　苏淑兰　王　志　黄　勇
	2008	1	胡　平
	2010	2	武井祥　谢　强
	2011	2	滕一峰　马雯波
	2012	2	罗建阳　马　彬

续表 4.2.2

学科专业	入学年份	人数	姓名
土木工程	2009	34	刘文硕 闫　斌 孙树礼 罗俊礼 王启云 刘　鹏 池　漪 刘　军 吴晓恩 孙广臣 陈宏伟 吕建兵 刘　泽 付贵海 陈爱军 文畅平 郭原草 左　珅 陈俊桦 雷明锋 周旺保 张庆彬 周雁群 杨智硕 赵少杰 唐俊峰 胡常福 魏锦辉 刘保钢 付　旭 谭　磊 安少波 邵光强 王　青
	2010	27	万华平 梁　岩 项超群 程　盼 郭志广 周锡玲 石钰锋 尹　鹏 张道兵 董　城 徐汉勇 王岐芳 陈格威 张佳文 王宁波 赵志军 田　钦 唐谢兴 魏胜勇 胡异丁 张挣鑫 孙　军 武　芸 李文华 谈　遂 黄　滢 杨　鹰
	2011	29	徐　辉 饶军应 孙雁军 梁　禹 李　斌 李　杏 麻彦娜 张洪彬 祝志恒 尹　泉 杨竹青 王修春 腾　珂 谢　壮 王亮亮 黄　志 覃银辉 李宏泉 曹贤发 傅　强 梁　燕 冯胜洋 徐　方 陈　智 彭建伟 刘景良 毛建锋 周苏华 李　鹏
	2012	37	王超峰 孟　飞 单　智 刘汉云 张佳华 梁　桥 孟子龙 余　忠 陈　江 肖小文 王　敏 王　猛 袁　文 吴志强 沈青川 袁平平 何立翔 叶艺超 李玉峰 成洁筠 李　海 张　胜 钱　骅 胡伟勋 安里鹏 刘文劼 周文权 陈　欣 何　玮 熊安平 洪新民 冯晓东 李文博 王洪涛 刘　劲 田　青 欧阳祥森
合计		632	

四、硕士研究生名录

各专业共计招收全日制硕士生3011名(不含在职工程硕士),详见表4.2.3,其中土木工程专业2008年后按一级学科招生。

表 4.2.3　历年招收的硕士生名册

学科专业	入学年份	人数	姓名
铁道选线设计	1956	1	殷汝桓
铁道线路构造	1962	2	李仲才 李绪必
	1965	2	任敦法 欧振儒
结构力学	1962	1	甘幼深

续表 4.2.3

学科专业	入学年份	人数	姓　　名
桥梁与隧道工程	1962	3	吴　维　罗彦宣　杨承恩
	1978	3	文雨松　李培元　田志奇
	1982	5	周乐农　张　全　王艺民　杨　平　杨　毅
	1983	4	陈立强　彭立敏　杨　汛　吴晓惠
	1984	5	胡阿金　骆宁安　陈国财　杨文武　钱继龙
	1985	10	徐满堂　戴公连　邓荣飞　盛兴旺　江　锋　颜全胜　李进忠　徐湘武　李　霞　沈志林
	1986	7	张　麒　杨仕若　王先前　费正华　熊国祥　张克波　陈晓天
	1987	5	忻　飚　乔建东　欧忠洪　杨　洋　彭迎祥
	1988	3	熊正元　徐声桥　邱渐根
	1990	2	周　波　郭向荣
	1991	3	胡　狄　许　伟　陈波涌
	1992	3	郭文华　崔伟东　王晓杭
	1993	3	尹　健　于向东　林　缨
	1994	2	唐　冕　周　明
	1995	3	丁泉顺　李欣然　王　进
	1996	3	杨　勇　郭建民　陈志芳
	1997	4	郭咏辉　杨孟刚　周智辉　施成华
	1998	1	戴小冬
	1999	8	何旭辉　文永奎　华旭刚　方淑君　王中强　黄小华　袁　明　伍海山
	2000	10	郑　艳　易大可　文　超　魏文期　刘　建　郭　鑫　郭继业　褚　颖　程丽娟　余晓琳
	2001	16	曾储惠　肖　丹　王学广　王荣华　王　浩　罗宗保　柳成荫　刘胜利　李志国　李建慧　乐小刚　兰辉萍　韩　艳　郭　刚　曹建安　吴再新
	2002	18	周相华　尹晨霞　徐晓霞　熊洪波　肖　杰　文方针　王学敏　王　伟　彭可可　刘　博　李　闻　李玲瑶　姜冲虎　黄　娟　胡智敏　龚雪芬　高　原　储昭汉

续表 4.2.3

学科专业	入学年份	人数	姓名
桥梁与隧道工程	2003	21	朱向前 朱纯海 周永礼 张 杰 杨燎原 杨 锋 王 璇 陶真林 阮 坤 刘 俊 梁小聪 李耀珠 李星新 黄林冲 胡会勇 冯 维 邓少军 陈 卓 陈小红 毕凯明 白玉堂
	2004	23	周 涛 赵 丹 张 锴 徐 璇 闻 俊 文 颖 覃庆通 孙 远 孙广臣 宋恒扬 司学通 马 广 刘忠平 李媛媛 李遥玉 李老三 华 强 胡瑞前 胡 俊 龚巧艳 邓子铭 陈 宇 庄 泽
	2005	40	周 峰 赵亚敏 张子洋 张 忠 张志勇 张 立 张 静 张 杰 张 辉 翟利华 袁世平 杨 鹰 杨银庆 薛洪卫 徐 辉 吴 骏 吴 锋 王佐才 王树英 唐俊峰 眭志荣 苏聪聪 南 康 罗 浩 路 萍 卢钦先 龙 刚 刘胤虎 刘建军 刘海涛 刘朝晖 廖孝江 李 整 李 飞 李的平 李 波 雷明锋 郭吉平 郭 辉 陈代海
	2006	64	朱立俊 周亮亮 郑鹏飞 章开东 张 陆 张 鹤 翟旭东 曾宜江 曾 敏 袁摄桢 姚君芳 颜王吉 徐秀华 徐霞飞 谢海涛 肖 祥 向俊宇 伍贤智 吴祖标 吴 涛 吴启明 魏 俊 王正军 王 鑫 王 希 王世斌 王金明 王典斌 汪来发 汪金辉 唐 志 谭 鑫 孙全利 苏超云 屈计划 钱 竹 罗振林 罗晓媛 罗晓光 罗 娜 罗劲松 刘 明 刘桂林 刘超群 李晓英 李小年 李 鹏 李建生 李桂林 李 程 黎 微 黄星浩 黄 阜 胡 杨 胡海波 侯世峰 郭明香 盖卫明 付黎龙 董华县 丁伟亮 曹二星 蔡 东 蔡 超
	2007	64	周飞秦 郑建新 赵安华 张同飞 张聚文 张华平 曾 敏 曾 峰 袁文辉 于 哲 阴文蔚 杨甲豹 颜离园 闫 斌 许 波 谢 壮 谢瑞杰 谢启东 谢 璞 谢居静 肖翔南 吴雪峰 吴肖俊 吴小策 王作伟 王 凡 石钰锋 邱 珂 邱 捷 马军秋 罗棋少 刘志燕 刘文硕 廖 宇 李兴龙 李金华 李金光 黄泰鑫 黄陵武 黄军飞 黄 波 胡赛龙 胡 楠 黑文豪 郭占元 郭双全 关志文 傅金阳 冯 祁 方 俊 董 敏 邓世海 戴恩彬 崔阳华 陈松洁 陈金龙 陈国阳 陈 赓 陈格威 陈栋栋 曹志光 宾 阳 艾小东 阮锦楼

续表 4.2.3

学科专业	入学年份	人数	姓　　名
岩土工程	1978	2	姜　前　刘启凤
	1982	3	杨航宇　李　亮　刘杰平
	1983	5	陈春林　孙　勇　余家茂　曾巧玲　张国祥
	1984	3	冯俊德　张原平　龚茂波
	1985	4	李海深　唐进锋　李宁军　陈维家
	1986	4	林李山　魏丽敏　张新兵　金仁和
	1987	2	吴学文　周卓强
	1988	2	周明星　刘传文
	1990	1	徐林荣
	1992	2	杨果林　何　群
	1994	3	肖长生　金亮星　徐　虎
	1995	2	王　强　杨小礼
	1996	4	范臻辉　吴　波　阮　波　潘伯林
	1997	3	张军乐　周海林　陈东霞
	1998	1	田管凤
	1999	2	杨秀竹　饶彩琴
	2000	3	尹志政　徐永胜　孙愚男
	2001	5	周　中　李宏泉　赫晓光　陈玲灵　巢万里
	2002	17	邹金锋　朱树念　郑　波　赵　健　张丙强　肖　尚　王　强　王崇淦　饶　波　乔运峰　吕建兵　吕大伟　李松柏　雷　鸣　黄建陵　顾绍付　方万进
	2003	18	周　宁　钟长云　张有为　张廷柱　姚成志　王宏贵　孙希望　石凯旋　聂如松　马立秋　梁　锴　李　康　李　军　李丹峰　郭建峰　董文澍　陈　涛　陈敬松
	2004	22	郑祖恩　赵炼恒　赵　丽　张卫国　曾中林　杨　奇　杨立伟　徐　进　谢　欣　吴永照　苏志满　孟庆云　罗代明　刘金松　刘聪聪　李选民　李曙光　李立桁　陈兴岗　陈鸿志　曹　鑫　卜翠松

续表 4.2.3

学科专业	入学年份	人数	姓　名
岩土工程	2005	27	祝志恒　周　韬　周春梅　张　韬　曾志姣　岳　健　余敦猛　杨君英　吴汉波　王亚奇　孙正兵　石洋海　秦亚琼　彭巨为　麦华山　柳晓春　李志辉　李园园　李　箐　李　军　李继超　黄兴政　樊云龙　邓统辉　陈中流　陈善攀　陈　芬
	2006	27	赵　伟　张协崇　张　磊　张　杰　张　宏　杨情情　谢李钊　肖华溪　魏　巍　王永刚　王　华　王恭兴　汤　勇　苏　伟　沈　弘　曲广琇　彭　巍　罗冠枝　刘　项　刘　浩　刘　冬　林宇亮　康家涛　黄　瑛　胡荣光　郭建光　陈似华
	2007	22	周镇勇　张久长　杨华伟　徐贵辉　吴　帅　吴嘉丞　王亮亮　王　磊　唐　炫　聂　勇　刘明宇　李　建　靳绍岩　何礼彪　傅长风　付江山　方　振　陈　鼎　林熠钿　王安正　许桂林　童发明
道路与铁道工程	1982	3	赵　湘　罗克奇　李定清
	1983	4	常新生　周　栩　金向农　周　懿
	1984	3	何曲波　李法明　彭　昂
	1985	6	邓海骥　陆达飞　廖福贵　高北平　田　虹　王　菁
	1986	3	银建民　韩　利　杨丽敏
	1987	1	罗会华　李开言　王　芳
	1988	1	陈　彬
	1989	1	李建华
	1990	2	蒋红斐　周小林
	1992	2	高应安　杨　忠
	1993	2	刘　丹　刘建军
	1994	1	娄　平
	1995	2	蒲　浩　宋占峰
	1997	2	邓雪松　李秋义
	1998	4	向延念　李　军　马　宁　詹英士
	1999	2	赵志军　章国霞
	2000	4	朱高明　曾志平　孙延琳　陈　强

续表 4.2.3

学科专业	入学年份	人数	姓　　名
道路与铁道工程	2001	9	陈　涛　宁明哲　谢晓晖　潘自立　刘宗兵　刘　力　董武洲 刘　虹　王武生
	2002	13	朱　彬　杨晓宇　晏胜波　吴　萍　吴　斌　王　娅　王婉秋 涂　鹏　彭利辉　李　倩　李晶晶　李国忠　李昌友
	2003	23	左一舟　朱文珍　赵健伟　赵　汉　张向民　曾华亮　易　欣 杨军祥　薛立谦　王　敏　王磊明　唐　乐　舒玲霞　冉茂平 秦曦青　毛建红　刘　伟　李伟强　李顶峰　孔国梁　胡红萍 赫　丹　陈学丽
	2004	20	左玉云　郑小燕　张嘉峻　易　锦　杨　舟　杨　桦　王俊辉 陶成富　邱木州　潘　登　孟令红　刘玉祥　刘亚敏　刘兴旺 刘继林　李俊芳　李保友　何长明　高　华　陈剑伟
	2005	27	朱传勇　张　建　叶　松　杨　名　杨立国　熊　斌　王　梦 王立中　王　磊　王　峰　唐　凌　舒海明　乔勇强　彭　琦 欧阳志峰　欧阳猛　刘　铮　李　勇　李小川　李松真　李洪强 胡　萍　何晓敏　方　薇　但汉城　程亚飞　陈　勇
	2006	23	朱　江　钟　晶　钟方千　曾群峰　袁　伟　于　雷　谢翠明 王　阳　王雪红　唐文波　唐伟其　苏　卿　马国存　刘永存 李　文　李　伟　李洪旺　江万红　何要超　何设猛　杜香刚 褚卫松　陈修平
	2007	23	周志华　周承汉　钟　晟　赵永超　张旭久　张　琪　张　昊 尤瑞林　杨光程　闫国栋　谢春玲　史春风　彭　涛　梅　盛 刘哲哲　刘江涛　林长森　李明鑫　侯江波　邓天天　邓东平 蔡天佑　蔡君君
	2008	22	石　星　孙晓丽　罗成才　张红亮　罗　伟　刘　浩　徐　勇 王肃报　黄铂清　蒋小军　唐长根　王金刚　陈燕平　苏志凯 贺万里　王向荣　邹　维　崔秀龙　彭沙沙　刘新元　易南福 单丽萍
	2009	27	赵世乐　赵海峰　张星宇　曾　科　袁湘华　尹华拓　杨绪成 杨问春　杨钦杰　杨　海　肖　涛　吴清华　吴　龙　王日辉 田连英　孙　兴　任碧能　马水生　李彦霖　李　成　何　波 郭　焜　耿文杰　冯善恒　张　茜　阳　芝　夏　剑　蔡家辉
	2010	40	梁　飞　周　凯　明　杰　兰国友　李宇翔　汤盼盼　苏尚旭 梁洪涛　郭丽丹　谢志博　吴　爽　姜　嫚　杨新林　王建峰 顾徐锐　王富伟　张广义　贾　菁　贺　勇　龙喜安　郭　靖 刘剑豪　王　志　朱华鹏　陈嘉祺　刘林超　王传越　杨蕾蕾 柯锐勇　徐　霞　王凯军　周　焱　路　遥　杨柏林　蒋世琼 余梦科　刘向明　储诚诚　贾莉浩　何　义

续表 4.2.3

学科专业	入学年份	人数	姓　　名
道路与铁道工程	2011	29	张　勇　张　淼　袁　浩　余　路　徐　源　彭　欣　罗伟钊　刘　欢　刘春平　何金龙　何安生　储小宇　陈静瑜　吴程稳　王雪松　汪笑璇　欧阳新　茅燕锋　廖晨彦　接小峰　陈腾飞　曹禄来　张　晴　徐　磊　庞　聪　刘　志　刘　群　李　斌　窦　鹏
	2012	25	朱铎义　张　晔　阳　博　吴　强　吴　婕　涂星宇　田家凯　唐高朋　谭　雅　潘祥南　毛　娜　刘　源　刘　威　刘付山　李　希　李　巍　李　浩　李大辉　高连生　高景春　范　娟　范　浩　董士杰　谌　海　罗　枫
材料学	1996	2	罗荣芳　袁庆莲
	1997	2	陈　瑜　龙广成
	1998	1	张彦春
	1999	5	石明霞　龙湘敏　周文献　谭礼陵　杨　明
	2000	3	周万良　李新辉　冯　星
	2001	9	徐亦冬　肖　佳　王　志　刘赞群　刘　伟　李彦广　黄　莹　贺智敏　鲍光玉
	2002	7	周锡玲　张竞男　元　强　许　辉　马昆林　刘轶翔　刘焕强
	2003	12	周　敏　曾　志　曾　涛　原通鹏　殷道春　杨　铮　汪冬冬　潘武略　欧志华　牛丽坤　吕智英　李　俊
	2004	18	肖柏军　陶新明　唐咸燕　刘冰峰　林灼杰　林　娜　梁　慧　李会艳　黄　海　侯晓燕　何智海　关小静　冯　飞　池　漪　程智清　陈卫东　陈书苹　陈　烽
	2005	11	邹庆炎　杨　帆　徐运锋　罗　钰　龙　亭　刘友华　刘　竞　刘　芬　李兴翠　何富强　陈　雷
	2006	8	武华荟　吴克刚　巫昊峰　王建华　王德辉　吕学峰　胡旭立　丁巍巍
	2007	9	赵兴英　邢　昊　孙鑫鹏　廖乃凤　李玉莎　江南宁　龚胜辉　褚衍卫　陈清己
	2008	2	黄　健　勾成福
	2009	3	张贤超　彭建伟　陈　欢
	2010	4	易金华　蔡锋良　朱　蓉　陈嘉奇
	2011	1	郭庆伟
	2012	2	王　勇　郭明磊

续表 4.2.3

学科专业	入学年份	人数	姓　　名
结构工程	1994	2	赖　喜　刘小洁
	1995	1	周凌宇
	1996	2	张晔芝　杨　光
	1997	1	侯文琦
	1998	3	李　佳　罗如登　黄辉宇
	1999	6	罗许国　宋旭明　郭风琪　任　达　李海光　陈文彬
	2000	5	王　茂　彭　涛　莫令文　罗建平　刘　明
	2001	13	翟明艳　伍志平　吴志刚　王　金　王　斌　童淑媛　彭　微 潘志宏　刘仲武　刘兴浩　蒋友良　何任远　陈辉华
	2002	16	庄国方　郑钧雅　张毅奇　张赛赛　游雄兵　熊玉良　孙　晶 史召锋　李　明　李　芳　贺飒飒　郝　静　韩衍群　邓鹏麒 戴凯伟　曹　华
	2003	27	邹伟武　邹　飞　周　坤　周　德　郑永阳　俞冠军　杨　静 肖林红　肖菲菲　传　家　吴芹芹　温海林　韦　玮　阮祥炬 戚菁菁　彭　敏　刘　于　刘　鑫　李　政　李毅卉　李　亮 李　蓓　蒋　彪　贺子瑛　方　宇　杜毛毛　成洁筠
	2004	30	周军海　郑坤龙　赵　维　赵　磊　张保振　谢飞翔　伍　亮 王锡勇　王　佳　王广州　唐莹莹　谈　遂　齐　林　欧阳珠子 刘纯洁　林国章　李一可　李　霞　李丽梅　靳　飞　蒋　琳 黄素辉　胡志海　何红霞　高颖楠　盖红环　陈跃科　陈学文 陈　佳　陈　昊
	2005	36	朱　辉　周云峰　周　钦　张益凡　张丽霞　许　军　魏广尚 王　锋　王　臣　童勇江　陶　路　唐成欢　谭丽芳　施清亮 屈志锋　秦素娟　莫朝庆　罗应章　罗　群　罗　鹏　卢逢煦 刘桂平　刘观云　李志南　李　沛　寇海燕　金灵芝　蒋　宇 胡文军　何路衡　董立冬　戴　卓　陈志锋　陈康华　陈俊杰 王秋芬
	2006	35	周旺保　周奇峰　赵学金　张建军　詹永旗　余勇为　叶　振 叶芳芳　杨宏伟　杨　斐　晏小欢　徐　玲　熊　造　邢　颖 谢　莉　吴忠河　吴继亮　王　月　王恩来　陶胜利　唐　斌 孙林林　罗焓杰　刘进红　刘　杰　刘建军　李　鹏　侯杰平 洪　健　郭玉平　龚匡晖　范　鹏　程小念　程　柏　蔡　斌

续表 4.2.3

学科专业	入学年份	人数	姓名
结构工程	2007	45	朱凡颖 曾丽娟 应小勇 薛 凯 徐 伟 徐树蕾 肖 益 夏文敏 武建辉 伍振宇 吴晓东 吴合良 王震宇 王小兵 王 腾 王路平 王慧慧 唐志雄 谈峰玲 孙建伟 申 卫 欧阳旭 罗云龙 罗应松 罗炳贵 陆文军 刘 钰 刘雪梅 刘希月 刘海峰 刘光亮 李文才 李建平 李恩良 李春丹 雷 雨 姜亚鹏 黄 林 侯鹏飞 伏 荣 奉 鹏 冯 涛 董传磊 陈 建 边 丽
防灾减灾工程及防护工程	1996	1	王华彬
	1997	2	徐 彧 朱 玛
	1999	3	蒋晴霞 冯 凯(保留学籍) 缪 凡
	2000	7	王飞跃 彭势清 黎 燕 甘方成 张 焱 欧阳震宇 刘 静
	2001	7	周 庆 常玉峰 白国强 徐志良 冯 凯 李 昀 胡自林
	2002	2	张威振 裘志浩
	2003	12	郭新伟 黄伟利 冯春莹 李守雷 徐 亮 贺 毅 蒋春艳 唐义军 王 丽 李 博 倪天晓 刘勇求
	2004	8	龚 啸 陈 强 邓芸芸 李昀晖 李 兴 李超群 安永林 周 凯
	2005	7	曾志长 张凤维 何 佳 何正林 汪 洋 吴振营 杨 志
	2006	3	黄益良 宋 平 朱国朋
	2007	6	万 俊 苏玲红 黄维民 段雄伟 杨 刚 李沿宗
管理科学与工程	1999	2	王 艳 孟 浩
	2000	1	张 武
	2001	2	张 伟 张勇军
	2002	3	张建平 裴 赟 冯小玲
固体力学	2000	1	欧阳建涛
	2001	5	刘汉朝 聂更新 肖 湘 杨立军 曾四平
	2002	9	杨立军 徐 根 廖政峰 李 忠 李志强 李 毅 李雅萍 李 敏 杜金龙
	2003	8	资 伟 周开航 张丽娟 张传军 易颂明 唐习龙 罗 毅 陆 洋
	2004	6	阳发金 王 志 王贤基 王丙震 盛 昌 刘东芳

续表 4.2.3

学科专业	入学年份	人数	姓　　名
固体力学	2005	5	谢　强　沈爱超　彭旭龙　罗建强　黎纵宇
	2006	9	张春雨　余山川　王宁波　钱　森　贾承林　胡　平　方　敏　陈伟娜　陈俊儒
	2007	14	赵文国　武井祥　吴海涛　危玉蓉　王洪霞　孙艾微　宋　杰　申　俊　马明雷　吕诗良　刘晓丰　李成才　孔旭光　陈　欣
	2008	7	周名军　张红晓　蔡先普　席莉娅　袁天祥　赵权威　韩迎春
	2009	7	张召磊　张　涛　肖小文　夏文龙　潘荣升　李　新　李　鹏
	2010	5	马　彬　杨　武　马　强　梁伟达　冯晓东
	2011	6	段　纯　崔仕泽　袁文芳　王子国　唐安烨　任远航
	2012	2	沙　斌　董鲁鹏
制冷及低温工程	2000	8	周雄辉　袁　锋　于绍飞　杨培志　李　松　霍　明　黄华军　陈季芬
	2001	7	蔡　敏　刘广海　刘魏巍　谭显辉　肖　浩　宣宇清　叶金元
	2002	6	朱先锋　谭显光　饶政华　李星星　陈忠杰　陈志刚
供热、供燃气、通风及空调工程	2002	4	于　宏　徐振军　聂　扬　李越铭
	2003	7	张振迎　张旭光　杨　中　刘　刚　刘昌海　黄　清　胡达明
	2004	8	张皓皓　徐小群　莫　羚　鲁晓青　黄敬远　段国权　邓敏锋　陈歆儒
	2005	7	阮秀英　朱正双　杜海龙　邓佳丽　黄珍珍　谌盈盈　张东生
市政工程	2003	8	张元立　张　萍　许　岩　李　华　高　迪　冯春莹　段靓靓　程　洁
	2004	2	汤裕坤　胡海军
工程力学	2004	3	郑万芳　夏　龙　邓发杰
	2005	3	朱晓玲　张　扬　陈子光
	2006	6	赵　博　吴丽君　宋斌华　栾旭光　郭　兴　安燕玉
	2007	3	张刘刚　许润锋　谢晓慧
	2008	2	赵明剑　曼亚平
	2009	2	于海峰　刘中良
	2010	7	姚延化　黄林志　陈　稳　杨　超　兰维勇　马耕田　詹梦思
	2011	4	易喜贵　谭巨良　车然娜　李　卓
	2012	6	赵海利　张　杰　潘炎夫　刘剑光　赖智鹏　高涵鹏

续表 4.2.3

学科专业	入学年份	人数	姓名
建筑设计及其理论	2004	5	王　靖　刘素芳　高　翔　甘　强　陈利勇
	2005	5	周　靖　杨　芳　熊韧苗　吴　燕　刘亚丹
	2006	13	周　靖　王怡凡　宋　敏　刘　慧　李秋实　李　琨　黄　超 胡哲铭　洪碧娟　龚　强　甘　佳　冯淑芳　陈柏球
	2007	13	张　慧　张　昉　杨　熙　杨君华　杨长贵　徐东扬　熊　旺 王　璐　陶　磊　彭　诚　刘子建　郭　华　高新琦
城市规划与设计	2004	10	杨　勤　唐劲峰　宋　为　欧阳旭　罗　曦　刘俊杰　刘建业 姜秀娟　何延科　段　宁
	2005	13	朱顺娟　周　菲　郑　华　汪　海　沈华玲　欧阳胜　李新海 雷忠兴　蒋　祺　方德洲　范志敏　陈峥嵘　岑湘荣
	2006	26	朱　政　赵云飞　张　豫　张沛佩　张　磊　杨　宇　杨　帆 王　敏　王海燕　王桂芹　王　岫　童毅仁　卢　放　刘晓芳 李云飞　李　漾　李若兰　李　军　李传贵　赖伟明　金继晶 黄　静　贺金明　何　磊　陈　帅　陈俊生
	2007	25	周　捷　张宝铮　杨　靖　杨　果　韦婷婷　王雅琳　涂细兰 罗　璇　刘俊琳　廖妍珍　李　悟　何宇珩　匡绍武　刘灿华 刘　怡　毛宇飞　石国栋　徐晶实　杨文军　张海潮　张岁丰 章晴晴　邹　哲　谢世雄　谢安安
建筑技术科学	2004	3	苏　墨　刘仙萍　陈　鹏
建筑学	2008	53	周　蓉　钟　鑫　赵晓霜　张颖星　张祥永　张倩宇　张　平 易平安　杨开开　严　亮　夏红宇　吴鲤霞　乌　画　王雄英 王　丹　王成新　陶竞进　唐艳丽　汤　彦　汤　君　谭　彦 覃　玲　石　博　沙　鸥　祁　双　毛　婧　刘茜茜　刘莉娜 梁美霞　梁　纯　李　铭　蒋　萍　黄友生　何业员　何　珏 段　影　段　鹏　邓竹松　陈　娟　车　霞　蔡　昕　陈　莉 陈文芳　匙　楠　郭　灿　胡文峰　姜　芹　刘　辉　刘　雨 沈志意　杨虹辉　赵　璐　朱红飞
	2009	33	朱啸寅　周顺裕　郑　聪　张　莹　张丽娟　张建美　张昌威 余一芳　颜　婷　谢　俊　莫慎婷　刘晓洁　刘路云　廖诗家 梁高动　李仁旺　李　娇　李建波　黎启国　雷文韬　雷欧阳 康兰兰　何文茜　何南茜　何碧江　韩瑞晴　关崇烽　龚皓锋 成　宁　陈小勇　曹　璐　宝正泰　文　闻
	2010	47	杨　檬　朱　琪　张　慧　张　红　张　帆　于春露　殷丽平 易　蕊　肖　静　吴荻子　吴　博　文霞蔚　文　卷　魏鸿毅 王超郢　谭　顺　马　楠　马健强　罗　钧　刘倬函　刘　增 刘一川　刘维萍　刘　婷　刘润姣　李　鑫　李　畅　孔　丹 蒋钊源　蒋　刚　黄佳乐　贺　鹏　贺　斌　管　弦　高视之 封振华　陈一溥　陈丽莉　温建华　王　欢　高　晖　陈　希 陈　伟　龙　洋　吴　洁　周可第　尹易杏子

续表 4.2.3

学科专业	入学年份	人数	姓　　名
消防工程	2004	1	谢宝超
	2005	1	杨铠腾
	2006	2	刘洪亮　邝宇幸
	2007	7	朱书敏　赵红莉　孙云凤　李　智　李　洪　李　冬　暴环宇
	2008	8	张　冬　刘广林　吴小华　彭锦志　杨超琼　张仁兵　杨　洋　周湘川
	2009	9	张亚美　张　新　张　威　张　崇　杨尚军　杨　琨　卢　超　纪道溪　黄　维
	2010	6	赵　冬　楚道龙　申秉银　王　闪　王力申　李　建
	2011	6	易礼珍　周宏明　赵志远　周　慧　王　冲　康　恒
	2012	7	张　冰　曾嘉伟　文　康　钮佳丽　李卫高　高　源　丁文婷
土木工程规划与管理	2004	11	郑　颖　张　涛　姚元军　颜　嘉　王　丹　彭庆辉　马英斌　李　贞　李　凯　邓宏伟　崔　浩
	2005	13	张玉娟　杨增辉　颜红艳　徐　华　汤　立　刘　轶　刘　洁　梁琼月　李　准　李爱芬　赖纯莹　何　凯　顾　洋
	2006	25	周　卉　周光权　郑　岩　张　勇　杨丁颖　许　杰　徐祎琳　徐　芊　温振亚　王永军　王　蕊　王芙蓉　王冬梅　田　芳　孙翠翠　石碧娟　邵超群　罗生喜　李树强　李　蓓　康　磊　华文鑫　冯　婧　杜　江　陈国政
	2007	31	赵玉梅　张易炜　张雪锋　张小余　喻　珍　叶青云　叶金莲　杨　媛　杨　艳　杨晓明　许玉洁　许宇明　肖　晗　文　喜　王娜娜　王立红　汤　丹　孙伟诺　孙崎峰　舒善太　刘照云　刘庆贺　刘　斌　李枝尧　黄　河　郝震冬　桂芳昕　丰　静　戴　炎　褚发筛　程　兵
	2008	28	张　蓉　曾远亮　杨卫军　赵周杰　朱　燕　刘艳梅　胡艳君　廖　博　舒灵智　蔡海蛟　吴文宁　陈　诚　侯立男　胡鹏飞　李　云　贺爱群　李萍瑶　赵越超　徐翠翠　朱　慧　程宗仁　李洪勇　罗鹏宇　韩鹏辉　周　圣　周梦扬　李　洁　张传芹
	2009	37	周灵娜　张友华　张　涛　余　璇　杨恒亮　阳桂林　肖　莹　肖　夏　肖春妍　肖碧青　武朝光　吴正华　王啸海　王　俊　邱　斐　秦真龙　彭璐璐　罗琳芳　刘　慧　刘　博　凌学娟　李思怡　李　季　黄晓珑　黄　蒲　黄茂林　黄　璐　黄洪伟　黄德源　胡延续　胡新琪　贺盛炎　何　曼　陈　露　晁岱壮　曹　辉　蔡　改

续表 4.2.3

学科专业	入学年份	人数	姓名
土木工程规划与管理	2010	36	杨柳荣 袁明慧 冯昕 徐利锋 熊霞 周瑾 董晓萌 尚喆雄 张志军 姚晗 肖娟 陈赛君 刘雯 曾丹丹 程曦 朱秀段 欧耀文 王露薇 吴小倩 邱竹君 田兆贤 吴美玲 盛建功 李莎 唐光 孙红 孙琛 杨其 贾晓彬 张丽秀 卢向勇 徐浩 唐源 崔忠东 康仪庄 陈建
	2011	34	张臻 张亚红 余清芝 杨光 杨晨 许婷 吴龙勇 王欢 王冠军 吕荣 解帅 付轼辉 赵文静 杨乾辉 王胜玲 史梦华 邵林波 李芸芸 李路曦 黎新乐 孔庆周 阚玉婷 姜伟光 黄曦霈 侯小辉 樊陵姣 段梦诺 陈志强 余琴 谢勇 田睿 汤平 李莉 申娟
	2012	23	朱文婷 章超飞 杨昀浩 杨晓红 杨文君 杨斌 王洋 乔峰 欧阳帆 刘永龙 梁尚坪 李庆娟 李娜 贾高坡 黄霞 郭路路 龚倩 丁辉 淡倩倩 程军光 陈思思 柴国栋 蔡艺卿
城市轨道交通工程	2004	2	周鲁 蒋颖
	2005	4	秦文权 孔凡兵 蒋孝辉 郭高杰
	2006	2	章敏 何红忠
	2007	1	肖治群
	2008	2	贺元渊 张勇
	2009	2	周莉莉 陈舒阳
	2010	1	谢帅帅
	2011	2	蔡陈之 魏一夫
	2012	1	向尚
土木工程材料	2006	7	赵腾飞 赵金辉 袁航 尹明 彭松枭 代晓妮 白轲
	2007	2	曾胜钟 黄波

续表 4.2.3

学科专业	入学年份	人数	姓名
土木工程	2008	139	李玲英 周志敏 江婧 钟磊 杜文火 张鹏 周林超 张国法 杨永斌 朱文兵 陈科键 尹钱求 黄海雷 陈伟 王木群 田伟 杜雁鹏 宋瑞斌 陈涛 项超群 尹雪倩 杨峰 戴慧敏 吴小武 秦红禧 户东阳 周义柏 陈雷 张艳锋 梁卿达 赵立菊 王丽萍 黄尚 罗波夫 王靖 宋真民 朱文兵 李述慧 黄海彬 邹振兴 王曙光 尚国龙 何凡 侯伟林 曾昭阳 张露 刘跃宇 张鑫 彭著 刘桂羽 肖小琼 梁岩 雒建哲 贺文宇 吴希龙 李军 马建军 旷南树 王照伟 刘正初 李志辉 于雷 邱常廷 沙炎炎 魏晓军 阳霞 万华平 姚成钊 沈青川 丁磊 李斌 孙晋莉 谷云龙 马畅 廖仕超 李风云 张磊 王向阁 曾艳霞 向发海 武鹏宇 郭志广 陈银象 胡嫄 刘洋宇 金勇刚 邓帅 胡滔 罗文军 胡黎明 虞辉 周尧 李锋 潘红美 黄龙湘 何金峰 杨元洪 严中 雷小芹 钟正 胡贵权 徐永焱 廖荣坤 李春阳 杨竹青 欧阳葵 陈鹏 杨德升 赵镇林 吴赍 许富 徐庆华 王宗丰 赵品毅 江名宝 邹伟 翁运新 熊志 陈卓 周冬 吴振涛 吴建高 余宽 陈丽芝 胡思民 田钧 李列列 胡奇凡 周小壮 钟海 陈清华 王剑 曹伟 张振兴 童晨财 赵平水 汤伟红 肖金敏 任亚勇
	2009	161	朱溢敏 朱能文 周兴卫 周苏华 周鹏 钟丽 赵鹏 张倚天 张先伟 张士刚 张仁琴 张强 张隆顺 张军 张花 曾志良 曾敏 易岳林 易灿 杨小丁 杨贤康 杨乐杰 晏江驰 许彩云 徐振华 徐希武 徐涛 徐方 谢晓峰 谢梅腾 谢兰芳 谢金 肖勇军 伍彦斌 吴美英 魏永明 魏少雄 王勇 王莹 王银岭 王嵩 王松周 王敏 王丽娜 王兰 王辉 王华 王朝忠 王昌胜 田卿 汤文达 汤琼 谭涌 谭鹏 覃林 孙宇雁 孙欢欢 孙成 宋良良 舒高华 史佩韶 史春生 沈冰 邵灿 任恩辉 秦文孝 秦朝辉 彭寅 牛克想 宁少英 聂红宇 毛建锋 马学庆 马廷文 马慕蓉 罗永乐 罗庆 罗晶 路平 龙小湖 龙海滨 刘舟 刘志 刘迎辉 刘攀 刘家宏 刘海涛 刘光明 刘飞军 刘栋 刘丹 刘从新 刘超凤 刘常虹 林新 李哲 李育林 李永鑫 李田英 李凯雷 李君 李红杰 李刚 李凤翔 李方方 李丹 李大稳 李爱飞 雷云佩 孔建杰 姜静静 姜超 江建文 黄耀 黄生文 黄立 华小妹 胡颖 胡鑫 胡文斌 胡蓉 贺桂超 何小波 何丽平 韩征 郭永祥 郭青 巩运丽 高林 冯瑞敏 樊青松 杜鹏 丁晨 狄宏规 邓之友 邓双 单晓菲 崔晓菁 褚秋阳 褚东升 程浩 成丕富 陈智 陈玉龙 陈勇 陈烨 陈威 陈善 陈鹏飞 陈敏 陈海坤 陈东柱 曹琦 曹龙飞 蔡健 蔡国威 班霞 申超 王佳 唐尧 刘洋

续表 4.2.3

学科专业	入学年份	人数	姓名						
土木工程	2010	160	邹智明	邹志林	庄伟	朱伟	朱乾坤	周正祥	周文发
			周龙军	赵双益	张艳芳	张明	张敬宇	张佳华	张华帅
			张大军	曾宪芳	袁维	原雪	余宏	游翔	殷黎明
			杨伟	杨桃	杨晴	杨鹏	杨露	杨黎明	杨君琦
			杨靖	晏辉煌	薛嵩	许甲奎	徐荫	徐韬	徐庆国
			谢顺意	谢陈贵	吴绪康	邬亮	王正	王誉	王维
			王柳	王力权	王佳	王华贵	王读写	王超峰	汪毅
			汪鹤	万民科	涂旭鸣	田理扬	唐鹏	唐亮	唐鼎
			宋杰	史艳	史伟	石宇	阮占军	冉瑞飞	钱骅
			祁志伟	漆一宏	彭最	彭晓丽	彭荣华	潘成赟	宁育才
			宁业辉	聂子云	牟友滔	孟飞	孟栋	毛星	毛阿立
			马阳春	罗瑶	罗雅婷	罗嘉金	柳世涛	刘元帅	刘特
			刘强	刘黄伟	刘楚	刘斌	刘蓓	林志军	林立科
			林孔斌	廖平平	梁应军	李智	李志刚	李振华	李泽龙
			李习平	李文博	李巍	李少娜	李恒通	李光强	康欣
			康立鹏	金启云	解建超	蒋鹭	黄子渝	黄亚进	黄伟伟
			黄珏鑫	胡文喜	胡威力	何翊武	何铁明	何姗	何立翔
			何灿	何安宁	郭良亭	郭钢江	龚大为	耿雪林	高瑞彬
			高琼	付桦蔚	樊荣	段红蜜	都晓宁	丁乐	戴珅
			陈忠津	陈玥	陈绍磊	陈清岩	陈龙	陈亮1	陈亮2
			陈国顺	陈东海	常婵子	曹翔	蔡政标	柏涵	吴宜
			王世雄	李军	成丹	钱智铭	庞绮玲	宋卫民	吴仁铣
			郭慧敏	金秀娜	刘玉洁	侯荣伟	蔡铖	刘斐	
	2011	165	朱准峰	郑雨舟	张鑫	曾华	游涛	伍容兵	王净伟
			欧阳大任	童益明	邱远喜	牟兆祥	孟庆业	罗超	刘海林
			廖鸿钧	黄叙	高永亮	高楠	扶晓康	陈文标	陈兵
			朱志祥	朱双厅	周卫卫	周铁明	张志楠	张晓星	张思思
			张洪翠	张高帅	张佃仁	曾梦笔	袁月明	于万秀	尹邦武
			叶新宇	晏伟光	徐亚斌	谢晶旭	肖龙君	夏玉领	吴雪峰
			吴俊伟	吴进超	翁文英	文观明	王一鸣	王孟君	王路路
			王嘉奇	王公阳	万翱宙	陶戴邦	唐立新	谭文勇	孙亚光
			孙箭林	沈六六	沈佳佳	申启坤	邱远光	秦明光	钱志东
			彭妙培	潘云瑞	潘昱行	潘靖军	欧阳涛	苗永抗	毛远文
			罗晓燕	吕韶全	陆顺芳	刘圆圆	刘御刚	刘春燕	梁为群
			李志忠	李晓静	李清元	李平毫	李国提	鞠高云	黄永明
			黄湘龙	胡先春	胡立华	胡杰辉	侯昱泽	郭帅成	郭川睿
			龚万莉	费瑞振	房以河	方晓慧	杜风宇	邓朋儒	崔海浩
			陈炎金	陈升高	陈青松	曹成勇	艾永强	艾辉军	邹超
			周赞	周实	周敏	周浩	张涛	张箭	张翠
			张标	叶剑	杨洪	杨琛	薛铖	谢龙	肖阳
			肖啸	夏宇	王晴	王捷	王欢	万毅	唐泉
			谭勇	粟淼	沙嵩	阙翔	彭诚	欧娅	马婷
			马俊	吕飞	鲁恒	卢剑	刘轶	刘玮	刘琴
			刘强	刘柯	刘军	刘国	廖俊	李婷	李键
			黄粱	黄闯	胡伟	胡博	何珊	葛军	高礼
			付威	方亮	邓飚	程良	陈煜	陈鑫	陈希
			陈明1	陈明2	陈诚	粟慧林			

续表 4.2.3

学科专业	入学年份	人数	姓　名
土木工程	2012	117	吴蔚琳 史久龙 朱伟 朱太宜 周彪 赵晓娜 赵静文 张剑 张大付 张创 张泊宁 袁石沣 余晓光 余道顺 余成学 尹兴权 尹俊涛 叶云龙 姚飞 杨诗龙 杨励 杨帆 杨迪 闫庆 鄢本存 徐兴伟 熊高亮 夏启迪 吴志花 吴吉 吴慧山 王元礼 王晓飞 王伟民 王涛 王鹏皓 王鹏飞 王力东 王华 王帆 汪金胜 覃长兵 孙明国 孙发程 宋熙龙 宋昊 史航 沈双林 秦思谋 彭小明 彭立艳 苗锋 孟相昆 马义飞 吕连兵 柳岸青 刘正夫 刘勇 刘怡然 刘央央 刘亚茹 林辉 林超 梁颖君 李云峰 李一竹 李姚 李亚奇 李亚平 李文静 李文坚 李杰 雷佶洲 兰兴华 赖慧蕊 孔禹 康崇杰 焦晨贝 贾庆宇 吉海燕 黄玮 胡珍品 胡蓉 侯泽兵 贺佐跃 贺特球 贺邦祖 何重阳 何庭 何欢 郭飞 官斌 傅金龙 冯康 冯金仁 冯金杭 杜棣宾 邓壹萍 邓季坤 成浩 陈相宇 陈聪聪 曹能学 周明 赵洁 张雨 宋真 宋宁 焦姣 方哲 张安 杨恒 李璋 胡润乾 谢济仁 韩殿牧原 高望
建筑与土木工程(全日制专业学位)	2009	45	周永早 周敏杰 郑泽源 郑慧政 于年灏 杨文源 杨磊 许建宁 谢小华 王志远 王守林 汪菊 唐娟 彭春艳 潘增光 欧长贵 宁金香 马骁 马叔赐 马磊 罗春花 吕静贻 龙后程 刘远洋 刘沅 刘旭 林冠东 李文娟 李俊 李健 蒋超 黄迎峰 黄文娟 韩斐 郭丽 高冬梅 范志材 邓斌 车忠 曹扬风 卜亚文 李平 何波 刘汝梧 龚志红
	2010	44	李小刚 武希涛 邓萱奕 侍永生 王传燕 刘宇凤 马俊 李林 刘加喜 陈璨 黄喜新 隆青玲 杨琳琳 秦岭 朱江南 范超远 林杰 徐健楠 张焱宾 赵楠 刘程 王为乐 丁蓬 孙奇 朱存鹏 蒋贤勇 李攀 杨峰 郭涛 曹明波 夏祥麟 徐萌霞 胡金星 夏彬 刘原 毛君 彭志远 姜波 徐侠 郭美芳 黎藜 周波 刘煜 谢杰光
	2011	77	周松 钟林志 张晓湘 张萌 曾志刚 余静静 易倚冰 杨关文 肖倩如 吴林淋 文耀慧 王培 汪鹏福 童无欺 唐军军 汤祖平 孙道广 邱良 李维熙 贺坤龙 何阳 戴胤 戴伟 陈远建 陈文荣 陈亮 陈洁 陈春丽 蔡亦昌 庄绪杰 朱玉龙 朱显镇 郑阳淼 郑浒松 赵亚超 张照海 张运平 张乔艳 岳海波 余洪斌 许文龙 许敬叔 肖咏妍 魏诗雅 王艳菲 王小雪 汪穹立 潘秋景 李福金 蒋明君 黄继兴 胡莉娜 高劲松 左露 邹靖 庄乐 张昱 张姝 张凡 曾雄 夏智 吴英 唐斯 宋准 糜毅 罗果 李璐 李佳 蒋骞 贾凡 纪婧 黄芳 胡刚 邓群 戴劲 陈龙 刘璐

续表 4.2.3

学科专业	入学年份	人数	姓　　名
建筑与土木工程(全日制专业学位)	2012	119	朱美佳　周　政　周　瑾　周　浩　周　超　郑建南　郑刚强 赵倩炜　张志超　张志斌　张学磊　张东琴　张　超　余　欢 易　诞　叶　涛　杨文超　杨　琪　阳卫卫　颜明仁　许琪琪 许　芃　谢小雨　吴　岩　吴奇超　魏松平　王溢华　王凯莉 王　京　万召红　谭　亚　孙太朋　史亚琴　沈肖肖　阮　庆 秦达超　齐云轩　彭　永　彭　曦　潘伟波　欧雪峰　宁迎智 闵　欢　苗　天　孟　可　马小伟　刘志强　刘　泽　刘　荣 刘　乔　刘锦成　刘会颖　刘会强　刘晖峻　刘顶立　吝代代 廖　洲　廖　湘　李　真　李雪欢　蒋　赟　蒋国帅　纪华云 黄文杰　黄海宁　胡　蓉　贺益田　郭诗平　郭　亮　高志宏 高　宇　范瑞翔　褚杨俊　褚　燕　陈　涛　陈俊伟　陈海洋 蔡德昌　姜　博　蔡　剑　陈旭东　祝朋玮　周　凯　周纯择 赵　洵　张　震　张晓庆　张丰华　曾一帆　游　浩　尹汝琨 尹国安　杨军将　颜　世　谢君利　吴　婷　王　哲　王　炎 王成洋　欧练文　刘　意　刘　丽　刘凯波　梁　东　李永铎 李　旭　旷景心　金艳平　贾浩波　纪　成　郭亚磊　高君鹏 段亚辉　邓鹏飞　褚　盼　邴绎文　李　希　何燕青　王陈贵生
工程管理硕士(全日制专业学位)	2011	3	罗纯军　贺祥宇　张　栩
	2012	4	姚　涛　余向阳　柳　坤　陈明叶
合计		3010	

五、在职攻读硕士学位研究生名录

各专业共计招收高校教师在职攻读硕士学位研究生 52 名，在职工程硕士研究生 837 名(其中建筑与土木工程领域 694 名，项目管理领域 143 名)，详见表 4.2.4 ~4.2.5。本部分未包含研究生进修班的同等学力研究生。

表 4.2.4　历年招收的高校教师在职攻读硕士学位研究生名册

学科专业	入学年份	人数	姓　　名
岩土工程	2004	3	叶建峰　姚建雄　陈果元
结构工程	2004	13	卓　娜　张　惇　陈曼英　马松影　黄东海　潘　峰　贺朝晖 刘建平　刘灿红　刘　艳　杨　枫　郑屹峰　唐春雨
	2005	4	陈敏慧　易红卫　廖　嘉　刘康兴
	2006	2	卜伟斐　周志学

续表 4.2.4

学科专业	入学年份	人数	姓　　名
市政工程	2004	16	林晓枝　陈林文　林　云　刘　丹　陈　海　陈　鲲　叶　猛 林幼丹　蔡碧新　董　斌　唐春媛　陈光耀　李积权　钟春莲 陈　祎　林兆武
	2005	4	余志红　林琼华　吴　征　杨芙蓉
供热、供燃气、通风及空调工程	2004	3	许媛媛　成志明　周东一
防灾减灾工程及防护工程	2004	1	郑居焕
桥梁与隧道工程	2004	3	李　磊　银　力　罗淮安
	2005	1	杨　鹰
道路与铁道工程	2004	1	袁　媛
	2005	1	李志林

表 4.2.5　历年招收的在职工程硕士研究生名册

领域名称	入学年份	人数	姓　　名
建筑与土木工程	2001	36	楼捍卫　曾维作　罗清明　郭乃正　肖剑秋　罗　恒　唐其贵 刘红毅　黄　弘　路莅枫　高　辉　李　伟　李兴成　梅文勇 沈　周　陈进光　张　文　林镇洪　张　坤　向建军　陈洪波 高志勇　王一军　石挺丰　罗万象　虞　奇　蔚　然　王中东 刘道强　罗　伟　郭　峰　卢　剑　刘建成　王喜军　蔡华密 田　意
	2002	73	韩汝才　姚发海　刘怀林　杨建国　陈建群　林　尚　彭思甜 王　英　赵志刚　周冬生　谢流生　陈伟丽　单立平　刘仕顺 冷振清　孟　钢　李　铌　肖重祖　李正耀　许湘华　张向京 罗凤姿　周诗雄　张　静　谭菊香　陆江南　高晓波　杨洪波 刘微明　徐占军　蒋　全　周小波　周　岚　尹立威　邓永红 廖　毅　喻德荣　邹　煜　吴丽君　欧名贤　刘学鹏　糜　涌 许交武　余　君　邹静蓉　王昌良　安少波　黄镇南　刘武成 鲁劲松　郭　飞　胡迎新　付永庆　胡　剑　李德坤　杨建中 杨梦纯　赵向荣　赵利民　蒋　荣　李坚辉　李玉红　邱训兵 黄其芳　贾荣强　刘新华　闻　生　雷金山　张宇青　胡卫东 胡希贤　汪谷香　李建方

续表 4.2.5

领域名称	入学年份	人数	姓名
建筑与土木工程	2003	72	王贵明 时一波 黎光勇 冯广胜 周兰英 刘孔玲 陈友兰 黄友剑 戚玉明 欧阳正 曾毅军 江跃平 毕锡辉 丘斌 郭相武 李建 梁菊新 陈建国 谭向军 周剑 刘庆 渠述锋 齐春峰 黄英 杨世捷 刘小平 张兵 戴兵 郭磊 周大东 周长春 王爱武 王文涛 龚佳 王巍 刘和清 李松报 王兴强 梁耀 梁瑞强 李欣 曾阳春 王勇 文畅平 李述宝 蔡永泉 裘志浩 黄春辉 钟春松 邹焕华 宋程鹏 袁湘民 周外男 唐桂英 张红心 肖婧 盛涛 唐重平 黄敏健 向道明 周荣 唐晓雪 喻浪平 李伟雄 甘英明 刘建军 匡华云 曾自愚 罗文柯 余亦文 戴进 李玉红
	2004	73	郑平伟 刘保钢 任世杰 陈文科 刘伯夫 何永刚 马骁 宋晖 曾文德 郭明 周利金 吴辉 孙立 肖明 李汉平 周雪铭 谭文雄 万林 李奇 敖宏 张宇 张小飞 彭永忠 光振雄 严爱国 陈小波 龙汉 肖勇 付华 胡社忠 关伟 钟波 黄玉刚 吴长才 李汉青 杨玉庆 朱仲毅 车斌 田照远 丁金刚 郭方平 杨智勇 彭先宝 童智洋 杨艳丽 周坚 柴建民 曹建军 王浩 杨劲 孔果 袁俊杰 李丁徕 郝红彬 赵志刚 苏斌 周莉 邓尚平 余忠 申灵君 满奕 许国平 刘锋光 易谦 黄飞 张继周 赵晶宇 王巍 江荣丰 徐浩然 蒋华 李鼎波 高世军
	2005	47	鄢康翌 熊辉 贺小鸿 黄辉 金华山 谢志军 吴亚鹏 胡浩 周振华 王泽锋 王新明 向远华 邵国维 高至飞 曾军长 代永波 郑斌 黄建华 姜立新 蒋继烈 李红岩 蒯波 袁则 易兴华 闫林栋 冯德泉 鲁敏芝 李佳山 唐剑华 马书强 席超波 卢光辉 徐颖恺 唐进 苏吉平 程露 周尧 卢山 胡云龙 王晗 刘芳 刘学青 周涛 崔容义 杨大军 肖涛 陈勇
	2006	45	宋延涛 刘辉 朱璐 柳卓 万坚 陈旻蕾 颜彩飞 朱林 高景宏 陈劲 黄小军 张付军 刘帅成 傅黄明 罗素君 史胜利 杨云 王克宏 麦丽 王刚 李世平 罗建阳 王璇 田湘鹰 桂铬 袁金明 陈浩 叶自钊 谢冬 余国成 唐恒 谢晓健 朱霞 陈建波 雷文辉 王渊 黄智勇 唐卫华 范凌燕 安爱军 唐卫平 刘中刚 王良民 杨铠 廖文华

续表 4.2.5

领域名称	入学年份	人数	姓　　名
建筑与土木工程	2007	48	周晨 贾进元 彭震 许丽静 尹盛霖 马驰峰 徐彦 易纯 陈靖 周兴涛 谢春辉 何英伟 冯宪高 陈立锋 卢佳 李永青 许江 梅大鹏 湛先文 蔡红宇 熊建军 彭铁光 彭光荣 江晓峰 刘天雄 管锋 梁永胜 孙宏 徐涛 李周强 常柱刚 吴涛 朱新华 俞皓 舒丹 李文华 曹晔 李岳琦 雷文茂 李兵 黄鑫 叶国东 郑志胜 林斌 华雪 周尚荣 赵国利 申灵君
	2008	49	王春景 刘少军 张建晖 赵尊焘 吴春喜 张莫愁 黄欣 李山松 杨林东 傅黄明 杨智 王旭 李巍 杨咏国 王文胜 陈亮 罗力军 秦桂芳 陈涛 黄大成 李钊 李庆生 莫玉荣 吴波 何山 曹洁 余佳 程搏 杨健 王剑 冯善恒 毛磊 王慧莎 张莉 韩凤岩 李方祥 黄毅 马玉麟 邓翔 洪琼 刘兴平 甘远明 廖茂汀 李刚 周云斐 吴惠华 陈红 程嵘 李伟平
	2009	42	梅长安 吕振国 范万祥 岳峰 文超 张小军 张继华 陈文辉 匡达 陈阳雄 孙爽 陶智寅 曹晖 林胜利 李宁宁 廖春成 颜海建 罗伟平 石鹤扬 王怡婷 汤敏捷 周萍萍 贺凡 刘炳浩 曹聪 姚童刚 李冰 曹鹏程 龚晓燕 齐放 曹良华 黄超 肖键 余志国 刘江红 彭建波 曹星 彭霞 石峰 王志华 戴鹏涛 黄伟
	2010	42	秦宿钧 蒋华春 徐同蕾 凌云志 张汉一 曹忠 王财来 李军华 陈立祝 毛坤海 王振宇 彭立军 李鲲 刘军 林达文 王鹤 鞠海峰 黄志忠 张先念 许福丁 黄琛 蒋华 阮洪亮 许颖强 贺威 刘准 虞磊 车四林 李毅军 李跃鹏 王砚 黄金旺 柴霁 徐觅 阳雪 肖霞 龙天翔 闫军 储昌欢 李晔 安杰 欧阳刚杰
	2011	39	蔡晶 潘斌 吴丁花 李权 刘强 周磊 吕贤军 谭新根 肖剑 郑奋兮 陈鹏 于洋 张自力 梁奎生 杨旭光 李彪 赵鹏 彭状 李延超 黄达 杨基 高虎军 韦合导 尹禄修 宋希阳 于薇 王勇 黄尧 刘翔 龚毅 凌露 张日鹏 邢康宁 雷运科 吴汉奇 陈冠军 邓永锋 谢建新 刘磊

续表 4.2.5

领域名称	入学年份	人数	姓名
建筑与土木工程	2012	80	赵子龙 宋阳 张鹏 吴向辉 罗秀松 袁理 蒋星宇 路军生 张毅明 苗宪强 胡云发 卢兴晨 詹雄威 胡军 宋军 范士超 刁翔 李周庭 周勇 张俊杰 彭奎 房中玉 杨俊 王达 陈剑华 赵楠 陈建福 王毅 靳柒勤 张小军 夏万友 艾杨玲子 陈国宏 江一舟 黄根满 龙驻 纪佳伟 詹享东 陆国高 吴理雄 朱拓 汤怀凯 曾文韬 张向宇 周红霞 晏胜荣 王友涛 周涛 朱江 陈志 曾大鹏 李辉 梁松 王豪 吴昕 王化盛 李红斌 陈咏明 李检平 江浏 张细宝 范湘琴 刘五一 张拴牢 陈泽翼 方朝刚 何昌杰 朱承强 雷建华 梁志军 李尉玮 荣琦 言煌博 王海涵 唐四成 曹建交 缪兵权 姜永伟 曾鹏 周娅丹
	2013	48	矫显龙 孙焕重 张明旭 李可为 袁梦阳 戴炜恒 蔡晚晚 颜文华 李金坡 邓满林 刘涛 申昊 何旭 郭翔 杨谢辉 周涛 彭文忠 侯绚昕 蔡佰英 彭杰 林虎 贺治 李源 张健 戴彬文 刘聪 李谷阳 周睿 阮井碑 周成丰 刘树堂 黄尚枫 姜伟宁 范春生 张舵 胡波 王泽丰 刘毓楠 陈志勇 唐峰 黄伟 阴嘉伟 陈传峰 吴学慧 陈外洋 袁立 陈进 任达成
项目管理	2005	5	毛明发 郑建光 黄文俊 黄红宇 崔石琴
	2006	19	赵毅 屈文杰 程秋 周卫 吴家权 张剑 徐卓慧 杨勇 邓珊 宗蓓 贺新良 王健 黎庶 唐毓 陈晖 李强 龚湘军 黄光辉 彭运河
	2007	21	明海翔 黄金国 何美丽 周先平 李体存 杨哲 游荣 王翔 詹浩伟 李光玉 廖晓阳 唐荣辉 戴春田 赵晓路 肖先仲 唐葭 高智神 易波 刘达南 王晨 陈楚贵
	2008	10	刘雪芬 黄岗 方秀 徐宇 方应伟 郑瑶 龙建军 李文春 魏根岭 赵振华
	2009	20	黄花 陈钢 周忠于 付涛 付腾 包蜃 张应莉 刘小艳 孙秋红 刘承先 李检 陈静 陆劲松 刘继乔 刘辉 万小明 沈捍明 高杰 苏首伟 屈纲
	2010	9	刘剑勇 贺成 周婷 唐帆 胡志强 邱浩斌 方瑞健 陈君 谭林华
	2011	12	冯超 杨杨 唐旭峰 欧亮 许斌甲 刘妍 贺晓露 张洪强 王昊 柴喜林 高煜 张开

续表 4.2.5

领域名称	入学年份	人数	姓　　名
项目管理	2012	30	倪志宇　汪　阳　郑剑锋　阳　欣　詹丹枫　汪　浩　蒋　文 张文亮　谭　晖　王　泳　李先怀　张元兴　黄　金　郭海宁 刘惊虎　刘　武　彭彤勇　王都宁　陈　明　康召泽　余理想 余　凯　彭玉林　曾　林　岳　勇　白成彬　许　斌　周国斌 张　琛　张平春
	2013	17	冯雯霞　冯　刚　刘　昕　郭　栋　陈敏之　何　歆　周梦雄 杨翠兰　黄春晖　邓海光　彭健辉　江　进　严云楼　王建林 张喜冬　朱　明　姚国华

第三节　继续教育

一、发展历程

1962 年长沙铁道学院开办函授教育和干部专修班，铁建系和桥隧系从此开始承担成人教育任务。这是土木工程学院最早开始从事继续教育和培训，到 1965 年函授和干部班学员已发展到 300 余人。

1981 年恢复函授教育以来，成人教育得到了飞速发展。土木工程学院的成人教育已发展成为多学科、多层次的办学体系：

(1)学历教育包括：函授，铁道工程本科专科及专升本、建筑工程本科及专升本、桥梁工程专科、工业与民用建筑专科；夜大，建筑工程本科、工业与民用建筑专科、铁道工程专科。

(2)非学历教育包括：铁道工程专业大学普通进修班、铁道工程专业证书班、工业与民用建筑专业证书班；

(3)岗位资格培训包括：建设监理工程师、建筑企业项目经理、企业经理、造价师、内审员、概预算员及其他专项培训。

1985 年，根据湖南省高等教育自学考试委员会 1 号文件(湘教考字[1985]1 号)，长沙铁道学院(土木工程系)承担了湖南省工业与民用建筑专业的主考任务。

1994 年以前，培训任务由土木工程系统一管理。1994 年 3 月，工业与民用建筑专业(后改称建筑工程专业)从土木工程系分出，成立建筑工程系，建筑工程系管理湖南省区域内项目经理培训业务，其余培训业务由土木工程系管理。

1997 年 3 月，土木工程系和建筑工程系合并组建土木建筑学院，培训业务主要由土木建筑学院综合办公室主管，工程管理系负责具体业务。1999 年 9 月所有培训业务收归土木建筑学院，由学院综合办管理。

1999 年，为提高监理人员素质，适应监理人员持证上岗的需要，根据铁道部建设管理司(建[1999]36 号)精神，从 1999 年第二季度开始正式开展铁路监理工程师专业培训和资格考试工作，确定长沙铁道学院(土木建筑学院)为考前培训单位。

2002 年 9 月，正式成立土木建筑学院培训部。

2012 年，分别与长沙南方职业技术学院、南方动力机械公司职工工学院大专部签署协议，联合招收和培养交通土建专升本自考生。

2013 年 5 月，将工程硕士基地班的工作从研究生办移交给培训中心负责管理。

1994 年以后培训中心的具体发展历程见表 4.3.1。

表 4.3.1　培训中心发展历程(1994 年以后)

时间	名称	主管院领导	主任	成员
1994.05—2002.08	—	廖群立	—	李佳
2002.09—2003.08	培训部	陈焕新	雷金山	曾祥辉
2003.09—2004.08	培训部	陈焕新	雷金山	严海燕
2004.09—2005.08	培训部	陈焕新	李　磊	严海燕
2005.09—2006.08	培训部	陈焕新	王飞龙	严海燕、丁佳
2006.09—2007.08	培训部	杨建军	李　忠	严海燕、丁佳
2007.09—2009.04	培训中心	杨建军	金亮星	严海燕
2009.05—2010.08	培训中心	杨建军	金亮星	严海燕、杨彩芳
2010.09—2011.05	培训中心	李耀庄	李　忠	严海燕、杨彩芳
2011.06—2013.04	继续教育培训中心	李耀庄	陈辉华	严海燕、杨彩芳
2013.05—	继续教育培训中心	李耀庄	周小林	严海燕、杨彩芳、龙建光

2004 年以来，参加继续教育人数约 1.2 万名，详见表 4.3.2。

表 4.3.2　主要继续教育任务(2004 年以来)

年份	业务名称	专业名称	培训人数/注册人数
2004	成教脱产专科班	铁道工程	127
	全日制自考助学班	交通土建工程(专科)	47
		交通土建工程(本科)	276
	铁道工程建设监理培训	铁路监理工程师业务培训	450
	注册工程师考前培训	注册咨询工程师考前培训	507
2005	成教脱产专科班	铁道工程	52
	全日制自考助学班	交通土建工程(专科)	55
		交通土建工程(本科)	374
	铁道工程建设监理培训	铁路监理工程师业务培训	837
	注册工程师考前培训	注册咨询工程师考前培训	52
2006	成教脱产专科班	铁道工程	52
	全日制自考助学班	交通土建工程(专科)	69
		交通土建工程(本科)	338
	铁道工程建设监理培训	铁路总监理工程师业务培训	216
		铁路监理工程师业务培训	621
	注册工程师考前培训	注册咨询工程师考前培训	52
2007	成教脱产专科班	铁道工程	52
	全日制自考助学班	交通土建工程(专科)	29
		交通土建工程(本科)	303
2008	成教脱产专科班	铁道工程	52
	全日制自考助学班	交通土建工程(专科)	14
		交通土建工程(本科)	385
	铁道工程建设监理培训	非铁路行业注册监理工程师	206
		铁路监理工程师业务培训	574
2009	全日制自考助学班	交通土建工程(本科)	368
	铁道工程建设监理培训	铁路总监理工程师	282
		铁路监理工程师业务培训	769

续表 4.3.2

年份	业务名称	专业名称	培训人数/注册人数
2010	全日制自考助学班	交通土建工程(本科)	279
	铁道工程建设监理培训	铁路总监理工程师	150
		铁路监理工程师业务培训	1302
		铁路监理工程师继续教育培训	168
		铁路监理员培训	119
	专业工程施工技术培训	铁路隧道工程施工技术培训	53
		高速铁路工程测量培训	52
2011	全日制自考助学班	交通土建工程(本科)	223
	铁道工程建设监理培训	铁路总监理工程师业务培训	152
		铁路监理工程师业务培训	497
		铁路监理工程师继续教育培训	413
	专业工程施工技术培训	铁路隧道工程施工技术培训	50
2012	全日制自考助学班	交通土建工程(本科)	225
	铁道工程建设监理培训	铁路总监理工程师业务培训	58
		铁路监理工程师业务培训	492
		铁路监理工程师继续教育培训	518

二、现状

依托土木工程学科丰富的办学经验、强大的师资力量以及中南大学良好的办学条件，土木工程学科继续教育业务主要有：

铁道工程建设监理培训(包括监理工程师、监理工程师继续教育、总监理工程师三大培训业务)；

土木工程专业技术培训；

成教脱产班和交通土建专升本自考；

工程硕士基地班；

工程管理专业硕士学位(MEM)研究生基地班；

企业高级人才研修班等。

第四节　杰出校友代表

60 年来，土木工程学科共培养毕业 2 万多名本(专)科生、三千余名硕士生和六百多名博士生，在工程建设、管理、工程技术、科学研究和人才培养等领域为国家发展作出了突出贡献，提升了母校的声誉，涌现出众多的杰出人才。限于篇幅不能一一收录，在此仅选取由本学科培养的毕业生中在校外工作的部分杰出代表。

孙永福，男，汉族。1941 年 2 月生于陕西省长安县，1962 年毕业于长沙铁道学院桥隧系桥隧专业。原铁道部副部长、党组副书记(正部长级)(1984—2006)，2005 年当选中国工程院院士。曾担任过青藏铁路建设领导小组副组长，中共十四、十五大代表，九届全国人大代表，十届全国政协常委。现任第十一届全国政协常委、经济委员会副主任，中国铁道学会理事长，教授级高级工程师，中南大学教授、博士生导师。2009 年 1 月作为青藏铁路工程第一完成人荣获国家科技进步特等奖。

杨谨华，男，汉族。1940 年生，湖南永州人；长沙铁道学院 58 级桥隧专业毕业，原贵州省人大常委会副主任。1958 年 8 月—1963 年 9 月先后在湖南大学、长沙铁道学院桥隧专业学习。1963 年 9 月，国家统一分配在铁道部湖南工程局(二五局前身)工作。1963 年 9 月—1979 年 6 月先后在铁二局五处、铁五局怀化、长沙指挥部任实习生、技术员、工程师。1979 年 6 月—1981 年 12 月在铁五局长沙指挥部任工程师、高级工程师、施工技术科长。1981 年 12 月—1984 年 6 月在铁五局二处任处长、处党委副书记。1984 年 6 月—1985 年 1 月在铁道部第五工程局任副局长、局党委常委。1985 年 1 月—1993 年 6 月在铁道部第五工程局任局长、局党委副书记。1993 年 6 月—1998 年 1 月调贵州省计划委员会任主持工作的常务副主任、主任、党组书记。1994 年 6 月 27 日兼任贵州省铁路总公司总经理和贵州省基本建设投资公司总经理。1998 年 1 月—2003 年 1 月任贵州省人大常委会副主任兼财政经济委员会主任委员。1996 年 10 月兼任贵州水柏铁路有限责任公司董事长。1998 年 4 月 24 日兼任贵州省铁路建设领导小组常务副组长。

王众孚，男，汉族，湖南安化人。第十一届全国政协经济委员会副主任。曾任国家工商行政管理局局长、党组书记。1964 年 8 月毕业于长沙铁道学院桥隧专业。1964 年 8 月—1972 年 11 月，参加中国人民解放军，任解放军工程兵某部技术员。1972 年 11 月—1979 年 11 月，任湖南省机械化施工公司干部、副科长。1979 年 11 月—1980 年 6 月，任湖南省长沙市南区检察院检察员。1980 年 6 月—1983 年 5 月，任湖南省长沙市建工局副科长、工程师。1983 年 5 月—1984 年 7 月，任湖南省长沙市城建局局长，市建委员会主任。1984 年 7 月—1985 年 6 月，任中共长沙市委副书记。1985 年 6 月—1990 年 12 月，任中共长沙市委书记。1990 年 12 月—1992 年 12 月，任中共深圳市委常委、常务副市长。1992 年 12 月—1994 年 10 月，任中共深圳市委副书记、常务副市长。1994 年 10 月—1996 年 4 月，任国家工商行政管理局局长、党组副书记。1996 年 4 月至 2006 年 10 月，任国家工商行政管理局局长、党组书记。1997 年 9 月当选中纪委委员。2008 年 3 月任政协第十一届全国委员会常务委员、经济委员会副主任，2008 年 6 月当选中国消费者协会会长。

李长进，男，汉族，1958 年出生于广西贵港。1982 年毕业于长沙铁道学院铁道工程专业，教授级高级工程师。曾担任中国铁路工程总公司副总经理、党委常委；中国铁路工程总公司董事、总经理、党委副书记；现任中国中铁股份有限公司总裁、执行董事、党委副书记，中国铁路工程总公司党委书记、董事。中国铁路工程总公司、中南大学等 5 家单位合作建设的高速铁路建设技术国家工程实验室理事长，中南大学兼职教授。

杨树坪，男，汉族，1959年出生于广东广州。1982年毕业于长沙铁道学院铁道工程专业。2003年中国百富榜第61名，2004胡润百富榜第66位。杨树坪白手兴家，进军房地产，仅用了8年时间使城启·粤泰集团的总资产超过了五十多亿。现任广州城启·粤泰集团有限公司董事长兼总裁，兼江门市东华房地产开发有限公司董事长和广州东华实业股份有限公司董事会董事长。历任广州铁路局工程总公司副经理、工程师、高级工程师、副总工程师。广东省房地产商会会长，广州房地产学会副会长，广州市房地产业协会副会长，广州市维护会治安基金会名誉会长，广州市工商联合会会长、广州市政协委员、广州大学名誉教授，中南大学兼职教授。2012年4月与中南大学签署了捐款1500万元的协议。

蔡鸿能，男，汉族，1939年出生，柬埔寨归国华侨，香港爱国企业家。1963年毕业于长沙铁道学院铁道建筑专业。毕业后分配至铁道科学研究院工作。1975—1980年任香港柬一建筑公司和万象纺织公司经理，1980年至今任香港百莱玛工程有限公司董事长，中南大学香港校友会永远名誉会长。创业50年来，在国内外拥有多个上市公司和全资附属企业。他积极投身三峡大坝建设，为我国的工程机械发展和香港的繁荣稳定作出了贡献，2009年、2010年分别荣获中国新经济发展杰出人物，中华爱国英才长城贡献奖。2011年蔡鸿能先生向中南大学捐赠1000万元设立了“中南大学蔡田碹珠奖励基金”。

第五章　院士风采

第一节　刘宝琛院士

刘宝琛(1932—　)，辽宁省开源县人。岩土工程专家，中国随机介质理论奠基人及其应用的开拓者，现任中南大学土木工程学院教授、博导。1962 年年初以优秀成绩在科拉克夫矿冶大学取得技术科学博士学位。历任长沙矿冶研究院研究室主任、副院长，东北大学、中国矿业大学兼职教授，中国岩石力学与工程学会副理事长等。1994 年当选为波兰科学院外籍院士，1997 年当选为中国工程院院士。2000 年被评为“全国先进工作者”。长期从事采矿工程及岩土工程研究，致力于岩石流变学及岩石力学实验研究，于 1978 年在国内首次获得岩石应力—应变全图，提出了裂隙岩石通用力学模型；形成了独树一帜的开采影响下地表移动及变形计算方法并开发了系列微机软件。发展了创建时空统一随机介质理论，将其应用于建筑物下、河下及铁路下开采地表保护工程，打破了前苏联专家规定的太子河保安煤柱禁采区，采出煤上百万吨。又应用于铁矿、金矿及磷矿，从“三下”采出大量矿石。近年来随着我国大规模的土木工程建设的展开，又将随机介质理论成功应用于岩土工程，如边坡工程、地铁工程和深基坑工程等，取得了显著的效果，获得巨大经济效益和社会效益。曾获国家科技进步三等奖 1 项，省部级科技进步奖多项。

大多数人认为，建筑物下、河流下及矿区铁路下的矿产不能开采。中国工程院院士、中南大学教授、博士生导师刘宝琛创建的随机介质理论，改变了人类对这一问题的看法，实现了矿产开采理论和实践的重大突破。

一、求学刻苦，终成学术名家

刘宝琛，1932 年 7 月 20 日出生在一个满族的镶黄旗家庭，辽宁省开源县人。祖父是一位小有名气的私塾先生，父亲是大学教授，母亲是中学教师。从小受的是一套从“学而优则仕”到“科学报国”的家庭教育。

1950 年，刘宝琛参加了中国人民解放军，在东北军区二局从事无线电工作。1952 年秋，刘宝琛考入了东北工学院采矿工程专业。而后以四年全 5 分的优异成绩毕业，并于 1956 年加入了中国共产党。毕业后被分配到中国科学院长沙矿冶研究所(现长沙矿冶研究院)工作。1957 年，被中国科学院选派去波兰科学院岩石力学研究所做博士研究生，师从波兰沙乌斯托维奇院士及李特维尼申院士。在两位导师的具体指导下，刘宝琛研究矿山岩层地表移动理论。不久，便撰写了论文《弹性基础梁分析》，提出了自己的独特见解，得到了沙乌斯托维奇的赏识。当时开采煤层影响地表移动是世界采煤国家共同关心的问题。1954 年，李特维尼申引入随机介质概念来研究地表移动的规律，但李特维尼申的研究主要是解决一些纯理论性问题，没有用于大规模的生产实际。刘宝琛把这一技术难题作为自己研究的重点。

为了攻克这一难点，留学波兰期间，刘宝琛跑遍了波兰南部的 20 多个矿山，收集了大量的资料和数据。1961 年年底，他用英文写成的两篇论文：《随机介质理论在开采倾斜煤层地表移动中的应用》和《地表移动的时间规律》，先后在波兰科学院院报发表，以其独有的见地引起很大反响。1962 年初以优秀成绩作为第一个中国博士在科拉克夫矿冶大学通过答辩，取得技术科学博士学位，为此当时中国驻波兰大使馆举行了宴会以示祝贺，几家波兰的报纸报道了此事。

1962 年 2 月，刘宝琛怀着报效祖国的满腔热情回到了长沙矿冶研究所，历任长沙矿冶研究院助工、研究室主任、工程师、副院长、教授级高级工程师、博士生导师，还兼任湖南省科协副主席，中南大学、东北大学、中国矿业大学教授，中国岩石力学与工程学会副理事长。

1963 年开始，刘宝琛研究岩石流变学，进行了岩石单轴压缩、三点弯曲及单向拉伸蠕变实验。在大量实验基础上，与廖国华共同提出一种新的岩石流变模型。应用该理论研究了支护与井巷围岩相互作用原理，为喷射混凝土支护的作用及合理支护时间的确定提供了依据。

1965 年，刘宝琛、廖国华合著的《煤矿地表移动的基本规律》是中国人写的第一本有关矿山地表移动方面的专著，揭示了煤矿地表移动的基本规律。该书用概率论的观点和方法来研究矿山岩层移动的规律，被称为“概率积分法”。用此方法来研究岩层移动的参数和解决地表移动的实际问题，显得尤其方便与有效。由此，随机介质理论取代了我国一直采用的前苏联人的方法，在全国各煤矿得到广泛应用。

自1965年以来，刘宝琛发展和完善了随机介质理论及其在采矿和岩土工程中的应用，解决了开采水平或倾斜矿床时岩层及地表移动与变形计算的二维及三维问题。在国内大部分煤矿及小部分金属矿已经广泛应用，为解决地表工业民用建筑物群、铁道及河流下的安全开采，以及采空区地表合理利用等问题发挥了重要作用。70年代以来随机介质理论已形成一个很有影响的学派，目前，该理论在国内已广泛应用，并为美国和澳大利亚所承认和应用。1980年以来，刘宝琛开发PC级微机应用的研究工作，所开发的三维有限元程序，可以考虑非均质、不连续面、非线性弹塑性，以及应变软化及应变硬化等。该程序已在西藏罗布莎铬矿(1986)、大厂长坡锡矿("六五"攻关)、南芬铁矿排土场稳定("七五"攻关)及仓上金矿等项目中成功应用。近年来他又把随机质理论应用于隧道工程及地铁工程。2002年出版专著《城市隧道施工引起的地表移动及变形》，2004年出版专著《随机介质理论在矿业中的应用》，对随机介质理论进行了系统的总结。

刘宝琛先后赴德国、瑞士、加拿大和美国等14个国家参观访问、考察、讲学及参加学术交流活动。他独立或与他人合作撰写论文300多篇，其中国外发表40余篇，把研究成果推向世界，得到国外同行的公认，为祖国争得了荣誉!

二、我国随机介质理论的奠基人及应用的开拓者

随机介质理论，首先提出的是刘宝琛的副导师波兰科学院副院长李特维尼申。他把矿山岩土当成一种随机介质来研究采矿时对地表移动影响的基本规律。就是说，李特维尼申所提出的随机介质理论是研究地表在采矿时或采矿后会如何发生移动(包括下陷、坍塌等)的状况、程度的规律。刘宝琛发现这个理论存在一些问题，一个是它只考虑了岩土固有属性，没有考虑由于时间和空间上的变化而产生的多变性；另一个是它没有解决生产实践中的应用问题。于是，他开始从力学角度研究岩层地表移动理论。通过对波兰几十个矿山的实地考察和对大量数据资料进行计算分析，他认为地表岩土不仅仅是弹性体，其力学效应也不只是瞬间实现，而是有一个时间过程。因此，他提出的时空统一随机介质理论与方法就把这种流变因素考虑进去。在留波期间，所写的研究地表移动规律的论文《随机介质理论在开采倾斜煤层地表移动中的应用》和《地表移动的时间规律》，在波兰科学院院报上连续发表，引起很大反响。

1962年长沙矿冶研究所成立了"308"科研组，后组成矿山压力研究室，由刘宝琛任负责人，重点研究"三下"(建筑物下、河流下及矿区铁路下)采煤技术。埋藏于地下的煤层被开采出来以后，采空区上的覆盖岩层与地表会发生移动，并进而影响到地面的建筑物和自然物。保护煤矿上部的建筑物和自然物，传统的方法是留设大块的保安煤柱，但这种方法会造成地下资源的大量积压浪费。如果搬迁

全部的建筑物，又得耗费巨大的费用。刘宝琛发展的随机介质理论和方法就可以巧妙地解决这个矛盾。他综合考察了本溪、抚顺、焦作、平顶山及枣庄等大型煤矿，承担了“本溪矿务局在工业、民用建筑群和太子河下开采研究”“抚顺石油一厂保安煤柱开采”及“本溪水泥厂在采煤地表建设大型架空索道”等重大的科研项目，开始了我国20世纪60年代大规模“三下”开采的先河。“本溪矿务局在工业、民用建筑群和太子河下开采研究”是第一个试验性项目。这两处煤矿都是前苏联专家设计的，按照惯例，建筑物下、河流下及矿区铁路下的煤层是不准开采的。可本溪矿务局的建筑物下还有大量的煤层等待开采。刘宝琛带领科研人员来到这里，运用随机介质理论，经过周密的勘测、计算，提出了预计开采的方法。按照这个方法，本溪矿务局采屯煤矿采取协调开采、采后充填采空区等措施，在工业及民用建筑群下先后采煤6层，开采出煤炭近1000万吨，除了少部分建筑物采取加固措施外，绝大部分建筑物并没有加固，都完好无损，节省搬迁费上亿元。实践证明刘宝琛的随机介质理论和方法是正确的，采取的加固措施是可靠的，它突破了前苏联专家设计中的开采禁区。这项科研课题1977年获冶金工业部科学大会奖，1978年获湖南省科学大会奖。

太子河是流经本溪市的一条大河，宽100多米，流量也大，河床下300多米的地层中有4层优质煤。刘宝琛对太子河的地层进行了全面分析，发现地层中有不透水的黏土层，厚达2米多，足以防止河水向下漏。于是，提出了分层开采、建筑防水闸门的开采方案。矿区按照刘宝琛的方案开采，挖出了100多万吨优质煤，没有发生矿井漏水现象。

“本溪水泥厂在采煤区地表建设大型架空索道”项目，开创了国内外先例，达到国际领先水平。在这个项目中，刘宝琛等运用采煤地表开裂发展动态分析及山体稳定性判别的系统工程方法，对索道区地表移动与破坏规律作出了可靠的结论。在地表每米拉伸变形高达22毫米的情况下，建筑了大型架空索道，突破了国际上一般认为地表每米拉伸变形在9毫米以上不能用于建筑的禁区。这项研究成果创经济效益5000多万元，获辽宁省科技进步一等奖。

矿区铁路下的开采成功，进一步证明了刘宝琛发展的随机介质理论和方法的科学性。从本溪市到田师傅煤矿的矿区铁路支线，地下的煤过去一直不敢采。按照刘宝琛的方法开采后，铁路路基并没有受到破坏。

20世纪80年代，刘宝琛把随机介质理论和方法，应用于除煤矿以外的其他矿山的“三下”开采，发展到了一个崭新的阶段。他进一步发展和完善了三维随机介质理论系统的预计与反分析方法，使其理论可以应用于复杂的开采条件与复杂的反分析问题中。其应用范围从采煤发展到采矿；从采矿发展到开采石油和天然气；从地下开采发展到露天开采；从矿山应用发展到地铁建筑。同时，开发了一系列微机化的预计及反分析软件，现场工程师们可以用来解决实际技术问题。刘宝琛的这些理论和方法，已经被公认为目前较完善、高精度的预计地表移动的好方法。他和同事们承担了“连云港新浦磷矿海泥流砂层下开采”“江西省上珠岭铁矿地表移动的研究”“湘西金矿冶炼厂保安矿柱开采”“山东仓上金矿选矿厂稳定分析”，以及“山东望儿山金矿地表建筑保护”等全国各地的一些科研项目，为企业从“三下”开采出大量的有用矿产。

刘宝琛的理论和方法，用来解决地铁建筑的有关技术问题，也取得了显著的效果。北京地铁王府井至东单段的建设，原设计中没有考虑地层下降，施工单位看了设计方案，担心抽出地下水后可能引起地层下降。但下降多少，会不会影响施工他们没有把握。刘宝琛应邀带领博士研究生阳军生三次到现场，收集北京地下水和地层资料，进行预计。指出抽出地下水后，地层可能下降 4 厘米，可以施工。这个预计方案经过中国科学院院士孙均和中国工程院院士刘天泉等审查通过。1997 年，该工程顺利竣工，验证了刘宝琛的预计方案的正确性。

理论的发展无止境，理论的应用更无止境。90 年代以来，刘宝琛把他的随机介质理论和方法发展应用于岩土工程，如边坡工程、地铁工程和深基坑工程等，取得了显著的效果。例如 2012 年以来正在建设的长沙地铁工程 2 号线面临着下穿行政办公楼、长沙市污水处理厂设施以及浏阳河等建(构)筑物，况且长沙地铁沿线地质条件复杂，为砂卵石地层，盾构施工难度很大。同样南京地铁 3 号线涉及古建筑文物的保护问题，刘宝琛的随机介质理论为解决地表建筑物的保护问题提供了技术支撑。

刘宝琛发展的随机介质理论与方法，概念明确，计算精确，措施可靠，很快在全国各大煤矿的“三下”开采推广应用，开采了原来大量划为永久损失的国家资源。刘宝琛继承他的副导师李特维尼申的随机介质基本思想，通过深入研究，结合中国的矿山实践，不断发展和完善，创建了中国的随机介质理论和方法。

三、“吃苦耐劳是科技工作者的基本素质”

1950 年刘宝琛参加了中国人民解放军，军营中艰苦、严格、紧张的生活对他的一生有着深远的影响。他后来的坚毅乐观、吃苦耐劳、动作迅速、办事守时都是那两年多军旅生活锤炼的结果。50 多年来，刘宝琛在科学探索的道路上奋勇攀登，时刻把吃苦耐劳作为一个科技工作者基本的素质。

1952 年，刘宝琛考入东北工学院(现东北大学)，他选择了一般青年不太喜欢的采矿工程专业。当时，有人把从事采矿工作的人称为“煤黑子”。而刘宝琛却认为，只要能为祖国作贡献，自己心甘情愿当“煤黑子”。就这样，他与采矿工程结下了不解之缘。

刘宝琛在国外学成回国后，坚持一边工作，一边写书。大量的国内外资料要分析、整理，大量的数学公式要一道道推导演算验证，大量的图表要一笔笔绘制。

1964 年开始，刘宝琛与学友廖国华合著《煤矿地表移动的基本规律》一书。他们夜以继日的工作，节假日也不休息。“文化大革命”期间，为了此书及以后的几篇论文，刘宝琛遭到长期批判。重点是他的名利思想，尽管稿费 1700 元早已上交了。当时，他被封为“修正主义带头羊”。下放劳动，挖防空洞，烧锅炉……什么体力活都干。直到军宣队进院才于 1970 年 9 月被“解放”。虽然受到了不公正的对待，但为了把研究成果及时公布于众，他在下放知青点当带队队长期间完成的第二本书《矿山岩体力学概论》也于 1982 年出版。他的一位老同学说：“为了一本书你挨批几年，真是死不悔改，还要写”。但对他来讲，科学研究事业高于一切。

刘宝琛是一位研究理论的科学家，又是一位联系实际的实干家。40 多年来，他忘我工作，无私奉献，每年下矿山时间长达七八个月。他常年在外无暇顾及家庭，但这一切得到了他夫人崔志连的支持与理解。他常说，如果能获得一枚军功章的话，那么分给他妻子一半是不算多的。他经常头戴安全帽，身穿工作服，与矿工吃住在简陋的工棚或土房窑洞。他的足迹遍布从黑龙江到海南岛的各主要煤矿和金属矿。在甘肃省的厂坝铅锌矿考察时，早上带一壶凉开水，几个馒头，一干就是一整天。“三下”考察，滑坡处理，深基坑作业，有时危险性大，他首先考虑的是他人的安全，人民的安全。湖南省邵东县因乱采石膏矿，弄得县城摇摇欲坠，不少建筑物随时都有沉陷的危险。一所小学突然塌陷四五米，连屋顶都看不见了。幸好师生及时撤离，才未造成人员伤亡。为了防止城区地层沉陷，1997 年，年逾花甲的刘宝琛手持木杖，脚穿长统雨靴，下到废矿井考察开采情况及岩层结构。废矿井内氧气不足，呼吸困难，脚下淤泥深近一尺，人在上面行走，步履维艰。考察一个矿井要一个多小时，连续考察完第二个矿井时，他已脸色发青，嘴唇发紫，精疲力竭。刘宝琛先后考察了十几个废矿井，制定了用煤矸石等胶结充填防止采空区地层沉陷的措施。湖南省人民政府拨了 500 万元专款用来落实这项工程。

刘宝琛自 1999 年调入中南大学土木建筑学院，为学院的发展尽心尽力，呕心沥血。2002 年 5 月，虽已有 70 多岁高龄的他，应中南大学二级学院调整的需要，担任了中南大学土木建筑学院的院长。虽然他年事已高，并常年患有高血压、心血管等疾病，但他仍然带病准时上下班，参加各种会议。有时开完一个会走路都比较困难了，但他还是坚持有会必到。他认为既然当了院长，就应负起院长的责任。他还自己出钱设立“院长奖”，以奖励为土建学院争得荣誉的老师和同学。在他任职期间，中南大学土建学院获得桥梁隧道工程、道路铁道工程两个国家重点学科，岩土工程省重点学科，土木工程博士后流动站等成绩。目前土木建筑学院已拥有国家一级重点学科两个，国家工程试验室一个，博士后流动站两个，跻身于我国高校的前列。目前，他虽然患有帕金森综合症、高血压等疾病，仍然每年坚持培养博士生数人，并担任中南大学铁道科学研究院院长。

2012年刘院士80岁寿辰之际，中国工程院发来的贺信评价刘院士："您是我国著名的采矿工程专家，长期致力采矿、岩土工程研究，取得丰硕成果，是我国随机介质理论的奠基者及其应用的开拓者。……

您心系国家发展，积极为我国采矿工程事业的发展建言献策。您关心工程院的工作，积极参与工程院的各项活动，为工程院的发展作出了重要贡献。您热爱祖国、敬业奉献的高尚品德和严谨求实的治学态度，理论联系实际的工作作风，是我国工程科技界的楷模和学习的榜样。"

四、学术无国界，从中国到世界

刘宝琛认为"科学无国界，中国人应当登上世界科技舞台表演一番"。他早就期望着把自己的学术成果推向世界。他能流利的讲英语、波兰语、俄语、德语、日语，这使得他在参加国际学术交流活动时极为方便。

1965年10月，刘宝琛参加在德国莱比锡召开的国际岩石力学会议。他在会上宣读了用德文写的论文《中国煤矿冲击地区及其防治》，这是他第一次在国际学术论坛发表论文，中国仅此一篇，受到了与会专家的好评。

1979年，刘宝琛参加在瑞士举办的第四届国际岩石力学会议。他提交的两篇学术论文：《采矿引起地表移动研究》和《矿山支护机理研究》，让国际同行了解中国在岩石力学方面研究的进展和成果。1980年8月，英国帝国大学布朗在《采矿杂志》上发表题为《岩石力学在中国》的文章。文中说"中国，矿业岩石力学最活跃的中心是在长沙矿冶研究院，刘宝琛及马光在岩石力学基础及应用研究达到很高水平"。从此，刘宝琛成了国际知名的岩石力学专家。1981年，他被指定为采矿大会国际岩层力学局委员；1982年，他当选为国际隧道会议组委会委员和国际《采矿科学技术》杂志编委会委员。

刘宝琛在澳大利亚访问和讲学长达一年多。1989年3月，他应澳大利亚昆士兰大学的邀请，赴该大学访问考察，还协助米克指导两位博士研究生。后应澳大利亚工程科学院、新南威尔士大学和纽卡斯特大学的邀请，在这三所大学传授他的理论与方法。

1990年，刘宝琛应国际岩石力学学会前主席、英国帝国大学哈德逊的特邀，为他所主编的《岩石工程全书》撰稿。他分写第4卷第29章《中国地下开挖导致的地表移动》，共计28页。这是一套由世界上150位权威专家共同编写的专著，中国被邀请参加写作的只有陈宗基和刘宝琛两人。

1992年，刘宝琛的名字被收入"剑桥世界名人传记中心"。

刘宝琛在随机介质理论及应用方面作出了重大贡献，其学术水平被波兰科技界认为已经超过该理论的发源地波兰，具有创造性的发展。1994年5月27日，波兰科学院在华沙召开全体院士大会，刘宝琛被选为波兰科学院外籍院士。1995

年 2 月 6 日，波兰驻华大使馆在北京举行隆重的新闻发布会，为刘宝琛颁发外籍院士证书。人民日报社、新华社、科技日报社、中国科学报社等十几家新闻单位的记者参加采访和报道。刘宝琛是继郭沫若、钱伟长、郭仲衡和刘国光之后的第 5 位中国籍的波兰科学院外籍院士。

五、学术民主，桃李满天下

与已取得的成果相比，刘宝琛更倾向于培养人才。他认为，人生是有限的，老一辈科学家的学术和经验需要青年人继承；祖国科技事业的发展，需要一代更比一代强。社会是不断向前发展的，长江后浪推前浪，学生就应该超过老师，否则社会就会倒退。

1978 年国家恢复研究生制度，刘宝琛成为长沙矿冶研究院第一批培养研究生的导师。1979 年，他担任副院长以后，任务多，时间紧，仍然没有放松培养研究生的工作。1986 年，身为副教授的刘宝琛，由于学术成果突出，经国务院审批，破格确定为博士研究生导师，在中南工业大学兼职。1999 年正式调入中南大学，把更多精力投入到培养博士研究生中。

刘宝琛治学严谨，言传身教，要求研究生扎扎实实地打好外语基础和理论基础。他自己攻读过博士生，深知博士研究生的求知欲望和心理。他认为作为导师，要高瞻远瞩，给自己的研究生把准方向。在确定博士研究生的选题时，要有超前性和预见性。他把自己承担的重要科研项目与培养研究生的工作紧密结合起来，力图既出科研成果，又出有独创精神的高级人才。

刘宝琛培养研究生，既注重研究生的理论研究，又注重实践学习。他每次外出解决技术难题，身边常带一两位研究生。1998 年 1 月，湖南省衡山县大源渡水电站要炸掉临时围堰，又要保护临时围堰紧挨着的十几个刚建好的大坝闸墩，请刘宝琛到场指导。他亲临现场，认真审查了爆破设计，修正了原来的爆破参数，取得爆破成功。

循循善诱是刘宝琛培养研究生的重要方法。他善于指导研究生在浩如烟海的资料中检索最新观点，了解本学科发展的动态及前景；他告诫学生，一定要时刻注意最新的科技动态，要善于接纳、引进、融合新思想、新观点。宽松的学术氛围，也是他最具特色的教学方式。他鼓励学生放开思路，大胆设想。鼓励学生在学术问题上与他争论，哪怕是争得面红耳赤。他还利用自己在国外的声誉，为研究生提供出国深造的机会。

对于学生，他总是希望他们“青出于蓝而胜于蓝”，他就像一个培育花朵的辛勤园丁，毫无保留地把自己的知识和做人的道理都悉心传授给每一个学生。在他与学生合写的论文或著作中，第一作者总是学生。他说：“我是共产党培养出来的，我学的东西要继续下去，为党和国家作贡献。”如今，他已培养硕士研究生 7

人，博士研究生 40 余人，他们中许多已在采矿和岩土工程领域建功立业，成为主要技术骨干和跨世纪的学术带头人，刘宝琛可谓是桃李满天下。

一个人的生命是有限的，而刘宝琛的教育事业是常青的。如今，已过 80 高龄的刘宝琛，仍然在教育事业的第一线培养着多位博士研究生，他像一颗灿烂的星星，继续为科教兴国奉献自己的光和热！

附：

简　历

1932 年 7 月 20 日出生于辽宁省开源县。

1950—1952 年，参加中国人民解放军，在东北军区二局从事无线电工作。

1952—1956 年，在东北工学院采矿工程专业学习，获工学学士学位。

1956—1957 年，在长沙矿冶研究所工作。

1957—1962 年，在波兰科学院岩石力学研究所读研究生，1962 年获博士学位。

1962 年至今，历任长沙矿冶研究院助工、研究室主任、工程师、副院长、教授级高级工程师、博士生导师。

1999 年至今，任中南大学土木建筑学院教授、博士生导师、院长、中南大学铁道科学研究院院长。

主要著作

[1] 刘宝琛，廖国华. 煤矿地表移动的基本规律. 北京：中国工业出版社，1965.

[2] 刘宝琛. 矿山岩体力学概论. 长沙：湖南科技出版社，1982.

[3] 阳军生，刘宝琛. 城市隧道施工引起的地表移动及变形. 北京：中国铁道出版社，2002.

[4] 张国祥，刘宝琛. 潜在滑移面理论及其在边坡分析中的应用. 长沙：中南大学出版社，2003.

[5] 刘宝琛，张家生，廖国华. 随机介质理论在矿业中的应用. 长沙：湖南科学技术出版社，2004.

第二节 曾庆元院士

曾庆元，桥梁动力学专家，中国工程院院士。长期从事桥梁结构振动和稳定的教学和研究。创立了弹性系统动力学总势能不变值原理、弹性系统运动稳定性的总势能判别准则及形成系统矩阵的“对号入座”法则，丰富和发展了结构动力学理论和结构有限元计算方法。创立了列车—桥梁(轨道)时变系统振动分析理论与列车脱轨能量随机分析理论，形成了系统的学术思想，解决了铁路桥梁横向刚度与列车走行安全性分析问题。提出了桥梁结构局部与整体相关屈曲极限承载力分析理论，解决了芜湖长江大桥等大量大桥的极限承载力分析问题。其理论在实际工程中产生了可观的经济效益，为我国桥梁建设理论的发展作出了重大贡献。

一、人物简历

1925 年 10 月生于江西省泰和县。

1946 年 9 月至 1950 年 7 月，江西南昌伪国立中正大学、南昌大学土木系结构组学习、本科毕业。

1950 年 8 月至 1953 年 7 月，南昌大学土木系，助教。

1953 年 8 月至 12 月，中南土木建筑学院桥隧系桥梁教研室，助教。

1954 年 1 月至 1956 年 7 月，清华大学土木系钢结构学习、研究生毕业。

1956 年 8 月至 1960 年 7 月，中南土木建筑学院、湖南工学院、湖南大学营造建筑系建筑结构教研室，讲师。

1960 年 8 月至 1986 年 7 月，长沙铁道学院桥隧系讲师、铁道工程系副教授(1978 年)、土木工程系教授(1985 年 12 月)。

1986 年 7 月，国务院学位委员会批准为桥梁与隧道工程博士生导师。

1986 年 8 月至今，长沙铁道学院土木系、土木建筑学院、中南大学土木建筑学院(2000 年 4 月)，教授、博士生导师。

1999 年 11 月，当选为中国工程院院士。

二、成长及学术历程

曾庆元出生在赣中偏西的泰和县农村，这里西临井冈山区，是一片地薄物贫的丘陵地带。当地人世代为生存而挣扎，几乎没有真正意义上的读书人。曾庆元家世代务农，家境贫寒。父母送他上私塾原本也只想让他认几个字，能写自己名字。但他表现出聪颖的天资和超常的记忆。每天早晨先生监读课文，读一句就用笔画一句，读完即背，他每次都能很流畅地背出，对于课堂上的提问，更是不在话下，所以，他没有挨过先生的“板子”。在私塾，他通读了《大学》《中庸》《孟子》《幼学》《易经》《诗经》《左传》等古籍，也因此深受父母和亲戚的喜爱。

他有个伯父叫曾肇元，做些小生意，见多识广，思想开明，又有着强烈的“唯有读书高”的观念。当他发现侄儿很有天分，就经常力劝曾庆元的父母送儿子读书，说这孩子将来是个“文曲星”，并表示愿意尽力资助。曾庆元说:“伯父是对我一生影响最大，是恩重如山的人。”尽管伯父已去世多年，他至今谈及时依然充满怀念和感激之情。父母也看出了儿子的不同寻常之处，发誓砸锅卖铁，忍饥挨饿也要为这穷乡村送出一个“文曲星”。

后来曾庆元进了县立初级中学，在县立中学，他知道自己读书的机会来之不易，因此非常刻苦。他的成绩总是名列前茅，尤以数学突出，当时他就自学了范氏大代数。1943 年，他以优异的成绩考取吉安的一所高中。1946 年，他又以优异的成绩考取南昌国立中正大学(即现南昌大学)土木系。1950 年毕业后留校任教。

1953 年院系调整，曾庆元来到长沙中南土木建筑学院(现湖南大学)桥隧系。同年底，他被选派到哈尔滨工业大学当研究生，学土木结构。由于后来前苏联专家没来，他学了半年俄语后又被转派到清华大学土木系当研究生，学习钢结构。由于学习期间他总是“吃不饱”，所以除规定课程外，他还专攻了弹性力学、弹性稳定理论、空间结构分析理论、结构动力学等课程，并且出色地完成了《跨度 100 米飞机库圆柱网壳屋盖结构》的毕业设计，这为他后来的发展奠定了坚实而广阔的基础。1956 年毕业后回到长沙。

回来后，他在从事工民建专业教学的同时，还进行厂房钢结构阶梯柱自由长度计算方法的研究。并提出了三节柱自由长度系数计算式及考虑空间工作厂房柱自由长度计算法。写出了《用初参数法求厂房柱的自由长度》的论文在《中南土建学报》上发表。这种计算法被当时的武汉中南工业建筑设计院采用。

1960 年 8 月，长沙铁道学院刚建院，曾庆元就来到该院桥隧系。从此，他进入了铁路桥梁振动与稳定研究领域。他认为“到铁道学院是我一生中最大的机遇。正是这个机遇，我才比当初的同事获得了多一点的成功和荣誉”。然而机遇往往与困难和挑战并存。人必须要有扎实的知识水准和不悔的探索精神为基础，机遇才会成为成功的起跑线。

铁道学院初建伊始，百业待兴。这年秋季开学时，教学楼尚只建到三楼，还没有窗户，只好边建边用。于是出现了上面建房，下面上课的奇观。墙上钉两颗钉子，挂上一块涂黑的木板，四处收凑来的课桌椅，合起来就成了教室。居住条件、生活环境、教学场地、科教设备都很简陋。加上当时曾庆元患坐骨神经痛未愈就出院，上课都是一拐一拐的。而他主要的精力和时间又必须放在教学上，因为国家需要更多的基础性人才。在这种情形下，搞出科研成果的难度不言而喻。但他对科研有着强烈的兴趣，常挤出时间，克服重重困难研究钢结构疲劳。1963年，他在这一领域的第一个"婴儿"诞生——写出了《构件应力集中截面疲劳强度的计算》，导出了金属疲劳裂缝形成条件的方程式及疲劳破坏条件的一般方程式。有关专家审定认为论文的基本观点有根据，结果好，但需要大量实验验证。限于实验条件，他不得不终止该研究，而转向桥梁振动的研究。1964 年他写出了《钢连续梁桥竖向振动近似计算》，并提出了计算式。这一成果对铁路梁桥竖向振动的分析计算原理有了重要发展。

正当他踌躇满志时，众所周知的"文化大革命"开始了。他和所有知识分子一样，很难继续科研。1969 年，他被派到人防办修防空洞。好在事情不多，他就利用空闲，躲进三尺小屋，偷偷读书，继续他的研究。真是"祸兮福所倚"。他说"我因祸得福，那几年倒反让我理论上提高不少"。所以至今他都认为，他真正从事桥梁振动研究是从 1972 年开始的。

那是 1972 年铁道部大桥工程局组织钢桥振动专题研究组，以成昆线 192 米简支钢桁梁桥模型为对象，研究钢桥空间自由振动及静力偏载位移内力分布。他有幸与著名桥梁工程专家李国豪教授一道应邀参加理论分析。在这一研究中，他建立起了一种全新的理论分析方法，写成《简支下承桁梁偏载变位、内力及自由振动计算方法》和《504 桥模型偏载变位、内力及自由振动计算》两篇长篇论文，这一成果后来成为解析法桁梁空间分析的范例。

1976 年，长沙铁道学院组织教育革命实践队到九江长江大桥开门办学，曾庆元任事务员。由于怀疑该桥引桥扭转计算应力太大，某单位主管工程的工程师，就请求实践队帮作引桥 40 米箱梁偏载计算，任务便落在了曾庆元肩上。他在自己创立的桁梁空间分析法基础上，又提出一种箱形梁计算的板梁框架法，算出了该箱梁在自重下"三条腿"时的最大扭曲拉应力和最大竖向位移。结果，他的计算与 1977 年该梁原型试验值非常接近！1978 年该梁扭转计算成果在铁道部科学大会上获得两项奖，但奖项下没有铁道学院和他的名字。他对此并不在意，"只要解决了问题就是最好的奖励"。

应该说，曾庆元科研的真正黄金时期是从 1979 年开始的。1978 年我国恢复研究生招生制度，这年他晋升为副教授，并指导研究生。这时他才真正选择桥梁车振（特别是横向振动）为自己的研究方向。

桥梁车振研究已有百余年历史，其中竖向振动问题已基本解决。而横向振动研究从1920年前苏联专家开始，一直没有大的突破和进展。当曾庆元步入这一领域时，发现里面有太多太多的未被开垦的处女地。这对于科研工作者无异于哥伦布发现新大陆。这大概就是他所言的“机遇”吧。

1979年，铁道部邀请他参与京广复线武水大桥连续梁桥扭转的分析计算。研究中，他以梁段有限元分析理论为基础，结合自己的板梁框架法，大胆打破传统观念，以其独特的逻辑思维，提出形成矩阵的“行”与“列”的交叉规则，即“对号入座”法则。应用这一法则，任何桥梁结构复杂系统的刚度矩阵以及荷载列阵均可简便建立。所以该法使传统的结构矩阵分析理论产生了质的变革，具有重大的理论意义和普遍的应用价值。

曾庆元在结构动力学领域已实现许多重大突破——他基于达朗培尔原理和虚功原理，提出了“弹性系统动力学总势能不变值原理”、形成动力矩阵的“对号入座”法则及“弹性系统运动稳定性的势能判别准则”。这些原理和法则不仅有应用价值，而且对经典动力学作出了重要的补充和发展。

1957年我国一座著名的公铁两用桥举行通车典礼，人们欢呼雀跃地拥上桥面，随即人们明显感到大桥在晃动，人群恐慌起来，有的人甚至趴在桥上，这种现象直到人群散去为止。这就是桥梁横向振动现象，它不仅会给司机和乘客造成心理恐慌，更重要的是它还会导致铁路桥梁列车脱轨。因此，桥梁横向振动成了长期以来困扰桥梁工作者的一个阴魂不散的难题。怎样才能使桥梁既平稳又经济？关键是要确立桥梁必需的横向刚度。由于不同桥梁要求不同，所以必须首先建立一个可普遍应用的最简计算方程。

国内外许多专家涉足车桥振动领域，少有突破。因为他们总是跳不出经典的动力分析框子。曾庆元以其敏锐的思维觉察到经典动力学(拉格朗日方程、哈米顿原理等)的不足，就直接从达朗培尔原理和虚功原理导出“弹性系统动力学总势能不变值原理”，并应用“对号入座”法则，在国内外首创了“列车—桥梁时变系统空间振动方程”。又得出齐次“列车—桥梁时变系统横向振动方程”。1984年，上海铁道局桥检队教授级高工潘震涛交给曾庆元一份在沪杭线41号桥上实测的车辆构架横向振动波形图(习惯上称为蛇行波)，他就在实测地震波为结构的地震分析激振源的启示下，根据上述方程的齐次性质，再导出以构架实测蛇行波为激振源的“列车—桥梁时变系统横向振动方程”，在国际上首次算出了许多桥梁横向振动的波形图，与实测波形图非常接近。

桥梁振动的随机性非常大，国内外一般是以时不变系统振动随机分析理论来研究的，曾庆元对此不以为然。他在研究桥梁振动实测位移时发现：同一机车、同一桥梁、同一轨道在同样车速下的各次实测桥梁横向振动位移会相差几倍。于是他用能量守恒与转换定律来解释这一现象：各次试验车桥宏观条件虽然相同，但各次输入的能量不同。输入的能量多，产生的桥梁横振位移大，反之位移就小。这就像烧开水，火越猛，水分子积聚的能量越大，水分子振动也就越厉害。因此，桥梁振动位移的随机性，反映出输入能量的随机性；反过来说，输入能量的随机性也反映出桥梁振动位移的随机性。由此他提出“列车—桥梁时变系统横向振动能量随机分析理论”，解决了桥梁横向振动的随机分析问题。后来，他又提出了桥梁横向刚度分析理论，算出的桥梁横向刚度裂限值与国内外按经验制定的限值非常接近。就这样他创立了一整套崭新的列车—桥梁时变系统横向振动分析学说。该学说引起了桥梁工程界的轰动，曾庆元也从此被学术界所关注。

1987 年，他受铁道部大桥工程局委托，主持九江长江大桥拱—桁组合体系钢桥动力特性及横向刚度的研究。历时 3 年，该研究顺利完成。为大桥设计提供了理论依据。但意想不到的是，它竟引来一场不小的麻烦。1990 年初正当大桥火热施工时，一位高工致信国务院说该桥钢梁横向刚度计算有误，如不重新计算，改变设计，建成后将导致桥毁人亡，国务院立即责成国际工程咨询公司进行审查论证。有的专家为慎重起见，也建议停工。而此时全部桥墩已建成，大多钢梁构件也已造好。如果停工返工，将造成上亿元损失和推迟大桥竣工，后果不堪设想。铁道部召集路内专家，也组成论证组，与国际工程咨询公司专家组同时工作。部论证组根据曾庆元 1989 年的计算，结合国际通用的规范标准，经反复论证后作出结论：该桥钢梁横向刚度能充分保证列车安全平稳运行，不必改变设计，也无须补强。国际工程咨询公司专家组在充分论证后也作出相同的结论。一场麻烦才由此平息。1995 年进行该桥车振试验，结果与曾庆元的理论计算吻合。实践是检验真理的唯一标准，大桥通车至今，列车通过时安全平稳。

20 世纪 90 年代后期，我国决定列车提速。但这必将增大桥梁的振动，列车试验也表明确实如此。因此桥梁车振成了列车提速的关键性“瓶颈”之一。如何经济地进行桥梁加固便成了要解决的首要问题之一。1996 年年底，铁道部将“桥梁上承钢板梁桥加固”的课题交给了某大学和某设计院。但半年后，研究还没有结果。1997 年 8 月，某设计院电请曾庆元帮助“京沈线大凌河多跨 32 米简支上承钢板梁桥”的分析计算。同时也歉意地告知：没有经费。但他欣然接受。没有任何资料，唯一知道的是当列车以 80 千米/小时速度通过该桥时振动剧烈的情况。他想起 1995 年实测湘黔线上货车构架蛇行波时，也是当列车以 80 千米/小时行进时振动厉害。于是他断定二者能量输入是一致的，并按此进行分析计算。很快，结果出来。当设计院看到这一结果与他们实测值很接近时，非常惊喜。随即又寄来了其他上承钢板梁桥原型和加固设计图纸，请求继续帮助。曾庆元和研究生们一起，历时 3 个月，完成了 10 多座桥梁的分析计算。后来，他还为郑州铁路局和上海铁路局进行了几座桥梁的分析计算。这为我国列车提速解决桥梁横振问题提供了理论依据。1998 年 3 月底，铁道部工务局欲证实他的计算精度，在没打招呼的情况下，组织桥梁检定队进行实测。有一天，工务局突然来电问曾庆元：我们实测大凌河桥钢板梁在 75 千米/小时时，桥上翼缘中点最大横向加速度是 0.26 g，你们去年计算的是多少？他当即查阅后回答说：“我们没算 75 千米/小时，只算了 80 千米/小时和 70 千米/小时，结果分别是 0.29 g 和 0.23 g。”这个精度让工务局的人心服口服。这次“突然袭击”也更有力地证明了他理论的正确性和精确性。

其实又何止大凌河桥！对许多桥梁的实测都证明了“列车—桥梁时变系统横向振动分析理论”的正确性和普遍性。他用该理论解决了 50 多座桥梁的横向刚度分析，10 多座钢板梁桥的加固计算。1998 年 5 月，铁道部对这一理论及其应用成果进行专家鉴定会，结论是：“本研究实现了重大理论突破，具有很高的学术水平，显著的社会效益和经济效益以及广阔的应用前景。其研究理论、研究方法、研究成果都达到了国际领先水平。”这是对曾庆元的研究最贴切的定性。该理论在 1998、1999 年分别获铁道部科技进步二等奖和国家科技进步三等奖。

1999 年 11 月曾庆元当选为中国工程院院士。此后，他的研究向纵深发展。列车脱轨计算是国际难题。他带领研究生提出了轮轨位移衔接条件及脱轨时输入列车桥梁(轨道)系统横向振动最大能量的计算方法，提出了轮轨接触状态的计算方法并算出了脱轨时此系统横向振动极限抗力做功，解决了脱轨计算问题。计算了 20 多例列车是否脱轨问题，结果都与实际情况吻合，得到了铁道部安检司肯定。

脱轨计算比较复杂。他提出了脱轨是此系统横向振动丧失稳定的结果，根据物理概念，与研究生们共同提出了运动稳定性分析的位移变分法，简便了非线性系统稳定性分析，发展了运动稳定性分析方法，创立了此系统横向振动稳定性分析的抗力做功与输入能量增量准则，引出了二种增量相等时的此系统横向振动临界失稳时的车速(即临界车速)，所有线路和桥梁的脱轨车速都与其计算临界车速接近。算出了无砟轨道的临界车速在 600 千米/小时左右，论证了我国高速铁路具有很高的列车运行安全度。

曾庆元首先是教学，而后才研究的。他的执教生涯已半个世纪有余，可以说桃李满天下。在教学和治学中，其严格和严谨是有名的。他无论对本科生还是研究生，都要求他们有扎实而广阔的基础理论水平。对勤奋诚实的学生他格外喜欢，对有创新意识的学生更是偏爱。他说学桥梁的，不仅要有专业知识，还必须有好的力学、数学基础，才会有高的起点。带研究生，他的观点更是独特：实践知识暂时少点无妨(这可在今后工作中获得)，但理论基础必须扎实。因此，在考试中他的要求近乎苛刻。同时，他也不拘于教学计划和教学大纲，除要求必须学习的专业课外，他还要求学生学习其他基础理论课程。所以有人认为他的研究生是最难读的。对于研究生论文，他用的是具有较高层次的“命题作文”方式的选题，迫使学生去思考，去寻找突破口。他甚至不惜直接给予新的思想、观点和方法。他说“这看起来好像是抱着走，但实际上是促使学生去钻研更多的东西。其他工作要敢作敢为，科研又何尝不是？我就在他们的论文中发现了许多闪光点。只有这样，他们才会去创新去突破去发展，才会在今后实践中遇到难题而不退缩”。也正因为如此，他的研究生被用人单位抢着要。其博士生朱汉华毕业后从事隧道施工，他把导师的理论和研究方法创新地用于隧道施工，解决了很多难题，被浙江省公路局聘为总工程师，主管全省公路建设与维修。

至今，他已指导了16位硕士生和40余位博士生。他说，人的生命总是有限的，但事业是无限的。我只希望他们能够成为真正的栋梁之材，并且青出于蓝而胜于蓝，这样社会才能发展。

曾庆元平和谦逊。与其交谈时，仿佛是在与一位睿智的长者聊家常，让人轻松愉悦。他反复强调：“我是个‘土包子’，完全是本土成长的。我做得不多，有点成绩都是大家做的。”

曾庆元淡泊名利，这绝非溢美之词。1976年他在实践队时进行九江大桥的研究，成果获奖时，他没有名字；列车提速时的研究，在奖项中也没有他的名字；1997年石长线湘江大桥施工时，他研究解决了造桥机的关键性技术，由于该造桥机具有重大的实用价值，分别获得了铁道部和国家科技进步奖，还是没有他的名字，然而，他无怨无悔，乐此不疲。他认为“只要解决了问题就行，谁做的并不重要”。正是他有这种为人类造福的信念和精神，才几十年如一日地执着追求，才会有独特的思维方式和创新意识审视科学领域中的难题，才会创立一个又一个全新的理论和方法，创造出巨大的社会效益和经济效益。鉴于他的重大成就，1999年他当选为中国工程院土木、水利与建筑工程学部院士。2000年2月24日，德高望重的李国豪院士致信给他：“祝贺你当选为中国工程院院士。你多年从事铁路桥梁振动研究，取得了很好成果，当之无愧。”这是他在新世纪之春接到的最珍贵的礼物。

曾院士对“科学技术是第一生产力”、“创新是科技的灵魂”、“科教兴国”等思想极为赞赏。他认为改革开放以来，是知识分子真正的春天，所以要把握机遇。当请他为年轻的科技工作者提点希望时，他欣然命笔：“善于学习，锐意创新，平凡做人。”这是他的希望，也是他的写照。

但他对目前科技界的一些苗头也甚为担忧：极少数年轻人学习不扎实，缺乏无私奉献和艰苦奋斗的精神，表现出急功近利；搞理论研究的难以得到一些人的理解和支持。他说他对火车脱轨的理论研究就是这样，被认为是“阳春白雪”，结果搞了3年才争取到立项。科技腐败出现苗头——评奖过滥，水分太多。立项目、评奖、评职称都有拉关系走后门的。

曾院士有一个幸福美满的家庭。3个子女都已成家立业，他们对老人都很孝顺。特别提起老伴，他就充满深情。老伴虽文化程度不高，但很懂道理，非常理解和支持他的工作。无论在初创困难时期还是现在，她都始终如一地默默地操持着家务。在她眼里，没有教授和院士，只有“只晓得帮公家做事的老头”。难怪曾院士说：“如果说今天我做了点成绩的话，那也有她的一份功劳。”

曾院士不吸烟不喝酒，生活很有规律，性格开朗。他最大的爱好是读书和散步。他每天都要散步，能走路时绝不坐车。他戏称自己为“二子”——“土包子”和“书呆子”。读书既是学习需要，也是兴趣使然。但他不“呆”，而且还很关心时事。

曾院士对未来充满信心，真可谓“老骥伏枥，志在千里”。他现在除带硕士、博士生外，还在研究列车安全平稳运行的控制方法，让旅客更放心。

三、主要学术成就

1. 丰富和发展了结构动力学理论和结构有限元计算方法

阐明了按虚功原理建立系统振动方程的过程中，所有作用于系统的力素都不变，并且没有沿路径做功，故惯性力、阻尼力、干扰力都可视为有势力，从而提出了弹性系统动力学总势能不变值原理及形成系统矩阵的“对号入座”法则(与计算机编码法与刚度集成法有本质区别)。任何弹性系统振动的矩阵方程均可由此原理与此法则简便建立。基于上述原理及系统动力平衡状态稳定性的物理概念(经得起干扰的平衡状态稳定，反之不稳定)，提出了弹性系统运动稳定性的总势能判别准则，建立了系统运动稳定性的简便分析方法，简便分析了弹性时变系统及非线性系统的运动稳定性。以上成果丰富和发展了结构动力学理论和结构有限元计算方法，也为后续的车桥振动、列车脱轨以及结构极限承载力研究奠定了理论基础。

2. 创立了列车—桥梁(轨道)时变系统振动分析理论

带领研究生创立了一套崭新的列车—桥梁(轨道)时变系统(简称此系统)横向振动分析理论，解决了国内外长期未解决的此系统横向振动及桥梁横向刚度的分析问题。主要内容为：①提出了弹性系统动力学总势能不变值原理及形成系统矩阵的“对号入座”法则。首次建立了此系统空间振动矩阵方程，解决了国内外分别建立车辆与桥梁(轨道)振动方程，不能得出此系统横向振动适定解的问题。②提出了车辆构架实测蛇行波为此系统横向振动确定性分析的激振源，首次算出了与实测接近的桥梁横向振动波形图及车辆前后轮对横向摇摆相位和摇摆力，从此明确了构架蛇行波为此系统横向振动真正的激振源。③提出了此系统横向振动能量随机分析理论，随机模拟出构架人工蛇行波为此系统横向振动随机分析的激振源，解决了此系统横向振动的随机分析问题，算出了很多桥梁最大横向振幅与桥梁多次实测横向振幅最大值良好接近。④解决了九江、芜湖长江大桥，广深准高速铁路石龙大桥、京沪高速铁路桥梁、提速线路桥梁等很多座铁路桥梁的列车走行安全性、舒适性与平稳性的计算问题和横向刚度分析问题。这套理论 1998 年 5 月被铁道部科技司组织的专家会议鉴定为“实现了重大理论突破，具有很高的学术水平、显著的经济和社会效益及广阔应用前景，研究理论、方法和成果达到了国际领先水平”。获 1998 年铁道部科技进步二等奖及 1999 年国家科技进步三等奖。

3. 创立了列车脱轨能量随机分析理论

带领研究生创立了一套列车脱轨分析理论，突破了百多年来列车脱轨理论分析的世界性难题，主要内容为：(1)率先揭示了列车脱轨的力学机理是列车—轨道(桥梁)系统横向振动丧失稳定。(2)由于现有运动稳定性理论不能直接用来分析此时变系统振动的稳定性，提出了如下一套此时变系统横向振动稳定性及列车是否脱轨的能量随机分析理论：①提出了列车脱轨条件(此系统横向振动极限抗力做功 σ_c 等于输入此系统横向振动最大能量 $\sigma_{p,\max}$)和不脱轨条件($\sigma_c > \sigma_{p,\max}$)。②提出了弹性系统运动稳定性的总势能判别准则，由此准则得出时不变系统运动稳定性的能量增量判别准则，为此时变系统横向振动稳定性及列车是否脱轨分析，提出了能量增量思想。③考虑车轮悬浮、轮轨位移衔接条件(车轮位移 = 钢轨位移 + 轨道不平顺 + 轮轨相对位移)及轮轨“游间”影响，首次建立了能计算列车脱轨全过程的此系统空间振动矩阵方程。④首次算出了列车脱轨全过程及此系统横向振动极限抗力做功 σ_c 及其增量 $\Delta\sigma_c$ 的表达式。⑤提出了输入此系统横向振动最大能量 $\sigma_{p,\max}$的增量 $\Delta\sigma_{p,\max}$表达式。⑥首次建立了此系统横向振动稳定性及列车是否脱轨的能量增量评判准则。

用这套理论计算了 11 例列车是否脱轨，其中线路上列车 7 例(5 例脱轨，2 例不脱轨)，桥上列车 4 例(3 例脱轨，1 例不脱轨)。计算结果都与实际情况符合。检算了南京长江铁路大桥简支梁等 7 座横向振幅超过《检规》行车安全限值桥梁的列车走行安全性，检算结果为设计车速下不会脱轨，与这些桥长期振幅超限行车未脱轨的实际情况符合，分别被上海、沈阳、郑州铁路局工务处肯定和采用。运用该理论分析了武汉天兴洲大桥、沪通长江大桥等大批高速铁路桥梁列车运行走行安全性问题，为这些桥梁设计提高了理论支撑。

2005 年 5 月铁道部科技司在长沙组织召开了这套列车脱轨分析理论与应用研究的专家会议。鉴定意见为“课题组实现了列车脱轨分析理论的重大突破，本理论研究成果为原始创新，达到了国际领先水平，具有很高的实用价值和广阔应用前景，为制定预防脱轨措施及标准提供了理论依据，可供线桥设计和规范修订参考”。该成果获得了 2006 年湖南省科技进步一等奖。

4. 创立了桥梁结构局部与整体相关屈曲极限承载力分析理论

提出了桥梁结构局部与整体相关屈曲极限承载力分析理论，主要内容为：①

横向有限条元与桥梁有限横截面框架单元结合的梁段单元空间位移模型，较准确反映桥梁结构空间位形并大量减少了自由度。②桥梁结构弹塑性分析的内力塑性系数法，大幅简化了桥梁结构弹塑性分析。③基于此理论及前述形成系统矩阵的“对号入座”法则，带领研究生解决了芜湖长江大桥、岳阳洞庭湖三塔斜拉桥等12座大桥的极限承载力分析问题。

四、主要奖励与荣誉

(1)国家科技进步奖三等奖，列车—桥梁时变系统横向振动分析理论与应用，1999年，排名第1。

(2)国家科技进步奖三等奖，主跨72米部分预应力混凝土连续梁，1997年，排名第4。

(3)铁道部科技进步奖二等奖，主跨72米部分预应力混凝土连续梁，1996年，排名第4。

(4)铁道部科技进步奖二等奖，列车—桥梁时变系统横向振动分析理论与应用，1998年，排名第1。

(5)湖南省科技进步奖一等奖，列车脱轨分析理论与应用，2006年，排名第1。

(6)1990年，国家教委授予全国优秀教师。

(7)1990年，国家教委、国家科委授予“长期从事教育与科技工作且有较大贡献的老教授”称号。

(8)1991年，湖南省教委授予“湖南省高校先进工作者”。

(9)1992年，铁道部、铁道部政治部授予“全国铁路优秀知识分子”称号。

(10)1992年，国家教委、国家科委联合授予“全国高等学校先进科技工作者”称号。

(11)1998年，詹天佑科学技术发展基金会授予第三届詹天佑铁道科学技术奖——成就奖。

(12)2005年，詹天佑科学技术发展基金会授予第七届詹天佑铁道科学技术奖——大奖。

五、主要著作

[1] 曾庆元，郭向荣. 列车—桥梁时变系统(横向)振动分析理论与应用. 中国铁道出版社，1999.

[2] 曾庆元，向俊，周智辉，娄平. 列车脱轨分析理论与应用. 中南大学出版社，2005.

[3] 任伟新，曾庆元. 钢压杆稳定极限承载力分析. 中国铁道出版社，1994.

[4] 曾庆元. 结构动力学(讲义). 长沙铁道学院油印, 1985.

[5] 曾庆元. 结构稳定理论(讲义). 长沙铁道学院油印, 1983.

[6] 曾庆元. 薄壁杆件分析理论. 长沙铁道学院油印, 1976.

六、代表性论文

[1] 曾庆元, 张麒. 铁路钢桁梁桥横向刚度限值研究. 全国桥梁结构学术大会, 1992: 1185 - 1190.

[2] 曾庆元. 弹性系统动力分析的位移变分法. 第十一届全国结构工程会议,《工程力学》增刊, 2002: 119 - 134.

[3] 曾庆元, 朱汉华. 斜拉桥稳定问题简介及塔柱与主梁自由长度计算. 长沙铁道学院学报, 1991: 16 - 28.

[4] 曾庆元. 关于铁路桥梁的刚度问题. 长沙铁道学院学报, 1991: 1 - 15.

[5] 曾庆元, 杨毅, 骆宁安. 列车—桥梁时变系统的横向振动分析, 铁道学报, 1991, 13(2) : 38 - 46.

[6] 曾庆元, 骆宁安, 江锋. 桥上列车横向摇摆力的初步研究. 桥梁建设, 1990: 28 - 36.

[7] 曾庆元, 薄壁梁和柱极限荷载的空间分析法. 长沙铁道学院学报, 1987: 1 - 14.

[8] 曾庆元, 杨平. 形成矩阵的“对号入座”法则与桁梁空间分析的桁段有限元法. 铁道学报, 1986, 8(2): 48 - 59.

[9] 曾庆元, 田志奇, 杨毅. 桁梁行车空间振动计算的桁段有限元法, 桥梁建设, 1985: 1 - 17.

[10] 曾庆元. 拱桥侧倾稳定计算的有限元法. 长沙铁道学院学报, 1982: 53 - 56.

[11] 曾庆元. 薄壁箱形梁计算的板梁框架法. 铁道学报, 1981, 3(2): 92 - 103.

[12] 曾庆元. 三跨连续变截面薄壁双室箱形梁计算的有限元法. 长沙铁道学院学报, 1981: 34 - 48.

[13] 曾庆元. 薄壁箱形梁计算的板梁框架法. 长沙铁道学院学报, 1979: 45 - 79.

[14] 曾庆元. 桁梁桥侧倾稳定计算的探讨. 桥梁建设, 1979: 15 - 27.

[15] 曾庆元. 弹性系统动力学总势能不变值原理. 华中理工大学学报, 2000, 28(1): 11 - 14.

[16] 曾庆元. 弹性系统动力学总势能不变值原理与列车桥梁时变系统振动分析. 铁道建筑技术, 2001: 1 - 6.

[17] Zeng Qingyuan, Lou Ping, Xiang Jun. The principle of total potential energy with stationary value in elastic system dynamics and its application to the analysis of vibration and dynamic stability. 华中科技大学学报(城市科学版), 2002, 19(1): 7-14.

[18] 曾庆元, 向俊, 娄平. 突破列车脱轨难题的能量随机分析道路. 中国工程科学, 2002, 12(4): 9-20.

[19] 曾庆元, 向俊, 娄平. 车桥及车轨时变系统横向振动计算中的根本问题与列车脱轨能量随机分析理论. 中国铁道科学, 2002, 23(1): 1-10.

[20] 曾庆元, 向俊, 娄平. 列车脱轨的力学机理与防止脱轨理论. 铁道科学与工程学报, 2004, 1(1): 19-31.

[21] 曾庆元, 向俊, 娄平. 对论文"车桥(轨)耦合振动系统仿真中的基本问题、解决办法及其应用范围"的回复. 中国铁道科学, 2003, 24(2): 137-142.

[22] 曾庆元, 周智辉, 赫丹. 列车—轨道(桥梁)系统横向振动稳定性分析. 铁道学报, 2012, 34(5): 86-90.

第三节 孙永福院士

孙永福(1941—),铁路工程专家,陕西长安县人,1960年加入中国共产党。1962年长沙铁道学院桥隧系(现中南大学)毕业。在铁路企业从事工程技术和管理工作22年。1984年12月任铁道部党组成员、副部长;1996年1月任铁道部党组副书记、副部长;2001年5月任铁道部党组副书记、副部长,青藏铁路建设领导小组副组长(正部长级)。多年来,他积极研究和推进铁路建设管理体制改革,组织山区铁路、重载铁路、高原铁路及高速铁路(前期)重大科技攻关,提出按系统工程建设铁路运输大通道的规划设计理念,创建了铁路工程项目管理体系,主持建成了青藏、京九、大秦、宝中等铁路以及衡广、兰新、浙赣复线等重大工程项目。

孙永福是中共十四大、十五大代表,第九届全国人大代表,第十届、十一届全国政协常委,经济委员会副主任,教授级高级工程师、博士生导师。2005年当选为中国工程院院士。现任中国铁道学会理事长。先后荣获"第三届中华环境奖"(2005)、"项目管理杰出领导者"(2005)、"2006年中国十大建设英才""2008

年度管理科学特殊贡献奖”，中国铁道学会科技进步奖特等奖1项、一等奖1项。2008年青藏铁路工程荣获国家科技进步奖特等奖（孙永福位列项目完成人第一位）。2010年获中国援外奉献奖金奖。

一、学习铁路工程专业，立志修桥铺路造福民众

孙永福出生在陕西省长安县韦曲东村一户农民家中。尽管家境比较困难，父母仍倾注全力供他上学。他十分体谅父母艰辛，从小发愤刻苦读书，盼望及早为家分忧。上小学时，他在晨曦中最早走进教室自习功课；读初中时，他一日三餐吃着从十多千米外家中背来的馒头和咸菜。初中毕业后，他想早些减轻家里负担。1955年夏天，当看到天水铁路工程学校招生广告上写着“大型建筑专业—培养工程师的摇篮”一行醒目大字时，他被强烈吸引，感到特别兴奋，心想学习铁路工程可以“修桥铺路、造福民众”，又不用家里为筹集学费和伙食费发愁，便毅然报考该校桥隧专业，从此确立了投身铁路、报效国家的理想志向。

在天水铁路工程学校3年中，孙永福充满强烈求知欲望，他不满足老师讲授的教材内容，一方面查阅有关书籍，加深知识理解；另一方面扩展阅览范围，积极参加实习，增强动手能力。由于知行水平不断提高，学习成绩名列前茅，1958年他被学校保送到大学继续深造。母亲闻知非常高兴，深情鼓励说：“家里苦点没什么，再熬几年就好了。你现在多学知识，将来能多干事业。”他牢记父母教导，珍惜宝贵时光，假期很少回家，课余时间总在图书馆看书和查阅资料。大学老师注重培养学生独立思考能力，鼓励学生提出解决问题的不同途径和方法，对他产生了深刻影响。在长沙铁道学院桥隧系读三年级时就兼修四年级课程，用四年时间完成了五年制全部课程和教学实习及“东江大桥工程”毕业设计，以优异成绩完成本科学业。1960年5月在大学光荣加入中国共产党。

1962年孙永福从长沙铁道学院毕业，主动要求到郑州铁路局工作，担任桥梁鉴定队见习生、工务处技术员。在工作中，他勤于观察思考，发现20世纪50年代修建的混凝土桥梁普遍发生裂纹，成为影响列车运行安全的隐患，心里很着急。为解决这个问题，他用一年多时间翻阅大量科技期刊，深入实地调查研究，细致检查局管内京广、陇海线铁路桥梁，了解掌握桥梁裂纹的分布规律、性质和原因，提出观测裂纹和分类整治的建议。1963年在中国土木工程学会河南省分会年会上，孙永福宣读了由他执笔撰写的《钢筋混凝土梁及预应力混凝土梁裂纹原因分析报告》。这项研究成果促进了铁道部主管部门研究建立了桥梁裂纹观测制度。

1964年9月，为支援“三线”建设，孙永福奉命调到铁道部西南铁路工程局（现中铁二局）施工技术处工作。从那时起到1973年6月，他先后参加了川黔、贵昆、成昆、湘黔、枝柳等铁路建设，在崇山峻岭的艰苦环境、复杂多变的地质条

件和脚踏实地的工作实践中，锤炼了品质，增长了才干。他设计的川黔线虾子河隧道洞内架梁方案，成功解决了隧道内跨越大溶洞的预制梁架设难题；他完成的桥梁配套设计文件，被推荐为西南铁路建设工地通用图，得到广泛应用。他多次作为工程技术人员先进代表，受到党和国家领导人接见。此后，他还参加了中国援建坦赞铁路、唐山抗震救灾、深圳特区拓荒等多项工作。1984 年 1 月他被派往日本研修工程管理。经过 22 年基层锻炼和考验，他在副科长、副处长、代处长、总队长、副局长、局长等岗位上成长起来，把坚持刻苦学习的好习惯和理论联系实际的好作风，在各个岗位上发扬光大，不断更新知识、扩展领域，为搞好铁路工程技术和管理奠定了坚实基础。

二、推进铁路体制改革，促进铁路科学发展

孙永福在任铁道部副部长期间，潜心研究铁路体制改革和发展问题，在建立铁路管理新体制和现代企业制度、改革铁路投融资体制、合理有效利用外资、编制新时期铁路发展规划、加强建设项目可行性研究论证等方面，做了大量开创性工作。

1. 推动铁路建设管理实行“政企分开”

孙永福认为，改革是铁路建设发展的动力，必须明确目标、稳步实施、积极推进。他提出了铁路建设管理体制改革的总体思路：按照社会主义市场经济体制要求，坚持政企分开，转变政府职能，转换经营机制，放开搞活企业。改革目标是制定科学合理的铁路建设发展规划、建设标准及管理制度，建立开放有序的铁路建设市场，形成健全有效的投资约束机制，建设自主经营、自负盈亏的现代企业，逐步走向集团化、社会化、国际化，提高建设能力和投资效益。经过十多年坚持不懈努力，中国铁路逐步建立起了竞争有序、管理规范、适应社会主义市场经济要求的建设管理新体制，较好解决了“政企不分”、政府职能“越位”和企业市场主体“缺位”等问题。2000 年 9 月，中国中铁、中国铁建、南车、北车、通号、物资总公司与铁道部脱钩，经过重组后隶属国资委管理。其中，中国中铁、中国铁建等 70 多万建设队伍走向国内国际市场，成为在中国施工企业名列前茅的特大型国有公司。

2. 提出铁路投融资体制改革思路

20 世纪 90 年代，孙永福针对铁路建设资金严重短缺、现有投融资体制陈旧落后和面临进入 WTO 的严峻挑战，提出了铁路投融资体制改革建议。主要是：坚持政企分开，转变政府职能，依照“谁投资、谁决策、谁收益、谁承担风险”的原则，明确投资主体和权责，建立竞争机制和约束机制，充分发挥市场配置资源的基础性作用。按照建设项目属性，实行分类投资。公益性项目主要由国家财政投资建设，经营性项目主要由市场融资建设，准经营性项目由国家给予适当投资

或政策支持。同时要建立铁路运价形成机制和运价调整机制、公益性铁路运输补贴机制，完善铁路运输收入清算、企业经济核算体系等。通过扩大市场开放，盘活存量资产，引入社会资本，转让股权，特许经营，合理使用债权融资，充分利用股权融资，放大国铁资本量。探索设立铁路产业发展基金，实行融资租赁设备等方式。建立“政府统筹规划、政策积极引导、社会广泛参与、市场规范运作”的铁路投融资体制，逐步实现投资主体多元化、投资来源多渠道、融资方式多样化。铁路投融资体制改革有力地推进了合资铁路公司建设和铁路企业股改上市。

3. 确立铁路运输“大通道”建设理念

20 世纪 80 年代后期，孙永福在组织侯马至石臼所(日照)运煤铁路通道等工程项目建设中，发现各段线路通过能力差异很大，必须对大通道进行系统设计。孙永福主持研究编制“十五”及 2015 年铁路发展规划时，组织有关人员从贯彻可持续发展战略，兼顾经济、社会和环境效益，采用资源利用最优、环境污染最少、生态影响最小的运输方式和技术，最大限度满足经济社会发展对交通运输需求等方面进行研究，提出了按系统工程思想建设铁路运输“大通道”的建议。特别强调要以“三协调”原则(即各段线路能力协调、点线能力协调、移动设备与固定设备能力协调)指导“大通道”建设。突出了“大通道”发展规划的宏观性、战略性、政策性和“大通道”建设的重要性、必要性、可能性。指出必须统筹发展“大通道”，避免重复建设；依靠科技进步，实现“大通道”铁路电气化、客运高速化、货运重载化、管理信息化；在大城市优先发展轨道交通，建设城市综合交通枢纽，实现“大通道”效益最大化等。经研究论证，铁道部确定了“八纵八横”铁路“大通道”作为全国路网主骨架。

4. 倡导深化铁路建设项目可行性研究

铁路大中型建设项目可行性研究是项目决策的重要依据。为防止决策失误，实现科学决策，孙永福认真总结经验教训，大力倡导深化铁路建设项目可行性研究，并提出了一系列措施。主要是：高度重视运量调查预测，合理确定主要技术标准和线路走向，为投资估算和总体评价提供科学依据；切实搞好地质勘探工作，为提高勘测设计质量创造基础条件；深入进行多方案综合比较，为项目决策推荐最优方案等。这些措施，在秦沈客专、西康铁路、青藏铁路、京沪高铁等大型建设项目实践中收到良好成效。特别是推进了芜湖长江大桥主跨结构创新，西安安康铁路秦岭长隧道勘测设计质量创优及首次在铁路隧道采用全断面掘进机(TBM)施工。

20 世纪 90 年代初期，孙永福主持京沪高速铁路科技研究和方案论证工作。他认真借鉴国外高铁发展经验，组织开展了“高速铁路基础关键技术研究课题”，该课题被列入“八五”国家重点科技攻关计划。完成了上报国家计委的《京沪高速铁路项目建议书》，论述了修建京沪高铁的重要性、必要性和可行性。在对轮轨系统与磁悬浮系统进行充分论证后，他明确提出在长大干线推荐轮轨技术体系，建议对磁悬浮技术体系进行扩大试验。提出适应国情的高铁速度目标值，推荐采用动力分散式高速列车，研究制定了中国高铁技术条件，确定了京沪高铁线路基本走向和主要工程等。经过秦沈客运专线建设和既有线提速积累经验，为中央决策修建高速铁路提供了科学依据。

三、主持中国铁路建设，致力提高工程建设水平

孙永福长期主持中国铁路建设，肩负着统筹部署和直接领导的重任。他按照铁道部党组部署，“七五”期间集中全路力量，组织实施了“南攻衡广、北战大秦、中取华东”的“三大战役”；“八五”期间以“强攻京九、兰新，速战侯月、宝中，再取华东、西南，配套完善大秦”为目标，确定了京九、兰新、宝中、侯月、浙赣、南昆、大秦1亿吨配套、京广扩能、成昆电化、西康线、广深准高速和北京西客站等12项重点工程。作为铁路建设及重大技术攻关的主要决策者和组织者，他致力于运用系统工程理论，提高新建、改建和扩建铁路的工程技术和管理水平。这一时期彰显孙永福学术成就的重大项目主要有：

1. 主持京广铁路衡广复线技术改造

20世纪80年代初，在改革开放的新形势下，京广铁路衡(阳)广(州)段成为全国铁路运输头号“卡脖子”地段。1985年12月，国务院做出了建设衡广复线的决定，孙永福兼任衡广复线建设总指挥部指挥长。

衡广复线全长526千米，既有单线标准低，运输能力十分紧张。线路穿越山区和丘陵地带，地质特别复杂，不良地质占全长80%以上。大桥长隧和高堤深堑相连，工程十分艰巨。既要保证正常运输，又要进行技术改造并增建第二线，工程难度很大。经过深入调查，他研究确定了“统筹安排、精心组织、突出重点，集中力量攻克控制工期的重点难点工程，优先建成控制运能的急需区间和站场改造，分段建设、分段投产、分期受益”的总体部署，制定了各年度任务目标。

孙永福邀请国内外专家开展技术咨询，反复论证重大技术方案，组织设计、施工、运输、科研单位和院校联合攻关，总结出大断面软弱围岩施工技术和岩溶突泥涌水综合治理技术。大瑶山隧道采用新奥法施工，形成了掘进、运输、喷锚、衬砌等机械化作业线，成为中国隧道工程技术发展的一个里程碑。在大跨度双线预应力混凝土连续梁、路堑石方控制爆破、软土路基、立交涵顶进等方面，取得了工程技术新突破。树立了连源段创建质量样板工程的典型，建立了运输、施工配合保安全的机制和制度，在全国铁路建设系统得到推广。

衡广复线决战3年实现开通目标，未发生重大责任行车安全事故，工程质量优良，投资得到有效控制。建设期间铁路运量不仅未受影响，而且每年新增100万吨以上，全线建成后年运输能力从1000多万吨提高到3000万吨以上，取得了

显著经济效益和社会效益，被国务院领导称赞为“运输繁忙干线进行大规模技术改造的成功范例”。

2. 优质高效建设南北铁路大干线

1992 年，党中央、国务院为缓解南北铁路运输紧张状况，作出了建设京九铁路的重大决策，被列为“八五”铁路建设的“重中之重”。京九铁路是我国铁路建设史上规模最大、一次建成线路里程最长的南北大干线。为加强建设领导和协调，国务院成立京九铁路建设领导小组，孙永福担任领导小组办公室主任，肩负总指挥职责。

面对这项宏伟工程，孙永福审慎研究，作出总体部署。他倡导铁路选线必须综合评价经济效益、社会效益和环境效益，提出铁路建设既要注重自身效益，也要兼顾地方发展。根据这一新理念，确定线路经由麻城、吉安、赣州、和平等革命老区和贫困地区，受到沿线地方政府和群众的高度赞扬。他把这项巨型工程分为北、中、南三大段，分段管理、整体推进。1993 年全线重点工程展开施工，首战告捷；1994 年攻克重点工程，完成线下工程，实现攻坚获胜；1995 年主攻铺轨架梁，实现全线铺通。他组织科研、设计、施工单位和院校联合开展技术攻关，相继攻克了黄河大桥、赣江大桥、九江长江大桥、五指山隧道、岐岭隧道、孔垄软土路基等大跨深基桥梁、软弱围岩隧道、软土路基等技术难题，提升了中国铁路建设技术和管理水平。

经过 3 年奋战，京九铁路 1996 年完成收尾配套，提前投入运营。1997 年 11 月国家验收委员会验收结论认为：京九线是优质、高效建设铁路的典范。京九铁路总体设计荣获 1999 年度国家优秀工程设计金奖；九江长江大桥和阜阳枢纽工程、阜阳至九江段、吉安至定南段、五指山隧道工程，先后荣获“鲁班奖”。

3. 组织建设中国首条重载运煤干线

大(同)秦(皇岛)铁路全长 653 千米，是中国第一条重载运煤干线铁路，设计年输送能力为 1 亿吨，分两期建设。1985 年开工，1992 年年底全线建成。孙永福组织路内外力量对大秦铁路工程难题进行科研攻关，取得了一系列技术成果。总结推广了“四区段”(填土、平整、碾压、检验)、“八流程”(施工准备、基底处理、分层填筑、摊铺平整、振动碾压、检验签证、整修路面、边坡夯实)新工艺，提高了重载路基质量。采用 V 形桥墩，16 米先张法部分预应力混凝土梁、连续刚架旱桥，发展了重载铁路桥梁技术。在黄土质浅埋软弱地层隧道“暗挖法”施工、软岩隧道“眼镜法”施工和隧道防排水综合技术等方面取得了新突破。

国务院成立大秦铁路重载列车成套设备领导小组，孙永福担任组长。他提出了“瞄准国际水平，立足国内研制，引进关键设备，系列配套完整”的原则，主持研制成功了包括机车、车辆、工务、通信信号、电气化供电、管理信息六大系统的重载列车成套设备。主持建成了大同至北京铁路 8 芯单模直埋光缆数字通信系统，成为我国第一条光缆通信干线。他坚持“技贸结合”方针，通过消化吸收引进技术，逐步实现了一期工程引进设备在二期工程中实现国产化。“大秦铁路万吨级重载单元列车成套设备”在主要方面达到或接近20世纪80年代国际先进水平，荣获1991年度国家重大技术装备成果奖特等奖。

4. 组织攻克艰险山区铁路工程难题

南(宁)昆(明)铁路全长896千米，是中国大西南的一条出海通道，沿线地形险峻、地质复杂、工程艰巨，有的地段桥隧总长占线路总长50%。孙永福担任铁道部南昆铁路科技进步领导小组组长，主持制定了铁路科技进步“一条龙”计划。组织全国47个路内外单位近千名科研技术人员，开展36项工程难题科研攻关，推广应用20项新技术。其中，创新了百米高墩预应力混凝土连续刚构桥、V形支撑大跨度预应力混凝土连续梁、高地应力高瓦斯高烈度地震区隧道、不良地质路基处理、新型路基挡护等工程技术，自主研制了牵引变电所微机保护、测控自动化装置及枢纽站隔离开关集中监控装置等设备，提高了西南山区铁路修筑技术水平。“复杂地质艰险山区修建大能力南昆铁路干线成套技术”荣获2000年度国家科技进步奖一等奖。

四、坚持依靠科技进步，实现青藏铁路建设技术和管理创新

2001年6月29日，举世瞩目的青藏铁路工程正式开工。孙永福担任青藏铁路建设领导小组副组长兼办公室主任(正部长级)，主持青藏铁路建设，他提出了“拼搏奉献、依靠科技、保障健康、爱护环境、争创一流”的青藏铁路建设方针。这个方针既讲艰苦奋斗精神，又讲以人为本和可持续发展，体现了科学发展观要求，成为创新工程技术和管理，建设世界一流高原铁路的指导方针。

(一)创新青藏铁路工程技术

青藏铁路是世界上海拔最高、线路最长的高原冻土铁路，是世界高原最具挑战性的工程项目，工程建设面临多项技术难题，其中最主要的是多年冻土、高寒缺氧、生态脆弱“三大难题”。孙永福组织中国科学院、中国铁道科学研究院、中铁第一勘察设计院和中铁西北科学研究院及有关院校等单位，对经过筛选的100多项课题进行开放式研究，联合开展攻关，协同创新技术，成功解决了“三大难题”。

1. 组织攻克“多年冻土”难题

青藏铁路多年冻土区长约550千米，另有部分岛状冻土、深季节冻土、沼泽湿地等。控制多年冻土因冻胀融沉引起建筑物变形，是筑路要解决的最大技术难题。孙永福考察外国冻土铁路和青藏公路等工程，借鉴国内外冻土科研成果和工程实践，主持研究中国冻土铁路勘察设计和施工的暂行规定。他抓住地质勘探关键环节，加大钻探密度，首次实行地质勘察监理，提高了线路勘测质量。坚持科

研试验先行，以试验研究成果指导设计和施工。他提出冻土分布既受地温、冰量、岩性影响，也受局部环境影响的观点，要求施工、维修单位高度重视局部环境改变对冻土产生的影响。主持研究确立了“主动降温、冷却地基、保护冻土”的设计思想，从根本上变革了以“被动保温”为主的传统冻土工程设计思想和技术措施。他提出对潜在风险极大的少冰多冰地段采取加强措施，在厚层地下冰等复杂冻土地段以桥梁形式跨越。把片石气冷路基和片石护坡作为冻土路基主要工程措施，系统总结和综合运用片石气冷路基、碎石护坡、通风管、遮阳棚、热棒、合理路基高度、桥梁桩基、隧道结构等工程措施，使冻土工程建设实现了由被动保温到主动降温、静态分析到动态分析、单一措施到综合施治“三大转变”，丰富了冻土工程理论与实践。为应对全球气温升高引起冻土退化问题，他组织研究建立冻土工程长期观测系统，加大了工程安全储备。青藏铁路开通运营以来，冻土路基基本稳定，桥隧结构安全稳固。出席第六届国际多年冻土工程会议的中外专家现场考察后认为，青藏铁路采取的设计原则正确，主要工程措施可靠。

2. 组织攻克“高寒缺氧”难题

青藏铁路位于海拔4000米以上地段占84%，翻越唐古拉山的铁路最高点海拔5072米。沿线自然环境恶劣，年平均气温在0℃以下，极端最低温度为-45℃，空气中氧含量只有海平面的50%～60%，干燥风大、强紫外线辐射、鼠疫自然疫源多、饮用水缺乏，属“生命禁区”。孙永福提出，要坚持“以人为本，卫生保障先行”，确保建设队伍上得去、站得稳、干得好。他和卫生部领导共同主持研究制定了《青藏铁路卫生保障若干规定》和《青藏铁路卫生保障措施》等指导性文件。在沿线建立完善的三级医疗卫生保障机构和工作机制，形成了能够快速及时有效救治危重病人的医疗网络体系。组织国内高原医学专家研究解决防治急、慢性高原病的关键技术问题，开展高原病防治科研攻关，推广运用高压氧舱等技术。在高海拔地区人工制氧研究取得成功后，他及时总结推广这一创新成果，在全线建了17个高原大型制氧站，使以往限于急救用的氧气，成为参建人员的劳动保护用品。青藏铁路建设创造了每年两万至三万高原施工人员连续5年无高原病死亡、无鼠疫疫情传播的奇迹。出席第六届国际高原医学大会的中外专家现场考察后认为，青藏铁路卫生保障工作对世界高原医学事业发展作出了贡献。

3. 组织攻克“生态脆弱”难题

青藏高原海拔高、温差大、干旱严重，生态环境十分脆弱，一旦受到破坏，短期内难以恢复，甚至根本无法恢复，具有不可逆性。孙永福强调要坚持“预防为主、保护优先”，全面贯彻执行国家环保法规。他主持制定了建设高原生态环保型铁路的总目标和分项目标，在中国铁路建设史上首次实施环境保护监理。他提出了“依法环保、科技环保、全员环保”的总体要求，组织建立了建设单位、施工单位、工程监理、环保监理“四位一体”环保管理体系，创新了环境保护管理模式。在海拔4300~4700米地段进行草皮移植和种草试验获得成功后，他倡导总结成了工法在全线推广。组织国内动物专家深入研究，在全线设置3种类型共33处野生动物通道，有效保护了高原野生动物。在保护高原植被、湿地、水源和自然景观方面，通过采取有效措施取得良好成效。国家环保总局等部门多次检查认为，青藏铁路环保工作居国内重点工程建设项目领先水平，具有示范意义。

青藏铁路建设在混凝土结构耐久性，防风沙、雷电、地震，高原铺架技术等方面也取得了可喜成果。

(二)创新青藏铁路建设管理

1. 首次在公益性铁路项目实行项目法人责任制

青藏铁路是典型的公益性建设项目，全部投资由国家安排。孙永福力主成立青藏铁路公司，实行项目法人责任制。实践证明，这有利于实现建设目标、控制建设投资，有利于青藏铁路社会经济效益发挥和长远发展，是中国首次在公益性铁路建设项目进行制度创新、管理创新的成功范例。

2. 建立体现科学发展的“五大控制目标”体系

孙永福从高原实际出发，在传统工程项目的质量、工期、投资“三大控制目标”基础上，与时俱进地增加了符合科学发展观要求、体现时代特征的环境保护和职业健康安全目标，研究建立了质量、环保、健康安全、工期、投资“五大控制目标”体系，以此作为部署任务、检查落实、考核评比的依据。围绕实现“五大控制目标”，他强调运用系统论、控制论和信息论指导项目管理。依靠落实各单位领导责任和管理制度，实施专门力量进行有效监督，实行工程监理和环保监理制度，加大工程建设执法监察力度，充分发挥监理在目标管理中的重要作用，使工程建设质量经受住了运营检验。

3. 创建质量—环保—职业健康安全一体化管理体系

围绕攻克“三大难题”，孙永福首次在青藏铁路建设项目中创建了“质量—环境—职业健康安全”一体化管理体系。即：以工程质量为核心，把环境保护作为工程质量的有机构成，把卫生保障作为实现“质量环保双优”的重要保证。承发包双方通过整合质量、环境、职业健康安全(包括施工安全和交通安全)要素，将各项要求纳入工程合同，做到责任明确、目标清晰、指标量化，具有可操作性。施工单位将一体化管理的目标、任务和要求，层层分解到各项目、各工点和岗位。监理单位严把工程质量关口，严格监督环保安全。建设单位将质量、环境、职业健康安全作为一个整体，同部署、同落实、同检查、同考核，进行综合评比。

4. 建立有效的工期和投资控制机制

根据铁道部确定青藏铁路5年通车运营的总体部署，孙永福组织有关部门研究，建立了有效的工期和投资控制机制。在工期控制方面，他结合高原实际和工程任务量，主持制定了分年度工期目标。为实现各年度工期目标，他统筹安排站前、站后各项工程，优化工期管理，研究确定了32项隧道、桥梁、路基等站前重点工程以及通信、信号、电力、房屋等站后重点工程，有序组织、协调推进、按期突破。运用计划评审技术(PERT)和关键线路法，找准控制总工期的三大问题(冻土路基、铺轨架梁、通信信号)，以最关键的铺轨架梁为主线编制施工组织设计。对工期进度、投资完成等情况实行PCDA循环动态管理，根据计划执行和检查分析，适时采取措施调整施工设计。在投资控制方面，他强调严格控制非生产性开支，加强财经纪律检查和内部审计监督，有效杜绝了截留、挪用、挤占建设资金现象。

青藏铁路创新工程技术和建设管理取得突出成就，荣获2008年度国家科技进步奖特等奖(孙永福为项目第一完成人)。孙永福还捐出了他荣获“中华环境奖”的全部奖金50万元，设立了“铁路环保奖”，用来奖励为铁路环保作出突出贡献的先进人物，促进铁路环保事业不断发展。

五、研究总结工程管理实践，构建铁路项目管理理论体系

几十年来，孙永福从事过各种不同特征的铁路项目建设，不仅积累了丰富的工程管理经验，而且不断研究探索工程管理理论。他系统总结青藏铁路工程管理经验，在全国铁路建设系统推广。特别是他运用工程哲学和系统工程、管理学、经济学等理论，认真总结实践经验，构建起了中国铁路工程项目管理理论体系。这个理论体系主要内容包括建设理念、基本原则、工程管理组织体系及管理模式、目标管理及控制体系、工程项目管理支撑保障体系、运行机制及标准化管理体系等。这一理论体系源于实践，各组成部分相互关联、相互作用，对指导铁路建设、提高工程管理水平具有重要意义。

建设理念是铁路工程项目的灵魂，在项目全生命周期内具有统领和主导作用。他通过回顾新中国成立以来铁路建设管理经历的“三足鼎立”“工管合分”“军事管制”“政企分开”等阶段，论述了铁道部直接管理、委托铁路局管理及合资铁路自行管理三种模式的适用性，悉心研究铁路工程理念演化过程。提出了铁路工程“以人为本、环境协调、持续创新、系统优化、服务运输”的新理念。严格遵循建设程序、科学决策、综合效益、全寿命期及市场竞争等基本原则。为工程项目管理确立了思想和行为准则。

组织体系是工程管理重要载体和保证。他积极推进政企分开，强调政府的统筹规划、政策引导、监督管理作用和企业的市场主体作用，构建以建设单位为核心，涵盖各参建方的组织体系。研究完善项目法人责任制、招投标制、合同制、监理制等管理制度。探索工程总承包、代建制，以及BOT/PPP等管理模式，使组织体系及管理模式既具有先进性、科学性，又符合铁路实际，具有可行性。

目标管理与控制体系是铁路工程项目管理的核心要求。他在目标体系构成

上，革新了传统的质量、工期、投资“铁三角”概念，建立了质量、安全、环保、工期、投资五大目标体系，使科学发展和“以人为本”的理念体现在铁路工程项目管理全过程。运用系统原理确定工程控制目标并进行分解，明确目标控制主体和对象，按照 PDCA 循环进行过程控制。根据目标要素，实行过程集成管理和组织集成管理。他运用价值管理理论，对工程目标管理进行价值评估，通过确立目标、过程控制、阶段评价，全面实现铁路工程项目管理要求。

支撑保障体系是铁路工程项目管理的重要条件。在诸多管理要素中，他突出合同管理、资源管理、技术创新管理和风险管理、信息管理及文化管理，构成了项目管理支撑保障体系。如建立全面合同管理模式，提供组织、制度、培训、监督保证，加强合同签订、控制、变更及索赔管理；有效管理人力、材料、机械设备等资源，构建产学研合作模式和技术创新平台；判断、分析、预防和控制风险，建立应急管理机制和风险管理考核；开发和应用项目管理信息系统，提高项目管理现代化水平等。

运行机制与标准化管理是铁路工程项目管理的有效手段。他提出铁路工程项目管理运行机制应主要包括决策机制、协调机制、激励约束机制和绩效评价机制等。系统研究决策的程序、方法及法制环境建设，分别建立内、外部协调机制，以及对设计、施工、监理等单位的激励约束制度。根据成熟度模型和卓越项目管理评价模型的基本原理，分析成功因子，构建绩效评价指标体系，科学反馈绩效结果。提出项目标准化管理应主要包括技术、管理、作业等标准，通过建立组织、制定计划、落实措施、加强监管，使工程建设实现项目标准化管理。

孙永福说：“自己平生干了一件事，就是学铁路、修铁路、管铁路。”在半个多世纪的铁路生涯中，他怀着“修桥铺路、造福民众”的愿望，把足迹印在祖国高山大川，把汗水洒在中华锦绣大地，以实现中国铁路现代化的满腔激情，全身心致力推进铁路体制改革，创新铁路工程技术和管理，在重点工程建设中培养了大批领军人物和技术骨干，为中国铁路发展作出了重要贡献。

六、主要论著

孙永福主编. 衡广铁路复线建设(技术总结). 北京：中国铁道出版社，1992.

孙永福主编. 大秦铁路(技术总结). 北京：中国铁道出版社，1995.

孙永福主编. 京九铁路(技术总结). 合肥：安徽科学技术出版社，1999.

孙永福主编. 中国铁路建设史. 北京：中国铁道出版社，2003.

孙永福. 铁路建设管理论集. 北京：中国铁道出版社，2004.

孙永福. 青藏铁路多年冻土工程研究与实践. 冰川冻土，2005.

孙永福. 建设高原生态环保型铁路的有益探索. 环境保护，2005.

孙永福. 青藏铁路建设管理创新与实践. 管理世界，2005.

孙永福. 青藏铁路重大技术和管理问题. 中国科学技术前沿(中国工程院版), 2007, 10.

孙永福编著. 京九铁路对经济社会发展重大作用研究. 北京: 经济管理出版社, 2008.

孙永福主编. 中国铁路桥梁史. 北京: 中国铁道出版社, 2009.

孙永福. 中国高速铁路的成功之路. 铁道学报, 2009, 6.

孙永福. 西部铁路通道建设及政策措施. 中国工程科学, 2010, 6.

孙永福. 城市轨道交通工程政府应关注的重大问题. 隧道建设, 2011, 11.

孙永福. 孙中山与中国铁路. 铁道学报, 2011, 11.

孙永福等. 铁路工程项目技术创新动力机制研究. 铁道学报, 2012, 4.

孙永福. "7.23"旅客列车事故的重要启示. 中国工程学报, 2012, 12.

(本文内容录自《20世纪中国知名科学家学术成就概览》之"管理学卷". 科学出版社, 2013年)

第六章　教职工名录

(1)本名录分学科列出了所有在学科任过职的同志，分“在职”和“外调或退休”两部分列出，部分老师曾在多个系所或教研室工作过，以尊重历史为原则分别在各学科名录予以体现。

(2)职称、职务为当时在学科工作时的最高职称、职务。

(3)学科教师名录排序原则：按进校年度→毕业年度→按汉语拼音。

(4)“建筑环境与设备工程系”因并入土木工程学科的时间较短，本名录中未录入。

第一节　铁道工程系

表 6.1.1　在职教职工

序号	姓名	性别	职称	现任职务	工作年份	学术方向	备注
1	周小林	男	副教授		1986—	轨道工程	
2	唐进锋	男	副教授		1988—	道路与铁道工程	
3	缪　鹍	男	副教授		1992—	智能计算方法	
4	吴小萍	女	教授	系副主任	1993—	道路与铁道工程	
5	王卫东	男	副教授	土木工程学院院长助理	1993—	交通规划和设计	
6	蒋红斐	男	副教授		1993—	铁路线路计算机辅助设计	
7	蒲　浩	男	教授	系主任	1994—	数字选线理论与方法	
8	向　俊	男	教授	系副主任	1995—	列车脱轨控制工程	
9	娄　平	男	教授	系副主任	1997—	高速与重载铁路轨道工程理论与应用	
10	涂　鹏	男	讲师		1999—	铁道工程	
11	徐庆元	男	副教授		2000—	铁路无缝线路及无砟轨道	
12	张向民	男	讲师		2001—	铁道工程	

续表 6.1.1

序号	姓名	性别	职称	现任职务	工作年份	学术方向	备注
13	曾志平	男	副教授		2003—	高速重载铁路轨道结构	
14	汪 优	女	讲师		2007—	结构	
15	陈宪麦	男	副教授		2008—	轨道工程线路的设计、动力分析、养护维修	
16	闫 斌	男	讲师		2013—	高速铁路桥梁	

表 6.1.2 外调及退休原教职工

序号	姓名	性别	职称	曾任职务	工作年份	备注
1	桂铭敬	男	教授	铁道建筑系主任	1953—	二级教授
2	李吟秋	男	教授	铁道建筑系、铁道工程系主任	1953—	二级教授
3	覃 宽	男			1953—	
4	吴融清	男			1953—	
5	黄 权	男	教授		1953—	
6	李绍德	男	教授		1953—	
7	蒋成孝	男			1953—	20 世纪 60 年代调出
8	廖智泉	男			1953—	
9	盛启廷	男	教授		1953—	
10	刘达仁	男	教授	教研室主任	1953—1985	1959 年教研组主任
11	赵方民	男	教授	教研室主任	1953—1987	二级教授
12	聂振淑	女	副教授		1953—1988	
13	郑文雄	男	副教授		1953—1988	
14	王远清	男	教授	教研室主任	1953—1989	
15	黎浩濂	男	副教授	教研室副主任	1953—1992	
16	陈家畴	男			1955—	
17	史祥鸾	男			1955—	
18	李增龄	男			1955—	20 世纪 60 年代调出
19	姚洪庠	男			1955—	20 世纪 70 年代调出
20	高宗荣	男			1955—	

续表 6.1.2

序号	姓名	性别	职称	曾任职务	工作年份	备注
21	顾　琦	男	副教授		1955—1971	
22	曾俊期	男	教授	铁道工程系主任	1955—1993	原长沙铁道学院院长
23	吴宏元	男	副教授	教研室主任	1955—1993	
24	宋治伦	男	副教授		1955—1993	
25	曹维志	男	副教授	教研室主任	1955—1994	
26	殷汝桓	男			1956—	20 世纪 60 年代调出
27	李秀容	女		教研室主任	1956—1979	1979 年调出
28	韦荣禧	男			1957—	原长沙铁道学院院长助理
29	袁国锌	男			1957—	20 世纪 60 年代调出
30	周才光	男	副教授		1957—1994	
31	詹振炎	男	教授	铁道工程系主任	1957—2002	
32	窦居和	男			1959—	20 世纪 60 年代调出
33	汤曙曦	男			1959—	
34	段承慈	男	教授		1960—	原长沙铁道学院副院长
35	陈秉昆	男			1960—	20 世纪 60 年代调出
36	陆麟年	男			1960—	20 世纪 70 年代调出
37	夏增明	男	副教授		1960—1971	
38	何姗姗	女			1961—	
39	陈秀方	男	教授	教研室主任	1961—2006	原长沙铁道学院院长助理
40	张　怡	女	高级工程师		1971—2009	
41	赵　湘	男			1981—	
42	李定清	男			1981—	
43	解传银	男			1981—	
44	徐赤兵	男			1981—	
45	罗克奇	男			1981—	

续表 6.1.2

序号	姓名	性别	职称	曾任职务	工作年份	备注
46	常新生	男	教授		1981—1997	
47	李法明	男			1987—	
48	廖福贵	男			1988—	
49	向延念	男	讲师		1994—2004	
50	李秋义	男	讲师		1995—2004	
51	谢晓辉	男	讲师		1999—2004	
52	曾习华	男	讲师		2000—2006	
53	吴湘晖	男	讲师		2000—2006	
54	王星华	男	教授	教研室主任	2004—2006	调岩土系
55	王曰国	男	工程师		2005—2012	
56	胡津亚	男	教授			
57	梁乔岳	男				
58	李绪必	男				
59	陈加畴	男				
60	陈月波	男				
61	俞德友	男				
62	朱世刚	男				
63	张振兴	男				
64	甘惠娥	女	副教授			

第二节　桥梁工程系

表 6.2.1　在职教职工

序号	姓 名	性别	职称	现任职务	工作年份	学术方向	备注
1	曾庆元	男	院士、教授		1953—	车桥振动	从南昌大学并入，1960 年从湖南大学调长沙铁道学院
2	文雨松	男	教授		1969—	桥涵水文	
3	任伟新	男	教授		1987—	桥梁健康监测	

续表 6.2.1

序号	姓 名	性别	职称	职务	工作年份	学术方向	备注
4	盛兴旺	男	教授	土木工程学院副院长	1988—	复杂桥梁设计理论	
5	戴公连	男	教授	系主任	1988—	桥梁极限承载力,高速铁路桥梁梁轨共同作用	
6	乔建东	男	副教授		1990—	大跨度桥梁设计理论	
7	胡　狄	男	副教授		1990—	桥梁非线性分析	
8	郭向荣	男	教授		1993—	车桥振动	
9	唐　冕	女	副教授		1993—	大跨度桥梁设计理论	
10	郭文华	男	教授	系副主任	1995—	车桥振动、桥梁抗风	
11	于向东	男	副教授	系副主任	1996—	桥梁设计及抗风	
12	杨孟刚	男	副教授		1996—	桥梁抗震	
13	方淑君	男	副教授	支部组织委员	1996—	桥梁设计理论	
14	周智辉	男	副教授	党支部书记	2002—	车桥振动,列车脱轨	
15	宋旭明	男	副教授		2002—	极限承载力及减隔震	
16	侯秀丽	女	讲师		2002—2013	桥梁设计理论	调土木院院办
17	何旭辉	男	教授	土木工程学院副院长	2006—	桥梁抗风	1996—2005 年在结构实验室工作
18	杨　剑	男	副教授		2007—	桥梁设计理论	
19	黄天立	男	副教授		2007—	桥梁结构健康监测与系统识别	
20	文　颖	男	副教授	重载铁路工程结构教育部重点实验室副主任	2010—	桥梁非线性稳定极限承载力分析,车桥系统振动稳定性	
21	魏　标	男	讲师	支部宣传委员	2010—	桥梁抗震	
22	李玲瑶	女	讲师		2011—	桥梁抗风	
23	欧阳震宇	男	教授		2013—	新材料在桥梁中的应用	

表 6.2.2　外调及退休原教职工

序号	姓 名	性别	职称	曾任职务	工作年份	备　注
1	袁祖荫	男	研究员		1953—	从武汉大学并入，1960 年从湖南大学过来，后来从结构组并入桥梁组，后调科研处处长
2	苏思昊	男			1953—	从广西大学并入，1960 年从湖南大学过来
3	高武元	男	讲师		1953—	从广西大学并入，1960 年从湖南大学过来，主讲水力学，后来从基础课水力学并入桥结水组
4	罗玉衡	男			1953—	1960 年从湖南大学过来
5	谢绂忠	男	教授	桥隧系副主任	1953—	1960 年从湖南大学过来，后调图书馆任馆长
6	姚玲森	男	教授		1953—1960	中南土建学院，未到长院，留湖南大学
7	王朝伟	男	教授	桥隧系主任，第一届桥梁教研组组长	1953—1966	从广西大学并入，1960 年从湖南大学过来，1967 年后到力学系工作
8	谢世澂	男	教授		1953—1978	从广西大学并入，1960 年从湖南大学过来，湖南大学教务长
9	华祖焜	男	教授		1953—1978	从湖南大学并入，1960 年从湖南大学过来，1972 年后调到岩土系工作任系主任
10	汪子瞻	男	讲师		1953—1986	从云南大学并入，主讲混凝土结构设计原理，后来从结构组并入桥结水组
11	王承礼	男	教授	教研组组长	1953—1987	从湖南大学并入，1960 年从湖南大学过来
12	万明坤	男	教授	副院长	1953—1988	1960 年从湖南大学过来，主讲钢桥，1988 年后调到北方交通大学任校长
13	徐名枢	男	教授		1953—1992	从云南大学并入，1960 年从湖南大学过来
14	周　鹏	男			1955—1964	1960 年从湖南大学调入，后调铁道兵

续表 6.2.2

序号	姓名	性别	职称	曾任职务	工作年份	备注
15	姜昭恒	男	副教授	教研室主任	1955—1992	1960 年从湖南大学过来
16	熊振南	男	副教授		1957—1994	1960 年从湖南大学过来，主讲混凝土结构设计原理
17	裘伯永	男	教授		1958—2000	1960 年从湖南大学过来
18	邓美瑁	女			1959—	
19	常宗芳	男			1959—	主讲钢木结构
20	田嘉猷	男	副教授		1959—	主讲水力学，图书馆馆长
21	贾瑞珍	女	助教		1959—1964	1959 年到长院筹备处报到，1960 年到桥梁教研组
22	卢树圣	男	教授	教研室主任	1959—2000	1959 年到长院筹备处报到，1960 年到桥梁教研组
23	韦明辉	男			1960—	
24	张龙祥	男	教授		1961—	主讲水文
25	马声震	男			1961—	
26	林丕文	男	副教授	土木工程系系主任	1961—1993	
27	王俭槐	女	副教授	教研室主任	1961—1996	主讲钢桥
28	罗彦宣	男	讲师		1965—1989	
29	危永强	男	讲师		1977—1986	
30	闫兴梅	女	讲师		1977—1988	主讲水力学
31	刘夏平	男	副教授		1981—1993	
32	周乐农	男	教授	土木工程系系主任	1981—1998	出国
33	王艺民	男	讲师		1982—1985	
34	杨　毅	男	讲师		1982—1986	调外单位
35	杨　平	男	讲师		1982—1989	调外单位
36	杨文武	男	讲师		1984—1990	调外单位
37	骆宁安	男	讲师		1984—1990	调外单位
38	胡阿金	女	讲师		1984—1990	调外单位
39	朱汉华	男	讲师		1984—1994	调外单位

续表 6.2.2

序号	姓名	性别	职称	曾任职务	工作年份	备　注
40	徐满堂	男	讲师		1985—1993	调外单位
41	陈　淮	男	讲师		1986—1993	调外单位
42	陈政清	男	教授	土木建筑学院院长	1987—2002	调外单位
43	颜全胜	男	讲师		1988.07—1995.10	调外单位
44	张　麒	女	讲师		1989—1999	调外单位
45	王荣辉	男	副教授		1992.12—1998.10	调外单位
46	贺国京	男	教授	土木建筑学院副院长	1993—2004	调外单位
47	申同生	男	讲师		1994—1999	调外单位
48	吴再新	男	讲师		2002—2007	调外单位
49	林高炎	男				
50	赵　湘	男	讲师			出国
51	詹振炎	男	教授	土木工程系系主任		主讲水力学，调到铁道工程系
52	夏汉林	男				
53	刘必红	女				
54	周文波	男				
55	李爱蓉	男				主讲水力学
56	张碧月	男				主讲水力学

第三节　隧道工程系

表 6.3.1　在职教职工

序号	姓名	性别	职称	现任职务	工作年份	学术方向	出生年月	毕业院校/调入单位	备注
1	彭立敏	男	教授	副院长	1982—	隧道与地下工程	1956.12	长沙铁道学院	
2	邱业建	男	讲师		1982—	隧道与地下工程	1959.11	中南矿冶学院	

续表 6.3.1

序号	姓名	性别	职称	现任职务	工作年份	学术方向	出生年月	毕业院校/调入单位	备注
3	张运良	男	副教授		1986—	隧道施工	1963.04	中南工业大学	
4	王　薇	女	副教授	系副主任	1994—	地下工程防灾减灾	1969.06	长沙铁道学院	
5	杨小礼	男	教授		1998—	隧道与地下工程	1969.11	长沙铁道学院	
6	施成华	男	副教授		2000—	隧道与地下工程	1973.01	长沙铁道学院	
7	阳军生	男	教授	系主任	2003—	隧道与地下工程	1969.02	长沙理工大学	
8	杨秀竹	女	副教授		2005—	隧道与地下工程稳定分析	1972.08	中南大学	
9	傅鹤林	男	教授	系副主任	2006—	地基处理	1965.09	中南大学	岩土系调入
10	周　中	男	副教授		2006—	隧道与地下工程	1978.03	中南大学	
11	张学民	男	副教授		2007—	隧道围岩力学特性	1973.09	中南大学	
12	彭文轩	男	讲师		2008—	隧道与地下工程	1971.03	重庆大学	
13	伍毅敏	男	副教授		2008—	隧道与地下工程	1980.07	长安大学	
14	余　俊	男	副教授		2009—	隧道与地下工程	1978.01	同济大学	
15	杨　峰	男	讲师		2010—	隧道与地下工程	1981.01	中南大学	
16	黄　娟	女	讲师		2010—	隧道与地下工程	1977.02	中南大学	
17	王树英	男	副教授		2012—	隧道与地下工程	1982.11	密苏里科技大学	

表 6.3.2　外调及退休原教职工

序号	姓名	性别	职称	曾任职务	工作年份	出生年月	毕业院校/调入单位	备注
1	洪文璧	男	教授		1953—		四川大学	
2	桂铭敬	男	教授	系主任	1953—1960	1899.04	华南工学院	1973 年退休，1992 年病逝
3	刘　骥	男	副教授	教研室主任	1953—1960	1925.01	武汉大学	1960 年调出隧道室
4	裘晓浦	男	助教		1953—1961	1931.08	同济大学	1961 年调出
5	毛　儒	男	客座教授		1953—1977	1930.01	华南工学院	1977 年调出
6	邝国能	男	教授	教研室主任	1953—1989	1933.06	华南工学院	1989 年病逝
7	韩玉华	男	副教授	教研室主任	1955—1996	1933.02	1955 年结构力学组调入	1996 年退休
8	陶锡珩	男	副教授		1956—1982	1931.09	华南工学院	1982 年调出隧道室
9	宋振熊	男	副教授	教研室主任	1957—1998	1934.12	唐山铁道学院	1998 年退休
10	卢树圣	男	副教授		1959—1962	1935	唐山铁道学院	1962 年调出隧道室
11	祝正海	男	副教授		1960—1984	1935	北京铁道学院	1984 年调出隧道室
12	沈子钧	男	助教		1961—1962	1939		1962 年调至北京地铁
13	谢连城	女	副教授		1961—1994		北京铁道学院	1994 年退休
14	刘小兵	男	教授	系主任	1969—2010	1950.01	长沙铁道学院	2010 年退休
15	刘仰韶	男	讲师		1982—1985	1957.05	长沙铁道学院	1985 年调出隧道室
16	王少豪	男	讲师		1984—1990	1948	中南工业大学	1990 年调出
17	周铁牛	男	讲师		1986—1993	1962	西南交通大学	1992 年调出
18	张治平	男	讲师		1989—1993	1966.04	长沙铁道学院	1993 年调出
19	杜思村	男	讲师		1993—2001	1970.02	长沙铁道学院	1999 年调出长铁院
20	王　英	女	副教授		1995—2002	1963.02	武汉水利电力学院	2002 年调出隧道系
21	谢学斌	男	副教授		1999—2002	1968.01	中南工业大学	2002 年调出隧道系

第四节　岩土工程系

表 6.4.1　在职教职工

序号	姓名	性别	职称	现任职务	工作年份	学术方向	备注
1	魏丽敏	女	教授		1988—	桩基础工程	
2	张佩知	男	工程师		1988—	岩土工程	
3	冷伍明	男	教授	系主任	1994—	地下工程	
4	张国祥	男	教授		1994—	边坡稳定分析	
5	肖武权	男	副教授		1995—	地基处理	
6	何　群	男	讲师		1995—	地基处理	
7	王星华	男	教授		1997—	道路工程领域	
8	金亮星	男	副教授		1997—	地基与基础工程	
9	张向京	女	工程师		1997—	岩土工程	
10	阮　波	男	副教授		1999—	地基处理	
11	刘宝琛	男	教授，院士		1999—	随机介质理论	
12	张家生	男	教授	土木工程学院副院长	1999—	岩土边坡工程	
13	方理刚	男	教授		2000—	土动力学	
14	周生跃	男	工程师		2000—	岩土工程	
15	杨果林	男	教授	系副主任	2001—	道路与铁道工程	
16	雷金山	男	讲师		2002—	地基处理	
17	彭　意	女	高级工程师		2003—	岩土工程	
18	乔世范	男	副教授	系副主任	2003—	岩土工程计算机三维建模与仿真技术	
19	王　晅	男	讲师		2006—	地基处理	
20	杨广林	男	工人		2008—		
21	陈晓斌	男	副教授		2008—	地基处理	
22	赵春彦	男	讲师		2008—	岩土工程	
23	郑国勇	男	讲师		2008—	岩土工程	
24	聂如松	男	讲师		2009—	岩土工程	
25	张　升	男	副教授		2011—	岩土工程数值模拟	
26	杨　奇	男	讲师		2011—	岩土工程	
27	林宇亮	男	讲师		2011—	岩土工程	
28	盛岱超	男	教授		2013—	岩土工程	

表 6.4.2　外调及退休原教职工

序号	姓名	性别	职称	曾任职务	工作年份	备注
1	殷之澜	男	教授		1953—	
2	熊　剑	男	副教授	教研室主任	1953—1985	离休(厅级待遇)
3	陈映南	男	教授		1953—1989	
4	华祖焜	男	教授		1953—2000	
5	李家钰	男	讲师		1954—1993	
6	董学科	男	讲师		1954—1993	
7	宁实吾	女	讲师		1957—1988	
8	金宗斌	男	讲师		1959—1964	
9	陈昕源	男	讲师		1960—	
10	张俊高	男	高工		1960—1985	
11	张式深	男	教授		1960—1989	
12	曾阳生	男	教授		1960—1996	
13	任满堂	男	工程师		1966—1985	
14	蒋崇仑	男	工程师		1966—2002	
15	王永和	男	教授	土木工程系 系主任	1969—2011	长沙铁道学院副院长
16	顾　琦	男	副教授		1971—1993	
17	杨雅忱	女	副教授		1971—1995	
18	夏增明	男	副教授	教研室支书	1971—1997	
19	王立阳	男	高工		1976—1982	长沙铁道学院办公室副主任
20	黄　铮	女	高工		1977—1982	长沙铁道学院教务处 党总支书记
21	孙渝文	女	副教授		1979—1997	
22	姜　前	男	副教授		1981—1992	
23	刘启风	男	副教授	土木系 副系主任	1981—1993	
24	刘杰平	男	讲师		1982—1992	

续表 6.4.2

序号	姓名	性别	职称	曾任职务	工作年份	备注
25	李　亮	男	教授		1982—	中南大学学科办主任
26	徐林荣	男	教授		1986—2008	
27	陈维家	男	讲师		1988—1992	
28	李宁军	男	讲师		1988—1993	
29	陆海平	男	高工		1988—1993	
30	谭菊香	女	高级工程师		1989—1996	
31	李政莲	女	讲师		1996—2008	
32	张旭芝	女	讲师		1996—2008	
33	傅鹤林	男	教授	教研室副主任	1997—2006	
34	倪红革	男	副教授		1999—2003	
35	牛建东	男	讲师		2006—2008	
36	周光农	男	教授			
37	朱之基	男	教授			
38	李靖森	男				
39	杨庆斌	男				
40	谢庆道	男				
41	李毓瑞	男				
42	杨　姁	女	技师			
43	罗国武	男	高工			
44	向楚柱	男	工人			
45	王萍兰	女	工人			
46	何玉佩	女	工程师			
47	周文波	女	技师员			
48	周建普	男	教授			
49	张新春	男	副教授			

第五节 结构工程系

表 6.5.1 在职教职工

序号	姓名	性别	职称	现任职务	工作年份	学术方向	备注
1	余志武	男	教授		1985—	结构工程	
2	杨建军	男	副教授	土木工程学院副院长	1988—	结构工程	
3	周朝阳	男	教授		1990—	结构工程	
4	陆铁坚	男	副教授	系副主任	1992—	结构工程	
5	陈友兰	女	讲师		1992—	结构工程	
6	罗小勇	男	教授	系主任	1995—	结构工程	
7	贺学军	男	副教授		1998—	结构工程	
8	周凌宇	男	副教授		1998—	结构工程	
9	蒋丽忠	男	教授	土木工程学院副院长	1999—	结构工程	
10	杨　光	女	讲师		1999—	结构工程	
11	刘　澍	女	副教授		2000—	结构工程	
12	阎奇武	男	副教授	系党支部书记	2000—	结构工程	
13	叶柏龙	男	教授		2000—	结构工程	
14	王小红	女	副教授		2000—	结构工程	
15	龙建光	女	讲师		2000—2013	结构工程	调土木院培训部
16	马驰峰	男	讲师		2000—	结构工程	
17	郭风琪	男	讲师		2004—	结构工程	
18	丁发兴	男	教授	系副主任	2006—	结构工程	
19	匡亚川	男	副教授		2006—	结构工程	
20	王海波	男	讲师		2006—	结构工程	
21	喻泽红	女	教授		2006—	结构工程	
22	周期石	男	副教授		2006—	结构工程	
23	朱志辉	男	副教授		2006—	结构工程	
24	卫　军	男	教授		2007—	结构工程	
25	龚永智	男	副教授	系副主任	2007—	结构工程	

续表 6.5.1

序号	姓名	性别	职称	职务	工作年份	学术方向	备注
26	蔡　勇	男	副教授		2008—	结构工程	
27	刘晓春	男	讲师		2008—	结构工程	
28	刘小洁	女	副教授		2008—	结构工程	
29	王汉封	男	副教授		2009—	结构工程	
30	宋力	男	讲师		2009—	结构工程	
31	黄东梅	女	副教授		2009—	结构工程	
32	李常青	男	讲师		2010—	结构工程	
33	卢朝辉	男	副教授		2010—	结构工程	
34	国　巍	男	副教授		2010—	结构工程	
35	胡　文	女	讲师		2011—	结构工程	
36	戴　伟	女	讲师		2011—	结构工程	
37	赵衍刚	男	教授		2011—	结构工程	千人计划
38	柏　宇	男	教授		2013—	结构工程	青年千人计划

表 6.5.2　外调及退休原教职工

序号	姓名	性别	职称	曾任职务	工作年份	备注
1	杨承惁	男	教授	教研室主任	1953—2000	国务院特殊津贴
2	彭福英	女	讲师		1957—1991	制图
3	熊振南	男	副教授	教研室主任	1957—1992	
4	甄守仁	男	副教授		1960—1991	制图
5	袁秀金	女	副教授		1960—1996	制图
6	朱明达	男	教授级高工	教研室主任	1961—1983	国务院特殊津贴
7	詹肖兰	女	教授	教研室主任	1961—1989	
8	杨祖钰	男	讲师		1978—1989	
9	黄仕华	男	讲师		1979—1987	
10	江继军	男	高工		1979—1993	
11	赖必勇	男	副教授		1980—1998	
12	邓荣飞	男	副教授		1982—2000	长沙铁道学院副校长

续表 6.5.2

序号	姓名	性别	职称	曾任职务	工作年份	备注
13	欧阳炎	男	教授	土木建筑学院院长	1982—2002	国务院特殊津贴
14	袁锦根	男	教授		1982—2003	
15	李易豹	男	讲师		1983—1988	
16	王　芳	男	讲师		1983—1999	
17	魏　伟	男	高　工		1983—2007	校基建处副处长
18	孙新华	男	副教授		1983—2011	制图
19	肖　佳	女	教授		1986—1999	
20	迟洪香	女	讲师		1991—1999	制图
21	袁　媛	女	副教授		1992—2008	制图
22	李　磊	男	讲师		1995—1996	校宣传部副部长
23	龙　丽	女	讲师		1995—2004	制图
24	刘　伟	男	助教		1999—2003	制图
25	蒋青青	女	副教授		2000—2003	
26	王　芳	女	讲师		2000—2003	
27	吴　鹏	男	副教授		2006—2010	

第六节　道路工程系

表 6.6.1　在职教职工

序号	姓名	性别	职称	现任职务	工作时间	学术方向	备注
1	张新春	男	副教授		1975—	工程地质	
2	谭建伟	男	高级工		1975—	工程测量	
3	周建普	男	教授	院工会主席	1982—	工程地质	
4	罗梦红	男	工程师		1984—	道路与铁道工程	
5	曾习华	男	讲师		1985—	道路与铁道工程	
6	周殿铭	男	副教授	副主任	1982—	工程地质	
7	徐林荣	男	教授	系主任	1986—	工程地质	

续表 6.6.1

序号	姓名	性别	职称	现任职务	工作时间	学术方向	备注
8	高春华	女	高级实验师		1986—	工程测量	
9	吴祖海	男	副教授		1988—	工程测量	
10	赵鸿杰	男	中级工		1990—	工程测量	
11	肖益铭	女	工程师		1993—	工程测量	
12	吴湘晖	男	讲师		1993—	道路与铁道工程	
13	李政莲	女	讲师		1993—	工程地质	
14	李　军	男	副教授	副主任	1994—	道路与铁道工程	
15	宋占峰	男	副教授		1995—	道路与铁道工程	
16	彭仪普	男	副教授	支部书记	1995—	工程测量	
17	张旭芝	女	讲师		1996—	工程地质	
18	孙　晓	女	讲师		2003—	工程测量	
19	蒋建国	男	副教授	实验室副主任	2003—	道路与铁道工程	
20	魏红卫	男	副教授	副主任	2004—	道路与铁道工程	
21	聂志红	男	副教授		2005—	道路与铁道工程	
22	牛建东	男	讲师		2006—	工程地质	
23	刘小明	男	副教授		2007—	道路与铁道工程	
24	邹金锋	男	副教授		2008—	道路与铁道工程	
25	马昆林	男	副教授		2009—	道路与铁道工程	
26	李海峰	男	副教授		2009—	工程测量	
27	杨伟超	男	讲师		2009—	工程地质	
28	赵炼恒	男	讲师		2010—	道路与铁道工程	
29	刘维正	男	讲师		2011—	工程地质	
30	但汉成	男	讲师		2011—	道路与铁道工程	
31	吴　昊	男	副教授		2012—	道路与铁道工程	

表 6.6.2　外调及退休原教职工

序号	姓名	性别	职称	曾任职务	工作年份	备注
1	杨庆彬	男	副教授		1953—	
2	谢庆道	男	副教授		1953—	
3	范杏祺	男			1953—1960	
4	谢国琫	男			1954—	
5	蔡　俊	男			1954—1982	
6	陈冠玉	男			1954—20 世纪 70 年代	
7	郭之锟	男			1955—20 世纪 70 年代	
8	林世煦	男	副教授	室主任	1955—20 世纪 90 年代	
9	张作容	男	教授	室主任	1956—1986	
10	蒋琳琳	女		室主任	1956—20 世纪 70 年代	
11	宁实吾	女	讲师		1957—1988	
12	肖修敢	男	副教授	室主任	1957—20 世纪 90 年代	
13	苏思光	男	副教授		1957—20 世纪 90 年代	
14	陈昕源	男	讲师		1960—	
15	张俊高	男	高工		1960—1985	
16	李家钰	男	讲师		1960—1993	
17	董学科	男	讲师		1960—1993	
18	周霞波	女	副教授		1961—1986	
19	谭运华	男	教授级高工		1965—2002	1990 年 调本校设计院
20	许　勇	男			1970—1983	
21	杨雅忱	女	副教授		1971—1995	
22	丁冬初	男		土木工程系 党总支书记	1976—1993	
23	刘道强	男			1981—	中南大学 资产处处长
24	李　亮	男	教授		1982—	中南大学研究生 院学科办主任
25	张新兵	男	高工	实验室主任	1983—1992	
26	吴　斌	男	教　授		1984—	中南大学本科 生院培养办主任
27	吕雅琴	女	中级工		1985—2007	
28	金向农	男	副教授		1986—1993	

续表 6.6.2

序号	姓名	性别	职称	曾任职务	工作年份	备注
29	周　懿	男	高级工程师		1986—1993	
30	刘　琳	男	高级工程师		1987—1988	
31	陆海平	男	高工	教研室主任	1988—1997	
32	李新平	男	讲师		1988—1998	
33	谢楚英	男			20 世纪 50—70 年代	
34	杭迺兆	男			20 世纪 50—90 年代	
35	曾旺宣	男			20 世纪 50 年代	
36	罗灼金	男			20 世纪 50 年代	
37	陈昌国	男			20 世纪 50 年代	
38	李健超	男			20 世纪 50 年代	广西大学党委书记
39	翟柏林	男			20 世纪 50 年代	
40	李　仁	男			20 世纪 50 年代	
41	李秀蓉	女			20 世纪 50 年代	
42	方佩菊				20 世纪 50 年代	
43	韦荣禧	男			20 世纪 50 年代	
44	邹永廉	男			20 世纪 50 年代	
45	林则政	男			20 世纪 50 年代	
46	杨福和	男			20 世纪 50 年代	
47	王国桢	男			20 世纪 60 年代	
48	严昌汉	男			20 世纪 60 年代	
49	窦烽和	男			20 世纪 60 年代	
50	刘玉堂	男			20 世纪 60 年代	
51	邵天仇	男			20 世纪 60 年代	
52	许澄波	男			20 世纪 60—70 年代	
53	王成祥	男			20 世纪 60—70 年代	
54	刘冬初	男			20 世纪 60—80 年代	
55	李嗣科	男		室主任	20 世纪 70 年代	
56	沈宝玉	女			20 世纪 70—90 年代	
57	李士俊	男				武汉空军

第七节　工程与力学研究所及力学系

表 6.7.1　在职教职工

序号	姓名	性别	职称	现任职务	工作年份	学术方向	备注
1	王晓光	男	副教授		1972—	结构力学	
2	李丰良	男	教授		1977—	力学	
3	王修琼	男	副教授		1983—	力学	
4	刘长文	男	副教授		1985—	力学	
5	王　涛	男	副教授		1986—	固体力学	
6	李东平	男	教授	力学系主任	1987—	力学	
7	李学平	男	副教授		1990—	力学	
8	周文伟	男	副教授		1994—	结构力学	
9	唐松华	男	副教授		1997—	力学	
10	宁明哲	男	讲师		1998—	力学	
11	张晔芝	男	副教授	工力所副所长	1999—	结构力学	
12	黄方林	男	教授	工力所所长	1999—	结构力学	
13	肖柏军	男	讲师		1999—	力学	
14	郭少华	男	教授		2000—	工程力学	
15	侯文崎	女	副教授	工力支部书记	2000—	结构力学	
16	罗如登	男	副教授		2000—	结构力学	
17	刘　静	女	副教授	力学支部书记	2000—	岩土工程	
18	王　英	女	副教授		2000—	流体力学	
19	邹春伟	男	副教授	力学系副主任	2000—	固体力学	
20	喻爱南	女	副教授		2000—	岩土工程	
21	李海英	女	讲师		2000—	力学	
22	谢晓晴	女	讲师		2000—	力学	
23	罗建阳	男	讲师		2000—	力学	
24	刘志久	男	讲师		2000—	工程力学	
25	禹国文	男	工程师		2000—	力学	
26	李顺溶	男	工程师		2000—	力学	
27	鲁四平	男	讲师		2002—	结构力学	
28	殷　勇	男	讲师		2002—	结构力学	

续表 6.7.1

序号	姓名	性别	职称	现任职务	工作年份	学术方向	备注
29	李　铀	男	教授	力学系副主任	2003—	固体力学	
30	李显方	男	教授	力学系副主任	2004—	断裂力学	
31	肖方红	男	副教授		2004—	结构力学	
32	蒋树农	男	讲师		2005—	力学	
33	鲁立君	男	讲师		2006—	力学	
34	杜金龙	男	讲师		2008—	岩土力学	
35	刘丽丽	女	讲师		2008—	力学	
36	韩衍群	男	讲师		2008—	结构力学	
37	杨焕军	男	工人		2009—		
38	周　德	男	讲师		2010—	结构力学	
39	王曰国	男	工程师		2011—	岩土力学	
40	孟　一	男	讲师		2013—	结构力学	

表 6.7.2　外调及退休原教职工

序号	姓名	性别	职称	曾任职务	工作年份	备注
1	李廉锟	男	教授		1944—1987	
2	陈国雄	男	讲师		1949—1992	
3	言俊知	男	副教授		1950—1988	
4	曹亚云	男	副教授		1953—1990	
5	王崇和	男	副教授		1954—1994	
6	张炘宇	男	教授		1955—1988	
7	张近仁	男	副教授		1955—1991	
8	王　廉	男	副教授		1960—1997	
9	卢同立	男	副教授		1960—1998	
10	杨仕德	男	副教授		1960—2000	
11	程根梧	男	教授		1961—2001	
12	甘幼琛	男			1962—	
13	王全玺	女	副教授		1962—1996	
14	黄国光	男	副教授		1962—1997	

续表 6.7.2

序号	姓名	性别	职称	曾任职务	工作年份	备注
15	卢楚芬	女	副教授		1963—1997	
16	周筑宝	男	教授		1963—2001	
17	倪国荣	男	副教授		1964—1996	
18	欧阳炎	男	教授		1964—2001	
19	刘庆潭	男	教授		1964—2012	
20	余官恒	女	副教授		1965—2001	
21	周一峰	男	教授		1968—2006	
22	叶梅新	女	教授		1970—2011	
23	陈永进	女	高级工		1975—2006	
24	陈玉骥	男	教授		1982—2005	
25	孙晓保	男	试验员		1997—2002	
26	余珏文	男				
27	沈兆基	男				
28	荣崇禄	男				
29	皮淡明	男				
30	梁晓行	男				
31	金玉澄	女				
32	王琼志	女				
33	余肖扬	男				
34	张萍初	男				
35	包于文	男				
36	禹奇才	男				
37	李志高	男				
38	肖万伸	男				
39	李亚芳	女				
40	邓启荣	男				
41	伍卓民	男				
42	王玮怡	女				

续表 6.7.2

序号	姓名	性别	职称	曾任职务	工作年份	备注
43	周　群	女				
44	郑学军	男	副教授			2004 调到湘潭大学
45	李淑玲	女				
46	徐建伟	男				
47	罗国华	女				
48	黄顺林	男				
49	程　浩	男				
50	黄建生	男				
51	谢世浩	男				
52	王光前	男				
53	谢柳辉	男				
54	王禹林	男				
55	何其元	男				
56	胡士琦	女				
57	裴钦元	男				
58	黄小林	男				
59	岳亚丁	男				
60	王　勇	男				
61	朱之恕	男				
62	潘乃丽	女				
63	郁维明	男				
64	刘承礼	男				
65	张中惠	女				
66	王朝伟	男				
67	缪加玉	男				
68	钟桂岳	男				
69	詹肖兰	女				
70	邓如鹄	男				
71	夏思行	男	副教授		1964—2001	

第八节　土木工程材料研究所

表 6.8.1　在职教职工

序号	姓名	性别	职称	现任职务	工作年月	学术方向	备注
1	胡晓波	男	教授	副所长	1984—	水泥混凝土	
2	谢友均	男	教授	土木工程学院院长	1987—	水泥混凝土	
3	李　建	男	高工	实验室副主任	1987—	土木工程材料试验	建材实验室
4	张松洪	男	高工		1988—	土木工程材料试验	建材实验室
5	刘宝举	男	副教授		1996—	水泥混凝土	
6	邓德华	男	教授		2000—	新型胶凝材料	
7	肖　佳	女	教授		2002—	高性能混凝土	
8	石明霞	女	高工		2002—	土木工程材料试验	建材实验室
9	龙广成	男	教授	所长	2004—	水泥混凝土	
10	李益进	男	副教授		2005—	高强高性能混凝土技术	
11	郑克仁	男	副教授		2005—	水泥基复合材料的结构与性能	
12	董荣珍	女	副教授		2007—	混凝土耐久性	
13	谌明辉	男	试验员		2008—	土木工程材料试验	建材实验室
14	元　强	男	副教授		2009—	水泥基材料流变性	
15	刘赞群	男	副教授	副所长	2010—	水泥基材料黏弹性	

表 6.8.2　外调及退休原教职工

序号	姓名	性别	职称	曾任职务	工作年份	备　注
1	王　浩	男	副教授	室主任	1960—1985	1985 年去世
2	周士琼	女	教授	室主任	1960—2004	2004 年退休
3	王采玉	男	高工	实验室主任	1960—1998	1998 年退休
4	张绍麟	男	副教授	室主任	1974—1986	1986 年调离
5	杜颖秀	女	工程师		1974—1994	1994 年退休
6	彭雅雅	女	副教授		1977—1987	1987 年调离

续表 6.8.2

序号	姓名	性别	职称	曾任职务	工作年份	备　注
7	李德贵	男	中级工人		1949—1989	
8	刘新整	女	讲师		1976—1977	1977 年调离
9	何庆键	男	工程师		1960—1997	
10	张丹阳	男	助教		1981—1988	1988 年调离
11	王云祖	男			1981—1986	1991 年调离
12	吴晓惠	女	助教		1982—1991	
13	尹　健	男	教授		1996—2011	2011 年底调离
14	杨元霞	女	副教授		1996—2013	2013 年调入院办
15	孙晓保	男	试验员		1997—2002	2002 年去世
16	史才军	男	教授		2004—2009	2009 年离校

第九节　工程管理系

表 6.9.1　在职教职工

序号	姓名	性别	职称	职位	工作时间	学术方向	备注
1	孙永福	男	院士、教授		2000—	土木工程规划与管理	原铁道部副部长
2	周庆柱	男	研究员，博导		1970—2012	土木工程规划与管理	原中南大学党委副书记
3	郭乃正	男	研究员，博导		1982—	土木工程规划与管理	中南大学党委副书记
4	黄建陵	男	研究员，博导	土木工程学院党委书记	1987—	土木工程规划与管理	
5	王孟钧	女	教授，博导	工程管理研究中心主任	1988—	工程管理，建筑经济企业战略	
6	张飞涟	女	教授，博导	系主任	1994—	工程经济与评价，工程规划与管理	
7	宇德明	男	教授	系副主任	1997—	工程安全与风险管理	

续表 6.9.1

序号	姓名	性别	职称	职位	工作时间	学术方向	备注
8	曹升元	男	研究员		1990—2012	工程经济	山东大学总会计
9	周　栩	男	副教授		1982—2013	工程项目管理	
10	郭　峰	男	副教授	土木工程学院党委副书记	1988—	企业组织与能力、建设项目协调管理	
11	廖群立	男	副教授		1986—	工程经济与管理	中大监理公司董事长
12	李昌友	男	副教授		1988—	工程经济与管理	校科技处副处长
13	傅　纯	男	副教授	系副主任	1997—	项目管理、工程管理	
14	王　进	男	副教授		1999—	项目管理、工程管理	
15	王青娥	女	副教授		2005—	项目管理	
16	陈汉利	女	副教授		2000—	项目管理与评估，项目风险管理	
17	陈辉华	男	副教授	党支部书记	2004—	工程管理、项目管理，建筑企业战略管理	
18	张彦春	女	副教授		2001—	工程管理	
19	黄若军	男	讲师		1986—	工程管理	
20	刘根强	男	讲师		1992—	工程管理	
21	刘武成	男	讲师		1995—	工程管理	
22	王　敏	女	讲师		1994—	工程管理	
23	郑勇强	男	讲师		2000—	工程管理	
24	范臻辉	男	讲师		2001—	工程管理	
25	刘　伟	男	讲师		1999—	工程管理	
26	李香花	女	讲师		2006—	工程管理	

表 6.9.2　外调及退休原教职工

序号	姓名	性别	曾任职务	工作年份	学术方向	备注
1	洪文璧	男	教授	1953—	铁道建筑	
2	张显华	男	副教授	1953—1997	铁道建筑	1997 年病故
3	汪子瞻	男	讲师	1953—1992	铁道建筑	1992 年病故
4	杨承愻	男	教授	1953—2000	建筑施工和工程机械	2000 年退休
5	耿毓秀	男	副教授	1953—1989	铁道建筑施工和工程机械	1989 年病故
6	周继组	男	教授	1953—2000	铁道建筑、工程管理	2000 年退休
7	宋治伦	男	副教授	1955—1993	铁道建筑	1993 年退休
8	刘邦兴	男	讲师	1955—1967	铁道建筑	1967 年调出
9	李增龄	男	助教	1955—1961	铁道建筑	1961 年调出
10	奚锡雄	男	副教授	1955—1977	铁道建筑施工和工程机械	1977 年调上海铁道学院
11	曹曾祝	男	副教授	1955—1989	铁道建筑施工和工程机械	1989 调湖南省政协任秘书长
12	周镜松	女	高级工程师	1958—1988	铁道建筑	1988 年退休
13	李嗣科	男	副教授	1960—1997	铁道建筑、工程管理	1997 年退休
14	谢　恒	男	副教授	1961—1994	工程管理、铁道建筑施工和工程机械	1994 年退休
15	郭浩然	男	高级工程师	1962—1983	铁道施工技术	1983 年退休
16	沈宝玉	女	工程师	1974—1989	信息技术	1989 年退休
17	潘蜀健	男	副教授	1977—1987	铁道建筑、工程管理	1987 年调广州大学
18	甘惠娥	女	副教授	1981—1995	铁道建筑、工程管理	1995 年退休
19	凌　群	男	讲师	1985—1988	工程管理	1988 年调广州大学
20	严　俊	女	讲师	1985—1992	工程经济	1992 年调北京
21	粟　宇	女	讲师	1985—1993	工程经济	1993 年调深圳
22	戴菊英	女	讲师	1985—1988	工程经济	1988 年调校财务处
23	徐赤兵	男	副教授	1986—1992	工程管理	1993 年调离教研室
24	刘　军	男	讲师	1986—1989	工程管理	1989 年调出
25	王玉西	男	高级工程师	1988—1990	工程管理	1990 年调校科技处
26	王　菁	男	讲师	1988—1993	工程管理	1993 年调广州大学

续表 6.9.2

序号	姓名	性别	曾任职务	工作年份	学术方向	备注
27	罗会华	男	讲师	1990—1993	工程管理	1993 年调 长沙市房地产公司
28	王　芳	男	讲师	1990—1998	建筑施工	1998 年出国
29	陈立新	男	讲师	1990—1994	工程管理	1994 年调出
30	宋君亮	男	副教授	1991—1995	铁道建筑、工程管理	1995 年退休
31	余浩军	男	讲师	1992—2001	工程管理	2001 年出国
32	顾光辉	男	讲师	1993—2000	工程管理	2000 年调浙江 中国计量学院
33	徐哲诣	男	讲师	1996—2004	工程管理	出国
34	晏胜波	男	讲师	1999—2004	工程管理	2004 年调重庆
35	丁加明	男	讲师	2001—2007	工程管理	2007 年调省交通厅
36	谭运华	男	教授级高工	1965—2002		1990 年调 本校设计院

第十节　消防工程系

表 6.10.1　在职教职工

序号	姓名	性别	职称	现任职务	工作年份	学术方向	备注
1	徐志胜	男	教授	系主任	1996—	火灾科学，建筑火灾结构损伤鉴定及修复，城市公共安全及综合防灾，土木工程防灾减灾	
2	赵望达	男	教授	系副主任	1998—	土木工程测试技术，自动控制，消防自动化技术	
3	裘志浩	男	工程师		1999—	消防工程，仪器仪表开发，火灾实验检测和单片机开发方面的研究和教学工作	
4	徐　彧	女	讲师		2000—	建筑防火	
5	李耀庄	男	教授	土木工程 学院副院长	2002—	结构防灾减灾理论及工程运用	

续表 6.10.1

序号	姓名	性别	职称	现任职务	工作年份	学术方向	备注
6	姜学鹏	男	讲师		2004—	地下空间火灾通风排烟，火灾风险与保险评估，应急救援技术与管理研究	
7	张　焱	男	讲师		2004—	建筑防火，火灾调查	
8	陈长坤	男	教授	系副主任/支部书记	2005—	钢结构建筑火灾防治，火灾科学与人员疏散，性能化防火设计与评估，环境影响与公共安全应急管理	
9	易　亮	男	副教授		2005—	火灾动力学，烟气流动与控制，性能化防火设计与评估	
10	王飞跃	男	讲师		2005—	建设项目安全评价，企业生产安全事故应急救援预案编制，应急管理理论与编制技术培训	
11	徐　烨	女	讲师		2005—	负责防灾所档案室资料整理	
12	申永江	男	讲师		2009—	岩土工程防灾减灾，地质灾害研究	
13	熊　伟	男	讲师		2009—	结构工程抗火和地震工程与结构动力学	
14	谢宝超	男	讲师		2012—	建筑结构火灾行为及其鲁棒性，建筑火灾烟气流动与控制，小净距隧道设计与施工技术	

表 6.10.2　外调及退休原教职工

序号	姓名	性别	职称	职务	工作年份	备注
1	宇德明	男	教授		1997—1998	
2	张向民	男	讲师		1999—2001	2001 调铁道工程系

第十一节 管理与教辅人员

表 6.11.1 在职教职工

序号	姓名	性别	职称	职务	岗位	工作年份	所在部门
1	王云祖	男	工程师			1981—	检测中心
2	谢礼群	男	工程师			1981—	检测中心
3	李社国	男	工程师			1981—	安全实验室
4	吕榕榕	女	高工			1982—	计算中心
5	曹建安	男	高工			1984—	检测中心
6	谭菊香	女	高工			1984—	检测中心
7	黄建陵	男	研究员	正处	院党委书记	1987—	党办
8	李兴开	男	工程师			1987—	检测中心
9	杨　青	女	高级工		教务办干事	1988—	教务办
10	潘用武	男	工程师			1989—	检测中心
11	苏　斌	男	工程师			1991—	检测中心
12	林　松	女	高工			1991—	安全实验室
13	周明英	女	工程师	正科	教务办主任	1992—	教务办
14	钟春莲	女	讲师	正科	院长助理 兼党办主任	1993—	党办
15	赵利峰	女	工程师	副科		1993—	研究生培养办
16	张　涛	女	中级工		会计	1994—	行政办
17	肖亚萍	女	助理研究员		行政干事	1996—	行政办
18	许文英	女	工人			1996—	检测中心
19	杨　鹰	男	讲师	正科	学办主任	1999—	学办
20	袁世平	男	讲师	正科	院团委书记	2000—	学办
21	严海燕	女	中级工		行政干事	2000—	培训中心
22	刘　沁	女			档案管理员	2002—	行政办
23	方　秀	女	助理研究员	副科	人事秘书	2002—	学科与规划办
24	孟红宇	女	讲师	正科	研办主任	2003—	研究生培养办
25	李学梅	女	高工			2003—	计算中心

续表 6.11.1

序号	姓名	性别	职称	职务	岗位	工作年份	所在部门
26	丁　佳	女	会计师			2004—	检测中心
27	杨彩芳	女	工程师		行政干事	2004—	培训中心
28	李　昫	男	工程师			2004—	安全实验室
29	陈昭平	男	高工	正科	高铁实验室副主任	2006—	国家工程实验中心
30	李　忠	男	工程师	正科	院长助理兼行政办主任	2006—	行政办
31	杨元霞	女	副教授		学科班主任	2006—	学科与规划办
32	郭　峰	男	副教授	副处	院党委副书记	2006—	学办
33	胡立群	女	助教		党办干事	2007—	党办
34	李　奕	女	助理会计师		教务办干事	2008—	教务办
35	周明娟	女	讲师	副科	研究生辅导员	2008—	学办
36	冯　俭	男	工程师			2008—	安全实验室
37	鲁友平	男	工人			2008—	安全实验室
38	邹　建	男	助理工程师			2009—	安全实验室
39	梁杨勇	男	高级工		行政干事	2011—	行政办
40	纪晓飞	女	助教		辅导员	2011—	学办
41	胡　博	男			辅导员	2011—	学办
42	杨　晨	女			辅导员	2011—	学办
43	周铁明	男			辅导员	2011—	学办
44	陈志强	男			辅导员	2011—	学办
45	秦思谋	男			辅导员	2012—	学办
46	刘怡然	男			辅导员	2012—	学办
47	沈青川	男			辅导员	2012—	学办
48	贾庆宇	男			辅导员	2012—	学办
49	侯秀丽	女	讲师		学科秘书	2013—	学科与规划办
50	龙建光	女	讲师		行政干事	2013—	培训中心
51	邱　斐	男			辅导员	2013—	学办
52	王思远	男			辅导员	2013—	学办

表 6.11.2 外调及退休原教职工(未包含已进入学科或列入第十二节的人员)

序号	姓名	性别	职务	任职时间	所在部门
1	谭成秀	女			综合办、离休
2	高武珍	女	正科	1956.09—1191.03	综合办
3	曹蓉芳	女	工人	1958.06—1997.01	综合办
4	李顺海	男	工人	1960.08—1999.02	中心室退休
5	史祥鸾	男		1962.07—	综合办
6	刘建维	男		1962.07—	综合办
7	刘冬初	男	工程师	1963.07—1993.01	设计所
8	韩雪泉	男	高工	1966.09—2003.12	设计所
9	任满堂	男	工程师	1966—1985	设计所
10	肖意生	女	工程师	1968.12—2005.06	综合办
11	王　术	女	副研究员	1970.03—2008.03	综合办
12	王成祥	男	工人	1970.07—1993.01	设计所
13	张良军	男	工人	1972.12—2012.09	检测中心
14	刘德强	男	工程师	1974.03—2006.12	设计所
15	吕雅琴	女	工人	1977.09—2004.12	中心实验室
16	曾云南	女	中级工	1977.12—2001.07	综合办
17	何玉珮	女	工程师	1981—1992.06	综合办
18	张　宁	男	辅导员	1985.07—1993.10	学办
19	李世英	女	工程师	1985.07—2009.02	设计所
20	王飞龙	男	院办主任	1987.01—2006.03	综合办
21	贺志军	男	辅导员	1987.07—1991.07	学办
22	胡亚军	女	正科、辅导员	1987.07—1994.09	学办
23	蒋树清	男	工程师	1988.10—1999.11	设计所
24	任文锋	男	高工	1989.07—2011.12	设计所
25	林　缨	男	工程师	1989.07—2011.12	设计所

续表 6.11.2

序号	姓名	性别	职务	任职时间	所在部门
26	李　佳	女	出纳	1990.07—2007.07	综合办
27	张　静	女	会计	1990.12—1993.01	设计所
28	李　萍	女	辅导员	1991.07—	
29	黄叶琦	男	司机	1992.03—1993.10	设计所
30	韩汝才	男	工程师	1992.05—1993	学办
31	杨艳萍	女	辅导员	1992.07—1997.04	学办
32	蔡木兰	女	工人	1992.09—2006.12	资料室
33	肖卫真	女	工人	1992.12—1993.10	
34	刘新整	女	工程师	1993.06—1993.10	设计所
35	周　转	女	工人	1994.03—2005.02	设计所
36	吕绍斌	男	辅导员	1994.06—1999.06	学办
37	黄亮姿	女	辅导员	1995.07—2002.07	学办
38	安少波	男	辅导员	1995.07—2002.07	学办
39	路占海	男	工程师	1995.07—2007.02	设计所
40	李　磊	男	学办主任	1995.07—2011.03	学办
41	谭　炜	男	院办司机	1996.05—1999.10	综合办
42	武朝光	男	辅导员	1996.07—1999.11	学办
43	高晓波	男	工程师	1996.07—2007.09	设计所
44	刘秀英	女	会计	1996.11—2001.12	综合办
45	范文湘	女	工人	1997.03—1998.11	综合办
46	刘　奕	女	干部	1998.05—1998.12	综合办
47	吴　琼	女	工人	2000.04—2003.07	综合办
48	骆中利	男	工程师	2001.04—2002.04	微机室
49	王　宇1	男	工程师	2002.01—2006.03	设计所
50	苏　莉	女	工人	2002.04—2007.09	综合办

续表 6.11.2

序号	姓名	性别	职务	任职时间	所在部门
51	李红英	女	干部	2002.04—2011.11	微机室
52	柯闻秀	女	辅导员	2002.06—2006.11	学办
53	李志强	男	转业军人	2003.12—2006	综合办
54	白玉堂	男	辅导员	2004.07—2005.07	学办
55	周　涛	男	辅导员	2004.07—2006.07	学办
56	李正旺	男	辅导员	2006.07—2008.07	学办
57	刘庆贺	男	辅导员	2007.07—2009.07	学办
58	童卡娜	女	辅导员	2007.07—2011.03	学办
59	蔡海蛟	男	辅导员	2008.06—2010.07	学办
60	苏志凯	男	辅导员	2008.06—2010.07	学办
61	王　俊	女	辅导员	2009.07—2011.07	学办
62	张　崇	男	辅导员	2009.07—2011.07	学办
63	李小姣	女	辅导员	2010.07—2012.07	学办
64	蔡　铖	男	辅导员	2010.07—2012.07	学办
65	郭慧敏	女	辅导员	2010.07—2012.07	学办
66	邱　斐	女	辅导员	2010.07—2012.07	学办
67	刘　斐	女	辅导员	2010.07—2012.07	学办
68	徐伟佳	男	辅导员	2012.07—2013.07	学办
69	苏连英	女			综合办
70	李美芳	女			综合办
71	刘又成	男			综合办
72	李世杰	男			综合办
73	李允服	男	工人		综合办
74	陈幸福	男	工人		综合办
75	常爱莲	女	会计		综合办
76	邱克雯	女	资料员		综合办

第十二节　土木工程学院历任党政工团负责人

1. 历任党总支(党委)负责人

表 6.12.1　历任党总支(党委)负责人

职别	姓名	职务	任职时间	系(院)名称
正职	穆益轩	总支书记	1957—1963.03	桥梁隧道系
	刘　枫	总支书记	1957—1960.09	铁道建筑系
	陈述贤	总支书记	1966.02—（1968.02 工桥两系合署办公临时总支书记)	桥梁隧道系
	范贵昌	总支书记	1972.06—1977.11 (1970.11—1972.06 实践队二大队教导员)	铁道工程系
	刘承礼	总支书记	1977.11—1984.09 1984.09—1987.01	铁道工程系 土木工程系
	丁冬初	总支书记	1987.01—1993.11	土木工程系
	罗才洪	总支书记 总支书记 党委书记	1993.11—1997.03 1997.03—2002.06 2002.06—2005.12	土木工程系 土木工程系 土木建筑学院
	邓荣飞	总支书记	1994.02—1997.03	建筑工程系
	黄建陵	党委书记	2005.12—2010.10 2010.10—	土木建筑学院 土木工程学院
副职	蒋承署	总支副书记(主持工作)	1960.09—1962.04	铁道建筑系
	徐凤霞	总支副书记(主持工作) 总支副书记(主持工作)	1960.09—1964.04 1964.02—1968	铁道建筑系 铁道工程系
	高善亭	总支副书记(主持工作)	1962.01—1965.06	桥梁隧道系
	李向农	总支副书记	1972.06—1973.12	铁道工程系
	李洪权	总支副书记	1973.12—1974.10	铁道工程系
	李齐保	总支副书记	1974.10—1978.11	铁道工程系
	李充康	总支副书记	1974.03—1984.09 1984.09—1987.02	铁道工程系 土木工程系
	丁冬初	总支副书记	1983.11—1984.09 1984.09—1987.01	铁道工程系 土木工程系
	郭乃正	总支副书记	1987.02—1989.10	土木工程系
	江继军	总支副书记	1989.10—1992.06	土木工程系
	王一军	总支副书记	1994.02—1997.03	土木工程系
	黄建陵	总支副书记	1996.01—1997.03 1997.03—2005.12	建筑工程系 土木建筑学院
	郭　峰	党委副书记	2006.01—2010.10 2010.10—	土木建筑学院 土木工程学院

2. 历任行政负责人

表 6.12.2　历任行政负责人

职别	姓名	职务	任职时间	系(院)名称
正职	桂铭敬	系主任	1953.08—1962.10 1962.10—1966.05	铁道建筑系 桥梁隧道系
	王朝伟	系主任	1953.08—1958.02	桥梁隧道系
	李廉锟	系主任	1958.02—1960.09	桥梁隧道系
	李吟秋	系主任	1962.10—1964.02 1964.02—1977.10	铁道建筑系 铁道工程系
	蔡　俊	系主任	1977.11—1980.11	铁道工程系
	曾俊期	系主任	1980.11—1982.03	铁道工程系
	詹振炎	系主任	1982.06—1984.09 1984.09—1992.05	铁道工程系 土木工程系
	林丕文	系主任	1992.05—1993.11	土木工程系
	周乐农	系主任	1993.11—1994.09	土木工程系
	王永和	系主任	1994.09—1995.11	土木工程系
	欧阳炎	系主任	1994.02—1997.03	建筑工程系
		院　长	1997.03—1998.05	土木建筑学院
	陈政清	院　长	1998.05—2002.04	土木建筑学院
		副院长	2002.04—2006.01	
	刘宝琛	院　长	2002.04—2004.01	土木建筑学院
	余志武	院　长	2004.02—2010.10 2010.11—2012.12	土木建筑学院 土木工程学院
	谢友均	院　长	2013.01—	土木工程学院
副职	李吟秋	副系主任	1953.09—1956	铁道建筑系
	谢绂忠	副系主任	1960.09—1970.09 1970.09—1979.04	桥梁隧道系 铁道工程系
	任　洁	副系主任	(1962.03—1964.04 代副主任) 1964.04—1964.06	桥梁隧道系 铁道建筑系
	罗达晃	代副系主任	1962—1965.07	桥梁隧道系
	蔡　俊	副系主任	1964.06—1977.11 (1964.06—1970.10 代副主任， 1970.11—1977.11 主持工作)	铁道工程系

续表 6.12.2

职别	姓名	职务	任职时间	系(院)名称
副职	韩玉华	副系主任	1974—1981.06	铁道工程系
	韦荣禧	副系主任	1981.06—1983.09	铁道工程系
	万明坤	副系主任	1980.11—1983.09	铁道工程系
	谢　恒	副系主任	1982.04—1984.09 1984.09—1989.10	铁道工程系 土木工程系
	林丕文	副系主任	1983.08—1984.09 1984.09—1992.05	铁道工程系 土木工程系
	王硕安	副系主任	1983.08—1984.09	铁道工程系
			1984.09—1997.03	土木工程系
			1997.03—1998.05	土木建筑学院
	郭乃正	副系主任	1988.06—1989.10	土木工程系
	江继军	副系主任	1989.10—1992.06	土木工程系
	陈政清	副系主任	1989.10—1991.10 1993.02—1993.11	土木工程系
	邓荣飞	副系主任	1990.10—1994.02 1994.02—1995.09	土木工程系 建筑工程系
	刘启凤	副系主任	1991.10—1992.12	土木工程系
	王永和	副系主任	1993.11—1994.09	土木工程系
	王一军	副系主任	1994.02—1997.03	土木工程系
	余志武	副系主任	1994.02—1997.03	建筑工程系
		副院长	1997.03—1999	土木建筑学院
	李　亮	副系主任 副院长	1994.04—1997.03 (1996.01—1997.03 主持工作) 1997.03—1998.05	土木工程系 土木建筑学院
	袁　恒	副系主任	1994.02—1997.03	建筑工程系
	沈春红	副系主任	1995.09—1997.03	建筑工程系
		副院长	1997.03—1997.11	土木建筑学院
	黄建陵	副系主任	1996.01—1997.03	建筑工程系
		副院长	1997.03—1999	土木建筑学院

续表 6.12.2

职别	姓名	职务	任职时间	系(院)名称
副职	周小林	副系主任	1996.01—1997.03	土木工程系
		副院长	1997.03—2002.04	土木建筑学院
	贺国京	副院长	1998.05—2002.04	土木建筑学院
	廖群立	副院长	1999.07—2002.04	土木建筑学院
	杨建军	副系主任	2000.04—2010.10	土木建筑学院
		副院长	2010.11—	土木工程学院
	徐志胜	副院长	2002.04—2006.01	土木建筑学院
	方理刚	副院长	2002.04—2010.07	土木建筑学院
	郭少华	副院长	2002.04—2010.07	土木建筑学院
	周建普	副院长	2002.06—2006.01	土木建筑学院
	陈焕新	副院长	2002.04—2006.01	土木建筑学院
	谢友均	院长助理 副院长 副院长	2004.09—2005.12 2006.01—2010.10 2010.11—2012.12	土木建筑学院 土木建筑学院 土木工程学院
	彭立敏	院长助理 副院长 副院长	2004.09—2005.12 2006.01—2010.10 2010.11—	土木建筑学院 土木建筑学院 土木工程学院
	张家生	副院长	2006.01—2010.10 2010.11—	土木建筑学院 土木工程学院
	盛兴旺	副院长	2010.07—2010.10 2010.11—	土木建筑学院 土木工程学院
	李耀庄	副院长	2010.07—2010.10 2010.11—	土木建筑学院 土木工程学院
	何旭辉	副院长	2012.11—	土木工程学院
	蒋丽忠	副院长	2013.05—	土木工程学院
	郑伯红	院长助理	2006.01—2010.07	土木建筑学院
	李　忠	院长助理	2010.10—	土木工程学院
	钟春莲	院长助理	2013.03—	土木工程学院
	王卫东	院长助理	2013.03—	土木工程学院

3.1960 年以来历任工会主席

表 6.12.3 1960 年以来历任工会主席

序号	姓名	系(院)名称	序号	姓名	系(院)名称
1	韦荣禧	铁道建筑系	10	王采玉	土木工程系
2	郭浩然	铁道建筑系	11	谭运华	土木工程系
3	徐名枢	桥梁隧道系	12	李齐保	土木工程系
4	宋振熊	桥梁隧道系	13	贺国京	土木工程系
5	毛　儒	桥梁隧道系	14	梅文成	建筑工程系 土木建筑学院
6	曹曾祝	铁道工程系	15	黄建陵	土木建筑学院
7	张显华	铁道工程系	16	周建普	土木建筑学院 土木工程学院
8	黎浩濂	土木工程系			
9	段承慈	土木工程系			

4.历任团总支(分团委)书记

表 6.12.4 历任团总支(分团委)书记

姓名	职务	任职时间	系(院)名称
韩玉华	团总支书记	1956.09—1957.09	铁道建筑、运输团总支
罗道明	团总支书记		桥梁隧道系
谭成秀	团总支书记		桥梁隧道系
陈月波	团总支书记		铁道建筑系
洪汉文	团总支书记	1957.10—1958	铁道建筑系
陈家耀	团总支书记	1960—1960.09	铁道建筑系
李齐保	团总支书记	1960.10—1963.08	铁道建筑系
李充康	团总支书记	1963.09—1974.03	铁道工程系
刘清和	团总支书记	1962.05—1963.09	桥梁隧道系
李世杰	团总支书记	1963.09—1970.12	桥梁隧道系
丁树滋	团总支书记	1972.11—1978.04	铁道工程系
黄立良	团总支书记	—1978.04—1982.07	铁道工程系
郭乃正	团总支书记	1982.08—1983.08	铁道工程系

续表 6.12.4

姓名	职务	任职时间	系(院)名称
孙新华	团总支书记	1983.09—1984.08	铁道工程系
吴　斌	团总支书记	1984.08—1985.07	铁道工程系
王一军	团总支书记	1985.07—1985.10	土木工程系
	分团委书记	1985.11—1992.07	土木工程系
张宏图	分团委书记	1992.07—1995.03	土木工程系
吕绍斌	分团委书记	1994.10—1997.03	建筑工程系
余　君	分团委书记	1995.03—1996.04	土木工程系
乔硕功	分团委书记 分团委书记	1996.04—1997.03 1997.03—2002.05	土木工程系 土木建筑学院
袁世平	分团委书记 分团委书记	2002.05—2010.10 2010.10—	土木建筑学院 土木工程学院

附录　大事记

1953 年

5 月，根据高教部院校调整意见，在湖南省筹建中南土木建筑学院，由高教部和中南军政委员会高教局领导。当月，成立筹备委员会。

6 月，由湖南大学、武汉大学、南昌大学、广西大学、四川大学、云南大学、华南工学院 7 所高等院校的“土木系”“铁道建筑(管理)系(专业)”和相关专业合并组建中南土木建筑学院。

10 月 16 日，中南土木建筑学院在原湖南大学大礼堂举行正式成立大会，举行了开学典礼，中南行政委员会高教局局长潘梓年参加。

12 月 12 日，中南土木建筑学院正式确定并命名各系及专业，共设营造建筑系、汽车干路与城市道路系、铁道建筑系、桥梁与隧道系 4 个系和工业与民用建筑、公路与城市道路、铁道建筑专业、桥梁与隧道 4 个本科专业(四年制)及工业与民用建筑、铁道选线设计、桥梁结构专业 3 个专修科及桥梁、隧道 2 个专门化专业(两年制)。铁道建筑系由桂铭敬任系主任，李吟秋任副系主任，设铁道建筑专业，铁道建筑专修科、铁道勘测专修科和铁道选线设计专修科。桥梁与隧道系由王朝伟任系主任，设桥梁与隧道专业(分两个专门化)，桥梁结构专修科。

1954 年

3 月，铁道部前苏联专家鲁达向铁道建筑系与桥梁与隧道系两系二年级学生及全体教师作有关桥梁施工和架设的报告。

1955 年

2 月，前苏联专家萨多维奇和巴巴诺夫应邀来中南土木建筑学院讲学，并和教师座谈课程设计和毕业设计。

6 月，国务院任命柳士英为中南土木建筑学院院长；魏东明、余炽昌为副院长。

本科学制由四年制改为五年制，除本科外，另设有二年制专修科。

桂铭敬、洪文璧教授自编讲义，为 1955 届“铁道建筑班”首次开讲隧道课程。

1956 年

2 月，铁道建筑系教授吴融清和教学辅助员曾明煊当选中南土木建筑学院出席湖南省第二次先进生产者代表大会的代表。

铁道建筑专业招收 7 个班，桥梁隧道专业招收 3 个班。

土力学教研室划归营造建筑系，由系副主任殷之澜兼任教研室主任。

12 月，铁道建筑系招收铁道选线与设计专业副博士研究生殷汝桓，导师为李吟秋教授。

1957 年

赵方民教授提出的七次方缓和曲线方程，后纳入前苏联和国内铁路教材。

1 月，邀请唐山铁道学院三位前苏联专家（铁道选线专家雅科夫列夫、隧道及地下铁道设计与施工专家纳乌莫夫，桥梁建造专家包布列夫）来院讲学。

王浩、皮心喜、王学业合译 B. Φ. 巴勃科夫等编写的教材《公路学》由交通出版社出版；皮心喜编写的教材《水工建筑物施工中连续浇灌混凝土的经验》，由水利出版社出版。

1958 年

2 月，邀请前苏联航测专家格拉果列夫和隧道专家纳乌莫夫作专题报告。

5 月，教育部会同城市建设部，将中南土木建筑学院划归湖南省领导。中共湖南省委决定，在中南土木建筑学院的基础上开办湖南工学院。

李廉锟、周泽西、俞集容、张炘宇、杨苐康编写的《结构力学》由高等教育出版社出版。

上半年，铁道建筑系 54 级两个毕业班的毕业设计在南昌铁路局参与了浙赣线的改线设计，并于同年秋季参与了娄（底）邵（阳）铁路勘测等。

铁道建筑系 55 级近百名师生奔赴海南岛进行铁路勘测设计。

铁道建筑系 56 级两百多名师生在湘黔铁路和铁道兵一起参加施工会战。

桥梁与隧道系 56 级师生在京广复线，在黄沙街、黄秀桥等地参加修建铁路桥，还参与了路口铺、长沙、岳阳三个隧道的施工。

铁道建筑系三百多名师生完成了娄邵线铁路施工测量和涟源钢铁厂专用线的勘察设计。

铁路选线设计教研室被评为“开门办学先进集体”。

6 月 10 日，以中南土木建筑学院为基础增设机电、化工类专业，改名为湖南工学院，中南土木建筑学院同时废名。

邝国能、毛儒、刘骥和裘晓浦 4 人从唐山铁道学院进修返校工作。6 月正式成立隧道及地下铁道教研组，刘骥任主任。

10月13日，中共湖南省委和省人民政府指示，恢复湖南大学，并拟定于1959年7月1日正式开学。

詹振炎老师在《工程建设》期刊第三期上发表了《角图之误差》的学术论文。

邝国能等老师参与京广复线长沙隧道设计施工技术研究，邝国能后来因此获得京广复线指挥部授予的“筑路功臣”称号。

1958—1959年，测量教研组集体翻译《测量学》(HN莫德林斯基)，由程昌国负责总校。

1959年

1959年年初，高教部、铁道部与湖南省商定，在长沙以湖南大学的铁道建筑、桥梁与隧道、铁道运输三个系和部分公共课教师为基础筹建长沙铁道学院。

4月13日，中共湖南省委下文，指定湖南省工交办主任于明涛、省交通部副部长陈诚钜、湖南工学院副院长李文舫及杨国庆、徐天贵、黄滨、孔安明、王直哲8人组成筹建长沙铁道学院领导小组，下设筹备处负责长沙铁道学院的筹建工作，李文舫任主任，湖南工学院副总务长化炳山任副主任。

9月，唐山铁道学院59届(55级)铁道与桥隧两专业毕业生卢树圣、田嘉猷、金宗斌、贾瑞珍、王采玉、常宗芳、李爱蓉、陈月坡、邓美瑁、马保安、张根林共11人分配到长沙铁道学院筹备处工作。

詹振炎老师在《铁路工程》期刊第九期上发表《关于线路纵断面相邻坡度连接问题的探讨》学术论文。

隧道组参与国防部门密号为“5998”的大跨度、高净空洞室结构选型及内力分析研究，该项目由铁道部科学院主持，清华大学、唐山铁道学院和中南土木建筑学院参加。

11月，筹建中的长沙铁道学院在长沙市南郊烂泥冲破土动工。

1960年

9月15日，长沙铁道学院正式成立，直属铁道部领导。设有铁道建筑系、桥梁与隧道系、铁道运输系、数理力学系、电信系共5个系，设置铁道建筑、铁道桥梁与隧道、铁道运输、工业与民用建筑、工程力学、通信、信号7个专业。除工程力学专业学制为四年外，其他专业学制均为五年。铁道桥梁与隧道专业从四年级起分为铁道桥梁专门化、隧道及地下铁道专门化。

同年，铁道建筑系、桥梁与隧道系和铁道运输系师生从湖南大学搬入长沙铁道学院。铁道建筑系、桥梁与隧道系组织了部分师生去贵阳等地搞技术革新，在工作中为企业提了不少合理化建议。

测量教研组编写“测量学”讲义、“隧道测量学”讲义。

9 月，在桥梁与隧道系设立“建材结构教研室”，由王浩老师任教研室主任，曾庆元老师任教研室副主任。

第一届隧道专门化班学生毕业；隧道组教师及部分学生到北京铁道部专业设计院和天津铁道部第三设计院，参与北京地下铁道的设计工作。

1961 年

8 月 31 日，铁道建筑系桂铭敬教授调任桥梁与隧道系主任，运输系主任李吟秋教授调任铁道建筑系主任。

8 月，长沙铁道学院借用湖南林校大礼堂为首届毕业生举行隆重毕业典礼，铁道建筑系 56 级 223 人、桥梁隧道系 56 级 99 人参加了典礼。

10 月，开始贯彻中央“调整、巩固、充实、提高”的八字方针和《高等学校暂行工作条例》(即《高教 60 条》)，学校规模调整为 3000 人，保留了铁道建筑系，桥梁隧道系和铁道运输系，撤销了电信系、铁建系的师资班和桥隧系的工民建班，本科由 7 个专业调整为 4 个专业，附设的干部班由 3 个调整为 1 个。

由人民铁道出版社出版王浩副教授主编的第一部《建筑材料》教材。

同年，由铁道部科教司和人民铁道出版社授权内部印刷发行《铁路经济组织与计划》教材，主编为张显华副教授。

1962 年

铁道建筑系、桥梁与隧道系恢复招收研究生。

铁道建筑系、桥梁与隧道系两个系开始招收函授生。

铁道建筑系委员会组成名单：桂铭敬，徐凤霞，赵方民，刘达仁，张显华，蔡俊，王远清，汪子瞻，袁国镩，詹振炎，陈冠玉，段承慈，另保留行政副系主任 1 人，共 13 人组成。

3 月 26 日，广东交通学院撤销，工程线路专业 116 人师生转入长沙铁道学院。

4 月，长沙铁道学院院务委员会调整，由 27 人构成，其中成员有铁道建筑系和桥梁与隧道系桂铭敬、谢绂忠、李吟秋、李镰锟、刘达仁、石琢、王浩、罗达晃、李秀蓉 9 人。

铁道建筑、桥梁与隧道、工程力学开始招收研究生。

1963 年

3 月，桥梁与隧道系党总支书记穆益轩调离长沙铁道学院。

詹振炎老师在《铁道科学技术》第三期发表了《考虑洪峰塌缓计算大中桥设计

流量的方法》。

1964 年

2 月，铁道建筑系更名为铁道工程系。

7 月，周继祖老师在《铁道科学技术》杂志上发表论文《利用土积图进行铁路正线路基土石方调配问题理论研究》。

詹振炎老师在《唐山铁道学院学报》第四期上发表论文《由静载试验估算单桩容许荷载的方法》。

湖南省委组织长沙有关高校参加湖南省试点地区春华山公社的地形图测量，长沙铁道学院组织测量教研组教师参加该试点项目。

1965 年

铁道建筑、桥梁与隧道两系应届毕业生在老师的带领下，全部到成昆铁路参加大会战，两系教师主持完成了世界上最大跨度(54 米)一线天空腹式石拱桥、旧庄河一号预应力悬臂拼装梁的设计与施工。

铁道建筑、桥梁与隧道 63 级两系师生数百人参加了湖南澧县、安乡县农村社会主义教育运动。

1966 年

1 月 31 日，工务工程干部班 41 名学员入学。

2 月 26 日，铁道工程系和桥梁与隧道系合署办公，两系党总支合并，成立临时党总支，由陈述贤同志任党总支书记。

“文化大革命”开始，普教生、研究生、函授生全部停止招生。

铁道建筑专业共有在校学生 383 人、桥隧专业共有在校学生 295 人(61 级～65 级)。

61 级毕业生推迟一年分配工作。

11 月，长沙铁道学院红卫兵和教职工一千多人聚会，纪念文化革命先驱鲁迅。

长沙铁道学院倡议修建向韶(向韶—韶山)铁路。经国务院批准，在湖南省政府的支持下，桥梁与隧道系、铁道工程系和铁道运输系等近 200 名师生参加勘察设计与施工，经过一年多实战，1967 年 12 月 26 日向韶铁路建成通车。

1967 年

61 级毕业生推迟到 1967 年 8 月走上岗位。

1968 年

12 月，湖南省革委会作出全省“大中专院校师生下放湘西农村接受贫下中农再教育”决定，桥梁与隧道系、铁道工程系师生随长沙铁道学院师生成建制地于 1968 年年底至 1969 年 5 月赴湘西保靖县等山区农村接受贫下中农“再教育”。

62 级毕业生，推迟到 1968 年分配。

63 级毕业生，推迟至 1968 年年底分配。

经湖南省革命委员会批准，成立长沙铁道学院革命委员会，各系成立革命领导小组。

1969 年

64 级各专业学生毕业分配推迟到 1970 年 8 月。

1970 年

长沙铁道学院由铁道部领导划归湖南省领导。

铁道工程专业招收工农兵学员 1 个试点班，学员 33 名，学制三年，进行教改试点。

8 月，64 级、65 级学生同时毕业。

10 月，铁道工程系和桥梁与隧道系合并为“铁道工程系”；铁道工程、桥梁与隧道专业合并为铁道工程专业。

测量教研组与选线设计教研组合并，组建选线测设教研组。

1971 年

选线测设教研组组织测量教研组教师集体编写教材《铁路勘测设计》，用于铁道工程系教学。

学校又暂停招生一年，铁道工程 70 级试点班继续进行教改试点。

1972 年

长沙铁道学院恢复招生，面向全国招收工农兵学员，学制三年。

6 月，在铁道工程 70 级试点班基础上作出《关于 72 级各专业教学计划的几项规定》，安排 72 级学生自 1972 年 5 月 2 日至 12 月 3 日补文化课。

曾庆元老师与同济大学著名桥梁工程专家李国豪教授一道应邀参加铁道部大桥工程局组织的钢桥振动专题研究。

受铁道部第四勘察设计院的邀请，詹振炎主持了“小流域暴雨洪水之研究”科研项目。

1973 年

铁道工程 73 级招收 6 个班 180 名工农兵学员。

1974 年

铁道工程 74 级招收五个班，其中铁道工程专业 74 -3、4 班组成教改实践队，作为全校教改试点。

1975 年

9 月 9 日，将长沙铁道学院改为铁道部和湖南省双重领导，以铁道部为主的管理体制。

铁道工程 73 级 6 个班分成三个实践队，分别赴河南洛阳参加陇海铁路铁门至石佛段的改线勘测设计、赴河南林县参加安阳钢铁厂铁路专线的勘测设计、赴湖南麻阳参加煤矿铁路专线的勘测设计。

1976 年

10 月，对铁道工程 76 级、工业与民用建筑 76 级的教学计划作了修改，工农兵学员入校后，先补习高中课程八个月，然后再上大学课程三年，学制仍为三年。

选线测设教研组组织测量教师编写教材《铁路测量》(主编林世煦)，用于铁道工程系的测量教学。

1977 年

恢复全国统一高考制度，长沙铁道学院恢复招收普通高等教育本科生，学制为四年。铁道工程本科专业 77 级招收两个班 85 人。铁道工程专业共有学生 366 人。

4 月 16 日至 20 日，铁道部“统一无缝线路稳定性计算公式”会议在长沙举行。会议一致同意由长沙铁道学院主持，铁道部科学研究院等单位参加的起草小组提出的“统一无缝线路稳定性计算公式的建议”，1978 年由铁道部发文在全路试行。

1978 年

工业与民用建筑四年制本科专业开始招生，招收 1 个班 31 人。

铁道工程本科招收 3 个班 93 名学生。恢复研究生招生，土木工程学科招收了文雨松、李政华、李培元、宋仁、姜前 5 名研究生，另从哈尔滨力学所转入刘启凤 1 人。

铁道工程系詹振炎、赵方民、王承礼、邝国能、熊剑、张作荣、姜昭恒等同志共有15项科研项目分别获得了全国科学大会奖、铁道部科学大会奖和湖南省科学大会奖。

1979年

恢复统一高考前的最后一届工农兵大学生，铁道工程76级和工业与民用建筑76级于8月毕业。

曾庆元老师招收研究生田志奇。

铁道部路内高校集体编写《铁道工程测量学》，长沙铁道学院参编教师有张作容、林世煦、苏思光，由人民铁道出版社出版。

1980年

7月16日，铁道工程系张绍麟、彭雅雅和杜颖秀老师等的研究成果"混凝土劈裂抗拉强度与轴心抗拉强度理论关系和试验对比研究"获得三等奖。

1981年

"桥梁隧道及结构工程""岩土工程"获得全国首批硕士学位授予权。

1982年

铁道工程系詹振炎老师"小流域暴雨洪水之研究"获全国自然科学奖四等奖。

长沙铁道学院学位评定委员会决定，首次授予83届本科毕业生学士学位，授予81届毕业的研究生硕士学位。

建筑材料实验室被湖南省建委(质检站)认可为工程质量检测单位。

1983年

成立铁道工程系勘察设计队，对外承担勘察设计任务。

铁道工程系卢树圣老师等的"钢筋混凝土圆(环)形截面偏心受压构件裂缝的试验研究"，获得铁道部重大科技成果奖五等奖。

对铁道工程系选线测设教研组进行调整，成立工程测量教研室。

1984年

应铁道部大桥局等单位的要求，接受委托培养桥梁专业四年制本科生。

1月13日，长沙铁道学院铁道工程专业成为了国务院批准的第二批硕士学位授予单位。

9月20日，铁道工程系更名为土木工程系。

11 月 10 日，段承慈、吴宏元老师参加的“桥上无缝线路设计及无缝线路防止胀轨”科研项目，由铁道部科技局、工务局主持通过鉴定。

11 月 21 日，对土木工程系勘测设计队进行调整、充实、加强，成立长沙铁道学院土木工程勘察设计所，隶属土木工程系领导，詹振炎同志兼任所长。

12 月，周士琼、彭雅雅老师主持的“用干热—微压湿热养护法快速推定水泥强度”的研究成果通过湖南省教委主持的技术鉴定。

1985 年

增设铁道工程、建筑管理专科专业。

3 月，由铁科院主持，王采玉老师参加的科研项目“混凝土拌合物稠度试验——跳桌增实法”通过部级鉴定。

5 月 15 日，王承礼副教授与铁道部第二设计院合作研究的“在复杂地质、险峻山区修建成昆铁路新技术”获得国家科技进步特等奖。

段承慈与科研所胡津亚一同与铁科院合作研究的“无缝线路新技术的研究与推广应用”获得国家科技进步一等奖。

长沙铁道学院成为湖南省高等教育自学考试工业与民用建筑专业的主考院校。

1986 年

3 月 13 日，铁道部副部长孙永福指示学校要积极承担大瑶山隧道重点工程科研生产项目。3 月 28 日，曾俊期院长带领 10 名土木工程、电子工程、工程机械、施工管理方面的专业老师到大瑶山隧道工地，研究承担施工中急需解决的攻关课题。

5 月 23 日，欧阳炎老师与中国建筑科学院等合作研究的“建筑工程设计软件包”，通过部级鉴定，获全国计算机应用展一等奖和建设部科技成果奖二等奖。

7 月 28 日，经国务院学位委员会批准，土木工程系“桥梁隧道及结构工程”获得博士学位授予权，曾庆元教授被批准为该学科博士生导师。

9 月 14 日，国际著名土力学与基础工程专家，加拿大科技大学教授梅耶霍夫应邀来长沙铁道学院讲学。

11 月 7 日，周士琼老师等的研究成果“用干热—微压湿热养护法快速推定水泥强度”获湖南省科技进步奖四等奖。

11 月，詹振炎副教授等研究的“铁路线路计算机辅助设计的应用研究”通过铁道部鉴定。

12 月，华祖焜等与铁科研合作研究的“旱桥锚定板桥台设计原则”获铁道部科技进步四等奖；王采玉老师等与铁道部科学研究院等单位合作研究的“混凝土拌合物稠度试验——跳桌增定法”获得铁道部科技进步五等奖。陈秀方老师的“铁道建筑可靠性设计原理的研究”通过部级评审。15 日，韩玉华老师等的研究成果“铁路隧道复合衬砌和施工监测与信息化设计”通过部级鉴定。

欧阳炎获铁道部“有突出贡献中青年专家”称号。

1987 年

1 月，土木工程系铁道工程专业被确定为铁道部重点专业。

7 月 6 日，桥梁隧道及结构工程学科被评为铁道部铁路高校重点学科。

8 月 15 日，长沙铁道学院系级教学与管理工作评估，土木工程系获得第二名。

8 月，土木工程系协作参加的“南京长江大桥建桥新技术”，获国家科技进步奖一等奖(荣誉奖)。

10 月 16 日，国家教委(87 教高二字 021 号)批准土木工程系增设“建筑管理工程专业”本科。

1988 年

1 月 27 日，《人民铁道报》公布 1987 年铁道部科技进步奖项目，土木工程系有 2 项获二等奖，即：“铁路隧道复合衬砌”和“全能测量仪采集数据建立数模、立体坐标量测仪采集数据建立数模、梯度投影法铁路线路纵断面优化设计”。

2 月 3 日，顾琦、曾阳生的“重载铁路路基技术条件的研究”，通过部级技术鉴定。27 日，李廉锟教授主编的《结构力学》教材，获国家教委 1976—1985 年度优秀教材二等奖。

11 月 30 日，中华全国铁路总工会授予詹振炎“火车头奖章”。

同年，詹振炎参编的《铁路选线设计》教材获国家教委优秀教材奖。

建筑管理工程专业(本科)正式开始招生。

1989 年

5 月 5 日，徐名枢教授等研究的“跨度 16 米先张法部分预应力混凝土梁”通过铁道部鉴定。

9 月 4 日，铁道部电话会议，表彰全路优秀教师和优秀教育工作者。土木工程系邝国能(追认)、曾庆元被评为全路优秀教师。20 日，全校大会上表彰了被评为全国优秀教师、湖南省教育系统的劳动模范田嘉猷。文雨松被评为湖南省优秀教师。

11 月 1 日，张俊高、韩玉华老师参加的“大瑶山长大铁路隧道修建的技术”项目获铁道部科技进步奖特等奖；陈映南等完成的“地基土几种原位测试技术研究”

项目获铁道部科技进步奖一等奖；顾琦、曾阳生完成的“重载铁路几种基本技术条件”获铁道部科技进步奖三等奖。

25 日，詹振炎教授被评为全国铁路劳动模范。

12 月 26 日，曾庆元教授被国务院学位委员会聘为通讯评议专家组成员，参加全国第四批博士学位授权学科、专业和博士生指导教师的通讯评议工作。

原铁道工程系系主任、长沙铁道学院院长曾俊期和教务处钟桂岳、罗润泉等同志研究成果获国家优秀教学成果奖，并获湖南省优秀教学成果奖一等奖。

桥梁工程专业(本科)正式恢复招生。

1990 年

1 月 12 日国家教委、国家科委给王朝伟、曾庆元、李廉锟、谢世澂、赵方民、徐名枢、桂铭敬、王承礼、郑君翘颁发“长期从事教育与科技工作，且有较大贡献的老教授”荣誉证书。授予詹振炎教授“全国高等学校先进科技工作者”称号。

5 月 3 日，《微机在工程质量管理与控制中的应用》项目，通过铁路工程总公司验收。7 日，朱明达老师完成的阶梯教学楼设计获铁道部 1989 年设计三等奖。

8 月 30 日，国际著名计算力学专家、美国国家工程院院士、我院名誉教授卞学璜博士来院讲学。

9 月 4 日，华祖焜教授的《加筋土结构基本性状的研究》、曾庆元教授的《斜拉桥极限承载力分析》获国家自然科学基金委员会资助。

9 月 14 日，裘伯永教授主持的《铁路桥梁墩台扩大基础设计、优化和绘图软件系统》通过铁道部工程总公司组织的鉴定验收。

11 月 15 日，曾俊期与许常凯合作完成的《坚持正确办学方向，重视教改的整体性与人才的自适应能力的培养》，获铁道部教育司 1989 年教育科学优秀成果奖二等奖。

12 月 1 日，长沙铁道学院系级教学与管理工作评估，土木工程系获第三名。

7 日，陈映南教授等的《原位测试机理研究》获国家科技进步奖三等奖。

20 日，学校颁发 1990 年优秀教研室奖和重点课程建设奖，桥梁教研室和建筑结构教研室被评为“优秀教研室”，桥梁教研室同时还被评为“湖南省高校优秀教研室”。

陈映南教授申请的国家自然科学基金项目“勘探新技术——几种原位测试技术机理研究” 获得批准，是岩土工程学科获得的第一个国家自然科学基金项目。

同年，曾庆元教授被评为全国优秀教师。

1991 年

3 月 29 日，黄建陵同志荣获“铁路高校育人优秀奖”。

4 月 5 日，土木工程勘察设计所被铁道部评为“铁路勘测设计乙级单位”。

5 月，经铁道部批准铁路监理工程师资格培训点（土建类）设立在土木工程系。

8 月 18 日，徐名枢教授等参加的“基桩可靠性的混凝土受弯构件疲劳验算方法的研究”课题，通过国家标准管理组主持的技术鉴定。

9 月 3 日，国务院学位委员会下文批准桥梁隧道及结构工程、岩土工程、铁道工程学科可授予在职人员硕士学位。

28 日，华祖焜教授等主持完成的项目“加筋土结构研究”，通过省科委组织的技术鉴定。

30 日，詹振炎教授等申请的“铁路选线的智能辅助设计”项目获国家自然科学基金资助。

10 月，湖南省建筑企业项目经理培训班在土木工程系开班。

12 月，长沙铁道学院系级教学与管理工作评估，土木工程系获第二名。

国家人事部批准，曾庆元教授获国务院特殊津贴。

徐名枢教授等研究的“跨度 16 米先张法预应力混凝土梁”成果获铁道部科技进步奖二等奖。

铁道工程研究室获得“湖南省普通高校科技先进工作集体”称号。

时隔 35 年之后，铁道建筑系 53 级的毕业生重返校园，举行了学术活动暨联谊会，畅谈人生共叙当年同窗情谊。

詹振炎教授获全国五一劳动奖章。

曾庆元教授被评为湖南省高校先进工作者。

1992 年

1 月 1 日，铁道部、铁道部政治部授予长沙铁道学院曾俊期、曾庆元、詹振炎、王永久、曾韬等同志“全国铁路优秀知识分子”荣誉称号。

4 月 3 日，陈秀方教授承担的“港口铁路车辆荷载概率模型及统计参数”项目，在武汉通过局级技术鉴定。

4 月 25 日，曾庆元教授承担的铁道部按照可靠度理论改革“桥规”的科研项目子课题“列车摇摆力、离心力计算原则和参数的制定”，文雨松研究的“铁路桥梁列车荷载标准图式和数值的制定”和“铁路桥梁结构恒载的统计分析及标准值”项目，在天津通过局级技术鉴定。

5 月 4 日，土木工程系分团委受到铁道部全国铁道团委的表彰，授予“先进团委”荣誉称号。

长沙铁道学院党委决定，林丕文同志任土木工程系系主任，詹振炎同志任土木工程系名誉主任。

6月5日，华祖焜教授等人主持完成的“加筋土挡墙设计及研究”获衡阳市建委科技进步奖一等奖。16日，周士琼老师主持的“磁化水混凝土”项目，通过省建委技术鉴定。

7月17日，结构实验室被国家教委评为“全国高等学校实验室工作先进集体”。

8月20日，《中国青年报》报道我院土木工程系詹振炎教授等人与铁道部第二设计院、第三设计院共同开发的“人机交互优化设计系统”在北京通过部级鉴定。

9月，常新生获“铁道部优秀教师”称号。

11月，长沙铁道学院首次开展实验室工作评估，土木工程系结构实验室获第一名。

11月，长沙铁道学院建设监理公司成立，其主要成员全为土木工程系在册教职工，成立后由土木工程系管理。

12月9日，长沙铁道学院优秀教学成果奖评出，一等奖6个，二等奖12个。其中，土木工程系一等奖2个，二等奖1个；建筑管理专业建设和结构力学试题库建设获一等奖，微机室建设获二等奖。

谭运华教授级高级工程师参编《全国地方志》，获国家地方志领导小组奖一等奖。

同年，结构力学教研室从长沙铁道学院基础课部并入土木工程系。

1993年

铁道部路内部分高校集体编写《测量学》教材，主审为长沙铁道学院土木工程系苏思光老师，林世煦老师参编，由中国铁道出版社出版。

2月，经铁道部批准，欧阳炎同志为铁道部有突出贡献的中青年科学技术管理专家。

3月25日，周士琼老师主持的“蒸压灰砂空心砖的推广应用”，通过湖南省科委组织的技术鉴定。曾庆元教授主持的“铁路钢桁梁横向刚度研究”，叶梅新老师主持的“铁路钢板梁极限承载力的研究”项目，在武汉通过铁道部科技司、建设司主持的技术鉴定。

6月14日，詹振炎教授等人主持完成的“铁路线路计算机辅助设计软件系统”和“人机交互铁路线路平纵面整体优化设计系统”科研成果，分获全国第三届工程设计计算机优秀软件一等奖和二等奖。

7月，常新生老师、詹振炎教授等人主持的“新建单线铁路施工设计纵断面优化CAD系统”“微机数模地形图成图系统”项目，在北京通过铁道部科技司主持的技术鉴定。

“结构工程”学科分别获硕士学位授予权。

9 月 20 日，华祖焜等人主持的“加筋土结构研究”获湖南省科技进步二等奖。

裘伯永教授被评为湖南省优秀教师。

10 月，长沙铁道学院建设监理公司、长沙铁道学院土木工程勘察设计研究院从土木工程系分离出去，各自成为校产实体，部分教职工亦随之离开土木工程系，由长沙铁道学院校办产业处管理。

10 月 12 日，詹振炎等人主持的“人机交互铁路线路平纵断面整体优化设计系统”获铁道部科技进步奖二等奖。华祖焜、熊剑同志参加的“单排埋式抗滑桩计算方法及设计原则”项目，获铁道部科技进步奖三等奖。

10 月 23 日，长沙铁道学院系级教学与管理工作评估，土木工程系获得第三名。

12 月，陈映南教授等人主持的科研项目“成层土原位测试技术机理与应用研究”、胡晓波等人主持的“高效复合外加剂研究与应用”通过湖南省建委主持的技术鉴定。

彭立敏老师研究的“软岩浅埋隧道地表砂浆锚杆预加固效果研究”，获铁道部科技进步奖四等奖。赵望达老师研究的“SLDC—1 型充填仪表微机监控系统”，获中国有色金属总公司科技进步奖三等奖。

谢恒老师等获湖南省优秀教学成果二等奖。

杨承惁教授主持的项目“建筑工程招标投标软件系统研究”通过湖南省建委鉴定。

1994 年

3 月，工业与民用建筑专业（后改称建筑工程专业）师生及相关教研室从土木工程系分出，成立建筑工程系。

3 月 7 日，土木工程系铁道工程 91 -1 班被评为“湖南省高校先进班集体”。

4 月 23 日，土木工程系华祖焜教授等主持的“加筋土地基研究”通过湖南省建委组织的鉴定。

5 月 4 日，土木工程系陈映南教授等主持的“成层土原位测试技术机理与应用研究”，获省科委科技进步奖二等奖。

5 月 11—14 日，国际斜拉桥学术研讨会在上海召开。土木工程系陈政清、周乐农教授出席了会议，并作了题为“大跨度桥梁三维颤振分析与机理研究”的学术报告。

9 月 24 日，中国工程院院士、铁科院院长、博士生导师、我院兼职教授程庆国应邀来院讲学，作了题为“高速铁路与铁路现代化”的学术报告。

10 月 1 日，铁道部授予常新生副教授 1994 年度“有突出贡献的中青年专家”

称号。

12月3日，长沙铁道学院系级教学与管理工作评估，土木工程系为第一名。

12月14日，土木工程系桥梁与隧道工程、铁道工程被确定为长沙铁道学院校级重点学科，曾庆元教授、詹振炎教授分别为这两个学科的学科带头人。

土木工程系傅鹤林老师的“块石砂浆胶结充填技术研究”科研成果，获中国有色金属总公司科技进步奖一等奖。

建筑工程系“工业与民用建筑”专业改称为“建筑工程”专业，土木工程系“建筑管理”专业改称“管理工程”专业。

1995年

按照国家新的专业目录要求，土木工程系“铁道工程”“桥梁工程”专业合并更名为“交通土建工程”专业，“建筑管理”专业更名为“工程管理”专业；建筑工程系增设建筑学专业(五年制)，并招收新生1个班。同年，交通土建工程专业被批准为湖南省第一批重点建设专业。建筑材料学科获得硕士学位授予权。

3月15日，波兰科学院外籍院士、中国工程院院士、长沙矿冶研究院教授、我院土木工程系兼职教授刘宝琛来土木工程系讲学。

3月17日，陈政清教授等人主持的“斜拉桥、悬索桥空间柔性结构静动力非线性分析NACS程序及应用”课题，通过铁道部级鉴定，该成果在国内处于领先水平。

4月19日，长沙铁道学院系级学生工作评估，土木工程系获第一名。

4月26日，土木工程系詹振炎教授荣获铁道部第二届詹天佑科技奖。

5月2日，土木工程系詹振炎、常新生、张怡等人完成的“人机交互铁路线路平纵面整体优化设计”及常新生、詹振炎、张怡等人完成的“新建单线铁路施工设计纵断面优化CAD系统”课题，均获铁道部铁路工程勘察设计计算机优秀软件一等奖；华祖焜教授等人完成的“加筋土地基研究”课题获湖南省教委科技进步奖一等奖。

6月，土木工程系徐名枢教授被铁道部聘为南昆铁路四座特大桥专家组成员。

在“爱我中华”湖南省研究生英语演讲比赛中，土木工程系刘丹同学获非英语专业一等奖。

10月，土木工程系常新生、张怡、詹振炎等同志完成的《新建单双线铁路线路机助设计系统》，通过铁道部级鉴定，该成果处于国内领先水平。

10月16日，常新生获“铁道部先进工作者”称号。

10月22日，陈秀方申报的项目“连续焊接长钢轨轨道稳定性可靠度分析”、贺国京申报“结构动态分析的理论与新方法研究”项目获得国家自然科学基金资助。

10 月 23 日，詹振炎、常新生获全路“‘八五’科技工作先进个人”称号。

建筑工程系周士琼主持的“磁化水混凝土”科研项目获湖南省工程总公司科技进步二等奖。

12 月，长沙铁道学院系级教学与管理工作评估，土木工程系获得第二名。

1996 年

1 月 17 日，中国工程院王梦恕院士应邀来土木工程系讲学，并被聘为兼职教授。

5 月 18 日，长沙铁道学院系级学生工作评估，土木工程系获第一名。

5 月 19—20 日，美国宾夕法尼亚州立大学土木工程教授王绵昌博士应邀来学校讲学。

5 月，建筑工程系余志武老师主持的“无黏结预应力混凝土框架、结构抗震性能研究”，获省建委科技进步奖一等奖、省科委科技进步奖二等奖；胡晓波主持的“高效复合外加剂的研究与应用”获省教委科技进步奖一等奖、省科委科技进步奖三等奖。

5 月，铁道工程 93－2 班，获“省先进班集体”称号。

6 月 24—27 日，省建委和学院联合举办“高强高性能混凝土研究及其应用学术研讨会”。

6 月，在铁道部教卫司公布的《面向 21 世纪铁路高等教育教学内容和课程体系改革计划》第一批立项项目中，长沙铁道学院主持 1 项，参加 14 项，其中，土木工程系有 6 项。

7 月 8 日，长沙铁道学院优秀教研室评奖结果：一等奖 3 个，二等奖 5 个。其中，土木工程系、建筑工程系一等奖各 1 个，二等奖 2 个。

7 月，“高速铁路线桥隧设计参数的选择的研究”课题，通过铁道部科技司组织召开的“八五”国家重点课题评审；铁道部批准长沙铁道学院新增 6 名博士生导师，其中土木工程系有詹振炎、陈政清、王永和、任伟新 4 名教授当选。

8 月 1—6 日，在全国高校工科结构力学及弹性力学青年教师讲课竞赛中，建筑工程系陆铁坚、陈玉骥分获国家教委高等学校工科本科力学课程教学指导委员会颁发的一等奖和三等奖；陈玉骥还获得单毓华奖教金。

9 月，长沙铁道学院召开优秀教学成果奖评审会，评出一等奖 9 项，二等奖 10 项，其中，土木工程系、建筑工程系二等奖 2 项。

9 月，土木工程系詹振炎教授等主持的四个项目列入铁道部工程建设“九五”科技发展规划。

10 月 31 日，土木工程系桥梁工程教研室被评为“湖南省优秀教研室”。

12 月 30 日，长沙铁道学院组织系级教学与管理工作评估，土木工程系获第二名。

土木工程系曾庆元教授等主持完成的研究成果“主跨 72 米部分预应力混凝土连续梁”获铁道部科技进步奖二等奖。

土木工程系周继祖教授的“应用层次分析法进行施工组织设计优选”课题、陈秀方教授的“减轻重载列车轮轨磨耗技术”课题、戴公连等老师的“单拱面预应力混凝土系杆空间受力研究”课题、建筑工程系杨仕德老师的“全国普通高等学校结构力学试题库”均进行了成果鉴定和验收。

1997 年

2 月，土木工程系铁道工程和岩土工程通过省教委学位点合格评估。

3 月 9 日，长沙铁道学院院党委决定：土木工程系和建筑工程系合并组建土木建筑学院。当时专业设置为土木工程(交通土建专业和建筑工程专业合并为土木工程，含桥梁工程、建筑工程、道路与铁道工程、隧道及地下结构工程 4 个专业方向)、工程管理、建筑学 3 个本科专业。

4 月 3 日，建筑工程专业被确定为湖南省第二批重点专业。

4 月，长沙铁道学院开展系级学生工作评估，土木建筑学院获第一名。

6 月 14 日，全国高等院校建筑工程专业教育评估委员会正式批准建筑工程专业评估通过，率先进入全国同类专业先进行列。

6 月 18 日，长沙铁道学院决定成立“防灾科学与安全技术研究所”，徐志胜老师任所长。

9 月，陈政清教授被评为湖南省师德先进个人。

长沙铁道学院全面实施按大类招生，土建类和机械类专业试点班、全校性因材施教班共三项教改方案启动。

11 月 9 日，常新生获得第三届詹天佑人才奖。

12 月 2 日，詹振炎教授获铁道部火车头奖章。

陈秀方教授等研究的“减轻重载列车轮轨磨耗技术”课题获铁道部科技进步奖二等奖；曾庆元教授等研究的“主跨 72 米部分预应力混凝土连续梁”，获国家科技进步奖三等奖；戴公连教授等主持的“单拱面预应力混凝土系杆拱桥空间受力研究”课题获广东省建委科技进步奖一等奖；余志武教授等研究的科研成果“预应力混凝土结构设计基本问题”获建设部科技进步奖一等奖。

王永和教授获湖南省优秀教学成果三等奖。

林丕文副教授被铁道部授予南昆铁路建设立功奖章。

1998 年

道路与铁道工程学科获得博士学位授予权，管理科学与工程、防灾减灾及防护工程学科获得硕士学位授予权。

余志武教授等人参加的研究成果“预应力混凝土结构设计基本问题”获国家科技进步奖二等奖，“钢—混凝土组合梁基本性能及设计方法的研究”获国家教委科技进步奖二等奖；曾庆元、郭向荣、郭文华等人主持的研究项目“列车桥梁时变系统横向振动分析理论与应用”通过铁道部科技司鉴定并获铁道部科技进步奖二等奖；赵望达老师参加的“深部铜矿尾砂胶结充填工艺技术试验研究”获中国有色金属总公司科技进步奖三等奖。

陈政清、戴公连、裘伯永等老师的研究成果“铁路双薄壁横联高墩预应力连续刚构桥设计研究”通过铁道部科技司鉴定；彭立敏、刘小兵等老师的研究成果“隧道衬砌结构火灾损伤评定和修复加固措施”通过铁道部科技司鉴定；周继祖、李昌友等老师的研究成果“应用层次分析法进行施工组织设计优选”通过铁道部科技司鉴定；夏增明、陆海平、蒋崇伦老师参加的“水泥土加固处理软土地基应用技术及试验研究”通过广州铁路(集团)公司鉴定；周士琼、谢友均等主持的“粉煤灰高性能混凝土应用研究”通过湖南省科委组织的鉴定。

湖南省教委授予桥梁教研室“科技工作先进单位”称号。

铁道部团委授予土木建筑学院学院分团委为先进团委。

余志武教授被湖南省教委授予“普通高校科技工作先进工作者”。

长沙铁道学院开展科研工作评估，土木建筑学院获第一名。

曾庆元教授获铁道部第三届詹天佑成就奖，常新生教授获詹天佑人才奖。

陈玉骥老师在国家教委工程力学课程指导委员会组织的全国第二届高校工科结构力学及弹性力学青年教师讲课比赛中获一等奖。

10 月，铁道工程专业和工业与民用建筑专业 78 级校友回母校举行“相识二十年”联谊活动，并为母校捐建詹天佑塑像，同时举行揭幕仪式。

宋振熊、田嘉猷老师参加的“双线铁路隧道洞口集中式运营射流通风技术”项目获铁道部科技进步奖二等奖。

周小林参加的“新龙门隧道爆破和伊河大桥运营振动对龙门石窟影响试验研究”项目，获中铁工程总公司一等奖。

谢友均老师获湖南省科委“科技成果转化与推广先进个人”，并获铁道部“青年科技拔尖人才”称号。

防灾减灾工程及防护工程学科获硕士学位授予权。

1999 年

曾庆元、郭向荣、郭文华等老师的研究成果“列车—桥梁时变系统横向振动分析理论与应用”获国家科技进步奖三等奖；陈政清等人的研究成果“大跨桥梁静动力非线性分析 NACS 程序及应用”获湖南省科技进步奖一等奖和湖南省教委科技进步奖一等奖。

4 月 27 日，蒋红斐、张怡老师，詹振炎教授同四川省交通厅公路规划勘察设计研究院共同研究的“公路数字地形图机助设计系统”项目，通过湖南省科委组织鉴定。

5 月 12 日，蒋红斐、张怡等人完成的铁道部课题“新建单、双线铁路线路技术设计 CAD 系统”，通过铁道部科技司委托铁道部建设司主持的鉴定。

6 月 3 日，余志武、冷伍明等老师主持的“长沙市挡土墙及基坑支护工程设计、施工与验收规程”项目和余志武、魏丽敏等老师主持的“长沙市地基基础设计与施工规定”项目通过湖南省建委主持的鉴定。

6 月 14 日，铁道部批准长沙铁道学院新增 5 名博士生导师中有土木建筑学院陈秀方、叶梅新、周士琼 3 位教授。

6 月，波兰科学院外籍院士、中国工程院院士刘宝琛教授调入长沙铁道学院土木建筑学院工作，并任长沙铁道学院学位委员会主席。

8 月，根据国家扩大招生的精神，全校共招收本、专科生 2140 人，其中，土木建筑学院招收 635 人(本科 16 个班，564 人；专科 2 个班，71 人)，是历年来招收新生最多的一年。

9 月，经全国工程硕士教育指导委员会评审和国务院学位办审定，长沙铁道学院被批准为新的工程硕士指导培养单位，新增建筑与土木工程和交通运输工程领域工程硕士学位授予点。

王星华教授申报的“振动注浆技术机理的应用研究”课题获国家自然科学基金项目资助。

陈政清教授等人参加的“复杂地质艰险山区修建大能力南昆铁路干线成套技术”项目，荣获 1999 年铁道部科技进步奖特等奖。由胡晓波、周士琼等人完成的“100 MPa 混凝土的研究与应用”通过铁道部科技司鉴定，成果达到国内领先水平。周继祖、张飞涟、王孟钧、余浩军等老师完成科研项目“铁路建设项目后评价理论与应用研究”，通过铁道部科教司组织鉴定。

1999 年 12 月，曾庆元教授当选中国工程院院士。

12 月 13—17 日，国家教育部组织专家来长沙铁道学院开展本科教学工作随机性水平评价。全校上下齐心协力，通过近 3 年“以评促改、以评促建、评建结合、重在建设”，土木建筑学院全体师生积极配合学校开展工作，狠抓落实，教学及各项工作都有长足的进步，获得的评价结论为“优秀”。

12 月 28 日，叶梅新、冷伍明、廖群立被评为“校 1997—1999 年度优秀教师”，黄建陵被评为“校优秀教育工作者”，徐志胜被评为校“三育人”先进个人。

余志武教授获铁道部“有突出贡献中青年专家”称号。

徐志胜教授获“湖南省跨世纪学术带头人”“铁道部青年科技类人才”称号。

1999 年度土木建筑学院在指定期刊发表学术论文 23 篇，出版教材 5 部、出版专著 5 部。

2000 年

1 月，郭向荣被批准为湖南省青年骨干教师培养对象。

4 月 29 日，长沙铁道学院与中南工业大学、湖南医科大学合并组建中南大学，土木建筑学院为中南大学二级学院之一。

9 月 20 日，道路与铁道工程学科列入省教育厅重点学科。

获得土木工程一级学科博士学位授予权；增设工程力学专业。

周朝阳被批准享受国务院特殊津贴。

10 月，铁道工程、桥梁与隧道工程专业的 64 级、65 级 9 个班毕业校友回母校举行联谊活动，并举行“长沙铁道学院原址纪念碑”揭牌仪式，铁道部副部长孙永福等众多往届校友参加。

陈政清教授、周朝阳教授获铁道部“有突出贡献中青年专家”称号。

从 2000 年起，开始招收建筑与土木工程领域工程硕士研究生。

2001 年

1 月 5 日，“铁路选线三维可视化系统”通过铁道部科技教育司组织的成果鉴定。

邓德华老师主持的“轻质夹层复合实心墙板的研制与应用”成果通过湖南省建委主持的鉴定。

3 月，郭向荣申报“高速铁路大跨度悬索桥车振分析”课题获国家博士后基金资助。

11 月，叶梅新教授、郭向荣老师分别荣获第五届詹天佑铁道科学技术奖人才奖、青年奖。

邓荣飞、王永和、吴斌老师完成的教学成果“普通高校一般院校创办一流教育的研究与实践”获得国家优秀教学成果二等奖(湖南省一等奖)。

蒲浩被批准为湖南省普通高校青年教师骨干教师培养对象。郭向荣获“中南大学青年岗位能手”称号。

启动“十五”“211 工程”子项目“铁道工程安全科学技术”的建设。

2002 年

1 月，桥梁与隧道工程、道路与铁道工程被批准为国家重点学科。

5 月 23 日，原长沙铁道学院机电工程学院建筑环境与设备工程系、数力系基础力学教研室与中南工业大学资源环境与建筑工程学院土木所、力学中心及城市规划教研室并入土木建筑学院，组建新中南大学土木建筑学院。同时，原中南工业大学土木工程、城市规划专业和原长沙铁道学院建筑环境与设备工程 3 个本科专业并入土木建筑学院。

10 月 13 日，蒲浩老师负责的“高速公路地面数字模型与航测遥感技术研究”项目通过了湖南省交通厅自主设置科技成果鉴定会。

土木建筑学院获得“消防工程”博士学位授权点和硕士学位授权点，成为全国第一家拥有“消防工程”博士、硕士点的单位。

叶梅新教授参加的“大跨度低塔斜拉桥板桁组合结构建造技术”科研成果获国家科技进步奖一等奖。

申报的“211 工程”“铁道工程安全科学与技术”建设项目经过论证获得通过；完成了“985 工程”道路与铁道工程国家重点学科项目建设。

2003 年

获得土木工程、交通运输工程(共建)一级学科博士后流动站。

完成了国家重点学科“道路与铁道工程”的中期检查；新增自主设置博士、硕士点“城市轨道交通工程”。

根据《中南大学教授委员会章程》，成立了土木建筑学院教授委员会，由刘宝琛院士任主任委员，曾庆元院士、陈秀方教授任副主任委员。

力学教学实验中心通过省普通高校基础课示范实验室中期评估。

10 月，原长沙铁道学院进行建校 50 周年校庆。

曾中林同学被授予茅以升铁道教育学生奖 。

陈政清教授参加的岳阳洞庭湖大桥多塔斜拉桥成果获 2003 年国家科技进步奖二等奖。

11 月，余志武教授主持的“预应力钢筋混凝土组合结构的受力性能与设计方法的研究”成果获 2003 年湖南省科技进步奖一等奖。周士琼主持的“粉煤灰复合超细粉开发及高性能混凝土应用技术”成果获 2003 年湖南省科技进步奖二等奖。

成功举办了全国性“2003 建筑的转生与汇聚”学术会议。

在学校第二届青年教师“三十佳”比赛中，李东平老师获得课件比赛第一名，魏丽敏获得讲课比赛十佳。

刘庆潭教授被评为“中南大学首届教学名师奖”。

郭文华教授首次获得教育部“优秀青年建设资助计划”资助。

戴公连教授获第七届詹天佑铁道科学技术奖青年奖。

12 月，全国大学生数学建模竞赛我院代表队获国家二等奖。

刘庆潭、李东平、魏丽敏被评为中南大学“师德先进个人”。

在 2003 年度中南大学二级单位综合考核工作中，土木建筑学院被评为“先进单位”。

2004 年

开始“轨道交通与土木工程安全”“985”二期科技创新平台建设。

全面开展“十五”“211 工程”建设项目中期检查。

郭向荣教授参加的课题“铁路大跨度钢管混凝土拱桥新技术研究”获得贵州省科技进步奖一等奖。郭文华教授参加的课题“铁路大跨度预应力混凝土刚构—连续梁桥技术”获得中国铁道学会科学技术一等奖。

3 月，国家基金委材料与工程学科主任茹继平来土木建筑学院作学术报告。

增设消防工程专业，并招收了第一届本科生。该专业每年招收 2 个班，60 人左右。优秀本科生可以免试推荐攻读研究生。

4 月 4 日，桥隧 59 级校友、国家工商总局局长王众孚在湖南省人民政府徐宪平副省长、长沙市委和中南大学等领导的陪同下来到中南大学铁道校区(原长沙铁道学院)参观。

5 月，哈尔滨工业大学副校长欧进萍院士、美国宾夕法尼亚州立大学王绵昌教授来土木建筑学院进行学术交流；铁道部发展计划司杨忠民副司长来土木建筑学院考察，并作了“我国铁路网中长期规划”的学术报告。

制作了《沃土——蓬勃发展的中南大学土木建筑学院》视频宣传专题片，扩大了学院对外的影响。

完成了路基路面实验室的筹建和中南大学本部路基路面实验室向铁道校区的整体搬迁。

6 月，通过全国高等教育土木工程专业评估，并受到了专家的高度评价。

召开了学院首届研究生工作会议，制订了《中南大学土木建筑学院研究生培养与管理手册》，重新修订了培养方案、教学大纲，规范了研究生培养与管理程序，并制订了《中南大学土木建筑学院研究生教育创新工程基金奖励管理办法》。

10 月，刘庆潭教授主持的“工程力学训练型多媒体课件的研制与实践”课题获中南大学教学成果一等奖、省级教学成果二等奖。

10 月，刘宝琛院士指导的博士研究生杨小礼的学位论文“线性与非线性破坏准则下岩土极限分析方法及其应用”被评为湖南省优秀博士论文。陈焕新教授指导的硕士研究生张登春、王孟钧指导的硕士研究生朱高明所写论文被评为湖南省优秀硕士论文。

11 月，余志武教授主持(第一主持单位)完成的课题“钢—混凝土组合结构关键技术的研究及应用”获得国家科技进步奖二等奖。

12 月 26 日，由湖南省科技厅会同铁道部建设司在长沙主持召开了蒲浩负责的《铁路新线实时三维可视化 CAD 系统》成果鉴定会。该项目获得 2005 年湖南省科技进步奖二等奖。

从加拿大引进高层次人才史才军博士。

向俊老师撰写的论文 *Theory of random energy analysis for train derailment* 获湖南省第十届自然科学优秀学术论文一等奖。

由测量教研室及岩土工程系部分老师组建道路工程系。

新增土木工程规划与管理、土木工程材料 2 个自主设置的博士点和硕士点。

司学通、祝志恒、刘南 3 位同学组成的团队获“2004 年度国际数学建模竞赛”二等奖。肖祥等 2 人获湖南省大学生力学竞赛一等奖、周旺宝等 4 人获得二等奖。袁航等 3 人获数学建模竞赛国家一等奖、钱森等 3 人获得二等奖。

任伟新教授当选为湖南省 2004 年度“芙蓉学者”特聘教授，入选“首批新世纪百千万人才工程国家级人选”和教育部“新世纪优秀人才支持计划”。

土木工程安全科学实验室顺利通过湖南省评审专家论证，被列为湖南省普通高校重点建设实验室。

土木建筑学院与北京理工大学等单位合作，在上海大学成功主办了第四届国际安全学术大会。

土木类教学科研平台基地建设 8000 平方米基建项目正式启动。

学校工会以土木建筑学院为试点单位之一，举办了以力学系为主的实验技术岗位知识技能竞赛，肖柏军获一等奖。

王星华被评为湖南省优秀博士后。

2005 年

3 月，张飞涟、袁媛、龙明东老师被评为中南大学 2004—2005 年度“师德先进个人”。

4 月，消防工程系成立，徐志胜任系主任，赵望达、李耀庄任副主任。

4 月 10 日，学院首届教代会、工代会第一次会议在铁道学院国际报告厅成功召开。

4 月 15 日，曾庆元院士的“列车脱轨分析理论与应用研究”课题通过铁道部鉴定。

26—28 日，在铁道学院国际报告厅成功主办自密实混凝土技术国际会议。

5 月，土木工程 2001 -4 班荣获“湖南省普通高校省级先进班集体”称号。土木建筑学院党委被评为中南大学“大学生思想政治教育工作先进单位”。

6 月 7 日，张飞涟教授的项目“城镇市政设施投资项目后评价方法与参数研究”获得国家社科基金项目立项资助。

力学实验教学中心顺利通过了湖南省普通高校基础课示范性实验室验收评估。

9 月，建筑环境与设备工程系划归中南大学能源与环境学院。

申俊等 6 位同学获数学建模湖南省一等奖；闫卫锋同学获“宇通杯”全国大学生力学邀请赛二等奖，戴恩彬同学获三等奖。

10 月，杨小礼的博士论文《线性与非线性破坏准则下岩土极限分析方法及其应用》获全国优秀博士论文，指导老师为刘宝琛院士。

分团委书记袁世平老师被评为“湖南省社会实践优秀指导老师”。

1—3 日，隆重举办曾庆元院士 80 寿辰庆典活动。

15—16 日，与湖南大学合作举办了“2005 中国当代建筑创作”论坛。

11 月，郭向荣教授参加的“铁路大跨度钢管混凝土拱桥新技术研究”项目获国家科技进步奖二等奖。

“土木工程安全科学实验大楼”竣工。

12 月，曾庆元院士荣获 2005 年詹天佑铁道科学技术奖大奖；戴公连教授获詹天佑铁道科学技术奖青年奖。

学校对土木建筑学院 2005 年本科教学及管理工作进行评估，结论为“优秀”。

在校“三十佳”教学竞赛中，童淑媛、彭仪普老师获“十佳”课件奖，谢晓晴获“十佳”讲课比赛奖，罗建阳获教案比赛优胜奖，扶国获讲课比赛优胜奖。

张飞涟教授成功申报湖南省级教改项目“21 世纪工程管理专业人才培养模式和课程体系优化的研究与实践”。

陈秀方教授主编出版教材《轨道工程》(中国建筑工业出版社)。

蒲浩教授主编出版教材《道路路线 CAD 原理与方法》。

工程测量教研室全体教师编写教材《土木工程测量》(主编：宋占峰、李军；主审：吴祖海)，用于土木工程、交通运输等本科专业的测量教学，使用至今。

利用“十五”“211 工程”中央专项经费投资建设的“五通道拟动力结构实验系统”等大型设备安装调试完成并通过验收，为土木建筑学院科研工作与学科发展打下了坚实的基础。

湖南省重点学科“岩土工程”经湖南省教育厅验收，验收结论为“优秀”。

“十五”“211 工程”建设子项目“铁道工程安全科学与技术”通过学校组织的验收，获得一致好评。

参与了 1 项国家教改课题“理工科本科学生实践与创新能力培养模式的探讨与实践”。

土木工程学科成立特色教育本科班“詹天佑班”(“茅以升班”)。

2006 年

“工程管理”“城市规划”两个专业被评为中南大学重点专业。

3 月，顺利通过“湖南省模范职工小家”验收，工会工作受到湖南省教育工会和学校工会的充分肯定。

5 月，工程管理专业顺利通过全国专业教育评估。

“土力学与基础工程”被评为湖南省精品课程，“土木工程材料”被评为校级精品课程。

“十五”“211 工程”子项目“铁道工程安全科学与技术”通过教育部验收。

6 月，娄底地质实习基地被评为“湖南省优秀实习基地”。

固体力学硕士点顺利完成湖南省学位点评估。

第一届消防工程博士研究生赵望达、冯凯毕业。

7 月，姚成钊等 3 人获得湖南省大学生结构模型竞赛一等奖。

9 月，刘庆潭、吴小萍、阎奇武老师的教改项目获校级教学成果一等奖；王永和、蒋烨、王小红老师的教改项目获校级教学成果二等奖。

与湖南建工集团联合成功申报了首届湖南省研究生培养创新基地“中南大学湖南建工集团基地”。

“结构工程”被评为湖南省重点学科，同时，“岩土工程”被再次认定为湖南省重点学科。

刘庆潭教授被评为“中南大学师德标兵”，王永和教授被评为“中南大学教学名师”。

10 月，获省部级奖励共 9 项。其中，曾庆元院士及其团队完成的科技成果“列车脱轨分析理论与应用研究”、黄方林等教师参与的科研成果“斜拉桥拉索风雨振机理与振动控制技术研究”获湖南省科技进步奖一等奖，杨果林、王永和等教师参与的科研成果“湖南膨胀土地区公路路基修筑技术研究”获中国公路学会科学技术一等奖。

学生政治辅导员杨鹰老师被评为“全国大学生职业规划设计大赛先进个人”。

蒋丽忠教授入选教育部新世纪优秀人才资助计划。

11 月，任伟新教授当选 2006 年度长江学者特聘教授。

魏晓军等 6 位同学获得数学建模竞赛国家二等奖。

11 月，刘庆潭教授等的“材料力学课程教学体系与人才培养的综合改革与实践”获省级二等奖。吴小萍等的“铁道道路规划与设计教学体系的研究与实践”获省级三等奖。

12 月，杨小礼教授当选“中南大学升华学者”特聘教授。

学校公布2005年度各学院论文三大检索收录情况，我院SCI、EI、ISTP收录数量分别为21、86、47篇，三大检索收录总量居全校第三位，EI与ISTP收录均居全校第一位。

曾庆元院士等出版专著《列车脱轨分析理论与应用》(中南大学出版社)。

2007年

1月，工程力学博士研究生开始招生。

曾庆元院士专著《列车脱轨分析理论与应用》获首届中国出版政府奖(图书奖提名奖)。

4月，成立学院研究生培养专家委员会。

5月，余志武教授的"土建类创新型本科专业人才培养模式的研究与实践"教改项目获省级立项。"工程力学"(双语)、"混凝土结构设计原理""结构力学"被评为校级精品课程。举办了研究生首届学术论坛。桥梁与隧道工程、道路与铁道工程2个国家重点学科通过教育部评估。

李东平被评为"中南大学第三届教学名师"。

6月，建筑学专业通过建设部专业评估，同时批准授予建筑学专业学士学位。

顺利完成湖南省学位办对中南大学—湖南建工集团研究生培养创新基地的评估工作。30日胜利召开了土木建筑学院第二届教代会、工代会。

7月，刘庆潭教授被评为"湖南省教学名师"。

土木建筑学院党委被评为"湖南省高校2005—2007年度先进基层党组织和中南大学先进基层党组织"，钟春莲被评为"湖南省高校优秀党务工作者"。

8月，"岩土工程"学科增补为国家重点学科，"土木工程""交通运输工程"被审核认定为一级学科国家重点学科，并制订了一级学科发展规划(2007—2010年)。

10—11日，土木建筑学院承办中国钢结构协会钢—混凝土组合结构分会第11次学术会议。

9月学校开始在新一届学生中全面实施按大类培养方案，即第一学年按土建类(分土木类和建筑类)培养，第二年起再分专业培养。

9月5日，国家发改委办公厅发布"发改办高技[2007] 2138号"文件，原则同意启动"高速铁路建造技术"等6个国家工程实验室建设工作。其中，"高速铁路建造技术"的组建单位是中国铁路工程总公司和中南大学，参建单位有中国铁道科学研究院和铁道第三勘察设计院集团有限公司。

获铁道学会科学技术奖3项：中南大学参加的"青藏铁路多年冻土工程技术"获特等奖；王星华教授"青藏铁路多年冻土隧道关键技术"获二等奖；谢友均"青藏铁路低温早强耐腐蚀高性能混凝土应用技术"获二等奖。

杨孟刚、何旭辉老师参加的“柔性桥梁非线性设计和风致振动与控制的关键技术”获国家科技进步二等奖。

土木建筑学院获国家自然基金资助项目 14 项，合同经费 359 万元。

10 月 8 日，湖南省科技厅发布“湘科技字[2007] 143 号”文件，我校和省建工集团提出的“湖南省先进建材与结构工程技术研究中心”列入建设计划。

获湖南省部科技进步奖 7 项：余志武、谢友均、蒋丽忠的“自密实高性能混凝土技术的研究与应用”获一等奖；叶梅新、杨孟刚的“大跨度自锚式悬索桥设计理论与关键技术研究”获一等奖；戴公连的“斜塔竖琴式斜拉桥的设计与施工”获一等奖；朱志辉的“新型 PK 预应力双向配筋叠合楼盖体系关键技术研发及产业化”获一等奖。

蒋丽忠获得湖南省自然基金杰出青年基金项目(07JJ1009)。

11 月 16 日，国家发改委办公厅发布“发改办高技[2007] 2818 号”给铁道部复函，明确实验室建设经费 9950 万元，其中国家发改委 2000 万元，铁道部 3150 万元，建设单位出资 4800 万元。复函明确实验室建设地点为长沙。

19—21 日，第二届结构评定、监测和修复国际会议在我校召开，我院为该次会议承办单位。28—30 日：GEO—07 长沙(岩土工程与环境新进展国际会议)在我校召开，我院为该次会议承办单位。

12 月，土木工程专业被批准为国家“第一类特色专业建设点”。

曾庆元教授的《结构振动分析》、吴小萍教授的《铁路规划与设计》、邓德华教授的《土木工程材料》、李廉锟教授的《结构力学》列入“十一五”国家级规划教材。

学校对我院 2006—2007 年度本科教学及管理工作进行评估，结论为优秀。

土木工程专业被教育部定为特色建设专业。

4—5 日，第十四届全国混凝土及预应力混凝土学术会议在我校召开，土木建筑学院为该次会议承办单位。

科技部发文(国科发财字[2007] 709 号)，王星华教授申报的“地下工程承压地下水的控制与防治技术研究(课题编号：2007AA11Z134)”获国家 863 计划资助，资助经费 77 万元，这是土木建筑学院主持的首个 863 计划项目。

余志武教授入选湖南省首批科技领军人才，蒋丽忠教授获湖南省杰出青年科学基金资助。

向俊教授列入 2007 教育部“新世纪优秀人才”建设计划。

据学校公布结果，土木建筑学院教师发表论文在 2006 年度被 SCIE 收录 39 篇，EI 收录 108 篇，ISTP 收录 13 篇。

陈辉华、罗建阳老师获校第四届青年教师“三十佳”教学竞赛“十佳教案”奖、孙晓老师获“十佳讲课”奖；土木建筑学院获“三十佳”教学竞赛组织奖。

黄林冲、王丽、刘勇术 3 位同学获湖南省优秀硕士学位论文，赵望达获校级优秀博士学位论文。

2008 年

2 月，朱力等 6 人获国际大学生数学建模竞赛二等奖。

4 月，“隧道工程”“基础力学实验”“施工组织学”获校级精品课程。

5 月，“隧道工程”“材料力学”获省级精品课程。

获校级教改立项 15 项。土木工程教学团队被评为“省级教学团队”。

“土木工程实验教学中心”被评为湖南省高等学校实践教学示范中心。

7 月，谢晓晴老师被评为湖南省“青年教师教学能手”。获省级教改立项 2 项。刘静老师获中南大学首届青年教师“双语”教学竞赛优秀奖。曹龙飞等 4 位同学获湖南省力学竞赛一等奖。

8 月，“隧道工程”获国家级精品课程。

获校级教学成果 7 项。

获得国家自然科学基金项目 13 项，合同经费 382 万元。

谢友均教授参加的“青藏铁路工程”获得国家科技进步特等奖。

10 月，“211 工程”三期建设项目“高速铁路建造应用基础理论及关键共性技术”（中大研字[2008]38 号），获批中央专项经费 880 万元，建设期为 2008—2011 年。

10 月，张华帅等 3 位同学获第二届全国大学生结构设计竞赛三等奖。

12 月，郭峰被评为“湖南省高校优秀大学生思想政治教育工作者”。

李磊被评为“湖南省普通高等学校优秀辅导员”。

阳军生教授列入教育部 2008 年度“新世纪优秀人才支持计划”。

教育部学位中心发布了 2005 年学科评估结果：我校土木工程学科列全国第 9 名，交通运输工程学科列全国第 7 名。

全面完成“985”二期建设项目“轨道交通与土木工程安全”（2004—2008）。

2009 年

3 月，制定并启动了土木建筑学院青年教师课堂教学质量提高行动计划。

4 月，余志武、彭立敏教授获省级教学成果二等奖（土建类创新型本科专业人才培养体系的研究与实践）（适应国际化要求，提升工科人才工程素质的拓展性培养）。开办第一届“4 + 1 + 1”土木工程实验班。

刘庆潭教授的《材料力学教程（CCMM 软件包）》、彭立敏、刘小兵的《交通隧道工程》、蒋烨老师的《高等学校美术与设计专业教学丛书》3 部教材被评为 2009 年中南大学优秀教材。

彭立敏获“中南大学教学名师”称号。

5 月，肖尊群、王秋芬、黄阜获湖南省研究生科研创新基金资助。

6 月，土木工程专业、城市规划两个专业通过建设部专业评估委员会的评估。

邹金锋、钟献词 2 人获得湖南省优秀博士学位论文，雷明锋、刘竞、李准 3 人获得省级优秀硕士学位论文。

7 月，土木建筑学院党委被评为中南大学校 2007—2009 年度先进党委。

孙晓老师获湖南省青年教师“教学能手”称号。

刘庆潭教授、李铌老师分别获省级教学改革研究立项 1 项。

8 月，陈鑫等 31 位同学获全国周培源大学生力学竞赛三等奖。

余志武教授主持 863 计划“重载铁路桥梁和路基检测与强化技术研究”项目合同，中南大学是该项目技术依托单位，分配科研经费 2207.8 万元，这是土木建筑学院承担的单项经费最高的科研项目。

9 月，开办第一届“3 +1”土木工程高级工程人才(卓越工程师)实验班，为全校首批 7 个专业之一。

获得国家自然科学基金项目 10 项，合同经费 411 万元。

余志武教授申请的“高速铁路客站‘房桥合一’混合结构体系研究”获得国家自然科学基金重点项目计划资助，这是土木建筑学院首次主持国家自然科学基金重点项目。

成立了土木建筑学院教师课程教学考核领导小组(中大土建[2009]11 号)，并制定了考核实施细则。

成功承办了由国务院学位委员会办公室和教育部学位管理与研究生教育司共同主办的全国土木工程博士生学术论坛。

刘静获“校师德先进个人”称号。

10 月，“混凝土结构与砌体结构设计”获国家级精品课程，“混凝土结构与砌体结构设计”获省级精品课程，“铁路选线设计”“理论力学”“混凝土结构与砌体结构设计”获校级精品课程。获湖南省大学生力学竞赛优秀组织奖。

12 月，李军、罗建阳、胡华、陈汉利、丁发兴、周中老师获校第五届青年教师教学竞赛“三十佳”称号。

获由中国教育工会中南大学委员会颁发的“第五届青年教师‘三十佳’教学竞赛组织奖”。

蒲浩教授获湖南省第七届青年科技奖。

完成湖南省建工集团研究生培养创新基地的评估验收工作。

建筑设计及其理论专业硕士研究生刘子建同学义务捐献造血干细胞救助白血病患者，受到国内多家新闻媒体追踪报道。

土木建筑学院获省部级及以上科技奖励 14 项，其中郭向荣教授参与的“列车过桥动力相互作用理论、安全评估技术及工程应用”获国家科技进步奖二等奖。

科研经费持续增长，全院进学校财务的科研经费6299万元，加上检测中心和科星公司承担的科研项目，全年科研经费首次突破亿元大关。

2010年

3月，刘庆潭、徐林荣、周建普的“实验力学”“土木工程地质”“路基路面工程(网络教育)”3门课程被评为校级精品课程(中大教字[2010]9号)。

4月，方淑君老师获省级研究生教育创新工程立项教改立项资助；林宇亮、刘鹏、雷明锋、池漪、马骁5名博士生获湖南省博士生科研创新基金资助。

5月，吴小萍被评为中南大学第六届教学名师。

完成教育部建筑与土木工程研究生专业学位教育综合改革试点申报工作。

成功申报了工程管理全日制专业学位硕士点。

邹金锋的《扩孔问题的线性与非线性解析及其工程应用》获全国优秀博士学位论文提名奖；杨增涛、陈锐林、马昆林获省优秀博士学位论文奖；王金明、周旺保、马国存获省优秀硕士学位论文奖。

博士生刘鹏获得教育部学术新人奖。

8月，获国家自然科学基金资助课题18项，资助经费522万元，立项数与获资助经费总额均创历史纪录。

9月26日，建筑与城市规划系与艺术学院合并组建中南大学建筑与艺术学院，建筑学和城市规划专业并入建筑与艺术学院。

10月，土木建筑学院党委被确定为湖南省高校学习型党组织建设示范点。

10月19日，中南大学土木建筑学院更名为中南大学土木工程学院。

罗建阳、周智辉老师获“湖南省青年教师教学能手”称号。

10月，制订“985工程”(2010—2020)“高速铁路建造科学技术创新平台”规划报告。

建筑工程系被评为中南大学2010年优秀教研室。彭立敏教授获省级教学成果一等奖(参加)、郭乃正、张飞涟、余志武教授获省级教学成果二等奖。

11月，刘庆潭教授的《实验力学虚拟实验室》获湖南省高等学校第十届“中南杯”多媒体教育软件大赛一等奖。

“重载铁路工程结构实验室”列入教育部重点实验室建设计划，这是土木工程学院作为第一单位承建的首个教育部重点实验室。

获湖南省科技奖励8项。其中，由土木工程学院李亮教授主持的“山区复杂地段公路边坡关键技术及推广应用研究”及王孟钧教授主持完成的“重大建设项目执行控制体系及技术创新管理平台研究”获湖南省科技进步奖一等奖，这是土木工程学院作为第一完成单位首次在一年中获得2项湖南省科技进步一等奖。

12月，土木工程学院被评为2009—2010学年二级学院本科教学工作水平优秀单位。

成功举办以“土木工程与低碳城市建设”为主题的第三届研究生学术论坛。

“岩土工程”“结构工程”通过湖南省教育厅组织的“十一五”省重点学科验收。

2011 年

3 月，王孟钧教授主编教材《建筑企业战略管理》入选高等教育土建学科专业“十二五”规划教材选题(建人函[2011]71 号)。

3 月 11 日，中南大学党委将“中共中南大学土木建筑学院委员会”更名为“中共中南大学土木工程学院委员会”。

4 月，饶秋华、付纯教师获省级研究生教育创新工程立项省级教改立项资助；程盼、石钰锋、张道兵、谈遂、宋杰、毛磊、孙志彬、周旺保 8 名博士生获湖南省博士生科研创新基金资助。

余志武教授的“区域内高校土木工程专业实践教学一体化改革与实践”获住建部教改立项。

陈汉利老师的《建筑项目评价》作品在“2011 年湖南省普通高校多媒体教育软件大赛”中荣获二等奖。

重载铁路工程结构教育部重点实验室《建设计划任务书》通过教育部组织的专家评审。

余志武教授的“区域内高校土木工程专业实践教学资源共享模式研究与实践”获省级教改立项湘教通[2011]315 号。

7 月，博士生周旺保获得教育部学术新人奖。

陈长坤教授的《燃烧学》教材获校级精品课程建设立项。

土木工程学院党委被评为校 2009—2011 年度先进党委。

8 月，刘庆潭等 5 位教师获校级实验技术成果一等奖。

9 月，获得国家自然科学基金项目 22 项，合同经费 1259 万元。

10 月，土木工程学院荣获全国大学生结构设计大赛三等奖。

彭立敏教授的《隧道工程》荣获 2009—2010 年度中南地区大学出版社优秀教材一等奖。

11 月，圆满完成湖南省和学校研究生培养过程质量评估工作。

罗建阳老师获校青年教师“教学能手”；陈长坤教授获第六届“三十佳”教学竞赛“十佳教案”奖，赵春彦获“十佳课件”奖；土木工程学院获校青年教师“教学能手”暨第六届“三十佳”教学竞赛组织奖。

11 月 12 日，成立中南大学工程管理研究中心。

11 月 19 日，湖南省科学技术厅在长沙组织召开由蒲浩教授主持，中南大学、中铁第一勘察设计院、中铁二院工程集团有限责任公司和中铁第四勘察设计院集团有限公司共同完成的“铁路数字选线关键技术研究与应用”项目科技成果鉴定会。

蒋丽忠入选湖南省第二批科技领军人才，丁发兴入选教育部“新世纪优秀人才支持计划”。

张飞涟被评为中南大学第七届教学名师。

李东平教授的“‘基础力学实验’教学质量智能控制系统”获校级教改立项。

余志武、蒋丽忠教授参与完成的科研成果“混凝土桥梁服役性能与剩余寿命评估方法及应用”获国家科技进步奖二等奖。蒋丽忠教授等完成的成果“钢—混凝土组合结构抗震及稳定性研究与应用”获湖南省科技进步奖一等奖。

引进中组部“千人计划”国家特聘专家赵衍刚教授。同年，赵衍刚教授申报的“基于全寿命可靠度的高速铁路工程结构设计理论与方法”获国家基金委高铁联合基金重点项目资助。

工程管理专业通过了建设部工程管理教育评估委员会组织的专业复评。同年，土木工程专业被教育部和财政部联合批准为全国专业综合改革试点专业。

2012 年

2012 年美国大学生数学建模竞赛（MCM/ICM）成绩揭晓，由刘佳琪、马罡、赵育杰 3 位同学组成的参赛队获得特等奖提名。

3 月 18 日，湖北省科学技术厅在武汉组织召开由蒲浩教授主持，中交第二勘察设计院、中南大学共同完成的“高速公路建设管理 WebGIS 与 Web3D 集成式可视化信息平台”项目科技成果鉴定会。该成果获得了 2012 年中国公路学会科学技术二等奖。

6 月，土木工程学院党委被评为“湖南省教育系统创先争优先进基层党组织”。

举行土木工程学院第三届青年教师教学竞赛决赛。经各系预赛选拔、学院决赛后，郑国勇、马昆林、董荣珍 3 人获得“教学能手”奖；李香花、李海峰、杨峰等 3 人分别获得“优秀讲课”“优秀教案”“优秀课件”一等奖。

武井祥、邓东平、刘运思、徐汉勇、周苏华、黄志、刘严萍、王亮亮 8 位博士生获湖南省博士生科研创新基金资助。

宋占峰、李军老师指导的 2 支非专业队分别获湖南省第三届高等学校大学生测绘技能大赛特等奖和一等奖。

由湖南省教育厅主办，湖南省力学学会协办的第八届湖南省大学生力学竞赛成绩揭晓，本次竞赛我院获奖同学共 36 名（全校共 46 名），占全校获奖比率的 78.26%。

7 月，傅纯副教授的“大类招生人才培养模式下的人性化教学管理研究”获省级教改立项湘教通[2012]401 号。

8 月，中南大学土木工程实验教学中心被评为“十二五”国家级实验教学示范中心(高教函[2012] 13 号)。

9 月，获得国家自然科学基金项目 21 项，合同经费 1035 万元。

余志武等 4 位教师的 4 部教材获校级精品教材立项。

10 月，余志武等 14 位教师获校级教学成果一等奖。

11 月，邓东平、武井祥 2 位博士生获得教育部学术新人奖。

11 月，成立湖南省工程管理学会。

土木工程学院“科技活动月”启动仪式暨茅以升公益桥设计大赛在铁道校区国际报告厅隆重举行。

12 月，土木工程学院党委被评为中南大学基层党组织建设创新品牌，并被评为中南大学 2012 年度基层党组织建设年先进二级党委。

12 月 17 日，“高速铁路工程结构服役安全”创新研究团队入选教育部创新团队发展计划。

彭立敏、陈长坤获中南大学第七批教学改革暨课程体系改革专题立项。

王永和教授主持的“高速铁路过渡路基关键技术研究与应用”获得湖南省科技进步奖一等奖。由蒲浩主持的“铁路数字选线关键技术研究与应用”项目获得了 2012 年湖南省科技进步二等奖。

何旭辉教授获“教育部新世纪优秀人才支持计划”。

引进中组部“青年千人计划”柏宇教授。

2012 年，教育部学位与研究生教育发展中心发布 2009—2012 年学科评估结果，中南大学土木工程学科排名第 7，交通运输工程一级学科排名第 5。

2013 年

2 月 23 日，“高速铁路建造技术国家工程实验室”通过国家发改委主持原铁道部组织的验收。

3 月，“隧道工程”被评为国家首批精品课程资源共享课程。

欧阳震宇教授被聘为中南大学“升华学者特聘教授”。

4 月 14 日，召开土木工程学院系所主任工作会议，讨论通过了系所工作考核办法。

4 月 18 日，“高速铁路工程结构服役安全”教育部创新团队建设计划通过教育部科技司组织的专家论证。

5 月 4 日，高速铁路建造技术国家工程实验室第 10 次理事会召开，确定了实验室进入运行初期的管理实施办法。

18 日，召开了土木工程学院首届“青年教师发展论坛”。

换届产生土木工程学院第三届教授委员会。余志武为主任委员，徐志胜、冷伍明为副主任委员。

轨道交通服役安全协调创新 2011 计划项目获教育部批准。

国家“千人计划”特聘教授盛岱超获得“973 计划”课题立项。

学院获中南大学 2011—2012 年本科教学状态质量优秀奖。

7 月，土木工程学院党委被评为中南大学 2011—2013 年度先进党委，并在校七一表彰大会上作先进典型发言，介绍经验。

7 月，我院承办第五届全国高校“茅以升班”夏令营活动。

8 月，获得国家自然基金资助 23 项（含 2 项联合基金重点资助项目和 1 项优秀项目），资助金额近 2000 万元。

8 月，何旭辉教授获国家自然科学基金“优秀青年科学基金”项目。

8 月，何旭辉教授参加的“长大跨桥梁结构状态评估关键技术及应用”项目获国家科技进步二等奖（单位排名第 4、个人排名第 7）。

后　记

光阴如梭，岁月荏苒。中南大学土木工程学科从破土而出，到历经磨炼，辉煌至今，风雨兼程已走过整整六十载春秋。六十华诞，盘点历史，温故知新，继承发展。神圣的历史使命召唤我们齐心协力，不辞劳苦，去完成《中南大学土木工程学科发展史(1953—2013)》的记录和编撰。这是全体土木人的期许，也是全体中南人的期待。完成此项工作，光荣而神圣，因为，这是土木工程学科发展史上的里程碑，更可视为土木工程学院学科发展历程的新起点。

回顾《中南大学土木工程学科发展史(1953—2013)》编撰的过程，后记于此，鸣谢怀志。

为响应和落实中南大学文化建设办公室的积极倡导，学院决定抓住中南大学土木工程学科创建60周年的时机，完成一件记录土木工程学科发展史的光荣而神圣的历史性工作，通过撰写《中南大学土木工程学科发展史(1953—2013)》，梳理学院以土木工程学科为龙头的各学科诞生和发展的历程，凝练学科发展特色，记载学科发展成就，明确学科发展方向。通过编撰《中南大学土木工程学科发展史(1953—2013)》，感怀和记录各学科创建和发展的艰辛成长和蓬勃发展的人与事、胆与识，发掘和提炼“艰苦奋斗、严谨治学、积极进取、勇于创新”的土木精神。

学院上下群策群力，于2013年4月24日召开了《中南大学土木工程学科发展史(1953—2013)》编撰工作全体会议，学院领导、各系所负责人、机关各办负责人出席了会议，会议特别邀请了在校的曾任院(系)老领导刘承礼、王永和、詹振炎、丁冬初、罗才洪、林丕文、王硕安等，各位老领导纷纷发言，大力支持这项功在今日、利在千秋的工作，并提出了宝贵的意见和建议。

会议通过了编写大纲，同时也确定了如下编撰原则：该书以表述历史事件为主线；学科排序优先考虑成立年份，兼顾重点学科；校友与教职工名录按进校年份、姓氏汉语拼音排序；学科教授简介按出生年月排序。虽然建筑学与城市规划学科在土木工程学院创建并发展壮大，但该学科2011年调整到建筑与艺术学院，且不在土木工程一级学科目录下，因此未编入；考虑到供热、供燃气、通风及空调工程学科在土木工程学院历时较短，未编入。

面对这项时间紧、涉及面广、要求高的编撰任务，全体编写人员以高度的使命感和责任感投入到工作中来。按照编写提纲和总体要求，分解工作，落实到人，编写工作全面铺开，有条不紊地进行。各系所查阅了大量的历史资料，联系访问了许多离退休老教师，请老教师们回忆学科发展轶事、发掘濒临埋没的历史，刘骥、曾庆元、詹振炎、杨承惁、周继祖，华祖焜、陈秀方、裘伯永、林世煦、周士琼、姜昭恒、肖修敢、张作容、王俭槐、宁实吾等一批老教师提供了许多宝贵素材，7 月底形成了《中南大学土木工程学科发展史(1953—2013)》征求意见稿，印发 50 余册给主要参编人员和熟知学科历史的老领导、老教师和校友们，再次征求意见，精雕细琢。主要编写人员及各学科相关老师利用暑假倾力于学科发展史的修改工作。

八月的长沙酷热难当、今年高温天气创下历史记录。即使是这样的气温也未能高过土木人完成历史使命的热情。当八月中下旬我们回收征求意见文本时，倾注着汗水和心血的书稿让我们感动不已，特别是与土木工程学院学科共同成长、见证了学科历程的老领导、老教师在学科发展史的编撰中依然延续着他们热爱土木、严谨求实的精神品质。周庆柱、王永和、林丕文、丁冬初、罗才洪、余志武、宋振熊和卢树圣等老领导、老教师以及院友吴斌、李亮、贺志军、李磊等同志，不仅在书稿上认真仔细地修改，有的还特别书写了洋洋数千字的修改意见。在此，编委会向为本学科发展史撰写倾心尽力的老领导、老教师和院友们表达深深的谢意！

收集并整理完征求意见后，在八月下旬再次召开学院党政联席会议布置修改工作，几易其稿，成此文本。

当然，中南大学土木工程学院今日的面貌和《中南大学土木工程学科发展史(1953—2013)》能以这样的容颜面世，一定离不开学校对土木工程学院学科发展的关心和厚爱！离不开学校相关部门和兄弟学院的帮助和支持！离不开全体中南土木人的共同耕耘和奋斗！在此书编写过程中，与中南大学档案馆进行了通力合作，中南大学宣传部和出版社给予了大力支持，学院很多在职教师参与了编写或审阅工作，在此一并致谢。

《中南大学土木工程学科发展史(1953—2013)》编撰工作即将完成，捧着这本厚厚的史书，虽然我们倾注了许多心血，但由于时间久远和客观原因，难免有疏漏之处，敬请见谅。望广大师生和校友能够多提宝贵意见，多加理解和支持，以使今后能够不断修订和完善，让此书成为学院学科发展承前启后的里程碑。

最后，向为土木工程学科发展作出贡献的全体教职工和校友表示崇高的敬意！向为《中南大学土木工程学科发展史(1953—2013)》付出心血的人们致敬！向中南大学土木工程学院六十华诞献礼！

《中南大学土木工程学科发展史(1953—2013)》编委会

2013 年 9 月

图书在版编目(CIP)数据

中南大学土木工程学科发展史(1953—2013)/中南大学土木工程学院撰稿.—长沙:中南大学出版社,2013.10

ISBN 978-7-5487-0991-6

Ⅰ.中...　Ⅱ.中...　Ⅲ.中南大学-土木工程-学科发展-概况-1953—2013　Ⅳ.G649.286.41

中国版本图书馆CIP数据核字(2013)第241726号

中南大学土木工程学科发展史(1953—2013)

中南大学文化建设办公室　组编

中南大学土木工程学院　撰稿

□**责任编辑**　史海燕
□**责任印制**　易建国
□**出版发行**　中南大学出版社
社址:长沙市麓山南路　邮编:410083
发行科电话:0731-88876770　传真:0731-88710482
□**印　　装**　国防科技大学印刷厂

□**开　　本**　787×1092　B5　□**印张** 31.5　□**字数** 611千字　□**插页**
□**版　　次**　2013年10月第1版　□2013年10月第1次印刷
□**书　　号**　ISBN 978-7-5487-0991-6
□**定　　价**　90.00元